suhrkamp
wissenscha...

D1760039

Für H.-D. Betz in

Bewunderung für

seine Arbeiten

von LGX

Kansas City 25. Sept 91

Im Mittelpunkt der Heidelberger Max-Weber-Vorlesungen 1988 stand eine weniger bekannte These Max Webers: daß die vorderasiatischen Erlösungsreligionen in Zusammenhang standen mit Problemen der antiken Stadtherrschaft. Weber hatte diese These unter dem Einfluß der Religionswissenschaft formuliert. Erlösungsreligiosität beschrieb dabei eine Entwicklung in der Religionsgeschichte, die zu einer rational begründeten Lebensführung geführt hatte, ohne daß dabei eine Religionskritik wie die der Aufklärung eine Rolle gespielt hätte. Weber übernahm diese Idee, erweiterte sie aber durch die Rolle von Intellektuellen. Es waren Intellektuelle gewesen, die den Sinn der Welt problematisiert hatten. Außerdem stellte er die antike Erlösungsreligiosität in den Zusammenhang der Probleme antiker Stadtherrschaft.

Die Studie untersucht diesen Zusammenhang in den vier großen vorderasiatischen Erlösungsreligionen von Juden, Christen, Gnostikern und Schiiten. Ein Vergleich zwischen ihnen läßt erkennen, auf welche Weise die vorderasiatischen Erlösungsreligionen mit den Problemen antiker Stadtherrschaft verbunden waren. Sie bieten – im Blick auf diese Zusammenhänge studiert – unerwartete Einblicke in intellektuelle Prozesse und in praktische Handlungsprinzipien in einer für die Entwicklung Europas wie Vorderasiens entscheidenden Epoche.

Hans G. Kippenberg lehrt vergleichende Religionswissenschaft an den Universitäten Groningen (Niederlande) und Bremen.

Hans G. Kippenberg
Die vorderasiatischen Erlösungsreligionen

in ihrem Zusammenhang mit der
antiken Stadtherrschaft

Heidelberger Max-Weber-Vorlesungen
1988

Suhrkamp

Die Deutsche Bibliothek – CIP-Einheitsaufnahme
Kippenberg, Hans G.:
Die vorderasiatischen Erlösungsreligionen
in ihrem Zusammenhang mit der antiken Stadtherrschaft :
Heidelberger Max-Weber-Vorlesungen 1988 /
Hans G. Kippenberg. –
1. Aufl. – Frankfurt am Main :
Suhrkamp, 1991
(Suhrkamp-Taschenbuch Wissenschaft ; 917)
ISBN 3-518-28517-3
NE: GT

suhrkamp taschenbuch wissenschaft 917
Erste Auflage 1991
© Suhrkamp Verlag Frankfurt am Main 1991
Suhrkamp Taschenbuch Verlag
Alle Rechte vorbehalten, insbesondere das
des öffentlichen Vortrags, der Übertragung
durch Rundfunk und Fernsehen
sowie der Übersetzung, auch einzelner Teile.
Satz und Druck: Wagner GmbH, Nördlingen
Printed in Germany
Umschlag nach Entwürfen von
Willy Fleckhaus und Rolf Staudt

1 2 3 4 5 6 – 96 95 94 93 92 91

Inhalt

ERSTER TEIL
GRUNDSÄTZLICHES

ZWEITER TEIL
DIE JÜDISCHE RELIGIONSGEMEINSCHAFT ALS TRÄGERIN
AUTONOMER STADTGEMEINDEN

DRITTER TEIL
DIE ANTIKE STADTHERRSCHAFT ALS PROBLEM
VORDERASIATISCHER ERLÖSUNGSRELIGIONEN

Vorwort

Das vorliegende Buch ist aus den Max-Weber-Vorlesungen hervorgegangen, die ich im Sommersemester 1988 an der Ruprecht-Karls-Universität in Heidelberg gehalten habe. Auf Tagungen besonders der Werner-Reimers-Stiftung (Bad Homburg) hatte ich bereits zuvor die These Webers, es gebe einen Zusammenhang zwischen der Verbreitung von Erlösungsreligionen in der Antike und der Entpolitisierung von Bürgern, behandelt und die Resultate in Einzelaufsätzen veröffentlicht. Ich war auf diesem Wege zu dem Eindruck gelangt, daß eine gründliche Überprüfung dieser These möglicherweise den Weg zu einer Pragmatik vorderasiatischer Erlösungsreligionen weisen könnte. Als mich die Ruprecht-Karls-Universität Heidelberg auf Vorschlag von Prof. Dr. Wolfgang Schluchter im Sommersemester 1988 zu ihrer Max-Weber-Gastprofessur einlud, stand daher für mich sofort fest, daß ich dieses Thema behandeln würde. Ich danke der Universität für diese Einladung und die mit ihr geschenkten Möglichkeiten.

Einzelne Teile des Buches habe ich mit Kollegen erörtert. Ich denke hierbei insbesondere an H. Cancik, Tübingen; H. J. W. Drijvers, Groningen; D. Georgi, Frankfurt; B. Gladigow, Tübingen; K. Greussing, Bremen; F. Klijn, Groningen; B. Luchesi, Bremen; W. Meeks, New Haven; P. Nagel, Halle; M. Riesebrodt, Chicago; G. Theißen, Heidelberg. Ihnen allen danke ich für Kritik und Anregungen.

Eine besondere Bereicherung war die Zusammenarbeit mit Wolfgang Schluchter: in einem Seminar, das wir 1988 gemeinsam in Heidelberg gehalten haben, und anläßlich mehrerer Max-Weber-Tagungen in der Werner-Reimers-Stiftung zu Bad Homburg.

Eine Quelle von Anregungen war auch die Groninger Arbeitsgruppe zur Religionswissenschaft, der ich seit 1979 angehöre.

Danken möchte ich schließlich dem Netherland's Institute for Advanced Studies in Wassenaar, an dem ich im Frühjahr 1987 einige Monate in Ruhe an dieser Studie arbeiten durfte.

Das Berliner Wissenschaftskolleg hat mich bei der Fertigstellung des Manuskriptes tatkräftig unterstützt.

13

Für Carola, Tobias und Colin,
in deren Nähe die Lebenslust sprießt.

Einleitung

> »Die allerweitesten und allgemeinsten Inhalte und Formen des Lebens sind mit den allerindividuellsten innig verbunden.«
>
> G. Simmel (1903)

> »Denn ebensowenig, wie jemand, der nur eine Sprache kennt, diese Sprache ganz versteht, kann jemand, der nur eine Religion kennt, diese verstehen.« E. B. Tylor (1871)

Als 1979 sowjetische Truppen in Kabul einrückten, stiegen Afghanen noch am selben Abend auf die Dächer ihrer Häuser und riefen laut Allāhu akbar: »Gott ist am größten«. Auf diese Weise protestierten sie gegen die Besetzung ihres Landes durch die sowjetischen Truppen. Was wie eine ungewöhnliche spontane Aktion aussah, war in Wirklichkeit kein Einzelfall. Die neuere islamische Geschichte kennt sehr viel mehr Fälle, in denen Moslems ihrer Religion politische Bedeutungen gegeben haben. Wiederholt haben Moslems seit dem Beginn des 19. Jahrhunderts die Berechtigung ihres Widerstandes gegen Kolonialismus ihrer Religion entnommen und dabei dieser Religion eine – am Herkömmlichen gemessen – neue Bedeutung gegeben. In der Situation von Kabul erhielt die Aussage »Gott ist am größten« eine Bedeutung, die ich pragmatisch nennen möchte.

Um pragmatische Bedeutungen von Religionen soll es in diesem Buch gehen, wobei man unter Pragmatik die Beziehung zwischen Worten (bzw. Zeichen) und ihren Benutzern versteht – dies im Unterschied zur Semantik und Syntaktik. Religionswissenschaftler haben mit pragmatischen Bedeutungen immer Schwierigkeiten gehabt, da sie Religion eher mit transzendenten Sachverhalten in Verbindung gebracht haben als mit zeitbedingten Deutungen. Und obwohl sich in der Geschichte der Religionen Glaubensaussagen mit Bedeutungen, die ihnen in der Kommunikation zugewachsen sind, vermischen, wurde diesem Aspekt bisher wenig Beachtung gezollt. Es überwiegt bis heute die Neigung, die pragmatischen Bedeutungen von Religionen zugunsten der semantischen zurückzustellen. In vielen Verkleidungen begegnet immer der gleiche krampfhafte Versuch aufs neue, Religion unabhängig von Ideologie, ihr Wesen unabhängig von den Funktionen, ihre Lehren unabhängig von der Praxis zu beschreiben.

Ich möchte an dieser Stelle einmal den Spieß umdrehen. Auf welche Weise, unter welchen Voraussetzungen und mit welchen Folgen sind mit Religionen pragmatische Bedeutungen verknüpft worden? Haben sie sich nur äußerlich an sie geheftet, oder sind sie auch innerlich mit ihnen verknüpft worden? Geschah das dauerhaft, oder war es eine nur flüchtige Liaison? Ich möchte mich auf diesen Kranz von Fragen richten. Dabei folge ich einer Anregung Ludwig Wittgensteins, der gesehen hatte, daß sich in vielen Fällen die Bedeutungen von Worten erst aus ihrem Gebrauch in der Kommunikation ergeben. Könnte dies nicht auch teilweise auf Religionen zutreffen? Zur Überprüfung wende ich mich an die großen vorderasiatischen Religionen von Juden, Christen, Gnostikern und Schiiten. Mit jeder von ihnen sind in ihrer Geschichte Bedeutungen verknüpft gewesen, die sich nicht aus ihren Lehren zwingend ergeben haben, sondern die ihnen erst im Laufe ihrer Geschichte gegeben worden sind.

Auf den Gegenstand dieser Untersuchung hatte mich die These Max Webers gebracht, es habe einen Zusammenhang gegeben zwischen der Verbreitung vorderasiatischer Erlösungsreligionen im Römischen Reich und der Entpolitisierung von Bürgern. Um diese These zu verstehen, ist eine Besinnung auf Webers Religionsbegriff angebracht. Weber verwendet nämlich einen anderen Religionsbegriff als die meisten Religionswissenschaftler. Statt Religion zu definieren (als Glauben an übernatürliche Wesen oder ähnlich), umschrieb er Religion als die stets mögliche Erfahrung des »Außeralltäglichen«. Diese Erfahrung muß allerdings theoretisch und praktisch gedeutet werden, bevor sie in das Bewußtsein der Gläubigen eingeht. Weber sah die Religionsgeschichte als diese Deutung an, wobei er mehr an den Unterschieden als an den Gemeinsamkeiten der Deutungen interessiert war. Denn in den Unterschieden meinte er den Schlüssel zu den globalen Unterschieden in den sozialen Entwicklungen finden zu können. Da dieser Ansatz in der Religionswissenschaft nach Max Weber verlorengegangen ist, stelle ich ihn im ersten Teil systematisch dar. In diesem Zusammenhang gehe ich auch auf die vergessenen Querverbindungen zwischen Max Weber und der frühen vergleichenden Religionswissenschaft ein. Vor diesem Hintergrund wird nämlich ersichtlich, wie und warum Weber die Religionsanalyse für seine Handlungstheorie nötig hatte.

In den Bereich der Vorüberlegungen gehört auch die Auseinandersetzung mit zwei anderen Gesichtspunkten Webers, die in engem Zusammenhang mit der erwähnten These stehen:
– daß Erlösungsreligionen die weltlichen Ordnungen in Zweifel zogen und wegen der ihnen innewohnenden Kritik am Bestehenden innerlich mit einem Intellektualismus verbunden waren;
– daß die antike Stadt nicht einfach nur ein Zentrum von Wirtschaft und Verwaltung war, sondern durch eine institutionelle Selbstverwaltung ihrer Einwohner charakterisiert wurde. Beide Gesichtspunkte sind im Laufe der Untersuchung allmählich immer wichtiger geworden. Man kann mit ihrer Hilfe nämlich erklären, warum die vorderasiatischen Erlösungsreligionen auf die Probleme der Bildung und Auflösung von antiken Bürgergemeinden bezogen worden sind und wie sie in der Kommunikation hierüber unterschiedliche pragmatische Bedeutungen angenommen haben.

Im zweiten Teil der Studie habe ich die Wechselwirkungen zwischen der jüdischen Religionsgemeinschaft und der Vergabe politischer Autonomie an Stadtgemeinden durch Perser, Griechen und Römer untersucht. Dabei zeigt sich, daß mit der jüdischen Religion in der Antike eine spezifische politische Bedeutung verknüpft worden war, die es Juden erlaubte, Ansprüche auf die Bildung autonomer Bürgergemeinden zu erheben. Diese Interpretation des jüdischen Glaubens vermittelte den lokalen jüdischen Religionsgemeinden und ihren Mitgliedern eine Handlungskompetenz, die sich in der politischen Ordnung der hellenistischen und römischen Gesellschaft entfalten konnte. Ich bin hierbei besonders auf solche religiösen Interpretationen eingegangen, die als Konzepte die praktische Lebensführung von Laien berührt haben und die dabei eine gewisse regulative Wirkung entfaltet haben. Da Weber das antike Judentum nach dem Exil als einen entpolitisierten konfessionellen Verband betrachtet hatte, ist dieser Teil insgesamt auch eine Korrektur an Weber.

Der dritte Teil der Arbeit widerspricht der gängigen Ansicht, die antike Stadtherrschaft (Polis) sei bereits zu Beginn des Hellenismus untergegangen. Statt dessen geht er davon aus, daß es auch noch im Hellenismus und im Römischen Reich ein Prinzip der

Selbstverwaltung von Städten durch die Bürger, wenn auch zunehmend eingeschränkt, gegeben habe. Die fortdauernde Existenz von städtischen Bürgergemeinden wirft ein Licht auf die unterschiedlichen praktischen Bedeutungen, die Christen, Gnostiker und Schiiten ihren Religionen gegeben haben. Der Glaube an die Erlösung der Gläubigen durch den einen überweltlichen Gott wurde von ihnen allen nicht mehr, wie noch im antiken Judentum, als Anspruch auf Bildung autonomer politischer Verbände aufgefaßt, sondern als Grund für die Ablehnung städtischer Gemeinschaftlichkeit. Christen propagierten eine öffentliche Abkehr der Gläubigen von den gemeinschaftlichen väterlichen Überlieferungen der Stadtverbände, Gnostiker forderten eine Verheimlichung der wahren Identität der Erlösten vor der Öffentlichkeit. Beide Bedeutungen waren gleichermaßen gegen die Stadtherrschaft gerichtet. Zugleich widersprachen sie einander. Sie verschärften die theologischen Spannungen zwischen Anhängern beider Gruppen und machten sie zu einem Konflikt um die richtige Lebensführung des einzelnen. Zwar unterlag die gnostische Deutung wegen der staatlichen Anerkennung des Christentums, sie konnte aber durch einen Rückzug aus der Öffentlichkeit des Reiches und der Städte lange fortbestehen. Noch die islamische Schia knüpfte im 8. Jahrhundert an die gnostische Deutung von Erlösung an und verwandelte sie in die Maxime einer Verstellung der Erlösten in einer Welt voller Ungerechtigkeit.

In einem Nachwort habe ich die Ergebnisse der Untersuchung zusammengefaßt. Es stellt vereinfacht dar, wie die vorderasiatischen Religionsgemeinschaften der Idee der Erlösung durch einen überweltlichen Gott unterschiedliche theoretische Bedeutungen und praktische Handlungskompetenzen gegeben haben. Es kann dem Leser als Einstieg dienen und ihm zugleich die These des Buches anschaulich machen: daß die vorderasiatischen Erlösungsreligionen ihre pragmatischen Bedeutungen in Zusammenhang mit den Rollen bekommen haben, die ihre Anhänger im Drama von Entstehung und Niedergang der antiken Stadtherrschaft gespielt haben.

Erster Teil
Grundsätzliches

1 Religionspragmatik

Religion hat unabhängig vom Glauben des einzelnen die Beziehungen von Menschen untereinander regeln und auf diese Weise dauerhafte Weltverhältnisse begründen können, ohne daß dies den Beteiligten immer bewußt war. Diesen Sachverhalt hat man lange Zeit als selbstverständlich betrachtet, obwohl er es nicht ist. Denn aus den Inhalten des Glaubens geht nicht hervor, warum sie eine enge Beziehung zu sozialen Handlungen eingegangen sind. Eine Antwort hierauf könnte eine Religionspragmatik geben. Obwohl sie aus verschiedenen Gründen auf der Tagesordnung steht, ist sie bislang kaum in Angriff genommen worden. Dies soll im folgenden geschehen, wobei ich mich auf den Fall sozialer Bedeutungen von Religion konzentrieren möchte. Wie und auf welche Weise Religionen für soziale Handlungen verbindlich geworden sind, ist wenig bekannt, obgleich die Tatsache selber von vielen Wissenschaftlern vorausgesetzt wird. Bereits in den klassischen soziologischen Theorien wurde die gesellschaftliche Bedeutung von Religion vom individuellen Glauben getrennt und gesondert erklärt. Emile Durkheim hatte für primitive Gesellschaften eine Lösung anbieten können, die von Ethnologen aufgegriffen und mit Erfolg in empirische Forschungen umgesetzt worden ist. Er hatte den Weg über das Ritual gewählt, um die soziale Bedeutung von Religion zu erklären. Seine These war: Wenn Rituale eine Vorstellung von richtiger gesellschaftlicher Ordnung ausdrücken, wird durch eine öffentliche Inszenierung dieser Rituale eine Loyalität der Gesellschaftsangehörigen für diese Ordnung mobilisiert. Auf diesem Wege kann eine Religion unabhängig vom Glauben des einzelnen kollektive Verbindlichkeit erlangen.[1]

Für Religionen, die ihre Autorität nicht in gleichem Maße auf Rituale stützen, hatte Weber eine andere Lösung gefunden. Sie setzte an der Notwendigkeit der Handelnden an, ihre Handlun-

---

1 Ich beziehe mich auf die überzeugende Deutung, die S. Lukes der Theorie Durkheims gegeben hatte: »Political Ritual and Social Integration«, in: Sociology 9 (1975), S. 289-308; unterbaut in seinem Buch: S. Lukes, *Emile Durkheim. His Life and Work. A Historical and Critical Study*, Harmondsworth 1973.

gen aufeinander abzustimmen und zu regulieren. Ganz besonders für die prophetischen Schriftreligionen mit ihren verbindlichen Weltbildern und Ethiken hatte er ein Modell entwickelt, das an Aktualität wenig eingebüßt hat. Auch wenn die religionshistorischen Forschungen seit Webers Zeit weitergegangen sind und an Umfang und Genauigkeit zugenommen haben, bleibt die Art und Weise, wie er sie in die Gesellschaftsanalyse einbezogen hat, methodisch interessant.

Weber hatte seine religionshistorischen Kenntnisse zum Teil indirekt über eine religionswissenschaftliche Interpretation bezogen. Zur Beantwortung der Frage, ob sein Vorgehen auch heute noch methodisch beispielhaft ist, muß man daher die vergleichende Religionswissenschaft seiner Zeit in die Betrachtung einbeziehen. Nur so ist ein Urteil darüber erlaubt, ob es auf dem von Weber beschrittenen Weg auch heute noch möglich ist, die Religionsgeschichte für eine Gesellschaftsanalyse fruchtbar zu machen.

Die Religionswissenschaft
in Webers Handlungstheorie

Max Weber war nicht nur ein Kenner der Disziplinen, in denen seine akademische Laufbahn verlief: Rechtswissenschaft und Volkswirtschaft.[2] Er kannte sich auch in der Religionswissenschaft aus, die zu seiner Zeit eine noch junge Disziplin war.[3] Dabei spielten auch persönliche Kontakte eine Rolle. In Heidelberg, wo Weber lebte, hatte der Neutestamentler Adolf von Deißmann Kollegen anderer Fächer wie Windelband, Troeltsch,

---

2 Eine Hilfe beim Studium Max Webers: D. Käsler, *Einführung in das Studium Max Webers*, München 1979. Fundgruben zum Leben Webers und seinen Kontakten mit Zeitgenossen sind: R. König/J. Winckelmann (Hg.), *Max Weber zum Gedächtnis. Materialien und Dokumente zur Bewertung von Werk und Persönlichkeit*, Köln 1963, 2. Auflage 1985; W. J. Mommsen/W. G. Schwentker (Hg.), *Max Weber und seine Zeitgenossen*, Göttingen/Zürich 1988.

3 Zur gleichen Zeit bildete sich in Göttingen die Religionsgeschichtliche Schule. Sie wird dokumentiert von G. Lüdemann/M. Schröder, *Die Religionsgeschichtliche Schule in Göttingen*, Göttingen 1988; zur Religion in der damaligen Zeit hat Th. Nipperdey eine Studie vorgelegt: *Religion im Umbruch. Deutschland 1870-1918*, München 1988.

Domaszewski und Dieterich zu einem religionswissenschaftlichen Kreis vereint. Max Weber läßt im allgemeinen wenig von den religionswissenschaftlichen Quellen, aus denen er geschöpft hat, erkennen. In diesem Kreis von Wissenschaftlern hat er sicherlich nicht nur Anregungen gegeben, sondern auch bekommen. Anläßlich eines Treffens dieses Kreises bemerkt Marianne Weber: Er »genießt diese Gelegenheit zu geistigem Austausch, bei dem man sich an Andern entzünden und dadurch das eigene Wissen zu stets Neuem umschmelzen kann«.[4]

Man wüßte gerne Genaueres. Nur eine detaillierte Werkanalyse kann hier weiterhelfen. Diese Analyse der Quellen von Webers Religionssoziologie hat G. Küenzlen vorgelegt. Seine Ergebnisse sind beachtlich: sowohl im Hinblick auf die frühe Religionswissenschaft wie auf Weber selber.[5] Er konnte nämlich zeigen, mit welchen Begriffen und Erkenntnissen der Religionswissenschaft seiner Zeit Weber soziales Handeln beschrieben hatte.

Wiederholt hat man darüber debattiert, was denn genau die Fragestellung gewesen sei, die Webers Forschungen geleitet habe. Manchmal glich die Suche nach ihr fast einer »Enthüllungswissenschaft«, wie Wolfgang Schluchter meint.[6] Die Neuentdeckung

4 Mitten in der Zeit der Abfassung der »Protestantischen Ethik« stellte sich im Frühjahr 1905 dieses religionswissenschaftliche Kränzchen bei den Webers ein, um über die protestantische Askese zu reden. »Morgen, Sonntag, steht uns der ›Eranos‹, das wissenschaftliche Kränzchen mit zehn Herren bevor. Max sorgt für ›die protestantische Askese‹, ich für ›Schinken in Burgunder‹. Für Max möchte ich, daß die Sache erst vorbei wäre. Es ging ihm nämlich letzthin nicht gut.« So erinnerte sich Marianne Weber in ihrer Biographie *Max Weber. Ein Lebensbild*, Tübingen 1926, S. 358.

5 G. Küenzlen, »Unbekannte Quellen der Religionssoziologie Max Webers«, in: *Zeitschrift für Soziologie* 7 (1978), S. 215-227; dieser Artikel ist Teil seines Buches: *Die Religionssoziologie Max Webers. Eine Darstellung ihrer Entwicklung*, Berlin 1980, Kapitel III.

6 »Max Webers Religionssoziologie. Eine werkgeschichtliche Rekonstruktion«, in: W. Schluchter (Hg.), *Max Webers Sicht des antiken Christentums. Interpretation und Kritik*, Frankfurt 1985, S. 525-560, auf S. 551. An der spannenden Suche haben sich viele beteiligt; unter ihnen F. Tenbruck, »Das Werk Max Webers«, in: *KZS* 27 (1975), S. 663-702; derselbe noch einmal: »Das Werk Max Webers: Methodologie und Sozialwissenschaften«, in: *KZS* 38 (1986), S. 13-31; W. Hennis, *Max Webers Fragestellung*, Tübingen 1987.

Webers, die wir seit einigen Jahren erleben und an der Schluchter einen beträchtlichen Anteil hat, hat die Klärung dieses Problems wesentlich voranbringen können. Schluchters werkgeschichtliche Rekonstruktionen, von anderen Weber-Forschern bestätigt, haben nämlich ergeben, daß es Weber insbesondere darum gegangen war, die Voraussetzungen rationaler Lebensführung zu erhellen, wobei er eine Rationalisierung von Lebensführung auch außerhalb der westlichen Kultur annahm.[7] Daß Religion das Kernstück in Webers Analyse des Rationalismus war, ergab sich aus dem Postulat, daß Religionen praktische Weltverhältnisse begründen.

»Webers Religionssoziologie, ja seine Soziologie insgesamt, kulminierte deshalb in einer Soziologie und Typologie zweck- und vor allem wertmotivierter Weltverhältnisse und damit verbundener Lebensführungen.«[8]

Daß Weber an der Religionswissenschaft so sehr interessiert war, hing aber nicht nur mit dieser Annahme zusammen. Es ergab sich auch aus seiner Sicht der Geschichte des Okzidents. Man kann sie so charakterisieren: Nicht die Aufklärung hat zu einer Rationalisierung in der europäischen Kultur geführt. Dies hatte vielmehr ein umfassenderer und älterer religionshistorischer Vorgang bewirkt, der in der antiken jüdischen Religionsgeschichte eingesetzt hatte und in der Reformationszeit zum Abschluß gekommen war. Er hatte die Grundlagen der modernen westlichen Kultur gelegt: nämlich die ihr eigene rationale Lebensführung. Ganz im Gegensatz zu der verbreiteten Ansicht, die rationale Kultur des Westens habe sich mühsam gegen die Religion und insbesondere das Christentum durchsetzen müssen, behauptete Weber geradezu umgekehrt, daß es ein religionsgeschichtlicher Prozeß gewesen sei, der zu dieser Kultur geführt habe. So ergab sich die Paradoxie – auf

7 Neben Schluchter, der eine werkgeschichtliche Rekonstruktion vorgenommen hat (siehe vorangehende Anmerkung) und auf dieser Basis Webers Fragestellung in der angegebenen Weise beschreibt – beispielsweise in W. Schluchter (Hg.), *Max Webers Sicht des Islams. Interpretation und Kritik*, Frankfurt 1987, S. 14 f. und S. 82 f., sind zu nennen: W. Hennis (a.a.O., S. 17); W. J. Mommsen, »Max Weber. Persönliche Lebensführung und gesellschaftlicher Wandel in der Geschichte«, in: P. Alter, W. J. Mommsen, Th. Nipperdey (Hg.), *Geschichte und politisches Handeln. Theodor Schieder zum Gedächtnis*, Stuttgart 1985, S. 261-281.
8 Schluchter in dem Islam-Band, a.a.O., S. 83.

die er mit einer gewissen Lust immer wieder selber hinwies –, daß die Grundlagen einer Kultur, deren vornehmliches Kennzeichen Rationalität war, in letzter Instanz religiös und damit irrational begründet waren.[9]

Weber stand mit seiner stillschweigenden Skepsis hinsichtlich der sozialhistorischen Bedeutung der Aufklärung nicht alleine. Man kann sich den springenden Punkt gut mit Hilfe einer fast beiläufigen Rückschau von F. H. Tenbruck auf den Beginn der deutschen Soziologie klarmachen.

Um die Jahrhundertwende wurde »ein Protest gegen den üblichen Fortschrittsglauben« merkbar. »Die Rebellion gegen die Nationalökonomie, aus der die deutsche Gesellschaft für Soziologie hervorging, speiste sich nicht zuletzt aus der Überzeugung, daß der Fortschritt der Vernunft kein natürliches Gesetz, die Entstehung der okzidentalen Rationalität nicht aus der Vernünftigkeit des Menschen zu erklären sei. Diese Überzeugung teilte Weber mit Troeltsch, Simmel und anderen Weggenossen ... Hier liegt vielleicht der wichtigste Grund für die bekannte Eigenart der deutschen Soziologie, die sich der Aufgabe verschreiben mußte, nach den außerrationalen, sozialen und anthropologischen, und vorzüglich nach den historischen Bedingungen der Rationalität zu suchen.«[10]

Tenbruck hat die Frühgeschichte der deutschen Soziologie an anderer Stelle ausführlicher dargestellt. Gemeinsam war ihren Vertretern eine »Frontstellung gegen das Konzept einer ›Gesetzeswissenschaft‹, noch mehr gegen eine bloß ›positive‹ Betrachtung äußerer Tatsachen«. Die Daseinswirklichkeit konstituiere sich im sinnhaften Handeln von Menschen und nicht durch allgemeine äußere Zustandsgrößen.[11] Wenn man diese Charakterisierung der beginnenden deutschen Soziologie gelten läßt, dann

9 Von den irrationalen Voraussetzungen, die die rational methodische Lebensführung habe, spricht Weber in der Einleitung zur »Wirtschaftsethik der Weltreligionen«, in: *Gesammelte Aufsätze zur Religionssoziologie*, Bd. 1, Tübingen 1920, S. 253.

10 »Das Werk Max Webers«, in: *KZS* 27 (1975), S. 697, Anm. 19.

11 F. Tenbruck, *Die unbewältigten Sozialwissenschaften oder die Abschaffung des Menschen*, Graz 1984, S. 113-138, Zitate S. 118 und 133 f.; zum Sinnbegriff in der Soziologie: N. Luhmann, »Sinn als Grundbegriff der Soziologie«, in: J. Habermas/N. Luhmann, *Theorie der Gesellschaft oder Sozialtechnologie – Was leistet die Systemforschung?*, Frankfurt 1971, S. 25-100; die historische Stellung Webers in der deutschen Religionssoziologie behandelt: R. Robertson, »Max Weber and German Sociology of Religion«, in: N. Smart, J. Clayton,

wird auch mit einem Schlage klar, warum Weber Hilfe in der vergleichenden Religionswissenschaft seiner Zeit suchte und fand, als er das soziale Handeln studierte.

Die damals noch junge Disziplin der vergleichenden Religionswissenschaft stand nämlich gleichfalls in einer kritischen Auseinandersetzung mit der Aufklärung und ihrem Vernunftglauben. Die frühen Religionswissenschaftler im 19. Jahrhundert hatten Stellung genommen gegen eine Aufklärung, die Religion für überholt hielt. Sie hielten dem Vernunftglauben entgegen, daß Religion kein überwundenes Stadium der Menschheitsgeschichte sei. Außerdem habe sie eine Entwicklung durchgemacht, die einer inneren Logik und Vernünftigkeit gehorcht habe. Frühe Religionswissenschaftler und frühe Soziologen teilten eine kritische Haltung zum Fortschrittsglauben. Daß Weber ihre Religionsanalysen zur Beschreibung der Voraussetzung des westlichen Rationalismus heranziehen konnte, ist daher alles andere als ein Zufall.[12] Es entsprach einer gemeinsamen Voraussetzung: einer kritischen Haltung zum Fortschritts- und Vernunftglauben des 19. Jahrhunderts.[13]

Weber vertrat, was das Verhältnis der modernen Gesellschaft zu ihren Vorläufern angeht, keine Kontrast-, sondern eine Kontinuitätsthese. Gleiches trifft in gewisser Hinsicht übrigens auch auf Durkheim zu.[14] Weber verkleinerte die Brüche in der europäischen Kulturgeschichte und vergrößerte die Differenzen mit den anderen Weltreligionen. Dadurch wurde er empfänglich für eine

P. Sherry, S. T. Katz (Hg.), *Nineteenth Century Religious Thought in the West*, Bd. 3, Cambridge 1985, S. 263-304.

12 Über andere kulturkritische Einflüsse im Geschichtsbild Webers informiert D. J. Peukert, *Max Webers Diagnose der Moderne*, Göttingen 1989.

13 Küenzlen, *Die Religionssoziologie Max Webers*, a.a.O., S. 62 und S. 75. Die Fortschrittskritik in der entstehenden Soziologie stellt dar: H.-J. Dahme, »Der Verlust des Fortschrittsglaubens und die Verwissenschaftlichung der Soziologie. Ein Vergleich von Georg Simmel, Ferdinand Tönnies und Max Weber«, in: O. Rammstedt (Hg.), *Simmel und die frühen Soziologen. Nähe und Distanz zu Durkheim, Tönnies und Max Weber*, Frankfurt 1988, S. 222-274.

14 Richtig beobachtet von R. Horton, »Lévy-Bruhl, Durkheim and the Scientific Revolution«, in: R. Horton/R. Finnegan (Hg.), *Modes of Thought. Essays on Thinking in Western and Non-Western Societies*, London 1973, S. 249-305.

vergleichende Religionswissenschaft, die die Unterschiede zwischen den Weltreligionen auf eine systematische Weise beschreiben wollte. Bei dieser Religionswissenschaft machte Weber wichtige Anleihen.[15] Ehe ich hierauf zu sprechen komme, möchte ich kurz die Verbindung erläutern, die zwischen der Vernunftkritik und der entstehenden Religionswissenschaft bestanden hatte.

Der Bruch mit dem Vernunftglauben
und die Verwissenschaftlichung
der Religionsforschung

Die Verbindung von Kulturkritik und Religionswissenschaft ist bislang wenig untersucht worden. Obwohl wir über recht brauchbare Darstellungen der Geschichte der akademischen Religionswissenschaft verfügen[16], werden diese Zusammenhänge erst seit kurzem genauer untersucht.[17] Eine der fundamentalen Fragen

15 Überblicke über die damalige und die neuere Religionswissenschaft verschaffen: J. Waardenburg, *Classical Approaches to the Study of Religion. Aims, Methods and Theories of Research*, 2 Bde., Den Haag 1973 und 1974; F. Whaling (Hg.), *Contemporary Approaches to the Study of Religion*, 2 Bde., Berlin 1984 und 1985.

16 L. H. Jordan, *Comparative Religion: Its Genesis and Growth* (1905), Atlanta 1986; E. J. Sharpe, *Comparative Religion. A History*, London ²1986. Hinzugekommen ist die von K. H. Kohl, »Geschichte der Religionswissenschaft«, in: *Handbuch religionswissenschaftlicher Grundbegriffe*, Bd. 1, Stuttgart 1988, S. 217-262. Nützlich ist das dreibändige Gemeinschaftswerk von N. Smart, J. Clayton, S. Katz, P. Sherry (Hg.), *Nineteenth Century Religious Thought in the West*, Cambridge 1985; eine gute Übersicht über die Geschichte der soziologischen Religionsanalysen bietet: B. Morris, *Anthropological Studies of Religion. An Introductory Text*, Cambridge 1987.

17 Allgemein zur Romantik: R. Haym, *Die romantische Schule. Ein Beitrag zur Geschichte des deutschen Geistes* (1870), Nachdruck Darmstadt 1977; speziell zur Religion: B. M. G. Reardon, *Religion in the Age of Romanticism: Studies in Early Nineteenth Century Thought*, Cambridge 1985; M. Meyer, »Romantische Religion. Über ein Nachspiel der Aufklärung«, in: J. Taubes (Hg.), *Der Fürst dieser Welt*, Paderborn 1983, S. 181-197; das Aufklärungsprogramm einer Erklärung von Religion wurde von J. S. Preus historisch dargestellt: *Explaining Religion. Criticism and Theory from Bodin to Freud*, New Haven/

27

in diesem Zusammenhang betrifft die Wurzeln des Faches Religionswissenschaft.[18] Liegen sie in der Aufklärung? Dafür hatte K. Rudolph in seinen ›Haskell Lectures‹ plädiert:

»The history of religions, like so many neighboring disciplines, is a child of the Enlightment. Curiosity aroused by the discovery of exotic cultures and the fight against religious intolerance assisted its birth.«[19]

Ich möchte an dieser Aufklärungsthese Zweifel anmelden. Nicht, weil ich ihre Berechtigung bestreiten möchte. Die Geschichte der Religionswissenschaft wird jeweils anders geschrieben werden müssen, je nachdem, was man als die vordringlichen Aufgaben des Faches ansieht. Wer – wie Rudolph – dem Fach eine ideologiekritische Aufgabe stellt, wird die Aufklärung und nicht deren romantische Gegenbewegung an den Beginn der Religionswissenschaft setzen müssen. Hatte nicht einst R. Otto – in entgegengesetzter Weise konsequent – Friedrich Schleiermacher an den Anfang der Disziplin gestellt?
Meine Zweifel an der These ergeben sich aus historischen Fakten. Deutet nicht der zeitliche Abstand zwischen der Aufklärung (Höhepunkt zweite Hälfte des 18. Jahrhunderts) und der Etablierung der wissenschaftlichen Religionsforschung (zweite Hälfte des 19. Jahrhunderts) auf eine Distanz zur Aufklärung hin? Oder sollte der zeitliche Abstand wirklich zufällig gewesen sein? Ich meine, daß er es nicht war, sondern mit einer kritischen Stellungnahme der frühen Fachvertreter zur Aufklärung zusammenhängt. Die Religionswissenschaft war – um im Bilde von Rudolph zu bleiben – eher ein Kind der romantischen Kritik an der Aufklärung als der Aufklärung selber.
Ich möchte behaupten, daß die Verwissenschaftlichung unseres

London 1987; die Beziehung zwischen der Geschichte der Religionswissenschaft und der Kritik der Aufklärung war Thema einer Konferenz in Groningen: H. G. Kippenberg/B. Luchesi (Hg.), *Religionswissenschaft und Kulturkritik. Die Zeit des Gerardus van der Leeuw (1890-1950)*, Marburg 1991; gleiche Beobachtungen zur Ethnologie finden sich in: G. E. Marcus/M. M. J. Fischer, *Anthropology as Cultural Critique*, Chicago 1986.

18 Die Metapher wird verwendet von C. H. Long, *Significations. Signs, Symbols, and Images in the Interpretation of Religion*, Philadelphia 1986, S. 14.

19 K. Rudolph, *Historical Fundamentals and the Study of Religions*, New York 1985, S. 23.

Faches nicht von der Aufklärung und ihrer Religionskritik vorangetrieben worden ist, sondern von der romantischen Gegenkritik. Der Vernunftglaube der Aufklärung hatte die Religion verdächtigt, Produkt menschlicher Unkenntnis zu sein und die Funktion politischer Bevormundung zu haben. Die Gegenkritik folgte auf dem Fuße. Wortführer hierbei war Schleiermacher. In seiner Schrift *Über die Religion. Reden an die Gebildeten unter ihren Verächtern* aus dem Jahre 1799 setzte er sich mit der Behauptung auseinander, die äußeren Funktionen von Religion (Furcht vor einem ewigen Wesen und die Hoffnung auf eine andere Welt) seien ihr Zentrum. Solche Mißdeutungen von Religion würden niemanden von der Aufgabe entbinden, die Wahrheit herauszufinden. Dazu müsse man aber ihr Wesen unabhängig von ihren äußeren politischen und kognitiven Funktionen untersuchen.

Die späteren Rückgriffe auf Schleiermacher, die oft theologische Apologie verfolgten, haben in aller Regel diese gedankliche Operation Schleiermachers nur noch verkürzt mitgemacht und seinen Begriff des Wesens der Religion affirmativ vereinfacht: So als bedürfe es nur einer eigenen religiösen Erfahrung, um sich des Wesens von Religion zu vergewissern. Jedoch war Schleiermachers Begriff des Wesens *antikritisch*. Er hatte sich der Aufklärung gestellt und sich ihr nicht entzogen. Es war ein Begriff, der die äußeren Funktionen von Religion nicht bestritt, aber ihr Existenzrecht nicht davon abhängen ließ.

Es ist in diesem Zusammenhang wichtig darauf hinzuweisen, daß Schleiermacher eine Verstehenslehre entwickelt hatte, für die nicht das Verstehen, sondern das Mißverständnis das Normale war. H.-G. Gadamer hat darauf bestanden, daß dies für jede Hermeneutik einen großen Unterschied macht.

Schleiermacher unterscheidet »ausdrücklich die laxere Praxis der Hermeneutik, derzufolge das Verstehen sich von selbst ergibt, von der strengeren Praxis, die davon ausgeht, daß sich das Mißverstehen von selbst ergibt. Auf diesen Unterschied gründete seine eigentliche Leistung, ... eine wirkliche Kunstlehre des Verstehens zu entwickeln. Das bedeutet etwas grundsätzlich Neues. Denn nun rechnet man mit der Verständnisschwierigkeit und dem Mißverständnis nicht mehr als gelegentlichen, sondern als integrierenden Momenten, um deren vorgängige Ausschaltung es geht. So definiert Schleiermacher geradezu ›Hermeneutik ist die Kunst, Mißverstand zu vermeiden‹.«[20]

20 H.-G. Gadamer, *Wahrheit und Methode. Grundzüge einer philosophi-*

Religion ist ganz besonders von Mißverständnissen bedroht. Das Wesen der Religion könne nicht direkt erfaßt werden, weil es erst hinter den mißverständlichen Funktionalisierungen gefunden werden müsse. Außerdem sei Religion als Anschauung und Gefühl nur etwas Individuelles und werde nur im Modus der historischen Vielfalt gegenständlich. Folgerichtig ging Schleiermacher vom Begriff einer universalen natürlichen Religion zu dem der positiven Religion über. Auch wenn er Theologe und nicht Religionshistoriker war: Sein Begriff von Religion war durch und durch historisch, wie dies später bei E. Troeltsch erneut der Fall war. Der Vorbehalt gegen den Rationalismus und das Plädoyer für das Individuelle bewirkten, daß das Konkrete und Historische Gegenstand der Religionsforschung wurden. Damit war der wissenschaftlichen Religionsforschung eine tragfähige Basis gegeben worden.[21] Daß später Theologen maßgeblich daran beteiligt waren, die kulturkritische Bedeutung aus dem Begriff des Wesens der Religion wieder verschwinden zu lassen und ihn affirmativ zu bestimmen, ist unbestritten, darf aber nicht Schleiermacher angelastet werden. Sein Begriff des Wesens der Religion war primär kulturkritisch.

Ich möchte versuchen, aus dem Gesagten eine Folgerung zu ziehen. Wenn Religion bei Religionswissenschaftlern und bei Weber gleichermaßen ein Zeuge gegen den Vernunftglauben war, dann hat dies eine längere Vorgeschichte, die mit der Verwissenschaftlichung des Faches zusammenhängt. Vorangetrieben wurde sie durch eine Auseinandersetzung mit dem Vernunftglauben der Aufklärung. Während Kant und andere Aufklärer die Konzepte von Gott, Seele und Welt zu Erscheinungsformen eines spekulativen Denkens gestempelt hatten, sahen Religionsforscher, die nach ihnen kamen, es als ihre Aufgabe an, den Ursprüngen dieser Konzeptionen nachzugehen und damit – bewußt oder unbewußt –

---

schen Hermeneutik, Tübingen 1960, S. 173. Das Zitat stammt aus Schleiermachers Hermeneutik, § 15 und 16.

21 Gut dargestellt von B. M. G. Reardon, *Religion in the Age of Romanticism: Studies in Early Nineteenth Century Thought*, Cambridge 1985, S. 1-28 (»Romanticism, idealism and religious belief«); ebenso beurteilte A. Gouldner in seinem holländischen Artikel »Romantiek en Classicisme«, in: *De Gids* 136 (1973), S. 3-29, die Bedeutung der Romantik für die Soziologie.

den Rationalismus in seine Schranken zu weisen. Ob F. Max Müller oder C. P. Tiele oder E. B. Tylor: dies war der ihnen gemeinsame Problemhorizont. Sie alle waren davon überzeugt gewesen, in fremden Religionen Weltverhältnisse gefunden zu haben, die zwar historisch von der europäischen Kultur überholt worden waren, die aber gegenüber dem modernen Rationalismus ein Existenzrecht behielten.

Die Folge dieser spezifischen Struktur der Religionswissenschaft läßt sich am sogenannten Methodenstreit wiedererkennen, der in dieser Disziplin immer wieder aufbrach. Die Religionsanalyse sah sich von Anfang an mit zwei unterschiedlichen Seiten des Gegenstandes konfrontiert: mit der instrumentellen Funktion von Religion (bezogen auf vorgegebene soziale Systeme) – von Aufklärern zum Thema gemacht; und mit dem expressiven Ausdruck von Religion (bezogen auf die menschliche Existenz) – von romantischen Antikritikern dargestellt. Man hat diese beiden Aspekte unterschiedlich beschrieben (Erklären versus Verstehen, Funktion versus Sinngebung oder ähnlich). Nicht die Bezeichnungen sind entscheidend, sondern die Struktur zweier gleichberechtigter Gesichtspunkte. Der romantische Bruch mit dem Vernunftglauben hat eine Duplizität im Wissen über Religion selber verankert. Der Methodenstreit ist daher der Religionswissenschaft wohl inhärent und kann kaum durch den Sieg der einen über die andere Partei entschieden werden. Er ist der Preis, den das Fach für seine Verwissenschaftlichung zu entrichten hatte.

Für Religionswissenschaftler war der Bruch mit dem Vernunftglauben fundamental. Im selben Zeitraum, in dem sich die Religionswissenschaft bildete, entstand auch die Soziologie als wissenschaftliche Disziplin. Eine neuere Untersuchung zu den Anfängen der Soziologie hat einen Zusammenhang hergestellt zwischen dem Verlust des Fortschrittsglaubens und der Verwissenschaftlichung der Soziologie.[22] Weber konnte sich aus diesem Grunde Religionswissenschaftlern des ausgehenden 19. Jahrhunderts zuwenden, als er die Voraussetzungen rationaler Lebensführung zum Gegenstand seiner Forschungen machte.

22 Dahme, a.a.O. (siehe Anm. 13).

Die Annahme einer Entwicklung in der Religionsgeschichte und Webers These einer Entzauberung von Lebensführung

Im Rahmen seiner Untersuchungen verarbeitete Weber Erkenntnisse und Sichtweisen der Religionswissenschaft seiner Zeit. Man kann an mehreren Stellen Anleihen bei der vergleichenden Religionswissenschaft ausmachen.[23] Für seine Suche nach den Ursprüngen des westlichen Rationalismus wurden zwei Vorgaben besonders wichtig: die Annahme einer Entwicklung in der Religionsgeschichte und die Annahme einer Kulturbedeutung von Erlösungsreligiosität. Die für sein Werk grundlegende Behauptung eines religionshistorischen Prozesses der Entzauberung der Welt stützte sich letztlich auf sie.

Der holländische Religionswissenschaftler C. P. Tiele, der 1877 auf den neu errichteten Lehrstuhl für Religionsgeschichte an der Universität Leiden berufen worden war (er starb 1902), hatte die Auffassung vertreten, in der Geschichte der Religionen habe es eine Entwicklung gegeben. Auf eine Phase von Naturreligionen sei eine Phase ethischer Religiosität gefolgt. Mit dieser Auffassung hatte er auch in Deutschland Anklang gefunden. Auf dem Wege über E. v. Hartmann, O. Pfleiderer und H. Siebeck ist sie zu Weber gelangt. Weber stand zwar dem Entwicklungsdenken seiner Tage skeptisch bis ablehnend gegenüber und konnte ihn sogar einen Schwindel nennen.[24] Anders verhielt er sich aber zur Annahme einer fortschreitenden Ethisierung von Religion. Seine Behauptung einer Entzauberung setzte eine Entwicklung in der Religionsgeschichte voraus. Tenbruck hat zu Recht seine Verwunderung darüber geäußert, daß Weber »plötzlich in Sachen der Religion im Lager des zeitgenössischen Evolutionismus« stand.[25] Als ein Beispiel hierfür seien Webers Worte aus der *Wirtschaftsgeschichte* von 1919 zitiert:

23 Auch W. Schluchter hat betont, daß man die Abhängigkeit Webers von der neu entstandenen Religionswissenschaft nicht unterschätzen sollte. Er tat dies in dem von ihm herausgegebenen und eingeleiteten Band: *Max Webers Sicht des Islams. Interpretationen und Kritik*, a.a.O., S. 12.

24 W. J. Mommsen, *The Age of Bureaucracy: Perspectives on the Political Sociology of Max Weber*, Oxford 1974, S. 3.

25 »Das Werk Max Webers«, in: *KZS* 27 (1975), S. 663-702, auf S. 682.

»Die Magie zu brechen und Rationalisierung der Lebensführung durchzusetzen, hat es zu allen Zeiten nur ein Mittel gegeben: große rationale Prophetien. ... Prophetien haben die Entzauberung der Welt herbeigeführt und damit auch die Grundlagen für unsere moderne Wissenschaft, die Technik und den Kapitalismus geschaffen«.[26]

Religionswissenschaft und Theologie hatten zur Zeit Webers argumentiert, daß der ethischen Religiosität, die die jüdischen Propheten gefordert hatten, eine kultische Religiosität vorangegangen sei, in der der Mensch mit Hilfe von Opfer und Riten sein Heil habe erzwingen wollen. Diese Haltung nannte Weber magisch. Wenn Weber die Entzauberung der Welt auf die jüdische Prophetie zurückführte, setzte er diese (vorwiegend protestantische) Interpretation voraus. Sie sah in den jüdischen Propheten die Wortführer einer Problematisierung von kultischen Heilsmitteln.[27] Der gleiche Gesichtspunkt taucht an anderer Stelle seines Werkes auf. Über den Taoismus schrieb er:

26 *Wirtschaftsgeschichte. Abriß der universalen Sozial- und Wirtschafts-geschichte*, München/Leipzig 1923, S. 308 f. Ebenfalls aus den Jahren 1919/20 stammte der bekannte spätere Einschub in den Aufsatz zur »Protestantischen Ethik«: »Dies: der absolute ... Fortfall kirchlich-sakramentalen Heils, war gegenüber dem Katholizismus das absolut Entscheidende. Jener große religionsgeschichtliche Prozeß der Entzauberung der Welt, welcher mit der altjüdischen Prophetie einsetzte und, im Verein mit dem hellenischen wissenschaftlichen Denken, alle magischen Mittel der Heilssuche als Aberglaube und Frevel verwarf, fand hier seinen Abschluß.« Weber, *Gesammelte Aufsätze zur Religionssoziologie*, Bd. 1, Tübingen 1920, S. 94 f.
Aus dem Umstand, daß es sich hierbei um einen späteren Einschub handelt, hat Tenbruck Konsequenzen für die Bestimmung des Zentrums von Webers Denken gezogen: »Das Werk Max Webers«, in: *KZS* 27 (1975), S. 663-702. Diese Interpretation hat M. Riesebrodt in Zweifel gezogen: »Ideen, Interessen, Rationalisierung: Kritische Anmerkungen zu F. H. Tenbrucks Interpretation des Werkes Max Webers«, in: *KZS* 32 (1980), S. 111-129. Der Artikel von J. Winckelmann, »Die Herkunft von Max Webers ›Entzauberungs‹-Konzeption«, in: *KZS* 32 (1980), S. 12-53, behandelt zwar die Überlegungen, durch die Weber zu seiner Konzeption von Entzauberung gelangt ist, jedoch nicht die Zusammenhänge dieses Konzeptes mit der damaligen Religionswissenschaft und Theologie.

27 B. Lang, »Max Weber und Israels Propheten. Eine kritische Stellung-nahme«, in: *ZRGG* 36 (1984), S. 156-165. Übrigens gilt Ähnliches für seinen Charisma-Begriff, der sich ebenfalls einer damaligen Interpre-

»Ein eigenes ›Ethos‹ aber kannte er überhaupt nicht: Zauber, nicht Lebensführung, entschieden über das Schicksal«.[28]

Die damalige vergleichende Religionswissenschaft hatte Unterschiede zwischen den großen Religionen im Blick auf Erlösung durch Ethik beschrieben. Die Resultate dieser Vergleiche wurden von Weber verwendet, um die Herausbildung rationaler Lebensführung in der westlichen Kultur zu erklären. Denn die jüdisch-christliche Religionsgeschichte hat stärker als andere Religionen – mit Ausnahme des Islam – die Bewährung des Glaubens und damit das Erlösungsstreben an ethisches Handeln geknüpft.

Webers Deutung der Propheten war von einer protestantischen Perspektive abhängig gewesen und insofern zeitbedingt gewesen. Daß und wie sie revidiert worden ist, werde ich im IV. Kapitel zeigen. Unabhängig von dieser Revision aber bleiben seine begrifflichen Unterscheidungen zwischen Typen religiösen Handelns von Nutzen. Wenn man annimmt, den Menschen sei ein Interesse am Erlangen von Heil eigen (so wie ihnen ein Interesse an Tausch und ein Interesse an Herrschaft eigen sei)[29], dann lassen sich die Religionen wie Modelle lesen, diesem Interesse theoretisch und praktisch Form zu geben. Dabei können der Kult oder die Lebensführung das primäre Mittel sein, mit dem um Heil gerungen wird. Die Lebensführung kann ihrerseits innerweltlich oder außerweltlich sein. Sie kann mehr auf aktives Handeln oder mehr auf passive Kontemplation gerichtet sein. Diese recht trockenen Unterscheidungen bleiben nützlich und sind von Schluchter mit gutem Grund erneut aufgegriffen und fruchtbar gemacht worden.[30]

    tation der jüdischen Prophetie verdankte: P. L. Berger, »Charisma and Religious Innovation: The Social Location of Israelite Prophecy«, in: *ASR* 28 (1963), S. 940-950.
28 *Die Wirtschaftsethik der Weltreligionen. MWG*, Bd. I/19, Tübingen 1989, S. 408.
29 Eine Überlegung von Song U-Chon, *Max Webers Stadtkonzeption. Eine Studie zur Entwicklung des okzidentalen Bürgertums*, Göttingen 1985, S. 4.
30 In seinem Buch *Die Entwicklung des okzidentalen Rationalismus. Eine Analyse von Max Webers Gesellschaftsgeschichte*, Tübingen 1979, S. 235-242; Schluchter hat in seinem zweibändigen umfassenden Werk *Religion und Lebensführung*, Frankfurt 1988, im zweiten Band »Studien zu Max Webers Religions- und Herrschaftssoziologie« den Nut-

Erlösungsreligionen als Problematisierungen
von Sinn und Webers Konzeption
von Weltverhältnissen

Eine zweite Stelle im Denken Webers, an der eine Abhängigkeit
von der vergleichenden Religionswissenschaft besteht, ist die
Kulturbedeutung von Erlösungsreligiosität. Auch dieser Begriff,
der in Webers Kulturanalyse eine Schlüsselposition einnahm,
stammte aus religionswissenschaftlicher bzw. -philosophischer
Quelle. Da die Schranken zwischen Theologie, Religionswissenschaft und Soziologie damals noch nicht niedergegangen waren –
dies geschah dann nach dem ersten Weltkrieg –, konnte auch ein
theologischer Begriff wie »Erlösung« für eine Gesellschaftsanalyse fruchtbar werden. Er wurde wichtig für die Beschreibung
eines weiteren Schubes der Entzauberung von Lebensführung,
der nicht mehr in einer Beziehung zum Kult stand, sondern zur
Erfahrung von Sinnwidrigkeit der Welt. Religionsphilosophen
und Theologen hatten den Erlösungsbegriff in Verbindung mit
der ›Sinn‹-Problematik gebracht (H. Siebeck; E. Troeltsch).[31]
Ernst Troeltsch hatte 1910 in dem Artikel »Erlösung II. Dogma-
tisch« in der ersten Auflage der *Religion in Geschichte und Gegenwart* mit Hilfe dieses Begriffes eine Brücke von der allgemeinen Religionsgeschichte zur existentiellen ›Sinn‹-Problematik geschlagen. Je stärker die Gottheit zum Inbegriff des Guten empor-
gestiegen sei, um so deutlicher sei das Hemmende, zwischen Gott
und Mensch Stehende, als Welt hervorgetreten – und zwar als
Welt des Scheins, des Leidens und der Sünde. Troeltsch nannte
als Beispiele hierfür den Hinduismus, den Zoroastrismus, die
griechische Religion, die Gnosis und die israelitische Religion
sowie das Christentum. Nur der Islam und das spätere, sich gegen
das Christentum abschließende Judentum seien ohne Erlösungsglauben geblieben. Ganz ähnlich, wie Troeltsch es hier tut, verarbeitete Weber die allgemeine Religionsgeschichte. Die Erfahrung,
daß die Welt unerklärlich und sinnlos ist, war für Weber die
treibende Kraft der Religionsentwicklung:

zen dieser These Webers ausführlich unter Beweis gestellt; auch Jürgen Habermas hat Typen von Handlungsrationalität an religiösen
Weltbildern beschrieben und unterschieden: *Theorie des kommunikativen Handelns*, Bd. 1, Frankfurt 1981, S. 262-298.
31 Küenzlen, *Die Religionssoziologie Max Webers*, a.a.O., S. 66-69.

»Dies Problem: die Erfahrung von der Irrationalität der Welt war ja die treibende Kraft aller Religionsentwicklung. Die indische Karmanlehre und der persische Dualismus, die Erbsünde, die Prädestination und der Deus absconditus sind alle aus dieser Erfahrung herausgewachsen« (so in seinem Vortrag »Politik als Beruf« des Jahres 1919).[32]

Es ist für Webers Suche nach den Ursprüngen rationalen Handelns von entscheidender Bedeutung gewesen, daß die Erlösungsreligionen nicht nur eine individuelle Erfahrung von Ungerechtigkeit, Leiden und Unwissenheit erträglich gemacht haben, sondern daß sie als Weltbild eine prinzipielle Rätselhaftigkeit der Welt und ihres Sinnes behauptet und mit dieser Behauptung – ganz unabhängig von der Leidenserfahrung des einzelnen – Weltverhältnisse begründet haben.

Mir scheint es eine Schwäche der neueren soziologischen Rekonstruktionen von Webers Weltverhältnissen zu sein, daß sie die intellektuellen Begründungen dieser Weltverhältnisse ein wenig vernachlässigt haben. Weltverhältnisse waren bei Weber an eine Problematisierung des Sinnes der Welt geknüpft. Erst wenn die Welt zum »Sinn«-Problem geworden ist, können Handlungssysteme gegenüber den vorgegebenen Umständen selbständig werden und dauerhafte Weltverhältnisse begründen. Diesen Gedanken hat man nicht in gleicher Intensität aufgegriffen und erörtert, wie dies mit Webers Typologie von Handlungsrationalität geschehen ist. Sowohl Schluchter wie Habermas haben zwar Webers Typologie von Gottesvorstellungen aufgegriffen und eine theozentrische von einer kosmozentrischen Konzeption unterschieden: ein überweltlicher, persönlicher, fordernder Schöpfergott im Gegensatz zu einem unpersönlichen, nur kontemplativ zugänglichen höchsten Wesen.[33] Seine weitergehende Behauptung jedoch, daß religiöse Weltbilder eine Erfahrung der Welt als Sinn-Problem voraussetzen und intellektuell verarbeiten, hat man weniger ernst genommen, obwohl gerade sie für die Analyse von Religion als Mittel der Verständigung von Menschen über die Welt wichtig ist. Jede Beschreibung von Religion ist ja darauf

---

32 Weber, *Gesammelte Politische Schriften*, Tübingen 1921, S. 554.
33 Weber, *Gesammelte Aufsätze zur Religionssoziologie*, Bd. 1, a.a.O., S. 257 f. (»Einleitung in die Wirtschaftsethik der Weltreligionen«); Schluchter, *Entwicklung des okzidentalen Rationalismus*, a.a.O., S. 234; Habermas, a.a.O., Bd. 1, S. 281-283.

angewiesen, nicht nur den Gebrauch, sondern auch die Inhalte von Religion verständlich zu machen. Bei dieser Interpretation kann die intellektuelle Deutung von Erfahrungen in der Welt ein Gegenstand sein, der einen davor bewahrt, entweder in theologische oder in religionskritische Werturteile über Religion zu geraten.

Wenn es das Ziel einer Religionspragmatik ist, religiöse Aussagen als Gegenstand von Kommunikation zu untersuchen, dann wird man dieses Ziel wohl nur erreichen können, wenn die Ebene der Gegenstände, über die Menschen sich verständigen, ebenso behandelt wird wie die Beziehung, die sie zu ihnen einnehmen. Beides hängt zusammen: die Geltung einer Aussage kann nicht vom Kommunikationsvorgang gelöst werden und umgekehrt. Die Funktion von Erlösungsreligion als intellektuelles Weltbild ist virtuell und – wie zu zeigen sein wird – historisch tatsächlich ein Fall kommunikativer Kompetenz gewesen und als solcher der Gegenstand von Religionspragmatik. Ich komme hierauf gleich noch einmal zurück. Zuerst aber möchte ich darlegen, wie Weber von der Analyse von Handlungen zu der von Gesellschaft übergewechselt ist.

Ökonomische Klassen und politische Verbände als Träger religiöser Weltbilder

Es war Webers Interesse gewesen, das »Zusammenspiel von ›Geist‹ und ›Form‹, von ›subjektiven‹ und ›objektiven‹, von motivationellen und institutionellen Faktoren« (Schluchter)[34] in der Herausbildung der modernen Gesellschaft zu studieren. In seiner Studie zur protestantischen Ethik war es ihm vorrangig darum gegangen, die Bedingtheit der kapitalistischen Wirtschaftsgesinnung von der protestantischen Religion nachzuweisen. Religion war diejenige Instanz, die Einsicht in subjektives Bewußtsein geben kann. Seine späteren Schriften (der religionssoziologische Abschnitt in *Wirtschaft und Gesellschaft* sowie die »Wirtschaftsethik der Weltreligionen«) setzten diese Erschließungsarbeit fort, erweiterten aber – wie Schluchter gezeigt hat – seine frühere reli-

---

34 In: Schluchter (Hg.), *Max Webers Sicht des Islams*, a.a.O., S. 14.

gionssoziologische Fragestellung.[35] Jetzt wollte er die wechselseitigen Beziehungen zwischen Religionen und sozialer Schichtung studieren – die »Klassenbedingtheit der Religionen«, wie er in einer Disposition des religionssoziologischen Kapitels in *Wirtschaft und Gesellschaft* zugespitzt sagt.[36] Als Ausgangspunkt wählte er die Erlösungskonzeptionen und Theodizeen der Religionen, weil sie unterschiedliche Weltverhältnisse begründeten. Dabei gab er sich nicht dem naiven Glauben hin, solche theologischen Konstruktionen würden das Handeln der Gläubigen gleichsam zwingend bestimmen. Nur als eine idealtypische Möglichkeit wollte er seine Untersuchungen verstanden wissen. Der Begriff der Erlösungsreligiosität sollte es möglich machen, verschiedene Religionen unter demselben Gesichtspunkt miteinander zu vergleichen: wie die Erfahrung des Sinn-Problems der Welt mit der Forderung einer spezifischen methodischen Lebensführung verbunden wurde.

Zur Typologie der Erlösungsreligiosität mußte erst noch eine Soziologie der Trägerschichten treten, bevor Weber an eine praktische Auswirkung dieser Weltbilder auf soziales Handeln dachte. Religionen konnten nur dadurch, daß sie von mächtigen Klassen getragen wurden, soziale Verbindlichkeit und Autorität erlangen. In einer fast materialistisch anmutenden Diktion hat Weber die Schichten benannt, die Träger von Weltreligionen waren: für den Islam die weltunterwerfenden Krieger, für das Judentum die wandernden Händler, für das Christentum die wandernden

---

35 Die Erweiterung der Fragestellung Webers hat Schluchter beschrieben: »Max Webers Religionssoziologie. Eine werkgeschichtliche Rekonstruktion«, in: derselbe (Hg.), *Max Webers Sicht des antiken Christentums*, a.a.O., S. 525-556.

36 Aus dieser Formulierung leitet Schluchter ab, daß Weber seine religionssoziologische Fragestellung erweitert habe: »nach der Untersuchung der Religionsbedingtheit der Wirtschaftsgesinnung nun die Untersuchung der Klassenbedingtheit der Religion«. Schluchter (Hg.), *Max Webers Sicht des Islams*, Frankfurt 1987, S. 13. Die Disposition des Kapitels bei Schluchter (Hg.), *Max Webers Sicht des antiken Christentums. Interpretation und Kritik*, a.a.O., S. 557. Schluchter hat in diesem Band eine werkgeschichtliche Rekonstruktion von Webers Religionssoziologie vorgenommen, auf die ich mich stütze (»Max Webers Religionssoziologie. Eine werkgeschichtliche Rekonstruktion«, S. 525-556).

Handwerker. Dabei hat er in allen Fällen die Klassenzugehörigkeit der Träger dieser Religionen zu sehr vereinfacht und beim Islam die Kaufmannschaft, beim Judentum das freie Stammbauerntum und beim Christentum die Beamtenschaft weggelassen. Auf der anderen Seite fügte er aber eine Einschränkung an, die ein materialistisches Verständnis verbietet:

»sie alle nicht als Exponenten ihres Berufes oder materieller ›Klasseninteressen‹, sondern als ideologische Träger einer solchen Ethik oder Erlösungslehre, die sich besonders leicht mit ihrer sozialen Lage vermählte«.[37]

Man kann die Bedeutung dieser Einschränkung für Webers Analyse rationaler Lebensführung kaum überschätzen. Für Weber erwuchs aus einer gemeinsamen Klassenlage noch keineswegs von selbst ein Gemeinschaftshandeln. Oft entstand seiner Meinung nach nur ein »amorphes Gemeinschaftshandeln«, wie das aus dem Alten Orient bekannte Murren der Arbeiter. Wann aber kann aus einer gemeinsamen Klassenlage überhaupt ein Gemeinschaftshandeln hervorgehen?
Weber führt hierzu den Begriff ›Stand‹ ein. Von der Klassenzugehörigkeit unterschied er Stände. Sie sind durch eine gemeinsame Vorstellung von Ehre charakterisiert. Inhaltlich findet die ständische Ehre ihren Ausdruck in einer spezifisch gearteten Lebensführung. Die ständische Ehre muß nicht an eine bestimmte »Klassenlage« anknüpfen, kann es aber. Auf jeden Fall entwickelt erst ein Stand ein »einverständliches Gemeinschaftshandeln«.[38] Religion und Klassenlage greifen auf der Ebene der gemeinschaftlichen Lebensführung ineinander. Nur dann, wenn Klassen zum Träger gemeinschaftlicher Lebensführung geworden sind, hat Religion überhaupt eine Chance, als Handlungsmaxime soziale Verbindlichkeit zu erlangen.

»Interessen (materielle und ideelle), nicht: Ideen beherrschen unmittelbar das Handeln der Menschen. Aber: die ›Weltbilder‹, welche durch ›Ideen‹ geschaffen wurden, haben sehr oft als Weichensteller die Bahnen bestimmt, in denen die Dynamik der Interessen das Handeln fortbewegte.«[39]

37 *Wirtschaft und Gesellschaft*, Tübingen ⁵1985, S. 311.
38 Diese Ausführung zu Stand und Klasse steht in *Wirtschaft und Gesellschaft*, a.a.O., S. 531-540.
39 Weber, *Die Wirtschaftsethik der Weltreligionen*, a.a.O., S. 101.

Nicht die Klassenlage an sich, sondern die spezifisch geartete Lebensführung und das daraus herrührende Prestige begründen die ›Verwandtschaft‹ zwischen Religion und Klassen. Damit aber wird zwischen Klassenlage und Religion eine Instanz geschoben, die Weber außer mit ›Stand‹ auch mit ›Ehre‹, ›Ethos‹ und ›Weltbild‹ beschrieben hat und die man auch mit der heute häufiger verwendeten Bezeichnung ›Mentalität‹ belegen könnte. Religion muß erst zum Orientierungsmittel in der Lebensführung von Klassen geworden sein, bevor sie ein Faktor in der Formung und Gestaltung einer Gesellschaft insgesamt werden kann.

Man hat wenig beachtet, daß Weber dabei zwei Felder sozialer Interaktionen unterschieden hat, in denen Erlösungsreligionen als Orientierungsmittel Wirkung gehabt haben. In dem bekannten Kapitel »Stände, Klassen und Religion« befragte Weber die Schichten von Bauern, Kriegsadel, Beamten, Händlern und Handwerkern darauf, ob sie zu rationaler Lebensführung fähig und gezwungen waren. Diese Befragung war von der Protestantismus-Kapitalismus-These inspiriert worden. Nur die städtischen Handwerker und Kleinhändler (und nicht die Bauern und Krieger) kamen dabei als mögliche Träger rationaler Lebensführung in Frage. Begründet war dies in dem Zwang zur Rechenhaftigkeit, der mit ihren Gewerben verbunden war.

Weber hat jedoch noch einen zweiten Ansatz entwickelt, der über diese ökonomische Perspektive hinausging. In ihm sind es nicht Klassen, sondern politische Verbände (in denen Klassen operieren), die im Hinblick auf rationale Lebensführung miteinander verglichen werden. Das Ergebnis dieses Vergleiches war, daß städtische Klassen eher unter den Bedingungen einer Bürgergemeinde als einer Bürokratie aktive Träger rationaler Lebensführung sein konnten. Dieser Gesichtspunkt liegt seiner Analyse des Unterganges der antiken Stadtkultur und seiner Kritik am Kaiserreich zugrunde.[40]

40 »Die sozialen Gründe des Untergangs der antiken Kultur«, in: J. Winckelmann, Max Weber, *Soziologie – Universalgeschichtliche Analysen – Politik*, a.a.O., S. 1-26; ebenfalls hierher gehört »Agrarverhältnisse im Altertum«, in: *Gesammelte Aufsätze zur Sozial- und Wirtschaftsgeschichte*, Tübingen 1924, S. 1-288; zur Analogie zwischen Webers Kritik am Kaiserreich und seiner Deutung des Untergangs der Antike: Schluchter, »Der autoritär verfaßte Kapitalismus. Max Webers Kritik

In den Diskussionen der Weber-These über den Ursprung der kapitalistischen Rechenhaftigkeit ist dieser zweite Ansatz fast ganz verschwunden. Dabei erlaubt er es, die in Erlösungsreligionen vorgenommenen Problematisierungen vorgefundener Verhältnisse weniger global und damit spezifischer zu erfassen und zu beschreiben. Die Betrachtung ökonomischer Konsequenzen aus Erlösungsreligiosität tendiert an sich schon dazu, Rationalität mit abstrakter Rechenhaftigkeit gleichzusetzen. Wenn man eine solche Verengung vermeiden möchte, lohnt es mindestens den Versuch, die Geschichte der Religionen daraufhin zu befragen, ob sie die politischen Ordnungen von Bürgergemeinde und Bürokratie problematisiert haben oder nicht.

Religion als das Außeralltägliche: Webers offener Religionsbegriff

Die interdisziplinären Möglichkeiten, die in Webers Programm beschlossen lagen, wurden lange Zeit wenig genutzt. Schon bald nach Weber gingen Soziologie und Religionswissenschaft getrennte Wege. Religionswissenschaftler faßten Religion überwiegend als einen inneren, subjektiven, psychischen Erfahrungsgegenstand auf, der den religionshistorischen Erscheinungen als ein zeitloses Wesen zugrundeliegt. Sie bemühen sich daher darum, ihren Gegenstand auf eine zeitlose Weise zu definieren. Dabei entwickelten sie einen universalen Begriff von Religion, der auch noch vor westlichen Augen bestehen können sollte. Selbst ein später und kritischer Betrachter dieser Bemühungen, wie R. Baird es war, fühlte sich aufgerufen, eine weitere Definition von Religion vorzulegen.[41] Zwar brach auf dem internationalen Kongreß

am Kaiserreich«, in: derselbe, *Rationalismus der Weltbeherrschung. Studien zu Max Weber*, Frankfurt 1980, S. 134-169.

41 »Religion is ultimate concern ... By ›ultimate‹ I am referring to a concern which is more important than anything else in the universe of the person involved« (*Category Formation and the History of Religions*, Den Haag 1971, S. 18). Ein kluger Artikel zu Problemen der Definition und Erklärung von Religion stammt von M. Spiro, »Religion: Problems of Definition and Explanation«, in: M. Banton (Hg.), *Anthropological Approaches to the Study of Religion*, London 1966, S. 85-126. Die Literatur hierzu ist über die Ufer getreten.

der Religionswissenschaftler 1960 in Marburg erneut die Diskussion um die Methodenfrage in der Religionswissenschaft auf. Jedoch wurde nicht so sehr die Definition von Religion als subjektiver Bewußtseinsinhalt zur Diskussion gestellt, als der historische Status des Untersuchungsgegenstandes. Der Religionswissenschaft drohte nach Ansicht führender Vertreter die Gefahr zu verflachen, wenn sie sich auf den Dialog mit den großen Weltreligionen beschränken und die historische Dimension ihrer Gegenstände preisgeben würde. Dagegen erhoben sie Einspruch und verteidigten die Notwendigkeit historischer Studien und induktiver Methoden. Eine wirkliche Besinnung auf die andere Frage aber, ob und inwieweit Religion ein innerer, ob und inwieweit sie ein äußerer Tatbestand ist, kam lange Zeit nicht zustande.[42] Erst in jüngerer Zeit beginnt sich dies zu ändern, wenn man die religionswissenschaftliche Kritik an der Religionsphänomenologie zur Kenntnis nimmt[43] oder an die Forschungen von Clifford Geertz denkt. Dabei rücken der Begriff der Kultur und seine philosophische Konstruktion ins Zentrum.[44]

Dabei wäre für es fruchtbar gewesen, den wissenschaftlichen Religionsbegriff radikaler auf offene und verdeckte Voraussetzungen hin zu prüfen[45] und sich dabei der Auffassung Webers zu

42 Eine Zusammenfassung der Diskussion gab A. Schimmel. »Summary of the Discussion«, in: *Numen* 7 (1960), S. 235-239; eine Darstellung dieser Diskussion gibt G. Dudley III, *Religion on Trial. Mircea Eliade & His Critics*, Philadelphia 1977, S. 21-25; zuvor: H. Clavier, »Wiederaufbruch eines Methodenproblems in der Religionsgeschichte« (ursprünglich auf Französisch 1968), in: G. Lanczkowski (Hg.), *Selbstverständnis und Wesen der Religionswissenschaft*, Darmstadt 1974, S. 272-302.

43 Wichtig und typisch war hierfür der von Th. P. van Baaren und H. J. W. Drijvers herausgegebene Band *Religion, Culture, and Methodology*, Den Haag 1973.

44 Grundlegend in diesem Zusammenhang die Kulturtheorie von Ernst Cassirer, die von Susanne K. Langer brillant dargestellt worden ist: *Philosophy in a New Key. A Study in the Symbolism of Reason, Rite and Art* (1942); deutsche Übersetzung: *Philosophie auf neuem Wege*, Frankfurt 1984. Der Symbolbegriff rückte damit in die Schaltstelle der Kulturtheorie ein. Zu Cassirer: H.-J. Braun/H. Holzhey/E. W. Orth (Hg.), *Über Ernst Cassirers Philosophie der symbolischen Formen*, Frankfurt 1988.

45 Wie sinnvoll, ergiebig und notwendig eine Hinterfragung und histori-

erinnern. Für Weber war Religion ebenfalls ein Bewußtseinsinhalt gewesen. Er bildete sich aus der Erfahrung des Außeralltäglichen. So heißt es in der »Wirtschaftsethik der Weltreligionen«:

> »Es gibt keinerlei Scheidung von ›religiösen‹ und ›profanen‹ Zuständlichkeiten anders als durch die *Außer*alltäglichkeit der ersteren«.[46]

Durch diese Bestimmung ergeben sich interessante Perspektiven. Religion war für Weber nämlich nicht nur oder vorwiegend Ausdruck des Außeralltäglichen, sondern auch – und darauf fällt der Akzent – Interpretation davon. Ich möchte diesen Gedanken in Anlehnung an D. J. Hirsch umschreiben. Dieser schrieb in seinen *Prinzipien der Interpretation:*

> »Die Sprache ist nicht nur Ausdruck von Sinn, sondern auch Interpretation von Sinn«.[47]

Mit diesem Satz ließe sich auch Webers Verständnis von Religion charakterisieren: Religion ist nicht nur Ausdruck von Außeralltäglichem, sie ist auch Interpretation von Außeralltäglichem. Das Charisma eines Propheten, der sich über ehrwürdige Traditionen hinwegsetzt; die Überwindung natürlicher Bedürfnisse durch Asketen; die Weltflucht von Mystikern – diese von Weber genannten Fälle demonstrieren die Macht des Außeralltäglichen und sind zugleich Interpretationen davon. Weber hatte Heiligkeit/Religion als einen logischen Typus gefaßt, der seine Verständlichkeit aus der Negation seines jedem evidenten Gegenteils bezog: des Alltäglichen.[48] Indem er Religion auf diese denkbar indirekteste Weise umschrieb, verankerte er die Interpretationen in ihr selber.

sche Einordnung der Religionsdefinitionen der Religionswissenschaftler ist, hat B. Gladigow gezeigt: »Religionsgeschichte des Gegenstandes – Gegenstände der Religionsgeschichte«, in: H. Zinser (Hg.), *Religionswissenschaft. Eine Einführung*, Berlin 1988, S. 6-37; derselbe, »Kraft, Macht, Herrschaft. Zur Religionsgeschichte politischer Begriffe«, in: derselbe (Hg.), *Staat und Religion*, Düsseldorf 1981, S. 7-22; derselbe, »Gegenstände und wissenschaftlicher Kontext von Religionswissenschaft«, in: *Handbuch religionswissenschaftlicher Grundbegriffe*, Bd. 1, Stuttgart 1988, S. 26-40.

46 *Gesammelte Aufsätze zur Religionssoziologie*, Bd. 1, a.a.O., S. 250.
47 München 1972, S. 93.
48 C. Seyfarth, »Alltag und Charisma bei Max Weber. Eine Studie zur Grundlegung der ›verstehenden‹ Soziologie«, in: W. M. Sprondel, R. Grathoff (Hg.), *Alfred Schütz und die Idee des Alltags in den Sozialwissenschaften*, Stuttgart 1979, S. 155-177; S. Breuer, »Magisches

Webers Denken über Religion läßt sich daher mit den Begriffen der modernen linguistischen Pragmatik weiterführen. Sie untersucht Sprache als Mitteilung in Situationen – als Kommunikation. In der Kommunikation wird über Gegenstände/Tatsachen auf eine solche Weise gesprochen, daß sie durch die Situation zu den Beteiligten in eine Beziehung treten. Neben der Funktion der Bezeichnung steht daher die der Beziehung zu den Teilnehmern einer kommunikativen Situation. Kommunikation kommt nur dann zustande, wenn die Beteiligten gleichzeitig die Inhalts- und die Beziehungsebene betreten – so faßt H. Pelz einen grundlegenden Gedanken von Habermas zusammen.[49] Habermas hatte von der Doppelstruktur des Sprechaktes gesprochen und zwischen den Ebenen der Gegenstände und der Intersubjektivität unterschieden.[50] John R. Searle verfolgte eine ähnliche Absicht, als er die Referenz- von der Bedeutungstheorie unterschied.[51] Die Folgen dieser Differenzierung zweier unterschiedlicher Gesichtspunkte in der Kommunikation für die Religionsanalyse liegen auf der Hand. Religion sollte dann nicht mehr in möglichst allgemeinen Begriffen definiert, sondern als Gegenstand von Kommunikation beschrieben werden, wobei der Glaube nur logisch, nicht aber psychologisch vorauszusetzen wäre.[52]

Genau dieses leistet nach meiner Überzeugung Webers Religions-

und Religiöses Charisma. Entwicklungsgeschichtliche Perspektiven«, in: *KZS* 41 (1989), S. 215-240.

49 H. Pelz, *Linguistik für Anfänger*, 7. Auflage, Hamburg 1987, S. 240.

50 J. Habermas, »Vorbereitende Bemerkungen zu einer Theorie der kommunikativen Kompetenz«, in: J. Habermas/N. Luhmann, *Theorie der Gesellschaft oder Sozialtechnologie*, Frankfurt 1971, S. 101-141, auf S. 105; derselbe, »Sprachspiel, Intention und Bedeutung. Zu Motiven bei Sellars und Wittgenstein«, in: R. Wiggershaus (Hg.), *Sprachanalyse und Soziologie. Die sozialwissenschaftliche Relevanz von Wittgensteins Sprachphilosophie*, Frankfurt 1975, S. 319-340, auf S. 336f.

51 »Theorie der menschlichen Kommunikation und Philosophie der Sprache. Einige Bemerkungen«, in: Wiggershaus (Hg.), a.a.O., S. 301-317.

52 Näher begründe ich diese Behauptung in meinem Artikel: »Diskursive Religionswissenschaft. Gedanken zu einer Religionswissenschaft, die weder auf einer allgemein gültigen Definition von Religion noch auf einer Überlegenheit von Wissenschaft basiert«, in: B. Gladigow, H. G. Kippenberg (Hg.), *Neue Ansätze in der Religionswissenschaft*, München 1983, S. 9-28.

begriff. Er war dadurch, daß er Religion eher typisiert als definiert hatte, offen für kommunikative Bedeutungen. Dabei möchte ich zwei unterschiedliche Typen kommunikativer Bedeutungen voneinander trennen. Religion kann Medium der Erörterung von Sinnfragen und Sinnproblemen sein und dabei ein Feld intellektueller Anstrengungen werden. Religion kann aber auch ein Medium der Regulierung praktischer Fragen und Probleme sein und auf diesem Wege ein praktisches Orientierungsmittel werden.[53] Religion kann in diesem Sinne reflexiv-theoretisch und regulativ-praktisch sein: das Mittel der Behandlung von Sinnfragen und der Regulierung praktischer Beziehungen. Damit hatte Weber die Interpretation in den Religionsbegriff selber hineingeholt. Ich werde auf die historischen Triebkräfte hinter diesen Interpretationen gleich näher eingehen, wenn ich den Intellektualismus in Erlösungsreligionen und das Verhältnis von Stadtgemeinde und Religionsgemeinschaft behandele. Zuvor möchte ich jedoch die in diesem Zusammenhang wichtige Bedeutungstheorie vertiefen.

Die Doppelstruktur der Kommunikation
über Religion

Die pragmatische Wende
in der Bedeutungstheorie

Webers zweifache Bestimmung von Religion als regulativem und reflexivem Medium arbeitete mit den Mitteln der Bewußtseinsphilosophie seiner Zeit, die inzwischen kritisiert worden ist. Ein Rückgriff auf Weber darf sich den Einwänden, die gegen sie erhoben worden sind, nicht entziehen. Wenn man Weber für die heutige Religionsanalyse fruchtbar machen will, sollte man diese Kritik und ihre Ergebnisse berücksichtigen.
Ich möchte mit einer Behauptung von Habermas beginnen. Webers Auffassung von Handeln als einem Verhalten, mit dem die Handelnden einen Sinn verbinden, habe eine »intentionalistische Bewußtseinstheorie« und keine »Bedeutungstheorie« im Rücken.

53 Der Begriff »Zivilreligion« erstreckt sich auf beide Aspekte. Zu diesem Gegenstand: H. Kleger/A. Müller (Hg.), *Religion des Bürgers. Zivilreligion in Amerika und Europa*, München 1986.

Weber »erläutert ›Sinn‹ nicht anhand des Modells sprachlicher Bedeutungen und bezieht ›Sinn‹ nicht auf das sprachliche Medium möglicher Verständigung, sondern auf Meinungen und Absichten eines zunächst isoliert vorgestellten Handlungssubjekts«. Dies trenne Weber von der Theorie kommunikativen Handelns.[54]

Es trennt Weber auch noch von anderen neueren Sozialwissenschaftlern. Dies hat mit der pragmatischen Wendung in der linguistischen Bedeutungstheorie zu tun. Sie hat es möglich gemacht, Handlung und Sinn nicht mehr über die bewußte Intention der Handelnden verknüpfen zu müssen, sondern dies über die Kommunikation tun zu können.

»Sprache interessiert nicht mehr so sehr als abstraktes Zeichensystem, sondern als System symbolischer Kommunikation«: mit diesen Worten beschreibt H. Pelz die Wendung, die die Linguistik in der Pragmatik vollzogen hat.[55] Diese Wendung war durch John L. Austin[56] und besonders Wittgenstein vorbereitet worden, der in seinen *Philosophischen Untersuchungen* über den Begriff ›Bedeutung‹ bemerkt hatte: »Man kann für eine *große* Klasse von Fällen der Benützung des Wortes ›Bedeutung‹ – wenn auch nicht für *alle* Fälle seiner Benützung – dieses Wort so erklären: Die Bedeutung eines Wortes ist sein Gebrauch in der Sprache.«[57]

Für eine Religionsanalyse bildet diese pragmatische Wendung Anreiz und Herausforderung in einem. Einerseits erleichtert sie die Aufgabe, die Bedeutungen von Glaubensaussagen zu beschreiben, ohne ihre Wahrheit behaupten (die theologische Position) oder bestreiten zu müssen (die religionskritische bzw. positivistische Position). Da eine universale Definition des Wesens von Religion nicht erreicht worden ist und wohl auch unerreichbar bleiben wird, kann man mit Hilfe der Pragmatik die Sackgasse verlassen, in die die Religionswissenschaft durch eine Fixierung auf die Definition des Wesens von Religion zu geraten droht. Es wird die religionswissenschaftliche Arbeit erleichtern und präzi-

54 Habermas, *Theorie des kommunikativen Handelns*, Bd. 1, a.a.O., S. 377.
55 *Linguistik für Anfänger*, Hamburg, [7]1987, S. 221. Zur Pragmatik grundlegend: R. C. Stalnaker, »Pragmatics«, in: D. Davidson, G. Herman (Hg.), *Semantics of Natural Language*, Dordrecht [2]1972, S. 380-397.
56 *Zur Theorie der Sprechakte (How to do Things with Words)* (1962), Stuttgart [2]1979.
57 Frankfurt 1975, S. 41.

sieren, wenn man die Bedeutung religiöser Äußerungen über ihren Gebrauch in der Kommunikation zu ermitteln versucht.[58] Andererseits stellt uns die pragmatische Wendung vor die Aufgabe, einer Analyse von Religion im Kontext von Kommunikation erst noch Gestalt zu geben. Welche Alternativen sich hierbei anbieten, möchte ich durch eine Besprechung zweier unterschiedlicher pragmatischer Ansätze erläutern: des Ansatzes von Jürgen Habermas und jenes von Clifford Geertz. Beide stehen noch in der Weber-Tradition, setzen aber die pragmatische Wendung in der Bedeutungstheorie voraus.

Der Ansatz von Jürgen Habermas: kommunikative Kompetenz

Habermas hat die These vertreten, daß jeder Sprechakt aus zwei Teilen bestehe: aus einem abhängigen Satz propositionalen Gehalts und einem performativen Satz, durch den ein Einverständnis über den Gehalt hergestellt wird. Diese Annahme hatte er der Analyse von Sprechhandlungen entlehnt:

»Die elementaren Einheiten der Rede haben eine eigentümliche Doppelstruktur ... Ein Sprechakt ist nämlich aus einem performativen Satz und einem davon abhängigen Satz propositionalen Gehalts zusammengesetzt.« Wenig später schreibt Habermas dann den für unsere Überlegungen so wichtigen Satz: »In der elementaren Verknüpfung von Sprechakt und Satz propositionalen Gehaltes zeigt sich die *Doppelstruktur umgangssprachlicher Kommunikation.* Eine Verständigung kommt nicht zustande, wenn nicht mindestens zwei Subjekte gleichzeitig *beide* Ebenen betreten.«[59]

Diese Überlegung ist durch John L. Austin angeregt worden. Er hatte Äußerungen, die eine Handlung vollziehen, performativ ge-

58 Ich habe dies näher ausgeführt in dem Artikel: »Diskursive Religionswissenschaft. Gedanken zu einer Religionswissenschaft, die weder auf einer allgemein gültigen Definition noch auf einer Überlegenheit von Wissenschaft basiert«, in: H. G. Kippenberg, B. Gladigow (Hg.), *Neue Ansätze in der Religionswissenschaft,* a.a.O., S. 9-28.

59 Habermas, »Vorbereitende Bemerkungen zu einer Theorie der kommunikativen Kompetenz, in: J. Habermas/N. Luhmann, *Theorie der Gesellschaft oder Sozialtechnologie,* a.a.O., S. 101-141; Zitate S. 104 und S. 105.

nannt. Als Beispiel kann der Satz in einer Taufe gelten: »Ich taufe dich auf den Namen Colin«. Es ist ersichtlich, daß dieser Satz nichts beschreibt oder behauptet und auch nicht wahr oder falsch sein kann. Er bezieht seine Verbindlichkeit aus der Situation und aus der Konvention, auf die er sich bezieht. Indem er gesprochen wird, vollzieht der Sprechende eine Handlung.[60] Habermas hat die Existenz solcher Sprechakte für die Handlungstheorie nutzbar gemacht.[61]

Dieser Ansatz eröffnet auch der Religionsanalyse neue Wege. Religion kann einen Glaubensinhalt bezeichnen. Nehmen wir als Beispiel die Aussage, Gott habe sein Volk Israel aus Ägypten erlöst. Diese Aussage kann Gegenstand eines Glaubensbekenntnisses (in der Liturgie des jüdischen Passafestes zum Beispiel)) sein. In diesem Falle ist sie ein Gegenstand, über den Gläubige sich in der Form eines Bekenntnisses verständigen. Diese Form wurde von Religionswissenschaftlern und Theologen bislang deutlich bevorzugt, wenn sie Religion interpretierten. Weniger beachtet wurde, daß Religion daneben auch mit Redeformen verbunden war, die andere Geltungsansprüche erhoben. Beispielsweise konnten Rechtssatzungen Inhalt prophetischer Offenbarungsrede sein. So hatte Gott es durch den Mund seines Propheten Mose dem Volk Israel untersagt, Mitbürger zu versklaven. In diesem Falle war die religiöse Aussage ein Medium der Verständigung über praktische Sachverhalte.

Beide Fälle möchte ich voneinander trennen. Es ist etwas anderes, ob Religion Gegenstand eines Glaubensbekenntnisses ist oder ob man sich unter Bezugnahme auf Religion über praktische Fragen verständigt. Es gibt zwar keinerlei Notwendigkeit, daß die Herstellung eines Einverständnisses über das ethisch Richtige nur

---

60 Austin, *Zur Theorie der Sprechakte*, a.a.O., S. 29 f.
61 Diese Grundidee der *Theorie des kommunikativen Handelns* findet sich in aller Kürze und Prägnanz ausgesprochen in: Habermas, »Sprachspiel, Intention und Bedeutung. Zu Motiven bei Sellars und Wittgenstein«, in: R. Wiggershaus (Hg.), *Sprachanalyse und Soziologie. Die sozialwissenschaftliche Relevanz von Wittgensteins Sprachphilosophie*, a.a.O., S. 319-340, auf S. 336 f.; neuerdings hat Habermas seinen sprachpragmatischen Ansatz noch einmal dargestellt: »Handlungen, Sprechakte, sprachlich vermittelte Interaktionen und Lebenswelt«, in: derselbe, *Nachmetaphysisches Denken. Philosophische Aufsätze*, Frankfurt 1988, S. 63-104.

mittels Religion möglich wäre. Wenn dies aber in Wirklichkeit doch geschieht, wie im antiken Israel, dann beansprucht Religion eine Handlungen regulierende Kompetenz. Wenn die Angesprochenen diese anerkennen, dann machen sie aus einem Geltungsanspruch von Religion einen Sprechakt bzw. eine soziale Handlung.

Diese linguistische Theorie hat den großen Vorteil, die Bedeutung von Glaubensaussagen unabhängig von ihrem Status als Bekenntnis beschreiben zu können. Der Religionswissenschaftler soll und kann sich auf die Frage, ob Glaubensbekenntnisse wahr sind oder nicht, nicht einlassen. Sehr wohl aber soll und kann er die Geltungsansprüche von Religion in der gesellschaftlichen Kommunikation beschreiben und erklären. Da Religion in der Geschichte wiederholt als Mittel gedient hat, Einverständnis über praktische Sachverhalte herzustellen, kann er eine Religionsanalyse anstreben, in der nicht der propositionale Gehalt – das Wesen oder die Definition –, sondern die kommunikative Kompetenz von Religion im Zentrum steht.

Stellt man die Frage nach den Bedeutungen von Religion in sozialen Interaktionen auf diese Weise, dann öffnet sich eine Tür zu bislang wenig erforschten Gegenständen. Habermas hat von ihr allerdings selber keinen Gebrauch gemacht. Im Hinblick auf die performative Rolle von sprachlichen Äußerungen im allgemeinen sind seine Studien ungemein ergiebig.[62] Im Hinblick auf eine Religionsanalyse sind sie es sehr viel weniger. Dies liegt daran, daß Habermas Religion in seiner Theorie des kommunikativen Handelns nur als evolutionäre Vorstufe rationaler Handlungsorientierung aufgenommen hat. Als gültiges rationales Orientierungsmittel wollte er sie nicht anerkennen. Die vormodernen Weltbilder können seiner Ansicht nach deshalb keine rationalen Handlungsorientierungen sein, da ihnen die kategorialen Trennungen zwischen objektiver, sozialer und subjektiver Welt fehlen. Erst der Prozeß der Entzauberung, wie Weber ihn beschrieben hat, habe diese Trennung etabliert.[63]

62 A. Honneth/H. Joas (Hg.), *Kommunikatives Handeln. Beiträge zu Jürgen Habermas' »Theorie des kommunikativen Handelns«*, Frankfurt 1986.
63 *Theorie des kommunikativen Handelns*, Bd. 1, a.a.O., S. 72-113 (»Einige Merkmale des mythischen und des modernen Weltverständnisses«), und S. 262-298 (»Die Entzauberung religiös-metaphysischer

Daß ich an dieser These zweifle, möchte ich nicht verhehlen. Sie engt Rationalität auf einen formalen Sachverhalt ein und löst sie damit aus dem universalen Kontext von Sinnproblem und Weltbild, in den Weber sie gestellt hatte. Es scheint mir aus diesen Gründen für eine Religionsanalyse zweckmäßiger, die Bedeutungstheorie Habermas' (die fruchtbar ist) von seiner Religionstheorie (die fragwürdig ist) abzulösen. Was die Religionstheorie angeht, würde ich einer Konsensustheorie von Wahrheit den Vortritt lassen wollen.[64]

Interessant und ergiebig auch für eine Religionsanalyse ist die Annahme von Habermas, daß Handelnde ihre Handlungen über die Rollen, die Äußerungen spielen, koordinieren. Da auch noch die alltägliche Lebenswelt symbolisch strukturiert ist, bedarf es kommunikativer Kompetenz, um soziale Beziehungen zu koordinieren und zu regeln. Da diese Regelung nicht über den propositionalen Aussagegehalt allein vorgenommen werden kann, sollte in einer sozialwissenschaftlichen Religionsanalyse die performative Rolle – und nicht der propositionale Gehalt von Religion – bevorzugter Gegenstand sein: nicht das Wesen von Religion also, sondern die Berufung auf Religion, insbesondere in ihrer Form der prophetischen Offenbarung, zum Zwecke der Begründung sozialer Regeln.[65] Dieser Ausgangspunkt ist in der Religionswissenschaft bislang zu kurz gekommen. Die linguistische Bedeutungstheorie liefert Gesichtspunkte, die die Religionswissenschaft aus ihrer – wie mir scheint – unglücklichen Fesselung an eine essentialistische Definition des Wesens von Religion befreien könnte und die Webers Fragestellung neu aufgreifen könnte.

Weltbilder und die Entstehung moderner Bewußtseinsstrukturen«). Habermas grundlegende Behauptung ist, daß religiöse Weltbilder sich in einem Lernprozeß entwickelt haben, und zwar so, daß am Ende drei formale Weltkonzepte unterschieden wurden: die objektive, die soziale und die subjektive Welt (auf den S. 76, 104, 273-275 nachzulesen). Die vormodernen Weltbildstrukturen erlauben keine Handlungsorientierungen, »die nach heute üblichen Maßstäben rational genannt werden dürfen« (S. 79).

64 Wichtig für diesen Zusammenhang der Beitrag von Habermas, »Wahrheitstheorien«, in: *Wirklichkeit und Reflexion. Festschrift für Walter Schulz*, Pfullingen 1973, S. 211-266.

65 Damit rückt die Besonderheit religiöser Sprache ins Blickfeld. Zu dieser: H. G. Hubbeling, *Einführung in die Religionsphilosophie*, Göttingen 1981, S. 71-76.

Habermas hat eine weitere Unterscheidung getroffen, die zwar zu seiner Evolutionsidee gehört, die aber auch in der Religionsanalyse in der einen oder anderen Weise gemacht werden sollte. Er unterschied einen regulativen von einem diskursiven Geltungsanspruch. Ich möchte die *regulative* Funktion mit Hilfe einer Diskussion, die Habermas mit Weber führt, erläutern. In einer Zwischenbetrachtung seiner *Theorie des kommunikativen Handelns* (mit dem Titel: »Soziales Handeln, Zwecktätigkeit und Kommunikation«)[66] behandelt Habermas die Unterscheidungen, die Weber zwischen zweckrationalem, wertrationalem, affektuellem und traditionellem Handeln getroffen hat. Die »offizielle Version« Webers habe – wie er schreibt – »keine Bedeutungstheorie, sondern eine intentionalistische Bewußtseinstheorie im Rücken«.[67] Er empfindet sie als unbefriedigend, weil sich in der von Weber vorgeschlagenen Reihenfolge der Handlungstypen das Bewußtsein des handelnden Subjekts schrittweise verengt. Handelt das Subjekt im zweckrationalen Handeln so, daß sich der subjektive Sinn auf Mittel, Zwecke, Werte und Folgen bezieht, so werden im wertrationalen Handeln die Folgen, im affektiven Verhalten darüber hinaus auch noch die Werte und schließlich im (traditionalen) Gewohnheitshandeln auch noch der Zweck aus dem Bewußtsein ausgeblendet.[68] Habermas will diese Bewußtseinsverengung überwinden und schlägt darum eine »inoffizielle Version« von Webers Typologie vor. In ihr werden soziale Beziehungen nicht nur durch Interessen, sondern daneben auch durch Ideen – »normatives Einverständnis«, wie Habermas sagt – koordiniert. Weber führe »die interessante Unterscheidung zwischen sozialen Beziehungen, die durch Interessenlage, und solchen, die durch normatives Einverständnis vermittelt sind, auf der Ebene der Handlungsorientierungen selbst nicht klar« durch. Er wolle dies nun mit den Begriffen Erfolgs- vs. Verständigungsorientierung der Handlung nachholen.[69]

Diese Weiterführung Webers ist auch für eine Religionsanalyse wichtig. Religiöse Äußerungen können – durch ihre unterschied-

66 Habermas, *Theorie des kommunikativen Handelns*, Bd. 1, a.a.O., S. 367-452.
67 Ebd., S. 377.
68 Ebd., S. 380.
69 Ebd., S. 382.

lichen performativen Geltungsansprüche – Handlungen koordinieren. Habermas' Theorie der kommunikativen Handlung gibt dabei eine wichtige methodische Regel an die Hand, wie Religion als Element von kommunikativen Handlungen untersucht werden kann: nämlich als Repräsentation und Legitimation von Handlungsabläufen, die die Handelnden bei ihren Interaktionen voraussetzen.

Ich hatte beanstandet, daß Habermas Rationalität formal bestimmt: nämlich als Wissen um die unterschiedlichen Geltungsansprüche von natürlicher, sozialer und subjektiver Welt. Besser wäre es meines Erachtens, ein Handeln rational zu nennen, bei dem die Beteiligten ihre Handlungen mit Hilfe von Konzepten und Weltbildern aufeinander abstimmen.[70] Es gibt meines Erachtens kein wirklich überzeugendes Argument dagegen, daß nicht auch Religion (wie Kultur allgemein) Verständigung der Handelnden ermöglichen und in diesem Sinne Verständigungsrationalität besitzen kann.[71]

Neben dem regulativen Gebrauch von religiösen Weltbildern für die Koordination sozialer Beziehungen (»normatives Einverständnis«) weist Habermas noch auf die Möglichkeit *diskursiver* Problematisierungen hin. Geltungsansprüche beruhen keineswegs immer auf Zwang, sondern können ›diskursiv‹ in Frage gestellt werden. Eine Schwäche seines Diskursmodells besteht allerdings darin, daß es die symbolisch vermittelte Interaktion und die diskursive Problematisierung von Geltungsansprüchen voneinander trennt. In der symbolisch vermittelten Interaktion werden – wie Habermas sagt – Sinnzusammenhänge naiv vorausgesetzt. Nur wenn Störungen des Konsensus auftreten, muß versucht werden, ein neues Einverständnis herzustellen.[72] Damit wird Reflexion aus dem Handeln herausgenommen und zu einer eigen-

70 Dieser Rationalitätsbegriff stammt aus der Debatte über Magie: H. G. Kippenberg/B. Luchesi (Hg.), *Magie. Die sozialwissenschaftliche Kontroverse über das Verstehen fremden Denkens* (1977), Frankfurt 1987, auf den S. 38-51; M. Hollis/S. Lukes (Hg.), *Rationality and Relativism*, Oxford 1982.

71 Ich entlehne diese Charakterisierung den Worten von Habermas, »Handlungen, Sprechakte, sprachlich vermittelte Interaktionen und Lebenswelt«, in: derselbe, *Nachmetaphysisches Denken*, a.a.O., S. 63-104, auf S. 96.

72 »Vorbereitende Bemerkungen zu einer Theorie der kommunikativen

ständigen Form von Kommunikation, die zeitlich befristet ist. Wie man es anders machen könnte, hat Anthony Giddens vorgeführt. Er stellt Reflexivität nicht neben das alltägliche Handeln, sondern verankert es in ihm.

»Menschliches Handeln vollzieht sich ... als ein kontinuierlicher Verhaltensstrom. Es ist ... sinnvoll, Reflexivität in der ständigen Steuerung des Handelns verankert zu sehen, die menschliche Wesen entwickeln und die sie von andern erwarten«. »Die reflexiven Fähigkeiten des menschlichen Akteurs sind auf charakteristische Weise kontinuierlich mit dem Strom des Alltagslebens in den Kontexten sozialen Handelns verbunden. Doch operiert die Reflexivität nur teilweise auf diskursiver Ebene. Was die Handelnden über ihr Handeln und die entsprechenden Handlungsgründe wissen – ihre Bewußtheit als Handelnde –, ist ihnen weitgehend in der Form des praktischen Bewußtseins präsent«.[73]

Für Giddens sind die Handelnden in der Durchführung sozialer Aktivitäten intellektuell beträchtlich qualifiziert. Ihr Wissen bleibt der Strukturierung des sozialen Lebens nicht äußerlich, sondern fließt in es ein. Da die Struktur der Gesellschaft keineswegs nur Handlungen einschränkt, sondern sie gerade auch ermöglicht, strukturieren die Handelnden ihre Gesellschaft selber. In diesem Modell sozialer Prozesse wird Reflexivität anders mit sozialer Interaktion verbunden als bei Habermas. Sie ist keine Ausnahme, sondern Dauerzustand. Dabei setzt auch Giddens die sprachtheoretische Wendung in der Soziologie voraus.

Es ist gewagt, als Fachfremder zwischen Giddens und Habermas den Schiedsrichter spielen zu wollen. Ich möchte jedoch die Vermutung äußern, daß es für eine Interpretation von Erlösungsreligionen fruchtbarer ist, Reflexivität in der Steuerung von Alltagsabläufen zu verankern als in der Form eines außergewöhnlichen Diskurses. Die Konflikte innerhalb der Religionsgeschichte, die meistens als Auseinandersetzungen zwischen Kirche und Sekte, Orthodoxie und Heterodoxie beschrieben worden sind und daher wie Glaubenskonflikte erscheinen, können auch mit einer Bestreitung religiöser Geltungsansprüche auf alltägliche soziale Handlungskoordinationen zusammenhängen. Ich werde in dieser

Kompetenz«, in: J. Habermas/N. Luhmann, *Theorie der Gesellschaft oder Sozialtechnologie*, a.a.O., S. 115.
73 A. Giddens, *Die Konstitution der Gesellschaft. Grundzüge einer Theorie der Strukturierung* (1984), Frankfurt 1988, S. 53 (erstes Zitat) und S. 36 (zweites Zitat).

Studie denn auch die These entwickeln, daß die Religionsgeschichte, unter pragmatischen Gesichtspunkten studiert, Typen von Diskursgemeinschaften erkennen läßt, die anerkannte Handlungskoordinationen im Namen der religiösen Wahrheit problematisiert und zugleich neue Sozialbeziehungen begründet haben.

Der Ansatz von Clifford Geertz: die gegenseitige Bestätigung von Weltbild und Ethos

Da Habermas Religion als ein überholtes Stadium menschlicher Evolution behandelt, kann er die Möglichkeiten einer pragmatischen Bedeutungstheorie für diesen Gegenstandsbereich nicht ausschöpfen. Anders war dies bei Religionsethnologen. Sie lassen eher erkennen, wie eine Religionswissenschaft aussehen würde, wenn sie sich einer pragmatischen Bedeutungstheorie verschriebe. Beispielhaft läßt sich das an dem amerikanischen Kulturanthropologen Clifford Geertz und seinem Aufsatz »Religion als ein kulturelles System« aus dem Jahre 1966 zeigen.[74] Geertz beklagte in ihm die Stagnation der Religionsforschung und unternahm den Versuch, die vorhandenen wissenschaftlichen Ansätze aufzunehmen und in eine kulturanthropologische Betrachtungsweise einzubringen. Aus gutem Grund ist der Neuansatz von Geertz in der Religionsanalyse intensiv diskutiert worden. Ich wüßte keinen anderen Ansatz in der Religionsanalyse aus der jüngeren Vergangenheit zu nennen, der eine ähnliche Beachtung gefunden hätte wie dieser.[75]

74 »Religion as a Cultural System« (1966), in: Geertz, *The Interpretation of Cultures*, New York 1973, S. 87-125; deutsch in: derselbe, *Dichte Beschreibung. Beiträge zum Verstehen kultureller Systeme*, Frankfurt 1983, S. 44-95.

75 Diskussion über Geertz: T. Asad, »Anthropological Conceptions of Religion: Reflections on Geertz«, in: *Man* 18 (1983), S. 237-259; die Artikel von R. C. Martin (»Clifford Geertz Observed: Understanding Islam as Cultural Symbolism«), J. P. Waghorne (»From Geertz's Ethnography to an Ethnotheology?«) and J. van Herik (»›Thick Description‹ and Psychology of Religion«) in dem Band: R. L. Moore/F. E. Reynolds (Hg.), *Anthropology and the Study of Religion*, Chicago 1984, S. 11-30; S. 31-55; S. 56-74); H. Medick, »›Missionare im Ruderboot‹? Ethnologische Erkenntnisweisen als Herausforderung an die

Geertz steht in der amerikanischen Weber-Tradition, die man auf die Kurzformel gebracht hat: »society is subordinate to culture«.[76] Er nahm Webers Analysen von Weltbild und Handlungen wieder auf: allerdings nicht aus soziologischer, sondern aus ethnologischer Perspektive. Es war dabei seine Absicht, einen vereinfachten Funktionalismus zu überwinden. Wie ein Leitmotiv kehrt in seinen Ausführungen die These wieder, daß Religion die soziale Ordnung forme und sie keineswegs nur einfach widerspiegele.

»Religion ist nicht etwa deswegen soziologisch interessant, weil sie, wie der Vulgärpositivismus meint, die soziale Ordnung widerspiegelt ..., sondern deshalb, weil die soziale Ordnung von ihr ... geprägt wird.«[77]

Dabei diente ihm das Ritual, das seit Durkheim in der Sozialanthropologie einen privilegierten Platz eingenommen hatte, als ein exemplarischer Fall. Im Ritual verschmelzen abstrakte Weltbilder und die anschauliche Wirklichkeit von Menschen zu einer eigenen Realität. Geertz bezeichnet sie als Ethos, womit Lebensstil und Lebensführung eines Volkes gemeint sind. Das Ethos eines Volkes kann durch sein Weltbild intellektuell glaubwürdig gemacht werden. Umgekehrt kann sein Weltbild durch sein Ethos emotional überzeugend werden. Ethos und Weltbild benötigen einander, sie bestätigen einander. Sie sind in diesem Sinne konvertibel.

Geertz wandte sich in seinen Beiträgen zur Theorie der Religionsanalyse nicht nur gegen einen Vulgärpositivismus, für den Religion lediglich die Widerspiegelung sozialer Ordnung war, sondern auch gegen »private Bedeutungstheorien«. Geertz hat die Diskussion mit dieser Auffassung in seinem bekannten Artikel

Sozialgeschichte«, in: *Geschichte und Gesellschaft* 10 (1984), S. 295-319; B. Morris, *Anthropological Studies of Religion. An Introductory Text*, Cambridge 1987, S. 312-319 (Stichwort: »Religion as Culture«); W. Hofstee, »The Interpretation of Religion. Some Remarks on the Work of Clifford Geertz«, in: H. G. Hubbeling/H. G. Kippenberg, *On Symbolic Representation of Religion*, Berlin/New York 1986, S. 70-83 (mit weiterführender Literatur); J. W. Bakker/Y. B. Kuiper/ J. Miedema (Hg.), *Antropologie tussen wetenschap en kunst. Essays over Clifford Geertz*, Amsterdam 1987.

76 J. L. Peacock, »The Third Stream: Weber, Parsons, Geertz«, in: *Journal of the Anthropological Society of Oxford* 12 (1981), S. 122-129.

77 Geertz, *Dichte Beschreibung*, a.a.O., S. 87.

»Dichte Beschreibung« geführt. Kultur – so beginnt er seine Auseinandersetzung mit diesen Bedeutungstheorien – ist öffentlich.

»Kultur ist deshalb öffentlich, weil Bedeutung etwas Öffentliches ist«.[78]

Zwischen seinen beiden Einwänden gegen einen vergröberten Funktionalismus und gegen private Bedeutungstheorien besteht ein innerer Zusammenhang. Da Geertz nämlich zwischen Handlungen und intellektuellen Vorstellungen Übertragbarkeit postulierte, konnte und mußte er eine Erklärung von Handlungen aus sozialen Funktionen ebenso ablehnen wie aus den Motiven und Absichten einzelner. Damit löste er die Religionsanalyse sowohl von einer intentionalistischen Bewußtseinstheorie wie vom Funktionalismus. Trotz der Übereinstimmungen mit den Absichten von Habermas unterscheidet sich aber sein Ansatz prinzipiell davon. Geertz hält Religion nämlich für ein kulturelles System, das die menschliche Lebenswelt repräsentiert und als Modell der Wirklichkeit die Handlungen der Gesellschaftsangehörigen aufeinander abzustimmen gestattet. Religion ist – anders als bei Habermas – ein gültiges Orientierungsmittel im Prozeß sozialen Handelns.

Die Doppelstruktur von Habermas, derzufolge Kommunikation aus zwei ungleichen Elementen besteht (der performativen Kompetenz und dem propositionalen Gehalt), kehrt in anderer Weise auch bei Geertz wieder. Bei ihm sind es jedoch intellektuelles Weltbild und beobachtbare Handlungen, die gemeinsam die soziale Wirklichkeit des Menschen konstituieren. An die Stelle des kommunikativen Modells von Habermas tritt hier ein Modell symbolischer Repräsentation.

Der Siegeszug der Symboltheorie seit den sechziger Jahren hat mehrere Gründe. Einer davon war, daß mit ihrer Hilfe die Autorität von Weltbildern nicht induktiv von der Überzeugung des einzelnen her, auch nicht deduktiv vom System her erklärt werden mußte, sondern von der Notwendigkeit sozialer Orientierung und Regulierung her erklärt werden konnte.[79] Geertz ist ein

78 Untertitel: »Bemerkungen zu einer deutenden Theorie von Kultur« (1973), in: Geertz, Dichte Beschreibung, a.a.O., S. 7-43; auf den S. 16-20 diese Auseinandersetzung; Zitat: S. 18.

79 Gut gesehen von S. B. Ortner, »Theory in Anthropology since the Sixties«, in: CSSH 26 (1984), S. 126-166. Eine anspruchsvolle Einführung in die Relevanz der Symboltheorie für die Gesellschaftsanalyse

wichtiger Vertreter dieser Theorie und hat es verstanden, die alte Frage, warum Religionen soziale Anerkennung gefunden haben, neu zu beantworten. Wenn religiöse Konzeptionen in Ritualen aufgeführt werden, dann erlangen sie laut Geertz eine »Aura von Faktizität«.[80] Gleiches bewirken auch religiöse Handlungsbeschreibungen außerhalb von Kultus und Ritus. Wenn Menschen sich in ihrem sozialen Handeln auf Religion berufen und über dieses Medium ihre Handlungen koordinieren, dann erlangt Religion gesellschaftliche Objektivität. Religiöse Ideen werden auf diesem Wege äußere soziale Tatbestände.[81] Man kann an den Religionsanalysen von Geertz und von anderen Ethnologen daher ungefähr ermessen, wie eine pragmatische Religionsanalyse ohne die kritisierte Annahme einer Evolution von Weltbildern aussehen würde. Wenn man die Annahme einer Evolution aufgibt, werden Handlungen als Mittel der Erzeugung religiöser Autorität wichtig.

Die Ideen von Geertz sind in dieser Hinsicht nicht singulär, sondern werden auch von anderen Sozialwissenschaftlern, Philosophen und Historikern geteilt.[82] Ich möchte in diesem Zusammenhang auf eine wichtige Überlegung des Sozialphilosophen Alis-

---

allgemein verdanken wir der Einleitung in: J. L. Dolgin/D. S. Kemnitzer/D. M. Schneider (Hg.), *Symbolic Anthropology. A Reader in the Study of Symbols and Meanings*, New York 1977, S. 3-44; aufschlußreich für die Symboltheorie in der Ethnologie: R. Firth, *Symbols public and private*, London 1973; J. Skorupski, *Symbol and Theory. A Philosophical Study of Theories of Religion in Social Anthropology*, Cambridge/New York 1976; Dan Sperber, *Rethinking Symbolism*, Cambridge 1975, [2]1988.

80 So der Begriff von Geertz, *Dichte Beschreibung*, a.a.O., S. 73.

81 In diesem Zusammenhang muß das neuere Interesse am Ritual gesehen werden: V. Turner, *Das Ritual. Struktur und Anti-Struktur* (1969), Frankfurt 1989; aufschlußreich auch: S. J. Tambiah, »A Performative Approach to Ritual« (1979), in: derselbe, *Culture, Thought, and Social Action*, Cambridge (Mass.)/London 1985, S. 123-166; eine Geschichte der Religionsanalyse unter diesem Gesichtspunkt hat J. van Baal geschrieben: *Symbols for Communication. An Introduction to the Anthropological Study of Religion*, Assen [2]1985.

82 Peter Burke, der als Historiker die Mentalität vergangener Epochen erforscht hat, kann schreiben: »Es gibt keine Sozialgeschichte ohne die Ideengeschichte, vorausgesetzt, daß man darunter eher die Geschichte von jedermans Ideen als die Ideen der originellsten Denker einer be-

dair MacIntyre zum Verhältnis von Weltbild und Handlungen hinweisen. Glaubensanschauungen (*beliefs*) und Handlungen (*actions*) ständen nicht in einer äußerlichen Kausalitätsbeziehung, sondern seien innerlich miteinander verbunden:

»Weil Handlungen Glaubensanschauungen ausdrücken, weil Handlungen ein Vehikel unserer Glaubensanschauungen sind, können sie als konsistent oder inkonsistent mit Glaubensanschauungen, zu denen man sich bekennt, beschrieben werden. ... Das Verhältnis von belief zu action ist nicht äußerlich und kontingent, sondern innerlich und konzeptionell.«[83]

Weil Handlungen mit Glaubensanschauungen innerlich verbunden sind, erlaubt die Beobachtung von Handlungen Einsichten in die Verbreitung und Durchsetzung von Weltbildern.

Für das Verhältnis zwischen Glaubensanschauungen und Handlungen wurden unterschiedliche Modelle erörtert. Sie sind aus unterschiedlichen Lösungen des Problems, wie soziale Handlungen erklärt werden können, hervorgegangen. Quentin Skinner hat auf übersichtliche Weise die verschiedenen Lösungen dafür zusammengestellt. Er ging dabei von der philosophischen Debatte aus, ob Handlungen kausal erklärt werden sollten wie andere natürliche Vorgänge oder ob man zu ihrer Erklärung das Motiv bzw. die Absicht des Handelnden zugrunde legen müsse. Er nennt die Vertreter der ersten Position Naturalisten, die der zweiten Antinaturalisten. Alsdann unternahm er einen eigenen Versuch, diese zwei Ansätze zu verbinden. Dabei verwendete er das Modell der Sprechhandlungen. Die Bedeutung dieser Handlungen liegt nicht in den Motiven der Handelnden, sondern in den Umständen und Konventionen, unter denen sie eine Handlung ausführen. Diese Umstände sind weder natürliche Ursachen noch können sie den Intentionen der Handelnden zugerechnet werden.[84]

Vor dem Hintergrund dieser Erörterungen, für die Skinner und MacIntyre nur – allerdings herausragende – Beispiele sind, sollte

stimmten Epoche versteht.« P. Burke, *Sociology and History*, London 1980, S. 74.

83 A. MacIntyre, »A Mistake about Causality in Social Science«, in: P. Laslett/W. Runciman (Hg.), *Philosophy, Politics and Society*, Oxford ²1967, S. 48-70, Zitat S. 52.

84 Q. Skinner, »›Social Meaning‹ and the Explanation of Social Action«, in: P. Gardiner (Hg.), *The Philosophy of History*, Oxford 1974, S. 106-126.

deutlich geworden sein, wie symptomatisch der Versuch von Geertz ist, die Religionsanalyse auf die Konvertierbarkeit von Weltbild und Ethos zu richten. Die Religionsanalyse von Geertz setzt, wie Habermas es tut, die kommunikative Wendung in der Bedeutungstheorie voraus, gab ihr aber keine evolutionistische, sondern eine ethnographische, empirische Ausrichtung. Es ließe sich noch an weiteren anderen Studien erläutern, wie sehr sie eingebettet ist in eine breite soziologische und philosophische Strömung, die die herkömmlichen Dichotomien zwischen Individuum und Gesellschaft, Handlung und Struktur, Weltbild und Handlungen, Kultur und Gesellschaft zu überwinden versucht. Was wie ein Eklektizismus erscheint und zuweilen auch als solcher kritisiert worden ist, ist – aus einem anderen Blickwinkel betrachtet – ein Versuch, etablierte Dichotomien zu überwinden und falschen Alternativen zu entkommen. In jüngerer Zeit sind diese Versuche noch intensiviert worden. Der Band *The Micro-Macro Link* führt vor, wie man den divergenten soziologischen Traditionen, wenn man an einer Überwindung der Dichotomien wirklich interessiert ist, neue, bislang wenig beachtete, wertvolle Gesichtspunkte abgewinnen kann.[85]

Ich möchte am Ende dieser Diskussion mit zwei Anwälten einer Verknüpfung von subjektiver Sinndeutung und sozialer Handlung über eine pragmatische Bedeutungstheorie einige Erwartungen im Hinblick auf ihre Ergiebigkeit für Religionsanalysen aussprechen. Man sollte es aufgeben, den Sinn von religiösen Handlungen aus der Intention und den Absichten des beteiligten Subjekts zu verstehen und Religion als eine individuelle Transzendenzerfahrung zu definieren. Statt dessen möchte ich dafür plädieren, daß man sich die pragmatische Wendung auch in der Religionstheorie zu eigen macht. Ich möchte zwei Thesen vortragen, die für diese Aneignung sprechen und zugleich die Richtung einer Zunahme an Erkenntnis angeben.

85 Besonders interessant die Einleitung von J. C. Alexander/B. Giesen, »From Reduction to Linkage: The Long View of the Micro-Macro Link«, in: J. C. Alexander/B. Giesen/R. Münch/N. J. Smelser (Hg.), *The Micro-Macro Link*, Berkeley/London 1987, S. 1-42; hierher gehört auch die von H. Haferkamp herausgegebene Sammlung von Beiträgen: *Sozialstruktur und Kultur*, Frankfurt 1990.

1. Ein Studium von Religionsgeschichte unter dem Gesichtspunkt der Geltungsansprüche, den Glaubenssätze auf Handlungen erheben, verspricht neuartige Erkenntnisse über die Religionsgemeinschaften. Es sollte nämlich erkennen lassen, daß und in welchem Grade Religionsgemeinschaften Ansprüche auf die Koordination sozialer Handlungen erhoben haben. Zudem sollte deutlich werden, ob ihnen unterschiedliche oder konträre Geltungsansprüche gleichgültig waren oder ob sie sich darüber gespalten haben. Schließlich kann man Einblicke erwarten, wie Religionen neue Möglichkeiten sozialen Handelns begründet und damit kommunikative Kompetenz geschaffen haben.

2. Ein Studium von Religionsgeschichte unter dem Gesichtspunkt, wie soziale Handlungen und Weltbilder einander bedingen und bestätigen, könnte eine neue Antwort auf die alte Frage geben, wieso Religionen ganz unabhängig vom Glauben des einzelnen (einem eher seltenen Gut) für soziales Handeln relevant werden konnten oder auch irrelevant wurden. Es erlaubt die Auswirkung von Religionsanalysen auf implizite kulturelle Deutungsmuster.

11 Intellektualismus in den Erlösungsreligionen

Alle Bestrebungen, in der Entwicklung von Religion eine Vernünftigkeit auszumachen, die nicht vom Urteil der Aufklärung betroffen ist, werden notwendigerweise in eine Thematisierung von Intellektualismus in der Religionsgeschichte einmünden. Der erste, der dieses in allen Konsequenzen begriffen hatte, war M. Weber gewesen.

Seit dem Ende des 19. Jahrhunderts machte eine neue Bezeichnung die Runde: die Intellektuellen. Sie war erst einige Jahre zuvor in Frankreich und Rußland aufgekommen und sollte sich in der späteren Soziologie des 20. Jahrhunderts einen (allerdings insgesamt zu bescheidenen) Platz erobern.[1] Max Weber griff schon früh diese Bezeichnung auf, um mit ihrer Hilfe die historische Entwicklung zur Erlösungsreligiosität zu erklären. Da in Webers Verständnis das Außeralltägliche nur in seinen theoretischen und praktischen Bedeutungen Religionsgeschichte machte, war diese Bezeichnung wie geschaffen, um Einblicke in die theoretische Deutungsarbeit an Religionen zu erlauben.

Intellektuelle nahmen in Webers Religionsanalyse einen festen Platz ein. Mehr noch: Intellektuellenschichten waren seiner Ansicht nach für die Entwicklung von Erlösungsreligionen konstitu-

---

1 Zur Einführung nützlich ist der Artikel von E. Shils, »Intellectuals«, in der *International Encyclopedia of the Social Sciences*, New York 1968, S. 399-415. Siehe auch seinen Aufsatz »The Intellectuals and the Powers. Some Perspectives for Comparative Analysis«, in: derselbe, *The Constitution of Society*, Chicago 1972, S. 179-201. Zur Illustration der Bedeutung des Themas in der modernen Soziologie möchte ich nennen: K. Mannheim, »The Problem of the Intelligentsia«, in: derselbe, *Essays on the Sociology of Culture*, London 1956, S. 91-170; T. Parsons, »The Intellectual«: A Social Role Category«, in: P. Rieff (Hg.), *On Intellectuals*, New York 1969, S. 3-24; R. J. Brym, *The Jewish Intelligentsia and Russian Marxism: a Sociological Study of Intellectual Radicalism and Ideological Divergence*, London 1978; A. W. Gouldner, *Against Fragmentation. The Origins of Marxism and the Sociology of Intellectuals*, Oxford 1985; derselbe, *Die Intelligenz als neue Klasse*, Frankfurt 1980.

tiv.[2] Wir können uns – so meinte er – heute keine rechte Vorstellung mehr davon machen, wie wichtig Intellektuellenschichten in der Religionsgeschichte einmal waren.

Kriegerische Ritterklassen, Bauern, Gewerbetreibende waren Träger von religiösen Haltungen. Doch sie nicht allein. »Vor allem die Eigenart der *Intellektuellen*schichten war dabei [bei der Wirkung von Religion auf die Haltung der Gläubigen, HGK] von größter Tragweite ... Ihr Werk vornehmlich war die Sublimierung des religiösen Heilsbesitzes zum ›Erlösungs‹-Glauben. Die Konzeption der Erlösungs-Idee war an sich uralt, wenn man die Befreiung von Not, Hunger, Dürre, Krankheit und – letztlich – Leid und Tod mit darunter begreift. Aber eine spezifische Bedeutung erlangte die Erlösung doch erst, wo sie Ausdruck eines systematisch-rationalisierten ›Weltbildes‹ und der Stellungnahme dazu war.« Im Anschluß an diese Worte formulierte Weber seine berühmte These, daß Interessen (materielle und ideelle) und nicht Ideen das Handeln der Menschen beherrschen. »Aber«, fügte er hinzu, »die ›Weltbilder‹, welche durch ›Ideen‹ geschaffen wurden, haben sehr oft als Weichensteller die Bahnen bestimmt, in denen die Dynamik der Interessen das Handeln fortbewegte.«[3]

Ein Gegenstand der Religionsgeschichte, der von der neuzeitlichen Religionskritik besonders scharf als Ideologie verurteilt worden war – die Erlösungshoffnung –, wurde durch diese Betrachtungsweise neu gerechtfertigt. Was von Aufklärern als eine bloße Vertröstung auf ein Jenseits und als eine Kompensation für weltliche Fehl- und Schicksalsschläge angesehen wurde, machte Weber zum Ausdruck von Systematik und Rationalität in Weltbildern lange vor der Aufklärung. Grundlegender kann man den Intellektualismus in der Religionsgeschichte nicht verankern.

2 Darauf hat Günter Dux richtig hingewiesen: »Religion, Geschichte und sozialer Wandel in Max Webers Religionssoziologie«, in: *IJRS* 7 (1971), S. 60-94; siehe auch von Dux, *Die Logik der Weltbilder*, Frankfurt 1982. Die Aussage Webers, der Intellektuelle würde das »Sinn«-Problem der Welt »vollziehen«, kommentierte er mit den Worten: »Es ist unübersehbar, daß Weber hier dem Intellektualismus zuschreibt, die Neuzeit in ihren kennzeichnenden Merkmalen hervorgebracht zu haben, obgleich doch die entscheidende Wende aus der Domäne der Religion selbst, der protestantischen Ethik erfolgt sein soll« (1971, S. 83). H. G. Kippenberg, »Intellektuellen-Religion«, in: P. Antes, D. Pahnke (Hg.), *Die Religion von Oberschichten. Religion – Profession – Intellektualismus*, Marburg 1989, S. 181-201.

3 Max Weber, *Die Wirtschaftsethik der Weltreligionen*, MWG, Bd. I/19, Tübingen 1989, S. 101.

Eine Einschränkung muß allerdings gemacht werden. Weber schätzte die Bedeutung von Intellektuellen für die Vergangenheit zwar sehr hoch ein, ließ sich aber über die Intellektuellen seiner Zeit eher skeptisch aus.

»So überaus gleichgültig es für die religiöse Entwicklung der Gegenwart ist, ob unsere modernen Intellektuellen das Bedürfnis empfinden, neben allerlei andern Sensationen auch die eines ›religiösen‹ Zustandes als ›Erlebnis‹ zu genießen, gewissermaßen um ihr inneres Ameublement stilvoll mit garantiert echten alten Gerätschaften auszustatten: – aus solcher Quelle ist noch nirgends eine religiöse Erneuerung erwachsen –, so überaus wichtig war die Eigenart der Intellektuellenschichten in der Vergangenheit für die Religionen.«[4]

Aus diesen Worten sollte man nicht nur Skepsis, sondern auch Sorge heraushören. Die Suche nach einem Sinn der Welt und der Geschichte konnte Intellektuelle geradewegs ins Irrationale führen. Wir begegnen dieser Sorge in Webers Vortrag »Wissenschaft als Beruf«. In ihm setzte er sich mit Parolen des Irrationalismus auseinander, die an den Universitäten seiner Zeit erhoben wurden.[5] Sie kehrt in seiner Einleitung zur *Wirtschaftsethik der Weltreligionen* wieder[6] und gestaltete das Bild indischer Religiosität. Wer anders als die zeitgenössische Intelligenz soll mit den folgenden Worten denn gemeint sein?

»Wo immer eine Intellektuellenschicht den ›Sinn‹ der Welt [von Weber stets in Anführungszeichen gesetzt, HGK] und des eigenen Lebens denkend zu ergründen und, – nach dem Mißerfolg dieser unmittelbar rationalistischen Bemühung –, erlebnismäßig zu erfassen ... trachtet, wird sie der Weg irgendwie in die stillen hinterweltlichen Gefilde indischer unformbarer Mystik führen«.[7]

Damit ist der Intellektualismus, der die Entzauberung der Welt vorangetrieben und den Erlösungsglauben hervorgebracht hat, zugleich auch potentiell als Anwalt des Irrationalismus erkannt. Weil und indem Intellektuelle die Welt entzaubern und ihres Sinnes entkleiden, können sie nicht nur zu einer aktiven innerweltlichen Rationalisierung der Lebensführung, sondern auch zu einer mystischen Weltflucht gelangen.

4 Ebd., S. 101.
5 Max Weber, *Soziologie – Universalgeschichtliche Analysen – Politik*, Stuttgart ⁵1973, S. 322.
6 A.a.O., S. 103 f.
7 *Gesammelte Aufsätze zur Religionssoziologie*, Bd. 2, a.a.O., S. 377.

Daß Religion nicht nur einen Glaubensgegenstand bezeichnet, sondern auch einen Gegenstand intellektueller Deutung, ist zwar selten bestritten, aber ebenso selten ernsthaft aufgegriffen und untersucht worden. Man darf wohl hoffen, auf dem Wege über eine Untersuchung von Intellektuellen und ihrer Deutung von Religionen diesem Ziel ein wenig näher zu kommen. Dabei erfordert der Begriff der Intellektuellen besondere Beachtung. Er ist so eng mit spezifischen Momenten der europäischen Kulturgeschichte verwoben, daß man ihn davon kaum abheben und zeitlos definieren kann. Man wird diese Ursprünge und Zusammenhänge berücksichtigen müssen, wenn man ihn als wissenschaftliche Bezeichnung verwenden möchte. Ich werde daher erst einmal die Implikationen des kurz vor Weber eingebürgerten Begriffs der Intellektuellen beschreiben. Danach werde ich dann Webers Verwendung des Begriffes in seiner Analyse rationaler Weltbilder besprechen.

Der Ursprung des Begriffes ›Intellektuelle‹ und dessen Ambivalenz

Der Begriff »Intellektuelle« ist jungen Datums. Die Erscheinung selber ist älter und kann seit der Aufklärung im 18. Jahrhundert beobachtet werden, als Philosophen es sich zur Aufgabe machten, das Volk aufzuklären.[8] Der Begriff kam erst im ausgehenden 19. Jahrhundert in Frankreich auf, und zwar in Zusammenhang mit der Dreyfus-Affäre.

Als sich 1898, vier Jahre nach dem Prozeß gegen den jüdischen Offizier Dreyfus, herausstellte, daß er zu Unrecht wegen Landesverrats verurteilt worden war und in Wirklichkeit ein Major Esterhazy der Schuldige war, da wurde der Ruf nach einer Wiederaufnahme des Verfahrens laut. Das konservative, antisemitische Lager in Frankreich widersetzte sich jedoch diesem Begehren, da sonst die Glaubwürdigkeit des Staates untergraben würde. In dem Streit, der hierüber entbrannte, veröffentlichten Angehörige verschiedener Berufe, unter ihnen viele Akademiker, Künstler und

---

8 Z. Bauman, *Legislators and Interpreters. On Modernity, Post-Modernity and Intellectuals*, Oxford 1987; derselbe, »Gesetzgeber und Interpreten: Kultur als Ideologie von Intellektuellen«, in: H. Haferkamp (Hg.), *Sozialstruktur und Kultur*, a.a.O., S. 452-482.

Publizisten, am 14. Januar 1898 in Paris einen Zeitungsaufruf. Sie taten dies einen Tag, nachdem Emile Zola seinen berühmten offenen Brief an den Präsidenten der Republik »J'accuse« veröffentlicht hatte. Dieser Aufruf, dem weitere folgten, wurde einige Tage später als »protestation des intellectuels« (Manifest der Intellektuellen) bezeichnet. Das Wort war damals noch neu, war vielleicht von Georges Clemenceau, dem Fürsprecher der Dreyfus-Partei, möglicherweise aber auch von deren Gegnern geprägt worden.

Der Begriff »Intellektuelle« war von seinem ersten Auftauchen an ambivalent. D. Bering hat die Bedeutungen, die die Revisionsgegner mit ihm verbanden, auf einige zugespitzte Synonyme reduziert: Abstrakt, antinational, jüdisch, dekadent und inkompetent waren die Revisionsbefürworter. Alle diese Merkmale wurden in dem einen Begriff »Intellektuelle« verdichtet. Doch die so Bezeichneten machten sich das Wort zu eigen und erhoben als Intellektuelle den Anspruch, nur der Vernunft verpflichtet, sich politisch einmischen und für das republikanisch-demokratische Ideal des Rechtsstaates eintreten zu dürfen. Sie sahen in dem Schimpfwort ein Identifikationsangebot. »Ideologische Polysemie« nennt D. Bering diesen Sachverhalt.[9]

Die positive Wertung des Begriffes verlor bei seiner Wanderung nach Deutschland jedoch rasch an Gewicht. Schon in den ersten Monaten des Jahres 1898 war der Begriff über Zeitungsberichte nach Deutschland gelangt. Hier aber wurde er in erster Linie verächtlich gebraucht. Wie Bering in seiner Darstellung der Einbürgerung des Wortes in Deutschland gezeigt hat, haben nicht nur die politische Rechte, sondern auch die Sozialdemokraten Begriff und Sache negativ bewertet.[10]

»In Frankreich hatte der positive Intellektuellenbegriff 1898 nur die faschistische Schelte gegen sich. In Deutschland jedoch gab es einen Doppelangriff: Hier dominierten auch in den marxistischen Parteien eindeutige Tendenzen, ›Intellektueller‹ ins Schimpfwörterbuch abzudrängen.«[11]

9 D. Bering, *Die Intellektuellen. Geschichte eines Schimpfwortes*, Frankfurt 1982, Kap. 2: »Die Entstehung des Wortes« (S. 32-67); die S. 39-43 gehen auf die Frage ein, ob Georges Clemenceau das Wort geprägt habe oder nicht.
10 Ebd., S. 68-93.
11 Ebd., S. 327.

Durkheim über die Intellektuellen

Bereits im Jahre 1898 hatte der französische Soziologe Durkheim in die Debatte um das »Manifest der Intellektuellen« eingegriffen. Anders als man erwarten würde – schließlich hat man Durkheim vorgeworfen, er vergöttliche das Kollektiv[12] –, verteidigte er die Intellektuellen in einem beachtlichen Artikel: »L'Individualisme et les intellectuels«.[13] Er setzte sich in ihm mit dem Vorwurf von Revisionsgegnern auseinander, daß die Intellektuellen mit ihrer Kritik an Militär und Staat das Land in eine Anarchie stürzten und daß der Individualismus an dieser Geisteshaltung schuldig sei und ausgemerzt werden müsse. Durkheim nahm damit Partei für den Individualismus. Man dürfe ihn nicht mit kleinlichem Utilitarismus verwechseln, sondern müsse ihn auf Kant, Rousseau und die Menschenrechte zurückführen. Weit entfernt von einem egoistischen Ich-Kult hätten sie gelehrt, daß die menschliche Person heilig sei. Der Individualismus sei eine absolut verbindliche Moral, ja eine Religion, in der der Mensch zugleich Gläubiger und Gott sei. Damit zog er dem Recht des Staates gegenüber dem einzelnen eine überraschend klare Grenze:

»Wenn die Rechte der Person über dem Staat stehen, gibt es keine Staatsraison, die einen Angriff auf die Person rechtfertigen könnte.«[14]

Die Unantastbarkeit des Individuums bildete nach Durkheim die Grundlage der Moral in der modernen arbeitsteiligen Gesellschaft. Nicht politisch-militärische Erfordernisse, sondern Vernunft und kritische Prüfung seien die höchste Instanz im sozialen Leben.

»Dieser Kult des Menschen kennt als oberstes Dogma die Autonomie der Vernunft und als obersten Ritus die freie Prüfung.«[15]

Indem Intellektuelle in der Dreyfus-Affäre die Unantastbarkeit und Würde der Person verteidigten, setzten sie sich für ein gesellschaftliches Prinzip ein: daß die Vernunft des einzelnen über allen

12 Dafür beispielhaft die »Einleitung« von Th. W. Adorno in: E. Durkheim, *Soziologie und Philosophie*, Frankfurt 1970, S. 14 f.
13 Zuerst in: *Revue Bleu* 4, X (1898), S. 7-13; dt.: »Der Individualismus und die Intellektuellen«, in: H. Bertram (Hg.), *Gesellschaftlicher Zwang und moralische Autonomie*, Frankfurt 1986, S. 54-70.
14 Ebd., S. 57.
15 Ebd., S. 60.

Autoritäten, einschließlich des Staates stehe. Diese Maxime sei älter als die Aufklärung und gehe auf das Christentum zurück. Denn das Christentum habe das Zentrum des moralischen Lebens von außen nach innen verlegt und das Individuum zum souveränen Richter seines eigenen Verhaltens gemacht. Und dann zieht er eine Folgerung, die wieder auf den Anlaß der Dreyfus-Affäre zurückführt:

»So verteidigt der Individualist, der die Interessen des Individuums verteidigt, zugleich die vitalen Interessen der Gesellschaft.«[16]

Ich habe die Argumentation Durkheims ausführlicher referiert, weil sie deutlich werden läßt, wie Durkheim die Intellektuellen der modernen Gesellschaft zuordnete.[17] Die Intellektuellen galten ihm als Anwälte einer Moral, die den sozialen Verhältnissen entsprach. Da diese Moral aber von der sozialen Entwicklung gefordert wurde, hatten sie keine selbständige politische Aufgabe. Die Intellektuellen waren in Durkheims Gesellschaftstheorie eher Zuschauer als Akteure, da der Individualismus (und Liberalismus) der modernen Gesellschaft nicht vorrangig vom politischen Willen der Bürger, sondern von dem fortschreitenden Prozeß der Arbeitsteilung abhängig war.

Erst dem Schüler und Neffen Durkheims, Marcel Mauss (1872-1950), kamen später Zweifel an dieser Voraussetzung. Darf man wirklich annehmen, daß die moderne Gesellschaft verläßlich den Individualismus als allgemein verbindliche Moral garantiert? S. Lukes zitiert in seiner Durkheim-Biographie aus Briefen von Mauss aus den Jahren 1936 und 1939, in denen Mauss seine Bestürzung über die politische Entwicklung geäußert hatte. Daß die moderne Gesellschaft sich zum primitiven geschlossenen Kollektiv zurückentwickeln und dabei die Freiheit des Individuums preisgeben könne, das sei ihnen nie in den Sinn gekommen.[18]

16 Ebd., S. 65.
17 Eine gute Besprechung von Durkheims Haltung in der Dreyfus-Affäre sowie dieses Artikels bei S. Lukes, *E. Durkheim. His Life and Work: A Historical and Critical Study*, Harmondsworth 1975, S. 332-349.
18 Die Zitate aus Briefen von Mauss bei S. Lukes, ebd., S. 338 f., Anm. 71.

Der Begriff der Intellektuellen, den die Dreyfus-Affäre hervorgebracht und geprägt hatte, war ein ambivalenter Begriff gewesen:
Schimpfwort für die einen, Selbstbezeichnung für die andern.
Keine Definition kann und darf diese Doppelwertigkeit verschwinden lassen. Dennoch besteht die Gefahr, daß dies geschieht. Die Definitionen von Intellektuellen haben etwas gemeinsam, das sie von anderen Definitionen unterscheidet: es sind
immer auch indirekt Selbst-Definitionen derer, die sie aufstellen.
Ihre Autoren sind schließlich selber Angehörige der Gattung, die
sie definieren (so Bauman[19]). Jedes um Objektivität bemühte Verständnis der Intellektuellen sollte sich daher auf diese Ambivalenz
richten. Sie zeigt sich sowohl am französischen Begriff der »Intellektuellen« wie am osteuropäischen der »Intelligentsia«.

Wir hatten gesehen, daß in Frankreich »Intellektuelle« nicht nur
ein Schimpfwort, sondern auch eine Selbstbezeichnung von gebildeten Bürgern war, die sich Urteile in politischen Angelegenheiten erlaubten, oder sollten wir sagen: anmaßten? Ein Dokument,
das unter diesem Gesichtspunkt aufschlußreich ist, ist ein polemischer Text, ein Pamphlet, das Julien Benda 1927 geschrieben hat.
Es demonstriert auf überraschende Weise noch einmal die Ambivalenz, die »Intellektueller« in Frankreich behalten hatte. Titel
des Buches, das seit seinem ersten Erscheinen in Abständen immer wieder neu aufgelegt wurde und das zum Selbstbewußtsein
der europäischen »Intellektuellen« erheblich beigetragen hat[20]:
La trahison des clercs. Der altertümliche Begriff *clercs* wurde in
der deutschen Übersetzung (*Verrat der Intellektuellen*) moderni-
siert. Benda hält in diesem Traktat den Männern des Geistes vor,
sie hätten ihr Amt zugunsten praktischer Interessen verraten. Anstatt abstrakt, frei von Interessen und rational zu sein, hätten sie
ihre Unabhängigkeit verraten, seien in die politische Arena hinabgestiegen und hätten sich den politischen Leidenschaften der Na-
tionen und Klassen ergeben. Lange Zeit, so Benda, hätten Intel-

19 Bauman 1987, S. 8.
20 So die Behauptung von A. Gella, »An Introduction to the Sociology of
   the Intelligentsia«, in: derselbe (Hg.), *The Intelligentsia and the Intellectuals. Theory, Method and Case Study*, London 1976, S. 9-34, auf
   S. 19; zu Benda: R. Nichols, *Treason, Tradition and the Intellectual:
   Julien Benda and Political Discourse*, Lawrence, Kansas 1978.

lektuelle den politischen Leidenschaften distanziert gegenüberge-
standen oder sie aber kritisiert. Die heutigen *clercs* peitschten
dagegen die politischen Passionen mit allen Mitteln noch weiter
auf. In einer Neuausgabe seines Buches nach dem Zweiten Weltkrieg 1946 resümierte Benda:

»In den zwanzig Jahren, die seit dem Erscheinen dieses Buches vergangen
sind, hat die These, die ich darin vertrat – nämlich daß jene, deren Amt die
Verteidigung ewiger und interessefreier Werte wie der Vernunft und der
Gerechtigkeit ist und die ich die *clercs* nenne, dieses ihr Amt zugunsten
praktischer Interessen verraten haben –, nichts von ihrer Wahrheit verloren.«[21]

Er schloß seine Einleitung mit einer Überlegung ab, worin dieser
Verrat begründet sein könnte:

»Will ich nach seinen Ursachen forschen, so scheinen sie alle auf eine
zurückzuführen: den Gefühlshunger.« Auf vielen Wegen »stürzt sich der
clerc ins Gefühl und bricht mit der geistigen Askese, die sein Gesetz
ausmacht.«[22]

Benda hat in seiner Streitschrift das Motiv vom Verrat der Intellektuellen umgedreht und umfunktioniert: aus dem Vorwurf des
politischen Verrates vitaler nationaler Interessen machte er den
Vorwurf, diesen Verrat *nicht* begangen zu haben und statt dessen
die Werte der Aufklärung verraten zu haben. Damit radikalisierte
er die Ambivalenz im Begriff der Intellektuellen.
Man sollte in diesem Zusammenhang auf ein Dilemma hinweisen,
das die Aufklärung von Beginn an begleitet hat. Man sollte nicht
vergessen, daß die aufgeklärten Philosophen des 18. Jahrhunderts
ihr Erziehungsprogramm mit Hilfe des staatlichen Machtappara-
tes umsetzen wollten und der Vernunft des Volkes eher mißtrau-
ten als den Königen.[23] Bendas These vom Verrat der Intellektuellen liest sich wie eine Beschreibung dieses Dilemmas, in dem sich
aufgeklärte Denker auch außerhalb der europäischen Kulturen

21 J. Benda, *Der Verrat der Intellektuellen*. Mit einem Vorwort von Jean
   Amery, Frankfurt 1983, Zitat S. 13.
22 Ebd., S. 69 f.
23 Baumann analysiert in zitiertem Buch den Widerspruch und die Paradoxie, daß das Aufklärungsprogramm der Philosophen mit Hilfe des
   staatlichen Überwachungsapparates umgesetzt werden sollte und daß
   die Philosophen das Volk nicht nur als Gegenstand der Erziehung
   sahen, sondern ihm mißtrauisch gegenüberstanden (S. 74 f.).

befanden: Suchten sie politischen Erfolg, dann mußten sie entweder die Unterstützung staatlicher Repression erhalten oder aber eine Koalition mit politischen Massenbewegungen eingehen und dabei von ihrem Aufklärungsprogramm Abstriche machen. Die Vernunft konnte zwar Autonomie für sich beanspruchen, war aber für ihre Durchsetzung auf mächtige politische Parteigänger angewiesen. Der politische Vorwurf des Verrats der Intellektuellen und seine Umdrehung durch Benda radikalisierte die Mehrdeutigkeit, die bereits zuvor den Begriff der Intellektuellen gekennzeichnet hatte.

Die revolutionäre Intelligentsia

Eine ähnliche Beobachtung wie am französischen ist auch am polnischen und russischen Sprachgebrauch gemacht worden. Dort drückt der Begriff der Intelligentsia diese Ambivalenz aus. Der russische Begriff, der von Mannheim in die Soziologie übernommen worden war, bezeichnete eine gesellschaftliche Schicht, die zwar kein Eigentum, dafür aber Bildung besaß und die gesellschaftliche Ideologie (bei Mannheim ein neutraler Begriff) produzierte.[24] Daß auch bürgerliche Schichten in revolutionären Prozessen wichtig werden könnten, war Marx und Engels bereits bei der Abfassung des *Kommunistischen Manifests* 1848 klar gewesen. Sie erwarteten, daß in Zeiten, in denen der Klassenkampf sich der Entscheidung nähern und der Auflösungsprozeß innerhalb der herrschenden Klasse zunehmen würde,

»ein kleiner Teil der herrschenden Klasse sich von ihr lossagt und sich der revolutionären Klasse anschließt, der Klasse, welche die Zukunft in ihren Händen trägt. Wie daher früher ein Teil des Adels zur Bourgeoisie überging, so geht jetzt ein Teil der Bourgeoisie zum Proletariat über, und namentlich ein Teil der Bourgeoisideologen, welche zum theoretischen Verständnis der ganzen geschichtlichen Bewegung sich hinaufgearbeitet haben« (Manifest der kommunistischen Partei von 1848).

Für den späteren Erfolg der russischen Revolutionäre war tatsächlich entscheidend gewesen, daß in Rußland in den Jahren von 1858 bis 1863 eine Schicht gymnasial Gebildeter entstanden war,

24 K. Mannheim, »The Problem of the Intelligentsia«, in: *Essays in the Sociology of Culture*, London 1956, S. 91-170.

die von der Mission erfüllt waren, die russische Nation zu führen. Sie sahen es als ihre Aufgabe an, das absolutistische Zarenregime zu stürzen, dem Positivismus Anerkennung zu verschaffen und der Nation Fortschritt und Unabhängigkeit zu bringen. Diese Schicht war darüber hinaus bereit, sich auf die Seite der sozialistischen Revolution zu schlagen. Die Revolution von 1905 richtete die Aufmerksamkeit vieler Beobachter auf diese Schicht. Sie hatte seit den sechziger Jahren des 19. Jahrhunderts die Bezeichnung »Intelligentsia« getragen.[25] J. Billington hat in seinem Buch *Fire in the Minds of Men. Origins of the Revolutionary Faith* diese Bildungsschicht als den eigentlichen Träger der Revolution von 1917 identifiziert:

»The rise of revolutionary movements in the first half of the nineteenth century was directly related to the development of a new class of intellectuals in continental Europe. This new class created original systems of thought which may be called *ideologies*, and eventually developed a new sense of identity (and a term to describe themselves) as an ›intelligentsia‹.«[26]

Die Haltung der bürgerlichen Bildungsschichten zur revolutionären Arbeiterbewegung war in Europa jedoch nicht überall die gleiche gewesen. Während sich die englischen Bildungsschichten wie selbstverständlich als Teil der Mittel- und Oberschicht ihres Landes begriffen und nicht im Traume daran dachten, diese Bin-

---

25 Zur Geschichte des Wortes im 19. Jahrhundert, seinem Ursprung in Polen sowie seiner Einbürgerung in Rußland: O. W. Müller, *Intelligencija. Untersuchungen zur Geschichte eines politischen Schlagwortes*, Frankfurt 1971; Gella, a.a.O., S. 12 f. Wahrscheinlich wurde der Begriff schon in den vierziger Jahren gebraucht, um eine Schicht zu bezeichnen, die sich dank ihrer Erziehung und ihrer progressiven Haltung von anderen unterschied. Einen wertvollen Einblick in die Ideen dieser Schicht, bevor sie sich dem Marxismus verschrieb, verdanken wir J. Billington, »The Intelligentsia and the Religion of Humanity«, in: *AHR* 65 (1960), S. 807-821. Dieser Einblick zeigt, daß sie sich als Vorhut des kommenden wissenschaftlichen Zeitalters im Sinne von Comte sah, zu politischen Reformen im Zarenreich eine abwartende Haltung einnahm und durch eine Vereinigung mit dem Volk eine geschichtliche Mission zu erfüllen meinte. »One may be tempted to say, as Serge Bulgakov did in 1909 ... that ›Revolution is the spiritual child of the intelligentsia, and consequently its history is a historical judgment on that intelligentsia‹« (S. 821).
26 London 1980, S. 208.

dungen in Frage zu stellen, war dies in Rußland anders gewesen. Anders war es auch in Deutschland, wo Marx und Engels auch auf Zulauf von Gebildeten zur sozialistischen Opposition hoffen konnten. Da sie aber in den späteren Jahren vor allem die englische Situation vor Augen gehabt haben, haben sie im Laufe der Zeit die Bedeutung des Proletariats für die Revolution wohl eher über- und das revolutionäre Potential der Gebildeten eher unterschätzt (A. W. Gouldner).[27] Es hatte jedoch den Ausschlag für das Gelingen der russischen Revolution gegeben, daß russische Bildungsschichten sich einer romantischen Kulturkritik zugewandt (dem *narodnitschestwo* – dem russischen Ausdruck für Populismus) und entschlossen die Loyalität zu ihrer eigenen Klasse aufgekündigt hatten.[28] Mannheim nahm in Folge dieses Umstandes in seine Klassifikation der historischen Rollen der Intelligentsia auch den Verrat auf und präzisierte ihn soziologisch:

»In a sense, intellectuals are renegades who have abandoned their parental stratum«.[29]

Intellektualismus und die Rationalität
von Weltbildern in der Sicht von Max Weber

Als Max Weber den Begriff der Intellektuellen aufgriff, übernahm er nicht die in Deutschland vorherrschende pejorative Auffassung. Er gab ihm eine Deutung, die ursächlich mit seiner Erklä-

27 A. W. Gouldner, *Against Fragmentation. The Origins of Marxism and the Sociology of Intellectuals*, a.a.O., S. 9-12.
28 Ebd., S. 18-27. Zum Populismus allgemein: G. Ionescu, E. Gellner (Hg.), *Populism. Its Meanings and National Characteristics*, London 1969; zum russischen Populismus: F. Venturi, *Roots of Revolution. A History of the Populist and Socialist Movements in Nineteenth Century Russia*, New York 1966; in diesem Zusammenhang ist auch der interessante Versuch von M. Löwy zu erwähnen, der revolutionären romantischen Kulturkritik am Kapitalismus ihren Platz im Denken von Marx zurückzugeben – einen Platz, den sie später im Marxismus verloren hatte: M. Löwy, *Marxisme et romantisme revolutionnaire. Essais sur Lukács et Rosa Luxemburg*, Paris 1979, S. 7-45 (»Marxisme et romantisme révolutionnaire«).
29 Mannheim, a.a.O., S. 143.

rung der Eigenart der okzidentalen Kultur zusammenhing, die er auf die Religionsgeschichte und nicht auf die Aufklärung zurückführte. Die Ursprünge der modernen Kultur mit ihrer kategorialen Trennung der Welt der Werte von der der Tatsachen lagen nicht in der Aufklärung, sondern in einem bestimmten Typus von Erlösungsreligiosität, der von Intellektuellen zusammen mit städtischen Klassen in der Antike hervorgebracht worden war und der die Bahn europäischer Gesellschaftsgeschichte bestimmt hatte. Wie und auf welchem Wege der Begriff der Intellektuellen zu Weber gelangt war, liegt im dunkeln. Eine gründliche Untersuchung dieses Begriffes bei Weber fehlt, wiewohl sie interessante Aufschlüsse verspricht. Anders als sonst in Deutschland üblich, gab Weber dem Begriff keine ausschließlich abwertende Bedeutung. Ein Grund hierfür könnte darin gelegen haben, daß Weber mit Bildungsschichten, die man Intellektuelle nannte, selber sehr direkt in Berührung gekommen war.

Intellektuelle im Kreise um Max Weber

Die amerikanische und deutsche Weberrezeption hatte lange Zeit wenig Gespür dafür gehabt, wie sehr Weber selber diesen Bildungsschichten, wenn auch kritisch, verbunden war. Um Weber hatten sich in seinen Heidelberger Jahren zwischen 1906 und 1918 Intellektuelle gesammelt, mit denen er einen regen Gedankenaustausch unterhielt.

Bei Forschungen zu einer Soziologie revolutionärer Intellektueller anhand der Person von Georg Lukács traf ein französischer Forscher, M. Löwy, auf diesen Kreis von Intellektuellen. Heidelberg, wo Max Weber lebte und wirkte – allerdings seit 1903 nicht mehr als Hochschullehrer –, war nicht nur die liberalste, sondern auch die internationalste der deutschen Universitäten. Wer anderswo verfolgt wurde oder untragbar war, »der war in der Neckarstadt möglich«, schreibt P. Honigsheim in seinem Essay »Max Weber in Heidelberg«. Manche von diesen Intellektuellen zog es sonntagnachmittags zu Weber, um mit ihm beispielsweise die Werke von Tolstoi, Dostojewski oder Fragen der Ethik zu diskutieren. Zu den regelmäßigen und unregelmäßigen Teilnehmern dieses Kreises gehörten neben Lukács und Bloch auch Theologen (wie Troeltsch) und Philosophen (wie Jaspers). Mit anderen, wie Simmel und Sombart, stand Weber in regem Gedankenaustausch. Und über Kollegen wie Gundolf hatte er auch Kontakt zum George-Kreis.

Einige der Genannten sympathisierten mit einer romantischen Kritik am Kapitalismus.[30] Obwohl Weber diese Kritik als naiv ablehnte, zeigen manche Ausführungen seines Werkes dennoch Spuren einer romantischen Kulturkritik. So heißt es beispielsweise in dem Vortrag »Wissenschaft als Beruf« aus dem Jahre 1919:

»Es ist das Schicksal unserer Zeit, mit der ihr eigenen Rationalisierung und Intellektualisierung, vor allem: Entzauberung der Welt, daß gerade die letzten und sublimsten Werte zurückgetreten sind aus der Öffentlichkeit«, entweder in das hinterweltliche Reich mystischen Lebens, oder in die Brüderlichkeit unmittelbarer Beziehungen der Einzelnen zueinander.«[31]

Viele Jahre früher schon, 1904/05, war seine Analyse der rationalen Lebensführung im Kapitalismus in einer düsteren Vision gemündet:

»Aus dem Mantel [der nur äußerlichen Sorge um die Güter dieser Welt, HGK] ließ das Verhängnis ein stahlhartes Gehäuse werden. Indem die Askese die Welt umzubauen und in der Welt sich auszuwirken unternahm, gewannen die äußeren Güter dieser Welt zunehmende und schließ-

30 M. Löwy, *Pour une sociologie des intellectuels révolutionnaires. L'évolution politique de Lukács 1909-1929*, Paris 1976, S. 44-51; P. Honigsheim, »Max Weber in Heidelberg«, in: R. König, J. Winckelmann (Hg.), *Max Weber zum Gedächtnis. Materialien und Dokumente zur Bewertung von Werk und Persönlichkeit*, Opladen ²1985, S. 161-271 (S. 161 zu Heidelberg; S. 240 zu Tolstoi und Dostojewski, die »bei den Gesprächen im Weberhaus, man möchte fast sagen, leibhaftig präsent waren«); P. Honigsheim, »Der Max-Weber-Kreis in Heidelberg«, in: *Kölner Vierteljahreshefte für Soziologie* 5 (1926), S. 270-287; E. Karadi, »Ernst Bloch und Georg Lukács im Max-Weber-Kreis«, in: W. J. Mommsen, W. Schwentker (Hg.), *Max Weber und seine Zeitgenossen*, Göttingen 1988, S. 682-702. Wichtig die Darstellung von A. Mitzman, der aus der Existenz dieses Kreises und seines intellektuellen Milieus antimodernistische Tendenzen im Werke Webers verständlich machte. Dazu zählt er auch Webers Auffassung von Mystik und Gesinnungsethik als Antipoden zum asketischen Rationalismus und der Verantwortungsethik. *The Iron Cage: An Historical Interpretation of Max Weber*, New York 1969, S. 256-276.
31 Max Weber, *Gesammelte Aufsätze zur Wissenschaftslehre*, Tübingen ³1968, S. 582-613, Zitat S. 612.

lich unentrinnbare Macht über den Menschen, wie niemals zuvor in der Geschichte.«[32]

Hier klingt im Werke Webers eine – nicht nur – in Deutschland verbreitete romantische Kritik am Kapitalismus an, die Weber begreifen konnte. Auch behandelte er in seinen Schriften nach der »Protestantischen Ethik« Erscheinungen, die der innerweltlichen Askese diametral entgegengesetzt waren. Die Mystik, die er dort nur am Rande zur Charakterisierung des Luthertums erwähnt hatte, wurde in seinen Arbeiten ab 1910 eine selbständige praktische Folgerung aus Erlösungsreligiosität. Auch dem Mystiker stand die Sinnlosigkeit des Lebens fest. Praktisch aber gelangte er nicht zu einer Mittel und Zwecke abwägenden Verantwortungsethik, sondern zu einer konsequenten Gesinnungsethik. Weber hatte für sie Verständnis, auch wenn er sie für sich selber strikt ablehnte. Er konnte sogar einen Revolutionär wie E. Toller, dem man wegen Beteiligung an der bayerischen Räterepublik den Prozeß machte, vor Gericht unter Berufung auf die Gesinnungsethik verteidigen.[33]

Einigen Teilnehmern des Weber-Kreises hat seine Kulturkritik vertraut in den Ohren geklungen, andere haben sie selber propagiert. Ein tragisches Bewußtsein hat man in ihr gesehen: ein Bewußtsein der Entfremdung von der warenproduzierenden Industriegesellschaft, einen Dualismus zwischen den reinen ethischen Normen und der sinnlosen Wirklichkeit und schließlich das Gefühl einer Ohnmacht des Geistes.[34] In den oben zitierten Worten

32 Ebd., S. 379.
33 A. Mitzman, *The Iron Cage. An Historical Interpretation of Max Weber*, New York 1969, S. 295; W. J. Mommsen, »Universalgeschichtliches und politisches Denken«, in: *Max Weber. Gesellschaft, Politik und Geschichte*, Frankfurt 1974, S. 97-143: »Revolutionärer Sozialismus hatte für Max Weber einen innerlichen Sinn nur als gesinnungsethische Verhaltensweise ... In solcher Form – aber nur in dieser – vermochten die sozialistischen Ideen eine gewisse Anziehungskraft auf ihn auszuüben; und so hatte er sich denn in Heidelberg mit Vorliebe mit linken Revolutionären umgeben, während er die Führer [der Sozialdemokratie, HGK] ... allzu eilfertig als Spießer und Kleinbürger verdammte« (S. 101).
34 Alles dies behandelt M. Löwy in seinem Buch *Pour une sociologie des intellectuels*, a.a.O., S. 76-78; wichtig auch für diesen kulturkritischen Zug bei Weber die Abhandlung von K. Löwith, »Max Weber und Karl

stellt sich Weber selber als intellektueller Kulturkritiker vor.[35] Dabei sprach er aber nicht wie ein Philosoph im Namen der Vernunft, sondern wie ein israelitischer Unheilsprophet.

Die Erfahrung der Irrationalität der Welt und die Erlösungsreligionen

Man muß Webers Aussagen über die Intellektuellen im Lichte dieser zeitgeschichtlichen Zusammenhänge lesen. Der feste Glauben an den Fortschritt der europäischen Kultur war erschüttert worden. Aus dem modernen Bürgertum selber erhoben sich Stimmen, die sich mit seinen Errungenschaften kritisch auseinandersetzten.[36] Weber deutete diese Erscheinung, die ihm persönlich bekannt war, jedoch anders als Durkheim und Benda. Er ordnete auch sie in die Religionsgeschichte ein: in die Suche nach einem Sinn der Welt. Sie war älter als die Aufklärung und war von einer Erfahrung vorangetrieben worden, die mit der Existenz des Menschen als solcher verbunden war: der Erfahrung der Irrationalität der Welt. Zwischen dem Intellektualismus und den Erlösungsreligionen stellte er eine enge Verbindung her. Erlösungsreligionen waren seiner Ansicht nach eine intellektuelle Antwort auf die Erfahrung der Irrationalität der Welt[37], weshalb sie immer »an ein gewisses Minimum auch intellektueller Kultur gebunden«[38] waren. Dies ergab sich aus dem Intellektualismus, der

Marx« (1932), in: K. Löwith, *Gesammelte Abhandlungen*, Stuttgart 1960, S. 1-67; gekürzt abgedruckt bei: C. Seyfarth/W. M. Sprondel (Hg.), *Seminar: Religion und gesellschaftliche Entwicklung. Studien zur Protestantismus-Kapitalismus-These Max Webers*, Frankfurt 1973, S. 19-37.

35 Gut die Bemerkung hierzu von M. Hennen, *Krise der Rationalität – Dilemma der Soziologie. Zur kritischen Rezeption Max Webers*, Stuttgart 1976, S. 50.

36 A. Salomon, *Fortschritt als Schicksal und Verhängnis – Betrachtungen zum Ursprung der Soziologie*, Stuttgart 1957, 2. Kapitel: »The Messianic Bohemians«.

37 Ich brauche hier nicht detailliert auf Webers Unterscheidung zwischen Erlösungsreligion und Welt- und Kulturreligion eingehen. Kürzlich hat Wolfgang Schluchter sie behandelt: Schluchter (Hg.), *Max Webers Studie über Konfuzianismus und Taoismus*, Frankfurt 1983, S. 17-19.

38 *Wirtschaft und Gesellschaft*, Tübingen ⁵1972, S. 296.

»über ethische und religiöse Fragen zu grübeln nicht durch materielle Not gedrängt wird, sondern durch die eigene innere Nötigung, die Welt als einen *sinnvollen* Kosmos zu erfassen und zu ihr Stellung nehmen zu können«.[39]

Es war das Merkmal des Intellektualismus, die ›Welt‹ als ein ›Sinn‹-Problem aufzufassen. Dazu trieb ihn nicht äußere, sondern innere Not. Das Resultat war eine Konzeption, die einerseits zwar lebensfremd, andererseits aber prinzipieller und systematischer war als die Hoffnung auf Erlösung aus äußerer Not. Wie Troeltsch brachte Weber Erlösungsreligiosität in Zusammenhang mit dem Sinnproblem der Welt. Durch diese Verbindung von Intellektualismus und Erlösungsreligiosität konnten intellektuelle Prozesse in der Religionsgeschichte postuliert werden. Eine Schlüsselpassage zeigt, wo Weber die Verbindungsstellen sah:

»Der Intellektuelle sucht auf Wegen, deren Kasuistik ins Unendliche geht, seiner Lebensführung einen durchgehenden ›Sinn‹ zu verleihen, also ›Einheit‹ mit sich selbst, mit den Menschen, mit dem Kosmos. Er ist es, der die Konzeption der ›Welt‹ als eines ›Sinn‹-Problems vollzieht. Je mehr der Intellektualismus den Glauben an die Magie zurückdrängt, und so die Vorgänge der Welt ›entzaubert‹ werden, ihren magischen Sinngehalt verlieren, nur noch ›sind‹ und ›geschehen‹, aber nichts mehr ›bedeuten‹, desto dringlicher erwächst die Forderung an die Welt und ›Lebensführung‹ je als Ganzes, daß sie bedeutungshaft und ›sinnvoll‹ geordnet seien.«[40]

Weber hatte zwar eine religionswissenschaftliche und -philosophische Deutung von Erlösungsreligiosität übernommen, sie aber um ein neues Element ergänzt: die Intellektuellen. Auf diese Weise verband er religionsgeschichtliche und soziale Tatbestände mit intellektuellen Deutungsmustern, die vor ihm so noch keiner verbunden hatte. Zwischen dem Theodizee-Problem, der Herausbildung einer rationalen Lebensführung von Laien und der Existenz einer Schicht Gebildeter stellte Weber einen Zusammenhang her: Je prinzipieller Intellektuelle den ›Sinn‹ der Welt problematisierten, um so mehr wurde ›Sinn‹ auf das Subjekt verlagert und zur Maxime von Lebensführung.[41] Erlösungsreligiosität

39 Ebd., S. 304.
40 Ebd., S. 307 f.
41 Zum Anteil von Intellektuellen im »Entzauberungsvorgang«: G. Dux, »Religion, Geschichte und sozialer Wandel in Max Webers Religionssoziologie«, in: *IJRS* 7 (1971), S. 60-94.

wurde durch diesen Vorgang in Ethik umgewandelt: in Gesinnungsethik bzw. Verantwortungsethik.

Weber benutzte die beiden Begriffe Erlösungsreligiosität und Intellektualismus von dem Augenblick an systematisch, in dem er seine religionssoziologische Fragestellung über die Protestantismus-Kapitalismus-These hinaus ausgeweitet hatte.[42] Die Erfahrung der Irrationalität der Welt machte er zu einem fixen Punkt, von dem aus er die großen Weltreligionen vergleichend studieren und die Lösungen, die sie boten, idealtypisch erfassen und beschreiben konnte. Alle Erlösungsreligionen, asiatische wie okzidentale, sollen rationale Antworten auf diese eine Erfahrung sein und unter diesem Gesichtspunkt miteinander verglichen werden können. Dabei ergab sich, daß sie unterschiedliche Möglichkeiten der Rationalisierung von Lebensführung boten.[43] Jedoch gab es nur wenige rational wirklich befriedigende Antworten auf diese Erfahrung:

»Die metaphysische Vorstellung über Gott und Welt, welche das unausrottbare Bedürfnis nach der Theodizee hervorrief, vermochte gleichfalls nur wenige – im ganzen, wie wir sehen werden, nur drei – Gedankensysteme zu erzeugen, welche rational befriedigende Antworten auf die Frage nach dem Grund der Inkongruenz zwischen Schicksal und Verdienst gaben: die indische Karmanlehre, den zarathustrischen Dualismus und das Prädestinationsdekret des Deus absconditus. Diese rational geschlossensten Lösungen aber traten nur ganz ausnahmsweise in reiner Form auf«.[44]

42 Wie der Begriff der ›Intellektuellen‹, so begegnet auch der Terminus ›Erlösungsreligiosität‹ erst in den zeitlich und sachlich zusammengehörigen späteren Teilen der religionssoziologischen Aufsätze und dem religionssoziologischen Abschnitt in *Wirtschaft und Gesellschaft*. Er fehlt dagegen in den früheren Schriften wie etwa der *Protestantischen Ethik*. Die Erweiterung der Fragestellung Webers hat Schluchter dargestellt: »Max Webers Religionssoziologie. Eine werkgeschichtliche Rekonstruktion«, in: derselbe (Hg.), *Max Webers Sicht des antiken Christentums*, Frankfurt 1985, S. 525-565.

43 W. J. Mommsen, »Max Weber. Persönliche Lebensführung und gesellschaftlicher Wandel in der Geschichte«, in: P. Alter, W. J. Mommsen, Th. Nipperdey (Hg.), *Geschichte und politisches Handeln. Theodor Schieder zum Gedächtnis*, Stuttgart 1985, S. 261-281.

44 Max Weber, *Die Wirtschaftsethik der Weltreligionen*, a.a.O., S. 95. Weitere Stellen, an denen Weber diesen Grundgedanken vorträgt: ebd., S. 571-573; *Wirtschaft und Gesellschaft*, a.a.O., S. 314-319.

Indem Weber Erlösungsreligionen danach beurteilte, ob ihre Antworten rational befriedigend waren, unterschied er sie von einer grundlegend anderen Auflösung der frustrierenden Spannung zwischen Verdienst und Schicksal: nämlich dem Chiliasmus. Weber war bemüht, den Chiliasmus – also die Hoffnung auf eine irdische Vergeltung für erlittenes Unrecht – von seinem Erlösungsbegriff fernzuhalten.[45] Nur negativ Privilegierte würden chiliastische Hoffnungen hegen und auf eschatologische Vergeltung hoffen. Dagegen würden positiv Privilegierte eher anerkennen, daß die Inkongruenz zwischen ethischem Handeln und Schicksal durch kein Mittel zu beseitigen ist. Erst auf der Basis dieser Anerkennung könne eine rationale Lebensführung entstehen, die die Sinngebung der Handelnden von dem Druck der Hoffnung auf innerweltliche Veränderung befreien könne.

45 Ich möchte behaupten, daß Webers Begriff von Erlösungsreligiosität alle chiliastisch-messianischen Erwartungen einer Umgestaltung der Welt ausschloß. Wenn die Theodizee die Erfahrung der Irrationalität der Welt sanktioniert, dann wird sie natürlich nicht innerweltliche Hoffnungen nähren. Ganz im Gegenteil! Auch der persische Dualismus, den Weber neben Prädestinationsglauben und indischer Selbsterlösung als konsequente Theodizee ansieht, hat seiner Ansicht nach keinerlei Eschatologie zur Seite gehabt (*Gesammelte Aufsätze zur Religionssoziologie*, Bd. 1, a.a.O., S. 572). Diese Behauptung ist jedoch unzutreffend, wie das auch in bezug auf den antiken Gnostizismus gesagt werden muß. Weber operiert den Chiliasmus – die innerweltliche Hoffnung in konzentriertester Form – als irrational aus der Geschichte des Rationalismus heraus (*Wirtschaft und Gesellschaft*, a.a.O. S. 333). Da die Wirklichkeit stets gleich sinnlos und irrational ist, mußten eschatologische Hoffnungen ausschließlich auf das Konto von Rachebedürfnissen negativ Privilegierter gehen und nicht etwa – so die moderne Gegenthese von Peter Worsley (*Die Posaune wird erschallen.* ›Cargo‹-Kulte in Melanesien, Frankfurt 1973) und anderen – auf das Konto irrationaler Verhältnisse. Man muß als Religionshistoriker darauf bestehen, daß die Kategorien Webers wohl für eine Geschichte des Rationalismus geeignet sind, aber nicht der Religionsgeschichte als ganzer gerecht werden.

Gegensätzliche praktische Konsequenzen
aus der Erlösungsreligiosität

Aus einer Weltablehnung ergeben sich jedoch nicht bestimmte praktische Konsequenzen. Im Gegenteil! Weber hat Wert darauf gelegt, daß es auf dem Gebiet der praktischen Folgen der Weltablehnung Gegensätze gibt.[46] Askese und Mystik galten ihm als zwei theoretisch zwar gleich mögliche, praktisch aber gegensätzliche Konsequenzen aus dem Postulat der Irrationalität der Welt. Die asketische Konsequenz, die selber noch aus den zwei Varianten außerweltlich (katholisch) oder innerweltlich (protestantisch) bestand, war nicht selbstverständlich und hatte Chancen nur dort, wo städtische Gewerbeschichten mit der ihnen eigenen rechenhaften Lebensführung zum Träger von Erlösungsreligiosität wurden. Weltflucht blieb dagegen für Intellektuelle attraktiv, solange die ›Sinn‹-Problematik nicht wie im Protestantismus ausgeschaltet war.[47]

Unter diesem Gesichtspunkt verglich Weber westliche und östliche Erlösungsreligiosität.

»Es ist nun der historisch entscheidende Unterschied, der vorwiegend morgenländischen und asiatischen, gegenüber den vorwiegend okzidentalen Arten der Erlösungsreligiosität, daß die ersteren wesentlich in Kontemplation, die letzteren in Askese ausmünden.«[48]

Man darf hinter diesen Worten keine Geschichtsphilosophie vermuten. Weber wollte auf diese Weise die Eigenart der vorderasiatisch-europäischen Kulturentwicklung vor ihren inneren und äußeren (asiatischen) Alternativen charakterisieren. Er zog die gesamte Geschichte der vorderasiatischen und östlichen Religionen hinzu, um die jeweils unterschiedlichen Weltverhältnisse, die mit ihnen verbunden waren, zu typisieren: das spezifische Heilsgut

---

46 Auf diesen Punkt hat vor allem Schluchter hingewiesen und seine Bedeutung für Webers Analyse des Rationalismus herausgearbeitet. Siehe seine Einleitung zu dem von ihm herausgegebenen Band: *Max Webers Studie über Hinduismus und Buddhismus*, Frankfurt 1984, wo er dieses Thema in die Entwicklung von Webers Denken einordnet (S. 21 f.).

47 Siehe *Die Protestantische Ethik*, hg. von J. Winckelmann, Bd. 1, Hamburg ⁴1975, S. 126.

48 *Wirtschaft und Gesellschaft*, a.a.O., S. 334.

lag hier in einem innerweltlichen Handeln, dort in einer Zuständlichkeit spezifischer Art, vorzüglich in »mystischer Erleuchtung«.[49] Prophetie war hier Sendungsprophetie, Verkündigung von Gottes Forderungen an Laien, dort lebte sie exemplarisch und damit zugleich aristokratisch den rechten Weg zum religiösen Heil vor.[50] Selbst die Gottesvorstellungen waren unterschiedlich: hier ein persönlicher, fordernder Schöpfergott, dort ein unpersönliches, nur kontemplativ zugängliches Wesen[51]; hier rationale praktische Ethik, dort ekstatische Gottbesessenheit oder der »apathisch-ekstatische Gottbesitz der Gnosis«.[52] Religiöse Laienethik fehlte in den indischen Religionen, während sie in den vorderasiatischen Religionen eine zentrale Stelle einnahm.[53]

Weber hat diese Alternativen aus der Religionsgeschichte herauspräpariert: Die antiken vorderasiatischen Religionen wurden in dieser Systematik teilweise der westlichen Kultur zugeschlagen. An der Schnittstelle seiner Aufsätze zu Hinduismus und Buddhismus einerseits, dem antiken Judentum andererseits behauptet Weber, daß die okzidentalen Kulturherde außer der antiken Polis in Vorderasien gelegen haben, und zwar an den Stätten des Außen- und Durchgangshandels Babylons, des Nildeltas, der israelitischen Eidgenossenschaft, den Karawanenstraßen Syriens.[54] Weber zog die kulturhistorische Grenze zwischen den beiden Typen von praktischen Weltverhältnissen in Vorderasien, weil dort zum erstenmal Intellektuelle aus der Weltablehnung innerweltliche asketische Konsequenzen gezogen haben, die von der abendländischen Kulturentwicklung verbindlich gemacht worden waren. Jedoch rechnete Weber mit der Gefahr, daß Intellektuelle die Sinnfrage neu stellen und anders beantworten und sich damit von der westlichen Kulturentwicklung abwenden könnten. Die Annahme, die Durkheim beruhigt hatte, daß die moderne Gesellschaft ihre Kulturgrundlagen selber sicherstellen und garantieren würde, konnte Weber nicht überzeugen.

49 Ebd., S. 330.
50 Ebd., S. 273; *Die Wirtschaftsethik der Weltreligionen*, a.a.O., S. 107.
51 Ebd.
52 *Gesammelte Aufsätze zur Religionssoziologie*, a.a.O., Bd. 2, S. 371.
53 Ebd., Bd. 3, S. 6 f.
54 Ebd., Bd. 2, S. 375.

Webers Analogie zum Verrat
der Intellektuellen:
Intellektuellenweltflucht

Weber diagnostizierte unter europäischen Intellektuellen seiner Gegenwart Versuche, sich der Einsicht in die Sinnwidrigkeit durch eine »Intellektuellenweltflucht« zu entziehen: durch die Flucht in die unberührte Natur, durch eine weltflüchtige Romantik oder auch durch die Flucht unter das von menschlichen Konventionen unberührte »Volk« (den Populismus, das russische Narodnitschestwo). Diese Weltflucht konnte sich mehr kontemplativ oder mehr asketisch wenden, konnte mehr individuelles Heil oder mehr revolutionäre Weltänderung suchen. Und dieser Bestandsaufnahme zeitgenössischer Tendenzen unter Intellektuellen läßt Weber die Bemerkung folgen:

»Alle diese dem apolitischen Intellektualismus gleich zugänglichen Tendenzen nun können auch als religöse Erlösungslehren auftreten und haben dies gelegentlich getan.«[55]

Weber übersetzte die kulturkritischen Traditionen europäischer Intellektueller in die Kategorien von Religionsgeschichte. Er sah in der Abkehr von Intellektuellen von dem spezifisch asketischen – auch intellektuell übrigens asketischen – Weltverhältnis nicht nur eine Flucht ins Mystische und Kontemplative, sondern auch einen Abfall von den Grundlagen der europäischen Kultur.
Webers Behandlung der europäischen Intellektuellen reagierte auf ähnliche Erscheinungen, wie Benda sie beschrieben hatte. Sie läßt sich daher wie eine Analogie zur Verratsthese von Benda lesen und verstehen. Nur sah Weber nicht die abstrakte, unparteiische, leidenschaftslose Vernunft der Aufklärung als die Grundlage europäischer Kultur an, sondern eine rationale asketische Lebensführung, die aus einer der drei rationalen Theodizeen (der protestantischen nämlich) hervorgegangen war. Verrat wird dementsprechend nicht an der aufgeklärten Vernunft begangen, sondern an einer spezifisch westlichen Antwort auf das Sinn-Problem der Welt.
Indem Weber Erlösungsreligiosität an eine soziale Schicht band: die Intellektuellen, eröffnete sich ihm die Möglichkeit, über eine soziale und historische Analyse dieser Bildungsschicht zu einer

55 *Wirtschaft und Gesellschaft*, a.a.O., S. 308.

Erklärung des Entstehens von Erlösungsreligiosität vorzudringen. Die Intellektuellen waren sowohl Repräsentanten reflexiver und theoretischer Deutung von Religion als auch eine soziale Schicht, die über ihre Funktionen und ihre Lebensführung einbezogen war in die politischen Ordnungen. Dieser Umstand veranlaßte Weber, eine historische These über den Ursprung antiker Erlösungsreligionen vorzulegen. Es war die Entpolitisierung von Bildungsschichten im Römischen Reich, die er für deren Ausbreitung verantwortlich machte. Dieser These möchte ich mich daher im nächsten Schritt zuwenden.

Wenn die theoretischen Deutungen, die Religionen gegeben worden sind, zum Thema gemacht werden, verdienen die Intellektuellen besondere Beachtung. Dabei sollte man einen soziologisch präzisen Begriff verwenden, der eine Bildungsschicht bezeichnet, die ohne nennenswertes Eigentum ist und für die Bildung zum Beruf geworden ist. Die heikle Situation, in der sich eine solche Schicht befindet, hat im 19. und 20. Jahrhundert ihren Ausdruck in einer Kulturkritik gefunden, die von ihr propagiert wurde. Sie hat in einigen mittel- und osteuropäischen Ländern schließlich dazu geführt, daß Intellektuelle in revolutionären Situationen die etablierten Autoritäten verraten und sich auf die Seite der Opposition gestellt haben.

Diese soziologische Erscheinung ist jedoch nicht auf die Neuzeit beschränkt, sondern steht im Zusammenhang mit einer sozialen Differenzierung, die bereits in den antiken Gesellschaften eingetreten war. S. N. Eisenstadt hatte sie mit einem Traditionsbruch in Verbindung gebracht, den Jaspers als »Achsenzeit« bezeichnet hatte.[56] Intellektuelle propagierten Weltbilder, die die bestehenden Ordnungen problematisierten und Sinn zu einer Kategorie subjektiven Handelns werden ließen. Ich werde diesen Gesichtspunkt aufgreifen und die antike vorderasiatische Religionsgeschichte auf Intellektualismus hin untersuchen.

56 S. N. Eisenstadt/S. R. Graubard (Hg.), *Intellectuals and Tradition*, New York 1973; S. N. Eisenstadt (Hg.), *The Origins and Diversity of Axial Age Civilizations*, Albany 1986; dt. *Kulturen der Achsenzeit*, 2 Bände, Frankfurt 1987. Eisenstadt behandelt in seiner Einleitung die Rolle von Intellektuellen bei der Entwicklung abstrakter, transzendenter Weltbilder.

Erlösungsreligiosität und Intellektuelle nach Max Weber

»Dies Problem: die Erfahrung von der Irrationalität der Welt war ja die treibende Kraft aller Religionsentwicklung. Die indische Karmanlehre und der persische Dualismus, die Erbsünde, die Prädestination und der Deus absconditus sind alle aus dieser Erfahrung herausgewachsen« (so in dem Vortrag »Politik als Beruf« des Jahres 1919).

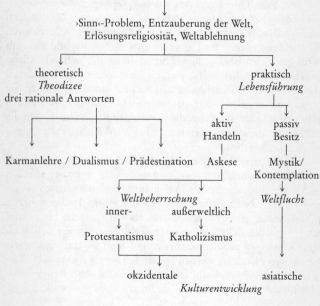

Erfahrung der Irrationalität der Welt
Intellektuelle: »innere Nötigung, die Welt als sinnvollen Kosmos zu erfassen«; »Entpolitisierung von Bildungsschichten«

›Sinn‹-Problem, Entzauberung der Welt,
Erlösungsreligiosität, Weltablehnung

theoretisch
Theodizee
drei rationale Antworten

praktisch
Lebensführung

aktiv
Handeln

passiv
Besitz

Karmanlehre / Dualismus / Prädestination   Askese

Mystik/
Kontemplation

Weltbeherrschung
inner-   außerweltlich

Weltflucht

Protestantismus   Katholizismus

okzidentale
Kulturentwicklung

asiatische

Intellektuellen-
flucht

III Stadtgemeinde und Religionsgemeinschaft in der antiken Stadtherrschaft

Entpolitisierung und Erlösungsreligiosität: eine weniger bekannte These Webers

Auch wenn die Erfahrung der Irrationalität der Welt zwingend und universal ist, ist es das Bewußtsein davon nicht. Daß Weber eine historische Erklärung für seine Entstehung vorlegte, zeigt nur, daß man vorsichtig sein muß, wenn man zur Erläuterung von Webers Ideen auf Ähnlichkeiten mit dem Existentialismus verweist. Zwar hat Webers Auffassung mit dem Existentialismus eine gewisse Verwandtschaft, da die Erfahrung der Irrationalität der Welt von jedem Menschen gemacht werden wird.[1] Aber die gleiche Erfahrung kann auf verschiedene Weise gedeutet werden. Nur eine interpretierte Erfahrung ist eine *bewußte* Erfahrung. Dazu aber muß sie im Medium von Sprache symbolisch ausgedrückt werden.[2]

Ob dies geschieht oder nicht, hängt von der Lage jener Bildungsschichten ab, die Sinnprobleme artikulieren und propagieren. Wenn Intellektuellenschichten und ihre Eigenart für die Religionsgeschichte so bedeutsam sind, sollte die soziale Geschichte dieser Bildungsschichten Aufschluß über die Umstände geben können, die zu einer Problematisierung von Sinn geführt haben. Sind es historische Erfahrungen gewesen, die dafür der Grund waren?

Was hier als Möglichkeit erwogen wird, entspricht Ansätzen im Denken Webers. Weber hat eine These vorgetragen, die wenig Beachtung gefunden hat und die doch für eine Geschichte ratio-

---

1 Richtig gesehen von R. Lennert, *Die Religionstheorie Max Webers*, Leipzig 1935, S. 2.
2 Die Symboltheorie ist ein unersetzliches Zwischenstück zwischen Sozial- und Religionsgeschichte: H. G. Kippenberg, »Religionssoziologie ohne Säkularisierungsthese: É. Durkheim und M. Weber aus der Sicht der Symboltheorie«, in: *Neue Zeitschrift für Systematische Theologie und Religionsphilosophie* 27 (1985), S. 177-193; aufgenommen in: H. G. Hubbeling, H. G. Kippenberg (Hg.), *Zur symbolischen Repräsentation von Religion*, Berlin/New York 1986, S. 102-118.

naler Lebensführung fruchtbar gemacht werden kann. Er hatte nämlich gemeint, es habe eine nur den Bildungsschichten eigene Erfahrung gegeben, die sie für Erlösungsreligiosität empfänglich gemacht habe. Hier seine These:

»Die vorderasiatischen Erlösungsreligionen, sei es mystagogischen, sei es prophetischen Charakters und ebenso die vom Laienintellektualismus getragenen, orientalischen und hellenistischen, sei es mehr religiösen, sei es mehr philosophischen Erlösungslehren, sind (soweit sie überhaupt sozial privilegierte Schichten erfassen) fast ausnahmslos Folgeerscheinung der erzwungenen oder freiwilligen Abwendung der Bildungsschichten von politischem Einfluß und politischer Betätigung.«[3]

Weber verhehlt nicht, daß in diese Behauptung aktuelle Erfahrungen mit Intellektuellen eingeflossen sind.[4] Doch möchte ich daraus nicht den Schluß ziehen, sie mache nur als solche Polemik Sinn. Zu eng ist sie mit seiner Rekonstruktion der Geschichte rationaler Lebensführung in der Antike verwoben, auch wenn diese nicht komplett ausgearbeitet worden ist. Was in Ansätzen vorliegt, genügt jedoch, um diese Rekonstruktion zu skizzieren: daß die antike Stadtherrschaft einer bürokratischen Herrschaftsform gewichen sei; daß die tragenden Schichten der antiken Stadt privilegierte Bildungsschichten gewesen seien; und daß sie infolge einer Entmilitarisierung und Entpolitisierung Träger von Erlösungsreligiosität geworden seien.

Erlösungsreligiosität als Folgeerscheinung von erzwungener oder freiwilliger Abwendung von politischer Betätigung: das ist eine Hypothese, die bei Kennern der römischen Religionsgeschichte wenig Beifall gefunden hat. Häufig hört man den Einwand, die antike Polis habe bereits in der Zeit der hellenistischen Herrscher ihr Leben ausgehaucht. Wenn in einer neueren Studie behauptet wird: »Der Verlust der Polisautonomie lag als Problem bereits

3 Max Weber, *Wirtschaft und Gesellschaft*, Tübingen ⁵1972, S. 306 f.
4 Weber konnte antike Erlösungsreligionen und Intellektuelle seiner Zeit in einem Atemzug nennen: »Der Erfolg der Propaganda der Erlösungskulte und der philosophischen Erlösungslehre in den vornehmen Laienkreisen des Späthellenen- und des Römertums geht parallel der endgültigen Abwendung dieser Schichten von politischer Betätigung. Und das etwas geschwätzige sog. ›religiöse‹ Interesse unserer deutschen Intellektuellenschichten in der Gegenwart hängt intim mit politischen Enttäuschungen und dadurch bedingter politischer Desinteressiertheit zusammen« (ebd., S. 307).

Jahrhunderte zurück«[5], dann spricht aus diesen Worten eine Meinung, die vielen selbstverständlich geworden ist.

Nur vereinzelt haben Wissenschaftler daher die These, daß Erlösungsreligiosität eine Folge von Entpolitisierung gewesen sei, ernst genommen. Zu den wenigen Ausnahmen gehören die Religionshistoriker H. Jonas und K. Rudolph. So führte H. Jonas – übrigens in Kenntnis von Max Weber – in seinem klassischen *Gnosis*-Buch »innerweltliche Aussichtslosigkeit« als Motiv für die Hinwendung zur Gnosis an und wies dabei auf die unfreiwillige Abwendung der Bildungsschichten von der Politik hin.

»Mehr noch [als Kulturmüdigkeit, HGK] muß die politisch-gesellschaftliche Entwicklung des Imperiums von Einfluß gewesen sein: Die Ausschaltung der ehemals staatsbildenden Schichten aus der politischen Macht seit dem Ende der Demokratien und Patriziate, das Geschehenlassen, zu dem sie auch bei hoher sozialer Stufe gegenüber der Dynamik dieser von neuen Gewalten regierten Welt verurteilt waren und das sie auch die günstigen Ausfälle nur als Fügungen fremder, ihrem Einfluß entzogener Entscheidungsmächte ansehen ließ – kurz die politische ›Freisetzung‹ dieser Schichten seit der endgültigen Ersetzung des Polisprinzips durch den Cäsarismus nahm ihnen die ›Welt‹ als Ort eigentlicher Selbstverwirklichung, sinnfälliger Objektivation ihrer Kräfte und Wollungen und begünstigte die Suche nach Äquivalenten aus einer andern Ordnung.«[6]

K. Rudolph hat 1967 in einem Artikel Webers Erklärung erneut aufgenommen:

»Auf den Übergang von apolitischer Intellektuellenreligiosität zur Erlösungsreligiosität hat zuerst M. Weber aufmerksam gemacht. Diese Ausführungen tragen auch heute noch aktuellen Charakter und zeugen von einer hervorragenden Einsicht in die Probleme der Genese von Gnosis und Manichäismus und den anderen soteriologischen Kulten des Vorderen Orients«.[7]

5 P. Lampe, *Die stadtrömischen Christen in den ersten beiden Jahrhunderten. Untersuchungen zur Sozialgeschichte*, Tübingen 1987, S. 265.
6 *Gnosis und spätantiker Geist* (1934), 1. Teil, Göttingen 1964, S. 69.
7 »Randerscheinungen des Judentums und das Problem der Entstehung des Gnostizismus« (1967), abgedruckt in dem von K. Rudolph herausgegebenen Band *Gnosis und Gnostizismus*, Darmstadt 1975, S. 768-797, Zitat auf S. 777, Anm. 17; derselbe, »Intellektuelle, Intellektuellenreligion und ihre Repräsentation in Gnosis und Manichäismus«, in: P. An-

Bevor ich Webers Hypothese überprüfe, möchte ich erst einmal ihre Struktur genauer fassen. Sie stellt zwischen politischen Prozessen und religionshistorischen Sachverhalten Verbindungen her, die ungewöhnlich sind und genauerer Beschreibung bedürfen. Es ist daher nötig, sich über den Charakter der Hypothese Klarheit zu verschaffen.

Neufassung der Hypothese

So selten Weber sonst in seinem Werk Gesetzesaussagen aufgestellt hat, so nahe kommt er ihnen in diesem Falle.

»Eine Erlösungsreligiosität entwickeln sozial privilegierte Schichten eines Volkes normalerweise dann am nachhaltigsten, wenn sie entmilitarisiert und von der Möglichkeit oder vom Interesse an politischer Betätigung ausgeschlossen sind.«[8]

Man könnte diese Formulierung mit dem – erst *nach* Weber entwickelten – geschichtswissenschaftlichen Erklärungsmodell von Hempel/Oppenheim (dem H-O-Schema) bzw. dem ›Covering-law-Modell‹ von Dray interpretieren. In ihm werden zwei Aussagen verbunden: eine statistische oder deterministische Hypothese und eine Behauptung über die Antezedensbedingungen eines zu erklärenden Sachverhaltes. Also: *Wenn* eine sozial privilegierte Schicht entmilitarisiert und entpolitisiert wird (unabhängige Variable), *dann* entwickelt sie eine Neigung zu Erlösungsreligiosität (abhängige Variable). Dies ist die Hypothese. Da in der *Antike* privilegierte Schichten tatsächlich entmilitarisiert und entpolitisiert worden sind, kann dieses allgemeine Gesetz die Verbreitung von Erlösungsreligiosität unter Gebildeten erklären. Die Antezedensbedingung des speziellen Falles von Erlösungsreligiosität – die Entpolitisierung von Privilegierten – ist erfüllt.[9]

---

tes, D. Pahnke (Hg.), *Die Religion von Oberschichten. Religion – Profession – Intellektualismus*, Marburg 1989, S. 23-34.

8 *Wirtschaft und Gesellschaft*, a.a.O., S. 306.

9 Eine Entfaltung dieser historischen Theorie mit der dazu gehörigen Literatur hat S. Podes vorgenommen: *Die Dependenz des hellenistischen Ostens von Rom zur Zeit der römischen Weltreichsbildung. Ein Erklärungsversuch zum römischen Imperialismus aus der Sicht der Ge-*

Es ist dabei offen, wie die Beziehung zwischen Vorbedingung und dem erklärungsbedürftigen Sachverhalt konzipiert wird. Geht es um eine gesetzmäßige Beziehung? Wenn man an Gesetzmäßigkeiten denkt, dann wären zwei Theorieansätze von Interesse, die durch die Begriffe der ›relativen Deprivation‹ und der ›Statusinkonsistenz‹ gekennzeichnet sind. Beide gehören zum Typus der ›Kompensationsthese‹: Religion als »Ersatz für weltliche Fehl- und Schicksalsschläge«, wie F. Fürstenberg sie charakterisiert hat.[10] Sie verankert Religion in einer Unstimmigkeit zwischen den Erfahrungen von Menschen einerseits, ihren Erwartungen andererseits.

›Deprivation‹ (wörtlich ›Beraubung‹) bezeichnet psychologisch einen Mangelzustand, der eintritt, wenn einem Organismus die Möglichkeit zur Befriedigung bestimmter Bedürfnisse vorenthalten wird. Der amerikanische Soziologe Ch. Y. Glock hatte sich die Frage gestellt, ob ›Deprivation‹ eventuell Einfluß auf die Bildung religiöser Gemeinschaften haben könne, und sie bejaht:

»The organizational response to deprivation may be either religious or secular. In the case of economic, social and organismic deprivation, religious responses tend to function as compensations for the deprivation, secular ones as means to overcome it.«[11]

Der speziellere Begriff ›relative Deprivation‹ wurde von D. F. Aberle zur Erklärung millenarischer Bewegungen verwendet. Die Erwartung, daß bestimmten Bedürfnissen entsprochen werden sollte, ist relativ zu der Kultur, in der Menschen leben. Wenn gerechtfertigte Erwartungen aber kollektiv enttäuscht werden,

schichte als historische Sozialwissenschaft, Frankfurt 1986, S. 17-25; über nomologische Erklärungen in der Geschichtswissenschaft informiert: J. Rüsen, Rekonstruktion der Vergangenheit, Göttingen 1986, S. 24-30.

10 Ich folge hier seiner Einteilung religionssoziologischer Theorien in Integrations-, Kompensations- und Säkularisierungsthese, die er in seiner problemgeschichtlichen Einleitung zu dem von ihm herausgegebenen Band Religionssoziologie, Neuwied 1964, S. 5-31, vorgenommen hat; Zitat S. 14.

11 Ch. Y. Glock, »The Role of Deprivation in the Origin and Evolution of Religious Groups«, in: R. Lee, M. E. Marty (Hg.), Religion and Social Conflict, New York 1964, S. 24-36, Zitat S. 32 f. Glock spricht von sozialer Deprivation, wenn es um die Erfahrung des Verlustes sozialen Ansehens geht.

dann kann diese Enttäuschung zu einem psychischen Motiv für Endzeithoffnungen von Gruppen werden.[12]

Ein zweiter Theorieansatz, der die Unstimmigkeit zwischen Erwartungen und Erfahrungen in die Religionsanalyse einbringt, hat die Erscheinung der *Statusinkonsistenz* zum Gegenstand. W. A. Meeks – um einen neueren Vertreter zu nennen – hat den Umstand, daß im Römischen Reich relativ viele Christen aus der Gruppe der Freigelassenen stammten, damit erklärt, daß die Freigelassenen zwar ein gewisses Maß ökonomischer und politischer Macht erworben hätten, sie aber trotzdem in der antiken Kultur nicht über ein entsprechend hohes soziales Ansehen verfügt hätten. Damit kann – wie bei Glock auch – eine Kompensationsthese verbunden werden.

»Religious participation seems to have been a way of escaping loneliness and the stigma of servile origin« (so kann D. Kyrtatas, der Meeks folgt, die Grundidee dieser These zusammenfassen).[13]

Wenn relativ viele Freigelassene in die frühen christlichen Gemeinden eingetreten sind, konnte dies auch ein Mittel sein, um das soziale Stigma wenig ehrenvoller Herkunft zu überwinden.[14]

12 D. F. Aberle, »A Note on Relative Deprivation Theory as applied to Millenarian and other Cult Movements«, in: S. L. Thrupp (Hg.), *Millennial Dreams in Action. Studies in Revolutionary Religious Movements*, New York 1970, S. 209-214. Habermas hat diesen Gesichtspunkt in anderer Begrifflichkeit abgehandelt, wenn er normative Strukturen von Gesellschaften als Interpretation und Legitimation menschlicher Bedürfnisse beschreibt. Sprache funktioniert seiner Ansicht nach wie ein Transformator, der psychische Vorgänge wie Empfindungen, Bedürfnisse und Gefühle in die Struktur sprachlicher Intersubjektivität einfügt und sie damit zu rechtfertigungsbedürftigen und -fähigen Normen verwandelt: *Legitimationsprobleme im Spätkapitalismus*, Frankfurt 1973, S. 19-24.

13 D. Kyrtatas, *The Social Structure of the Early Christian Communities*, London 1987, S. 71-74, Zitat S. 71. Zuvor hatte W. A. Meeks diese These vertreten: *The First Urban Christians. The Social World of the Apostle Paul*, New Haven, London 1983, S. 21-23; S. 191.

14 Auf ähnliche Weise hatte G. Lenski den sozialen Herkunft der Führer neuzeitlicher revolutionärer Bewegungen aus dem Bildungsbürgertum erklärt: *Macht und Privileg. Eine Theorie der sozialen Schichtung*, Frankfurt 1977, S. 124-127. Lenski verwendete die Theorie als Erklärung dafür, daß radikale politische Bewegungen oft nicht von Führern

Beide Hypothesen sollen erklären, wie Entpolitisierung von Bildungsschichten mit einer Hinwendung zu Erlösungsreligiosität zusammenhängen könnte, wenn man an eine gesetzmäßige Beziehung denkt. Eine Überprüfung dieser Theorie am antiken Material steht aus, wird allerdings auch nicht ganz einfach sein. Wo sie einmal ansatzweise versucht worden ist, ergaben sich beträchtliche Schwierigkeiten. H. Cancik, der sich mit ihr in einer Studie zur Religionsgeschichte der Stadt Rom im 2. Jahrhundert n. Chr. auseinandergesetzt hat, kleidete seine Bedenken in die Fragen: »Sind die ›Lehrer‹ in Rom der Prinzipatszeit erlösungsbedürftige ›Intellektuelle‹? Wann ist diese Bildungsschicht politisch entmachtet worden, d. h. wann war sie an der Macht gewesen? Wie viele Lehrer in Rom waren nicht Gnostiker?«[15]

Ich möchte an dieser Stelle diesen berechtigten Zweifeln nicht nachgehen, da mir eine andere Auffassung der These vorschwebt. Ich möchte fragen und untersuchen, ob mit den vorderasiatischen Erlösungsreligionen, als sie sich im Mittelmeerraum ausbreiteten, politische Bedeutungen verbunden worden sind, die sich auf Probleme der antiken Stadtherrschaft bezogen. Statt auf eine kausale Beziehung zwischen Entpolitisierung und Erlösungsreligiosität möchte ich das Augenmerk auf pragmatische Bedeutungen vorderasiatischer Erlösungsreligionen richten. Sie sollten ein Urteil darüber gestatten, ob und inwieweit diese Religionen in Probleme der antiken Stadtherrschaft verwickelt waren.

Struktur und Wandel antiker Stadtherrschaft

Wenn Weber behauptete, daß in der Antike städtische Bildungsschichten entpolitisiert worden seien, dann steht diese Behauptung in Zusammenhang mit seiner Sicht der Struktur und des Wandels antiker Stadtherrschaft. Wir müssen uns zum besseren Verständnis seiner Auffassung nun diesem Gegenstand zuwenden. Weber hatte die antike Kultur aus der Perspektive der Ge-

mit gleichem niederen Status geführt wurden, sondern von Angehörigen einer Gruppe mit höherem Status (Bildung), die aber aus anderen Gründen (etwa wegen ihrer Hautfarbe) wenig Ansehen besaß.
15 H. Cancik, »Gnostiker in Rom. Zur Religionsgeschichte der Stadt Rom im 2. Jahrhundert nach Christus«, in: J. Taubes (Hg.), *Gnosis und Politik*, Paderborn 1984, S. 163-184, Zitat S. 183.

genwart betrachtet und dabei einen Blickwinkel eingenommen, der mit seiner Sicht der bürgerlichen Gesellschaft zusammenhing. Ihn interessierten einerseits Herkunft und Charakter der spezifisch bürgerlichen rationalen Lebensführung. Andererseits beunruhigte ihn die zunehmende Bürokratisierung von Herrschaft, die dieser Lebensführung den Freiraum zu nehmen drohte. In seinen Studien zur Antike thematisierte er beide Sachverhalte: die Systematisierung von Lebensführung an der religiösen Ethik des antiken Judentums (und – nicht ausgeführt – des antiken Christentums) sowie an der antiken Stadtgemeinde; die Gefahren, die von der Bürokratisierung ausgingen, am Untergang des Römischen Reiches.[16] Beide Sachverhalte spielten nicht erst in seiner Erklärung spätantiker Erlösungsreligiosität eine Rolle, sondern waren bereits in seiner Erklärung der Ursprünge jüdischer rationaler Lebensführung miteinander verknüpft. Denn es heißt im »Antiken Judentum«:

»Stumpf‹ wird der Bauer überall erst, wo er in einen ihm fremdartig gegenüberstehenden bürokratischen oder leiturgischen Großstaatmechanismus eingespannt oder grundherrlicher Verknechtung preisgegeben ist, wie in Aegypten, Mesopotamien, den hellenistischen und dem spätrömischen Staatswesen. Im Gegensatz dazu war der vorexilische israelitische Plebejer zuerst wirklich, später seiner Erinnerung und seinem Anspruch nach, ein freier wehrhafter Eidgenosse, der die Ritterschaft der Kulturgebiete besiegt hatte. Aus sich selbst hätte er freilich die rationalen Konzeptionen der alttestamentlichen Schriften nie zu schaffen vermocht. Das mußten andere für ihn tun. Aber für die meisten von ihnen war er aufnahmefähig. Und gerade in dem Aufeinanderwirken einer begeisterten Intellektuellenschicht mit diesem Publikum von Schichten, welche durch die

16 Den aktuellen Bezugspunkt von Webers Interesse an den antiken Agrarverhältnissen hat Schluchter dargestellt: »Der autoritär verfaßte Kapitalismus«, in: derselbe, *Rationalismus der Weltbeherschung*, Frankfurt 1980, S. 134-169; er hat ebenfalls Webers Interesse an der altisraelitischen Ethik erklärt: »Altisraelitische religiöse Ethik und okzidentaler Rationalismus«, in: W. Schluchter (Hg.), *Max Webers Studie über das antike Judentum*, Frankfurt 1981, S. 11-77. Die Soziologie des Christentums konnte Weber nicht mehr ausarbeiten. Trotzdem lassen sich die hauptsächlichen Gesichtspunkte von Weber rekonstruieren: W. Schluchter (Hg.), *Max Webers Sicht des antiken Christentums. Interpretation und Kritik*, Frankfurt 1985; *Max Webers Sicht des okzidentalen Christentums. Interpretation und Kritik*, Frankfurt 1988.

Entwicklung der Königszeit entmilitarisiert und sozial deklassiert waren, liegt eines der Geheimnisse der Entfaltung des Jahwismus«.[17]

Weber behauptet hier einen grundlegenden Antagonismus zwischen Bürokratie und Bürgergemeinde, auf den er auch an anderen Stellen seiner Schriften anspielt. Die Bürokratisierung als Monopolisierung aller Machtmittel durch den Staat habe einen ›Apolitismus‹ hervorgerufen. Wo aber eine städtische Schicht von Plebejern (also von Agrarbürgern, Handwerkern und Händlern) existiert und sich gegen die Zentralinstanz durchgesetzt habe, konnte sie zum Träger rationaler Konzeptionen und Lebensführung werden. Die altjüdische Religion sei das Resultat einer solchen Überwindung einer bürokratischen Herrschaftsordnung gewesen. Ihr wichtigstes Ergebnis sei eine religiöse Laienethik, eine ›rationale Gesinnungsethik‹ gewesen.[18]

Ich möchte auf die einzelnen historischen Behauptungen, über die diskutiert werden muß, hier noch nicht eingehen. Von Interesse für unsere Fragestellung ist vorrangig, wie Weber eine ethische Religiosität städtischer Bürger mit einer äußeren politischen Emanzipation dieser Bürger von einem zentralistischen Machtmonopol in Verbindung brachte. Er tat dies mit der Behauptung, die ethische Religiosität von Laien sei der Motor in dem historischen Prozeß der Herausbildung antiker Stadtherrschaften gewesen. Aus diesen Überlegungen heraus richtete Weber seine Interpretation des antiken Judentums auf den Nachweis, daß dieselben Prozesse und Probleme, die für die antike Stadtherrschaft charakteristisch waren, auch die Geschichte des antiken Judentums bewegt hatten. Der Durchbruch zu einer ethischen Religiosität städtischer Schichten war an politische und militärische Bedingungen geknüpft gewesen: nämlich an die Aneignung politischer und militärischer Macht durch Stadtbürgerschaften. Diese These zur jüdischen Religiosität hat neuerdings zu Recht wieder Beachtung gefunden.[19]

17 »Das Antike Judentum«, in: *Gesammelte Aufsätze zur Religionssoziologie*, Bd. 3, Tübingen 1920, S. 220.
18 Ebd., S. 233.
19 Chr. Schäfer-Lichtenberger, *Stadt und Eidgenossenschaft im Alten Testament. Eine Auseinandersetzung mit Max Webers Studie »Das antike Judentum«*, Berlin 1983; dieselbe, »Stadtstaat und Eidgenossenschaft. Max Webers Analyse der vorexilischen Gesellschaft«, in:

Bürokratie und antike Stadtherrschaft
als unterschiedliche Typen von Herrschaftsordnung

Zwei Typen von Herrschaftsordnung setzte Weber idealtypisch voneinander ab: die Bürokratie, die mittels stehender Heere ihre Untertanen beschützte und Gesetze erließ – und die antike Stadtherrschaft, die sich selber verteidigte und sich ihre Gesetze selber gab. Mit beiden Ordnungen waren entgegengesetzte politische Mentalitäten verbunden. Im Schatten der Bürokratie machte sich ›Apolitismus‹ breit.

»Auf diesem Boden konnte keine politische, der Königsmacht gegenüber selbständige Bürgergemeinde erwachsen. Denn der Bürger war der Nichtmilitär. Ganz anders im Okzident. Hier erhielt sich, bis in die Zeit der römischen Kaiser, das Prinzip der Selbstequipierung der Heere.«[20]

Die Vorstellungen von Vorbildlichkeit und Ehre waren in beiden Herrschaftsordnungen einander diametral entgegengesetzt. Man kann mit dem Begriff ›Prestige‹ besser noch als mit dem Begriff der ›Ehre‹ erläutern, wie sie sich unterschieden haben. ›Ehre‹ bezeichnet nämlich primär den besonderen Verhaltenskodex von privilegierten Ständen im Unterschied zu anderen Schichten. Dagegen bezeichnet ›Prestige‹ unabhängig von allen Privilegien die soziale Anerkennung eines einzelnen auf Grund seiner vorbildlichen Lebensführung.

»Unter dem Prestige eines Individuums verstehen wir das Wissen, das die Bezugsgruppe dieses Individuums von dessen Vorbildlichkeit hat« – so

W. Schluchter (Hg.), *Max Webers Studie über das antike Judentum. Interpretation und Kritik*, Frankfurt 1981, S. 78-107. Zu Webers Sicht der Entstehung der antiken Polis und des antiken bürokratischen Territorialstaates: J. Deininger, »Die politischen Strukturen des mittelmeerisch-vorderorientalischen Altertums in Max Webers Sicht«, in: W. Schluchter (Hg.), *Max Webers Sicht des antiken Christentums. Interpretation und Kritik*, a.a.O., S. 72-110.

20 Zur gegensätzlichen Mentalität beider politischer Ordnungen: »Agrarverhältnisse«, in: *Gesammelte Aufsätze zur Sozial- und Wirtschaftsgeschichte*, Tübingen 1924, S. 189 f.; *Wirtschaft und Gesellschaft*, a.a.O., S. 756 (Zitat). Weiteres Material hierzu in meinem Artikel: »Agrarverhältnisse im antiken Vorderasien und die mit ihnen verbundenen politischen Mentalitäten«, in: W. Schluchter (Hg.), *Max Webers Sicht des antiken Christentums. Interpretation und Kritik*, a.a.O., S. 151-204, auf s. 151-157.

beschreibt Mario Erdheim den Begriff, und so möchte ich ihn auch hier gebrauchen.[21]

Prestige bezeichnet eine Vorbildlichkeit, mit deren Hilfe der einzelne ein angesehenes Mitglied seiner Gruppe wird. Wandeln sich die gesellschaftlichen Normen der Bezugsgruppe, dann darf man erwarten, daß sich auch die Vorstellungen des einzelnen von Prestige wandeln. Auf diesem Wege schlagen Strukturwandlungen auf das praktische Bewußtsein der Handelnden durch.

Weber hatte in den Herrschaftsordnungen der Antike diese Differenzierung vorgenommen und die beiden Typen Stadtherrschaft und Bürokratie unterschieden. Diese Unterschiede interessierten ihn darum so sehr, weil er meinte, mit ihnen unterschiedliche Konzeptionen idealer Lebensführungen einzelner erfassen zu können. Es ging ihm um die Korrespondenz zwischen einer subjektiven Handlungsmaxime und einer objektiv vorhandenen Ordnung. Im einen Fall war das Vertrauen auf den Schutz durch staatliche Instanzen und die Loyalität zum Herrscher, im anderen Fall die Wehrhaftigkeit aller Bürger und deren Loyalität zu den Gesetzen des Gemeinwesens das anerkannte Kriterium für vorbildliches Handeln.

Die Stadt als Zentralort und als Bürgergemeinde

Die Unterschiede, die Weber hinsichtlich beider Typen von Herrschaftsordnungen annahm, hatten Auswirkungen auf seinen Stadtbegriff. Es überrascht nicht, daß Weber eine differenziertere Konzeption von ›Stadt‹ vertreten hatte als viele vor und nach ihm. Nicht jede Stadt im ökonomischen Sinne (Markt) und auch nicht

21 *Prestige und Kulturwandel. Eine Studie zum Verhältnis subjektiver und objektiver Faktoren des kulturellen Wandels zur Klassengesellschaft bei den Azteken*, Wiesbaden 1973, Zitat S. 33. Erdheim hatte diesen Gegenstand an ganz anderem Material (dem Vorgang der Entstehung der Klassengesellschaft bei den Azteken) untersucht. Seine Studie hat zeigen können, daß Prestige-Vorstellungen den Einfluß von Wandlungen der Sozialstruktur auf die alltäglichen Normvorstellungen einzelner erkennen lassen. Diese Möglichkeit empfiehlt den Begriff für die antike Religionsgeschichte und ihren Bezug zu Wandlungen der Herrschaftsordnung.

jede Stadt im militärischen Sinne (Festung) besaß die Qualitäten einer Stadt. Eine Stadt im vollen Sinne mußte, außer Markt und Befestigung, eine eigene Gerichtsbarkeit und ein eigenes Recht haben, einen Verband (eine Anstalt bzw. Körperschaft) bilden und damit verbunden »mindestens teilweise Autonomie und Autokephalie« besitzen.[22] Erst in jüngerer Zeit hat man wieder Verständnis dafür aufgebracht, wie sachgemäß es war, die ökonomischen und militärisch-administrativen Funktionen einer Stadt (in der Bezeichnung ›Zentralort‹ zusammengefaßt) von der »Verbrüderung« (so Webers Ausdruck) ihrer Bewohner zu einer Gemeinde zu unterscheiden.[23] In Übereinstimmung hiermit hat der Althistoriker F. Kolb in seiner kürzlich erschienenen Monographie über die Stadt im Altertum eine überwiegend siedlungsgeographische Stadtdefinition verwendet, »welche ›Stadt‹ von ihrem äußeren Erscheinungsbild und ihrer Funktion als ›zentralem Ort‹ her bestimmt«.[24] Er löste damit den siedlungsgeographischen Aspekt der Stadt von dem historischen der Bildung einer Stadtgemeinde in ihren Mauern ab. Wiewohl beide Aspekte zusammenhängen, bleibt der ökonomische und militärisch-administrative Zentralort ›Stadt‹ doch eine viel allgemeinere Erscheinung als der autonome politische Verband.

Die Studie von Song-U Chon hat die Überlegung noch ein Stück weitergeführt. Er weist darauf hin, daß sich die okzidentale Stadt in allen Fällen ihren Gemeindecharakter und eine ei-

22 *Wirtschaft und Gesellschaft*, a.a.O., S. 736.
23 Bereits 1965 hatte der Althistoriker A. Heuss Webers Auffassung der antiken Stadt als ›Gebietskörperschaft‹ gegen die seiner Meinung nach verkehrte Auffassung vieler Althistoriker verteidigt, sie sei lediglich ein Personenverband gewesen (»Max Webers Bedeutung für die Geschichte des Griechisch-Römischen Altertums«, in: *HZ* 201 (1965), S. 529-556, auf S. 551). M. I. Finley hat sich dieser Beurteilung angeschlossen und Webers Idealtypus der antiken Stadt – ein Synoikismos von Grundeigentümern – als fruchtbar verteidigt: »The Ancient City: from Fustel de Coulanges to Max Weber and Beyond«, in: *CSSH* 19 (1977), S. 305-327; siehe auch die Beiträge von M. I. Finley, T. Yuge und W. Nippel in dem von J. Kocka herausgegebenen Band: *Max Weber, der Historiker*, Göttingen 1986, S. 90-118; ebenso A. Momigliano, »Max Weber und Eduard Meyer: Apropos of City and Country in Antiquity«, in: derselbe, *Sesto Contributo alla Storia degli Studi Classici e del Mondo Antico*, Bd. 1, Rom 1980, S. 285-293.
24 F. Kolb, *Die Stadt im Altertum*, München 1984, S. 14.

gene politische Verfassung habe erkämpfen müssen und daß insbesondere dieser Vorgang Webers Interesse gefunden habe. Weber sei es weniger um »die ökonomisch-quantitative Leistungsfähigkeit der Stadt bzw. der Stadtinsassen als um die soziologisch-qualitative Vergesellschaftungsrationalität der Stadtbürger sowie deren ›politische‹ Autonomie« gegangen.[25] In Webers Worten gesprochen:

Entscheidend war »die Qualität der antiken sowohl wie der typischen mittelalterlichen Stadt als eines anstaltsmäßig vergesellschafteten, mit besonderen und charakteristischen Organen ausgestatteten Verbandes von ›Bürgern‹, welche in dieser ihrer Qualität einem nur ihnen zugänglichen gemeinsamen Recht unterstehen, also ständische ›Rechtsgenossen‹ sind.«[26]

Die okzidentale Stadt war mehr als nur eine Ballung ökonomischer und administrativ-militärischer Macht: sie war darüberhinaus eine spezifische Vergesellschaftung der Stadtinsassen. Den Stadtbewohnern konnte es aber nur dann gelingen, eine Stadtgemeinde mit eigener Rechtsqualität zu gründen, wenn sie sich militärisch vom Großstaat unabhängig machen konnten. In seiner Rekonstruktion der Emanzipation der antiken Stadtbürger von der Zentralinstanz spielte der militärische Faktor eine herausragende Rolle.

»Der Grund der Demokratisierung ist überall rein militärischer Natur«[27].

Nur wenn es einer Stadtbevölkerung gelang, ihre Verteidigung in die eigenen Hände zu nehmen und sich von einer Herrschaft zu befreien, die die militärischen Machtmittel monopolisiert hatte, konnte sie einen wirksamen Bürgerverband bilden.

25 Song-U Chon, *Max Webers Stadtkonzeption. Eine Studie zur Entwicklung des okzidentalen Bürgertums*, Göttingen 1985, Zitat S. 89, Anm. 52.
26 *Wirtschaft und Gesellschaft*, a.a.O., S. 743.
27 *Wirtschaftsgeschichte*, Berlin ³1958, S. 278.

Neben der Militärverfassung schrieb Weber der Religion einen aktiven Beitrag zur Bildung von Stadtgemeinden zu, worin ihm Fustel de Coulanges vorangegangen war.[28]

»Religiöse Verbrüderung und militärische Selbstequipierung haben die Entstehung und Existenz der Stadt ermöglicht.«[29]

Erst das Zusammentreffen einer äußeren militärischen Bedingung mit einer Religion, die eine rationale Vergesellschaftungsdisposition begründete, schuf günstige Voraussetzungen für eine Stadtgemeinde.[30] Weber holte durch diese systematische Betrachtungsweise die Bezeichnung ›Stadt‹ aus dem engen historischen Kontext der griechischen Polis heraus und machte sie auch für vorderasiatische Analogien der antiken Polis verwendbar.[31] Darüber hinaus konnte er nun der Religionsgeschichte die Quellenzeugnisse entnehmen, die eine Rekonstruktion dieser Vergesellschaftungsvorgänge gestatteten.

Ein erster Gesichtspunkt war hierbei der Typus von Religionsgemeinschaft, der an einem städtischen Zentralort existierte. Er konnte von entscheidender Bedeutung für die Bildung einer städtischen Gemeinde werden. Es hatte nämlich Folgen, ob es eine Religion lediglich zu einer offenen »Gelegenheitsvergesellschaftung« und »Gelegenheitslaien« gebracht hatte oder ob es zu einer dauerhaften und relativ geschlossenen Gemeinschaftsbildung gekommen war und die Laien zu einem dauerhaften Gemeinschaftshandeln mit festen Rechten und Pflichten verbunden worden waren. Religionen, die auf den Kultus als Heilsmittel orientiert waren, blieben meistens eher offene Gelegenheitsvergesellungen, jedenfalls im Hinblick auf die Laien. Religionen dagegen,

---

28 N. D. Fustel de Coulanges, *Der antike Staat. Kult, Recht und Institutionen Griechenlands und Roms* (1864), dt. mit einer Einleitung von K. Christ, München 1981.

29 M. Weber, *Wirtschaftsgeschichte*, a.a.O., S. 276. Die Zusammenhänge zwischen der Bildung von Stadtgemeinden und der Religiosität hat Song-U Chon dargestellt, a.a.O., S. 60-103.

30 So die Formulierung von Song-U Chon, *Max Webers Stadtkonzeption*, a.a.O., auf S. 58 und S. 74.

31 Zu den vorderasiatischen Analogien: *Wirtschaft und Gesellschaft*, a.a.O., S. 739.

die von ihren Anhängern Zustimmung zu ethischen Forderungen verlangten, zogen dauerhaftere Formen der Gemeindebildung nach sich. Solche voll entwickelten religiösen Gemeinschaften, die eine Anstalt geworden waren, zählte Weber zum Typus der Herrschaftsverbände.[32]

Neben dem Typus von Gemeinschaft war die Religiosität relevant. Eine weltflüchtige Religiosität überließ die Stadt ihrem Geschick. Religionsgemeinschaften dagegen, die sich aktiv auf die Welt bezogen und ethische Forderungen an ihre Mitglieder stellten, trugen damit zur Vergemeinschaftung der Einwohner bei. Dabei konnten sich diese Forderungen auf politische und soziale Sachverhalte richten, aber auch auf eine Stellungnahme zur Ordnung der Stadtgemeinde als ganzer.

Es war keineswegs überall der normale Gang der Dinge gewesen, daß sich in einer Stadt als einem (ökonomischen und militärischen) Zentralort eine Stadtgemeinde bildete, die ein Machtmonopol über ein Territorium beanspruchte, einen politischen Verband bildete und deren Angehörige sich als ein eigener Stand etablierten. Es war dies ein historischer Sonderfall, der flächendeckend nur in der mediterranen-europäischen Geschichte aufgetreten war. Weber bezeichnete ihn darum konsequent als ›Stadt des Okzidents‹, obwohl vorderasiatische Stadtgemeinden denselben Weg gegangen waren.

Auf diesen inneren Vorgang der Gemeindebildung bezog Weber die Zeugnisse vorderasiatischer Religionsgeschichte, wobei er drei Korrelationen von Religionsgeschichte und Stadtgeschichte beobachtete: eine Verbrüderung landbesitzender Geschlechter zu einer Kultgemeinschaft, einen religiös sanktionierten Anstaltscharakter einer Stadt und eine Entpolitisierung der Bürger. Diese Korrelationen thematisierte er anhand von Materialien der jüdischen und der spätantiken Religionsgeschichte.

Der Prozeß, den Weber in der jüdisch-christlichen Religionsgeschichte postulierte: nämlich die Entzauberung der Welt, hat auch auf die Bildung religiöser Vergemeinschaftungen zurückgewirkt. Erst mußte im Judentum die grundherrliche Macht der

32 Alle wichtigen Aspekte sind enthalten in dem Paragraphen »Gemeinde« in Webers »Religionssoziologie« in: *Wirtschaft und Gesellschaft*, a.a.O., S. 275-279; zur Religionsgemeinde als Herrschaftsverband: *Die Wirtschaftsethik der Weltreligionen*, a.a.O., S. 119-127.

Geschlechter gebrochen und ihr rituelles Monopol überwunden werden, bevor sich die Geschlechterverbände zu einem gemeinsamen Kult in der Stadt Jerusalem verbrüdern konnten.[33] Diese anfänglich vor allem kultische *Verbrüderung* soll mit dem Auftreten von Propheten, Schriftgelehrten und ihren Anhängern einer ethischen Gemeindereligiosität gewichen sein. Ethische Gemeindereligiosität war neben die kultische Religiosität getreten. Sie gab den Weg zu einem Anstaltsrecht frei, wie wir es unter Nehemia beobachten können, als Priester und Volk durch eine Schwurverbrüderung bestimmte »Minimalverpflichtungen« auf sich nahmen.[34] Damit erhielt die Jerusalemer Stadtgemeinde, die unter der persischen Oberherrschaft als Geschlechterstadt aus einer Verbrüderung von Verwandtschaftsgruppen (erneut) gebildet worden war, Anstaltscharakter. Das Recht wurde *Anstaltsrecht* und für die Bürger und Insassen des Stadtgebietes verbindlich.[35] Weber war zwar der zutreffenden Auffassung gewesen, daß die antike jüdische Religionsgemeinde Kern und Grundlage der Stadtgemeinde von Jerusalem gewesen war, sprach aber diesem Verband nach dem Exil politische Funktionen ab – fälschlich, wie ich gleich zeigen werde.

»Der Uebergang vom politischen Verbandspriestertum zur religiösen Gemeinde ist zuerst in größerem Umfang mit der Entstehung der vorderasiatischen Weltreiche, vor allem des persischen, verknüpft gewesen. Die politischen Verbände wurden vernichtet, die Bevölkerung entwaffnet, die Priesterschaften dagegen, mit politischen Befugnissen ausgestattet, in ihrer Stellung garantiert ... So entstand ... das Judentum als eine vom König anerkannte religiöse Gemeinde mit einem theokratischen Zentrum in Jerusalem.«[36]

33 *Wirtschaft und Gesellschaft*, a.a.O., S. 768.
34 *Gesammelte Aufsätze zur Religionssoziologie*, Bd. 3, a.a.O., S. 373.
35 *Wirtschaft und Gesellschaft*, a.a.O., S. 782. Weber war der Auffassung gewesen, daß die Polisentwicklung in Israel unvollständig geblieben und über das Stadium der ›Adelspolis‹ nicht hinausgelangt sei: J. Deininger, »Die politischen Strukturen des mittelmeerisch-vorderorientalischen Altertums in Max Webers Sicht«, in: W. Schluchter (Hg.), *Max Webers Sicht des antiken Christentums. Interpretation und Kritik*, a.a.O., S. 72–110, auf S. 85. Diese Beurteilung folgte aus einer unrichtigen Interpretation der nachexilischen Verhältnisse in Judäa, die in viel höherem Maße, als Weber annahm, Übereinstimmungen mit der antiken Stadtherrschaft aufwiesen.
36 *Wirtschaft und Gesellschaft*, a.a.O., S. 277.

Diese Gemeinde charakterisierte er daher als rein konfessionell.[37] Zu rechtfertigen wäre der Begriff ›konfessionell‹ allerhöchstens damit, daß sich diese Stadtgemeinde nicht primär als militärischer Verband, sondern als Rechtsgemeinschaft des von Gott erwählten Volkes Israel verstanden hat. Eine genauere Untersuchung der nachexilischen Gemeinde in Jerusalem wird aber ergeben, daß sie intern von demselben Problem bewegt worden war, das auch andernorts die Entstehung antiker Stadtgemeinden vorangetrieben hatte: dem Problem der Freiheit des Bürgers.

Ebenso wie am Anfang, so beobachtete Weber auch am Ende der antiken Stadtherrschaft eine Beteiligung von Religion am Gang der Entwicklung. Am Ende der antiken Kulturgeschichte stand ein Vorgang, der die städtische Gemeinschaftlichkeit wieder rückgängig machte: nämlich eine *Entpolitisierung* von Stadtgemeinden und -bürgern im Römischen Reich. Die städtische Gemeindebildung kam mit der Spätantike zu ihrem Ende. Webers origineller Beitrag zum Thema des Unterganges der antiken Kultur bestand darin, daß er ihn als Verschiebung der Gewichte zwischen Bürokratie und Bürgergemeinde interpretiert hatte. Der Untergang der Antike war von inneren Ursachen vorangetrieben und vorbereitet und nicht nur von Angriffen von Völkern außerhalb des Römischen Reiches verursacht worden. Der bürokratische Staat hatte seine Hand auf die Bürgerfreiheit gelegt, den Spielraum privaten Gewinnstrebens verkleinert und schließlich politische und ökonomische Initiativen erstickt. Am Ende waren in der Spätantike die Bürgergemeinden – wenigstens im Westen – ausgelöscht, hatten die Grundherren sich auf ihre agrarischen Güter zurückgezogen und war die antike Kultur wieder ländlich

37 Hieran übte S. N. Eisenstadt Kritik: »Es ist daher ein ganz schwerwiegender Fehler Webers, wenn er behauptet, die Juden hätten sich während der Periode des Zweiten Tempels von einem politischen in einen konfessionellen Verband verwandelt ... Denn die Juden haben sich immer auch als eine politische Gemeinschaft betrachtet, und zwar als eine Gemeinschaft, die sich aus einem Vertrag mit Gott ergibt« (»Max Webers antikes Judentum und der Charakter der jüdischen Zivilisation«, in: W. Schluchter (Hg.), *Max Webers Studie über das antike Judentum. Interpretation und Kritik*, a.a.O., S. 134-184, Zitat S. 171); Weber stellte die Behauptung einer »Entwicklung vom politischen zum konfessionellen Verband« u. a. auf in: *Gesammelte Aufsätze zur Religionssoziologie*, Bd. 3, a.a.O., S. 350.

geworden.[38] Im Osten blieben die Städte zwar erhalten, verloren aber entscheidende Institutionen.

Entpolitisierung als Wandel von Problembewußtsein

Apolitismus von Bauern und Entpolitisierung privilegierter Bildungsschichten müssen daher klar unterschieden werden. Apolitismus ist Kennzeichen einer unterdrückten Bauernschaft, die ohne politische und militärische Mitwirkung blieb und ihren Schutz den Herrschern anvertrauen mußte. Entpolitisierung war dagegen ein Vorgang, der sich in der politischen Struktur und dem kulturellen Milieu antiker Stadtherrschaften abspielte und der mit einer voranschreitenden Bürokratisierung von Herrschaft zusammenhing. Das Römische Reich hatte zwar zu einer Verstädterung des Mittelmeerraumes geführt, jedoch war Urbanisierung etwas anderes als Polisbildung. Die antike Polis war eine autonome und wehrhafte Bürgergemeinde gewesen. Dieses Merkmal wiesen die Städte des Römischen Reiches zunehmend weniger auf. Waren in der griechischen und hellenistischen Zeit privilegierte Städte Träger politischer Autonomie gewesen, so

---

38 Zwei Texte haben dieses Thema zum Inhalt: Webers Artikel »Die sozialen Gründe des Untergangs der antiken Kultur« (von 1896) und der letzte Abschnitt seiner Abhandlung »Agrarverhältnisse im Altertum« (in der Fassung von 1909) mit dem Untertitel »Grundlagen der Entwicklung in der Kaiserzeit«; in: *Gesammelte Aufsätze zur Sozial- und Wirtschaftsgeschichte*, Tübingen 1924, S. 1-288 (»Agrarverhältnisse«) und S. 289-311 (»Untergang«). Die beiden Texte zum Untergang der antiken Kultur wurden handlich zusammengestellt von J. Winckelmann: Max Weber, *Soziologie – Universalgeschichtliche Analysen – Politik*, Stuttgart ⁵1973, S. 1-26 und S. 27-58. Folgende Gründe nennt Weber: Durch die Beendigung der Kriege versiegte die Zufuhr von Sklaven, die Küstenkultur verlagerte ihren Schauplatz ins Binnenland, Naturalwirtschaft verdrängte Verkehrswirtschaft, der Steuerdruck wurde größer, der Kolonat ersetzte die Sklaverei und verdrängte das freie Bauerntum. Es war dies ein Prozeß, der schon in den antiken Monarchien unaufhaltsam vorangeschritten war. Eine kritische Beurteilung der Untergangsthese Webers im Lichte der neueren Forschung durch S. Breuer, »Max Weber und die evolutionäre Bedeutung der Antike«, in: *Saeculum* 33 (1982), S. 174-192.

sollte sich das mit der römischen Herrschaft vom 1. Jahrhundert v. Chr. an allmählich ändern. Die Gründung von Städten schloß nun häufig nicht mehr an eine endogene Entwicklung an (der Herausbildung eines politischen Gemeinsinns von Bürgern), sondern stand im Dienste der Herrschaftssicherung und war damit exogener Ursache. Ökonomische und militärische Gesichtspunkte entschieden über die Verleihung der Stadtwürde, die Zuweisung von Territorium und die Einrichtung städtischer Institutionen. Die Institution Stadt war auf dem Wege, sich von der ethnischen und religiösen Identität ihrer Bewohner zu lösen.[39] Hierbei regredierten die einst freien Städte zu Zentralorten eines Großstaates, was für das praktische politische Bewußtsein der Bürger nicht ohne Folgen blieb. Nicht die Städte verschwanden, sondern die Autonomie und die Wehrhaftigkeit der sie bewohnenden Bürgerschaft. Infolgedessen veränderte sich das Problembewußtsein der sie bewohnenden Bürger:

»›Soziale Probleme‹, die als solche *subjektiv* empfunden werden, sind im Altertum: *politische* Probleme des freien Polisbürgers: die Gefährdung der Bürgergleichheit, die Deklassierung durch Verschuldung und Besitzverlust. Wo der *bureaukratische Staat* und dann das Weltreich seine Hand über die Bürgerfreiheit gelegt, der Polisbürger in den Kreis der ›Untertanen‹ getreten ist, da schreit wohl der Arbeiter nach seinem traditionellen ›täglichen Brot‹, wenn es ihm verkürzt wird, der Pächter seufzt unter dem Druck des Herrn, alle zusammen unter dem Druck der Steuern und Steuerpächter, – aber als ›soziale Probleme‹, die durch eine Neugestaltung der Gesellschaft gelöst werden müßten, werden diese Nöte der Individuen nicht empfunden.«[40]

Diese Veränderung des Problembewußtseins hatte Weber an den großen antiken Erlösungsreligionen Christentum und Gnosis gleichermaßen beobachtet und sah sie als eine Art Voraussetzung für deren Erfolg an.[41] Die kritischen Stellungnahmen der genann-

39 Zur wichtigen Unterscheidung von endogener und exogener Urbanisierung: F. Vittinghoff, »›Stadt‹ und Urbanisierung in der griechisch-römischen Antike«, in: *HZ* 226 (1978), S. 547-563; der von Vittinghoff herausgegebene Band: *Stadt und Herrschaft. Römische Kaiserzeit und Hohes Mittelalter*, München 1982, enthält grundlegende Studien hierzu.

40 »Agrarverhältnisse«, a.a.O., S. 189.

41 »Das Fehlen ›sozialer‹ Probleme (im Sinne des Altertums) für seine Anhänger waren ja gerade diejenigen Grundbedingungen, unter denen

ten Erlösungsreligionen zu den politischen Ordnungen ihrer Zeit hatten nichts mit einem Apolitismus von Untertanen zu tun. Der Apolitismus von Untertanen war Ergebnis einer Unterwerfung unter und innerliche Anpassung an die bürokratische Herrschaft gewesen. Nicht so die Erlösungsreligionen. Sie hielten an dem Postulat einer sinnvollen Welt fest und problematisierten unter Bezug darauf die real existierenden Ordnungen. Nicht etwa apolitische Untertanen, sondern aktive Intellektuellenschichten waren, zusammen mit städtischen Gewerbeschichten, Träger dieser Problematisierung gewesen. Damit ergab sich der besondere Sachverhalt, daß sich Religionsgemeinden mit einem hohen Maß an innerer Geschlossenheit bildeten, die keine politischen Autonomieansprüche mehr für die Stadt, in der sie existierten, erhoben. Über die Resonanz, die die Intellektuellen bei den Bewohnern der Städte fanden, ging ihre Deutung ins praktische Bewußtsein der sozial Handelnden ein und konnte ihr soziales Handeln regeln.

Das Verhältnis zwischen Religionsgemeinde und Stadt entzieht sich einer festen Formel, da beide Erscheinungen verschiedenen Ursprungs und damit heterogen waren. Die Beziehung von Religionsgemeinde zur Stadt wird man daher besser als einen Fall von Religionspragmatik behandeln: Glaubensanschauungen erhielten Bedeutungen, die sich aus der Kommunikation der Bürger über Probleme der antiken Stadtherrschaft ergaben. Weber hatte in den Erlösungsreligionen intellektuelle Stellungnahmen erkannt, die sich auf einen speziellen historischen Kontext bezogen: nämlich die Heteronomisierung antiker Stadtgemeinden. Es ist wichtig, zu erkennen, daß Weber vor allem diesen Zusammenhang herausarbeiten wollte. Erlösungsreligiosität hatte dazu beigetragen, daß soziale Akteure ihre Beziehungen aus dem Verband der antiken Stadtherrschaften herausgelöst hatten.

Mit den Begriffen ›Verbrüderung‹, ›Anstaltsrecht‹ und ›Entpolitisierung‹ bezeichnete Weber Vorgänge in Zusammenhang mit der antiken Stadtherrschaft, die mit der Religionsgeschichte verbun-

das Christentum überhaupt ›möglich‹ wurde. Gerade der Glaube an die Dauer der Römerherrschaft bis an das Ende der Tage und also an die Sinnlosigkeit ›sozialreformatorischer‹ Arbeit, die Abwendung von allen ›Klassenkämpfen‹ waren der Boden, aus dem die christliche, rein ethische und charitative weltfremde ›Nächstenliebe‹ quoll« (»Agrarverhältnisse«, a.a.O., S. 189 f.).

den waren und für die die Religionsgeschichte eine bislang ungenutzte Quelle sein könnte.

Quellen pragmatischer Bedeutungen
vorderasiatischer Religionen

»Unser täglich dringender werdendes Problem ist nicht, Religion zu definieren, sondern sie zu finden.«[42]

Am Ende dieser Vorüberlegungen, die ein Analysemodell für eine Religionspragmatik entwickeln sollten, möchte ich versuchen, einige Folgerungen für die Forschungspraxis zu ziehen. An welchen Gegenständen läßt sich eine Pragmatik von Religionen, zugespitzt auf Erlösungsreligiosität und Gemeindebildungen, studieren? Es war eine Schwäche der älteren phänomenologischen Religionswissenschaft, sich zu lange bei Definitionen aufgehalten zu haben.[43] Damit entschwand ihr das dringlichste Problem: die ergiebigen Quellen. Wo aber kann man die Gegenstände finden, die etwas aussagen über Religion als praktisches Bewußtsein? Wie können wir sie zum Sprechen bringen, bzw. wo müssen wir genauer hinhören?

Beide Fragen gehören zusammen. Denn die Gegenstände liegen in aller Regel nicht offen zutage. Selbst Geertz' Metapher vom Finden ist reichlich optimistisch. Oft sind es nämlich nicht die bewußten, direkten Äußerungen, sondern die darunter liegenden unbewußten, indirekten Bedeutungen, die für eine solche Suche etwas einbringen. Wo können wir sie finden? Wer die Tür aufstoßen will zur Pragmatik von Religion, der muß damit rechnen, daß manchmal a nicht = a ist, sondern a = b. Der Philosoph Arthur C. Danto hat eine Interpretation, die das Gesagte nicht aus der Absicht eines Subjektes verständlich macht, sondern aus einem

---

42 C. Geertz, *Islam Observed. Religious Developments in Marocco and Indonesia*, Chicago 1968, S. 1; dt. *Religiöse Entwicklungen im Islam. Beobachtet in Marokko und Indonesien*, Frankfurt 1988, S. 15.

43 H. G. Kippenberg, »Diskursive Religionswissenschaft. Gedanken zu einer Religionswissenschaft, die weder auf einer allgemein gültigen Definition von Religion noch auf einer Überlegenheit von Wissenschaft basiert«, in: B. Gladigow, H. G. Kippenberg (Hg.), *Neue Ansätze in der Religionswissenschaft*, München 1983, S. 9-28.

ihm nicht bewußten Zusammenhang, mit dem Begriff »Tiefeninterpretation« (»deep interpretation«) umschrieben.[44] Tiefeninterpretation in diesem Sinne soll den Weg zu Bedeutungen weisen, die nicht aus der bewußten Absicht der Handelnden erhoben werden können. Die kommunikative Kompetenz von Religionen geht nicht durch das Nadelöhr des Bewußtseins des einzelnen, sondern bildet sich durch die praktischen Interaktionen, an denen der einzelne teilhat. Dabei können die Begriffe ›implizit‹ und ›explizit‹ helfen, wenn man sie so verwendet, wie es Michael Polanyi, der am gründlichsten darüber nachgedacht hatte, getan hat. Ein implizites Wissen regelt Handlungsabläufe so, daß ein Beobachter sie erkennen kann, die Handelnden selber sie aber in der Regel nicht durchschauen. ›Implizit‹ bezeichnet daher eine Handlungslogik.[45]

Bei der Suche nach Gegenständen einer Religionspragmatik möchte ich mir einige Beschränkungen auferlegen. Ich werde mich auf Zeugnisse konzentrieren, die im Zusammenhang mit geschlossenen Religionsgemeinschaften stehen. Dazu zähle ich Religionsgemeinschaften, die von ihren Mitgliedern Zustimmung zu einem Weltbild und zu einer Ethik verlangt haben und dabei nicht ohne Erfolg geblieben sind. Hierfür kann die innere Organisation, die Abgrenzung zu anderen Weltbildern und von anderen Handlungsmaximen als Gradmesser dienen. In diesem Sinne geschlossene Religionsgemeinschaften hatten Juden, Christen, Gnostiker und Schiiten gebildet, wenn ich mich auf die bedeutendsten vorderasiatischen Erlösungsreligionen im Kontext antiker Stadtherrschaften beschränke. Am wenigsten waren es noch die Gnostiker, da sie sich christlichen und islamischen Gemeinden unter der Vorgabe einer esoterischen Uminterpretation offizieller Überlieferungen angeschlossen und einen inneren Kreis der Wissenden gebildet hatten. Jedoch enthält auch diese Esoterik Elemente von Gemeindebildung.

Bei einer Erhebung der Handlungskonzeptionen dieser Religionsgemeinschaften ist es von Nutzen, wenn man über zwei Perspektiven verfügt, von denen aus man sie beschreiben kann: eine Außenperspektive und eine Innenperspektive. Die Doppel-

---

44 A. C. Danto, »Deep Interpretation«, in: *Journal of Philosophy* 78 (1981), S. 691-706.
45 M. Polanyi, *Implizites Wissen*, Frankfurt 1985.

struktur von Kommunikation über Religion wird zwar von religiösen Selbstzeugnissen vorausgesetzt, wird aber nicht immer von ihnen explizit gemacht. Zeugnisse dafür, wie Außenstehende Religionen wahrgenommen haben, können daher wichtige Ergänzungen sein. Zieht man sie heran, läßt sich nicht nur die Zahl der Zeugen vermehren, die über das praktische Bewußtsein von Religionsgemeinschaften etwas aussagen, sondern kann man sie auch mit den Selbstzeugnissen vergleichen und damit beide kritisch beurteilen.

Literarische Genres als Mittel
der Kommunikation über Religion

Erst neuerdings hat man den Folgen von Verschriftlichung von religiösen Überlieferungen für die Religionsgemeinschaften größere Aufmerksamkeit geschenkt. Dabei ist die Unterscheidung von Religionsgemeinden, die ihre Religionen verschriftlicht haben, von solchen, die dies nicht getan haben, von eminenter Bedeutung, wenn es um eine Religionspragmatik geht. Schriftlichkeit setzt voraus und macht es möglich, daß Religionen vom unmittelbaren Glaubenserlebnis abgehoben und von literarischen Formen repräsentiert werden können.

Die Religionsanalyse hat die Folgen, die mit der Form der Schriftlichkeit verbunden waren, noch kaum bedacht. Welche diese möglicherweise sind, läßt sich mit Hilfe einer analogen Wendung in der Ikonographie verdeutlichen. Im Jahre 1972 hat der Kunsthistoriker Ernst H. Gombrich eine Studie veröffentlicht, die dem Genre-Begriff eine grundlegende Bedeutung bei der Interpretation von Werken der bildenden Kunst beimaß. Über »Ziele und Grenzen der Ikonologie« ging Gombrichs Studie. Und wie soviele wissenschaftliche Probleme der Interpretation an Mißverständnissen erkannt und beschrieben worden sind, geschah es auch hier. Im Zentrum des Piccadilly Circus, nahe dem Londoner Vergnügungsviertel, steht eine Eros-Statue, die den Londonern viel bedeutet. Jedoch ist hier gar nicht der Gott der irdischen Liebe gemeint, wie viele Spaziergänger denken. Vielmehr wurde der Brunnen, auf dem die Statue steht, als Denkmal für den siebten Earl of Shaftesbury errichtet und sollte sein Eintreten für die Sozialgesetzgebung als ein Beispiel christlicher

Nächstenliebe ausdrücken. Die Passanten erliegen also einer Fehldeutung. Kunstwerke sind häufig Gegenstand unterschiedlicher oder gar gegensätzlicher Sinndeutungen gewesen. Gombrich möchte zeigen, daß der Sinn eines Kunstwerkes nicht einfach nur in der Bedeutung liegen kann, die ihm faktisch zugeschrieben wird. Will man die richtige von falschen Deutungen unterscheiden, muß man sich darüber Klarheit verschaffen, welches Genre dem Künstler vorgeschwebt hat, als er sein Kunstwerk schuf. Nur wenn der Typus erkannt wird, an dem der Künstler sein Schaffen orientiert hat, kann man richtige und falsche Sinndeutungen unterscheiden. Denn es ist das Genre, das die Zahl der möglichen Implikationen eines Kunstwerkes angibt und begrenzt. Hat man erst einmal festgestellt, daß Eros zur Tradition von Gedenkbrunnen gehört, kann man die falsche von der richtigen Deutung unterscheiden. Die Bestimmung des Genres sollte daher Priorität bei der Interpretation von Kunstwerken haben.[46]

Diese Wendung in der Ikonographie ist von W. Kemp aufgegriffen worden. Seine »Rezeptionsästhetik« interessiert sich nicht so sehr für den realen Betrachter von Kunstwerken. Sie

»ist auf der Suche nach dem *impliziten Betrachter*, nach der Betrachterfunktion im Werk. Daß das Werk ›für jemand‹ gemacht wird, ist keine späte Erkenntnis eines kleinen Zweiges der Kunstgeschichte, sondern konstitutives Moment seiner Schöpfung von Anfang an. Jedes Kunstwerk ... entwirft seinen Betrachter.«[47]

Dabei sollte man zwischen (äußeren) Zugangsbedingungen und (inneren) Rezeptionsvorgaben unterscheiden. Unter den Zugangsbedingungen soll der räumliche und funktionale Rahmen verstanden werden, in dem ein Kunstwerk wahrgenommen wird und der für die Interaktion zwischen Werk und Betrachter sorgt. Neben einer Beschreibung dieser Bedingungen ist es eine wichtige Aufgabe der Rezeptionsästhetik, die inneren Rezeptionsvor-

---

46 E. H. Gombrich, »Introduction: Aims and Limits of Iconology«, in: derselbe, *Symbolic Images. Studies in the Art of the Renaissance*, London 1972, S. 1-22; dt. (mit geringfügigen Änderungen des Autors) hg. von E. Kaemmerling: *Ikonographie und Ikonologie. Theorien – Entwicklung – Probleme*, Köln 1979, S. 377-433.

47 W. Kemp, »Kunstwerk und Betrachter: Der rezeptionsästhetische Ansatz«, in: H. Belting u. a., *Kunstgeschichte. Eine Einführung*, Berlin 1986, S. 203-221, Zitat S. 206.

gaben eines Kunstwerkes zu ermitteln. Zu ihnen sind jene Gestaltungsmittel zu rechnen, die die innere Kommunikation eines Kunstobjektes einem Betrachter zugänglich machen. Durch innere Orientierungen im Bild wird die Betrachtung vorstrukturiert: die Art und Weise, wie Dinge und Personen zueinander in Beziehung treten und dabei den Betrachter ein- oder (scheinbar) ausschließen. Ein weiteres Mittel besteht darin, Figuren aus dem innerbildlichen Handlungszusammenhang herauszunehmen und sie sich direkt oder indirekt an den Betrachter wenden zu lassen (die Personenperspektive). Weiter übernehmen die Wahl des Bildausschnittes, die Perspektive in allen ihren Spielarten und schließlich die beabsichtigte Unvollendetheit eines Kunstwerkes (in der Literatur Leerstelle, in der Ästhetik Unbestimmtheitsstelle genannt) die Funktion, die Interaktion zwischen Bild und Betrachter zu regulieren.[48]

Diese *Genretheorie*, wie ich sie einfachheitshalber nennen möchte, ist nicht nur für eine Bildinterpretation fruchtbar[49], sondern auch für die Interpretation von Texten. Das kommt nicht überraschend, da Gombrich sich auf den linguistischen Genre-Begriff von E. D. Hirsch gestützt hatte.[50] Hirsch hatte in seinem

48 Ebd., S. 209-211; Kemp folgt hierbei dem Beispiel der Literaturwissenschaft und insbesondere von Wolfgang Iser. Dieser hatte in *Der Akt des Lesens. Theorie ästhetischer Wirkung*, München ²1984, dargelegt, daß Unbestimmtheiten im Text Kommunikationsbedingungen sind, »da sie die Interaktion zwischen Text und Leser in Gang bringen und bis zu einem gewissen Grade regulieren« (S. 284). Zur Rezeptionsästhetik ist noch ein anderer Band wichtig: W. Kemp (Hg.), *Der Betrachter ist im Bild. Kunstwissenschaft und Rezeptionsästhetik*, Köln 1985 (S. 7-27 von W. Kemp, »Kunstwissenschaft und Rezeptionsästhetik«).

49 H. G. Kippenberg, »Introduction«, in: *Visible Religion*, Bd. 7: *Genres in Visual Representation*, Leiden 1990, S. VII-XIX.

50 Wenn Gombrich sich dieser linguistischen Theorie bediente, dann tat er das, um ein Instrument der Trennung richtiger von falscher Interpretation in die Hand zu bekommen. Jedoch sind mit der Übertragung dieser Theorie auf Gegenstände der bildenden Kunst gewisse Schwierigkeiten verbunden. Sie ergeben sich daraus, daß es zwischen dem Medium ›Bild‹ und dem Medium ›Sprache‹ Differenzen gibt. Gombrich selber bemerkt in dem Artikel, in dem er Hirsch für seine Ikonologie nutzbar machte, daß ein bildender Künstler weit stärker als ein Schriftsteller von dem abhängig ist, was Gombrich in seinem

Buch *Validity in Interpretation*, das 1967 erschienen war, dem Genre-Begriff eine gleiche Aufgabe bei der Textinterpretation zugedacht wie Gombrich bei der Bildinterpretation.[51] Ein literarischer Text kann von einem Leser nur dann richtig verstanden werden, wenn er den gleichen Typus von Literatur im Sinn hat wie der Autor. Nur über die Voraussetzung eines gemeinsamen Typus ergibt sich eine Brücke zwischen der Partikularität des vom Autor Geschriebenen und der Allgemeinheit des vom Leser Verstandenen. Der Sinn, den ein Text hat, ist dabei in erheblichem Maße abhängig von der Sinnerwartung des Lesers. Umgekehrt muß der Leser den gemeinten Texttyp richtig erraten, um die Implikationen des Geschriebenen richtig verstehen zu können. Auf diese Weise spezifiziert Hirsch den hermeneutischen Zirkel im Hinblick auf Literatur. Der Einzelzug kann nur dann angemessen verstanden werden, wenn das Genre richtig erfaßt ist. Da es kein Textverstehen ohne das Wissen vom richtigen Genre geben kann, hat das Genre eine konstitutive Funktion. Hirsch schleust durch diese Überlegungen in den Begriff ›Genre‹ die Assoziation ›generativ‹ ein, die an sich nur sehr entfernt mit ihm zusammenhängt. Das Genre erzeugt sozusagen das richtige Verstehen eines Textes.[52] Jedoch ist dies nur dann der Fall, wenn Leser und Autor eine gemeinsame Konzeption von der Gattung eines Textes haben. Hiermit verbunden ist ein Kriterium für richtige Interpretation. Die Kenntnis seines ›wahren‹ Genres erlaubt

bekannten Buch ›Kunst und Illusion‹ den »Anteil des Betrachters« (»the beholder's share«) genannt hatte. Zu dieser Kategorie siehe seine Ausführung in: *Art and Illusion. A Study in the Psychology of Pictorial Representation*, ⁵1977, Oxford 1983; dt. *Kunst und Illusion. Zur Psychologie der bildlichen Darstellung*, Stuttgart/Zürich ²1986, S. 206-318.

51 Deutsch: E. D. Hirsch, jr., *Prinzipien der Interpretation*, München 1972, S. 93. Das ganze Kapitel »Der Begriff des Genre« von S. 93-163.

52 Auf diesen Aspekt von »Genre« hat Mary Gerhart hingewiesen: »Generic Studies: Their Renewed Importance in Religious and Literary Interpretation«, in: *JAAR* 45 (1977), S. 309-325. Sie schreibt zu Hirsch: »Genre is entirely on the side of interpretation: the need of generic considerations for developing a relatively stable norm of language is best seen, Hirsch thinks, when we have misinterpreted a work. For then the reader's faulty notion of genre, which governs his/her expectations of the particular meanings of a work, comes to be noticed« (S. 312).

es, falsche Deutungen zu erkennen und von richtigen zu unterscheiden. Denn die Implikationen des Gesagten ergeben sich aus ihrer Angemessenheit innerhalb eines Genres.

Die Religionsanalyse hat bislang von dieser Genretheorie wenig Gebrauch gemacht. Zwar hat die Theologie die Formgeschichte der biblischen Literatur zu einem ihrer Schwerpunkte gemacht. Dabei ging es ihr jedoch mehr um den ›Sitz im Leben‹ literarischer Einheiten der Bibel als um die Rezeptionsprozesse von geschriebener Literatur.[53] Ich möchte jedoch das Augenmerk darauf richten, wie in der Religionsgeschichte literarische Gattungen verwendet wurden, um über Glaubensinhalte allgemeinverständlich zu kommunizieren. Um Poesie zu verstehen, braucht ein Leser kein Dichter zu sein. Um religiöse Literatur zu verstehen, braucht ein Leser nicht gläubig zu sein. Wenn Religion von einer literarischen Gattung repräsentiert werden kann, verwandelt diese Gattung den individuellen Glauben eines Schreibers in etwas allgemein Verständliches. Die dabei gebrauchten literarischen Genres sollten erkennen lassen, auf welche Sinnerwartungen von Lesern der Autor reflektierte und welche Geltungsansprüche von Lesern eingelöst wurden.

Wann kann nun ein Text (von einem historischen Individuum verfaßt) als ein Genre gelten? Ich würde folgende Kriterien nennen wollen: Er sollte Parallelen in anderen Texten haben (die von ihm unabhängig sind), oder es sollten mündliche Vorstufen oder Analogien bestanden haben (hierauf hatte die Religionsgeschichtliche Schule mit der Suche nach dem ›Sitz im Leben‹ Wert gelegt). Außerdem aber sollte die Bedingung der *Zugänglichkeit* erfüllt sein. Mit der literarischen Form entsteht ein eigener und besonderer Zugang zur Religion. Solange Schriftkenntnis Spezialisten vorbehalten war (wie bei den ägyptischen Hieroglyphen), blieb er Eliten und Spezialisten vorbehalten. Als aber die Schriftsysteme auch von Laien erlernt werden konnten, was bei den phonetischen Schriftsystemen der Semiten, Griechen und Römern der Fall war, konnte die literarische Form zu einer breiten ›demokratischen‹ Zugänglichkeit von Religion führen. Die Schriftsysteme

---

53 Das Wichtigste ist nachzulesen bei: K. Berger, *Einführung in die Formgeschichte*, Tübingen 1987; derselbe, Art. »Form- und Gattungsgeschichte«, in: *Handbuch religionswissenschaftlicher Grundbegriffe*, Bd. 2, Stuttgart 1990, S. 430-445.

der Religionsgemeinschaften, die wir vor Augen haben, gehörten allesamt nicht dem elitären, sondern dem demokratischen Schrifttypus an.[54] Durch eine solche Verschriftlichung konnte sich eine Buchreligion entwickeln mit ihr eigenen »intellektuellen Ritualen« (B. Lang).[55]

Neben einer äußeren Zugänglichkeit muß auch eine *innere Rezeptionsvorgabe* vorhanden sein. Die Phantasie des Lesers muß vom Text geleitet werden. Dazu ist ein impliziter Leser notwendig. Was Iser an der Literaturform des Romans beschrieben hat, gilt in gleicher Weise auch für religionshistorische Literatur. Der Text selber muß auf einen Leser hin angelegt sein und ihn voraussetzen, wenn aus einer literarischen Gattung ein Kommunikationsmittel, das heißt, ein Genre werden soll.[56]

Ich möchte diese Genretheorie für eine Untersuchung der politischen Pragmatik vorderasiatischer Erlösungsreligionen nutzen. Sie verspricht durch eine Literaturanalyse Einblicke in Religionen als Gegenstand und Medium von Kommunikation. Dabei wird insbesondere darauf zu achten sein, ob Religionsgemeinschaften bestimmte Literaturgattungen bevorzugt haben und wie diese auf bestimmte Sinnerwartungen der Leser reflektiert haben.

54 J. Goody (Hg.), *Literatur in traditionalen Gesellschaften*, Frankfurt 1981; ders., *Die Logik der Schrift und die Organisation der Gesellschaft*, Frankfurt 1991.
55 B. Lang (Hg.), *Das tanzende Wort. Intellektuelle Rituale im Religionsvergleich*, München 1984. Langs eigener Beitrag behandelt Frühjudentum, Christentum und östliche Religionen (S. 15-48); derselbe, Art. »Buchreligion«, in: *HrwG*, Bd. 2, Stuttgart 1990, S. 143-165 (mit weiterer wissenschaftlicher Literatur); dazu kommen noch: A. und J. Assmann, Chr. Hardmeier (Hg.), *Schrift und Gedächtnis. Archäologie der literarischen Kommunikation*, Bd. 1, München 1983; A. und J. Assmann (Hg.), *Kanon und Zensur. Archäologie der literarischen Kommunikation*, Bd. 2, München 1987; A. Assmann (Hg.), *Weisheit. Archäologie der literarischen Kommunikation*, Bd. 3, München 1991.
56 W. Iser, *Der implizite Leser. Kommunikationformen des Romans von Bunyan bis Beckett*, München [2]1979; ders., *Der Akt des Lesens. Theorie ästhetischer Wirkung*, a.a.O.

Ein zweiter Gegenstandsbereich, an dem eine Kommunikation über Religionen gegenständlich gemacht werden kann, sind Berichte und Behauptungen Außenstehender über sie. Die vorderasiatischen Religionen erhoben Ansprüche auf exklusive Kenntnis der Wahrheit und fügten sich daher nicht reibungslos in die antike politische Struktur ein. An sich war sie offen genug, um auch neue fremde Kulte und Religionen zu integrieren. Weil die exklusiven vorderasiatischen Erlösungsreligionen diese Offenheit nicht besaßen, wurden sie zum Gegenstand politischer Deutungen von Außenstehenden.[57]

Mit diesen Religionen war ein neuartiges Prinzip in die antike politische Welt eingetreten und konnte – wie alles Fremde – ebensosehr zum Objekt von Idealisierung wie von Irrationalisierung werden. Die Vorstellungen, die sich in der Zeit des Römischen Reiches Außenstehende von Juden, Christen und Gnostikern gemacht haben, gehören vielfach in die Kategorie der Stereotypen. Sie haben ein Bild fixiert und ein Urteil gefällt, das sich von den Bezugsobjekten gelöst und unabhängig von ihnen Gültigkeit beansprucht hatte. Diese Stereotypen sind als historische Quellen für diese Religionen nur beschränkt brauchbar und sagen mehr aus über die, die sie kultiviert haben, als über ihre Bezugsobjekte.[58]

---

57 Siehe die Quellensammlungen von M. Stern, *Greek and Latin Authors on Jews and Judaism*, 3 Bde., Jerusalem 1979/1980/1984; M. Whittaker, *Jews & Christians: Graeco-Roman Views*, Cambridge 1984.

58 Ein Sammelband hierzu: J. Neusner/E. S. Frerichs (Hg.), *»To See Ourselves As Others See Us«. Christians, Jews, »Others« in Late Antiquity*, Chicago 1985; zum umfangreichen Gebiet der Stereotypen in der antiken Religionsgeschichte: J. G. Gager, *The Origins of Anti-Semitism: Attitudes Toward Judaism in Pagan and Christian Antiquity*, Oxford 1983; eine Übersicht über Gegenstand und neuere Studien: J. Ebach, Art. »Antisemitismus«, in: *HrwG*, Bd. 1, Stuttgart 1988, S. 495-504; zur Geschichte der Stereotypen in Europa stammen die wichtigsten Werke von N. Cohn, *The Pursuit of the Millenium*, London 1947; deutsch: *Das Ringen um das Tausendjährige Reich*, München 1961 (und spätere Neuauflagen); derselbe, *Europe's Inner Demons. An Enquiry Inspired by the Great Witch Hunt*, London 1975.

Jedoch gibt es unter diesen Fremdzeugnissen auch solche, denen man nicht kategorisch historischen Dokumentationswert hinsichtlich der Bezugsobjekte absprechen darf. Seit der Zeit der persischen Herrschaft ist erst die jüdische Religionsgemeinschaft, dann die christliche, schließlich die gnostische und die schiitische Gegenstand staatlicher Erlasse und Gesetze gewesen. Der persische Begriff von Gesetz *dat*, der griechische *patroi nomoi* und der römische *mos maiorum* waren Konzeptionen politischer Ordnung, die den Religionsgemeinschaften einen lokalen Platz in der jeweiligen politischen Ordnung des persischen, hellenistischen und römischen Reiches anwiesen. Dabei wurden die Religionsgemeinschaften nach Gesichtspunkten beschrieben, die einem vorgegebenen politischen Ordnungsschema entstammten. Außer den Herrschern haben sich auch schriftstellernde Philosophen mit den Bedeutungen vorderasiatischer Erlösungsreligionen im Rahmen der politischen Ordnungen befaßt. In den Diskussionen zwischen Juden, Christen und Gnostikern wurden diese ebenfalls erörtert. Später, als die konstantinische Wende die christliche Konzeption eines heiligen Reiches politisch durchsetzte, blieben Religionsgemeinschaften Objekt staatlicher Überwachung und politischer Beurteilung. Dies änderte sich auch unter den Bedingungen des Arabischen Reiches im Islam nicht. Die Religionsgemeinschaften waren in allen diesen Fällen Objekt einer politischen Einschätzung und Kontrolle. Diese politischen Stellungnahmen waren von außen an die Religionsgemeinschaften herangetragen worden und ordneten die Religionsgemeinschaften der politischen Struktur der antiken Kultur zu. Daher läßt sich dieses Material als ein hermeneutischer Ausgangspunkt verwenden, um idealtypisch politische Bedeutungen vorderasiatischer Religionen zu identifizieren und um zu fragen, ob die Handlungspraxis der Angehörigen von Religionsgemeinschaften diesen Bedeutungen tatsächlich entsprochen haben oder ob das nur eingeschränkt oder gar nicht der Fall war.

Ein besonderer Gegenstandsbereich ist die Art und Weise, in der Religionsgemeinschaften lokale Gemeinden gebildet haben und welche Unterschiede dabei zwischen ihnen bestanden haben. Aus einem religiösen Weltbild ergeben sich ja noch nicht von selbst die Formen lokaler Vergemeinschaftung. Auch stellte umgekehrt die antike politische Ordnung selber noch nicht die Begriffe bereit, die zu einem angemessenen Verständnis dieser Gemeinden erforderlich waren.[59] Soweit dies überhaupt zum Gegenstand von Studien gemacht worden ist, haben sich diese Untersuchungen vor allem auf den Zusammenfall von Religion mit Volk bzw. Sprache gerichtet. Doch sind damit weder alle noch auch nur die interessantesten Fälle erfaßt. Der Heidelberger Soziologe M. R. Lepsius hat im Rahmen der Untersuchung eines ganz anderen Gegenstandes, nämlich des Parteiensystems und der Sozialstruktur in Deutschland, den Begriff des Sozialmilieus eingeführt und ihn umschrieben »als Bezeichnung für soziale Einheiten, die durch eine Koinzidenz mehrerer Strukturdimensionen wie Religion, regionale Tradition, wirtschaftliche Lage, kulturelle Orientierung, schichtspezifische Zusammensetzung der intermediären Gruppen gebildet werden«.[60] Würde man diesen Gesichtspunkt im Rahmen der antiken Religionsgeschichte systematisch aufgreifen, dann müßte sich die Untersuchung auf einen Vergleich von Religionen in den typisch antiken Vergesellungen richten: auf Religionen in Dorfgemeinschaften, unter Sklaven, in Stadtgemeinden, in Stadtquartieren, in politischen Fraktionen und in Gruppen mit Sonderstatus (wie Freigelassenen oder Bauern auf Königsland). Wir werden dieses umfangreiche Programm nicht durchführen können.

Ich werde mich auf einen einzigen Gesichtspunkt beschränken und untersuchen, wie sich Religionsgemeinschaften zu den politischen Gemeinden von Stadtherrschaften verhalten haben und ob ihnen durch ihre Stellungnahme hierzu Geltungsansprüche und Handlungskompetenzen zugewachsen sind, die sie sich als Religionsgemeinschaften zueigen gemacht haben. Dabei wird besonders wichtig, ob die Selbstzeugnisse antiker Religionsgemeinschaften erkennen lassen, daß sie durch das Problem der Loyalität zu den traditionellen Bürgerverbänden bewegt worden sind. In einem solchen Fall könnten sie eine Wechselwirkung zwischen religiösen Glaubensanschauungen und sozialer Praxis, zwischen Fremdreflexion und Selbstreflexion dokumentieren. George Her-

---

59 Die Schwierigkeiten, die christliche Gemeindebildung römischem Denken bereitete, bespricht R. L. Wilken, *The Christians as the Romans saw them*, New Haven 1984, Kap. 2: »Christianity as a Burial Society«.

60 M. R. Lepsius, »Parteiensystem und Sozialstruktur: zum Problem der Demokratisierung der deutschen Gesellschaft« (1966), in: G. A. Ritter (Hg.), *Deutsche Parteien vor 1918*, Köln 1973, S. 56-80, Zitat auf S. 68.

bert Mead hat diese Wechselwirkungen im Blick auf den einzelnen so beschrieben:

»Das Individuum geht nur als ein Objekt, nicht als ein Subjekt in seine Erfahrung ein ... Die Existenz privater oder ›subjektiver‹ Erfahrungsinhalte ändert nichts an der Tatsache, daß Selbstbewußtsein zur Voraussetzung hat, daß das Individuum zu einem Objekt seiner selbst wird, indem es die Haltungen anderer Individuen ihm gegenüber innerhalb eines organisierten Rahmens sozialer Beziehungen übernimmt. Denn andernfalls könnte ein Individuum nicht seiner selbst bewußt sein oder überhaupt ein Ich besitzen.«[61]

Wir werden diesen Gesichtspunkt ernst nehmen. Dabei wird die individuelle Namengebung eine eigenständige Quelle sein können, die zu erkennen gibt, ob mit religiöser Identität auch politische Ansprüche verbunden wurden.[62]

Ich möchte die These von Mead jedoch auch auf Gruppen ausweiten. Wenn Religionsgemeinschaften in politischen Begriffen erfaßt wurden, dann könnten sich die Glaubensangehörigen darauf kritisch oder affirmativ bezogen haben. Wenn sie das nachweislich getan haben, wäre die Außenperspektive ein Teil ihrer gemeinschaftlichen Selbstreflexion geworden. Aus diesen Erwägungen heraus können Behauptungen von Außenstehenden, die die Beziehungen von Religionsgemeinschaften zu den antiken politischen Ordnungen zum Inhalt haben, auch dann, wenn ihre Begriffe unangemessen sind – und das sind sie häufig genug –, eine historische Quelle für Kontexte sein, in denen lokale Religionsgemeinden ihre eigene Identität reflektiert haben. Die Handlungen der Gläubigen waren oft nicht direkte Konsequenzen aus den offiziellen Glaubensanschauungen ihrer Religionsgemeinschaften, sondern folgten einer eigenen Logik. Als Teilnehmer am Gemeinschaftsleben der antiken Städte kamen sie nicht darum hin, Stellung zu nehmen zu der sozialen Ordnung, in der sie lebten, und zu den von ihnen erwarteten Loyalitäten und Pflichten – ob sie wollten oder nicht. Als die Verbindlichkeit städtischer Traditionen und Gemeinschaftsinstitutionen zum Problem wurde, konnten religiöse Glaubensanschauungen ein Mittel der Verständigung über praktische Fragen werden.

61 G. H. Mead, *Sozialpsychologie* (1956), Neuwied 1969, S. 309 f.
62 H. G. Kippenberg, »Name and Person in Ancient Judaism and Christianity«, in: H. G. Kippenberg, Y. Kuiper, A. F. Sanders (Hg.), *Concepts of Person in Religion and Thought*, Berlin 1990, S. 103-124.

Zweiter Teil
Die jüdische Religionsgemeinschaft
als Trägerin autonomer Stadtgemeinden

IV Die Bildung einer Stadtgemeinde von Jerusalem in persischer Zeit und die jüdische Religionsgemeinschaft

Das antike Judentum hatte als erste der vorderasiatischen Religionen seinen Glauben an einen überweltlichen Schöpfergott mit einer politischen Ordnung verknüpft, die in Zusammenhang stand mit der Ausbreitung des Typus der antiken Stadtherrschaft im Mittelmeerraum. Zum erstenmal wurde ein exklusiver Monotheismus zur Legitimation einer demokratischen Herrschaftsordnung herangezogen und umgekehrt seinerseits von dieser Herrschaftsordnung gültig repräsentiert. Darüber, wie diese Verknüpfung zustande kam und welche Rückwirkungen sie auf die Herausbildung einer offiziellen jüdischen Religionsgemeinschaft gehabt hat, geben die vorhandenen Quellen einige Aufschlüsse.

Übereinstimmungen zwischen der Gründung der Provinz Juda und hellenistischen Stadtgründungen

Das jüdische Volk, das nach dem babylonischen Exil in Judäa lebte, war bis in die Zeit des 2. Jahrhunderts v. Chr. auf die höher gelegenen gebirgigen Gebiete beschränkt gewesen: »das Volk, das im Gebirge wohnt« (Judith 5,3). Damit waren – bis sich dann im 2. Jahrhundert die Situation änderte – die Gebiete ausgeschlossen, die in früheren Jahrhunderten Teil von Juda und Israel gewesen waren: die Küstengebiete sowie die fruchtbaren Ebenen, die Galiläa in einem Halbkreis umgaben. Damit lagen die Orte, an denen sich leicht traditionsfreie Herrschaften hatten bilden und halten können – Handelsaristokratien oder patrimoniale Grundherrschaften – außerhalb Judäas. Das jüdische Volk war auf ein Gebiet zurückgedrängt worden, das von Kleinbauern besiedelt war und das von der heiligen Stadt Jerusalem mit seiner Priesterschaft überragt und beherrscht wurde. Sein Territorium war bis zur Eroberung durch die griechischen Armeen am Ende des 4. Jahrhunderts v. Chr. Teil des persischen Reiches.
In diesem Gebiet bildeten sich im 6. und 5. Jahrhundert v. Chr.

politische Verhältnisse heraus, die hinsichtlich der typischen griechischen Polis sowohl Übereinstimmungen wie Unterschiede aufwiesen. Bis heute hat man meistens den Unterschieden mehr Bedeutung beigemessen als den Übereinstimmungen. Schließlich war es beispiellos in der antiken Geschichte, wie sehr die Bewohner Judäas von einem Erwählungsglauben erfüllt waren. Ich möchte jedoch die Informationen, die wir über das Judentum in Judäa zur Zeit der persischen Herrschaft haben, in den Zusammenhang mit Vorgängen in der antiken Welt in derselben Periode stellen. Kennzeichnend für sie war, daß sich der Typus der antiken Stadtherrschaft im gesamten östlichen Mittelmeer allmählich ausbreitete. Vor diesem Hintergrund hatte Max Weber bereits das vorexilische Judentum beschrieben. Seine Gründe, dies zu tun, bleiben auch für das nachexilische Judentum berechtigt. Dabei muß man allerdings beachten, daß die Polis-Typologie als solche eine moderne Konstruktion ist und daß bei ihrer Verwendung in der historischen Interpretation Vorsicht geboten ist. Der »Grenze der Polistypologie für den Orient« sollte man sich immer bewußt bleiben.[1] Trotz dieses Vorbehaltes kann die Polis-Typologie jedoch fruchtbar werden, und zwar auch für das Judentum des Exils und danach. Als Beispiel sei Morton Smith genannt, der die Entwicklungen in Judäa unter Nehemia aus griechischer Sicht beschrieben hat. Und jüngst hat noch einmal E. Yamauchi die Reformen von Solon und Nehemia miteinander verglichen. Die Übereinstimmungen sind in der Tat zahlreich und beachtlich. Ich möchte drei besonders hervorheben: daß eine Stadtgemeinde durch einen Synoikismos ländlicher Grundbesitzer gebildet wurde; daß die Bürger die Gesetze ihrer politischen Gemeinde selber festlegten und auf diesem Wege eine Rechtsgemeinschaft begründeten; und daß sie sich gegenseitig ihre Freiheit vor einer dauerhaften Versklavung durch eine Kontrolle von Eigenmacht sicherten.[2]

1 E. Otto, »Hat Max Webers Religionssoziologie des antiken Judentums Bedeutung für eine Theologie des Alten Testaments?«, in: *ZAW* 94 (1982), S. 187-203, Zitat Anm. 10 auf S. 191; zur Polis als moderner Konstruktion siehe W. Gawantka, *Die sogenannte Polis*, Stuttgart 1985; was unter der griechischen Polis in der Antike verstanden wurde, beschreibt K. W. Welwei, *Die griechische Polis*, Stuttgart 1983, S. 9-19.

2 M. Smith, »Die Entwicklungen im Judäa des 5. Jahrhunderts v. Chr. aus griechischer Sicht«, in: H. G. Kippenberg (Hg.), *Seminar: Die Entste-*

Diese Übereinstimmungen könnten das Ergebnis einer Anpassung an griechische politische Entwicklungen gewesen sein. Das waren sie jedoch nicht. Denn die Quellen lassen erkennen, daß die jüdische Religionsgemeinschaft unabhängig von äußeren Einflüssen von ähnlichen Problemen bewegt worden war, wie wir sie aus der politischen Geschichte griechischer Städte kennen.

Bevor ich diese Behauptung begründe, möchte ich jedoch auf einen wichtigen Unterschied hinweisen. Zu jeder griechischen Polis gehörte ein abgegrenztes Territorium (*chōra*), in dem die Bürger der Stadt ihre Landgüter hatten. In Griechenland waren sie landwirtschaftliche Betriebe, die in der Regel von Sklaven bearbeitet wurden.[3] Vergleicht man die Verhältnisse in Judäa hiermit, wird eine Besonderheit erkennbar, die den Typus der Stadtherrschaft in Judäa nachhaltig beeinflussen sollte. Eine Liste der im 6. Jahrhundert v. Chr. aus Babylonien Heimgekehrten in *Esr.* 2,1-70 und *Neh.* 7,6-72a gibt nämlich zu erkennen, daß die Heimkehrer sich in der Form von Verwandtschaftsgruppen (*mišpāḥā* bzw. *bêt'abôt*) in der Provinz Judäa niedergelassen hatten. Sie siedelten nicht verstreut über das Land, sondern gemeinsam in Ortschaften. Dabei war der Unterschied zwischen Dorf und Stadt schon in der Antike selber nicht immer deutlich. Ein jeder ließ sich in seiner Stadt (*'îr*) nieder, heißt es zu Anfang der genannten Liste. Vielleicht war eine Stadt im Gegensatz zum Dorf (*ḥāṣēr*, später *kōfer*) durch eine Mauer sowie durch Verwaltungsbeamte und Rechtsprechung ausgezeichnet. Jahrhunderte später

hung der antiken Klassengesellschaft, Frankfurt 1977, S. 313-327; in der Einleitung zu diesem Band »Die Typik der antiken Entwicklung« (S. 9-61) habe ich die Übereinstimmungen griechischer und römischer Entwicklungen mit vorderasiatischen behandelt. Siehe auch: E. M. Yamauchi, »Two Reforms Compared: Solon of Athens and Nehemia of Jerusalem«, in: *The Bible World. Essays in Honor of C. H. Gordon*, New York 1980, S. 269-292.

3 Ph. Leveau, »La ville antique et l'organisation de l'espace rural: villa, ville, village«, in: *Annales ESC* 38 (1983), S. 920-942; ein holländischer Aufsatz hat das Verhältnis der (klassischen griechischen) Stadt zu ihrem räumlichen Umland untersucht: A. B. Breebaart, »De Grieske stad en haar ommeland«, in: *Lampas* 20 (1987), S. 4-15. Sein wichtigstes Ergebnis: Der Gegensatz zwischen Stadt- und Landbewohnern spielte in der klassischen Zeit keine Rolle. Erst im Hellenismus, als die Städte gegenüber dem flachen Land privilegiert wurden, entwickelten sich Stadt und Land auseinander.

bemerkte der jüdische Historiker Josephus einmal, daß von der Größe und ökonomischen Komplexität her Dörfer und Städte keineswegs immer klar zu unterscheiden seien (*Ant.Jud.*, xx 130). Dies wird in der Zeit der persischen Herrschaft kaum anders gewesen sein![4]

Wenn Verwandtschaft, gemeinsamer Wohnort und Landwirtschaft zusammenfallen, dann resultiert dies in einem spezifischen Typus von Dorf: der Dorfgemeinschaft.[5] Dörfer dieses Typus bildeten in der damaligen Zeit vorrangig die ökonomische Basisformation Judäas, und nicht die Landgüter stadtsässiger Grundherren, wie in der typisch antiken Polis. Erst als die Küstengebiete und Galiläa im 2. Jahrhundert v. Chr. dazu kamen, sollte sich das ändern.[6]

Der Synoikismos in Jerusalem unter Nehemia

Nachdem Nehemia im Jahre 445 in persischem Auftrag als Statthalter nach Jerusalem gekommen war, die Mauern der Stadt hatte wiederaufbauen lassen und die Stadt auf diese Weise militärisch befestigt hatte (*Neh.* 2,11-20; 6,15; 12,27), ergriff er eine typisch antike Maßnahme, um die Stadt zu besiedeln:

4 Zur Sozialgeschichte Judäas in der persischen Zeit ist ein Literaturüberblick von W. Schottroff nützlich: »Zur Sozialgeschichte Israels in der Perserzeit«, in: *VF* 27 (1982), S. 46-68; zu den Verwandtschaftsgruppen im Judentum des Zweiten Tempels: J. P. Weinberg, »Das Bēit ›Ābôt im 6.-4. Jahrhundert v. u. Z.«, in: *Vetus Testamentum* 23 (1973), S. 400-414; mein Buch: *Religion und Klassenbildung im antiken Judäa*, Göttingen ²1982, Kap. 2; zum Einfluß des gemeinsamen Wohnortes auf die Verwandtschaftsklassifikation: G. P. Murdock. *Social Structure*, New York 1949, S. 58 f.

5 Das Material zu diesem Typus werde ich in Kapitel 6 vorlegen.

6 J. P. Weinberg hat den Begriff Bürger-Tempel-Gemeinde verwendet, um diese Verhältnisse zu charakterisieren: J. P. Weinberg, »Die Agrarverhältnisse in der Bürger-Tempel-Gemeinde der Achämenidenzeit«, in: J. Harmatta/G. Komorosz (Hg.), *Wirtschaft und Gesellschaft im Alten Vorderasien*, Budapest 1976, S. 473-486. Die Herkunft des Begriffes der Bürger-Tempel-Gemeinde erläutert Weinberg in dem in Anmerkung 4 genannten Artikel auf S. 403. Er hat ihn von G. Ch. Sarkisjan und I. D. Amussin.

»Es wohnten aber die Häupter des Volkes [*śārê hāᶜām; archontes tou laou* in der Septuaginta] zu Jerusalem; das übrige Volk warf das Los, um je einen von zehn zur Niederlassung [*yāšab;* LXX: *kathizein*] in Jerusalem, der heiligen Stadt, zu bestimmen, während die andern neun Zehntel in den [übrigen] Städten [*ᶜîr; polis*] blieben. Und das Volk segnete alle die Männer, die freiwillig zu Jerusalem wohnen wollten« (*Neh.* 11,1 f.).

Nehemia hatte diese Maßnahme deshalb ergreifen müssen, weil die Stadt Jerusalem zu der Zeit, als er kam, unterbevölkert war (7,4 f.). Dabei war es sein Ziel, daß sie mit der Provinz Jehud (Juda) selbständig werden sollte.[7] Um die Stadt zu verstärken, veranlaßte Nehemia das jüdische Volk, zu losen. Jeder Zehnte sollte sich in der heiligen Stadt Jerusalem niederlassen. Jedoch wurden die Bewohner offenbar nur aus bestimmten ›Stämmen‹ ausgewählt. Außer dem Kultpersonal wurden nämlich nur Angehörige von Juda und Benjamin zur Besiedlung der Stadt herangezogen, wobei anscheinend noch darauf geachtet wurde, daß auch alle überregionalen Verwandtschaftsgruppen innerhalb von Juda und Benjamin vertreten waren.[8]

7 Dies ist zwar umstritten, scheint mir aber doch die wahrscheinlichste Auswertung der vorhandenen historischen Quellen. Damit folge ich der Beurteilung von S. McEvenue, »The Political Structure in Judah from Cyrus to Nehemiah«, in: *CBQ* 43 (1981), S. 353-364. Es war dies bereits die Ansicht von A. Alt gewesen, der Morton Smith unter Berufung auf *Neh.* 5,15 (»frühere Statthalter« vor Nehemia) widersprochen hatte. Unter Abwägung aller Argumente spricht doch eine gewisse Wahrscheinlichkeit dafür, daß Juda von 597-445 v. Chr. an Samaria annektiert war und erst unter Nehemia größere Selbständigkeit erhielt.
8 Bei meiner Interpretation von *Neh.* 11 habe ich mich leiten lassen von D. J. A. Clines, *Ezra, Nehemia, Esther,* Grand Rapids 1984, S. 211-218. Am Synoikismos waren folgende judäische Verwandtschaftsgruppen beteiligt: Atājā, der der *mišpāḥā* Šᵉfatjā entstammte (*Esr.* 2,4; *Neh.* 7,9), vertrat die Söhne des Perez, eine der drei überregionalen Gruppen, die ihre Abstammung von Juda herleiteten; Maᶜᵃsējā vertrat eine zweite Gruppe: die Söhne von Šēlā (*Neh.* 11,3-5; 1 *Chr.* 9,4 f.; *Num.* 26,20). Ein Angehöriger einer dritten Gruppe von Juda, der Söhne des Zerah, wird nur 1 *Chr.* 9,6, nicht aber *Neh.* 11 erwähnt. In gleicher Weise wurde Angehörigen vom Stamm Benjamin, von den Priestern, von den Leviten und von den Türwächtern Jerusalem als Wohnsitz angewiesen. Am Jerusalemer Synoikismos waren mithin nur bestimmte Teile des (verwandtschaftlich organisierten) jüdischen Volkes beteiligt. Daraus erklärt sich unter anderem die Gegnerschaft der Angehörigen der

Während die einfachen Bewohner Jerusalems erst in die Stadt umgesiedelt werden mußten, hatten sich die 150 *s͑gānîm* (wörtlich Stellvertreter = Vorsteher, in *Neh.* 2,16; 4,8; 5,7; 7,5 mit den *ḥôrîm* ⟨den Vornehmen⟩ verbunden) bereits in Jerusalem befunden, wo sie dem Statthalter Nehemia zur Seite standen (*Neh.* 5,17; 7,4 f.; vgl. 12,40; 13,11). Sie waren – zusammen mit den Priestern – die Leiter des Volkes und zugleich die Leiter der Provinz (*Neh.* 11,3).

Die Maßnahmen Nehemias liefen erst einmal auf die Stärkung Jerusalems als eines städtischen Zentralortes hinaus, von dem aus das umliegende Gebiet Jehud verwaltet werden sollte. Jedoch erkennen wir in den Vorstehern und Vornehmen bereits den Ansatz der Bildung einer politischen Gemeinde. Das aristokratische Leitungsgremium hat der Stadt Jerusalem und ihrem Territorium auch später vorgestanden – und zwar mehrere Jahrhunderte lang. Bei ihrer Verwaltung der Provinz hatten sich die Perser, wie später auch Griechen und Römer, auf lokale angesehene Geschlechter und die Priesterschaft gestützt. Jüdische Aristokraten bildeten zusammen mit den Priestern den Vorstand der politischen Gemeinde, wie ein zufällig gefundener Brief aus dem 5. Jahrhundert v. Chr. dokumentiert.[9] Übrigens waren *archontes,* von denen die griechische Bibelübersetzung (die Septuaginta) in diesem Zusammenhang spricht, in den griechischen Stadtstaaten gewählte Beamte, während es hier um Vorsteher von Geschlechtern ging. Das zeigt uns, wie groß die Unterschiede zwischen griechischen Bezeichnungen (von der Septuaginta verwendet) und den politischen Verhältnissen in Judäa waren – eine Beobachtung, die man auch an anderen vorderasiatischen Stadtherrschaften gemacht hat.[10]

Nordstämme. Sie werden von *Esra* 4,1 Gegner Judas und Benjamins genannt. Einen wesentlich umfangreicheren Bericht über diesen Synoikismos hat Josephus aufgeschrieben: *Ant. Jud.,* XI 181-183.

9 Irgendwann vor 407 v. Chr. hatten die Juden des ägyptischen Elephantine einen Brief an »den Hohenpriester Jehôḥanan und seine Genossen, die Priester in Jerusalem, und an Ostaneš, den Bruder des Anani und an die Vornehmen der Juden *(ḥry)*« gerichtet (A. E. Cowley, *Aramaic Papyri,* No. 30, 18 f.). In seleukidischer Zeit gab es in Judäa eine *gerousia,* und diese blieb in der ganzen Zeit des Zweiten Tempels bestehen.

10 H. Kreissig, »Die Polis in Griechenland und im Orient in der helleni-

Die Maßnahmen Nehemias ähnelten so sehr griechischen Stadtgründungen, daß auch Alttestamentler ihr die Bezeichnung Synoikismos nicht verweigert hatten.[11] Allerdings muß man einschränkend sagen: Synoikismos ist kein eindeutiger Begriff. Die wissenschaftlichen Auffassungen von Synoikismos, die ihn gerne mit der Bildung einer autonomen Stadtgemeinde in Zusammenhang bringen, werden von der antiken griechischen Literatur keineswegs voll bestätigt. Synoikismus wird meistens in der ursprünglichen Bedeutung von ›zusammensiedeln, zusammenwohnen‹ gebraucht und bezeichnete einen Vorgang, der eher mit der Gründung eines Zentralortes als mit der Konstitution einer politischen Stadtgemeinde zusammenhing.[12]

Daß dabei das umliegende Land und seine Dörfer beteiligt waren, war die Regel. Aufschlußreich hierfür ist, wie Aristoteles einen Synoikismos beschrieb:

»Die aus mehreren Dörfern [*kōmai*] sich bildende vollendete Gemeinschaft nun aber ist der Staat, welcher, wie man wohl sagen darf, das Endziel völliger Selbstgenügsamkeit erreicht hat, indem er zwar entsteht um des bloßen Lebens, aber besteht um des vollendeten Lebens willen« (*Politik* 1252b).

Eine Polis konnte also gegebenenfalls aus einer Vereinigung von mehreren Dörfern entstehen. Das konnte sich dann noch einmal zeigen, wenn sie wieder aufgehoben wurde. So beschreibt Xenophon eine Strafmaßnahme der Spartaner gegen die Stadt Mantinea 385 v. Chr. Sie machten den Synoikismos wieder rückgängig:

»Darauf wurde die Mauer [sc. der Stadt] zerstört, Mantinea in vier getrennte Siedlungen aufgelöst [*dioikizein*], wie sie früher schon einmal bestanden hatten. Zuerst ärgerten sie [die Grundherren, HGK] sich, daß sie die Häuser, die ihnen gehörten, abreißen und neue aufrichten mußten. Als aber die Gutsbesitzer näher bei ihren Ländereien um die Dörfer herum wohnten, eine Aristokratie hatten und von den lästigen Volksführern befreit waren, freuten sie sich über den Gang der Dinge« (Xenophon, *Hellenica*, v 2,7).

stischen Epoche«, in: E. C. Welskopf (Hg.), *Hellenische Poleis. Krise – Wandlung – Wirkung*, Bd. 2, Berlin 1974, S. 1074-1084.
11 F. Rendtorff, *Das Alte Testament*. Neukirchen–Vluyn 1983, S. 73.
12 P. Musiolek, »Zum Begriff und zur Bedeutung des Synoikismos«, in: *Klio* 63 (1981), S. 207-213.

M. Finley hat in diesem Bericht eine Bestätigung für Webers Behauptung gesehen, daß die antike Stadt in hohem Grade eine Konsumentenstadt war und auf das Umland als ökonomische Basis angewiesen blieb. Daher konnten die vorgefundenen Agrarverhältnisse für die sich bildende Stadtherrschaft von größter Bedeutung sein. Agrargeschichte und Stadtgeschichte waren aufs allerengste miteinander verflochten. Der Bericht zeigt darüber hinaus auch, daß die ländlichen Siedlungen auch noch nach der Bildung der Stadtgemeinde bestehen bleiben und nach der Auflösung einer Stadtgemeinde erneut zum Sitz der Grundherren werden konnten.[13]

Die Bildung von Stadtverbänden aus Dörfern ist ein Vorgang, der sich in Griechenland und später im Hellenismus viele Male wiederholt hat. Dabei ging es oft um die Bildung eines Zentralortes, und keineswegs immer in erster Linie um die Gründung einer Stadtgemeinschaft. Zweck war vielfach nur eine wirksamere Verteidigung. Doch konnte ein Synoikismos auch anderen Zwecken dienen, wie zum Beispiel der Förderung von Handel und Kulten. Bei der Gründung von Städten konnten unterschiedliche Wege beschritten werden, was ebenfalls für die Stadtstruktur bestimmend werden konnte. Die Stadtgemeinschaft konnte, wie im Falle von Mantinea geschehen, durch einen Zusammenschluß mehrerer Dörfer entstehen. In anderen Fällen überflügelte ein Dorf seine Nachbardörfer und machte sie von sich abhängig. Oder aber eine Stadt wurde von einem Herrscher gegründet. Dazu konnte eine bereits vorhandene Ortschaft zur Stadt erhoben werden. Oder es wurde eine Stadt ganz neu gegründet, wie es Herodes Antipas im Jahre 26 n. Chr. mit Tiberias in Galiläa getan hatte (Josephus, *Ant. Jud.*, XVIII 36-38). Es konnte auch vorkommen, daß ein einfaches Dorf in den Rang einer Polis erhoben wurde (so geschehen mit Betharamphtha im Ostjordanland; Josephus, *Ant. Jud.*, XVIII 27). Nicht selten war es nötig, die neu gegründete Stadt zwangsweise zu bevölkern.[14]

Es gab in der Antike viele Variationen der Gründung von Städ-

---

13 M. Finley, »The Ancient City: From Fustel de Coulanges to Max Weber and Beyond«, in: *CSSH* 19 (1977), S. 305-327, auf S. 325 f.

14 G. McLean Harper, »Village Administration in the Roman Province of Syria«, in: *Yale Classical Studies* 1 (1928), S. 105-168, hat auf den S. 108-116 historisches Material zum Synoikismos in Syrien/Palästina zusammengestellt.

ten. Der Synoikismos stand in aller Regel wohl eher im Zusammenhang mit der Entstehung eines lebensfähigen Zentralortes als mit der Bildung einer autonomen Bürgergemeinde. Auf der anderen Seite aber konnte ein Synoikismos Folgen haben für die innere Verfassung des Zentralortes. Und das wird man auch für Judäa so beurteilen dürfen: Die bevölkerungspolitische Maßnahme Nehemias war sicher gedacht, um die Funktionen von Jerusalem als Zentralort zu stärken. Sie begründete aber zugleich eine Struktur, in der der Zentralort mit einer bestimmten Sozialordnung verbunden wurde.

Die Kodifizierung jüdischer Überlieferungen und die Bildung eines Rechtsverbandes

Im 5. Jahrhundert beobachten wir unter Esra und Nehemia eine rege offizielle Aktivität hinsichtlich der Verschriftlichung und Sanktionierung jüdischer Überlieferungen.[15] Schon vor Esra und Nehemia hatte es Verschriftlichungen der jüdischen Religion in Form von Rechtsbüchern (Gesetzes-Codes) gegeben (das ›Buch des Bundes‹ *Ex.* 24,7 = *Ex.* 20,22-23,19 und das ›Buch der Tora‹ *2. Könige* 22,8; 23,2 = *Deuteronomium*).[16] Vor allem lag das Deuteronomium auf der Linie einer Entwicklung, die im 5. Jahrhundert unter Esra und Nehemia kulminierte. Das Deuteronomium war ja ganz oder in Teilen (Kap. 12-26) das Buch, das 622 v. Chr. im Tempel von Jerusalem gefunden worden war und das König Josia zur Grundlage einer umfassenden Kultreform gemacht hatte (*2. Könige* 22 f.).[17] In ihm wurde die Schriftlichkeit zum erstenmal

---

15 E. Bickerman, »The Generation of Ezra and Nehemia«, in: derselbe, *Studies in Jewish and Christian History*, Bd. 3, Leiden 1986, S. 299-326.

16 Die grundlegende Erkenntnis, daß es sich um eine eigene politische Literaturgattung handelt, stammt von H. S. Maine, *Ancient Law. Its Connection with the Early History of Society and its Relation to Modern Ideas*, London 1905; siehe meinen Art. »Codes and Codification«, in: *ER*, Bd. 3 (1987) S. 552-558 (mit weiterer Literatur).

17 Zur Typik des Vorganges: W. Speyer, *Bücherfunde in der Glaubenswerbung der Antike. Mit einem Ausblick auf Mittelalter und Neuzeit*, Göttingen 1970; zum Deuteronomium: H. D. Preuß, *Deuteronomium*, Darmstadt 1982.

in der hebräischen Literatur zur Begründung dafür, daß die Offenbarung der Tora Gottes beendet sei. Nichts durfte dem Worte Gottes, das Mose Israel übermittelt hatte, hinzugefügt und nichts davon weggenommen werden (Dtn. 4,2). Sollten noch einmal Propheten auftreten, so sind diese von vornherein verdächtig (Dtn. 13,1-3). Mit dem Deuteronomium beginnt daher die Geschichte der Kanonisierung der biblischen Literatur.[18]

Im Judäa der persischen Zeit wurde die Verschriftlichung mit politischen Sanktionierungen biblischer Überlieferungen verbunden. Dabei sollte man zwischen einer Anerkennung vom persischen Staat und von der Religionsgemeinde in Judäa unterscheiden. Die Sanktionierung jüdischer Überlieferungen durch den persischen Staat stand mit der Vergabe des Privilegs von Lokalautonomie in Zusammenhang. Esra war laut Esra 7,7 f. im siebten Jahr des Königs Artaxerxes (465-424 v. Chr.) nach Jerusalem gegangen. Er hatte den offiziellen Auftrag, eine Untersuchung von Juda und Jerusalem im Blick auf das »Gesetz (dat) des Himmelsgottes« vorzunehmen und Richter (šoftîn wa dayyanîn) einzusetzen, die diesem Gesetz entsprechend Recht sprechen sollten (Esra 7,11-26). Auch soll Esra der jüdischen Gemeinde in Judäa das ›Buch der Tora Mose‹ (Neh. 8,1) (das Deuteronomium?) vorgelesen haben. Das Datum der Mission Esras in Judäa ist zwar ungewiß. Soviel aber dürfte feststehen, daß zur Zeit der persischen Herrschaft über Judäa die jüdischen Überlieferungen vom persischen Staat sanktioniert worden sind. Es gibt gute Argumente dafür, daß das Gesetz Esras nicht der ganze Pentateuch war, und auch nicht die in ihm erhaltenen älteren Teilsammlungen von Kultgesetzen (die Priesterschrift oder das Heiligkeitsgesetz), sondern daß Esra das deuteronomische Gesetz nach Judäa und Jerusalem gebracht hatte.[19]

Ein Dokument, das sich in der Denkschrift des persischen Statt-

---

18 F. Crüsemann, »Das ›portative Vaterland‹. Struktur und Genese des alttestamentlichen Kanons«, in: A. und J. Assmann (Hg.), Kanon und Zensur. Archäologie der literarischen Kommunikation, Bd. 2, München 1987, S. 63-79; J. A. Sanders, From Sacred Story to Sacred Text, Philadelphia 1987; derselbe, Canon and Community. A Guide to Canonical Criticism, Philadelphia 1984.

19 Sehr sorgfältig hat U. Kellermann beide Probleme (Datierung und Gesetz Esras) und die vorgeschlagenen Lösungen gewogen und eine eigene begründet: »Erwägungen zum Problem der Esradatierung«, in:

halters Nehemia (*Neh.* 10) befindet, ist in diesem Zusammenhang ein besonders wichtiger weiterer Zeuge. Es handelt davon, daß hebräische Überlieferungen durch jüdische Laien und Priester in Jerusalem sanktioniert wurden. Die Häupter der Geschlechter, die Leviten und die Priester gingen feierlich eine Verpflichtung ein, schrieben sie auf und besiegelten sie. Der Bund zwischen Jahwe und seinem Volk Israel wurde erneuert, wobei allerdings nicht mehr – wie bei vorangegangenen Berichten einer Bundeserneuerung (wie *Ex.* 34) – die Mitteilung der Gebote Gottes im Zentrum stand, sondern die Übernahme von Verpflichtungen durch das ganze Volk.[20]

In dieser »Selbstverpflichtungsurkunde« vereinbarten die Bewohner Judäas folgendes:

(1) »daß wir unsere Töchter nicht den Völkern des Landes geben und deren Töchter nicht für unsere Söhne nehmen« (10,31);

(2) »wenn die Völker des Landes ihre Waren und allerhand Getreide am Sabbat zum Verkauf bringen, werden wir ihnen nichts abnehmen, weder am Sabbat noch an einem [anderen] heiligen Tag« (10,32 a);

(3) »wir verzichten im siebten Jahr [auf den Ertrag des Landes]« und

(4) »auf das Pfand, das sich in der Hand des Gläubigers befindet« (10,32 b);

(5) »und wir legen uns die Verpflichtung auf, jährlich ein Drittel Schekel für den Kultus am Hause unseres Gottes zu geben« (10,33), »und die Erstgeburten unseres Groß- und Kleinviehs abzuliefern beim Haus unseres Gottes an die Priester, die im Hause unseres Gottes amtieren« (10,37 b), »und das Beste von unserem Brotteig und von allerlei Baumfrüchten, von Wein und Öl liefern wir ab für die Priester bei den Kammern unseres Gottes wie auch den Zehnten unseres Ackers den Leviten« (10,38 a).

Irgendwelcher Strafandrohungen bei Übertretungen bedurfte es offenbar nicht. Weil Israel sich an diese Gebote nicht gehalten hatte, hatte sein Gott es den Feinden ausgeliefert (*Neh.* 9,26 f.). Gleiches drohte bei erneuter Nichtbeachtung.

Diese Pflichten und Rechte sind älteren jüdischen Überlieferungen entnommen und haben ihnen einen verbindlichen Status gegeben. Sie wurden damit zur Grundlage einer politischen Gemeinde von Juden. Der Jude Nehemia hatte in seiner Funktion als

---

ZAW 80 (1968), S. 55-87; »Erwägungen zum Esragesetz«, in: *ZAW* 80 (1968), S. 373-385. Ich folge seiner Lösung.

20 K. Baltzer, *Das Bundesformular*, Neukirchen ²1964, S. 51-55.

persischer Statthalter die führenden Laien und Priester Judäas und Jerusalems auf die Einhaltung von Bestimmungen festgelegt, die ihrerseits bereits zuvor als religiöse Pflichten, die sich aus dem Bund zwischen Gott und seinem Volk ergeben hatten, überliefert worden waren. Dabei hatte er sich einer bestimmten Strömung im antiken Judentum angeschlossen. Denn eine Feinanalyse des Textes der Verpflichtungsurkunde zeigt, daß die Überlieferungen dem Deuteronomium und den deuteronomistischen Schulen entstammten.[21] Ich komme auf diesen Punkt gleich noch einmal zurück.

Der Vorgang einer schriftlichen Sanktionierung von Überlieferungen stellt eine Analogie zu Vorgängen in griechischen Stadtgemeinden dar. Eine Kodifizierung konnte auch dort zu einem Synoikismos hinzutreten und ihn damit um die Dimension der Autonomie erweitern. Gegen Ende des 4. Jahrhundert v. Chr. plante König Antigonos von Kleinasien einen ›Synoikismos‹ zweier Städte (von Teos und Lebedos, der allerdings am Ende nicht zustande kam).

In einem Brief, auf einer Stele erhalten, forderte der König jede der beiden Städte auf, drei Bürger nicht unter vierzig Jahren mit dem Aufschreiben der Gesetze zu betrauen. Diese sollten zuvor schwören, nur »die Gesetze aufzuschreiben, von denen sie meinten, sie seien die besten und würden der Stadt nützen« (C. B. Welles, Nr. 3,8).[22]

21 Siehe meine Analyse dieser Urkunde: *Religion und Klassenbildung im antiken Judäa*, a.a.O., S. 69-76; D. J. D. Clines, »Nehemiah 10 as an Example of Early Jewish Biblical Exegesis«, in: *Journal for the Study of the Old Testament* 21 (1981), S. 111-117; derselbe, Ezra. Nehemiah, Esther, a.a.O., S. 199-208; das Material zu den Schulen: A. Lemaire, *Les écoles et la formation de la bible dans l'ancien Israel*, Fribourg/Göttingen 1981.

22 C. B. Welles, *Royal Correspondance in the Hellenistic Period. A Study in Greek Epigraphy*, New Haven 1934. Man vergleiche den Brief Alexanders des Großen an das Volk der Chier nach der Befreiung der Insel von den Persern 333/332 v. Chr.: Die Verfassung solle demokratisch sein. »Gesetzesschreiber sollen gewählt werden, die die Gesetze niederschreiben und in rechte Ordnung bringen sollen, damit nichts der Demokratie und der Rückkehr der Verbannten [sc. Demokraten] entgegenstände« (G. Pfohl, *Griechische Inschriften*, Tübingen ²1980, Nr. 107).

Erst wenn die Kodifizierung von Überlieferungen zu einem Synoikismos dazu trat, bewegte sich der Vorgang über die Bildung eines Zentralortes hinaus in die Richtung der Konstitution einer politischen Gemeinde. Übrigens verrät diese Anweisung einen wichtigen Aspekt bei der Kodifizierung in den antiken Stadtgemeinden: Die Überlieferung wurde nicht nur einfach niedergeschrieben, sie wurde zugleich auch nach politischen (das heißt verfassungsnützlichen) Gesichtspunkten revidiert und zensiert. Die Entstehung der antiken Stadtgemeinden war mit einer kritischen Prüfung und Revision von Überlieferungen verbunden. Hier erkennen wir jenen Punkt wieder, auf den Weber in seiner Analyse der antiken Stadtherrschaft nachdrücklich hingewiesen hatte: daß nur unter der Voraussetzung einer inneren Emanzipation von Traditionen, die im Widerspruch zur Gleichheit und Freiheit der Bürger standen, eine städtische Einwohnerschaft zu einem politischen Verband werden konnte.

Sicherung von Freiheit der Bürger durch eine Kontrolle von Eigenmacht

Wir können die Richtigkeit dieser Behauptung an einer weiteren Einzelheit erkennen, die der politische Prozeß im judäischen Bergland mit griechischen und hellenistischen Stadtgemeinden gemein hatte. Zu den Merkmalen von Synoikismos und Sanktionierung von Traditionen kam nämlich noch ein drittes hinzu: der Schutz der Gemeindeangehörigen vor dauerhafter Versklavung. Es war und ist eine fruchtbare Idee von Max Weber gewesen, die Bildung der Polis nicht an die Existenz bestimmter Produktionsverhältnisse zu binden (Privateigentum an Land und Sklaverei), auch nicht an die Existenz bestimmter städtischer Institutionen wie *archontes* und *boulē*, sondern an ein Problembewußtsein der Stadtbewohner. Die Freiheit und Gleichheit der Politen war die innere Voraussetzung für die äußere Unabhängigkeit einer politischen Gemeinde. Sie machte eine Kontrolle der Eigenmacht, insbesondere der Eigenmacht von Aristokraten im Falle der Verschuldung weniger bemittelter Mitbürger, erforderlich.

Zur Zeit Nehemias hatten die »Vornehmen« und »Vorsteher« in Judäa dauerhafte Abhängigkeitsverhältnisse unter Juden begründen wollen (*Neh.* 5,1-12). Sie hatten sich dazu der Institution der leiblichen Haftung für geschuldete Darlehen bedient und sich mit ihrer Hilfe Macht über verschuldete Mitbürger verschafft. Sie hatten deren Kinder gepfändet, außerdem noch Land, Wein- so- wie Ölberge und Häuser von ihnen als Pfand für Darlehen in Besitz genommen und sogar im Falle von Steuerschuld Kinder in die Sklaverei verkauft (*Neh.* 5,1-5). Das Volk Judäas und Jerusa- lems hatte sich darüber beim persischen Statthalter Nehemia be- klagt.

Nehemia ordnete daraufhin an, daß die Haftung für Schulden ausgesetzt werden solle, der Grundbesitz den Schuldnern zu- rückzugeben sei und die noch ausstehenden Forderungen von Geld und Korn, Wein und Öl nicht mehr eingeklagt werden dürften (*Neh.* 5,6-12).[23] Als die hebräischen Gesetze von Stattha- ter und Volk sanktioniert wurden, war eine zeitliche Befristung der Verknechtung jüdischer Mitbürger auch darunter (*Neh.* 10,31). Wollten Bürger Sklaven kaufen, dann mußten sie sich außerhalb der Gemeinde umschauen. Dies wurde vom sog. Hei- ligkeitsgesetz, dessen Einheit und Entstehungszeit allerdings un- sicher ist, sogar direkt angeraten. »Auch aus den Kindern der Beisassen (*tôšābîm*; LXX *paroikoi*), die unter euch weilen, mögt ihr welche (Sklaven HGK) kaufen« (*Lev.* 25,45). Über diese Klasse der *tôšābîm/paroikoi* sind wir nur lückenhaft informiert. Am ehe- sten wird es sich um Bewohner Judäas gehandelt haben, die nicht Mitglieder der politischen Gemeinde waren. Denn »die neugebil- dete Provinz Jehud [war] mit der Bürger-Tempel-Gemeinde nicht identisch«.[24] Damit war eine Gemeinde berechtigter Bürger eingegrenzt und nach außen geschlossen worden. Die Bürger hat- ten Rechte, die Nicht-Bürgern nicht zukamen.

Die Dringlichkeit, die das Problem der Schuldknechtschaft für Juden gehabt hatte, hatte Entsprechungen in der Geschichte grie- chischer Polisstädte. Auch sie hatten vor der Notwendigkeit einer Kontrolle von Eigenmacht gestanden. Der Althistoriker P. Spahn hat dies in Studien zur Polisbildung in Griechenland zeigen kön- nen. Die Entwicklung zur Polis war in Griechenland von einer

23 H. G. Kippenberg, Religion und Klassenbildung im antiken Judäa, a.a.O., S. 54-62; D. J. A. Clines, *Ezra, Nehemiah, Esther,* a.a.O., S. 165-170.

24 J. P. Weinberg, »Zentral- und Partikulargewalt im achämenidischen Reich«, in: *Klio* 59 (1977), S. 25-43, Zitat S. 36.

vorwiegend bäuerlichen Mittelschicht getragen worden und lief auf die Bildung eines politischen Verbandes hinaus, der durch die Ausweitung eines gemeinsamen Herrschaftsbereiches *(to koinon)* auf Kosten des privaten *(to idion)* zustande kam.[25] Das Endergebnis dieser Entwicklung in Attika war die völlige Beseitigung der Institution leiblicher Haftung für Schulden gewesen:

»Als nun Solon Herr der Lage geworden war, da befreite er das Volk für die Gegenwart und für die Zukunft, indem er Darlehen auf die Person untersagte, Gesetze erließ, einen Schuldenerlaß durchführte, sowohl für die privaten wie für die öffentlichen Schulden« (Aristoteles, *Ath. Pol.* 6,1 f.).

In Judäa waren die gesellschaftlichen Triebkräfte andere gewesen als in Attika. In Attika hatten landbesitzende Bauern im Verein mit städtischen Kaufleuten die Macht der aristokratischen Grundherrschaften gebrochen. In Judäa waren die Klagen der verschuldeten Bauern vom jüdischen Gouverneur der persischen Provinz erhört worden, wobei die Jerusalemer Priesterschaft ihn unterstützt hatte. Da das traditionelle Schuldrecht in Judäa ebenso wie in Griechenland und anderswo dem Gläubiger zugestand, den säumigen Schuldner bzw. einen Angehörigen seiner Familie direkt zu ergreifen und zu versklaven, kann auch im antiken Judentum die Ausweitung eines öffentlich kontrollierten Bereiches auf Kosten privater Eigenmacht an der Geschichte dieser Institution verfolgt werden. Dabei zeigt sich, daß die jüdische Religionsgemeinschaft, schon bevor sie durch Nehemia zur Basis einer Stadtherrschaft gemacht worden war, dieses Problem erkannt und in einer eigenen Weise zu lösen versucht hatte.

Exklusiver Monotheismus und die Schließung der Bürgergemeinde

Der Synoikismos von Nehemia hatte einer Stärkung (ökonomisch und militärisch) des Zentralortes des judäischen Berglandes, Jerusalem, gedient. Er hatte darüber hinaus zur Gründung einer Stadtgemeinde geführt und die Überlieferungen der Reli-

---

25 P. Spahn, *Mittelschicht und Polisbildung,* Frankfurt 1977; derselbe, »Oikos und Polis. Beobachtungen zum Prozeß der Polisbildung bei Hesiod, Solon und Aischylos«, in: *HZ* 231 (1980), S. 529–564.

gionsgemeinschaft zu verbindlichen Gesetzen dieser Gemeinde gemacht. Die jüdische Religionsgemeinschaft im Bergland von Juda wurde auf diese Weise zum Träger einer politischen Stadtgemeinde. Zugleich erhielten die jüdischen Überlieferungen damit die Aufgabe, die Interaktionen von Menschen in dieser Stadt zu regeln und die Freiheit der Vollbürger zu garantieren.

Aus der regulativen Funktion, die die Überlieferungen der Religionsgemeinschaft in der Stadtgemeinde erhielten, ergaben sich Rückwirkungen auf die jüdische Religion. Wir können sie an politischen Legitimationsvorstellungen erkennen, die mit der jüdischen Religion verbunden wurden. Legitime Leiter der politisch-religiösen Gemeinde waren jüdische Laiengeschlechter und die Priesterschaft. Andere Legitimationsmodelle, zum Beispiel die Hoffnung auf ein neues Königtum Davids, konnten sich in diesem Rahmen nicht ausreichend politische Anerkennung verschaffen. Erst als die antike jüdische Stadtherrschaft im judäischen Bergland in eine Krise geriet, begannen diese verdrängten Konzeptionen erneut eine Rolle zu spielen. Dies trifft in besonderem Maße auf die Erwartung eines neuen Königtums von Nachkommen Davids zu. Ich komme in Kapitel 7 hierauf zurück.

Nehemias Maßnahmen verhalfen einer innerjüdischen Bewegung zum Durchbruch, die eine exklusive (»monotheistische«) Verehrung Jahwes als alleinigen Gottes gefordert hatte, größten Nachdruck auf ein ethisches Handeln in Übereinstimmung mit den Geboten Gottes (auf die Gesetzesethik) gelegt und jede Mischehe von Juden mit Fremden kategorisch verworfen hatte. Morton Smith hatte als erster erkannt, daß es in Israel eine religiöse Partei gegeben hat, die die Mischehe und die Verehrung oder auch nur Tolerierung anderer Götter bedingungslos abgelehnt hat. An der Laxheit gegenüber den göttlichen Forderungen habe es gelegen, daß Jerusalem 587 v. Chr. so schrecklich untergegangen sei.[26] Dieser sogenannten ›Jahwe-allein-Bewegung‹ hatte Nehemia zum religionspolitischen Erfolg verholfen, als er die deuteronomischen Handlungsprinzipien durch die politische Gemeinde Ju-

---

26 In seinem Buch *Palestinian Parties and Politics that Shaped the Old Testament,* New York 1971, von dem ein Teil übersetzt wurde in dem von B. Lang herausgegebenen Band: *Der Einzige Gott. Die Geburt des biblischen Monotheismus,* München 1981, S. 9-46.

däas in Jerusalem verbindlich festlegen und vom persischen Staat anerkennen ließ.[27]

Diese Bewegung hat man vor allem aus den Texten des Deuteronomiums und des deuteronomistischen Geschichtswerkes rekonstruiert.[28] Weil Jahwe seinen Bund nicht nur mit den Vätern, sondern mit allen Angehörigen des Volkes Israel geschlossen hatte (*Dtn.* 5,1-3.22), war die Gemeinde (der *qāhāl*) der Adressat seiner Satzungen und Rechte gewesen. In der deuteronomistischen Geschichtsdeutung waren die Landnahme, die Beachtung der Reinheitsregeln sowie die Absonderung Israels von den übrigen Völkern Grundlage und Identitätsmerkmal von Gottes Gemeinde gewesen. Der Begriff der Gemeinde taucht auch in der Nehemiadenkschrift auf. Hatte er in der älteren Zeit noch allgemein die Versammlung aller wehrfähigen Männer bezeichnet – ein Sprachgebrauch, der auch im Deuteronomium noch vorkommt (23,2-9) –, erweiterte sich die Bezeichnung in der persischen Zeit über diesen engen Kreis, der auch noch in *Esra* 2,64 gemeint ist, hinaus und erfaßte auch Frauen und Kinder (*Esra* 10,1; *Neh.* 8,2). Damit sprengte er den engen Bereich patriarchaler Rechtsordnung und wurde an die Heilszusage für das Volk als

27 Zur jüdischen Religionsgeschichte in der persischen Zeit und zur Affinität Nehemias mit der deuteronomischen Sicht im besonderen: M. Smith, »Jewish Religious Life in the Persian Period«, in: W. D. Davies/L. Finkelstein, (Hg.), *Cambridge History of Judaism*, Bd. 1, Cambridge 1984, S. 210-278, zu Nehemia S. 259 (»an adherent of the deuteronomic tradition hostile to sacrifices outside Jerusalem«).

28 Zu dieser Deutung des Deuteronomiums im sachlichen Zusammenhang mit der Entstehung des jüdischen Monotheismus verweise ich auf das grundlegende Buch von B. Lang (Hg.), *Der einzige Gott. Die Geburt des biblischen Monotheismus* (mit Beiträgen von B. Lang, M. Smith und H. Vorländer), a.a.O.; die Diskussion mit dieser These ist in dem von E. Haag herausgegebenen Buch geführt worden: *Gott, der einzige. Zur Entstehung des Monotheismus in Israel*, Freiburg 1985; eine Replik von B. Lang darauf: »Zur Entstehung des biblischen Monotheismus«, in: *Theologische Quartalschrift* 166 (1986), S. 135-142. Außerdem noch zu diesem Thema: F. Stolz, »Monotheismus in Israel«, in: O. Keel (Hg.), *Monotheismus im Alten Israel und seiner Umwelt*, Fribourg 1980, S. 143-189; H. Wildberger, »Der Monotheismus Deuterojesajas«, in: *Festschrift W. Zimmerli*, Göttingen 1977, S. 506-530.

ganzes geknüpft.[29] Zu den Geboten Gottes gehörte im Deuteronomium auch, daß Israel mit den heidnischen Völkern des Landes (den Ammonitern und Moabitern) keine Heiratsbeziehungen eingehen solle (*Dtn.* 7,3; 23,1-3). Als Nehemia den Geboten des Deuteronomiums Anerkennung verschaffte, war es eine seiner ersten Maßnahmen, Ammoniter und Moabiter aus der Gemeinde Israels auszuschließen (*Neh.* 13,1-3). Über dieses Gebot griff die Theologie des Monotheismus auf Vergemeinschaftungsprinzipien über und motivierte die Schließung der Rechtsgemeinde nach außen. Auch die anderen Verpflichtungen, die Nehemia dem Volk auferlegte, standen im Zusammenhang mit einem Vorgang, den wir im Anschluß an Weber die Schließung der Religionsgemeinde nennen können. Weber hatte in seiner Religionssoziologie für Glaubensgemeinschaften den Begriff der Schließung verwendet:

»Wertrational (relativ) geschlossen pflegen strikte Glaubensgemeinschaften zu sein«, und er hat diese Schließung nach ihren verschiedenen Aspekten näher charakterisiert.[30]

Man kann die Zeit von (Esra und) Nehemia in diesem Sinne als eine Periode charakterisieren, in der sich die jüdische Religionsgemeinde Judäas und Jerusalems schloß. Der exklusive Monotheismus des Deuteronomiums hatte sein soziales Äquivalent in der Schließung der Gemeinde. Es war die geschlossene Religionsgemeinde mit festen Rechten und Pflichten ihrer Mitglieder gewesen, die Nehemia zum Träger der Jerusalemer Stadtherrschaft gemacht hatte. Sie sollte der politischen Gemeinde in Judäa Struktur und Form geben. Umgekehrt drückte die Geschlossenheit des politischen Verbandes einer Stadtherrschaft den Glauben an die Erwählung durch den einzigen Gott aus. Der jüdischen Religionsgemeinschaft als ganzer wird damit die politische Bürgergemeinde als ein religiös erstrebenswertes Modell vorgehalten.

Zum erstenmal war in der Literatur der deuteronomistischen

29 Zum Begriff der ›Gemeinde‹ siehe L. Rost, *Die Vorstufen von Kirche und Synagoge im Alten Testament. Eine wortgeschichtliche Untersuchung,* Stuttgart 1938, S. 7-31; eine Interpretation in der Linie von Morton Smith zur jüdischen Religionsgemeinde in persischer Zeit hat J. N. Lightstone vorgelegt: *Society, the Sacred, and Scripture in Ancient Judaism. A Sociology of Knowledge,* Waterloo 1988.
30 *Wirtschaft und Gesellschaft,* Tübingen ⁵1985, S. 24.

Schulen ein Intellektualismus erkennbar geworden, der die schrecklichen Erfahrungen, die Juden mit den militärischen Eroberungen Israels und dann Judas machen mußten, erklären wollte. Er bediente sich dabei der Behauptung, das erwählte Volk sei von seinem Gott abgefallen und habe sich den Götzen zugewandt. Zur Strafe habe Gott es den Feinden preisgegeben. Damit verbanden diese deuteronomistischen Intellektuellen die Forderung, daß alle Juden von nun an ausschließlich Jahwe verehren, seine Gesetze halten und alle Fremden, auch wenn sie mit Juden verheiratet waren, aus ihrer Gemeinschaft ausschließen sollten. Indem der militärischen Unterwerfung dieser Sinn gegeben wurde, begründeten Intellektuelle eine absolute Verbindlichkeit des Bundes Gottes mit seinem Volk. Sinnfrage und Ethisierung von Religion sind vom deuteronomistischen Intellektualismus auf diese Weise fest miteinander verbunden worden. Erst in dieser Gestalt hat die Prophetie ihre Wirkung auf die Ethik von jüdischen Laien entfalten können.[31]

Als Ergebnis möchte ich festhalten, daß Nehemia als persischer Statthalter in Judäa eine Stadtherrschaft begründet hatte, die neben Übereinstimmungen mit griechischen und hellenistischen Gemeinwesen (Synoikismos, Sanktionierung von Gesetzen und Bildung einer Rechtsgemeinde, Kontrolle von Eigenmacht) auch beträchtliche Unterschiede aufwies. So besaß diese Stadtgemeinde nicht mehr das militärische Recht der Verteidigung. Auch unterstand sie der Abgabenhoheit des persischen und später des griechischen Großstaates. Als die jüdische Religionsgemeinschaft unter dem jüdischen Statthalter des achämenidischen persischen Reiches zur Basis einer politischen Stadtgemeinde geworden war, war dies mit beträchtlichen Abweichungen vom voll entwickelten Typus antiker Stadtherrschaft geschehen.

Auf der anderen Seite aber wurde die alte jüdische Religionsgemeinschaft zum lokalen Träger einer Stadtherrschaft in Judäa. Dadurch, daß die Religionsangehörigen sich hierauf einließen, wurden politische Bedeutungen an die jüdische Religion geheftet.

31 Ich folge hier den Interpretationen von B. Lang (und M. Smith). Siehe seine Studien: »Max Weber und Israels Propheten. Eine kritische Stellungnahme«, in: *ZRGG* 36 (1984), S. 156-165; »Die Jahwe-allein-Bewegung«, in: B. Lang (Hg.), *Der einzige Gott. Die Geburt des biblischen Monotheismus*, a.a.O., S. 47-83.

Zwei möchte ich besonders nennen: Sie erhielt die Aufgabe der Legitimation einer autonomen Stadtherrschaft, und sie mußte die sozialen Beziehungen der Bürger in ihr regeln. Beide Aspekte: die Reflexion über die richtige Ordnung und die praktische Regelung von Beziehungen der Bürger untereinander, haben die pragmatischen Bedeutungen der antiken jüdischen Religion in der Zeit des Zweiten Tempels bestimmt.

Dieser Bezug auf politische Verhältnisse war der jüdischen Religion nicht erst unter Nehemia zugewachsen und war auch keine äußerliche Politisierung des jüdischen Glaubens gewesen. Er war im Inneren der Religionsgemeinschaft vorbereitet worden durch eine lang andauernde kritische Reflexion über die Spannung, die zwischen dem archaischen Schuldrecht auf der einen, den Ansprüchen der Glaubensgenossen auf Freiheit auf der anderen Seite bestand. Diese Spannung war insbesondere an der Praxis der Schuldsklaverei zutage getreten. Wenn es Nehemia gelang, aus der jüdischen Religionsgemeinschaft heraus lokal einen politischen Rechtsverband freier Bürger zu bilden, dann dank dieser Vorgeschichte.

Das harte und gnadenlose Schuldrecht in Israel

Eigenmacht ist in den vorderasiatischen Gesellschaften ein Problem gewesen, obwohl es nicht zu allen Zeiten als gleichermaßen brennend empfunden wurde. Auf ihr beruhte in besonderem Maße die institutionelle Macht Stärkerer gegenüber Schwächeren. Diese Eigenmacht mußte gebrochen und kontrolliert werden, wenn die Herrschaft sich in die Richtung einer freien Bürgergemeinde entwickelte. Man braucht nicht hinzufügen, daß es für diese Entwicklung keine zwingende Notwendigkeit gab. Auch konnte die Eigenmacht von Aristokraten durch eine Zentralgewalt, zum Beispiel ein Königtum, in Schach gehalten und konnten die Bauern und Handwerker auf diese Weise vor aristokratischer Eigenmacht geschützt werden. In diesem Falle mußten sie die Schuldsklaverei nicht selber in Frage stellen. Wo aber die Entwicklung in Richtung auf eine Bürgergemeinde ging, da konnte dies nicht geschehen, ohne daß die Schuldsklaverei zum Problem gemacht wurde. So betrachtet ist die Behandlung der Schuldsklaverei in den hebräischen Schriften ein Leitfaden, um zu den frühesten Anfängen der Entwicklung einer Gemeinde freier Bürger im antiken Judentum zu gelangen. Wieweit es auch tatsächlich in der Praxis gelungen war, private Eigenmacht einer gemeinschaftlichen Kontrolle zu unterwerfen, läßt sich aus den Quellen meistens nicht direkt erkennen. Aber als Zeugen dafür, daß die Schuldsklaverei als Problem empfunden wurde und daß Ansprüche auf ihre Kontrolle erhoben wurden, sind sie glaubwürdig und wichtig. Die hebräischen Schriften enthalten nämlich nicht nur wichtige Informationen zum Schuldrecht, sondern nahmen dazu auch Stellung. Wie und warum sie Schuldsklaverei zum Problem gemacht haben, bedarf genauer Untersuchung. Soziale Ungerechtigkeiten existierten ja auch in Israel in großem Maßstab. Erst als sie gemeinschaftlich empfunden und öffentlich thematisiert wurden, konnten sie die Mentalität und Entwicklung eines Gemeinwesens bestimmen. Es ist wichtig, sich über diesen Vorgang, der lange vor der Zeit Nehemias lag, Klarheit zu verschaffen. Besäßen wir diese Zeugen nicht, könnten wir uns kein Urteil darüber erlauben, ob die Bildung einer politischen Gemeinde in Judäa unter Nehemia an eine Entwicklung in der Religionsgemeinschaft angeknüpft hat oder nicht.

Hebräische Texte informieren uns über den Charakter des Schuldrechtes. Diese Informationen sind zwar dürftig und stammen aus verschiedenen Jahrhunderten, gestatten es aber dennoch, sie zu einem Gesamtbild von Schuldrecht im antiken Judentum zu verbinden. Die rauhen Praktiken von Verknechtung von Mitbürgern gehören zu den dauerhaftesten Elementen der menschlichen Geschichte. Sie sind ein Beispiel für die Geschichte dauerhafter Zustände, einer *longue durée*, wie Fernand Braudel solche Tatbestände genannt hat.[32] Die durch Schuld bedingte Abhängigkeit war in Vorderasien alt und verbreitet. Sie hat neben der Sklaverei bestanden, die seit den ersten Staatsgründungen in Vorderasien ebenso selbstverständlich war wie in der klassischen Antike.[33] Die besondere Logik der antiken Schuldsklaverei ist – wenn ich recht sehe – zum ersten Mal von dem Althistoriker

---

32 F. Braudel, »Geschichte und Sozialwissenschaften – die ›longue durée‹«, in: H.-U. Wehler (Hg.), *Geschichte und Soziologie*, Köln 1976, S. 189-215.
33 M. I. Finley, *Die Sklaverei in der Antike*, München 1981; Besprechung von H. W. Pleket in: *Tijdschrift voor Geschiedenis* 95 (1982), S. 1-30.

Moses I. Finley thematisiert worden, wenn natürlich auch philologische und historische Vorarbeiten anderer vorausgegangen waren.[34] In einem Aufsatz mit dem schlichten Titel »Die Schuldknechtschaft« warnte er mit folgenden Worten, die zugleich die wichtigste These seiner Untersuchung enthalten, vor falschen Annahmen.

»Zu schnell spricht man von Zahlungsunfähigkeit und von persönlicher Haftung, die natürlich eine Möglichkeit sind, aber nicht die einzige (für Schuldsklaverei HGK). Die ›Verschuldung‹ kann auch geschickt herbeigeführt worden sein, um eine Situation der Knechtschaft zu *schaffen* ... Wir werden sogar so weit gehen und behaupten, daß der Gewinn von Arbeitskraft und Solidaritätsbeziehungen historisch gesehen eine ältere Zwecksetzung der Verschuldung repräsentiert als der Gewinn in Form von Zinsen.«[35]

Diese kritischen Worte von Finley bewahrheiten sich, wenn wir uns daran machen, Schuldsklaverei im antiken Judentum zu studieren. Man konnte im antiken Judentum auf verschiedenen Wegen zum Schuldsklaven werden: Ein Vater konnte seine Tochter in die Knechtschaft verkaufen (*Ex.* 21,7-11); ein Israelit konnte sich selber als Sklave verkaufen (*Ex.* 21,1-6; *Dtn.* 15,12-18; *Lev.* 25,39-55); ein Dieb konnte in die Schuldsklaverei verkauft werden (*Ex.* 22,1f.); und schließlich konnte der Schuldner bzw. konnten seine Familienmitglieder vom Gläubiger in die Schuldsklaverei gezwungen werden (*Dtn.* 15,1-3).
Ich möchte bei der Besprechung dieser Quellen nicht mit den Fällen beginnen, in denen ein Israelit sich oder seine Kinder in die Knechtschaft verkaufte. Denn diese Terminologie verdeckt, daß ein solcher Verkauf wohl in den seltensten Fällen freiwillig geschah. Zumeist wird er einem Zugriff auf die Person zuvorgekommen sein, dem der Haftende für den Fall, daß er eine Lei-

34 Ich nenne nur D. Lotze, »Hektemoroi und vorsolonisches Schuldrecht, in: *Philologus* 102 (1958), S. 1-12.
35 M. Finley, »Die Schuldknechtschaft« (1965), in: H. G. Kippenberg, (Hg.), *Seminar: Die Entstehung der antiken Klassengesellschaft,* a.a.O., S. 173-204, Zitat auf S. 181; Schuldsklaverei in Vorderasien: I. Mendelsohn, *Slavery in the Ancient Near East. A Comparative Study of Slavery in Babylonia, Assyria, Syria, and Palestine from the Middle of the Third Millennium to the End of the First Millennium,* Oxford 1949 (repr. 1978); I. Cardellini, *Die biblischen »Sklaven«-Gesetze im Lichte des keilschriftlichen Sklavenrechtes,* Königstein 1981.

stung nicht erbringen würde, ausgesetzt war. Auch im antiken Judentum war nämlich mit dem Schuldrecht eine »zweckgerichtete Zugriffsgewalt auf den Körper einer hausfremden Person« verbunden, wie dies auch im römischen Recht der Fall war, das mit dieser Formulierung gemeint war (M. Kaser). Insofern wich das jüdische Schuldrecht nicht von dem – wie M. I. Finley schreibt – »harten und gnadenlosen« Schuldrecht anderer Völker ab. Um einer Verharmlosung, die häufig apologetisch motiviert ist, zu entgehen, möchte ich zuerst auf diese Züge der Schuldsklaverei zu sprechen kommen.[36]

Schuldsklaverei bei Eigentumsvergehen

Laut Bundesbuch wurde ein Dieb, der nicht Ersatz leisten konnte für das Gestohlene, verkauft (*Ex.* 22,1 f.). Die Geschichte dieses Gesetzes in der Zeit des Zweiten Tempels ist deshalb aufschlußreich, weil sie konkurrierende Auslegungen dokumentiert. Herodes habe – so weiß Josephus zu berichten – ein Gesetz erlassen, Einbrecher seien als Sklaven ins Ausland zu verkaufen. Damit habe Herodes gegen die Gesetze der Väter verstoßen. Denn diese Gesetze sähen vor, daß der Dieb vierfachen Ersatz leisten solle. Wenn er das nicht könne, solle er an einen Landsmann in eine sechsjährige Schuldsklaverei verkauft werden (*Ant. Jud.*, XVI 1-5). Herodes war bei seiner Bestrafung vielleicht römischer Gesetzespraxis gefolgt.[37] Aber auch die Rechtsauffassung, die Josephus vertritt, ist nicht die des Bundesbuches (*Ex.* 21,37; 22,2). Dort soll ein Dieb (nur!) bei *Viehdiebstahl* den vier- bzw. fünffachen Wert des Gestohlenen zur Strafe zahlen. Kann er dies nicht, so soll er nur zwecks Erstattung des Wertes des Gestohlenen – und nicht etwa der Bezahlung der Strafe, wie ich hinzufügen möchte – verkauft werden. Josephus war dagegen der Meinung (*Ant. Jud.*, IV 272), daß ein überführter Viehdieb dem, der ihn verklagt, als Sklave zugesprochen werden solle, falls ihm die Mittel zur Zah-

36 M. Kaser, *Das römische Privatrecht*, 1. Abschnitt, München ²1971, S. 146; vom harten und gnadenlosen Schuldrecht spricht M. Finley in: *Die antike Wirtschaft*, München 1977, S. 37.

37 Nach römischem Recht des Zwölftafelgesetzes konnte ein überführter Dieb (*fur manifestus*) jenseits des Tiber in die Sklaverei verkauft werden. A. Schalit, *König Herodes*, Berlin 1969, geht auf S. 231-237 und S. 713 f. möglichen Einflüssen dieser Auffassung auf Herodes nach.

lung der *Strafe* (des Vier- bzw. Fünffachen) fehlen und er *aporos* (mittellos) ist. Bei seiner Erörterung des Herodes-Gesetzes behauptet er sogar, daß von *jedem Dieb* das Vierfache als Ersatz verlangt werden solle. Könne er diese Strafe nicht bezahlen, dann solle er in eine sechsjährige Schuldsklaverei verkauft werden. Hier wird in Abweichung von der Tora der Verkauf in die Schuldsklaverei zur Strafe für mittellose Mitbürger verhängt, die zur Zahlung nicht fähig sind.

Daß Schuldsklaverei zur Strafe verhängt werden konnte, behauptet Josephus auch in *Ant. Jud.*, III 282. Auch Philo weiß davon. Ein Dieb, der sich am Eigentum anderer vergangen hat, muß den zweifachen Wert ersetzen. Wenn er aber mittellos (*aporos*) ist, dann solle er in eine sechsjährige Schuldsklaverei verkauft werden (*De specialibus legibus*, IV 2-4).[38]

Andere jüdische Gesetzesgelehrte haben gefordert, daß der Verkauf in die Schuldsklaverei nur dem Geschädigten Ersatz schaffen solle und daher unzulässig sei, wenn der Wert des Gestohlenen unter dem Marktwert des Diebes liege. »R. Eliezer sagt, wenn sein Diebstahl seinem Wert entspricht, wenn aber nicht, werde er nicht verkauft« (*b.Qid* 18 a).

Überschaut man das Material, so kann man drei Anschauungen unterscheiden:

– ein Dieb darf nur zur Erstattung des Gestohlenen in eine sechsjährige Schuldsklaverei verkauft werden (so das Bundesbuch und die rabbinische Auffassung);

– ein Dieb darf zum Zwecke der Bezahlung der Strafe, die das Vierfache des Gestohlenen beträgt, in eine sechsjährige Schuldsklaverei verkauft werden (die Auffassung von Josephus und Philo);

38 Zu den rabbinischen Auffassungen von Schuldsklaverei hat E. E. Urbach eine umfassende Studie vorgelegt: »The Laws regarding Slavery as a Source for Social History of the Period of the Second Temple, the Mishnah and Talmud«, in: *Annual of Jewish Studies* 1 (1963) S. 1-94; ebenfalls materialreich: B. Cohen, »Civil Bondage in Jewish and Roman Law«, in: *L. Ginzberg Jubilee Volume,* New York 1945, S. 113-132; daß Verkauf in die Sklaverei zur Ausstoßung aus der Verwandtschaft führte, beobachtete G. Steiner an der Geschichte von Joseph und seinen Brüdern: »Enslavement and the Early Hebrew Lineage System« (1954), in: B. Lang (Hg.), *Anthropological Approaches to the Old Testament,* London/Philadelphia 1985, S. 21-25.

– ein Dieb darf zur Strafe für Diebstahl in die endgültige Sklaverei verkauft werden (die Rechtspraxis von Herodes).

Die letzte Auffassung stand mit Sicherheit zu der Zeit, als sie praktiziert wurde, im Widerspruch zum anerkannten jüdischen Schuldrecht. Man kann aber nicht gänzlich ausschließen, daß auch in Israel (einst bzw. vereinzelt) Diebstahl mit Verstoßung aus dem Volksverband geahndet wurde. In Rom galt schon die Nicht-Zurückzahlung eines Darlehens als ein Delikt, das so streng bestraft wurde. Vielleicht darf man in einigen biblischen Erwähnungen über den Verkauf von säumigen Schuldnern in die Fremde (*Amos* 2,6; *Neh.* 5,8) Spuren hiervon sehen. Doch ist diese Strafe in der israelitischen Religionsgemeinschaft schon früh auf Ablehnung gestoßen.

Anders stand es mit dem Verkauf in eine innerisraelitische Schuldsklaverei. Hier konkurrierten zwei unterschiedliche Rechtsauffassungen. Die eine hielt sie nur dann für legitim, wenn der Dieb das Gestohlene nicht ersetzen konnte. Die andere gestattete sie auch zur Bezahlung der Strafe.

Das Recht einer direkten Ergreifung des Schuldners

Einen von einer Bestrafung kaum unterscheidbaren Zugriff auf den Körper einer fremden Person gab es auch unabhängig vom Fall des Diebstahles. Die biblischen Texte, die die Stationen auf dem Wege eines freien Mannes in die Abhängigkeit zum Thema haben, lassen erkennen, daß der Schuldner, nur um einer gewaltsamen Ergreifung zuvorzukommen, sich selber oder Familienmitglieder in die Knechtschaft verkaufen mußte (*Gen.* 47,18 f.; *Lev.* 25,39.47). Dabei konnte ein Verkauf oder eine Verpfändung von Kindern dem Selbstverkauf des Schuldners vorausgehen (*Neh.* 5,1-5; *b.*Qid 20 a). Hierauf spielt auch die Drohung des Propheten (*Jes.* 50,1) an, Jahwe werde sein Kind Israel an einen Gläubiger (*nôše*) verkaufen müssen. In diesen Fällen war der Verkäufer nur noch beschränkt Herr seiner selbst. Der Schuldner hat bereits mit dem Darlehen, das er aufgenommen hatte, seine Freiheit aufs Spiel gesetzt. Wenn der Gläubiger ihn »kauft«, dann ist damit – so *Amos* 8,6 – oft nichts anderes als die Übernahme in die

Schuldsklaverei gemeint.[39] Konnte der Schuldner das Darlehen nicht erstatten, durfte der Gläubiger ihn bzw. seine Familienangehörigen ergreifen. Der Selbstverkauf war nicht freiwillig, sondern Folge eines Gewaltverhältnisses. Altorientalische Analogien lassen erkennen, daß eine solche Praxis durchaus nicht ungewöhnlich war, im Gegenteil![40]

Im alten Testament wird gelegentlich auch ganz offen von einer direkten Ergreifung von Familienmitgliedern des Schuldners durch den Gläubiger gesprochen. Als einer der Prophetenjünger des Elisa, der Schulden hatte, gestorben war, da klagte dessen Frau dem Elisa ihr Leid:

»Nun kommt der Gläubiger und will sich meine beiden Knaben als Sklaven holen« (2. *Kö.* 4,1).

Auch hier wird, wie *Jes.* 50,1, der Gläubiger als *nōše* bezeichnet, womit offensichtlich ein Recht des direkten, durch keine Gerichtsinstanz erst vermittelten Zugriffs auf den Schuldner und seine Familie verbunden war. Um diese Institution geht es noch an einer anderen Stelle, die jedoch oft verkannt worden ist: Ich meine das Gesetz über das Erlaßjahr *Dtn.* 15,1-3. Es spricht nämlich nicht von einem Schuldenerlaß, sondern von einem Erlaß leiblicher Haftung für Schulden:

»Alle sieben Jahre sollst du Verzicht [*šᵉmiṭṭā*] gewähren. Jeder Herr [*baᶜal*] verzichte auf das Pfand in seiner Hand für das Darlehen, das er bei

---

39 Sequenz in der Abhängigkeit: H. G. Kippenberg, *Religion und Klassenbildung im antiken Judäa*, a.a.O., S. 56 f.; B. Lang, »*The Social Organization of Peasant Poverty in Biblical Israel*«, in: *Journal for the Study of the Old Testament* 24 (1982), S. 47-63; zum Verkauf als Übergabe in die Schuldsklaverei: B. Lang, »Sklaven und Unfreie im Buch Amos (II 6, VIII 6)«, in: *VT* 31 (1981), S. 482-488.

40 Eine ähnliche Praxis setzte der viel ältere babylonische Codex Hammurapi aus dem 18. Jahrhundert v. Chr. voraus: Wenn einen Bürger eine Schuldverpflichtung erfaßt hat, dann muß er entweder Frau, Sohn und Tochter gegen Geld weggeben (verkaufen) oder sie in ein Gewaltverhältnis geben (§ 117). Auch hier ist eine direkte Ergreifung durch den Gläubiger gemeint. Zu dem Codex Hammurapi und der Interpretation von § 117: G. R. Drivers und J. C. Miles, *The Babylonian Laws*, Bd. 1, Oxford 1952, S. 208-221, und Bd. 2, Oxford 1955, S. 46-49 und 206-209; R. Borger in: *Texte aus der Umwelt des Alten Testaments*, Bd. 1, Gütersloh 1982, S. 56 f.; F. R. Kraus, *Ein Edikt des Königs Ammi-Ṣaduqa von Babylon*, Leiden 1958, S. 170-172.

seinem Nächsten ausstehen hat. Er soll seinen Nächsten und Bruder nicht [länger] drängen [*nāgaś*], denn man hat für Jahwe einen Verzicht ausgerufen. Den Fremden [*nokrî*] darfst du drängen; was du bei deinem Bruder hast [= seine Schuld], das lasse deine Hand los« (*Dtn.* 15,1-3).

Das Pfand in der Hand wird hier *maśśe* genannt, was mit dem oben genannten *nôśe* zusammenhängt. F. Horst, der am tiefsten in die sozialhistorischen Voraussetzungen und Zusammenhänge dieses Textes eingedrungen war, hat darüber folgendes ermittelt:

»Die bei nāśā ausdrücklich vereinbarte Haftung bezieht sich ursprünglich und in der Hauptsache auf den Zugriff des Gläubigers auf die Person des Schuldners, erst daneben... auch auf sein Vermögen bzw. das von ihm gestellte Pfandobjekt.«

Über diese Pfänder, Personen oder Sachen, verfügt der Gläubiger bereits und wird zu einem Verzicht darauf aufgefordert. Das Drängen bezeichnet nicht etwa das Pochen auf Rückzahlung eines Darlehens, sondern die Behandlung des säumigen Schuldners als Sklaven. Der Verzicht (*š^emiṭṭā* bzw. griechisch *aphesis*) ist darum ein Akt der Freilassung.[41] Jedoch sollen nur Volksgenossen, nicht aber Fremde aus der Schuldsklaverei entlassen werden. Ob dieses Gebot der Freilassung nun eingehalten worden ist oder nicht: es bezeugt in beiden Fällen, daß ein Gläubiger den säumigen Schuldner oder seine Familienangehörigen in die Schuldsklaverei zwingen konnte. Gerechtigkeit konnte daher die spezifische Bedeutung von Freilassung annehmen.[42]

Der Text des Deuteronomiums Kap. 15 gibt außerdem darüber

41 F. Horst, *Gottes Recht*, München 1961, S. 85; anders als Horst, der *nāgaś* als den Akt der Personalexekution auffaßt, sieht I. Cardellini, *Die biblischen »Sklaven«-Gesetze im Lichte des keilschriftlichen Sklavenrechtes*, a.a.O., darin den Zustand der Schuldsklaverei insgesamt. »Es geht hier um ein besonderes Jahr (um das Šemiṭṭajahr), wo die kraft eines Darlehens-Pfandes-Vertrags verpfändeten Personen nach 6 Jahren Arbeit für den Gläubiger ihre Freiheit wieder erlangen können« (S. 270). Diese Auffassung vertritt auch A. Cholewiński, *Heiligkeitsgesetz und Deuteronomium. Eine vergleichende Studie*, Rom 1976, S. 219: Das Wesen des Šemiṭṭajahres besteht in der Freilassung israelitischer Personen (S. 219).

42 Zur Bedeutung von Gerechtigkeit: M. Weinfeld, »»Justice and Righteousness‹ in Ancient Israel against the Background of Social Reforms in the Ancient Near East«, in: H. J. Nissen, J. Renger (Hg.), *Mesopotamien und seine Nachbarn*, Teil 2, Berlin 1982, S. 491-519; L. Epsztein,

Aufschluß, ob der Schuldner für die Zinsen des Darlehens oder aber für das ›Kapital‹ des Darlehens arbeiten mußte. Denn es setzt voraus, daß mit dem Verzicht auf den Gebrauch des Pfandes auch die Pflicht des Schuldners erlosch, das aufgenommene Darlehen zurückzuerstatten. Nur deshalb mußte der potentielle Gläubiger ermahnt werden, auch im Falle eines nahenden Erlaßjahres dem bedürftigen Bruder zu leihen (*Dtn.* 15,7-11). Die Schuldsklaverei diente demnach der Abarbeitung des Darlehens und nicht etwa nur seiner Zinsen.[43]

Es sind damit nicht alle Aspekte des israelitischen Schuldrechtes geklärt. Vergleicht man die babylonischen Praktiken mit den israelitischen, so bleibt in Israel eine Reihe möglicher Fälle ungeregelt. Wie wurden kommerzielle Darlehen gesichert? Kam in Israel wirklich keine Zinsantichrese vor: daß der Schuldner dem Gläubiger Familienangehörige zur Verfügung stellen mußte, bis er das Darlehen zurückgezahlt hatte? Mir scheint – ohne daß hier Sicherheit besteht –, daß das Freilassungsgesetz *Dtn.* 15,1-3 nur einen spezifischen Fall erfaßte: die Naturaldarlehen, mit denen sich Bauernfamilien im Notfalle bis zur nächsten Ernte aushalfen. Wie andere Fälle geregelt waren, bleibt offen.

Eigenmacht eines Gläubigers gegen seinen Schuldner hat die antiken Juden wiederholt beschäftigt. Propheten haben die Praxis des Verkaufes von Schuldnern in die Fremdsklaverei gebrandmarkt und darin den Grund für Gottes Gericht über Israel gesehen. Im Buche Jesaja und im Buche Amos hören wir die Propheten klagen, daß arme Mitbürger (*dal, ebjôn* und *ᶜānāw* sind die Termini) um ihr Recht als freie Bürger (*ṣaddîq*) gebracht und verkauft wurden (*Amos* 2,6 f.; 8,4-7; *Jes. 10,1 ff.; Mi. 2, 1-5*). Sie kämpften gegen diese Folgen des erbarmungslosen Schuldrechtes.[44]

La Justice Sociale dans le Proche-Orient Ancien et le Peuple de la Bible, Paris 1983, S. 193-200.

43 Kapitalantichrese also und nicht Zinsantichrese. In Babylonien war die Zinsantichrese verbreitet: B. Kienast, »Zum altbabylonischen Pfandrecht«, in: *ZSavRG*, Rom. Abt., 83 (1966), S. 334-338; H. Petschow, »Neubabylonisches Pfandrecht«, in: *ASAW*, Phil.-hist. Kl., Bd. 48, Berlin 1956; in Israel herrschte dagegen Kapitalantichrese vor (vgl. *4. Makk.* 2,8), anders wäre auch der spätere Prosbol kaum verständlich.

44 Die prophetische Kritik an den Folgen von Schuldsklaverei haben behandelt: K. Koch, »Die Entstehung der sozialen Kritik bei den Pro-

So geben uns biblische Quellen einen ungeschminkten Einblick in die harte Wirklichkeit des archaischen Schuldrechtes im Judentum. Der Gläubiger konnte für den Fall, daß der Schuldner einer Rückzahlung des Darlehens nicht nachkam, seine Güter oder ihn und seine Familie ergreifen und sich als Pfand aneignen. Man kann die Verhältnisse in Judäa unter Nehemia zur Illustration dieses Schuldrechtes heranziehen. Als Nehemia Statthalter von Juda war, zwang er die Vornehmen und Vorsteher Judäas, auf die Pfandhaftung *(maššē)* gegenüber den Brüdern zu verzichten. Sie verzichteten daraufhin auf Anteile an Geld und Korn, Wein und Öl, auf die der Gläubiger ein Zugriffsrecht hatte *(Neh. 5,11)*, und ließen die versklavten Judäer frei.

Wenn man sich die Frage stellt, ob die jüdische Religionsgemeinschaft bereits vor Nehemia um die Freiheit ihrer Gemeindeglieder besorgt war, dann erlauben die historischen Zeugnisse zum archaischen Schuldrecht und zu seiner Kontrolle darauf eine bejahende Antwort.[45]

pheten«, in: H. W. Wolff (Hg.), *Probleme biblischer Theologie. Festschrift G. von Rad*, München 1971, S. 236-257; B. Lang, »Prophetie und Ökonomie im alten Israel«, in: G. Kehrer (Hg.), *» Vor Gott sind alle gleich«. Soziale Gleichheit, soziale Ungleichheit und die Religionen*, Düsseldorf 1983, S. 53-73; in demselben Band mein Artikel: »Die Entlassung aus Schuldknechtschaft im antiken Judäa. Eine Legitimationsvorstellung von Verwandtschaftsgruppen«, S. 74-104; O. Loretz, »Die prophetische Kritik des Rentenkapitalismus«, in: *Ugarit-Forschungen* 7 (1975), S. 271-278; W. Schottroff, »Der Prophet Amos. Versuch der Würdigung seines Auftretens unter sozialgeschichtlichem Aspekt«, in: W. Schottroff, W. Stegemann (Hg.), *Der Gott der kleinen Leute*, Stuttgart 1979, S. 39-66.

45 Dem kann man noch andere Sätze und Handlungen hinzufügen. Prophetische Worte sahen in der Gewalt gegen ärmere Mitbürger den Grund für Jahwes Gericht über Israel (*Amos* 2,6; *Micha* 2,1 f.). Es gab Schuldner, die sich dem drohenden Zugriff des Gläubigers durch Flucht entzogen und sich zu marodierenden Gruppen zusammenschlossen (*1. Sam.* 22,2; 25,10). Andere flüchteten in Tempel, um dort Asyl zu suchen (zum Beispiel *Ps.* 25,16.20). Das Heiligtum bot bedrängten Schuldnern Schutz: L. Delekat, *Asylie und Schutzorakel am Zionsheiligtum. Eine Untersuchung zu den privaten Feindpsalmen*, Leiden 1967; dies galt auch noch in späterer Zeit (*1. Makk.* 10,43) und auch außerhalb des Judentums (Tacitus, *Annalen*, III 60).

Schuldsklaverei als Problem
der antiken jüdischen Religionsgemeinschaft

Drei biblische Sammlungen von Gesetzen: das Bundesbuch (*Ex.* 20,22-23, 19), das Deuteronomium (Kap. 12-26) und das Heiligkeitsgesetz (*Lev.* 17-26), haben den Fall der Versklavung eines jüdischen Mitbürgers geregelt. Die erste dieser Sammlungen enthält vielleicht teilweise sogar noch vorstaatliches Recht, das Deuteronomium stammt aus der späteren Königszeit Judäas (6./ 7. Jahrhundert v. Chr.), und das Heiligkeitsgesetz setzt das Exil voraus (6. Jahrhundert v. Chr.). Jedoch ist das Verhältnis dieser drei Gesetzessammlungen, wenn man es genauer betrachtet, wesentlich komplizierter. Die Texte sind während längerer Zeiträume gewachsen und haben daher eine innere Schichtung, die es unmöglich macht, sie als verschiedene Stadien in ein und derselben Entwicklung zu sehen. O. Loretz rechnet für das Sklavengesetz im Bundesbuch *Ex.* 21,2-6 mit einer Textentwicklung, die erst nach Abfassung des Deuteronomium zu ihrem Ende gekommen ist. E. Otto teilt in seiner neueren Studie zum Bundesbuch diese Auffassung.[46] Die Unterschiede, die zu erkennen sind, können daher nicht in ein historisches Entwicklungsmodell eingeordnet werden. Ich möchte stattdessen vorschlagen, sie als Unterschiede im sozialen Problembewußtsein der jüdischen Religionsgemeinschaft zu interpretieren.

Die Zivilisierung des archaischen Schuldrechtes
im Bundesbuch

Die Regelungen, die in den drei Gesetzessammlungen für Schuldsklaven getroffen wurden, weisen neben Gemeinsamkeiten auch Unterschiede auf. Im Bundesbuch steht die Forderung:

»Wenn du einen hebräischen Sklaven kaufst, soll er sechs Jahre dienen, im siebten aber soll er unentgeltlich freigelassen werden. Ist er allein gekom-

---

46 O. Loretz, *Habiru-Hebräer. Eine sozio-linguistische Studie über die Herkunft des Gentiliziums 'ibri vom Appellativum habiru*, Berlin/ New York 1984, S. 149 f.; E. Otto, *Wandel der Rechtsbegründungen in der Gesellschaftsgeschichte des antiken Israel. Eine Rechtsgeschichte des »Bundesbuches« Ex xx 22-xxiii 13*, Leiden 1988, S. 57-60.

men, so soll er auch allein entlassen werden; war er aber verheiratet, so soll seine Frau mit ihm entlassen werden. Hat ihm dagegen sein Herr eine Frau gegeben und hat sie ihm Söhne oder Töchter geboren, so soll die Frau samt ihren Kindern ihrem Herrn gehören; er soll allein entlassen werden« (*Ex.* 21,2-4).

Hebräer (*ᶜibrî*) ist in dieser alten Überlieferung eine soziale Kategorie, deren ursprüngliche Bedeutung bis heute erörtert wird, ohne wirklich befriedigend geklärt zu sein. In der letzten Textform aber ist es eine ethnische Bezeichnung für den jüdischen Mitbürger, der sich in die Knechtschaft verkauft hat. Der Hebräer verlor dabei das Recht, selbständig eine Familie zu gründen. Nur wenn er schon vorher verheiratet gewesen war, soll seine Frau mit ihm entlassen werden. Hatte ihm aber sein Herr während seiner Dienstzeit eine Frau zur Ehe gegeben, dann mußte er sie und seine Kinder bei seiner Freilassung (*ḥofšî*) zurücklassen. Auch hatte er als Freigelassener noch gewisse Verpflichtungen gegenüber seinem früheren Herren. Es ist daher begreiflich, daß sich diese Sklaven zur Bewahrung ihrer Familienbeziehungen ›freiwillig‹ in dauernde Sklaverei begaben (*Ex.* 21,5 f.).[47]

Das Schuldrecht des Bundesbuches setzt voraus und billigt, daß der israelitische Schuldknecht ein Grundrecht des freien Mannes verloren hatte. Es waren drei Kennzeichen, die in der Antike den vollen Status eines Sklaven begründeten: daß ein Mensch das Eigentum eines anderen war, daß er als Person rechtlos war und daß er keine Familie gründen konnte. Dabei waren nicht in allen antiken Gesellschaften alle drei Merkmale auch gleichermaßen vorhanden. Die Statusvariationen zwischen Freien und Sklaven waren in der gesamten antiken Welt groß und beträchtlich.[48] Im antiken Judentum trafen diese drei Merkmale insgesamt nur auf Sklaven fremder Herkunft zu. Ein Angehöriger des Volkes Israel, der dem Schuldrecht unterlag, büßte dagegen nur befristet das

---

47 Analyse des Textes durch I. Cardellini, a.a.O., und O. Loretz, a.a.O., S. 123-146. Zu den *ḥofšî*: O. Loretz, a.a.O., S. 252-263, und zuvor N. P. Lemche, »The ›Hebrew Slave‹. Comments on the Slave Law in Ex xxi, 2-11«, in: *VT* 25 (1975), S. 129-144, und derselbe »The Manumission of Slaves – the Fallow Year – the Sabbatical Year – the Jobel Year«, in: *VT* 26 (1976), S. 38-59. N. P. Lemche sieht in dem Begriff eine Bezeichnung für eine Gruppe Abhängiger, »between a slave and a freedman«.

48 M. Finley, *Die Sklaverei in der Antike*, a.a.O., S. 88-91.

spezifische Recht ein, selbständig eine eigene Familie gründen zu dürfen. Er war zeitweilig unter die Gewalt eines anderen Haushaltsvorstandes gestellt, der darüber allein entscheiden konnte. Da mit diesem Recht zugleich auch die Position als freier vollberechtigter Bürger verbunden war, sehen wir, wie im Bundesbuch jenes archaische Schuldrecht in abgemilderter Form vorliegt, das verantwortlich war für Zustände, die Propheten als unhaltbar angegriffen haben.

Allerdings war es die Absicht des Bundesbuches, einen gewissen Schutz auch dieser israelitischen Schuldsklaven zu sichern. Es forderte die Herren auf, die israelitischen Sklaven nach sechs Jahren Dienst freizulassen. Auch sollte eine weibliche Sklavin, die ihrem Herrn nicht mehr gefiel, keineswegs einfach an Fremde verkauft werden dürfen (*Ex.* 21,8). Wer seinen Sklaven oder seine Sklavin totschlug, sollte bestraft werden (*Ex.* 21,20 f.). Körperverletzungen, die der Herr seinem Sklaven zufügte, sollten zur Freilassung führen (*Ex.* 21,26 f.). Auf dem Wege dieser Bestimmungen verfolgte das Bundesbuch die Absicht, das erbarmungslose archaische Schuldrecht zu mildern und dem israelitischen Schuldsklaven das Bürgerrecht nur noch zeitweilig, nicht aber mehr dauerhaft abzuerkennen. Das Eigentum des Gläubigers wurde durch die Androhung befristeter Schuldsklaverei geschützt. Letztlich war aber nicht das Eigentumsrecht, sondern das Freiheitsrecht eines Glaubensgenossen das höhere Gut.

Das Problem der Freiheit des Bruders im Deuteronomium

Das Deuteronomium, zeitlich nach der Kritik der Propheten am archaischen Schuldrecht abgefaßt, sprach dem jüdischen Schuldknecht keines seiner Bürgerrechte mehr ab. Man wird auch ohne handfeste Beweise vermuten dürfen, daß hier eine Auswirkung der Botschaft der Propheten auf die Gesetzesmaterie vorliegt. Als nämlich das Deuteronomium im 7. Jahrhundert v. Chr. erneut auf den Fall zu sprechen kam, daß sich »dein Bruder, Hebräer oder Hebräerin, dir verkauft« (15,12), ist von einer auch nur befristeten rechtlichen Statusminderung keine Rede mehr. Auch wird nicht mehr mit der Möglichkeit gerechnet, daß der Schuldsklave in der Zeit seiner Knechtschaft auf Geheiß seines Herrn eine

Familie gründet und diese am Ende seiner Dienstzeit zurücklassen muß. Ganz im Gegenteil soll dem Schuldsklaven nach seiner Dienstzeit ein wirtschaftlicher Neuanfang ermöglicht werden.

»Wenn du ihn freiläßt, so darfst du ihn nicht leer entlassen. Du sollst etwas von deinem Kleinvieh, von deinem Dreschplatz und von deinem Kelter auf seinen Nacken legen« (Dtn. 15,13 f.).

Dem deuteronomistischen Autor war an der Freiheit auch von wirtschaftlich schwachen Glaubensgenossen gelegen. Der Schuldsklave wurde als Mitbürger, Bruder (āḥ), angesehen, der nur seine Dienste, nicht aber seine (Rechts-)Person seinem Herrn übertragen hatte.[49] Er konnte daher auch ein unabhängiges Familienleben führen. Sein Herr war verpflichtet, ihn nach sechs Jahren freizulassen (Dtn. 15,12-18). In diesem Zusammenhang muß auch noch eine andere Vorschrift des Deuteronomiums gesehen werden. Ein Sklave, der vor seinem Herren geflüchtet war, sollte seinem Herren nicht zurückgegeben werden (23,15 f.) – dies im Gegensatz zur Bestimmung im Codex Hammurapi, die für die heimliche Unterstützung eines geflüchteten Sklaven sogar die Todesstrafe forderte (§ 16). Schuldsklaverei erscheint im Deuteronomium als eine wirtschaftliche Entgleisung ohne Folgen für den Rechtsstatus des Betroffenen. Nur wenn ein Schuldknecht nach sechs Jahren Dienst nicht freigelassen werden will, soll er die Sklavenmarkierung erhalten und auf Dauer Sklave werden. Zum Schluß ermahnt das Deuteronomium den Gläubiger noch, seinen Sklaven auch wirklich freizulassen, da der Schuldsklave nur die Hälfte des Lohnes eines Lohnarbeiters gekostet habe (15,18).[50] Wir können in diesem Text die Absicht erkennen, dem israelitischen Schuldsklaven seinen Rechtsstatus als vollberechtigter Bürger zu belassen.

Besondere Beachtung verdient es, daß diese Forderung religiös begründet wurde. Denn neben einer ökonomischen Begründung steht eine religiöse:

49 Zur Herkunft der Bezeichnung des Mitbürgers als Bruder: L. Perlitt, »Ein einzig Volk von Brüdern«, in: D. Lührmann/G. Strecker (Hg.), Kirche, Festschrift für G. Bornkamm, Tübingen 1980, S. 27-52.

50 Zum Vergleich von Deuteronomium mit Bundesbuch und Keilschriftrecht: M. Weinfeld, Deuteronomy and the Deuteronomic School, Oxford 1972, S. 282-284; L. Epsztein, La Justice Sociale dans le Proche-Orient Ancien et le Peuple de la Bible, a.a.O., S. 193-200.

»Denke daran, daß du selber Sklave im Lande Ägypten warst und dein Gott Jahwe dich befreit hat; darum gebiete ich dir heute dieses« (*Dtn.* 15,15).

Daß eine explizite Begründung dieser Art gegeben wurde, ist ungewöhnlich. B. Gemser hat ähnliche Begründungssätze in anderen altorientalischen Rechtsbüchern gesucht, aber nicht finden können:

»In absolute none of these lawbooks or –codes or –collections can one single instance of motive clauses be discovered. The motive clause is clearly and definitely a peculiarity of Israel's or Old Testament law.«[51]

Der Verfasser des Deuteronomiums trieb die Zivilisierung des archaischen Schuldrechtes mit Hilfe religiöser Argumente voran. Der im archaischen Schuldrecht übliche Strafcharakter der Schuldsklaverei wurde in Erinnerung an das außeralltägliche Ereignis der Befreiung Israels aus dem Sklavenhaus Ägypten noch weiter gemildert, als dies schon im Bundesbuch geschehen war. Eigenmacht wurde mit Hilfe religiöser Bedenken in Frage gestellt und Religion damit zur Regulierung sozialer Beziehungen herangezogen. Dieser Zusammenhang und die Art der Argumentation sind ein wichtiges Indiz dafür, daß die Religionsgemeinschaft Trägerin einer Neugestaltung des überlieferten Schuldrechtes geworden war.

Allerdings ist diese Problematisierung nicht für alle gleichermaßen vorgenommen worden, sondern war mit neuen Statusdifferenzierungen verbunden. Fremde Sklaven waren ausgenommen. Ausgenommen aber waren auch Frauen. Ein besonderes, zu wenig beachtetes Kapitel der Schuldsklaverei sind überhaupt die Frauen. Das Deuteronomium (15,12.17) kennt – wie auch *Ex.* 21,26 f. und *Jer.* 34,9 – Schuldsklavinnen: Mädchen und Frauen, die eine Schuld sechs Jahre lang abarbeiten mußten. Das ist aller-

---

51 Zu den Begründungssätzen und ihrem Fehlen in altorientalischen Gesetzessammlungen: B. Gemser, »The Importance of the Motive Clause in Old Testament Law«, in: *VT*, Suppl. 1 (1953), S. 50-66, S. 51 f.; E. Otto hat in seiner Studie zum Bundesbuch die These vertreten, daß die Begründung dort in der Vorstellung von einem König liege, der für die Klagen seiner Untertanen ein offenes Ohr hat. »JHWH erhört den Schrei des sozial Schwachen und nimmt in der Rechtshilfe eine Funktion wahr, die gemeinorientalisch als königlich gilt« (a.a.O., S. 40, zu *Ex.* 22,27 »ich bin gnädig«).

dings kaum die ganze Wahrheit. Es gab nämlich zwei verschiedene Formen der Schuldsklaverei für Frauen.[52] Es gab das unberührte unfreie Mädchen vor allem im Dienst der Frau (*šifḥā*) (beispielsweise *Jes.* 24,2). Und es gab die unfreie Nebenfrau des Mannes (*ʾāmā*), von der die *Ex.* 21,7 spricht. Im Bundesbuch wurde diese zweite Kategorie von Frauen, die verkauft worden waren, von der Regel der Freilassung nach sechs Jahren ausgenommen:

»Verkauft jemand [ein freier Mann, HGK] seine Tochter als *ʾāmā*, soll sie nicht weggehen wie das Weggehen der Sklaven« (*Ex.* 21,7).

Denn sie wurde unter der Bedingung gekauft, daß der Herr sie heiratete. Gefiel sie ihm nicht mehr, dann soll er sie loskaufen lassen, einem seiner Söhne zur Frau geben oder sie als Konkubine, die Recht auf Nahrung, Kleidung und Beischlaf hat, behalten. Nur wenn ihr Herr diese Pflichten vernachlässigte, sollte sie, ohne daß dafür etwas zu bezahlen wäre, weggehen können (*Ex.* 21,8-11). Daneben konnte es aber auch geschehen, daß eine solche Frau einem anderen Sklaven in die Ehe gegeben wurde (*Ex.* 21,4). Nicht nur in der Frühzeit, sondern auch noch später blieb die Situation der Frau in der Knechtschaft in dieser Hinsicht von der des Mannes unterschieden: Von ihr konnten sexuelle Dienste verlangt werden, die bis zur Prostitution gingen (*Lev.* 19,20-22; *Hiob* 31,10; *Neh.* 5,5). Diese Folge der Schuldsklaverei wurde im Deuteronomium nicht zum Problem gemacht. Daraus läßt sich seine spezielle Perspektive bei der Problematisierung des archaischen Schuldrechtes ableiten: Es war die des freien männlichen israelitischen Bürgers. Seine Freiheit sollte gesichert werden. Man wird dies in Zusammenhang damit bringen können, daß auch sonst im Deuteronomium der freier Bürger im Zentrum stand: der wehrhafte Bürger, auf dem der Kriegsdienst ruhte und der sich selber zum militärischen Dienst ausrüsten mußte (*Dtn.* 20; 21,10-14; 23,9-14 und 24,5). Der Religionsgemeinde war an dieser Trägerschicht antiker Stadtherrschaft mehr gelegen als an einer prinzipiellen Zurückdrängung von Abhängigkeit und Sklaverei.[53]

52 Den Unterschied zwischen *ʾāmā* und *šifḥā* hat A. Jepsen in *VT* 8 (1958), S. 293-297, herausgearbeitet; weitere Literatur: G. Mayer, *Die jüdische Frau in der hellenistisch-römischen Antike*, Stuttgart 1987.
53 Zu den Schuldsklavinnen und ihrer Erniedrigung: I. Mendelsohn, *Slavery in the Ancient Near East*, Oxford 1949, S. 13 f. und 50-55; zum

Das Primat der Zugehörigkeit
zur Religionsgemeinde im Heiligkeitsgesetz

Diese Sicht des Deuteronomiums blieb nicht die einzige. Zwar wurde sie durch die große Bedeutung, die das Deuteronomium im Judäa Nehemias und Esras erlangen sollte, die offizielle. Jedoch gab es unabhängig von ihr noch eine andere Auffassung. Das Heiligkeitsgesetz nahm nämlich ebenfalls auf die Schuldsklaverei Bezug.[54] Mehr noch als sonst erscheint der Selbstverkauf wie eine fast freiwillige Handlung.

»Wenn dein Bruder neben dir herunterkommt und sich dir verkauft, so sollst du dich seiner nicht zur Sklavenarbeit bedienen. Wie ein Lohnarbeiter (*śākîr*) wie ein Beisasse (*tôšāb*) soll er bei dir sein; bis zum Yobeljahr soll er dir dienen. Dann soll er von dir frei werden, er selber mit seinen Kindern, und zu seinem Clan (*mišpāḥā*) zurückkehren und zum Besitz seiner Väter zurückkommen. Denn meine Sklaven sind sie, die ich aus dem Land Ägypten herausgeführt habe; sie sollen nicht verkauft werden, wie man Sklaven verkauft. Du sollst nicht mit Gewalt über ihn herrschen und sollst dich vor deinem Gott fürchten. Was aber deinen Sklaven und deine Sklavin (*ᵓāmā*) betrifft, die dir gehören: von den Völkern, die es rings um euch gibt, von denen könnt ihr Sklaven und Sklavinnen kaufen« (*Lev.* 25,39-44).

Vergleichen wir diese Ausführung mit dem Deuteronomium, zeigt sich, daß nicht mehr die innerjüdische Unfreiheit das drängendste Problem war. Hier sollte sichergestellt werden, daß ein Schuldsklave nicht in eine endgültige Sklaverei verkauft wurde. Wir wissen aus anderen Quellen, daß diese Praxis des Verkaufes von Juden in die Sklaverei Fremder in der Zeit nach dem Exil vorkam. *Neh.* 5,8 erwähnt, daß Brüder an Heiden verkauft worden waren. Tyrus und Sidon haben Söhne Judas und Jerusalems an Griechen verkauft, heißt es *Joel* 4,6. Papyri und andere Materialien setzen diese Praxis ebenfalls voraus.[55] Das Heiligkeitsgesetz setzte sich mit dieser Praxis auseinander und begründete

Kriegsgesetz im Deuteronomium: A. Rofé, »The Laws of Warfare in the Book of Deuteronomy: Their Origins, Intent and Positivity«, in: *JSOT* 32 (1985), S. 23-44.

54 A. Cholewinski, *Heiligkeitsgesetz und Deuteronomium. Eine vergleichende Studie*, Rom 1976, S. 217-251.

55 Nachrichten über die Versklavung von Judäern: M. Hengel, *Juden, Griechen und Barbaren. Aspekte der Hellenisierung des Judentums in*

seine Ablehnung damit, daß Gott sein Volk Israel aus Ägypten befreit habe. Wieder fällt die Begründung religiös aus, jedoch begründet sie hier etwas anderes als im Deuteronomium. Nicht mehr die Unfreiheit von Mitbürgern ist das hauptsächliche Problem, für das eine Lösung gesucht wurde. Hauptproblem war nun die Zugehörigkeit zur jüdischen Religionsgemeinschaft. Um deren Verlust auszuschließen, sollte dem Schuldsklaven der niedere Rechtsstatus eines landlosen Juden eingeräumt werden.

Man muß in diesem Zusammenhang auch die Yobeljahrbestimmung sehen. Das Yobeljahr umfaßt ja 49 Jahre. Während im Deuteronomium noch eine kollektive Freilassung im Erlaßjahr (*Dtn.* 15,1-3) und eine individuelle Freilassung von Schuldknechten nach sechs Jahren Dienstzeit (*Dtn.* 15,12-18) gefordert wurden, ist Freilassung nun ein kollektives Ritual im Abstand von 50 Jahren geworden. Die gewaltige Länge der Dienstzeit zeigt, wie sehr sie zu einem Normalzustand geworden war. Nicht mehr die innerjüdische Schuldsklaverei, sondern ein Verkauf von Juden in die Sklaverei Fremder war das vordringliche Problem.

Ich möchte noch kurz auf den Sinn der Befristung eingehen. Was soll die Befristung? Daß sie das Schuldrecht selber nicht in Frage stellte, steht ja außer Frage. Die Wurzel des Übels aber lag im Schuldrecht selber: in der Möglichkeit des Gläubigers, eigenmächtig und direkt über den Schuldner zu verfügen. Das Mißverhältnis zwischen dem aufgenommenen Darlehen und den Folgen für den Schuldner war notorisch. Vom System des Schuldrechtes her konnte es kein gerechtes Verhältnis geben zwischen dem Wert eines Darlehens, das einem armen Mitbürger zur Überbrückung bis zur nächsten Ernte geliehen wurde, und den Jahren der Knechtschaft, die im Falle einer Insolvenz folgten.

Das quantitative Mißverhältnis ist daher nicht der Punkt, um den es der Befristungsklausel geht. Das wird an der Begründung, die das Heiligkeitsgesetz der Befristung gab, deutlich. Nach 49 Jahren Dienst soll der Schuldner wieder zu seinem Clan und zum Besitz seiner Väter zurückkehren. Ja, das ganze Yobeljahr diente diesem Zweck:

»So sollt ihr das fünfzigste Jahr weihen und Freilassung [*derôr*] ausrufen im Lande für alle, die darin wohnen. Es soll für euch ein Yobeljahr sein.

vorchristlicher Zeit, Stuttgart 1976, S. 119-121; E. E. Urbach, a.a.O., S. 9-31.

Und ihr sollt zurückkehren, ein jeder zu seinem Besitz und jeder zu seinem Clan« (*Lev.* 25,10).

Freilassung ist Rückkehr zu Verwandtschaft und Besitz. Wir werden gleich noch sehen, daß der Begriff *d^erôr* die prägnante Bedeutung hatte: Rückkehr eines verknechteten Bürgers zu seiner Familie. Hier wird der Kreis allerdings ein Stück weiter gezogen. Clan, hebr. *mišpāḥā*, ist die patronyme Gruppe, die aus mehreren Familien gebildet wurde. Will man sich eine Idee von dieser sozialen Basiseinheit machen, dann muß man an ein Dorf denken, dessen Familien sich als eine Verwandtschaftsgruppe verstanden.[56] Die Bestimmung des Heiligkeitsgesetzes setzt ein agrarisches Milieu voraus, in dem die Verwandtschaftsbeziehungen von ebenso großem Gewicht waren wie der Landbesitz. Die Verwandtschaftsbeziehungen sollten auch durch das archaische Schuldrecht nicht zerstört werden dürfen.

Wieweit solche Rechtssatzungen bindend waren, ist nicht leicht zu beantworten. Da Übertretungen der aufgestellten Forderungen nicht mit Strafen bedroht werden, wird man skeptisch sein müssen. Andererseits muß man bedenken, daß Gesetze nicht nur durch Strafandrohungen, sondern auch durch soziale Kontrolle garantiert werden können. Da es sich hier um göttlich offenbarte Gesetze handelt, wird man mit dieser Möglichkeit informeller Kontrolle wohl ernsthaft rechnen dürfen. Doch sollte man nicht meinen, sie ergäbe sich zwingend. Dafür gibt es viel zu viele Gegenbeispiele. Insbesondere gibt zu denken, daß die Gesetzessammlungen nicht den Geist einer realen Rechtspraxis atmen. Eher spricht das Nebeneinander von drei Gesetzen zum selben Fall dafür, daß es keine verbindliche Lösung des Problems gab. Wir haben es mit drei unterschiedlichen Perspektiven zu tun, die das harte und gnadenlose Schuldrecht zwar ähnlich problematisierten, aber doch mit unterschiedlichen Zielsetzungen und mit anderen Konsequenzen. Gemeinsam war ihnen nur, daß die Begründungen an die Glaubensgenossen gerichtet waren und der gemeinsame Glaube an die Befreiung Israels aus dem Sklavenhaus Ägypten das moralische Recht aller Juden auf Freilassung enthielt.

56 Zur Konvergenz von Verwandtschaft und Lokalität in Judäa: H. G. Kippenberg, *Religion und Klassenbildung im antiken Judäa*, a.a.O., S. 23-29.

Zur Beantwortung der Frage jedoch, inwieweit die Schuldsklaverei schon vor Nehemia als Problem erfahren wurde, reichen diese Quellen aus. Sie dokumentieren, daß bereits vor Nehemia die Schuldsklaverei in der antiken jüdischen Religionsgemeinde zum Problem gemacht worden war. Der jüdischen Religion wurden in der Auseinandersetzung über das archaische Schuldrecht Kriterien für richtig und falsch, legitim und illegitim entlehnt. Die kultische Gemeinde um den Tempel von Jerusalem hatte sich bereits vor Nehemia als ein Rechtsverband, wenn auch nur dem Anspruch nach, konstituiert.

Ich möchte dieses Ergebnis noch durch eine genauere Betrachtung der literarischen Gattung der Gesetzessammlungen absichern und nuancieren. Denn nicht nur das »Daß« der Problematisierung ist beachtenswert, sondern auch das »Wie«. Dazu möchte ich mich der literarischen Gattung zuwenden, in der diese Problematisierung vorgenommen worden war.

Das literarische Genre ›Rechtsbuch‹

Alttestamentler haben den Bund, der zwischen Jahwe und dem Volk Israel geschlossen worden war, aus einer Übertragung altorientalischer Staats- und Vasallenverträge erklärt und interpretiert. Seine gesetzlichen Bestimmungen entsprächen den Bestimmungen, die diese Verträge enthielten.[57] Dem hat M. Weinfeld in einer detaillierten Studie entgegengehalten, daß das (Bundesbuch und) Deuteronomium von der literarischen Gattung der Verträge abweicht und sich einer anderen Gattung nähert: nämlich dem *law-code,* von mir mit ›Rechtsbuch‹ wiedergegeben. Beide Positionen führen zu unterschiedlichen Interpretationen der Gesetzesmaterie. In der Sicht von M. Weinfeld sind die Gesetze nicht – wie in einem Vasallenvertrag – dem Volke Israel von außen auferlegt, das heißt oktroyiert worden. Die Rechtsbücher, zu denen er auch diese jüdischen Schriften zählt, präsentierten sich als eine

---

57 K. Baltzer, *Das Bundesformular,* Neukirchen ²1964; weiterführende Literatur und eine Darstellung dieser Interpretation durch N. K. Gottwald, *The Hebrew Bible. A Socio-Literary Introduction,* Philadelphia 1985, S. 202-208 (auf S. 206 ein literarisches Schema der Vasallenverträge).

intellektuelle und politische Antwort auf soziale Probleme und wollten sie auf dem Wege schriftlicher Regelungen überwinden. Ich meine, daß diese Behauptung, wenn sie stimmt, eine weitere Möglichkeit bieten könnte, noch mehr über das politische Bewußtsein der antiken jüdischen Religionsgemeinschaft vor Nehemia in Erfahrung zu bringen.

Freilassungs-Erlasse und Rechtsbücher in Babylonien

M. Weinfeld hat, als er seine These von der Abhängigkeit des Deuteronomiums von der altorientalischen Gattung der Rechtsbücher (*law-codes*) aufstellte, von Einsichten der neueren Akkadistik Gebrauch machen können. Sie hat die literarische Gattung der Rechtsbücher mit königlichen Freilassungs-Erlassen in Zusammenhang gebracht. Im Jahre 1958 war von F. R. Kraus ein Edikt des Königs Ammiṣaduqa, des vierten Nachfolgers von Hammurapi, veröffentlicht worden. Dieses Edikt aus dem Jahre 1646/45 v. Chr. diente nach eigenem Verlauten dem Zwecke, dem Land der Akkader und Amoriter *mīšarum* (›Gerechtigkeit‹) zu verschaffen. Damit war keine dauerhafte Sozialreform gemeint, sondern die einmalige Aufhebung unerträglich gewordener Lasten. Dabei sind drei Lasten genau bezeichnet. Erstens erließ der Herrscher Leistungen an Naturalien und Geld, auf die er Recht hatte, die er aber nicht erhalten hatte. Auch wurde es untersagt, solche Außenstände einzutreiben (§ 2 f.; 12-14). Zweitens wurden Schuldurkunden, die nicht kommerziell waren, zerbrochen und wurde die gewaltsame Eintreibung dieser Schulden ebenfalls verboten (§ 4-6). Und drittens wurde in § 20 die Freilassung von Schuldsklaven befohlen:

»Wenn einen freien Mann von Numḫia, einen freien Mann von Emutbalum [es werden dann noch weitere fünf Ortschaften genannt] eine Schuldverpflichtung ›gebunden‹ hatte und er [infolgedessen] sich selbst, seine Ehefrau oder seine [Kinder] für Silber in ein Gewaltverhältnis oder als Pfand gegeben hatte – weil der König Gerechtigkeit [*mīšarum*] dem Land geschaffen hat, ist er freigelassen, seine Freiheit [*andurāru*] (wieder)-hergestellt.«

Die Ausnahmeregelungen und Einschränkungen – kommerzielle Schuldurkunden waren ebenso ausgenommen wie Sklaven – sprechen dafür, daß dieser Erlaß ernst gemeint war.

Das Edikt untersagte nachdrücklich eine Eintreibung der erlassenen Schulden. Und hier, auf diesem Verbot, liegt der Ton des Erlasses: Es ging ihm um die Aufhebung von persönlicher Haftung. Der Begriff *andurāru*, der hier fällt, kam zuvor schon im Codex Hammurapi vor (§ 117). Das Edikt des Ammiṣaduqa bezieht sich jedoch nicht auf ihn. Um so beachtlicher ist die Übereinstimmung beider Dokumente hinsichtlich dieses Punktes. Beide fordern, daß Schuldsklaverei kein Dauerzustand werden darf. Man wird in der Annahme wohl nicht fehl gehen, daß beide Quellen Vorstellungen aufgegriffen haben, die in der Bürger- und Bauernschaft Babyloniens gelebt haben und die vom König zum Zwecke der Legitimation seiner Herrschaft, und vielleicht auch mit der Absicht der Beschränkung der Macht aristokratischer Rivalen, gelegentlich in die Tat umgesetzt wurden.[58]

Der Akkadist J. J. Finkelstein hatte nach Bekanntwerden dieses Edikts die These begründet, diese Reformmaßnahme habe fest zum mesopotamischen Bild eines idealen Herrschers gehört. Seitdem sind weitere *mīšarum*-Erlasse bekannt geworden und bestätigen diese Behauptung. Es gehörte offenbar zum babylonischen Bild eines gerechten Herrschers, ein solches Edikt zu erlassen. Selbst noch in neubabylonischer Zeit erinnerte sich ein Herrscher des Zauberwortes *andurāru*, wenn auch die Institution selber seit Ende der altbabylonischen Periode verschwunden war.

In diesem Kontext stellte Finkelstein auch die mesopotamischen Rechtsbücher. Sie standen seiner Ansicht nach in Zusammenhang mit königlichen Erlassen, die eine Freilassung verknechteter Mitbürger verfügten. Sie sollten, wie die Freilassungsedikte, als Legitimation (als Apologie, wie Finkelstein sich ausdrückt) der Herrscher dienen. Sie hatten keine direkte Gesetzeskraft, sondern erinnerten an das bereits zurückliegende Freilassungs-Edikt, das ein König zumeist am Beginn seiner Herrschaft erlassen hatte.[59]

---

58 Texte und Übersetzungen des Dekretes: F. R. Kraus, *Ein Edikt des Königs Ammi-Ṣaduqa von Babylon*, Leiden 1958, S. 41, sowie der dazugehörige Kommentar auf S. 167-172; bei der Zählung der Paragraphen folge ich J. B. Pritchard (Hg.), *The Ancient Near East*, Bd. 2, Princeton 1975, S. 36-41.

59 J. J. Finkelstein, »Amiṣaduqa's Edict and the Babylonian ›Law Codes‹«, in: *JCS* 15 (1961), S. 91-104. Weitere Erlasse: N. P. Lemche, »Andurārum und Mīšarum: Comments on the Problem of Social

Weinfeld hat diese Deutung der literarischen Gattung der Rechtsbücher für die Interpretation des Deuteronomiums fruchtbar gemacht. Der literarischen Gattung des Deuteronomiums entsprächen nicht die politischen Vasallenverträge, sondern die mesopotamischen Rechtsbücher. Zwar überschnitten sich beide literarischen Gattungen inhaltlich. Dennoch aber unterschieden sie sich
grundlegend in ihren Absichten und Zwecken. Weinfeld beschrieb sie so:

»Das Rechtsbuch fordert die Befolgung vielfältiger Vorschriften, die sich
mit jedem Lebensgebiet befassen, während der Vertrag einfach Loyalität
zum großen Herrscher verlangt. ... Im Lichte der altorientalischen Bun-
destypologie ... muß man zwischen dem Rechtsbund, der grundsätzlich
sozial, nach innen gerichtet und national ist, und dem Vasallenbund, der
politisch, nach außen gerichtet und international ist, unterscheiden. ...
Der Zweck des Sinai-Bundes ... war nicht die Anerkennung eines neuen
Herrschers, sondern die Zustimmung zu einem neuen Gesetzessystem,
das die Befreiung von Sklaverei und die Erlangung politischer Unabhängigkeit unerläßlich machte.«[60]

Daß sich hieraus Konsequenzen für eine Interpretation von Bundesbuch und Deuteronomium ergeben, ist naheliegend. Wenn
nämlich die antike jüdische Religionsgemeinschaft nicht die Gattung der Vasallenverträge, sondern der Rechtsbücher übernommen hat, um das Außeralltägliche ihrer Beziehung zu Gott damit
auszudrücken und zu deuten, folgt daraus, welches Gewicht in
diesem Bunde der gerechten Regelung innerjüdischer sozialer

Edicts and their Application in the Ancient Near East«, in: *JNES* 38
(1979), S. 11-22.
60 A.a.O., 146-157 (»Law-Code versus Treaty«), Zitate S. 151 und S. 156
(meine Übersetzung). M. Weinfeld zog hieraus weitergehende
Schlüsse auf die israelitische Frühgeschichte, die ich hier auf sich beruhen lassen möchte. Er meinte, daß bereits Mose mit einer sozialen
Reform der israelitischen Stammesgesellschaft zusammenzubringen
sei und daß mit der Gerechtigkeit jener Könige Israels, die im Alten
Testament gelobt wurden, *mīšarum* – Edikte gemeint seien. Auch
greife die Erwartung eines Friedensfürsten, der mit Gerechtigkeit
(hebr. *mîšôr*) für die Armen im Lande eintritt (*Jes.* 11,4), diese Vorstellung auf.

Verhältnisse zukam. Literarische Gattungen sind ja keine leeren Formen, die beliebig mit Inhalten gefüllt werden können, sondern sie sind selber eine Interpretation von Religion. Ich möchte dies an zwei Implikationen des Genre Rechtsbuch deutlich zu machen versuchen.

Strafandrohungen und die implizite Vorstellung einer wahren und gerechten Ordnung

Wenn man die Genre-Theorie auf die hebräischen Rechtsbücher anwendet, dann ergeben sich Möglichkeiten, die Problematisierung von Schuldsklaverei im antiken Judentum über die reinen Glaubensbegründungen hinaus zu untersuchen. Das Genre ›Rechtsbuch‹ verwandelt subjektive Glaubensanschauungen eines Autors in allgemein verständliche Geltungsansprüche.

Die drei biblischen Gesetzessammlungen gehören zu einer Gattung, deren Eigenständigkeit zuerst von H. S. Maine in der griechischen und römischen Literatur erkannt worden war und die er *law-codes* genannt hatte. In seinem berühmten *Ancient Law* (1861) hatte er es unternommen, durch einen Vergleich von Gesetzessammlungen verschiedener antiker Kulturen eine Beschreibung der Entwicklung der menschlichen Gesellschaft zu geben. Dabei beobachtete er, daß in den antiken Kulturen Griechenlands, Italiens und Kleinasiens das alte Gewohnheitsrecht, das von den Aristokraten mündlich weitergegeben worden war, von Gesetzen abgelöst wurde, die auf Steintafeln aufgezeichnet und dem Volk öffentlich bekannt gemacht wurden. Verschriftlichung ging mit Demokratisierung Hand in Hand.

»Obgleich demokratische Gesinnung die Popularität der Rechtsbücher vergrößert hat, waren sie sicherlich hauptsächlich ein direktes Resultat der Erfindung des Schreibens. Beschriftete Tafeln galten als ein besseres Mittel der Aufbewahrung des Rechts und als eine größere Sicherheit für seine korrekte Weitergabe als das Gedächtnis [der Aristokraten, HGK].«[61]

Als im Jahre 1901/2 die Stelle mit dem Text des Codex Hammurapi aus dem 18. Jh. v. Chr. an der Stätte des ehemaligen Susa

---

61 H. S. Maine, *Ancient Law. Its Connection with the Early History of Society and its Relation to Modern Ideas,* London 1905, S. 12 (meine Übersetzung).

gefunden wurde, zeigte sich allerdings, daß Maine die Geschichte der Codes zu eng und ausschließlich mit der Entstehung der griechischen und römischen Stadtkultur verbunden hatte. Inzwischen sind weitere vorderasiatische Rechtsbücher bekannt geworden, sieben davon aus Mesopotamien. Zusammen mit den bereits gefundenen bestätigen sie, daß diese literarische Gattung zwar nicht in Zusammenhang stand mit einer Demokratisierung der politischen Macht, wohl aber mit einer politischen Kontrolle aristokratischer Eigenmacht durch den Herrscher.[62]

Die wichtigeren hebräischen Rechtsbücher sind das Bundesbuch, aufgenommen in *Exodus* 20,22-23,19 (der Name stammt aus *Ex.* 24,7), und der Gesetzesteil des Deuteronomiums in *Dtn.* 12-26. Das Deuteronomium ist wahrscheinlich ganz oder teilweise identisch mit dem Torabuch (*sēfer hattôrā*), das unter König Josia (639-609 v. Chr.) im Tempel von Jerusalem gefunden worden war (*2. Könige* 22,8; 23,2). Verglichen mit dem Bundesbuch ist das Genre im Deuteronomium schon recht aufgeweicht.

Das Bundesbuch enthält apodiktisches Recht sowie kasuistisches Recht, das in vielen Punkten Parallelen mit mesopotamischem Recht aufweist. Es beginnt mit einem Prolog. Jahwe beauftragt darin Mose, einen Altar zu errichten und den Israeliten *mišpāṭîm* (Rechtssätze) vorzulegen (20,22-21,1). Die Rechtsmaterie enthält: Sklavengesetze (21,2-11), Verbrechen, auf die die Todesstrafe steht (darunter vorsätzlicher Mord, Entführung eines Menschen, Schlagen und Verfluchen der Eltern *Ex.* 21,12-17), Körperverletzungen (21,18-36), Eigentumsvergehen (21,37-22,16), apodiktische Rechtssätze (22,17-23,9), Bestimmungen zum Sabbatjahr, Sabbattag und Kultus (23,10-19).

Als besonders schwere Verbrechen galten: Totschlag, Entführung und Verkauf eines Menschen, Schlagen und Verfluchen der El-

---

62 Die Texte sind in Übersetzung zusammengestellt von R. Borger u. a., *Texte aus der Umwelt des Alten Testaments,* Bd., 1, Lieferung 1: Rechtsbücher, Gütersloh 1982. Es handelt sich um die Gesetzes-Codes der Könige Urnammu von Ur (2111-2094 v. Chr.) und Lipit Eschtar von Isin (1934-1924 v. Chr.), der Stadt Eschnunna (18. Jahrhundert v. Chr.), des bekannten akkadischen Königs Hammurapi (1793-1750 v. Chr.) sowie um weitere hethitische (um 1600 v. Chr.), mittelassyrische (11. Jahrhundert v. Chr.) und neubabylonische Gesetzessammlungen. Eine neuere Studie hierzu von R. Westbrook, »Biblical and Cuneiform Law Codes«, in: *RB* 92 (1985), S. 247-264.

tern. Ein Vergleich mit den akkadischen und den hethitischen Rechtsbüchern zeigt, daß diese Vergehen dort nicht gleichermaßen schwer waren. Umgekehrt wurden nicht alle Vergehen, die in mesopotamischen Rechtsbüchern Kapitalverbrechen waren, im antiken Judentum mit gleicher Strenge bestraft. Diebstähle beispielsweise wurden in Mesopotamien mit der Todesstrafe bedroht (Codex Eschnunna § 12 f.; Codex Hammurapi § 6 f.), in Israel mit einer Geldbuße. Umgekehrt wurde im Codex Hammurapi Schlagen und Fluchen der Eltern nicht mit einer Strafe bedroht wie in Israel. Die hethitischen Rechtsbücher sahen schließlich bei Totschlag eine Entschädigung als Strafe vor: nämlich die Übergabe von vier Personen des Haushaltes des Täters an den Geschädigten (§ 1).

Wenn man die israelitischen Rechtsbücher mit den babylonischen und den hethitischen vergleicht, wird etwas von ihren impliziten Voraussetzungen erkennbar. Dabei sollte man die Hypothese rechtsvergleichender Studien berücksichtigen, daß das frühe Strafrecht eine enge Verbindung zur Religion gehabt habe. Wir treffen auf diese Auffassung bereits bei H. S. Maine, wenn er behauptet, daß Vergehen gegen Götter und gegen Nachbarn zwei unterschiedliche Kategorien von Vergehen waren und unterschiedlich bestraft wurden: Vergehen gegen Nachbarn durch Entschädigungen, Vergehen gegen Götter durch Strafen.[63] Durkheim hat denselben Gedanken in einer ihm eigenen Begrifflichkeit ausgedrückt und behauptet, daß in segmentären Gesellschaften solche Handlungen als Verbrechen verfolgt würden, die das Kollektivbewußtsein verletzten:

»Man darf nicht sagen, daß eine Tat das gemeinsame Bewußtsein verletzt, weil sie kriminell ist, sondern sie ist kriminell, weil sie das gemeinsame Bewußtsein verletzt... Wenn also das Kriminalrecht ursprünglich ein religiöses Recht ist, dann kann man sicher sein, daß die Interessen, denen es dient, soziale Interessen sind. Die Götter rächen ihre eigenen Beleidigungen und nicht die der Individuen: aber Beleidigungen gegen Götter sind Beleidigungen gegen die Gesellschaft.«[64]

63 Maine, Ancient Law, a.a.O., S. 307-309.
64 E. Durkheim, *Über soziale Arbeitsteilung. Studie über die Organisation höherer Gesellschaften* (ursprünglich 1902), Frankfurt 1988. Die beiden Zitate auf S. 130 und S. 142. Diese Auffassung, die schon Maine vertreten hatte, unterschreibt E. A. Hoebel: »I believe a review of the evidence will show that primitive criminal law coincides with certain

Vergleichen wir die israelitischen und die mesopotamischen bzw. hethitischen Rechtsbücher unter diesem Gesichtspunkt, ergibt sich, daß in Israel Vergehen gegen den Status von Mitbürgern mit dem Tode bedroht wurden, nicht aber Eigentumsdelikte, wohingegen die mesopotamischen Rechtsbücher auch Eigentumsvergehen mit der Todesstrafe bedrohten. In Israel waren Mord (*Ex.* 21,12), Mißhandlung der Eltern (*Ex.* 21,17) sowie gewaltsame Entführung von Mitbürgern Verbrechen gegen die gerechte Ordnung und wurden dementsprechend mit besonders schweren Strafen bedroht.[65] So wird mittels dieses Vergleichs etwas von einer spezifisch jüdischen Vorstellung von wahrer und gerechter Ordnung erkennbar, die von den jüdischen Rechtsbüchern unausgesprochen vorausgesetzt und propagiert wurde. Nimmt man die oben besprochenen Schutzbestimmungen für israelitische Schuldsklaven hinzu, kann man eine implizite Norm in der Beurteilung von Vergehen erkennen. Sie besteht darin, daß Vergehen gegen Personen und ihren rechtmäßigen Status im Judentum als schwererer Verstoß galten als Vergehen gegen das Eigentum. Als die jüdische Religionsgemeinschaft die Rechtsbücher von Bundesbuch und Deuteronomium als verbindlich anerkannte, verwandelte sie ihren Glauben an die Offenbarung Gottes in eine praktische Kompetenz, die sich auf eine Norm sozialer Gerechtigkeit bezog.

notions of sin with remarkable frequency, albeit not exclusively.« E. A. Hoebel, *The Law of Primitive Man*, New York 1974, S. 259.

65 Es sei daran erinnert, daß A. Alt auch das Verbot des Diebstahls im Dekalog so verstanden hatte, nämlich als Diebstahl von Menschen: »Das Verbot des Diebstahls im Dekalog«, in: *Kleine Schriften zur Geschichte des Volkes Israel*, München 1959, S. 333-340; F. Crüsemann hat diese Deutung allerdings bezweifelt: *Bewahrung der Freiheit. Das Thema des Dekalogs in sozialgeschichtlicher Perspektive*, München 1983, S. 72 f.

Die Rechtsbücher gliederten sich in zwei Teile: einen Prolog und eine Sammlung von mehrheitlich kasuistisch, zuweilen aber auch apodiktisch formulierten Rechtssätzen. Diese konnten aus Gewohnheitsrecht oder gesetztem Recht bestehen.[66] Wenn diese Rechtssätze offiziell auf Stein, auf Tafeln (aus Holz oder Elfenbein, überzogen mit einer Gips- oder Wachsschicht), später auf Pergament oder Papyrus festgehalten wurden, war selbst in Fällen, in denen die Rechtssätze dem Gewohnheitsrecht weitgehend entsprachen, das Recht doch zu einem gesetzten Recht geworden. Die für die mündliche Überlieferung so typische Aussiebung und Eliminierung dessen, was von späteren Tradenten für irrelevant gehalten wurde, hörte auf, und der Inhalt der Überlieferung wurde durch die Schrift fixiert. Die Vorschriften für das soziale Leben (Gesetze, wenn man den Begriff nicht zu eng faßt) wurden aufgeschrieben und den Mitgliedern des politischen Verbandes öffentlich zugänglich gemacht. Die Rechtssätze hatten damit eine selbständige Autorität erlangt. Diese Kodifizierungen waren wichtig für die griechischen und hellenistischen Stadtstaaten, hatten aber auch eine lange vorderasiatische Vorgeschichte.[67]

Schriftlichkeit war ein eigenständiges Merkmal der Gattung ›Rechtsbuch‹. Sie war es auch deshalb, weil die Schriftlichkeit nicht nur tatsächlich eine Objektivität der Gesetze verbürgte, sondern weil mit ihr auch die Idee einer offiziellen Beurkundung verbunden war. Schriftlichkeit sollte nicht die mündliche Form ersetzen, sondern einen mündlichen Vorgang schriftlich beurkunden. Es ist denkbar, daß an dieser Stelle die altorientalischen Staats- und Vasallenverträge Einfluß ausgeübt haben. Denn in diesen Staats- oder Vasallenverträgen kam der Vertrag nur dann zustande, wenn und indem er schriftlich beurkundet wurde. Die schriftliche Beurkundung begründete ihn und war daher für ihn von konstitutiver Bedeutung.[68]

Diese Auffassung von Schriftlichkeit hat auch in der Tora ihre

---

66 Zu dieser Unterscheidung sehr übersichtlich: M. Fried, *The Evolution of Political Society. An Essay in Political Anthropology*, New York 1967, S. 14-20 (»Custom and Law«).

67 H. G. Kippenberg, Art. »Codes and Codification«, in: *Encyclopedia of Religion*, Bd. 3, New York 1987, S. 552-558.

68 Baltzer, *Das Bundesformular*, a.a.O., S. 26 f.

Spuren hinterlassen. Mose hatte den Israeliten die Rechtssätze erst mündlich vorgetragen (*Ex.* 20,22; 21,1; 24,3), sie dann aber aufgeschrieben (*Ex.* 24,4) und dem Volk schließlich das »Buch des Bundes (*sēfer habbᵉrît*)« vorgelesen (*Ex.* 24,7), was vom Volk dann mit einer feierlichen Zusage, entsprechend zu handeln, bekräftigt wurde.

Es ist darum verständlich, daß die Glaubwürdigkeit des unter Josia gefundenen Buches der Tora, das ganz oder teilweise mit dem heutigen Deuteronomium identisch war, durch seine schriftliche Form verbürgt war (*2. Könige* 22,8, 23,2 f.).[69] Die Fälschungen von Schriften im späteren nachexilischen Judentum, auf die ich im 7. Kapitel eingehen werde, haben sich alle noch dieses besonderen Status, den Schriftlichkeit hatte, bedient. Verbindlichkeit und Glaubwürdigkeit von Rechtssätzen wurden durch ihre Schriftlichkeit garantiert. Das wird auch noch in anderen Zusammenhängen des Alten Testaments vorausgesetzt. Als Josua den Bund Gottes mit dem Volk Israel erneuert und ihm Recht und Gesetz in Sichem gegeben hatte, da schrieb er diese Worte in das Buch (*sēfer*) des Gesetzes (*tôrā*) Gottes und errichtete als Zeugen für diesen Vorgang einen Stein (*Jos.* 24,25-27).[70]

Inwieweit solche Schriften auch wirklich öffentlich zugänglich waren und durch jeden, der es wollte, eingesehen werden konnten, ist allerdings eine andere Frage. Eher scheint es so gewesen zu sein, daß eine schriftliche Urkunde dem Volke vorgelesen und auf diese Weise in die Öffentlichkeit gebracht wurde. Schriftlichkeit schloß spätere Veränderungen nicht aus. Wir haben das an den drei biblischen Rechtsbüchern feststellen können. Wenn Bundesbuch, Deuteronomium und Heiligkeitsgesetz unterschiedliche Regelungen für israelitische Schuldsklaven trafen, dann spricht das jedoch nicht für eine Unverbindlichkeit der Rechtsbücher insgesamt, sondern für unterschiedliche Auffassungen in der jüdischen Religionsgemeinschaft zum Problem der Schuldsklaverei. So lassen die Rechtsbücher den Schluß zu, daß die Versklavung eigener Bürger in der jüdischen Religionsge-

---

69 Ebd., S. 60-62; R. Rendtorff, *Das Alte Testament. Eine Einführung*, a.a.O., S. 159-166.

70 Zu dieser Quelle und zu weiterem Material, das diesen Zusammenhang belegt: Baltzer, *Das Bundesformular*, a.a.O., S. 36 f.; S. 51 f. (zu der Verpflichtungsurkunde *Neh.* 10).

meinschaft als ein politisches Problem ersten Ranges empfunden wurde, das die Gemeinschaft als ganze betraf und demzufolge von ihr öffentlicher Kontrolle unterworfen wurde. Dabei war nur das Problem, nicht aber eine der möglichen Lösungen mit den Rechtsbüchern sozusagen ratifiziert worden. Nur in einem Punkte waren die drei jüdischen Gesetzes-Codes – mit den Propheten – einer Meinung: daß Verschuldung keine Verstoßung aus der Religionsgemeinschaft rechtfertigen konnte und durfte. Nicht das Eigentum, sondern die Freiheit war das Gut, das von der Rechtsordnung am höchsten bewertet wurde.

Ein Vergleich dieser Rechtsbücher untereinander sowie mit dem vorausgesetzten archaischen Schuldrecht und den mesopotamischen Materialien zeigt, daß das jüdische Volk im Inneren mit demselben Problem zu kämpfen hatte, das auch andere Völker nicht losgelassen hatte: mit der Notwendigkeit, das archaische Schuldrecht zu bändigen. Es hatte den Mächtigen zuviel Freiheit für unkontrollierte Eigenmacht gelassen. Die Mittel, die man in Israel zu seiner Zivilisierung wählte, waren ähnlich wie anderswo: die Kodifizierung von gerechten Gesetzen in Rechtsbüchern. Eine Besonderheit der politischen Verhältnisse in Israel bestand jedoch darin, daß man sich auf die wunderbare, von Gott bewirkte Befreiung des ganzen Volkes aus Ägypten berief und dieser Befreiung das Recht einer Einschränkung der Eigenmacht entlehnte. Wenn Gott sein Volk Israel aus dem Sklavenhaus Ägypten erlöst hatte, stand jedem Einzelnen dieses Volkes das Recht auf Befreiung aus individueller Schuldsklaverei zu. Das erwählte Volk sollte gemeinschaftlich die Schuldsklaverei kontrollieren. Es war die Religionsgemeinschaft, die sich dieser Aufgabe angenommen hatte.

Die Religionsgemeinschaft in Israel bediente sich eines literarischen Genres, das sonst mit staatlichen Ordnungen verbunden gewesen war: des Genres des Rechtsbuches. In Israel waren es die Träger religiöser Überlieferungen, die mittels dieses Genres Vorstellungen von legitimer Ordnung öffentlich machten. Die Lösungen, die in den Rechtsbüchern aufgezeigt wurden, besaßen zwar keine staatliche Verbindlichkeit. Ihre Stärke lag aber anderswo. Sie problematisierten die Auswirkungen des harten und gnadenlosen Schuldrechtes, indem sie einen Widerspruch zum göttlichen Heilswillen konstatierten. Das Genre Rechtsbuch verwandelte so soziale Tatbestände in Objekte religiöser Urteile.

Auf diesem Wege erlangte der Glaube an die Erwählung des Volkes Israel durch Gott eine eigene Handlungskompetenz. Damit war die Religionsgemeinschaft schon vor Nehemia zumindest den Ansprüchen nach Träger einer auf Recht gegründeten Stadtgemeinde geworden. Als die äußeren Herrschaftsbedingungen für diese Ansprüche günstig wurden, wurde diese Vorgabe zu einem politischen Tatbestand.

Die Entlassung von Schuldsklaven als Bedingung von Heil

Durch das Genre des Rechtsbuches war die Eigenmacht insbesondere im Falle der Verschuldung zu einem öffentlich erörterten Problem in der jüdischen Religionsgemeinschaft geworden. Das heißt aber nicht, daß die soziale Wirklichkeit der Forderung dieser Bücher entsprochen hätte. Man muß in der Geschichte Israels lange warten, bevor man von einer praktischen Auswirkung dieser Bestimmungen hört. Erst im 5. Jahrhundert v. Chr. unter Nehemia scheint man mit der Forderung, hebräische Sklaven nach sechs Jahren Dienst im Sabbatjahr freizulassen, wirklich ernst gemacht zu haben. Denn zu der damaligen Zeit wurden das Volk und die führenden Geschlechter darauf verpflichtet, dieser Forderung entsprechend zu handeln. Da die Freilassung mit dem Brachjahr alle sieben Jahre verbunden war, könnte ein Verzicht auf die Dienste eines Schuldsklaven in diesem Jahr (und danach) durchaus realistisch gewesen sein.[71]

71 Nehemia hatte das Institut der persönlichen Haftung für Darlehen allerdings beibehalten. Es ist daher nicht möglich, von seiner Regelung einen direkten Schluß auf die soziale Wirklichkeit zu ziehen. Die Quellen, die wir sonst noch für die judäische Sozialgeschichte haben, bezeugen ja etwas anderes, wie wir oben sahen. Wohl aber hatte die Forderung der Entlassung nach Nehemia einen verpflichtenden Status und wurde wiederholt erhoben (*Sir.* 7,21). Außerdem wurde nachweislich von der Zeit der griechischen Herrschaft an das Brachjahr in Judäa kollektiv eingehalten. Die Äcker blieben brach liegen, und man erbat sich von den Fremdherrschern das Privileg, keinen Tribut zahlen zu müssen (Josephus, *Ant. Jud.*, XI 338 und 343, XIV 202, 206). Es war eine entscheidende Weiterentwicklung der alttestamentlichen Gesetze gewesen, die Freilassung der Schuldknechte als kollektiven, rituellen

Unter den spärlichen Hinweisen aus der Zeit vor dem Exil sticht einer hervor, der in einem Unheilswort des Propheten Jeremia über Israel enthalten ist. Er wurde von einem späteren Bearbeiter noch einmal – und zwar im Sinne des Deuteronomiums – neu interpretiert. Oft sind solche Beobachtungen verschiedener Quellen im Alten Testament künstlich und geben wenig für die Religionsgeschichte her. Hier aber ist es anders. Denn in diesem Falle gibt die innere Schichtung des Textes interessante Aufschlüsse über eine intellektuelle Deutung politischen Unheils.

In dem Buch des Propheten Jeremia wird ein prophetisches Unheilswort zitiert (34,8-22), dem – wie bei anderen Propheten – ein Hinweis auf die Lage Israels vorangeht.[72] Dieser »Lagehinweis« (K. Koch) berichtet von einem Vorgang in Zusammenhang mit der Belagerung Jerusalems durch Truppen des neubabylonischen Königs Nebukadnezar 588 v. Chr. Der letzte König von Juda, Zedekia, war damals mit dem ganzen Volk in Jerusalem im Tempel feierlich übereingekommen, eine Freilassung (*d^{e}rôr*) auszurufen für hebräische Sklaven und Sklavinnen. Hier also haben wir – ›endlich‹ möchte man hinzufügen – einmal einen Bericht, der von einer Entlassung von Schuldsklaven berichtet. Er ähnelt ein wenig den babylonischen Freilassungen – eine Beobachtung, die von der Philologie unterstützt wird.

Das oben besprochene, sehr viel ältere babylonische Edikt vermittelte uns ein realistisches Bild von dem, was Freilassungen tatsächlich bedeuten können. Der Begriff *anduraru,* der in ihm gebraucht wurde, wurde auch noch nach der altbabylonischen Zeit verwendet, um königliche Freilassungen zu bezeichnen: Freilassungen von versklavten Bürgern, aber auch Freistellung des Landes von Abgaben. Er ist vor 650 v. Chr. als Lehnwort

Vorgang vorzunehmen. Das regelmäßig wiederkehrende Sabbatjahr erinnerte vielleicht daran. Es ist aber auch denkbar, daß sich die Hoffnung auf eine Befreiung von Schulden und eine Entlassung aus Sklaverei – konform dem Heiligkeitsgesetz – auf das Yobeljahr richtete, wie Josephus, *Ant. Jud.,* III 282, andeutet.

72 In diesem »Lagehinweis« wird die soziale Kritik der Propheten greifbar: K. Koch, »Die Entstehung der sozialen Kritik bei den Propheten«, in: *Probleme biblischer Theologie. Festschrift G. von Rad,* a.a.O., S. 236-257.

dᵉrôr in die hebräische Sprache eingegangen und wurde dann später von Jeremia in seiner ursprünglichen Bedeutung als Bezeichnung für die Entlassung von Schuldsklaven aufgegriffen.[73]

»Das Wort, das vom Herren an Jeremia erging, als der König Zedekia mit dem ganzen Volk in Jerusalem die Übereinkunft [*bᵉrît*] getroffen hatte, eine Freilassung [*dᵉrôr*] auszurufen; jeder sollte seinen Schuldsklaven und seine Schuldsklavin, soweit sie Hebräer oder Hebräerinnen waren, frei lassen [*ḥofšî šillaḥ*], so daß unter ihnen keiner mehr einen Judäer, seinen Bruder, als Sklaven halte« (*Jer.* 34,8 f.).

Aufgrund dieser Übereinkunft entließen die Häupter (*śarîm*) und das Volk ihre Sklaven. Dabei könnten auch andere Motive eine Rolle gespielt haben als solche des Glaubensgehorsams. Man könnte an die militärische Maßnahme denken, bei der Belagerung einer Stadt durch Freilassungen die Zahl der wehrfähigen Männer zu erhöhen. Solche Maßnahmen sind aus der griechischen Militärstrategie bekannt.

Eine Parallele bietet der griechische Autor Aeneas Tacticus (4. Jahrhundert v. Chr.). In seiner Abhandlung über die Verteidigung einer belagerten Stadt legte er dar, daß die erfolgreiche Verteidigung einer belagerten Stadt sozialen Frieden (*homonoia*) im Inneren voraussetzt. Ist er nicht vorhanden, soll er hergestellt werden. Dies geschieht, indem den verschuldeten Mitbürgern Zinsen herabgesetzt oder ganz gestrichen werden. Eventuell, bei ganz großer Gefahr, können auch die Schulden selber teilweise oder sogar ganz erlassen werden. Auch soll den Mittellosen das Nötige gegeben werden (14,1).

73 Zum Begriff *dᵉrôr:* J. Lewy, »The Biblical Institution of Dᵉrôr in the Light of Akkadian Documents«, in: *Eretz Israel* 5 (1958), S. 21-31. Der Begriff wird zwar nur an vier Stellen im Alten Testament gebraucht, doch haben alle eine gewisse Gravität: die bereits erwähnte Freilassung im Yobeljahr (im Heiligkeitsgesetz *Lev.* 25,10); die Aufhebung tributärer Rechte an Land (*Ez.* 46,17); eine prophetische Ankündigung einer Freilassung der Exilierten (*Jes.* 61,1 f.) und schließlich die Freilassung von hebräischen Sklaven durch Zedekia (*Jer.* 34,8-22). Es ist in diesem Zusammenhang erwähnenswert, daß die griechische Übersetzung des Alten Testaments die verschiedenen hebräischen Worte *šᵉmiṭṭā, yôbel* und *dᵉrôr* mit ein und demselben Terminus übersetzte: *aphesis*. Diese Termini bezeichnen – aus unterschiedlichem Blickwinkel – einen Vorgang, dessen rechtlichen Sachverhalt der griechische Begriff wiedergibt: Entlassung aus einem bestehenden Rechtsverhältnis.

Eine ähnliche Überlegung könnte das Handeln Zedekias und der Jerusalemer Oberschicht bestimmt haben. Dafür spricht jedenfalls der weitere Gang der Ereignisse. Die Maßnahme wurde im Frühjahr des folgenden Jahres rückgängig gemacht, als sich die militärische Lage geändert hatte und sie plötzlich nicht mehr so dringend nötig schien. Von Ägypten nahte nämlich ein Entsatzheer und zwang die Babylonier, die Belagerung Jerusalems aufzuheben. Die Jerusalemer glaubten, die Gefahr sei endgültig vorbei, und holten sich – der Abmachung zuwider – ihre Sklaven zurück.[74] Daraufhin erging das Wort Jahwes an Jeremia:

»Ich mache die Männer, welche meinen Bund übertraten und die Worte des Bundes nicht gehalten haben, den sie vor mir geschlossen haben, (wie) das Kalb, das sie entzweigeschnitten und zwischen dessen Stücken sie hindurchgeschritten waren« (34,18).

Dieses prophetische Drohwort spielt auf den feierlichen Abschluß eines Bundes im Tempel an, mit dem ein Ritual bedingter Selbstverfluchung verbunden war. Diese Selbstverfluchung ging in Erfüllung, als die neubabylonischen Truppen die Belagerung Jerusalems wieder aufnahmen und im Jahre 587 v. Chr. Stadt und Tempel eroberten und zerstörten. Soweit die ursprüngliche Struktur des Prophetenwortes.[75]

Übrigens gab es einen ähnlichen »Lagehinweis« und darin begründete Unheilsankündigungen schon bei früheren Propheten. Dieses Vergleichsmaterial ist für das Verständnis des Zusammenhanges von Lagehinweis und Unheilsankündigung erhellend, wirft es doch Licht auf eine noch andere Verknüpfung von Ungerechtigkeit und Unheil außerhalb des Rituals der bedingten Selbstverfluchung. Gerechtigkeit ist mehr als nur eine genaue Erfüllung der Bestimmungen eines Bundes. Sie bezeichnet ein Handeln, das die Gemeinschaftlichkeit innerhalb der Bundesgemeinde bewahrt. Damit aber kann sie an der Praxis der Freilas-

74 Eine sorgfältige Analyse des Textes und der in ihm berichteten Vorgänge von N. Sarna, »Zedekiah's Emancipation of Slaves and the Sabbatical Year«, in: *Orient and Occident. Festschrift C. H. Gordon*, Neukirchen/Vluyn 1973, S. 143-149; Cardellini, a.a.O., S. 312-323.

75 Die Quellenscheidung hat (unter anderen) W. Thiel begründet: *Die deuteronomistische Redaktion von Jeremia 26-45*, Neukirchen/Vluyn 1981, S. 38-43; zum Bundesschluß Baltzer, *Das Bundesformular*, a.a.O., S. 62-64.

sung gemessen werden.[76] An Worten des älteren Propheten Amos hat K. Koch verdeutlicht, wie die Anklage der Ungerechtigkeit, die auch für diesen Propheten Grund für die Unheilsankündigung ist, zu verstehen ist.

> »*Mišpaṭ* ist demnach so etwas wie der auf Gemeinschaftstreue gegründete und durch gemeinschaftsgemäßes Verhalten (*ṣᵉdāqā*) täglich neu zu bewährende *Bestand* des Volkes, seine kultische, politische und wirtschaftliche Existenz schlechthin... Die Aufrechterhaltung der besonderen Verfassung Israels und die Bereitschaft, unter allen Umständen die Freiheit der einzelnen Bauernfamilien zu erhalten, ist untrennbar verbunden mit der Treue zur geschichtlichen Führung durch den Gott Israels.«[77]

Verknüpft sind Handeln und Heil bzw. Unheil außer durch die rituelle Selbstverfluchung in Zusammenhang mit dem Bundesschluß durch eine Loyalität zu den Schwachen des von Gott erwählten Volkes. Man wird diese Anschauung auch bei Jeremia voraussetzen dürfen.

Nachträglich wurde dieser Bericht um die Entlassungsforderung des deuteronomischen Rechtsbuches (*Dtn.* 15,12) erweitert. Dabei wurde die Handlung auf die biblische Forderung der Entlassung der Schuldsklaven nach sechs Jahren Dienst bezogen und das Sabbatjahr zum Jahr einer kollektiven Entlassung der Schuldsklaven gemacht.[78] Damit nahm der Redaktor eine Interpretation vor, die Beachtung verdient. Jahwe sei mit den Vätern nach ihrer

---

76 Sie dazu die oben, S. 145 Anm. 42, genannte Literatur.

77 K. Koch, a.a.O.; Zitate S. 254 und 256.

78 Dabei wandelte sich allerdings der Charakter der Forderung. Die Entlassung der Schuldsklaven sollte laut *Dtn.* 15, 12 individuell nach sechs Jahren Dienst erfolgen. Der Redaktor aber deutete sie als den kollektiven Verzicht auf Pfandhaftung (*Dtn.* 15,1 f.) und griff wörtlich (*Jer.* 34,14) auf den kollektiven Verzicht auf Pfandhaftung im siebten Jahr (*Dtn.* 15,1) zurück. N. Sarna hat in seiner musterhaft präzisen und informativen Textanalyse daraus folgern wollen, dies alles habe sich auch in einem Sabbatjahr ereignet. Jedoch müßte doch wohl eher der Schluß gezogen werden, daß erst der (deuteronomistische) Bearbeiter dieses Textes einen Zusammenhang hergestellt hat zwischen dem Verzicht im siebten Jahr auf Pfandhaftung und der Entlassung der Schuldsklaven. Er glaubte, daß eine Entlassung der Sklaven aus dem Schuldverhältnis regelmäßig und öffentlich stattfinden sollte. Diese Auffassung hatte sich nach ihm dann Nehemia zu eigen gemacht, wie die Verpflichtungsurkunde *Neh.* 10 zeigt.

Befreiung aus dem Sklavenhaus Ägypten in einem Bund übereingekommen, daß sie alle sieben Jahre ihre hebräischen Sklaven entlassen sollten. Doch hätten die Väter nicht auf Gott gehört. Die jetzige Generation habe sich zwar bekehrt und das Gebot von *Dtn.* 15,12 beherzigt, jedoch nur vorübergehend.

Anders als im Fall des Ediktes Ammiṣaduqas war es in Juda nicht der König alleine, der durch einen herrschaftlichen Erlaß die Entlassung der Schuldsklaven anordnete. In Juda bedurfte es eines Bundes des Herrschers mit dem Volk und dessen Häuptern, bevor die Freilassungen vorgenommen werden konnten. Gerechtigkeit, in Babylonien vorrangig eine Angelegenheit des Herrschers, war hier eine ethische Norm, die für alle Bürger des Volkes gleichermaßen verpflichtend war. Die Verantwortung für die Einhaltung der Forderungen des biblischen Rechtsbundes konnte daher nicht an eine politische Instanz wie den König delegiert werden, sondern lag bei allen Angehörigen des jüdischen Volkes. Es war ihrer aller Pflicht, hebräische Sklaven entsprechend dem Bund mit Gott regelmäßig aus dem Schuldverhältnis zu entlassen. Damit aber war die jüdische Religionsgemeinde zum Anwalt einer spezifischen Sozialmoral geworden.

Wegen der Schuld des Volkes aber habe Jahwe verfügt, daß es Schwert, Pest und Hunger preisgegeben werde und zum Entsetzen werden solle für alle Völker (*Jer.* 34,17). Auf diese Weise machte der Berichterstatter die schrecklichen Erfahrungen von Niederlage und Verbannung des jüdischen Volkes intellektuell verständlich. Nicht die Übereinstimmung zwischen den Bestimmungen der Rechtsbücher und der sozialen Wirklichkeit, sondern der Widerspruch zwischen beiden machte das eigentliche Merkmal der Geschichte aus, in der sich das jüdische Volk bewegt.

Der Berichterstatter hatte auf ein Grundproblem, das in Jerusalem – wie in anderen antiken Zentralorten in jenen Jahrhunderten – virulent war und die Bewohner beschäftigte, auf eine eigene Weise reagiert. Dabei fällt neben der relativen Abwertung des Königtums vor allem auf, daß eine Kontinuität des Ungehorsams gegenüber dem Bund mit Gott behauptet wurde. Der Widerspruch zwischen der gerechten Ordnung der Rechtsbücher und der alltäglichen sozialen Wirklichkeit war damit zur bestimmenden Problematik der jüdischen Geschichte erklärt worden.

Es ist daher wohl doch kein Zufall, daß wir so außerordentlich selten von Entlassungen hebräischer Sklaven hören. Schwerer noch als dieses Schweigen der Quellen an sich schon wiegt die Behauptung, Angehörige der Gemeinde und ihre Herrscher hätten geradezu notorisch das Recht verschuldeter Mitbürger verletzt, und das jüdische Volk sei wegen dieses Ungehorsams mit der Verbannung und dem Verlust der politischen Selbständigkeit bestraft worden. Anders als in Babylon, wo die Entlassung der versklavten Mitbürger als eine gerechte Handlung der Herrscher in Erinnerung behalten wurde, richtete man in Israel – namentlich das Deuteronomium und seine Schule taten dies – die Erinnerung darauf, wie selbstverständlich es gewesen war, diesem Gott *nicht* Folge zu leisten und die Entlassung *nicht* vorzunehmen. In Israel wurde diese Forderung daher wie eine Schuld behandelt, die in der Geschichte noch beglichen werden muß. Diese Sicht der Dinge wurde nach den schrecklichen Ereignissen zu Beginn des 6. Jahrhunderts v. Chr. vorherrschend.

An der Forderung von Gerechtigkeit gemessen, war Israels Geschichte ein andauernder schuldhafter Ungehorsam. Das Verhältnis der Rechtsbücher zur sozialen Wirklichkeit wurde demzufolge in Israel nicht affirmativ aufgefaßt wie in Babylonien, sondern als Widerspruch. Es wurde sogar behauptet, daß weder die vergangenen Generationen noch die gegenwärtige jemals diesem Gebot entsprechend gehandelt hätten. Weil die soziale Wirklichkeit dieses Volkes nicht der Vorstellung von wahrer und gerechter Ordnung entsprach, zu der es sich in seinem Bund mit Gott bekannt hatte, war es von seinem eigenen Gott den kriegerischen Truppen des Feindes preisgegeben worden. Ob hier eine getreue Wiedergabe der vorexilischen Verhältnisse vorliegt oder eine spätere Verzeichnung der Zustände vor dem Exil, die den Untergang Judas erklären sollte, wird man allerdings fragen müssen.

Die Radikalisierung des Widerspruches zwischen Norm und Realität begründete zudem eine Abkehr der Träger jüdischer Religion vom Königtum und der alten Jerusalemer Oberschicht. Die Erklärung der schrecklichen Ereignisse bahnte den Weg zu Verhältnissen, in denen die Religionsgemeinschaft selber politische Verantwortung beanspruchte und sich als Rechtsgemeinde verstand.

Das Recht der Gefangenen
auf Befreiung

Diese intellektuelle Deutung kehrt an anderer Stelle noch einmal wieder und begründete in diesem anderen Zusammenhang umgekehrt die Hoffnung auf eine Befreiung des jüdischen Volkes aus seiner Unterwerfung unter Babylon. Jeremia hatte ohne nähere Erläuterung geweissagt, daß die babylonische Gefangenschaft siebzig Jahre dauern würde (*Jer.* 25,11 f.; *Jer.* 29,10).[79] Das Chronikbuch hat später für diese Zahl die Erklärung gegeben:

»Und er (nämlich der König von Babylon) führte in die Gefangenschaft nach Babel, was dem Schwert entronnen war, und sie wurden ihm und seinen Söhnen dienstbar (ᶜebed) bis zum Beginn der persischen Herrschaft, um zu erfüllen das Wort Jahwes im Munde Jeremias. Bis das Land seine Sabbatjahre erstattet bekommen hatte, die ganze Zeit seiner Verwüstung, hatte es Ruhe, bis siebzig Jahre um waren« (*2. Chr.* 36,20 f.).

Das babylonische Exil soll dem Land die ihm nicht gewährten Sabbatjahre ersetzen. Mit dieser Argumentation stand das Chronikbuch nicht allein. In der Sklaverei in Babylon muß die Schuld (ᶜawōn) abgetragen werden, heißt es auch noch an anderer Stelle (*Lev.* 26,34 f., 43). Damit wird nicht nur die Brache der Äcker nachgeholt, sondern auch die widerrechtliche Knechtschaft hebräischer Sklaven erstattet, die im Sabbatjahr nicht freigelassen worden waren.

In der Notzeit unter Antiochos IV Epiphanes ist diese Rechnung des Chronikbuches durch die Apokalypse Daniel Kapitel 9 noch einmal neu aufgemacht worden. Nun wurden die siebzig Jahre Jeremias als Jahrwochen, das heißt als Sabbatjahrzyklen ausgelegt.

»Siebzig Jahrwochen sind festgelegt über dein Volk und über deine heilige Stadt, um vollzumachen den Frevel und zu versiegeln die Sünde und zu bedecken die Schuld und um zu bringen ewige Gerechtigkeit und zu versiegeln Gesicht und Prophet und zu salben Hochheiliges« (*Dan.* 9,24).

Die 490 Jahre der Schuld, die auf diese Weise errechnet wurden, werden in anderen Texten als zehn Yobeljahre bezeichnet. Das Interesse an der Chronologie folgte nicht primär aus einem Glauben, man könne das Ende der Zeit berechnen. Es stand vorrangig

---

79 Zu Jeremias siebzig Jahren: O. Plöger, *Aus der Spätzeit des Alten Testaments*, Göttingen 1971, S. 67-73.

in Zusammenhang mit der Rechtsvorstellung, daß Israel erst seine Schuld abgearbeitet haben müsse, bevor es am Ende in eine neue Freiheit entlassen werden könne. Das Gebot des Entlassungsjahres erklärte nicht nur den Verlust der Freiheit, sondern verhieß zugleich deren Wiedergewinnung. Die alte Schuld der Väter mußte, aber konnte auch durch Sklaverei abgearbeitet werden. Daher hatte die Frist der Statusminderung auch die Bedeutung, die Hoffnung einer Entlassung aus Fremdherrschaft zu rechtfertigen.[80]

Derselbe Intellektualismus, der die Schuld der alten herrschenden Klasse von Jerusalem und Juda behauptet hatte, hat aus der Tatsache der Verbannung neue Hoffnung schöpfen können. Schon bald nach der Verbannung wurde die Hoffnung der Verbannten auf Rückkehr in denselben Kategorien artikuliert. Man muß an dieser Stelle noch einmal in die Zeit des Exils zurückgehen. Damals war ein ansonsten unbekannter prophetischer Bote mit einer Verkündigung aufgetreten, in deren Zentrum der Begriff $d^e rôr$ stand, den wir aus den babylonischen Freilassungs-Erlassen kennen.

»Der Geist des Herren ist auf mir, weil Jahwe mich gesalbt hat. Den Armen [$^{ca}n\bar{a}w\hat{\imath}m$] frohe Botschaft zu verkünden, hat er mich gesandt, zu verbinden, die zerbrochenen Herzens sind, den gefangen Weggeführten Freilassung ($d^e rôr$) und den Gebundenen Öffnung zu verkünden, ein Jahr des Wohlgefallens Jahwes auszurufen und einen Tag der Rache unseres Gottes, alle Trauernden zu trösten« (Jes. 61,1 f.).

Das Stichwort $d^e rôr$ könnte ganz direkt aus Babylonien inspiriert gewesen sein. Doch ist es nicht der König, sondern der Prophet, der die Freilassung proklamiert, und es ist Jahwe, der ihn damit beauftragt hat. Der Rechtsgrund der Freilassung liegt in dem Status derer, über die sie ausgerufen wird. Diese werden $^{ca}n\bar{a}w\hat{\imath}m$ genannt, ein Begriff, den christliche Theologen gerne bereits an dieser Stelle vergeistigt interpretiert haben, um diese Deutung dann für die neutestamentlichen Zitate voraussetzen zu können. Jedoch geht die neuere philologische Tendenz in die Richtung,

---

80 Zum Sabbatjahr in apokalyptischen Berechnungen: B. Z. Wacholder, »Chronomessianism. The Timing of Messianic Movements and the Calender of Sabbatical Cycles«, in: *HUCA* 46 (1975), S. 201-218, und K. Koch, »Sabbatstruktur der Geschichte«, in: *ZAW* 95 (1983), S. 403-430.

die beide Worte ʿānî (»arm«) und ʿānāw (»demütig«) als Dialektvarianten anzusehen und den religiös-ethischen Nebensinn dem Grundsinn »arm, entrechtet« zuzuordnen. An unserer Stelle macht darüber hinaus dᵉrôr eine vergeistigte Deutung ganz unwahrscheinlich. Arm, gebrochen, weggeführt, gefangen – das ist der Weg des Schuldners in die Sklaverei. Das jüdische Volk mußte erst selber die Schuldsklaverei erfahren, bevor es einer Befreiung entgegensehen darf.[81]

Diese Prophetie ist später apokalyptisch aufgefaßt worden. Unter den Texten, die hier zu nennen sind, ist wohl der interessanteste der Melchisedek-Midrasch aus der elften Höhle von Qumran, den mein Groninger Kollege A. van der Woude herausgegeben hat. Er bezeugt noch im 1. Jahrhundert v. Chr. die Vorstellung, daß die Herrschaft Gottes zur Hoffnung auf Entlassung aus der Schuldsklaverei berechtigt und daß Fremdherrschaft daher nur befristet sein kann.[82]

81 W. Zimmerli, »Das ›Gnadenjahr‹ des Herren«, in: *Archäologie und Altes Testament. Festschrift K. Galling,* Tübingen 1970, S. 321-332; J. A. Sanders, »From Isaiah 61 to Luke 4«, in: *Christianity, Judaism and other Greco-Roman Cults. Festschrift M. Smith,* Bd. 1, Leiden 1975, S. 75-106.

82 Der Text wurde zwischen 75 und 50 v. Chr. abgefaßt und ist leider nicht vollständig erhalten. Auch weichen die Rekonstruktionen voneinander ab. Das Fragment beginnt mit dem Zitat *Lev.* 25,10 »In diesem Yo[beljahr soll ein jeder von euch zu seinem Besitz zurückkehren]«. Darauf folgen die Worte: »[die Auslegung davon...]« und das Zitat von *Dtn.* 15,2: »Jeder Herr verzichte auf das Pfand in seiner Hand für das Darlehen, das er [bei seinem Nächsten] ausstehen hat. [Er soll seinen Nächsten und Bruder nicht (länger) drängen, denn man hat für Jahwe einen] Verzicht [ausgerufen].« Daran wird dann angefügt: »[Die Auslegung am En]de der Tage betrifft die Gefangenen, die« – eine Aufnahme von *Jes.* 61,1. Und alsdann wird Melchisedek eingeführt, der ihnen »die Freilassung ausruft«. Dies geschieht im letzten, zehnten Yobeljahr. Hier allerdings liest J. T. Milik anders. Seiner Wiedergabe des Textes nach spielt die Freilassung in der ersten Woche des zehnten Yobeljahres, eine weitere Versöhnung ereignet sich am Ende der zehnten Yobelperiode. Das Yobeljahr wird durch den Verzicht auf Pfandhaftung Wirklichkeit, dieser Verzicht wiederum durch Freilassung der Gefangenen, denen Melchisedek in der zehnten Yobelperiode die Freilassung ausruft.

Literatur: A. S. van der Woude, »Melchisedek als himmlische Erlösergestalt in den neugefundenen eschatologischen Midraschim aus Qum-

Die jüdische Religionsgemeinschaft in und nach der Verbannung hatte sich pointiert als moralischer Rechtsverband verstanden, auch wenn ihr die äußeren Attribute politischer Selbständigkeit noch fehlten. Bereits vor dem Exil im 7. Jahrhundert v. Chr. hatte sich die jüdische Religionsgemeinschaft als Rechtsgemeinde verstanden und damit potentiell die spätere politische Stadtgemeinde in Jerusalem vorgeformt. Sie war in dieser Zeit der Anwalt einer Emanzipation der Rechtsgemeinde von der traditionellen Geschlechtergewalt gewesen. Sie hatte zudem politische Ansprüche an die Machthaber und sozialethische Ansprüche an das Handeln ihrer Mitglieder erhoben und so eine Öffentlichkeit von politischen und sozialen Problemen ermöglicht. Sie erhob Ansprüche auf die Gestaltung der sozialen Verhältnisse in der Stadt Jerusalem und deren Umland entsprechend einer gerechten Ordnung. Obwohl die soziale Wirklichkeit dem nicht entsprach, hielt diese Gemeinschaft an der Gültigkeit der ethischen Forderungen fest. Selbst wenn nicht Gerechtigkeit, sondern Ungerechtigkeit das Kennzeichen der Zeit war, in der sie lebte, konnte das Heil der Stadt Jerusalem und ihrer Bewohner nur durch eine bedingungslose Bundestreue der Bürger erlangt werden. Die jüdische Religionsgemeinschaft unterstützte daher nicht nur die Emanzipation einer städtischen Rechtsgemeinde von traditionaler Eigenmacht. Sie war auch Trägerin einer religiösen Ethik, lehrte die Unbedingtheit der ethischen Forderungen unabhängig von den faktischen Verhältnissen und machte die sinnwidrigen Erfahrungen der Fremdherrschaft aus der Übertretung der Bundesforderungen intellektuell verständlich.

ran Höhle XI«, in: *Oudtestamentische Studien* 14 (1965), S. 354-373. Wenig später hat A. S. van de Woude zusammen mit M. de Jonge den Text noch einmal behandelt: *NTS* 12 (1965/66), S. 301-326. Eine sehr viel weitergehende Herstellung des Textes hat J. T. Milik unternommen: »Milkî-ṣedeq und Milkî-rešᶜ dans les anciens écrit juifs et chrétiens«, in: *JJS* 23 (1972), S. 95-144. Insbesondere weicht seine Rekonstruktion in Z. 6 f. ab, wo er liest: »Und dieses Ereignis geschieht in der ersten Woche des Yobeljahres nach den neun Yobelperioden. Und ›der Tag der Sühnungen‹ ist am Ende der zehnten Yobelperiode...‹« Damit wären Befreiung und Versöhnung voneinander getrennt.

v Das Privileg und das Prestige eines Lebens gemäß den väterlichen Gesetzen

Anders als den Völkern in Italien, Griechenland und Kleinasien war es dem jüdischen Volk in Judäa nicht möglich gewesen, sich unabhängig von bürokratischen Großstaaten zu entwickeln. Seit dem 6. Jahrhundert v. Chr. war Judäa nacheinander dem Persischen, dann verschiedenen Hellenistischen Reichen und schließlich dem Römischen Reich eingegliedert worden. Zwar sollte man die tatsächliche Macht des Zentralstaates nicht überschätzen, aber es war jedem Juden schmerzlich bewußt, daß das Volk, das einst von Gott aus Ägypten erlöst worden war, nicht sehr viel mehr als nur noch eine Provinz in einem fremden Reich war. Diese besondere politische Struktur hat in dem gesamten Zeitraum des Zweiten Tempels bis zum 1. Jahrhundert n. Chr. und darüber hinaus bestanden.

Max Weber hatte diesen besonderen Tatbestand in folgender Weise interpretiert: Das Persische Weltreich habe die politischen Verbände vernichtet, die Bevölkerung entwaffnet, die Priesterschaften gestärkt. Das sei geschehen, um die Unterworfenen zu domestizieren. Diese hätten ihre Rachebedürfnisse in eschatologischen Erwartungen befriedigt.[1] Diese Sicht ist von der späteren Forschung entscheidend revidiert worden. In Wirklichkeit haben erst persische, dann griechische und schließlich römische Herrscher dem jüdischen Volk in und außerhalb Judäa das Recht politischer Selbständigkeit im Rahmen ihrer Großstaaten gegeben. Das war zwar weniger als das, was die Juden besessen hatten; es war aber wiederum mehr, als den Unterworfenen normalerweise gegeben wurde.

Die Dekrete, die dieses Recht verbrieften, stammten von einem persischen Großkönig aus dem 5. Jahrhundert, von hellenistischen Herrschern aus dem 2. Jahrhundert v. Chr. und von Römern, die ebenfalls seit dem 2. Jahrhundert v. Chr. Juden dieses Recht zugestanden hatten. Jedoch haben die Herrscher dem jüdischen Volk die Selbstverwaltung zu ihren Bedingungen gegeben.

1 *Wirtschaft und Gesellschaft*, Tübingen ⁵1985, S. 277; *Gesammelte Aufsätze zur Religionssoziologie*, Tübingen 1920, Bd. 3, S. 365 und S. 350.

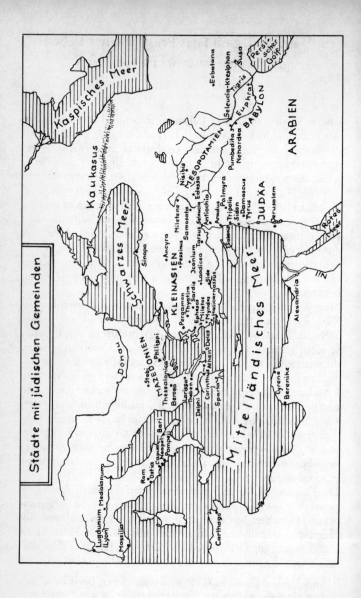

Städte mit jüdischen Gemeinden

Kaspisches Meer

Kaukasus

Schwarzes Meer

Donau

Sinope

MAZEDONIEN

Stobi
Philippi
Thessalonica
Beroea
Larissa
Theben
Delphi
Corinth Athen
Sparta

KLEINASIEN

Pergamon
Thyatira
Ephesos Sardia
Miletos
Myndos
Halicarnassos

Ancyra
Pessinus
Iconium Tarsus Seleucia Edessa
Laodicea
Side
Antiochia

Nisibis

MESOPOTAMIEN

Samosata

Seleucia-Ktesiphon
Tigris Euphrat
Pumbadita
Nehardea

Ecbatana

Susa Persischer Golf

BABYLON

ARABIEN

Palmyra
Aradus
Tripolis
Sidon
Damascus
Seleucia Tyrus
Jerusalem

JUDÄA

Rotes Meer

Mittelländisches Meer

Cyrene
Berenike

Alexandria

Rom
Ostia
Neapel Capri Bari
Pompeji

Lugdunum Mediolanum
(Lyon)

Massilia

Carthago

Die Autonomie und die Verfassung der Jerusalemer Stadtherrschaft waren zur Zeit des Zweiten Tempels nicht mehr nur das Resultat eines politischen Willens von Juden, sondern darüber hinaus auch des Großstaates, in dem Juden und Judäa sich befanden. Dabei hatte sich der bürokratische Staat selber zum Schrittmacher bei der Herstellung lokaler Selbstverwaltungen gemacht.

Reichssanktionierungen des jüdischen Bundesrechts

Die persische Interpretation: *dat*

Der persische Großstaat hatte das jüdische Gesetz, das in der Hand des jüdischen Priesters und persischen Schreibers Esra war, als Gesetz (*dat*) des Königs legalisiert, wobei die aramäische Bezeichnung *dat* aus der Verwaltungssprache des Reiches stammte. Artaxerxes (der 1. 458 bzw. 428 v. Chr. oder aber der III. 398 v. Chr.) hatte den jüdischen Priester Esra, der den amtlichen Titel »Priester und Schreiber des Gesetzes des Himmelsgottes« führte (*Esra* 7,12), beauftragt, die Verhältnisse in Juda und Jerusalem einer Untersuchung zu unterziehen unter Heranziehung des »Gesetzes deines Gottes, das in deiner Hand ist« (*Esra* 7,14).[2] Das Edikt, das im Buche Esra in Aramäisch überliefert worden ist (*Esra* 7,12-26), übertrug Esra die Verantwortung für den Jerusalemer Tempelkult, dessen Kosten vom Staat getragen wurden (7,12-23).[3] Dem Kultpersonal wurden die Abgaben an den Staat erlassen (7,24). Weiter sollte Esra Richter einsetzen, die entsprechend dem Gesetz (man denkt hier im allgemeinen an den Priesterkodex bzw. das Heiligkeitsgesetz) Recht sprechen sollen. Dabei galt »das Gesetz (*dat*) deines Gottes« als »Gesetz (*dat*) des Königs«. Wer es nicht befolgte, wurde mit Strafe bedroht (7,26).
Ähnliche Fälle sind aus anderen Orten des persischen Reiches

2 Zuerst analysiert von H. H. Schaeder, »Esra der Schreiber« (1930), wiederabgedruckt in: H. H. Schaeder, *Studien zur Orientalischen Religionsgeschichte*, herausgegeben von C. Colpe, Darmstadt 1968, S. 162-241, auf S. 203-223. Colpe verzeichnet auf S. 273-282 die spätere wissenschaftliche Literatur, die sich Schaeders Interpretation von *sāfra* als amtlichem Titel weitgehend angeschlossen hatte.
3 Eine schon unter Darius 1. übliche Praxis (*Esra* 6,8-12).

bekannt. Ich nenne einige von ihnen. Im 4. Jahrhundert beschloß die Gemeinde von Xanthos, Hauptstadt des westlichen Lykien, für zwei karische Götter einen Kult einzurichten. Das Gesetz wurde in lykischer Sprache auf einer Stele publiziert. Der persische Statthalter ließ den Beschluß der Gemeinde auf Aramäisch, der Amtssprache des Reiches, auf der Vorderseite der Stele eintragen und machte ihn zu seinem eigenen, indem er schrieb: »Dieses Gesetz hat er geschrieben« (*dth dk ktb*). Dadurch, daß der persische Statthalter lokale Beschlüsse offiziell aufschreiben ließ, erlangten sie eine dauerhafte Gültigkeit. Ein weiteres Dokument stammt aus Ägypten, wo Darius 1. in den Jahren 519-503 v. Chr. eine Kodifikation des geltenden ägyptischen Rechtes durchführen ließ und die Sammlung auf Demotisch (der ägyptischen Sprache) und Aramäisch aufschreiben ließ. Außerdem wurde die Passahfeier der jüdischen Militärkolonie in Elephantine durch einen Erlaß, den Darius (sicherlich der zweite dieses Namens in seinem 5. Jahr 419/18 v. Chr.) an den Satrapen von Ägypten gerichtet hatte, sanktioniert.

P. Frei bezeichnete diese Vorgänge als »Reichsautorisation«, die Lokalautonomie begründete. Ich ziehe es allerdings vor, von ›Reichssanktionierung‹ zu sprechen, da sich in Folge der ›Autorisierung‹ Herrscher als Beschützer lokaler Gesetze verstanden haben und sie manchmal mit Gewalt durchsetzten. Da auch die nachfolgenden griechischen und römischen Herrscher in ähnlicher Weise lokale Überlieferungen sanktioniert haben, möchte ich die Bezeichnung »Reichssanktionierung« auch für diese späteren Reiche verwenden. Wir stehen hier an einem wichtigen Übergang zwischen lokalen Gemeinden und dem zentralen politischen System. Auf Grund des ähnlichen Vorgehens der persischen Zentralgewalt in anderen Reichsteilen hat Frei gefolgert, daß die persische Zentralgewalt auch in Judäa lokale Normen offiziell anerkannt habe, und hat das Edikt (den Firman) des Großkönigs (*Esra* 7,12-26) entsprechend interpretiert: Der König habe das jüdische Gesetzbuch in Esras Hand sanktioniert.[4]

4 P. Frei, K. Koch, *Reichsidee und Reichsorganisation im Perserreich*, Freiburg/Göttingen 1984. In dem Teil der Studie, der von P. Frei stammt (S. 8-43), sind auch die übrigen ähnlichen Fälle besprochen. Zum Begriff *dat*, der in Gegensatz zu *tôrā* eine rein rechtliche Bedeutung hat: R. Rendtorff, »Esra und das ›Gesetz‹«, in: *ZAW* 96 (1984), S. 165-184.

Die hellenistische Interpretation:
patrioi nomoi

Das wesentliche Kennzeichen dieser Ordnung blieb in hellenistischer Zeit erhalten. Zwar war die Theorie der hellenistischen Herrscher zuweilen bereits absolutistisch. In Wirklichkeit aber existierte das, was H. Braunert, anderen folgend, mit »gemischter Verfassung« bezeichnet hat. Neben autonomen Stadtgemeinden gab es eine monarchische Verwaltung von ausgedehnten ländlichen Territorien. Zur Bestätigung dafür, daß es die gemischte Verfassung als politisches Modell gegeben hat, verweist er auf die ethnographische Fiktion des Euhemeros (um 300 v. Chr.). Neben einer autonomen Stadt gab es das Land (die *chōra*).

Die Insel Panchaia wird von Autochthonen und von Einwanderern bewohnt. Dem König gehört das beste Land (*chōra*), und er empfängt davon den Zehnten. Es gibt auf Panchaia aber auch eine Polis. Nur die Bewohner dieser Polis können entsprechend ihren eigenen Gesetzen (*autonomoi*) leben und haben keinen König über sich (*abasileutoi*). Jedes Jahr wählen sie drei Archonten, die in allen Angelegenheiten außer bei Kapitalverbrechen Recht sprechen. Die wichtigsten Angelegenheiten legen sie den Priestern vor (Diodorus Siculus v 42,1-5).

Dieser fiktive Bericht setzt voraus, daß es Autonomie auch noch unter den hellenistischen Herrschern gab und daß das Reich in die zwei unterschiedlichen Ordnungen von *polis* und *chōra* zerfiel, wobei die Stadtgemeinden mehr demokratisch, aristokratisch oder monarchisch verfaßt sein konnten.[5]

5 H. Braunert, »Staatstheorie und Staatsrecht im Hellenismus«, in: *Saeculum* 19 (1968) S. 47-66. Skeptisch zu Braunert äußerte sich W. Orth, der es für verfehlt hält, »wenn ausgerechnet in diesem Phantasiebild eine Widerspiegelung des Zustandes gesehen wird, in dem sich die Städte unter der Herrschaft der hellenistischen Könige realiter befunden hätten« (*Königlicher Machtanspruch und städtische Freiheit. Untersuchungen zu den politischen Beziehungen zwischen den ersten Seleukidenherrschern (Seleukos I., Antiochos I., Antiochos II.) und den Städten des westlichen Kleinasien*, München 1977, S. 179). Wenn er hinzufügt, daß sich mit den Begriffen *eleutheria* und *autonomia* hochgespannte Erwartungen verbanden, ihre Bedeutung aber in der Realität fast auf nichts herabgesunken war (S. 180), räumt er den Begriffen als Modell durchaus noch einen kleinen Stellenwert für die damalige Epoche ein. Anders urteilte J. Kaerst (*Geschichte des Hellenismus*, Leipzig/Berlin ²1926, Nachdruck Darmstadt 1968): »Der Staat des hellenistischen

Die griechischen Herrscher hatten wiederholt Völkern des Ostens eine Autonomie zugebilligt. Hiervon profitierten abgesehen von anderen Völkern des Mittelmeerraumes auch die Juden Jerusalems. Als nämlich im Jahre 201 v. Chr. zum fünften Male Krieg ausgebrochen war zwischen den griechischen Herrschern über Ägypten (den Ptolemäern) und denen über Syrien (den Seleukiden), unterstützten die Juden von Jerusalem die seleukidischen Truppen, versorgten die Soldaten mit Lebensmitteln, gaben den Elefanten Futter und halfen bei der Belagerung der ägyptischen Garnison in Jerusalem (Josephus, *Ant. Jud.*, XII 133f.; Hieronymus, *in Dan.* 11,15).

Damals gelang es Antiochios III. endgültig, das Heer der Ptolemäer bei den Jordanquellen zu schlagen und Judäa seinem Reiche einzuverleiben (200 v. Chr.). Da die Juden ihn bei seinem Feldzug aktiv unterstützt hatten, legte er in einem Brief an seinen Statthalter in Coele-Syrien (den Strategen Ptolemaios) die Vorrechte der Juden fest: Lieferung von Opfermaterialien durch den Staat, Steuerfreiheit für Baumaterialien für den Tempel, befristete Tributbefreiung der Bewohner Jerusalems (Josephus, *Ant. Jud.*, XII 138-144) und schließlich auch ein Leben entsprechend den *patrioi nomoi*.[6]

»Alle Mitglieder des Volkes sollen entsprechend den väterlichen Gesetzen (*patrioi nomoi*) regiert werden (*politeuesthōsan*). Die Gerusia, die Priester, die Schreiber (*grammateis*) des Tempels und die Tempelsänger sollen befreit werden von der Kopfsteuer, der Abgabe an die Krone und der Salzsteuer« (*Ant. Jud.*, XII 142).[7]

Orients – und dies gilt ganz besonders für den Staat der Seleukiden – klafft in zwei äußerlich und innerlich verschiedene Teile auseinander, die Städte und das flache Land, die *chōra*. In dem einen Teile entfaltet sich das politische und kulturelle Erbe des Griechentums, im anderen sind die Überlieferungen des Orients wirksam« (Bd. 2, S. 358). Auch E. Bikerman sah es als Folge der Vergabe von Privilegien an, daß das Reich in zwei Teile zerfiel: Einen Teil bildeten die freien Städte und Völker (das Land der *symmachia*), den anderen Teil die *chōra* (*Les Institutions des Séleucides*, Paris 1938, S. 141).

6 Das Material hierzu ist gesammelt und besprochen in meinem Artikel: »Die jüdischen Überlieferungen als *patrioi nomoi*, in: R. Faber/ R. Schlesier (Hg.), *Die Restauration der Götter. Antike Religion und Neo-Paganismus*, Würzburg 1986, S. 45-60.

7 An der Echtheit dieser Urkunde war lange gezweifelt worden. Die apologetischen Zwecke, die Josephus mit ihr verband (XII 134, 153),

Der Herrscher hatte durch seinen Brief eine bestehende Praxis sanktioniert, die von den Bürgern (und nicht nur von den Priestern) für richtig gehalten wurde. Es ist diese feine Nuance, die *patrios* dem Begriff *nomos* hinzufügt. Diese Nuance entspricht auch der staatsrechtlichen Beziehung, die zwischen Herrscher und Stadt im Hellenismus bestand. Zwar sind die Wissenschaftler sich nicht einig, ob der Wille des Herrschers oder jener der Stadtbewohner ausschlaggebend war für die Bildung einer Stadtherrschaft. Folgt man A. Heuss, dann lag die eigentliche Konstitutionsleistung einer Stadtgründung bei den Stadtbewohnern und nicht beim Herrscher. Der Herrscher sprang nur dann ein, wenn der Prozeß wegen innerer Schwierigkeiten ins Stocken geraten war. Dagegen schrieb W. Orth der Macht des Herrschers ein größeres Gewicht zu bei einer Stadtgründung als dem Selbstverständnis der Stadtbewohner. Die Existenz der Stadt sei so sehr von seinem Wohlwollen abhängig gewesen, daß das Machtungleichgewicht die ganze Terminologie von Freiheit und Autonomie zur Propaganda und Phrase gemacht habe.[8] Eine Zwischenposition nahm Bikerman in seiner Darstellung der Organisation des seleukidischen Königreiches ein. Einerseits sei die Autonomie von Städten vom Herrscher einseitig als Privileg verkündet worden und daher jederzeit widerrufbar gewesen. Der Beschluß habe

weckten Zweifel. Verstärkt wurden sie durch seine gewiß falsche Behauptung, schon Alexander habe es dem jüdischen Hohenpriester gestattet, »dem väterlichen Gesetze zu folgen und im siebten Jahr vom Tribut frei zu sein« (xi 338). Eine genaue Prüfung von E. Bikerman hat diese Zweifel zerstreut: »Der seleukidische Freibrief für Jerusalem« (1935), in: A. Schalit (Hg.), *Zur Josephus-Forschung*, Darmstadt 1973, S. 205-240; siehe auch vom selben Autor: »Une question d'authenticité. Les privilèges juifs«, in: *AIPh* 13 (1953), S. 11-34.

8 A. Heuss, *Stadt und Herrscher des Hellenismus in ihren staats- und völkerrechtlichen Beziehungen*, Leipzig 1937, S. 99-105; W. Orth, a.a.O., S. 178-187; J. Seibert, *Das Zeitalter der Diadochen*, Darmstadt 1983, S. 176-186. Der Begriff der *politikoi nomoi*, der aus ägyptischen Papyri bekannt ist, scheint eine andere staatsrechtliche Bedeutung gehabt zu haben als *patrioi nomoi* und solche Gesetze griechischer Städte zu bezeichnen, die von der ptolemäischen Verwaltung anerkannt bzw. bestätigt worden waren (P. Gurob. 2). Hierzu: W. Schubart, »Spuren politischer Autonomie in Aegypten unter den Ptolemäern«, in: *Klio* 10 (1910), S. 41-71; A. Kasher, *The Jews in Hellenistic and Roman Egypt. The Struggle for Equal Rights*, Tübingen 1985, S. 31 f.

in der Regel die Form einer herrschaftlichen Anordnung (im Falle Jerusalem war es ein Brief) gehabt. Nur mit wirklich unabhängigen Städten schlossen die Herrscher zweiseitige Verträge. Andererseits setzte auch eine einseitige Privilegierung voraus, daß die privilegierten Städte sich selber verwalten konnten und über entsprechende Institutionen verfügten. Außerdem mußten die autonomen Städte im Kriegsfall Hilfstruppen entsenden können. Äußere und innere Bedingungen waren gleichermaßen notwendig und mußten zusammenkommen, wenn eine Stadtgründung erfolgreich sein sollte.[9] Bei einer solchen Sicht wird die innere Voraussetzung wichtiger, aber eben auch nicht vollkommen gelöst von den äußeren Anstößen, die der Zentralstaat gab. Ich möchte ihr folgen.

Durch herrschaftliche Anordnung wurde die jüdische Stadtgemeinde von Jerusalem mit Begriffen identifiziert, die ihr fremd waren. Wie das aramäische *dat* aus der Verwaltung des persischen Reiches stammte und von dort seine praktische Bedeutung erhielt, so das griechische *patrioi nomoi* aus der politischen Kultur des Hellenismus. Mit der Privilegierung Jerusalems und seiner Religionsgemeinde begann eine entscheidende Geschichtsepoche des antiken Judentums. In ihr wurde die antike jüdische Religionsgemeinschaft Teil der antiken Kultur, ohne dabei ihren Glauben aufgeben zu müssen. Im Gegenteil. Sie griff die fremden Begriffe auf und setzte dadurch ihren Glauben in Beziehung zur politischen Kultur der hellenistischen Städte.

Griechische Voraussetzungen

Die Begriffe *patrios nomos, patrios politeia, ta patria* und ähnliche waren griechischen Ursprungs. *Patrios nomos* bezeichnet bei Thukydides (II 34) das Begräbnisritual gefallener Krieger.[10] Jedoch enthält das Geschichtswerk des Thukydides auch noch Be-

9 Bikerman, *Les Institutions des Séleucides*, a.a.O., Kapitel 5, S. 133 ff.; derselbe, »La cité Grecque dans les Monarchies Hellénistiques«, in: *Revue de Philologie* 13 (1939), S. 335-348.

10 F. Jacoby, »Patrios Nomos: State Burial in Athens and the Public Cemetery in the Kerameikos«, in: *Journal of Hellenic Studies* 64 (1944), S. 3-66; C. W. Clairmont, *Patrios nomos. Public Burial in Athens during the Fifth and Fourth Centuries B. C.*, Oxford 1983, S. 7-

richte, in denen die Begriffe in Zusammenhang mit Diskussionen über die richtige Herrschaft verwendet wurden.

In Samos waren (im 5. Jahrhundert v. Chr.) die Oligarchen gestürzt worden. Eine Volksversammlung wurde gehalten, neue Strategoi wurden gewählt. Die Wortführer dieses Umsturzes brachten als Grund vor, die Oligarchen »hätten sich vergangen und die *patrioi nomoi* aufgehoben [*kataluein*], sie selber aber hätten diese bewahrt [*sozein*] und jene dazu zu zwingen versucht« (76,6).

Patrioi nomoi (bzw. seine Äquivalente) ist ein Begriff, der Herrschaft legitimiert. Ebenso verwendeten ihn in Athen politische Parteien. A. Fuks, der das diesbezügliche Quellenmaterial des 5. Jahrhunderts v. Chr. untersucht hat, kommt zu einem Schluß, der dem Vorgang auf Samos entspricht: Die *patrioi nomoi* sind eine Rekonstruktion von Vorgeschichte, um eine Verfassungsnorm für das Volk und das politische Handeln zu finden. Auch im vierten Jahrhundert ging in Athen die Diskussion über die *patrios politeia* weiter, wobei man allmählich stets ältere Gründer der wahren und legitimen Ordnung annahm: Kleisthenes, der ursprünglich als Schöpfer der Demokratie galt, mußte seinen Platz an Solon abgeben, dieser wurde wiederum von Theseus verdrängt, und zum Schluß folgte auch noch Drakon. Die Demokratie wurde so nicht nur immer älter gemacht. Mit den drei Namen verbanden sich auch jeweils andere entweder mehr gemäßigte oder mehr radikale Auffassungen von Demokratie.[11]

Der Begriff *patrioi nomoi* (und seine Entsprechungen) ist also nicht nur deskriptiv, sondern auch normativ: Er beschreibt nicht einfach Überlieferungen eines Volkes, sondern den Gebrauch, den man von Überlieferungen machte, wenn es um die Legitimation politischen Handelns und der politischen Ordnung ging. Es sei hier daran erinnert, daß ja auch bei der Kodifikation von Gesetzen einer Stadtgemeinde deren Eignung für das Wohl der Gemeinschaft berücksichtigt wurde. *Patrioi* sagt daher etwas über die Bedingungen aus, unter denen *nomoi* verbindlich sind und politisch durchgesetzt werden dürfen.

Es ist notwendig, auch den anderen Begriff *nomos* in diesem Zu-

15. Hierzu ebenfalls: N. Loraux, *L'invention d'Athènes. Histoire de l'oraison funèbre dans la »cité classique«*, Paris 1981.

11 A. Fuks, *The Ancestral Constitution*, London 1953; E. Ruschenbusch, »Patrios Politeia«, in: *Hist.* 7 (1958), S. 398-424.

sammenhang zu erläutern. Man hat beobachtet, daß das hebräische *tôrā* (die göttliche Weisung) und das griechische *nomos* (das gesetzte Recht) in ihren Bedeutungen auseinandergehen. Es sei daher ein Mißverständnis gewesen, wenn dennoch der griechische Begriff zur Übersetzung des hebräischen benutzt worden sei. Diese verbreitete Ansicht hat A. F. Segal mit guten Gründen relativiert.[12] Aber auch Segal spricht nicht wirklich klar aus, daß der griechische Begriff gar nicht beansprucht, eine Übersetzung zu sein, sondern daß er die Bedeutung der jüdischen Religion im Kontext hellenistischer Kultur ausdrückte.

Der Begriff *nomos* (Gesetz) muß vor dem Hintergrund griechischer Ethnographie, wie sie von Herodot (485-424 v. Chr.) entwickelt worden war, gelesen werden. Wiederholt unterbricht Herodot in den Historien die Erzählung vom Konflikt Europa – Asien und behandelt in Exkursen Land – Geschichte – Nomoi und Merkwürdigkeiten der in diesen Konflikt hineingezogenen Völker. Religion wurde dabei zu den *nomoi* gezählt. Auch Gesetze, die von den griechischen abwichen, wurden von Herodot und der seinem Vorbild folgenden griechischen Ethnographie nicht als von vornherein unvernünftig angesehen. Herodot erkannte die Berechtigung fremder Lebensweisen an und schloß nicht aus, daß der Nomos eines fremden Volkes gelegentlich den Griechen als vernünftiger vorgehalten werden konnte. So schreibt er von den Nomoi der Perser: »Sie glauben nämlich nicht, wie mir scheint, daß die Götter wie bei den Griechen menschenähnliche Wesen sind« (*Historien,* I 131).[13]

Dabei war der Begriff der *nomoi* nicht nur eine Bezeichnung von verschiedenen Institutionen und Traditionen eines Volkes, sondern drückte auch ein praktisches Bewußtsein aus. Wenigstens tat er dies im Zusammenhang eines interessanten antiken Vergleichs, den wir dem berühmten griechischen Arzt Hippokrates (460-370 v. Chr.) verdanken. Er hatte in seiner Schrift »Von Lüften, Gewässern und Ortslagen« die Frage aufgeworfen, warum die Asiaten im allgemeinen unkriegerischer (*apolemōteroi*) seien als die

---

12 »Torah and *nomos* in Recent Scholarly Discussion«, in: *Studies in Religion/Sciences Religieuses* 13 (1984), S. 19-27.
13 L. Trüdinger, *Studien zur Geschichte der griechisch-römischen Ethnographie,* Basel 1918, S. 27-30; F. Heinimann, *Nomos und Physis,* Darmstadt 1972 (ursprünglich Basel 1945).

Europäer, und erklärte dies erstens aus dem Klima und zweitens aus »den Gesetzen«. Ich finde dies eine besonders aufschlußreiche Ausführung, so daß ich sie hier kaum gekürzt wiedergebe.

»Der größte Teil Asiens wird von Königen beherrscht. Wo die Menschen aber nicht Herr über sich selbst sind und nicht nach eigenen Gesetzen leben [*autonomoi*], sondern von Herren geknechtet werden, sorgen sie sich nicht darum, daß sie sich in den Waffen üben, sondern darum, daß sie nicht kriegerisch [*machimoi*] erscheinen. Die Gefahren sind nämlich nicht gleich verteilt. Denn sie müssen in den Krieg ziehen, Mühsal auf sich nehmen und notgedrungen für ihre Herren sterben, fern von Kindern, ihrer Frau und den übrigen Freunden. Und von all ihren tüchtigen und tapferen Taten haben nur ihre Herren Nutzen und Gewinn, während sie selber nur Gefahr und Tod ernten. Daher muß auch selbst dann, wenn jemand von Natur tapfer und mutig ist, seine Gesinnung [*gnōme*] von den Gesetzen verändert werden. Ein schlagender Beweis hierfür ist dieser: Die Griechen oder Barbaren in Asien, die nicht von Herren geknechtet werden, sondern nach ihren eigenen Gesetzen leben und dafür Mühsal auf sich nehmen, sind die kriegerischsten [*machimōtatoi*] von allen. Denn sie begeben sich in Gefahren nur in ihrem eigenen Interesse und ernten selber den Preis für ihre Tapferkeit wie auch die Strafe für ihre Feigheit« (Hippokrates, *Peri aerōn* 16).

Diese Ausführung gibt zu erkennen, daß man in der Antike zwischen den gegensätzlichen Herrschaftssystemen von Königtum und Stadtherrschaft einerseits und dem praktischen politischen Bewußtsein der Bürger andererseits einen Zusammenhang gesehen hatte. Ob die Angehörigen eines politischen Verbandes entsprechend ihren eigenen Gesetzen leben oder von Königen regiert werden, hatte Folgen für ihr praktisches Bewußtsein. Die besondere Mentalität der Stadtherrschaft zeige sich in der Wehrhaftigkeit ihrer Bürger. Der Begriff der *nomoi* bezieht hier also auch das praktische Bewußtsein der Bürger mit ein.

Am Beginn der griechischen Herrschaft über Vorderasien (um 300 v. Chr.) beschrieb der Grieche Hekataios von Abdera die Ägypter und ging in diesem Zusammenhang auch auf die Juden ein. Leider sind nur Auszüge, die Diodorus Siculus im 1. Jahrhundert v. Chr. aus dieser Schrift gemacht hatte, erhalten geblieben. Da unter dem Namen von Hekataios nachweislich gefälschte Schriften in Umlauf waren, ist auch die Echtheit dieses Auszuges nicht über alle Zweifel erhaben.[14] Nimmt man sie dennoch an und

14 Text und Kommentar: M. Stern, *Greek and Latin Authors on Jews*

datiert man die Schrift auf den Zeitraum um 300 v. Chr., könnte Hekataios der erste gewesen sein, der von den väterlichen Gesetzen (den *patria nomima*) der Juden gesprochen hat.

Die Juden waren von den Ägyptern vertrieben worden, als eine Pest das Land heimsuchte. Die Kolonisten (*apoikia*) wurden von Mose angeführt, der über Einsicht und Tapferkeit (*phronēsis kai andreia*) verfügte. Er eroberte das jüdische Land, gründete Städte, darunter Jerusalem, machte die Verehrungen und Heilighaltung Gottes bekannt »und erließ die Gesetze und richtete die Verfassung ein« (*politeia*). »Wegen der eigenen Vertreibung führte er eine menschenfeindliche und fremdenfeindliche Lebensweise ein.« Hekataios erklärte auf diese Weise die jüdische Gesetzesobservanz aus der Gründungsgeschichte dieser Kolonie. Er fährt dann fort: »Er [Mose] wählte von den Männern die Gebildetsten und am meisten dazu Befähigten aus, das ganze Volk zu leiten, und ernannte sie zu Priestern ... Dieselben ernannte er auch zu Richtern der meisten Prozesse und vertrauten ihnen die Aufsicht über die Gesetze und Bräuche an. Deshalb auch hatten die Juden keinen König, die Leitung [*prostasia*] des Volkes aber wurde regelmäßig demjenigen der Priester übertragen, von dem man meinte, er habe sich durch Einsicht und Tüchtigkeit [*aretē*] hervorgetan.« Mose habe auch den Kriegsdienst geregelt und die jungen Männer zur Tapferkeit und zum Ertragen von Leiden verpflichtet. Es folgt dann noch ein Bericht über Feldzüge und die Verteilung des Landes an Priester und Privatleute. Sein Bericht schließt mit den Worten: »Unter der später auftretenden [Fremd-]Herrschaft wurden viele der väterlichen Gesetze [*ta patria nomima*] der Juden [in ihrer Geltung] gestört auf Grund des Umgangs mit Fremdstämmigen während der Herrschaft der Perser und der Makedonen, die [diese Herrschaft] beendeten« (Diodorus Siculus, *Bibliotheca Historica*, XL 3).

Es ist überflüssig, darauf hinzuweisen, daß hier Geschichte verfälscht wird. So ist das Königtum Judas und Israels überschlagen worden, um nur die auffälligste Geschichtsklitterung zu nennen. Jedoch sollte die Interpretation dieser Ausführung genau an diesem Sachverhalt ansetzen. Diese Lücke ist nämlich dann nicht zufällig, wenn man der Logik der für die Beschreibung gewählten Konzeption folgt: Die Juden sind eine Kolonie; ihre Priester und Bürger sind wehrhafte Männer, die ihr Gemeinwesen aktiv vertei-

and Judaism, Bd. 1, Jerusalem 1976, S. 20-35 (Text Nr. 11). Während J. Lebram, »Der Idealstaat der Juden«, in: *Festschrift O. Michel*, Göttingen 1974, S. 233-253, von einer Entstehung erst im 2. Jahrhundert v. Chr. ausgeht, nimmt M. Stern – wie mir scheint, besser begründet – Echtheit an.

digen. Drei soziale Institutionen werden miteinander verbunden: daß Bürger Ansehen durch Tapferkeit und Wehrbereitschaft erwerben; daß die *patrioi nomoi* die politische Ordnung eines Gemeinwesens begründen, wozu auch die Ritualgesetze gehören; und daß das Volk von Priestern geleitet wird, die über die Gesetze wachen.

Das Zeugnis von Hekataios erlaubt einen guten Einblick in die Konsequenzen, wenn die hellenistische Konzeption der *patrioi nomoi* verwendet wird, um die politische Bedeutung der jüdischen Religion zu beschreiben. Was auf der einen Seite eine selektive und willkürliche Aufnahme jüdischer Überlieferungen war, schuf auf der anderen Seite eine pragmatische Handlungslogik der jüdischen Bundesreligiosität, die offizielle politische Handlungsräume für sich in Anspruch nahm. Die griechische Interpretation verknüpfte auf diesem Wege die jüdische Religion mit den Möglichkeiten, die die hellenistische Herrschaftsstruktur bot.

Das Prestige von Laien

Wie einst das persische *dat* stammte auch das griechische *patrioi nomoi* aus der Verwaltungssprache des Reiches. Allerdings gab es zwischen den beiden Edikten Unterschiede. Einer betraf den Status von Laien. Das Gesetz Esras war ein Gesetz in den Händen der Priester gewesen. Die innere Autonomie eines Volkes war von den persischen Herrschern dadurch gewährt worden, daß sie das priesterliche Gesetz seines Gottes anerkannten. Das Recht des jüdischen Tempelstaates war in diesem Sinne formal Priesterrecht.[15] Der Begriff der *patrioi nomoi* umfaßte dagegen auch Laien. Die große Wertschätzung, die im Hellenismus den Laien entgegengebracht wurde, hatte zur Folge, daß das Edikt des Antiochos das Privileg der Steuerfreiheit auch dem Kollegium der Vornehmen und Vorsteher (*gerousia*) gewährte, während die Perser es den Priestern vorbehalten hatten (vgl. *Ant. Jud.* XII 142 mit *Esra* 7,24). Darüber hinaus kamen auch die Tempelschreiber in den Genuß dieses Vorrechts.

---

15 So der Althistoriker D. Timpe, »Mose als Gesetzgeber«, in: *Saeculum* 31 (1980), S. 66-77, auf S. 70.

Die Autorität von Schriftgelehrten
und Weisen

Zu dieser Zeit trat zum ersten Mal der Schriftgelehrte als Autor einer Schrift ins helle Licht der jüdischen Geschichte. Er tat dies in Gestalt von Jesus Sirach. Er hatte zwischen 190 und 175 v. Chr. das Buch Sirach verfaßt, das später von einem Enkel Sirachs ins Griechische übersetzt wurde. Der Autor nennt mit Stolz den Beruf des »Schreibers« (*sôfēr*), dem er selber angehört und der weniger mit Schreiben als mit Weisheit zu tun hat. Jesus Sirach war selber Mitglied der Gerousia gewesen und gehörte zu den im Edikt genannten Schreibern. Wiederholt kommt er darauf zu sprechen, daß Weise im Rat und in der Volksversammlung auftreten (*Sir.* 21,17).[16] Ihr privilegierter Status erhob sie über das einfache Volk.[17] Von den Handarbeitern kann Jesus Sirach dagegen behaupten:

»Bei der Volksberatung verlangt man sie nicht, und in der Gemeindeversammlung tun sie sich nicht hervor,
und auf den Gesetzesbund verstehen sie sich nicht, auf dem Stuhl des Richters sitzen sie nicht« (*Sir.* 38,33).

Alles dies war dem Schriftgelehrten vorbehalten, und ihm sang Jesus Sirach ein Loblied (38,24-39,11). Er wurde in der Volksversammlung und vor Gericht um Rat gefragt, von ihm erwartete man die Kenntnis des Gesetzesbundes. Seine Kenntnis brauchte sich jedoch nicht auf die eigene Tradition zu beschränken, sondern sollte sich auch auf fremde Weisheit erstrecken. Ihm war es

16 H. Stadelmann, *Ben Sira als Schriftgelehrter,* Tübingen 1980; eine umfangreiche Darstellung der Geschichte der Schriftgelehrten hat E. E. Urbach vorgelegt: *The Sages. Their Concepts and Beliefs,* Cambride (Mass.)/London 1987; auf S. 564-576 behandelt er die Weisen in der hasmonäischen Zeit; B. Lang, »Vom Propheten zum Schriftgelehrten. Charismatische Autorität im Frühjudentum«, in: H. v. Stietencron (Hg.), *Theologen und Theologien in verschiedenen Kulturkreisen,* Düsseldorf 1986, S. 89-114; M. Hengel, *Judentum und Hellenismus. Studien zu ihrer Begegnung unter besonderer Berücksichtigung Palästinas bis zur Mitte des 2. Jahrhunderts v. Chr.,* Tübingen ³1988, S. 241-252.

17 Hierzu E. E. Urbach, »Class-Status and Leadership in the World of the Palestinian Sages«, in: *Proceedings of the Israel Academy of Sciences and Humanities* 2 (1968), S. 38-74.

um die Weisheit (in) der Welt zu tun. Dadurch, daß er sich auch nicht-jüdischer Weisheit öffnete und die Frage nach dem Sinn von Geschichte im Weltmaßstab stellte, wurde aus dem »Schreiber«, der den heiligen Text hütete, ein Weiser.[18] Seine Wirksamkeit fiel zusammen mit der Verbreitung von Schulen im antiken Judentum.[19]

> »Die Weisheit aller Vorfahren ergründet er
> und beschäftigt sich mit den Weissagungen;
> er achtet auf die Reden berühmter Männer,
> und in die Tiefen der Sinnsprüche dringt er ein.
> Er erforscht den verborgenen Sinn der Gleichnisse
> und verweilt über den Rätseln der Sinnsprüche.
> Im Kreise der Großen tut er Dienst
> und erscheint vor den Fürsten:
> er bereist das Land fremder Völker,
> erfährt Gutes und Böses unter den Menschen«
> (*Sir.* 38,34-39,4).

Die politische Ordnung der hellenistischen Reiche begünstigte diesen Typus von weltläufigen Weisen. Durch sie konnten die Machthaber Kenntnisse erlangen, die sie für eine ordnungsgemäße Verwaltung des Reiches benötigten. Und die kleinen autonomen Stadtherrschaften, zu denen auch Jerusalem und Judäa zählten, konnten ebenfalls ohne gründliche Kenntnis der Welt ihre Angelegenheiten nicht angemessen regeln. Der Weise half, das Volk zu bilden, Schriften zu deuten und den Herrschenden Ratschläge zu erteilen. Er konnte auch selber mit dem Geist der Einsicht begabt sein und aus eigener Autorität sprechen, schreiben und deuten.[20]

Der Aufstieg der jüdischen Weisen und Schriftgelehrten fällt

18 J. J. Collins, »Cosmos and Salvation: Jewish Wisdom and Apocalyptic in the Hellenistic Age«, in: *HR* 17 (1977) S. 121-142; A. Assmann (Hg.), *Weisheit. Archäologie der literarischen Kommunikation*, Bd. 3, München 1991.

19 R. Meyer, »Tradition und Neuschöpfung im antiken Judentum«, in: *SSAW*, Phil.-hist. Kl., 110, 2, Leipzig 1965, S. 33-43; die Quellen zu den Schulen behandelt Hengel, a.a.O., S. 143-152.

20 Stadelmann, a.a.O., S. 216 ff. (Unterschied zwischen regulärem und inspiriertem Schriftgelehrten); zum Kommentar als einem eigenständigen literarischen Genre (*pešer*): M. P. Horgan, *Pesharim: Qumran Interpretations of Biblical Books*, Washinton 1979, Teil II: »The Literary Genre.«

nicht zufällig in eine Zeit, in der den Juden das Recht gegeben worden war, entsprechend ihren *patrioi nomoi* zu leben, und in der die »Schreiber des Tempels« von Staats wegen privilegiert wurden. In den hellenistischen Reichen hatten die Herrscher bei der Kodifikation der väterlichen Gesetze Pate gestanden und sich teilweise das Resultat der Gesetzeskodifikation zur Bestätigung vorlegen lassen. Im antiken Judentum war das nicht nötig und möglich. Die jüdische *tôrā* war unabhängig von ihnen bereits zur Zeit von Esra und Nehemia kodifiziert worden.[21] Allerdings zeigt die Erzählung von ihrer Übersetzung ins Griechische, daß auch das jüdische Bundesgesetz zum Anliegen hellenistischer Herrscher werden konnte. Der Aristeasbrief berichtet – allerdings in legendarischer Form – von der Übersetzung der Tora unter Ptolemaios II. Philadelphos (285-247 v. Chr.). Nachdem die siebzig Übersetzer ihr Werk in 72 Tagen vollendet hatten (Aristeasbrief 307), rief Demetrios von Phaleron, der die Übersetzung angeregt hatte, eine Versammlung der Juden von Alexandrien ein und las ihr die Übersetzung vor. Nachdem die Gemeinde (*politeuma*) der Juden sie gebilligt und einen Fluch über jeden, der den Text verändern würde, ausgesprochen hatte, wurde das Werk dem König vorgelegt (Aristeas 308-316). Die Verhältnisse, die in dieser Erzählung vorausgesetzt werden, sind nicht die des 3. Jahrhunderts, sondern des 2. Jahrhunderts v. Chr. Sie zeigen, daß andere Instanzen als Priesterschaft und Tempel für die väterlichen Gesetze zuständig sind.[22]

Die Anerkennung der *patrioi nomoi* setzte nicht nur eine Verbindlichkeit der Überlieferungen, sondern auch ihrer Interpretationen voraus. In Zusammenhang mit der Verbindlichkeit von Schriftdeutung möchte ich an dieser Stelle auf die Diskussion des Überganges von den Propheten zu den Schriftgelehrten hinweisen. Man hat früher vermutet, daß die Prophetie »erloschen« gewesen sei. Jedoch rechnet man heute eher mit der Möglichkeit, daß die Prophetie nicht ›erloschen‹, sondern nur aus der politi-

---

21 F. Crüsemann, »Das portative Vaterland. Struktur und Genese des alttestamentlichen Kanons«, in: A. und J. Assmann (Hg.), *Kanon und Zensur. Beiträge zur Archäologie der literarischen Kommunikation*, Bd. 2, München 1987, S. 63-79.

22 Die Quellenkritik bei: G. Vermes/F. Millar/M. Goodman, Emil Schürer, *The History of the Jewish People in the Age of Jesus Christ (175 B. C. - A. D. 135)*, Bd. 3, Teil 1, London 1986, S. 677-687.

schen Öffentlichkeit verschwunden war. Die *beiden* hellenistischen Erscheinungen des 2. Jahrhunderts v. Chr. – die staatliche
Sanktionierung des jüdischen Bundesgesetzes und das öffentliche
Auftreten von Schriftgelehrten – hatten aller Wahrscheinlichkeit
nach zu einer Abwertung des lebenden Propheten geführt, ohne
daß die Erscheinung selber verschwunden gewesen wäre. Denn in
der Religionsgeschichte jener Zeit hat die Prophetie durchaus
weiterbestanden, wie R. Meyer und neuerdings R. A. Horsley
dargelegt haben.[23]

Die Stellungnahmen der Weisen verhielten sich allerdings nicht
immer affirmativ zu den politischen Verhältnissen, unter denen
sie eine besondere Autorität erlangt hatten. In die Zeit des Hellenismus und der römischen Herrschaft fällt auch die literarische
Produktion apokalyptischer Visionen, die die antike Stadtkultur
rigoros ablehnten. Die jüdische Literatur, die später von Christen
als *Apokalypsen* bezeichnet wurde, hatte zwei Wurzeln: die Prophetie und die Weisheit.[24] Daß sie auch noch mit der Prophetie in

23 R. Meyer, *Der Prophet aus Galiläa. Studie zum Jesusbild der drei
   ersten Evangelien* (1940), Darmstadt 1970; von demselben Autor: Art.
   Prophētēs, in: *ThWNT*, Bd. VI, Stuttgart 1959, S. 813-828 (Propheten
   im Judentum der hellenistisch-römischen Zeit). R. Meyer entkräftete
   die Zeugnisse für »angebliche Prophetielosigkeit« im Judentum des
   Zweiten Tempels und sah darin einen Topos aus der rabbinischen
   Tradition. Weiter: R. A. Horsley, »Popular Prophetic Movements at
   the Time of Jesus. Their Principal Features and Social Origins«, in:
   Journal for the Study of the New Testament 26 (1986) S. 3-27; der-
   selbe, »›Like one of the Prophets of Old‹: Two Types of Popular
   Prophets of the Time of Jesus«, in: *Catholic Biblical Quarterly* 47
   (1985), S. 435-463; R. A. Horsley, J. S. Hanson, *Bandits, Prophets, and
   Messiahs: Popular Movements at the Time of Jesus*, Minneapolis 1985.
   Auch J. Blenkinsopp behandelt kurz die Spätgeschichte in seinem
   Buch: *A History of Prophecy in Israel*, London 1984; wichtig ist in
   diesem Zusammenhang das urchristliche Schrifttum, das gelegentlich
   lebende Prophetie in Palästina voraussetzt: G. Theißen, »Die Tempelweissagung Jesu. Prophetie im Spannungsfeld von Stadt und Land«,
   in: derselbe, *Studien zur Soziologie des Urchristentums*, Tübingen
   ³1983, S. 142-159.
24 Neuere Gesamtdarstellungen: H. G. Kippenberg, Art. »Apokalyptik/
   Messianismus/Chiliasmus«, in: *HrwG*, Bd. 2, Stuttgart 1990, S. 9-26;
   C. Kappler (Hg.), *Apocalypses et voyages dans l'au-delà*, Paris 1987;
   M. Stone, »Apocalyptic Literature«, in: derselbe (Hg.), *Jewish Writ-*

Verbindung gestanden hatte, zeigt sich an der Entwicklung »vom profetischen zum apokalyptischen Visionsbericht« (K. Koch). Die Visionen, von denen die Propheten mehr oder weniger beiläufig gesprochen hatten (*Am.* 7,1-3 zum Beispiel), rückten in den Apokalypsen *Daniel, Henoch,* syr. *Baruch* und *4. Esra* ins Zentrum. Möglich wurde dies durch die Pseudepigraphie. Die großen legendären Personen der Vergangenheit sollen die Visionen vor langer Zeit gehabt haben. Auf die Implikationen von Pseudepigraphie werde ich im 7. Kapitel näher eingehen, da sie eine neue Esoterik begründet hat, welche Religion der Öffentlichkeit entzog.

Die Texte lassen uns leider oft im Ungewissen über die Schöpfer dieser Literatur. Nur *Dan.* 11,33 lüftet ein wenig den Schleier, wenn es dort heißt,

daß »die Weisen im Volke viele zur Einsicht bringen werden, doch eine Zeitlang werden sie Unglück haben durch Schwert und durch Feuer, durch Wegführung und durch Beraubung«.

Diese Weisen (*maśkîlîm*) sind Autoritäten in Schrift und Weisheit, wobei zu letzterer auch Visionen und Träume gezählt wurden (1,17). Sie deuteten die Weissagungen der Tora (so sagte es Jesus Sirach). Der Habakuk-Kommentar von Qumran läßt er-

ings of the Second Temple Period, Assen 1984, S. 383-441; J. J. Collins, *The Apocalyptic Imagination. An Introduction to the Jewish Matrix of Christianity,* New York 1984; D. Hellholm (Hg.), *Apocalypticism in the Mediterranean World and the Near East,* Tübingen 1983; P. D. Hanson (Hg.), *Visionaries and their Apocalypses,* Philadelphia 1983; J. J. Collins (Hg.), »Apocalypse: The Morphology of a Genre«, Missoula 1979; I. Gruenwald, »Jewish Apocalyptic Literature«, in: *ANRW* 19, 1, Berlin 1979, S. 89-118; kluge Einführung in die Diskussion, ob es sich um Resignations- oder Widerstandsliteratur gehandelt habe: F. Schmidt, »'Traqué comme un loup'. A propos du débat actuel sur l'Apocalyptique juive«, in: *ASRel* 53 (1982), S. 5-21; Einführung in die Diskussion, ob es sich um eine literarische Form oder um eine Denkform handelt: J. Barr, »Jewish Apocalyptic in Recent Scholarly Study«, in: *BJRL* 58 (1975/76), S. 9-35; Verbindung mit der Prophetie: K. Koch, »Vom profetischen zum apokalyptischen Visionsbericht«, in: Hellholm, a.a.O., S. 413-446; Verbindung mit der Weisheit: J. Z. Smith, »Wisdom and Apocalyptic«, in: B. A. Pearson (Hg.), *Religious Syncretism in Antiquity. Essays in Conversation with Geo Windengren,* Missoula 1975, S. 131-156.

kennen, wie der Überlieferung eine eigenständige Deutung, *pēšer* genannt, hinzugefügt wurde. Der Kommentar verselbständigte sich dabei von der offiziellen Schrift.[25] Die Weisen deuteten aber auch Profanes wie Träume (so tut es Daniel in 2,24). Sie beschränkten sich nicht auf die Funktion von Schriftgelehrten im engeren Sinne, sondern beanspruchten einen eigenen Zugang zu den Quellen von Weisheit.[26]

Weise hatten einen aktiven Anteil an der Verbreitung antihellenischer und antirömischer Orakel. Sie griffen die außerhalb Judäas verbreitete Anschauung auf, daß auf das vierte Reich der Hellenen, dem die drei Reiche von Assyrern, Medern (hier verrät sich der Ursprungsort des Vier-Reiche-Schemas) und Persern vorangegangen waren, ein fünftes, wiederum orientalisches Reich folgen werde (Daniel 2 und 7; Velleius Paterculus I 6). Andere Weise schrieben die Hoffnung der unterworfenen Völker Asiens auf eine Bezwingung Roms auf und verbreiteten sie (Oracula Sibyllina III 350-355). Weise hatten diese Prophezeiung auf einen jüdischen Herrscher gedeutet und damit den jüdischen Krieg gegen Rom von 66 n. Chr. geschürt (Josephus, *Bell. Jud.*, II 409 f.).[27] Wir werden im 7. Kapitel auf dieses Orakel noch einmal zu sprechen kommen, weil es die Popularität von Königsvorstellungen im antiken Judentum bezeugt.

Das Gewicht der Laien hatte in der jüdischen Religionsgemeinschaft des 2. Jahrhunderts v. Chr. im Vergleich mit der persischen Zeit deutlich zugenommen. Wenn in der jüdischen Religionsgeschichte vom 2. Jahrhundert v. Chr. an Laien die Schrift im synagogalen Gottesdienst vorlasen und kommentierten, wenn darüber hinaus die Tora ins Griechische übersetzt wurde, weil es in der Diaspora jüdische Laien gab, die des Hebräischen nicht mächtig waren, war dies durch die Verfassung, die Antiochos den Juden gegeben hatte, erleichtert worden.

25 Siehe hierzu Horgan, a.a.O.
26 J. J. Collins, *The Apocalyptic Vision of the Book of Daniel*, Missoula 1977, S. 56 ff.
27 H. G. Kippenberg, »›Dann wird der Orient herrschen und der Okzident dienen‹. Zur Begründung eines gesamtvorderasiatischen Standpunktes im Kampf gegen Rom«, in: *Spiegel und Gleichnis. Festschrift für Jacob Taubes*, Würzburg 1983, S. 40-48.

Die Politik der Bewahrung
der *patrioi nomoi*

Wenn man sich überhaupt darüber Gedanken gemacht hat, ob und wie diese politische Privilegierung das Bewußtsein der antiken jüdischen Bürger von ihrer Religion beeinflußt hat, hat man gerne auf die Gesetzesobservanz hingewiesen, die das jüdische Leben bereits in der Antike in hohem Maße charakterisiert habe. Ich meine, daß dieser Hinweis zwar richtig, aber nicht ausreichend ist. Er erfaßt die Motivationen der Handelnden aus einem theologischen Blickwinkel, ist jedoch unzureichend, da er die Bedeutung, die deren Handlungen in der antiken Kultur gehabt haben, nicht beschreibt. Mir scheint, daß gerade die griechische Konzeption der *patrioi nomoi* hierauf ein Licht wirft. Der Gebrauch, den Juden von dieser Konzeption gemacht haben, gibt Aufschluß darüber, wie die jüdische Religion pragmatisch in das Bewußtsein ihrer Anhänger, aber auch Außenstehender eingegangen war.

Bislang hat man dem Konzept der *patrioi nomoi* nur beiläufig Aufmerksamkeit geschenkt. Und mit hellenistischem Denken hat man es auch deshalb nicht in Verbindung gebracht, weil auch der moderne wissenschaftliche Begriff ›Hellenismus‹ mit Paganismus verbunden wurde und damit im Schatten antiker Feindbilder blieb, die den Begriff *hellēnismos* von Beginn an bestimmt hatten. Das 2. Makkabäerbuch berichtet voller Abscheu davon, wie unter dem seleukidischen Herrscher Antiochos IV. Epiphanes (175-164 v. Chr.) der Hohepriester Jason »die auf dem Gesetz beruhende Verfassung [*hai nomimoi politeiai*] aufhob und dem Gesetz zuwiderlaufende neue Bräuche einführte«. Er richtete unterhalb der Akropolis von Jerusalem ein Gymnasium ein. Diese »Blüte des *hellēnismos*« verleitete die Priester im nahegelegenen Tempel, ihren Altardienst zu vernachlässigen (*2. Makk.* 4,11-15).

Wer Gymnasium und Ephebie absolviert hatte, sollte in die Liste der Bürger von *Antiocheia* eingetragen werden. So nämlich sollte Jerusalem nach seiner Umwandlung in eine griechische Polis heißen. (*2. Makk.* 4,9). Das Gegenteil von *hellēnismos* ist *ioudaismos*. Auch dieser Begriff ist zum erstenmal im 2. Makkabäerbuch belegt (*2. Makk.* 2,21; 4,13; 8,1; 14,38).[28] Durch diesen Gegensatz

28 Zu den genannten Stellen des 2. Makkabäerbuches: Chr. Habicht,

haftete dem Begriff *hellēnismos* der Geruch von Heidentum an und behielt ihn sowohl in christlicher wie auch in paganer antiker Literatur.[29] Der einfache Gegensatz *ioudaismos – hellēnismos* ist jedoch zu grob, um die Vorgänge in Judäa unter Antiochos IV. Epiphanes zu erfassen. Neuerdings hat K. Bringmann die verwikkelten Vorgänge und die verzwickten Quellen neu zu entwirren versucht.[30] Auf der Grundlage seiner und der älteren Studien ergeben sich drei Handlungsabläufe, in denen mit den jüdischen *patrioi nomoi* auf typisch antike Weise Politik gemacht worden war.

Der seleukidische Herrscher Antiochos hatte gegenüber den Juden eine »Umstellung auf die griechische Lebensweise« betrieben (2. *Makk.* 11,24). Mittels Zwang wollte er sie von ihren *patrioi nomoi* abbringen. Für einen solchen erzwungenen Abfall gab es in der Antike vereinzelt Parallelen.[31] Der erbitterte Widerstand,

»2. Makkabäerbuch«, in: *Jüdische Schriften aus hellenistisch-römischer Zeit*, Band I, Lieferung 3, Gütersloh 1979 (S. 167-285); derselbe, »Hellenismus und Judentum in der Zeit des Judas Makkabäus«, in: *Jahrbuch der Heidelberger Akademie der Wissenschaften für das Jahr 1974*, Heidelberg 1975, S. 97-110; weiter E. Will/C. Orrieux, *Ioudaismos – Hellénismos. Essai sur le judaisme judéen a l'époque hellénistique*, Paris 1986.

29 So die Begriffsstudie von R. Bichler, ›*Hellenismus*‹. *Geschichte und Problematik eines Epochenbegriffs*, Darmstadt 1983; Y. Amir, »The Term *Ioudaismos* (IOUDAISMOS). A Study in Jewish-Hellenistic Self-Identification«, in: *Immanuel* 14 (1982), S. 34-41.

30 *Hellenistische Reform und Religionsverfolgung in Judäa. Eine Untersuchung zur jüdisch-hellenistischen Geschichte (175-163 v. Chr.)*, Göttingen 1983.

31 Josephus weiß von den Nachkommen Alexanders, eines Sohnes von Herodes, zu berichten, sie hätten den einheimischen jüdischen Gottesdienst (*therapeia*) aufgegeben und seien zu den griechischen *patria* übergetreten (*Ant. Jud.*, XVIII 141). Bekannt ist auch der umgekehrte Fall: der Übertritt des syrischen Königshauses der Adiabene zur Verehrung, »wie sie den Juden väterliches [Gesetz] war« (XX 34). Dies veranlaßte dann noch weitere Angehörige des Königshauses, »die väterlichen [Sitten] aufzugeben und den jüdischen zu folgen« (XX 75). Auch zwangsweise Bekehrungen ganzer Völker hat es gegeben. Der hasmonäische Herrscher Hyrkanos unterwarf die Idumäer und gestattete ihnen nur dann im Land zu bleiben, »wenn sie ihre Schamteile beschneiden ließen und den Gesetzen der Juden folgen würden« (XIII 257 f.).

der von den Makkabäern und ihren Anhängern ausging, führte schließlich dazu, daß die seleukidischen Herrscher den Juden erneut und wiederum das Recht gaben, gemäß den Sitten ihrer Vorfahren zu leben (*2. Makk.* 11,25). Und seitdem konnte oder wollte kein antiker Herrscher mehr den Juden dieses Recht nehmen.

Von dem Vorgang einer Religionsverfolgung zu unterscheiden ist das Vorhaben jüdischer Reformer, die Verfassung des jüdischen Volkes zu modernisieren, da sie ihnen antiquiert schien. Nicht ein gewählter Magistrat, wie in griechischen Städten, sondern ein Hoherpriester stand an der Spitze des Ethnos; kein gewählter Rat, sondern ein aristokratischer Ältestenrat hatte die Führung inne. Um Anschluß an die Entwicklung der benachbarten nichtgriechischen Städte zu finden, und um ihren Glaubensbrüdern in der Diaspora nicht nachzustehen, denen der Zutritt zu Gymnasium und Ephebie nicht verwehrt war, richteten die Reformer Gymnasien, Ephebie und Bürgerliste ein und beseitigten die bestehende Verfassung. Die Darstellung des Jason von Kyrene, auf der das 2. Makkabäerbuch fußt, stellte zu Unrecht zwischen jüdischen Reformabsichten und seleukidischer Religionspolitik eine direkte Verbindung her. Löst man diese unterschiedlichen Sachverhalte wieder voneinander, dann wird deutlich, daß die makkabäischen Heere für das von Antiochos III. gewährte Recht, entsprechend den *patrioi nomoi* zu leben, gekämpft haben.

Die Makkabäer haben sich nicht nur dem von außen befohlenen Abfall, sondern auch einer von innen getragenen Reform der im Freibrief von Antiochos III. erlassenen Verfassung widersetzt und damit in griechischer Terminologie die *patrioi nomoi* »gerettet«.

Der Kampf um eine jüdische Bürgergemeinde (*politeuma*) in hellenistischen Städten

Der Kampf in Palästina unter Leitung der Makkabäer um das Privileg, entsprechend den eigenen väterlichen Gesetzen leben zu dürfen, hatte auch die jüdischen Synagogengemeinden in der Diaspora ermuntert, politische Autonomie zu verlangen. Das Gewicht, das Laien in der jüdischen Religionsgemeinschaft zukam, wurde dadurch noch größer. Anders als in Jerusalem konnten hier überhaupt nicht mehr die Priester, sondern nur noch die

Laien Träger der politischen Gemeinden sein. Da dies in hellenistischen Stadtgemeinden mit Autonomie-Status geschah, war noch V. Tcherikover davon ausgegangen, daß antike Juden – wie später die europäischen – das volle Bürgerrecht in den Städten, in denen sie wohnten, angestrebt hätten. Jedoch gehörte die Emanzipation der europäischen Juden einer anderen historischen Wirklichkeit an. Neuere Studien haben denn auch den Nachweis erbringen können, daß diese Analogie irreführend ist. Die Mehrheit der antiken Juden hat nicht das Bürgerrecht *in* der Polis erstrebt, sondern die rechtliche Gleichstellung ihrer Gemeinschaft *mit* der Polis. Da die Juden andererseits nicht die gleichen Lasten wie ihre griechischen Mitbewohner tragen konnten und wollten, führten ihre Bestrebungen zu Spannungen in den antiken Stadtverbänden, die durch den antiken Antisemitismus noch zunahmen.[32]

Über die lokalen und historischen Zusammenhänge, in denen diese Bestrebungen aufkamen, sind wir weniger gut unterrichtet als über die staatlichen Reaktionen darauf. Es fällt aber auf, wie häufig Juden, die in hellenistischen Städten mit Autonomie-Status wohnten, sich um eine eigene Autonomie im Rahmen ihrer Stadt bemüht haben. Man wird vermuten dürfen, daß sie sich damit dem innerstädtischen Druck, sich an das pagane Leben anzupassen, entziehen wollten. Denn die Gründung einer Stadtgemeinschaft schuf nach außen Autonomie, nach innen aber erhöhte sie den Druck auf die Bewohner, sich den gemeinsamen städtischen Institutionen und Kulten zu fügen. Die jüdische Exklusivität fügte sich der religiösen Grundstruktur antiker Stadtherrschaft nicht, da diese im Prinzip alle Religionen und Kulte ihrer Bewohner tolerierte und für jede Ergänzung offen war. Da die jüdische Haltung nicht von allen Mitbewohnern und Magistraten respektiert wurde, wandten Juden sich in vielen Stadtgemeinden an die Herrscher, um eine eigene politische Selbstverwaltung innerhalb der autonomen Stadtherrschaft zu erlangen.[33]

32 A. Kasher, *The Jews in Hellenistic and Roman Egypt. The Struggle for Equal Rights*, Tübingen 1985; E. M. Smallwood, *The Jews under Roman Rule: From Pompey to Diocletian*, Leiden 1976, S. 120-143 und 224-235.

33 S. Safrai, »Jewish Self-Government«, in: S. Safrai/M. Stern (Hg.), *The Jewish People in the First Century*, Bd. 1, Assen 1974, S. 377-419; S. Applebaum, »The Legal Status of the Jewish Communities in the

Juden waren an ihren Wohnorten durch und um ihre Synagogen zu kleinen lokalen Gemeinschaften vergesellt. Was in Judäa die Jerusalemer Tempelgemeinde war, das waren in der Diaspora die Synagogengemeinden. Im einen wie im anderen Fall wurde die jüdische Religionsgemeinschaft Trägerin einer politischen Gemeinde. In beiden Fällen aber war wichtig, daß sich die Religionsgemeinschaft lokal als Rechtsgemeinde konstituierte.[34]

Bereits Antiochos III. hatte Juden Kleinasiens das Privileg zugestanden, entsprechend ihren eigenen Gesetzen zu leben (Josephus, *Ant. Jud.*, XII 150; vgl. zuvor 119). Später, in römischer Zeit, wurde unter Caesar dieses Recht den Juden folgender Städte verbrieft: Delos (XIV 213.216); Ephesos (XIV 227.263); Laodicea (XIV 242); Milet (XIV 245 f.); Halikarnassos (XIV 258). Die Römer garantierten im Jahre 47 v. Chr. dieses Recht dem Jerusalemer Hohenpriester Hyrkanos (Josephus, *Ant. Jud.*, XIV 194).

Die Dekrete für Sardis (49 und 14 v. Chr.) enthalten aufschlußreiche Informationen, die die Voraussetzungen der Vergabe dieser Rechte erhellen. Da Archäologen Inschriften der Synagoge von Sardis zutage gefördert haben, konnten diese Informationen überprüft werden. Sie lassen etwas von der vorausgesetzten inneren Ordnung der jüdischen Gemeinde erkennen.

Jüdische Bürger [*politai*] hatten dem römischen Statthalter erklärt, sie hätten seit Beginn eine eigene Vereinigung [*sunodos*] entsprechend den *patrioi nomoi* und hätten einen eigenen Ort [in der Stadt, HGK] [*topos*], an dem sie ihre Angelegenheiten und ihre Auseinandersetzungen regelten. Sie baten den Statthalter, ihnen offiziell zu erlauben, was sie sowieso schon taten (XIV 235). Seiner Zustimmung schlossen sich später dann Rat und Volk von Sardis an (XIV 259-261).[35]

Diaspora«, ebd., S. 420-463; derselbe, »The Organization of the Jewish Communities in the Diaspora«, ebd., S. 464-503.

34 A. T. Kraabel hat auf der Basis von archäologischem und epigraphischem Material dargelegt, wie Synagogen als Faktoren der Gemeinschaftsbildung gewirkt haben, wobei strikt lokale Umstände mitspielten: »Social Systems of Six Diaspora Synagogues«, in: J. Gutman (Hg.), *Ancient Synagogues: The State of Research*, Chico, California 1981, S. 79-121; siehe auch: A. T. Kraabel, »The Roman Diaspora: Six Questionable Assumptions«, in: *JJS* 33 (1982), S. 445-464; M. Hengel, »Proseuche und Synagoge. Jüdische Gemeinde, Gotteshaus und Gottesdienst in der Diaspora und in Palästina«, in: *Tradition und Glaube. Festschrift K. G. Kuhn*, Göttingen 1971, S. 157-184.

35 Zur Bedeutung des Lebens konform den *patrioi nomoi* im kleinasiati-

Auch über das *politeuma* der Juden von Alexandria sind wir ausführlich, jedoch nicht widerspruchsfrei unterrichtet (*Ant. Jud.* XIX 278-285): an seiner Spitze stand lange Zeit ein Ethnarch, neben ihm eine Gerusia, es gab eine Volksversammlung, ein Archiv für jüdische Urkunden und einen jüdischen Gerichtshof. Die anderen jüdischen *politeumata* von Antiochia, Ephesos sowie den anderen Städten Kleinasiens und in Berenike (Cyrenaica) werden sich davon kaum prinzipiell unterschieden haben.

Es ist interessant – und bestätigt einen gegenwärtigen Trend in der Forschung –, daß das Judentum Judäas und der Diaspora sich auch unter dem Gesichtspunkt der Politik der Bewahrung der *patrioi nomoi* nicht grundlegend voneinander unterschieden haben. Wohl aber hatten die Dekrete in der Diaspora andere institutionelle Konsequenzen als in Judäa. In Judäa begründeten sie die Autonomie eines *ethnos*, in der Diaspora die Ordnung eines *politeuma*. In beiden Fällen war eine funktionierende jüdische Selbstverwaltung und Rechtsprechung Voraussetzung für die Verleihung von Autonomie.

Biblische Eigennamen und die Rollen der Person

Daß jüdische Laien die Überlieferung ihrer Religionsgemeinschaft zur Maxime ihrer Lebensführung gemacht hatten, zeigte sich an einer weiteren Erscheinung, der wenig Beachtung geschenkt worden ist: der Namengebung. Ich habe den Sachverhalt an anderer Stelle ausführlicher dargelegt und will hier nur auf das Wichtigste hinweisen.[36] In der Antike ist der Begriff der Person als eine explizite Kategorie erst spät entfaltet worden. Will man die tiefer liegenden, stillschweigend vorausgesetzten Auffassungen der Person erkennen, muß man einen weniger direkten Weg wählen. Dafür eignet sich unter anderem die Namengebung. Denn in und durch den Namen wurde der Einzelne Objekt anderer und damit in soziale Beziehungen integriert.

schen Judentum: F. Blanchetière, »Le Juif et l'Autre: La Diaspora Asiate«, in: R. Kuntzmann, J. Schlosser (Hg.), *Études sur le Judaisme Hellénistique,* Paris 1984, S. 41-59, auf den S. 48-52.

36 Ich habe diesen Gegenstand systematisch und historisch behandelt in dem Artikel: »Name and Person in Ancient Judaism and Christianity«, in: H. G. Kippenberg u. a. (Hg.), *Concepts of Person in Religion and Thought,* Berlin 1990, S. 90-109.

Eine auffallende Veränderung hatte sich in der Namengebung des antiken Judentum zur selben Zeit vollzogen, als lokalen jüdischen Religionsgemeinden politische Autonomie gegeben wurde: ein Gebrauch biblischer Namen als Personennamen. Die Elephantinepapyri aus Ägypten (5. Jahrhundert v. Chr.) gehörten, was dies angeht, noch einer vergangenen Epoche an. Mit Unglauben hatte ihr Herausgeber A. E. Cowley konstatiert:

»Unter den zahlreichen Namen der Angehörigen der Kolonie kommen nie (auch nicht bei Nehemia) die zu späteren Zeiten so gebräuchlichen Abraham, Jakob, Joseph, Moses, Samuel, David vor, auch nicht irgendein anderer Name aus ihrer vergangenen Geschichte, wie sie im Pentateuch und der frühen Literatur erzählt wird. Es ist fast unglaublich, aber es ist wahr.«[37]

Zum ersten Male tauchten in den Murashu-Dokumenten aus Nippur (5. Jahrhundert v. Chr.) die biblischen Namen Benjamin und Simon, die im hebräischen Altertum Stammesnamen gewesen waren, als Eigennamen auf. In den Büchern Esra und Nehemia traten zu diesen beiden Namen (*Esra* 10,31 f.; *Neh.* 3,23) noch Juda (zum Beispiel *Esra* 10,23) und Joseph (*Esra* 10,42; *Neh.* 12,14) hinzu.[38] In griechischer und römischer Zeit gehörten Simeon, Juda und Joseph dann zu den häufigsten Namen.

G. Hölscher hatte das Aufkommen biblischer Eigennamen mit »dem seit der Perserzeit erstarkenden Interesse der Juden an der Reinheit der Abstammung« zu erklären versucht.[39] Jedoch ist diese Erklärung dadurch fraglich geworden, daß wir heute bessere Kenntnisse von der politischen Verfassung der Juden zur Zeit des Zweiten Tempels besitzen. Seit Nehemia hatten Juden erst in Judäa, dann auch an einigen Orten in der Diaspora einen autonomen Verband gebildet, dem es von den persischen und den griechischen Herrschern zugestanden worden war, entsprechend den eigenen Gesetzen zu leben und politisch zu handeln.

Zu den väterlichen Überlieferungen zählten auch die Namen der biblischen Stammväter. Wenn die zivilen Namen von Juden diesen Überlieferungen entnommen wurden, so weil die *patrioi no-*

---

37 *Aramaic Papyri of the Fifth Century B. C.*, Oxford 1923, S. XXIII (meine Übersetzung).

38 M. Smith, »Jewish Religious Life in the Persian Period«, in: W. D. Davies/L. Finkelstein (Hg.), *Cambridge History of Judaism*, Bd. 1, Cambridge 1984, S. 219-278.

39 »Zur jüdischen Namenkunde«, in: *Festschrift K. Marti*, Giessen 1925, S. 148-157, Zitat auf S. 151.

moi als eine umfassende Norm sowohl für die politische Öffentlichkeit der Stadt als auch für das Leben des Einzelnen aufgefaßt wurden. Der Einzelne wurde von einem Namen der väterlichen Tradition vor der städtischen Öffentlichkeit repräsentiert.

Besonders zu beachten ist, daß die paganen Namen, die Juden getragen hatten, nicht verdrängt wurden. Ganz im Gegenteil! Häufig konnte ein- und derselbe Bürger neben einem jüdischen einen paganen Namen tragen. Im jüdischen Namen des Einzelnen lebte eine Person der biblischen Frühzeit weiter. Zugleich wurde dem Einzelnen mit diesem Namen eine Rolle im Drama der zivilen Gesellschaft gegeben, ohne daß diese *eine* Rolle weitere politische Rollen ausschloß.[40] Daß ein Einzelner neben einem jüdischen einen persischen, babylonischen, ägyptischen, griechischen oder römischen Namen trug (Polyonomie), läßt eine ähnliche Bedeutungsstruktur erkennen, wie wir sie an dem Verhältnis von *tôrā* auf der einen Seite und *dat* bzw. *patrioi nomoi* auf der anderen Seite beobachtet haben. Die Außenperspektive wurde in den Religionsgemeinden neben der Innenperspektive verbindlich.

Das Aufkommen biblischer Namen stand eher im Kontext der Verleihung von Autonomie an jüdische Religionsgemeinden als einer Reinheit der Abstammung. Die Eigennamen sollten die große Vergangenheit des Volkes Israels aktualisieren und den Namensträger zum Repräsentanten der väterlichen Überlieferungen machen. So zeigt sich an der Namengebung, daß die Auffassung der jüdischen Überlieferungen als *patrioi nomoi* nicht allein äußerlich politisch war, sondern auch im Leben des Einzelnen Einfluß erlangte. Noch sagt dies nichts direkt aus über das Bewußtsein des Einzelnen. Jedoch gibt das Material Grund zur Vermutung, daß Juden ihren religiösen Überlieferungen nicht nur die Berechtigung zur politischen Selbstbestimmung, sondern auch zur sozialen Rolle des Einzelnen entlehnten.

40 Zur antiken Auffassung der Person als Rolle: M. Fuhrmann, »Persona, ein römischer Rollenbegriff«, in: O. Marquard, K. Stiele (Hg.), *Identität*, München 1979, S. 83-106.

Da die Treue zu den Geboten Gottes über das ewige Schicksal des
Einzelnen entschied, waren die Gläubigen auch zum Martyrium
bereit, wenn es denn nötig war. Dabei hatte das Martyrium den
Charakter eines gültigen Vorbildes für alle. Die Bedeutung, die
mit ihm verbunden war, bestätigt uns, daß das Verständnis der
Überlieferungen als *patrioi nomoi* das praktische Bewußtsein der
Gemeinschaft bestimmte.

Vorbildlich war es, für die väterlichen Gesetze zu sterben, wenn
die Welt und die politischen Verhältnisse in ihr dies nötig machten, wie es Mitte des 2. Jahrhunderts v. Chr. und wiederholt später der Fall war. Der Eifer für das Gesetz trug dem Laien hohes
Prestige ein: vor den Mitbürgern und vor Gott.[41] Das 2. Makkabäerbuch berichtet, noch bevor es den Aufstand von Judas Makkabaios erzählt (*2. Makk.* 8), von zwei Martyrien: des Eleasar und
danach der sieben Brüder und ihrer Mutter (*2. Makk.* 6,18-7,42).
Und erst nach dem Martyrium von Razi (14,37-46) folgte der Sieg
von Judas über die Seleukiden.

J. W. van Henten hat erkannt, daß es einen Zusammenhang zwischen den Martyrien und der Darstellung des Aufstandes von
Judas Makkabaios im zweiten Makkabäerbuch gibt:

»Das Martyrium bildet die Wendung zum Guten, so daß die Gesetze der
Väter (*hoi patrioi nomoi*), für die die Märtyrer bereit waren zu sterben,
wiederhergestellt werden.«[42]

41 Prestige soll heißen: »das Wissen, das die Bezugsgruppe dieses Individuums von dessen Vorbildlichkeit hat«: M. Erdheim, *Prestige und
   Kulturwandel. Eine Studie zum Verhältnis subjektiver und objektiver
   Faktoren des kulturellen Wandels zur Klassengesellschaft bei den Azteken*, Wiesbaden 1972, S. 33.
42 Judas Makkabaios spornte seine Soldaten mit Redewendungen an, die
   an die Martyrien erinnern. »Er erweckte ihren Mut und ihre Bereitschaft, für die Gesetze und das Vaterland zu sterben« (*2. Makk.* 8,21;
   ähnlich 13,14). J. W. van Henten, »Einige Prolegomena zum Studium
   der jüdischen Martyriologie«, in: *Bijdragen, tijdschrift voor filosofie
   en theologie* 46 (1985), S. 381-390, Zitat S. 388; der Artikel von van
   Henten enthält Einsichten, die er in seiner Dissertation detaillierter
   begründet hat: *De Joodse Martelaren als Grondleggers van een
   Nieuwe Orde. Een studie uitgaande van 2 en 4 Makkabeeën*, Leiden
   1986. Siehe weiterhin seinen Artikel: »Datierung und Herkunft des

Daß das Martyrium als Vorbild für jeden Bürger angesehen wurde, spricht eine Erzählung im 2. Makkabäerbuch aus.

Als der Schriftgelehrte Eleasar gezwungen werden sollte, Schweinefleisch zu essen, gab er zu erkennen, daß er »den Tod mit Ruhm (*eukleia*) einem Leben in Abscheu vorzog« (6,19). Die Opferbeamten boten ihm daraufhin an, er solle Fleisch bringen, das ihm erlaubt sei und nur so tun (*hupokrinesthai*), als ob er dem königlichen Gebot Folge leisten würde (6,21). Jedoch will Eleasar den jüngeren Männern ein edles Beispiel dafür sein, »wie man bereitwillig und aufrecht für die ehrwürdigen und heiligen Gesetze stirbt« (6,28), statt Abscheu und Schande zu erlangen (6,25).

Zum jüdischen Martyrium gehörte mehr als eine faktische Gesetzesobservanz. Die öffentlich gezeigte Bereitschaft zum Sterben für die väterlichen Gesetze begründete die Vorbildlichkeit dieser Handlung. Das Sterben Eleasars »ist ein Beispiel von Edelmut und ein denkwürdiges Zeichen von Tugend (*aretē*)«, schließt diese Erzählung ab (2. *Makk.* 6,31). In dem dann in der Erzählung folgenden Martyrium der sieben Brüder und ihrer Mutter – ein Text, der wahrscheinlich nicht auf Jason von Kyrene, sondern auf eine hebräische Vorlage zurückgeht – wird die klassische Formulierung der Martyriumsidee ausgesprochen:

»Wir sind eher bereit zu sterben, als die väterlichen Gesetze (*patrioi nomoi*) zu übertreten« (7,2; vgl. 7,37).[43]

Der Tod hat seinen Schrecken verloren, weil den Märtyrern die »Auferstehung zum Leben« gewiß ist (7,14; vgl. 7,9 sowie *Dan.* 12,2). Jedoch erschöpft sich in dieser Aussicht nicht der Sinn des Martyriums. Es fällt auf, wie häufig im antiken Judentum vom Sterben für die *patrioi nomoi* gesprochen wird. Es würde ja reichen, vom Sterben für das Gesetz Gottes zu sprechen. Daß es nicht reicht, liegt daran, daß die griechische Konzeption der *patrioi nomoi* ein praktisches Bewußtsein jüdischer Gläubiger zur Zeit des Hellenismus und des Römischen Reiches angemessen bezeichnet.

Wir begegnen dieser Verknüpfung von Martyrium und *patrioi nomoi* auch im Schrifttum von Josephus (zum Beispiel *Bell. Jud.*,

Vierten Makkabäerbuches«, in: *Festschrift J. H. C. Lebram,* Leiden 1986, S. 136-149.

43 Einen reichhaltigen Kommentar zu beiden Martyrien hat J. W. van Henten vorgelegt in der oben genannten Dissertation, S. 60-66 und S. 70-86; zum Begriff der *patrioi nomoi*: S. 134-136.

I 648-650; *Ant. Jud.*, XVII 149-154; *Ant. Jud.*, XII 267; *Ant. Jud.* XVI 35). Bei Philo klingt sie ebenfalls an, wenn er in der Schrift *Legatio ad Gaium* 215 schreibt:

»Die Bewohner Judäas sind zahllos der Menge nach, die Leute höchst tüchtig und die Herzen sehr mutig. Sie nehmen es auf Grund ihrer Gesinnung auf sich, für die väterlichen [Gesetze] zu sterben, was einige ihrer Gegner zwar barbarisch nennen möchten, was in Wirklichkeit aber frei und edel ist.«

Philos Worte erinnern an die Behauptung von Hippokrates, die Völker Asiens würden zwei unterschiedliche politische Verfassungen kennen. Es gebe Völker, über welche Könige herrschten. Sie seien nicht ihre eigenen Herren, könnten sich nicht ihre Gesetze selber geben und würden sich auch nicht selber verteidigen. Jene Völker aber, die nicht von Herren geknechtet würden, sondern sich ihre Gesetze selber geben würden, seien die kriegerischsten von allen (*Von Lüften, Gewässern und Ortslagen*, Kapitel 16). Die Vorbildlichkeit des Sterbens für die väterlichen Gesetze entspricht diesem Typus politischer Herrschaft.

Gewiß hat die theologische Konzeption vom Martyrium eine eigene Geschichte und Logik und ist in diesem Sinne nur indirekt mit der politischen Verfassung verknüpft. Die angeführten Texte zeigen jedoch, daß Juden die theologische Konzeption vom Martyrium mit einer politischen Konzeption ihrer Gemeinschaft verbunden hatten: Das Volk Judäas verfügte über seine eigenen *patrioi nomoi*, die von den Bürgern selber verteidigt werden müssen und wofür zu sterben vorbildlich ist.

Lohnend ist ein Vergleich mit griechischen Konzeptionen. Griechische autonome Bürgergemeinden idealisierten ebenfalls das Sterben für das Vaterland. Man lese die Rede des Perikles auf die Gefallenen bei Thukydides (II 42-44). Auch möchte ich daran erinnern, daß die alexandrinischen Griechen, als sie von der römischen Staatsgewalt in ihren Rechten bedroht wurden, ebenfalls Märtyrer und die literarische Gattung der Märtyrerakten hervorbrachten.

»Es ist dein Ruhm für deine liebste Vaterstadt (*patris*) zu sterben« (*Acta Appiani*).[44]

44 *Acta Appiani:* H. A. Musurillo, *The Acts of the Pagan Martyrs. Acta Alexandrinorum*, Oxford 1954. Musurillo gibt Text und Kommentar

Doch eine Theologie des Martyriums ergab sich daraus nicht und konnte sich daraus auch nicht ergeben. Denn die Gesetze dieser Vaterstädte standen der Aufnahme weiterer Kulte offen, wohingegen die jüdischen Nomoi die Exklusivität der Verehrung Gottes forderten und zur Voraussetzung von Erlösung machten. Das Sterben für die politische Gemeinschaft brachte darum nicht nur Ansehen vor Mitbürgern (das kannten auch Griechen und Römer), sondern darüber hinaus ewiges Leben vor Gott, was vereinzelt jedoch auch einmal bei Cicero anklingt.[45]

Durch den griechischen Begriff *patrioi nomoi* war das jüdische Bundesgesetz im Verständnis der hellenistischen Machthaber zu einem Dokument geworden, das der jüdischen Gemeinschaft als ganzer gehörte (nicht nur der Priesterschaft) und dem die Aufgabe zukam, die Beziehungen der Bürger untereinander, gegenüber dem Umland (der *chōra*), anderen autonomen Städten und der Zentralgewalt zu regeln. Diese weitergehende regulative Funktion hatte *dat* dem jüdischen Bundesgesetz nicht gegeben, wiewohl unter den Persern alle diese Elemente bereits im Ansatz auftauchten. Schon im Deuteronomium war diese öffentliche Funktion der Tora vorhanden gewesen.[46]

Die Herrschaft der Aristokratie

Es bestand ein innerer Zusammenhang zwischen der Konzeption der *patrioi nomoi* und der Hochschätzung der Aristokratie als Verfassung (*politeia*). Um mit einigen institutionellen Daten zu beginnen: die judäischen Laiengeschlechter waren seit der persischen Zeit gewohnt, eine eigene Vertretung zu haben. 150 *sᵉgānîm* (wörtlich Stellvertreter, in *Neh.* 2,16; 4,8; 5,7; 7,5 mit den *ḥôrîm* ⟨den Vornehmen⟩ verbunden) standen Nehemia zur Seite

der *Acta Appiani* sowie in den Appendices eine Darstellung des philosophischen und politischen Kontextes dieser Literatur.

45 Griechische und lateinische Texte zum Sterben für das Vaterland hat J. W. van Henten in seiner Dissertation, a.a.O., S. 157-169, besprochen, Zu Cicero: S. 160 f.

46 A. I. Baumgarten, »The Torah as a Public Document in Judaism«, in: *Studies in Religion/Sciences Religieuses* 14 (1985), S. 17-24. Der Verfasser sammelt wichtige Zeugnisse zum Thema, vernachlässigt aber die Unterschiede zwischen der hellenistischen und der persischen Epoche.

(*Neh.* 5,17; vgl. 12,40; 13,11). Am Ende des 5. Jahrhunderts v. Chr. (ca. 407 v. Chr.) hatten die Juden des ägyptischen Elephantine einen Brief an »den Hohenpriester Jehôḥanan und seine Genossen, die Priester in Jerusalem, und an Ostanes, den Bruder des Anani, und an die Vornehmen der Juden (ḥry)« gerichtet (A. E. Cowley, *Aramaic Papyri*, No. 30, 18 f.). In seleukidischer Zeit gab es in Judäa eine *gerousia* (Josephus, *Ant. Jud.*, xii 138.142). 161 v. Chr. hatten die Römer einen Vertrag mit dem Ethnos der Judäer geschlossen (*1. Makk.* 8,17-32; 12,3; zur Rolle von Laien in diesem und dem vorangehenden Fall *2. Makk.* 4,11). Zu Beginn der Hasmonäerdynastie gab es »die Archonten des Ethnos und die Ältesten des Landes« (*1. Makk.* 14,28). Die Gerusia blieb auch in hasmonäischer Zeit noch bestehen (*1. Makk.* 12,6 ⟨auch die Nennung der Ältesten 13,36; 14,20 gehört hierher⟩; *2. Makk.* 1,10; 4,44; 11,27; *Judit* 4,8; 11,14; 15,8).

Münzen bestätigen diesen Befund und sind eine weitere wichtige historische Quelle. Auf ihnen kommt nämlich der hebräische Begriff *ḥeber* vor, der nach Parallelen zu urteilen (CD xii 8), ein offizielles Gremium im Judentum bezeichnete, das der griechischen *gerousia* entsprach.

Eine gewisse Unsicherheit besteht allerdings darüber, ob die Münzen von Johannes Hyrkanos I. (134-104 v. Chr.) oder aber Johannes Hyrkanos II. stammen (76-67 bzw. 63-40 v. Chr.). Einiges spricht dafür, daß Hyrkanos II.ʾ die Münzen hat schlagen lassen. Auf den Münzen stand zu lesen: »Jehôḥanan, der Hohepriester und das Kollegium (*ḥeber*) der Juden« beziehungsweise »Jehôḥanan, der Hohepriester, das Haupt des *ḥeber* der Juden«. Auch Aristobulos und Alexander Jannai hielten an dieser Münzaufschrift fest. Münzen, auf denen Alexander Jannaeus sich als König titulieren ließ, nannten dieses Gremium nicht. Nur in Verbindung mit dem Hohenpriester wurde es genannt.

Pompeius beseitigte 63 v. Chr. das hasmonäische Königtum, übertrug aber die Leitung des Volkes (*prostasia tou laou*) auf den Hohenpriester (Josephus, *Ant. Jud.*, xx 244). Einige Jahre später richtete Gabinius (57-55 v. Chr.) fünf Synhodoi/Synhedrien ein (Jerusalem, Gazara, Amathus, Jericho und Sepphoris). Der Hohepriester wurde mit der Sorge für den Tempel betraut (Josephus, *Bell. Jud.*, I 169 f.; *Ant. Jud.*, xiv 91). Caesar hob allerdings 47 v. Chr. diese Ordnung schon wieder auf und ernannte den Hohenpriester Hyrkanos II. zum *ethnarchēs* (*Ant. Jud.*, xiv 190-195). Von der Zeit des Herodes an bezeichnete Synhedrion den

Senat in Jerusalem. Seine Befugnisse erstreckten sich auf das gesamte jüdische Land einschließlich Galiläas (*Ant. Jud.*, XIV 165-179; XX 20).[47]

Aus diesen historischen Quellen geht hervor, daß die Laiengeschlechter eine eigene Vertretung hatten und daß der Hohepriester dieser Vertretung vorstand. Kein besonders angesehenes Laiengeschlecht, sondern der Hohepriester hatte traditionellerweise den Vorsitz.

Mit diesen institutionellen Gegebenheiten verband sich ein Verfassungsdenken, für das Josephus eine wichtige Quelle ist. Er kommentierte die Entscheidung des Gabinius, die Tätigkeit des Hohenpriesters Hyrkanos auf den Tempel zu beschränken und dessen politische Funktionen auf fünf Synhedrien zu übertragen, wohlwollend mit den Worten:

»Er errichtete die übrige *politeia* auf der Führerschaft [*prostasia*] der Besten... Mit Freuden waren sie befreit von der Herrschaft durch einen einzigen und wurden fortan durch eine Herrschaft der Besten [*aristokratia*] verwaltet« (*Bell. Jud.*, I 169 f.; weniger begeistert *Ant. Jud.*, XIV 91).

Josephus schlägt hier einen Ton an, der in seinen *Antiquitates* wiederkehrt. So stellte er seiner Nacherzählung des Königsgesetzes von *Dtn.* 17, 14 f. die Worte voran:

»Das Allerbeste ist die *aristokratia* und das ihr entsprechende Leben. Nicht ergreife euch der Wunsch nach einer anderen Verfassung, sondern ihr möget mit dieser zufrieden sein. Und handelt in allem den Gesetzen, die ihr als Herren habt, entsprechend« (*Ant. Jud.*, IV 223).

In dieser und ähnlichen Ausführungen[48], spielt Josephus die *ari-*

---

47 E. Lohse, Art. »sunhedrion«, in: *ThW* VII 1964, S. 858-869; E. Schürer, *The History of the Jewish People in the Age of Jesus Christ*. A New English Version by G. Vermes & F. Millar, Bd. 1, Edinburgh 1973, S. 210 f., und Appendix S. 602-606 (die *Münzen*); Bd. 2, Edinburgh 1979, S. 199-226 (*Synhedrium*).

48 Samuels Mißfallen über den Wunsch der Ältesten nach einem König (*1. Sam. 8,6*) wird auf seinen »Haß gegen die Könige« zurückgeführt. »Denn er war sehr der *aristokratia* als göttlich ergeben. Sie mache die, die ihre Verfassung gebrauchen, glücklich« (*Ant. Jud.*, VI 36). Saul wurde nach der Aristokratie der erste König (*Ant. Jud.*, VI 268). Seit der Perserzeit »gebrauchen [die Juden, HGK] die aristokratische Politeia mit einer Oligarchie. Denn die Hohenpriester standen den Staatsgeschäften vor, bis es geschah, daß die hasmonäischen Nachkommen

stokratia gegen die *monarchia* aus und gibt ihr unmißverständlich den Vorzug.

Die Ordnung der Aristokratie hat für Josephus mit dem Vorgang des Synoikismos zu tun.

In seiner Nacherzählung von Richter 2,14 schmückt Josephus den Text aus und erzählt, »daß die *aristokratia* verdorben worden war und sie [die Aristokraten, HGK] keinen Ältestenrat [*gerousia*] ernannten noch eine andere Regierung entsprechend früheren Gewohnheiten, sondern auf den Landgütern blieben, der Lust der Besitzgier ergeben« (*Ant. Jud.*, v 135).

Josephus beschreibt mit diesen Worten als Korruption der Aristokratie, was Xenophon als Auflösung eines Stadtverbandes (Dioikismos) und Rückkehr der Landbesitzer auf ihre dörflichen Güter beschrieben hatte (*Hellenica*, v 2,7). Die Ordnung der Aristokratie ist für Josephus daher eng verbunden mit dem Synoikismos, wie er in *Neh*. 11 beschrieben worden war.

Verfassungsstreit: Aristokratie oder Monarchie

Ich habe bisher Argumente für die Behauptung zusammengetragen, daß der jüdischen Religion in der Zeit des Zweiten Tempels die Bedeutung gegeben worden war, die Existenz einer autonomen jüdischen Stadtgemeinde zu legitimieren. Damit war die jüdische Religion mit dem Leben einer politischen Gemeinde und dem Ethos ihrer Bürger verknüpft worden. Von kritischen Stellungnahmen gegen diese Deutung der jüdischen Religion haben wir bislang nur am Rande vernommen. Daß es sie gegeben hat, wissen wir nach verschiedenen aufsehenerregenden Textfunden heute zweifelsfrei. Doch ließ bereits ein lange bekannter historischer Bericht etwas von den Einseitigkeiten ahnen, die mit dieser Deutung des jüdischen Bundesgesetzes verbunden waren. Er führt uns in die Mitte des ersten Jahrhunderts vor Christus.

Der römische Senat hatte Pompeius 66 v. Chr. die oberste Befehlsgewalt im gesamten östlichen Mittelmeerraum für den Kampf gegen die gefährlichen parthischen Heerführer und Herrscher Mithridates und Tigranes übertragen (die *lex Manilia*).

als Könige herrschten [*basileuein*]« (*Ant. Jud.*, XI 111). Unter Gabinius und später dann nach dem Tode von Herodes und Archelaos wurde die Verfassung dann erneut eine *aristokratia* (XX 251).

Diese Mission fiel zeitlich mit einem Konflikt im jüdischen Staat zusammen. Nach dem Tode der Witwe und Nachfolgerin des hasmonäischen Königs Aristobulos war im jüdischen Reich ein Krieg zwischen den beiden Söhnen Aristobulos (II.) und Hyrkanos (II.) um die Thronfolge ausgebrochen. Als Pompeius das seleukidische Reich geschlagen hatte, rückten seine Truppen in Richtung Judäa vor. Im Jahre 63 v. Chr. beorderte er die beiden judäischen Rivalen um das Königtum zu sich nach Damaskus und hörte beide Parteien an (berichtet von Diodorus Siculus, *Bibliotheca Historica*, XL 2 und von Josephus, *Ant. Jud.*, XIV 37-47).[49] Im gleichen Moment erschien noch eine dritte jüdische Gesandtschaft vor Pompeius:

»Die Hervorragendsten [der Juden, HGK] aber, mehr als zweihundert, begaben sich auch zum General und taten kund, ihre Vorfahren seien von Demetrius abgefallen (nach der Textemendation von Walton), hätten eine Gesandtschaft zum [römischen, HGK] Senat geschickt und die Leitung [*prostasia*] über die freien und autonomen Judäer erhalten, so daß kein König die Staatsgeschäfte ausübe, sondern ein Hohepriester das Volk [*ethnos*] leite. Diese [Hasmonäer, HGK] aber würden jetzt [als Könige] herrschen, die väterlichen Gesetze übertreten und die Bürger rechtswidrig versklaven. Mittels einer Menge Söldner, Mißhandlungen und vieler gottloser Morde hätten sie sich das Königtum verschafft« (Diodorus Siculus XL, 2).[50]

Josephus stellt denselben Vorgang so dar:

»Das Volk [war] gegen beide und forderte, nicht von einem König beherrscht zu werden. Denn es sei [ihnen] väterliches [Gesetz], den Priestern des bei ihnen verehrten Gottes zu gehorchen, während diese Nachfahren von Priestern versuchten, das Volk unter eine andere Herrschaft zu bringen, so daß es versklavt würde« (*Ant. Jud.*, XIV 41).[51]

49 Pompeius und Judäa: A. N. Sherwin-White, *Roman Foreign Policy in the East 168 B. C. to A. D. 1*, London 1984, S. 214-218; U. Baumann, *Rom und die Juden. Die römisch-jüdischen Beziehungen von Pompeius bis zum Tode des Herodes (63 v. Chr.-4. v. Chr.)*, Frankfurt/Bern 1983, S. 26-37.

50 T. Fischer, »Zum jüdischen Verfassungsstreit vor Pompeius (Diodor 40,2)«, in: *ZDPV* 91 (1975), S. 46-49; Text und Übersetzung von Diodorus Siculus XL 2 und der Parallele bei Josephus: M. Stern, *Greek and Latin Authors on Jews and Judaism*, Bd. 1, Jerusalem 1976, S. 185-187.

51 Stern vermutet, daß beide Autoren (Diodorus und Josephus) eine gemeinsame Quelle benutzt hätten, die er mit Theophanes von Mytilene,

Die jüdischen Vornehmen beriefen sich vor Pompeius auf den Vertrag, den zwei angesehene Judäer mit den Römern 161 v. Chr. geschlossen hatten und in dem nur vom Ethnos der Judäer gesprochen worden war (*1. Makk.* 8,17-38).[52] Übrigens soll einer der Väter dieser beiden Gesandten, Johannes, der Vater des Eupolemos, einst von Antiochos III. das Autonomie-Edikt erwirkt haben (*2. Makk.* 4,11; Josephus, *Ant. Jud.*, XII 138-144). Der Vertrag mit den Römern war von den späteren Hasmonäern mehrfach erneuert worden. Erst als die Hasmonäer sich die Königskrone aufgesetzt hatten, scheint diese Vertragserneuerung unterblieben zu sein.[53]

Die politischen Vorstellungen, die die judäischen Aristokraten (von Josephus mit dem Volk identifiziert) vertraten, entsprachen dem Ideal einer politischen Ordnung in Übereinstimmung mit den *patrioi nomoi*. Sie verstanden sich als frei und autonom, keinem König untertan. Ihre Freiheit und Autonomie vertrug sich nicht mit einem Königtum, das seine Macht auf Söldner stützte. Paradoxerweise mußten sich die Wortführer dieser Ordnung an einen nicht-jüdischen Herrscher wenden, um das Recht zu erwirken, nach den Gesetzen ihrer Väter leben zu dürfen.[54] Eine politische Ordnung entsprechend den *patrioi nomoi* mit allen Implikationen, die dieses staatsrechtliche Konzept hatte, war nur als Privileg des Zentralstaates möglich.

einem Freigelassenen des Pompeius, in Verbindung bringt (ebd., S. 186).

52 D. Timpe, »Der römische Vertrag mit den Juden von 161 v. Chr.«, in: *Chiron* 4 (1974), S. 133-152.

53 Die letzte Vertragserneuerung wird von Hyrkanos berichtet (Josephus, *Ant. Jud.*, XIII 259-266). Sein Sohn und Nachfolger Aristobulos hat laut Josephus 105 v. Chr. das Königtum eingeführt. Einer Darstellung Strabos zufolge soll dies allerdings erst durch Alexander Jannai geschehen sein (*Geographie*, XVI 37.39.40).

54 Daraus sollte man aber nicht folgern, der ganze Vorgang sei ungeschichtlich und eine reine Propaganda. So argumentiert B. Bar-Kochva, »Manpower, Economics and Internal Strife in the Hasmonean State«, in: *Armées et Fiscalité dans le Monde Antique*, Paris 1977, S. 167-194. Da die hasmonäischen Könige Freiheit und Autonomie des Volkes nicht verletzt hätten, liege hier Propaganda für die Legitimität der römischen Besetzung vor. Jedoch berücksichtigt der Autor nicht, daß Juden sich das Konzept der *patrioi nomoi* schon viel länger zu eigen gemacht hatten.

Dieses Zeugnis jüdischen politischen Denkens ist aufschlußreicher für die praktische Bedeutung jüdischer Religion, als man bislang angenommen hat. Das Königtum Davids und seiner Nachkommen, das in der Tora eine herausragende Rolle eingenommen hatte, wird von diesen Bürgern nicht erwähnt. Sicherlich kannten sie die Geschichte ihres Volkes. Jedoch ging es ihnen mehr um Argumente gegen eine monarchische Staatsform als um abstrakte Bibelkunde. Verbindlich an der Tradition war, was dem Gemeinwohl einer Stadtherrschaft zugute kam. Daß diese Sicht nicht frei von Interessen waren, spricht für sich selbst. Die angesehenen jüdischen Familien bevorzugten eine kollegiale Verfassung, wie sie in den hellenistischen Städten üblich war, und widersetzten sich der Herrschaft eines Einzelnen. Sie behaupteten, die Institution des Königtums gehöre nicht zu den *patria,* ja zerstöre die *patrioi nomoi.* Diese Behauptung stimmt nur, wenn man den Begriff *patrioi nomoi* nicht deskriptiv (als Beschreibung alles Überlieferten), sondern normativ auffaßt: als Legitimation von Freiheit und Autonomie der Judäer. Dies ist nicht überraschend, da es den griechischen Voraussetzungen des Begriffes entspricht. Die väterlichen Gesetze mußten von den Bürgern selber festgelegt und verteidigt werden. Ein Königtum, das sich auf Söldner stützte, nahm den Bürgern diese Rechte und war darum für sie keine erstrebenswerte politische Ordnung. Sie setzten sich dafür ein, daß die angesehensten Mitbürger zusammen mit den Priestern die Führerschaft (*prostasia*) im Staat innehatten.

Ich möchte in diesem Zusammenhang noch auf eine andere Beobachtung hinweisen. Dem großen Kenner der griechischsprachichen Literatur von und über Juden, M. Stern, war es aufgefallen, daß in ihr kaum Zeugnisse vom Königtum Davids und eines zukünftigen Sohnes Davids enthalten sind. Und er hat in diesem Zusammenhang angemerkt, daß auch Philo und Josephus das Königtum nicht als genuin jüdische väterliche Verfassung (*patrios politeia*) ansahen.[55] Dem entspricht meines Erachtens, daß auch die Hoffnung auf einen neuen davidischen König, den Messias,

55 Die Beobachtung von M. Stern, *Greek and Latin Authors on Jews and Judaism,* Bd. 1, a.a.O., S. 31; zur Kritik des Königtums in biblischer Zeit: F. Crüsemann, *Der Widerstand gegen das Königtum. Die antiköniglichen Texte des Alten Testaments und der Kampf um den frühen israelitischen Staat,* Neukirchen 1978. Die Stellungnahme gegen das Königtum war ein wesentliches Merkmal des Deuteronomiums gewe-

nicht Allgemeingut im Judentum des Zweiten Tempels war. Ich werde diese Behauptung im 7. Kapitel näher begründen.

Wenn man die historischen Quellen, die die pragmatischen Bedeutungen antiker jüdischer Religion erkennen lassen, überblickt, haben diejenigen Zeugnisse ein besonderes Gewicht, die das jüdische Bundesgesetz als *patrioi nomoi* der Juden bezeichneten. Es war dies eine Fremdbezeichnung aus der hellenistischen Kultur gewesen. Der griechische Herrscher über Syrien, Antiochos III., hatte sie zur Grundlage seines Autonomie-Dekretes für Jerusalem gemacht. Die antike jüdische Religionsgemeinschaft hatte sie jedoch aufgegriffen und sich als eine angemessene politische Interpretation ihres Glaubens zu eigen gemacht. In der Folgezeit bestimmte die Politik der Bewahrung der *patrioi nomoi* das Handeln jüdischer lokaler Religionsgemeinden und auch ihrer Mitglieder.

Die Auffassung, die jüdischen Überlieferungen seien väterliche Gesetze im Sinne der Griechen gewesen, ist eine langfristige Anschauung gewesen. Sie ist von dem Beginn des Hellenismus bis zu seinem Ende bei Julian Apostata im 4. Jahrhundert n. Chr. durchgehend belegt.[56] Dabei war sie keineswegs nur eine Kategorie von Beobachtern, sondern hat das Ethos der jüdischen Religionsgemeinschaft in der Antike über Zeiten und Räume hinweg bestimmt. Sie hatte horizontale Verbreitung und vertikale Intensität gefunden. Die pragmatische Bedeutung antiker jüdischer Religion teilt daher die Merkmale von langfristigen Strukturen. Ich kann nur zustimmen, wenn J. Kocka schreibt:

»Strukturgeschichte ist kein Monopol der Wirtschafts- und Sozialgeschichte... Auch Bewußtseinsgeschichte und Politikgeschichte, natürlich Kirchen- und Verfassungsgeschichte, aber ebenfalls Religions- und Ideengeschichte... können und sollten unter Betonung struktureller Aspekte betrieben werden.«[57]

sen, das für das Judentum nach dem Exil eine so wichtige Schrift gewesen ist.
56 J. Gager, »The Dialogue of Paganism with Judaism: Bar Cochba to Julian«, in: *Hebrew Union College Annual* 44 (1973), S. 89-118; derselbe, *The Origins of Antisemitism. Attitudes Toward Judaism in Pagan and Christian Antiquity*, Oxford 1985.
57 J. Kocka, *Sozialgeschichte. Begriff – Entwicklung – Probleme*, Göttingen ²1986, S. 78; siehe den grundlegenden Aufsatz von F. Braudel,

Wortführer der antiken jüdischen Religionsgemeinschaft hatten aus dem hellenistischen Konzept der *patrioi nomoi* eine praktische Bedeutung ihrer Religion entwickelt, die ihr nach außen und innen Handlungskompetenz gab. Dabei fällt auf, daß selbst so typisch jüdische Erscheinungen wie Martyrium, biblische Eigennamen und politische Autonomiebestrebungen mit ihr in Verbindung standen. Diese pragmatische Bedeutung ist der jüdischen Religionsgemeinschaft nicht äußerlich geblieben, sondern in ihre Selbstreflexion eingegangen. In diesem Sinne könnte man davon sprechen, daß Fremdreflexion zur Selbstreflexion geworden ist.

»Geschichte und Sozialwissenschaften. Die ›longue durée‹«, in: H.-U. Wehler (Hg.), *Geschichte und Soziologie*, Köln 1976, S. 189-215.

VI Agrarverhältnisse und jüdische Legitimitätsvorstellungen außerhalb der Stadtherrschaft von Jerusalem

Landgut und Dorfgemeinschaft in Vorderasien

Als P. Honigsheim im Jahre 1949 Max Weber einem amerikanischen Publikum als Historiker der Agrargeschichte vorstellte, zählte er in einer langen Fußnote auf, wieviele über dieses Thema geschrieben hatten, ohne Weber zu nennen. Das sollte sich seit den sechziger Jahren gründlich ändern. Althistoriker vom Range eines Alfred Heuss, Moses I. Finley oder A. Momigliano haben die Thesen Max Webers zur antiken Stadt in wesentlichen Punkten bestätigt und anerkannten damit die intellektuelle Leistung Webers, der an historischen Stoffmassen erdrückender Quantität sinnvolle Ordnungen angebracht hatte.[1] Webers große Stärke war und ist, daß er keine gesetzmäßige Entwicklung in der Geschichte annahm, sich andererseits aber auch nicht damit begnügte, Quellenmaterial zusammenzutragen, ohne nach einem Zusammenhang von Wirtschaft, Herrschaft und Religion zu fragen. Er war vielmehr davon ausgegangen, daß gesellschaftliche Teilordnungen wie Wirtschaft, Herrschaft und Religion nicht nebeneinander existierten, sondern in der Weise einer Bestätigung oder eines Gegensatzes aufeinander bezogen waren.[2] Ein solcher Ansatz hat

---

1 P. Honigsheim, »Max Weber as a Historian of Agriculture and Rural Life«, in: *Agricultural History* 23 (1949) S. 170-213; die Studien von A. Heuss, M. I. Finley and A. Momigliano sind oben, S. 96, besprochen worden.

2 Wolfgang Schluchter hat ein solches Vorhaben Gesellschaftsgeschichte genannt: »Eine solche problemabhängige Analyse der ›Abfolge‹ von Strukturprinzipien ohne universalgeschichtlichen Anspruch nenne ich im Anschluß an die neuere historische Sozialwissenschaft Gesellschaftsgeschichte.« In: *Die Entwicklung des okzidentalen Rationalismus. Eine Analyse von Max Webers Gesellschaftsgeschichte*, Tübingen 1979, S. 13 und auch S. 42.

sich in bezug auf die antiken Verhältnisse als ergiebig erwiesen, auch wenn längst nicht alle einer Meinung sind, wie denn das Stukturprinzip der antiken Gesellschaft zu benennen sei. So haben die Althistoriker Heuss und Finley nachdrücklich Webers These unterstützt, daß die antike Stadt auf einer Verbrüderung von landbesitzenden Kriegern beruht habe und daher mehr von Konsuminteressen als von Produktionsinteressen beherrscht worden sei, wohingegen für die spätere mittelalterliche Stadt Produzenteninteressen bestimmend gewesen seien.[3] Es sind auch andere Kategorien gebraucht worden, um diesen Unterschied zu bezeichnen. Man hat von einem Rentenkapitalismus gesprochen bzw. vom Antagonismus zwischen Stadt und Land. Bei allen diesen Bestimmungen sollte man im Auge behalten, daß die Beziehung, die die antike Stadt zu dem sie umgebenden Land unterhielt, nicht nur passiv, sondern auch aktiv war. Zu dieser aktiven Beziehung gehörte der ökonomische Einfluß, der vom Zentralort auf das flache Land ausging. Dazu gehörte aber auch die Wirkung, die die politische Ordnung der Stadt auf die Organisation des ländlichen Territoriums gehabt hat. Aber auch umgekehrt ist zu beachten, daß es neben den Gütern städtischer Grundbesitzer Dorfgemeinschaften gab und daß auch diese, wenn sie auf dem Stadtterritorium lagen, zwar in die politische Ordnung der Stadt einbezogen wurden, aber nicht so fest in die städtische Ordnung integriert waren wie die Güter städtischer Grundherren. Die ländliche Organisation auf dem Territorium der Städte variierte in derselben Weise, wie dies auch für die Städte galt, wenn man an die Unterscheidung von Zentralort und Stadtherrschaft denkt.[4] Stand die *villa* – das Gut des Grundbesitzers – in Zusammenhang mit der Bildung einer städtischen Bürgergemeinde, so war der *vicus* (die Dorfgemeinschaft) von der Existenz einer solchen Stadtgemeinschaft nicht direkt abhängig. Begründet war dies in mehreren Umständen, die ich nacheinander erläutern möchte: in der Sozialgeographie Vorderasiens, im Typus von Dorfgemeinschaft und in dem Gewicht, das die agrarischen Einkommen hatten.

---

3 Heuss, a.a.O., S. 540-545; Finley, a.a.O., S. 321-326.
4 Behandelt von Ph. Leveau, »La ville antique et l'organisation de l'espace rural: villa, ville, village«, in: *Annales ESC* 38 (1983), S. 920-942.

Soziale Raumbildungen in Vorderasien

Um die Bedeutung von Dorfgemeinschaften in der Geschichte Vorderasiens zu ermessen, muß man sich die Sozialgeographie dieses Raumes vor Augen führen. Vorderasien umfaßt jene Gebiete, die zum fruchtbaren Halbmond zählen und die sich von den mediterranen Gebieten über das südliche Anatolien zum Zweistromland erstrecken. Dazwischen liegt die syrische Wüste, in der der jährliche Niederschlag unter 100 Millimeter pro m² fällt. Die Wüstengebiete können, abgesehen von wenigen wasserreichen Oasen, nur den Nomaden (und dies auch nur zeitweilig) Lebensraum bieten. Mit dem Ansteigen der Gebirge nimmt der Niederschlag zu. In Gebieten zwischen 100 und 250 Millimeter Niederschlag liegen Viehweiden, die von Schafnomaden bevorzugt werden. Flußläufe und davon abgezweigte Kanäle machen hier intensiven Ackerbau möglich. Bei einem Niederschlag von mehr als 200 Millimeter pro m² ist Ackerbau auch ohne künstliche Bewässerung möglich. Die Erträge auf diesen Feldern liegen jedoch sehr viel niedriger als auf den bewässerten Fluren. Man erzielt auf ihnen oft nur das Doppelte, in seltenen Fällen auch einmal das Sechsfache des Saatgutes, wohingegen auf bewässerten Feldern bis zum Zehnfachen erwirtschaftet werden kann. Je höher man ins Gebirge kommt, desto mehr Wasser steht zur Verfügung. Allerdings läßt die Bodenqualität oft zu wünschen übrig. Im Westen ist Vorderasien durch das Mittelmeer begrenzt, im Osten ist eine solche Grenze nicht anzugeben. Je weiter man nach Osten kommt, desto geringer werden die ökonomischen und kulturellen Bindungen an den Mittelmeerraum, bis schließlich die Einflüsse vom Industal her überwiegen.

Dieser große Raum ist nur sehr sporadisch besiedelt worden. Die ›Gunstgebiete‹ für den Menschen waren wenige und auf kleine Inseln und schmale Streifen beschränkt. Nur als kleine Inseln liegen sie mitten in den großen Wüsten- und Steppengebieten verstreut. »Inselhaftigkeit und Lückenhaftigkeit sind damit die beiden Grundcharakteristika der Kulturlandschaft Vorderasiens«.[5] E. Wirth, von dem diese Formulierung stammt, bemerkt außerdem noch, daß alle von der Natur begünstigten Gebiete

---

5 H. Mensching und E. Wirth, *Nordafrika und Vorderasien*, Frankfurt 1973, S. 178, Zitat von E. Wirth. Gute Beschreibung des Sozialraumes

Vorderasiens peripher liegen, das heißt in Randsäumen. Ein anderer Kenner Vorderasiens, C. S. Coon, hatte die einprägsame Metapher vom Mosaik geprägt, um die vorderasiatische Kulturlandschaft zu charakterisieren. Kleine homogene Einheiten stehen isoliert nebeneinander und konstituieren die soziale Struktur Vorderasiens. Die lokalen Gemeinschaften waren zwar Teil übergreifender sozialer Systeme, aber ihre isolierte Lage zog einen Zwang zu innerer Homogenität und äußerer Abgrenzung nach sich. Die Metapher ist jedoch auf Widerspruch gestoßen, weil sie übergreifende Vergesellungen vernachlässigt. Zwar hätten die natürlichen Umstände eine Mosaikstruktur gefördert, aber diese Tendenz sei durch die Herausbildung integrierender übergreifender sozialer Institutionen aufgewogen worden. Schließlich gehe es doch um komplexe (und nicht um primitive) Gesellschaften, in denen nomadische, bäuerliche und städtische Sektoren miteinander verbunden waren.[6] Dennoch kann diese Metapher einen gewissen heuristischen Wert beanspruchen, wenn sie die kulturelle und religiöse Vielfalt lokaler Gemeinschaften in Vorderasien typieren soll.

Der Sozialgeograph H. Bobek hat vor nun vierzig Jahren Überlegungen zu den »sozialen Raumbildungen« des Vorderen Orients

›Vorderasien‹ durch H. Klengel: *Zwischen Zelt und Palast*, Leipzig ²1974, S. 24-31.

6 C. S. Coon, *Caravan. The Story of the Middle East*, New York 1961; Kritik an der Mosaik-Metapher übte unter anderem D. F. Eickelman, *The Middle East. An Anthropological Approach*, Englewood Cliffs 1981; zur Komplexität vorderasiatischer Gesellschaften: Ph. C. Salzman, »The Study of ›Complex Society‹ in the Middle East: A Review Essay«, in: *IJMES* 9 (1978), S. 539-557; weitere Diskussionen über die Struktur vorderasiatischer Gesellschaften entspannen sich über das Modell der segmentären Gesellschaft: S. C. Caton, »Power, Persuasion and Language: A Critique of the Segmentary Model in the Middle East«, in: *IJMES* 19 (1987), S. 77-102; sowie über eine vergleichende Ethnologie mediterraner Gesellschaften: P. Horden/N. Purcell, *The Mediterranean World. Man and Environment in Antiquity and the Middle Ages*, Oxford 1986; J. Davis, *People of the Mediterranean. An Essay in Comparative Social Anthropology*, London 1977; J. Pitt-Rivers, *The Fate of Shechem or the Politics of Sex. Essays in the Anthropology of the Mediterranean*, Oxford 1977; E. Wolf, »Society and Symbols in Latin Europe and in the Islamic Near East: Some Comparisons«, in: *Anthropological Quarterly* 42 (1969), S. 287-301.

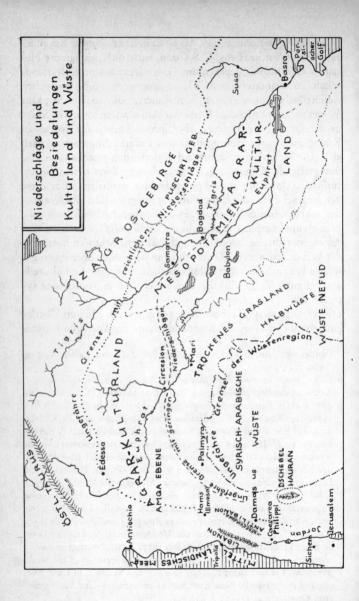

Niederschläge und Besiedelungen
Kulturland und Wüste

ÖSTL TAURUS

ZAGROS-GEBIRGE

PUSCHRI GEB.

Grenze mit reichlichen Niederschlägen

MESOPOTAMIEN AGRAR-KULTUR-LAND

Tigris

Euphrat

Bagdad

Samarra

Babylon

Susa

Basra

Persischer Golf

AGRAR-KULTURLAND

Grenze mit geringeren Niederschlägen

unbeführe

Edessa

Euphrat

Circesion

Mari

TROCKENES GRASLAND

Grenze der Wüstenregion

HALBWÜSTE

WÜSTE NEFUD

AMQA EBENE

Ungefähre Grenze mit geringer Niederschlägen

Palmyra

SYRISCH-ARABISCHE WÜSTE

DSCHEBEL HAURAN

Antiochia

Homs (Emesa)

ANTI-LIBANON

Damas us

Caesarea Philippi

Jerusalem

Sichem

Jordan

LIBANON

Tripolis

MITTELLÄNDISCHES MEER

vorgetragen, deren Ergiebigkeit bis heute noch nicht voll genutzt worden ist. Das trifft vor allem auf seinen Versuch zu, drei Soziallandschaften typologisch zu unterscheiden.[7] In der Wüste konnten sich nomadische, segmentäre Stammesgesellschaften entfalten. Um Umkreis der Städte, die dem Handel und der Verteidigung dienten, bildeten sich zwei unterschiedliche Zonen heraus. Auf eine stadtnahe Zone intensiven Anbaus und begehrter Sonderkulturen folgte eine Zone stärkster Enteignung und Ausbeutung der Bauern. Hier lagen die Landgüter der Herrschenden, die oft Dutzende von Dörfern umfaßten und in der ein Rentenkapitalismus Fuß gefaßt hatte.[8] Mit wachsender Entfernung von den Städten nahm der Druck ab und erreichte schließlich ein Minimum in Gebieten, die der staatlichen Durchdringung verschlossen blieben. Das sind neben der Wüste die unzugänglichen Gebirgsgebiete, in denen sich freie Bauernstämme halten konnten. Die höher gelegenen Gebiete boten noch ausreichend Möglichkeiten für Ackerbau, Baumkulturen und Viehzucht. Hier standen Rückzugsgebiete offen, die unterdrückten Gruppen der Ebenen gute Überlebensmöglichkeiten boten.[9]

Die Möglichkeiten, die der geographische Raum vorgab, schlossen eine ungebrochene Vorherrschaft der städtischen Grundbesitzer über das flache Land und die Dorfgemeinschaften aus. Nach Meinung von H. Kreissig sind diese Dorfgemeinschaften eine Besonderheit der vorderasiatischen Agrarverhältnisse gewesen.[10]

7 H. Bobek, »Soziale Raumbildungen am Beispiel des Vorderen Orients«, in: *Tagungsberichte und wissenschaftliche Abhandlungen des deutschen Geographentages*, Stuttgart 1948, S. 193-206.

8 H. Bobek, »Rentenkapitalismus und Entwicklung im Iran«, in: G. Schweizer (Hg.), *Interdisziplinäre Iran-Forschung*, Wiesbaden 1979, S. 113-124; E. Ehlers, »Rentenkapitalismus und Stadtentwicklung im islamischen Orient«, in: *Erdkunde* 32 (1978), S. 124-142.

9 H. G. Kippenberg, »Verländlichung des Gnostizismus als Folge seiner staatlichen Unterdrückung«, in: W. Kreisel (Hg.), *Geisteshaltung und Umwelt. Festschrift M. Büttner*, Aachen 1988, S. 307-320.

10 H. Kreissig, *Wirtschaft und Gesellschaft im Seleukidenreich*, Berlin (DDR) 1978, S. 66; weiter von Kreissig hierzu: »Die Dorfgemeinde im Orient in der hellenistischen Epoche«, in: *Recueils de la Societé Jean Bodin* 41 (1983), S. 301-314; siehe auch seinen Artikel »Die Polis in Griechenland und im Orient in der hellenistischen Epoche«, in: E. C. Welskopf (Hg.), *Hellenische Poleis. Krise-Wandlung-Wirkung*, Bd. 2, Berlin 1974, S. 1074-1084.

Eine ähnliche Auffassung hatte A. H. M. Jones vertreten, als er darauf hinwies, daß es im Osten des Römischen Reiches mehr bäuerliche Landeigentümer gegeben habe, als dies im Westen der Fall war.[11]

Material zum Typus von Dorfgemeinschaften in Vorderasien

Auch wenn eine Vernachlässigung der historischen Kontexte immer bedenklich ist, möchte ich mit einem Versuch beginnen, einige wiederkehrende Merkmale dieser Dorfgemeinschaften aufzählen. Dazu würde ich folgende Kennzeichen nennen: Die Bauern waren Eigentümer ihres Landes, es gab eine innerdörfliche Arbeitsteilung zwischen Bauern und Handwerkern, die Bewohner waren miteinander verwandt, Älteste leiteten das Dorf, privates Verfügungsrecht über Land war durch übergeordnete Ansprüche bzw. Eigentumsrechte eingeschränkt, und schließlich gab es einen gemeinsamen religiösen Kultus. Selten wird man alle Merkmale nachweisen können, und häufig unterschieden sich Dorfgemeinschaften auch noch hinsichtlich dieser Merkmale beträchtlich. Trotz aller Variationen aber bildeten Dorfgemeinschaften (*vicus/kōmē*) im Vergleich zur *villa*, dem Landgut stadtsässiger Grundherren, das von Sklaven oder Pächtern bearbeitet wurde, einen eigenen Typ agrarischer Vergemeinschaftung.[12]

11 A. H. M. Jones hatte den Osten des Römischen Reiches zwischen dem 3. und 6. Jahrhundert n. Chr. so charakterisiert: Er war reicher, dort gab es mehr »peasant proprietors« als im Westen (*The Later Roman Empire 284-602. A Social Economic and Administrative Survey*, Bd. 2, Oxford 1964, S. 1064-1068).

12 Zur Definition von Dorfgemeinschaften in diesem Raum in der Antike siehe G. McLean Harper, »Village Administration in the Roman Province of Syria«, in: *YCS* 1 (1928), S. 105-168, auf S. 106 f.; E. Frézouls, »Du village à la ville: problèmes de l'urbanisation dans la Syrie hellénistique et romaine«, in: derselbe (Hg.), *Sociétés urbaines, sociétés rurales dans l'Asie Mineure et la Syrie hellénistiques et romaines*, Strasbourg 1987, S. 81-93; zur *villa* allgemein E. Kornemann, Art. »Domänen«, in: *RE*, Suppl. 4 (1924), S. 227-268; auch im Iran bestanden beide Typen agrarischer Sozialordnung nebeneinander: N. Pigulevskaja, *Les Villes de l'Etat Iranien aux Epoques Parthe et Sassanide*, Paris 1956, S. 152; x. de Planhol, »Geography of Settlement«, in:

Ich möchte an dieser Stelle einen Überblick über Quellen bieten, der die geographische Verbreitung und zeitliche Dauer solcher Dorfgemeinschaften in Vorderasien beispielhaft illustrieren soll. Eine wirklich gründliche Untersuchung steht noch aus, weshalb ich mir so behelfen muß. Dorfgemeinschaften sind schon aus dem Syrien des 14./13. Jahrhundert v. Chr. bekannt. Sie sind ein Phänomen des Alten Orients überhaupt und werden auch in hellenistischer Zeit zahlreich bezeugt.[13] Um sich ein Bild von Dörfern dieses Typus zu machen, lohnt sich ein Blick in die Werke des jüdischen Historikers Josephus: In Dörfern gibt es Priester (*Ant. Jud.*, XII 265; *Bell. Jud.*, I 36 und IV 155), sie sind menschenreich und dicht besiedelt (*Bell. Jud.*, III 43 und IV 447; *Vita* 230 ⟨die Zahlenangaben sind mit Vorsicht zu genießen⟩), in ihnen gibt es Schreiber (*Ant. Jud.*, XVI 203; *Bell. Jud.*, I 479), einzelne Familien treten als besonders angesehen hervor (*Ant. Jud.*, XX 114; *Bell. Jud.*, I 659 und VI 201), manche Dörfer sind befestigt (*Ant. Jud.*, XVIII 27 f.; *Bell. Jud.*, II 70; III 25; IV 105.127.511), in einem Dorf wird eine Kopie des heiligen Gesetzes gefunden (*Bell. Jud.*, II 229), aus galiläischen Dörfern kommen große Mengen an Korn und Vieh (*Bell. Jud.*, II 528; *Vita* 58.71.118 f.), Dörfer entrichten Abgaben (*Bell. Jud.*, II 405), Dörfer konnten von Herrschern gegründet werden (*Ant. Jud.*, XVII 340). Es sind dies viele kleine Momentaufnahmen, die nicht verallgemeinert werden dürfen.

Cambridge History of Iran, Bd. 1, Cambridge 1968, S. 409-467; derselbe, »Les villages fortifiées en Iran et en Asie Centrale«, in: *Annales de Géographie* 64 (1958), S. 256-258.

13 Einige Einzelabhandlungen zu den vorderasiatischen Dorfgemeinschaften: M. Heltzer, *The Rural Community in Ancient Ugarit*, Wiesbaden 1976; B. Brentjes, »Zum Verhältnis von Dorf und Stadt in Altvorderasien«, in: *Wissenschaftliche Zeitschrift der Universität Halle*, Gesellschaftl. Reihe 17 (1968), S. 9-41; I. M. Diakonoff, »The Rural Community in the Ancient Near East«, in: *JESHO* 18 (1975), S. 121-133; C. H. J. de Geus, »Agrarian Communities in Biblical Times: 12th to 10th Centuries B. C. E.«, in: *Recueils de la Société Jean Bodin* XLI. *Les Communautés Rurales*, Paris 1983, S. 207-237; P. Briant, »Communautés de base et économie royale en Asie achéménide et hellénistique«, in: *Recueils de la Société Jean Bodin* XLI (1983), S. 315-343; derselbe, »Villages et Communautés Villageoises d'Asie Achéménide et Hellénistique«, in: *JESHO* 18 (1975), S. 165-188. Weitere Studien hierzu von P. Briant, *Roys, Tributs et Paysans. Etudes sur les formations tributaires du Moyen-Orient ancien*, Paris 1982.

Dennoch gestatten sie die Feststellung, daß die judäischen und galiläischen Dörfer zur Zeit von Josephus (1. Jahrhundert n. Chr.) keine ausgebluteten und seelenlosen Orte, sondern wirtschaftlich reiche, pulsierende Zentren waren, die teilweise sogar ihre Verteidigung in eigene Hände nahmen. Es entspricht diesem Befund, wenn Josephus gelegentlich einmal feststellt, daß man Dörfer und Städte nicht in allen Fällen voneinander unterscheiden könne (*Ant. Jud.*, xx 130).

Diese Augenblicksbilder werden durch G. McLean Harper bestätigt, der vornehmlich aus Inschriften die Organisation syrischer Dörfer in römischer Zeit ermittelt hat: es gab Dorfbeamte, die vielleicht für die Übernahme dieses Amtes zahlen mußten; die Dorfbewohner kamen zu Dorfversammlungen zusammen, und manche Dörfer scheinen sogar einen Rat (*boulē*) gehabt zu haben; die Dorfgemeinschaften besaßen eigene Einkommensquellen, darunter die Verpachtung öffentlichen Landes an Bauern und Viehzüchter, und bezahlten daraus die dörfliche Bautätigkeit sowie Steuern und Abgaben.[14]

Eine ähnliche Untersuchung wie die von G. McLean Harper hat M. Goodman zu jüdischen Dörfern in Galiläa vorgenommen, wobei er als Quellen die älteren Schichten der rabbinischen Literatur verwendet hatte. Die Ergebnisse stimmen weitgehend mit denen von Harper überein. Eine Einzelheit tritt jedoch stärker als bei Harper in den Vordergrund: Die Dörfer besaßen im Untersuchungszeitraum (132-212 n. Chr.) eine eigene Gerichtsbarkeit, die von den Rabbinen unabhängig war.[15] Auch das spätere Syrisch-Römische Rechtsbuch bestätigt dies, wenn es dörflichen Instanzen bei zivil- und strafrechtlichen Verstößen Befugnisse einräumte.[16] Man sollte auch diese Befunde nur vorsichtig verallgemeinern. Aber man wird kaum übersehen können, daß die ökonomische und kulturelle Komplexität der Dorfgemeinschaften ein fein gesponnenes Rechtssystem und eine Rechtsprechung vor Ort begünstigten.

Ein Sprung von Josephus zu Libanius 300 Jahre später zeigt uns ähnliche Verhältnisse. Wir verdanken Libanius, einem paganen

14 Siehe den Anm. 12 zitierten Aufsatz.
15 M. Goodman, *State and Society in Roman Galilee, A. D. 132-212*, Totowa 1983.
16 E. Sachau, *Syrische Rechtsbücher*, 3 Bde., Berlin 1907/1908/1914.

Rhetor aus Antiochia (Ende des 4. Jahrhunderts), unersetzliche Einblicke in das Verhältnis von Stadt und Bürgern Antiochias zum agrarischen Umland.[17] Libanius spricht

von den »großen Dörfern« bei Antiochia, »die kaum weniger Einwohner zählen als viele Städte, in denen es Handwerksbetriebe wie in den Städten gibt und die mit Hilfe von Festen ihre Waren austauschen« und »die die Stadt kaum nötig haben wegen des Tausches untereinander« (oratio 11,230).

In seiner viel diskutierten oratio 47 über das Patronat klagte er darüber, daß die großen, befestigten Dörfer, in denen die Bauern ihre eigenen Herren sind, sich mittels ihrer Erzeugnisse (Weizen, Gerste, Baumfrüchte, Gold oder Geld) das Patronat dort lagernder Soldaten sicherten und andere Dörfer überfielen. Die Soldaten und Polizisten drückten ein Auge zu, und die Steuereinzieher aus der Stadt konnten die Dorfältesten (*archontes*) nicht mehr zum Zahlen der Steuer bewegen. Diese Informationen zu großen Dorfgemeinschaften werden durch weitere Quellen bestätigt.[18]
Sehr große Dörfer (*kōmē megistē*) in der Nähe Antiochias sind wiederholt Thema des christlichen Bischofs Theodoret von Cyrus (Nord-Syrien). In dem Dorf Gindaros – 47 km nordöstlich von Antiochia, dem es unterstand – hatte sich ein Heiliger niedergelassen, und weitere Asketen waren ihm gefolgt (*Historia religiosa* 11 9). In einem Dorf bei Emesa, in dem die Bauern ebenfalls ihre eigenen Herren waren (*geōrgoi kai despotai*), begann der spätere Patriarch Abrahames seine Heiligenkarriere. Er zog mit Säcken in das heidnische Dorf, als sei er ein Kaufmann, der Nüsse – und davon lebte das Dorf – aufkaufen wollte. Als er nach einigen Tagen die christliche Liturgie zu singen begann, da wurde durch den *kērux* eine Volksversammlung einberufen, an der Männer, Frauen und Kinder teilnahmen. Gerade als man dem Heiligen mit dem Tode gedroht hatte, kamen Steuereinzieher, die ihr Geschäft mit Gewalt (Fesselungen und Schlägen) betrieben. Der

---

17 L. Harmand, *Libanius – Discours sur les patronages*, Thèse, Paris 1955; J. H. W. G. Liebeschütz, *Antioch: City and Imperial Administration in the Later Roman Empire*, Oxford 1972; P. Petit, *Libanius et la vie municipale à Antioche*, Paris 1955.
18 C. Tchalenko, *Villages antiques de la Syrie du Nord*, 3 Bde., Paris 1953/1958; G. Dagron, »Entre village et cité, la bourgade rurale des IVᵉ-VIIᵉ siècles en Orient«, in: *Koinonia* 3 (1979), S. 29-52.

Heilige griff ein und konnte ihre Peiniger zur Milde überreden. »Sie forderten ihn [daraufhin] auf, ihr Patron [*prostatēs*] zu werden, denn ihr Dorf hatte keinen Herren. Sie waren Bauern und Herren in einem.« Als Abrahames dem Wunsch entsprochen hatte, erbauten die Dorfbewohner eine Kirche (*Historia religiosa* XVII 1-4).[19]

Ein Sprung ins 8. Jahrhundert in den Osten des iranischen Hochlands zeigt ähnliche Verhältnisse: Neben privatem Großgrundbesitz, auf dem die Häuser abhängiger Gefolgsleute erbaut waren, reiche Dorfgemeinschaften, die wertvolle Produkte herstellten (Narshakhi, *Tarikh-e Bukhara* cap. IV und XII). Auch noch im 19. und 20. Jahrhundert wurde dieser Typ von Dorfgemeinschaften in Vorderasien beobachtet.[20]

Die Bedeutung agrarischer Einkommen für den städtischen Wohlstand

Die vorderasiatische Wirtschaft war in der Zeit der Antike und auch noch danach vorwiegend agrarisch gewesen. Ob und in welchem Maße die Landwirtschaft ökonomisch wichtiger war als Handwerk und Handel, ist jedoch bis heute umstritten. Man hatte sich lange Zeit zu sehr auf die Sklaverei als Hauptquelle wirtschaftlichen Wohlstands konzentriert und dabei fast die Tatsache aus den Augen verloren, daß sich die antiken Städte auf eine agrarische Basis stützten und zu jeder Stadt große Gebiete agrarisch genutzten Umlandes gehörten, aus dem der Wohlstand der Stadtbürger kam. Die Frage ist nur: in welchem Umfang? Wurde er in höherem Maße mit Handel und Gewerbe als mit Landwirtschaft erzielt?[21]

19 Dieses Material hat P. Brown ausgebreitet: »The Rise and Function of the Holy Man in Late Antiquity«, in: *JRS* 61 (1971), S. 80-101; abgedruckt in: J. Martin/B. Quint (Hg.), *Christentum and antike Gesellschaft*, Darmstadt 1990, S. 391-439.

20 Von den ethnographischen Studien erwähne ich nur den Klassiker J. Weulersse, *Paysans de Syrie et du Proche-Orient*, Paris 1946.

21 R. MacMullen, *Roman Social Relations 50 B.C. to A.D.284*, New Haven/London 1974, S. 49-51. Er schreibt: »It is my view that land was by far the preponderant ultimate producer of wealth and that it and the cities in its midst were thus closely symbiotic« (S. 49).

Die Diskussion hierüber hat hin- und hergewogt. Am Anfang unseres Jahrhunderts hatte M. Rostovtzeff behauptet, es habe im Römischen Reich ein Bürgertum gegeben, das Industrialisierung und Handel vorangetrieben habe.

»In seinen Ausführungen über die städtische Sozialstruktur hat Rostovtzeff die These vertreten, daß die ›city bourgeoisie‹ des Imperium Romanum ähnlich wie das moderne Bürgertum die Industrialisierung und die Ausweitung des Handels vorangetrieben hat und ihren Reichtum vor allem ihrem Engagement im Handel verdankte« – so faßte H. Schneider Rostovtzeffs These zusammen.[22]

Es schloß sich eine intensive Diskussion darüber an, ob die antike Wirtschaft wirklich modern war oder nicht vielmehr ›primitiv‹. Diese Auseinandersetzung hat zu einer beträchtlichen Relativierung der Auffassung von Rostovtzeff geführt. In ihrem Verlauf besann man sich auf die Vermutung Webers, daß in der Antike das Wirtschaftsleben von politischen Faktoren beherrscht worden war und daß dies auch für solche Erscheinungen galt, die dem modernen Kapitalismus nahe kamen.[23] Erst vom Mittelalter an sind die Konsuminteressen eindeutig den Produktionsinteressen der Besitzenden gewichen und hat eine rationale Lebensführung der Besitzenden die Verbreitung des Kapitalismus beflügelt. In der Antike konnte davon noch keine Rede sein.

Ein wichtiger Gegenstand dieser Diskussion war das verfügbare Zahlenmaterial, aus dem ein quantitatives Verhältnis der Einkommen aus Handel/Handwerk zu denen aus der Landwirtschaft ermittelt werden kann. Eine kühne These hierzu hatte A. H. M. Jones vorgetragen. Aus zwei späten Angaben zu Edessa in Syrien und Herakleopolis in Ägypten zog er den

»eindeutigen Schluß, daß die Landwirtschaft im 6. Jahrhundert etwa 20mal soviele Einkünfte erbrachte wie Handel und Gewerbe«, woraus die

22 H. Schneider (Hg.), *Sozial- und Wirtschaftsgeschichte der Römischen Kaiserzeit*, Darmstadt 1981, Einleitung zu Rostovtzeff S. 8-12, Zitat S. 8.

23 Diese Position hat H. W. Pearson in einem geschliffenen Vorwort zu K. Polanyi/C. Arensberg/H. W. Pearson (Hg.), *Trade and Market in the Early Empires*, Glencoe 1957, S. 7 f., entwickelt. Skizze der Diskussion über die antike Ökonomie in: H. G. Kippenberg (Hg.), *Die Entstehung der antiken Klassengesellschaft*, Frankfurt 1977, S. 12-19.

»relative Bedeutungslosigkeit von Handel und Gewerbe im Römischen Reich« hervorgehe.[24]

Jedoch hat diese Gegenthese zu Rostovtzeff keine ungeteilte Zustimmung gefunden. Nachdem P. Garnsey und K. Hopkins in detaillierten Untersuchungen das große Gewicht von Handel und Handwerk für die Stadt Mailand (Mediolanum) und für die Zeit von 200 v. Chr. bis 200 n. Chr. haben nachweisen können, wird man mit Verallgemeinerungen vorsichtig sein müssen.[25]

In aller Regel aber stellten Grundbesitzer die herrschende Schicht der Städte. Ihr langfristiges Interesse galt weniger einer Steigerung von Umsatz und Gewinn als dem regelmäßigen Bezug einer festen Rente, die ihnen ein standesgemäßes Leben ermöglichte.[26] Zu diesem standesgemäßen Leben gehörte an allererster Stelle, daß man von Handarbeit befreit war. Dabei deutet manches darauf hin, daß das wirtschaftliche Gewicht des Grundbesitzes im Laufe der Jahrhunderte zunahm, während das städtische Gewerbe und der Handel damit verglichen wohl eher abnahmen. Denn die Angaben, mit denen Jones seine These untermauerte, sind für die späte Zeit kaum in Zweifel zu ziehen. Sie bezeugen, daß der Schwerpunkt der antiken Wirtschaft am Ende der spätrömischen Zeit sich auf das Land verlagert hatte.

24 »Das Wirtschaftsleben in den Städten des Römischen Kaiserreiches«, in: Schneider, a.a.O., S. 48-80, Zitat S. 50.

25 P. Garnsey, »Economy and Society of Mediolanum under the Principate«, in: *Papers of the British School at Rome* 44 (1976), S. 13-27; K. Hopkins, Taxes and Trade in the Roman Empire (200 B. C. – A. D. 400)«, in: *JRS* 70 (1980), S. 101-125; K. Hopkins, »Economic Growth and Towns in Classical Antiquity«, in: P. Abrams, E. A. Wrigley (Hg.), *Towns in Societies. Essays in Economic History and Historical Sociology*, Cambridge 1978, S. 9-33. Eine Besprechung des Diskussionsstandes stammt von F. Kolb, *Die Stadt im Altertum*, München 1984, S. 238-260.

26 Dies hatte bereits Max Weber behauptet, als er schrieb: »Diese so überaus viel sicherere Art, vom Sklavenbesitz Vorteil zu ziehen (nämlich durch Freilassungen, die durch Leistungen des Freigelassenen entgolten werden mußten HGK), schob aber dessen Ausnutzung offenbar vom Geleise der kapitalistischen Verwertung zur Erzielung von ›Gewinn‹ auf das Geleise des Bezugs von ›Rente‹ und Loskaufgeld.« »Agrarverhältnisse im Altertum«, in: *Gesammelte Aufsätze zur Sozial- und Wirtschaftsgeschichte*, Tübingen 1924, S. 23.

Althistoriker haben in den vergangenen Jahren das Verhältnis zwischen Stadt und Land in der Antike genauer untersucht. Die Beziehungen, die zwischen städtischen Grundbesitzern und bäuerlichen Produzenten im Umland der Städte bestanden, waren ein neuralgischer Punkt der antiken Gesellschaft gewesen. Weber, kein Freund des Wortes ›Klassenkampf‹, meint es in diesem Zusammenhang gebrauchen zu müssen.

In der Hoplitenpolis wurde festes Recht geschaffen, »um den Klassenkampf zwischen Gläubigern (Adel) und Schuldnern (Bauern) zu schlichten, die Klassenbildung zu stabilisieren«.[27]

Die Stadt-Land-Beziehungen waren voller Gewalt gewesen. Kaum ein Althistoriker hat das so reichhaltig dokumentieren können wie R. MacMullen. Er sah in den beiden großen antiken Bauernkriegen der Zeloten in Judäa und der Circumcellionen in Nordafrika auch Symptome einer alltäglichen Feindschaft. Der schleichende Gegensatz war in offenen Krieg ausgeartet.[28] Der Konfliktherd Städter – Bauern war dauerhafter und struktureller als der zuweilen überbewertete Antagonismus zwischen Sklavenhaltern und Sklaven.
Die Konflikte, die seit der Zeit der hellenistischen Reiche die Stadt-Land-Verhältnisse bestimmten, flammten besonders dort auf, wo den Städten vitale Dorfgemeinschaften gegenüberstanden. Verschärft wurden sie, als der römische Staat es den Städten zur Aufgabe machte, die staatlichen Abgaben von den agrarischen Produzenten einzutreiben. Der jüdische Historiker Josephus berichtet einmal beiläufig, daß Beamte und Mitglieder des städtischen Rates von Jerusalem von den umliegenden Dorfgemeinschaften Abgabenrückstände eingetrieben hätten (*Bell. Jud.*, II 405). Diese Praxis war weit verbreitet. Dörfer wurden in dem gleichen Maße unter Abgabendruck gesetzt, in dem Städte zu Zentralorten des Römischen Reiches umgeformt wurden und ihnen dabei fiskale Aufgaben gegenüber dem flachen Land zufielen. Das war in Judäa zum Beispiel bereits im 1. Jahrhundert v. Chr. der Fall.[29]

27 »Agrarverhältnisse«, a.a.O., S. 40 f.
28 Ebd., S. 53.
29 W. Stenger, »*Gebt dem Kaiser, was des Kaisers ist …!*« *Eine sozialge-*

Besonders schwierig wurde die Erfüllung dieser Aufgabe dann, wenn – wie in Judäa, aber auch anderswo – die Dorfgemeinschaften wirtschaftlich starke Gebilde waren, die über eigene politische, rechtliche und kulturelle Institutionen verfügten.[30] Hier entspann sich ein Konflikt zwischen zwei gleich starken und nicht etwa zwischen zwei ungleichen Gegnern. Den Ausgang der Antike markierte nicht nur ein allmählicher Übergang des Landgutes städtischer Herren zur autonomen Grundherrschaft, sondern daneben auch eine Abkehr vieler Dorfgemeinschaften von den städtischen Zentren.

Königtum als konkurrierende Herrschaftsordnung

Unterschiedliche Sozialverhältnisse
in *polis* und *chōra*

Wenn wir bis jetzt feststellen konnten, daß jüdische Gemeinden durch die Verleihung von Autonomie privilegiert worden sind, dann darf daraus keinesfalls in einem Umkehrschluß gefolgert werden, daß städtische Autonomie die einzige politische Ordnung war, unter der Juden seit der Perserzeit in der Antike gelebt haben. Die gemischte Verfassung des Hellenismus kannte ja neben der Stadtherrschaft, *polis*, und den nicht privilegierten städtischen Zentralorten auch noch das »Land«, *chōra*, mit einer eigenständigen Herrschaftsordnung.

Diese Struktur wird von einer Schrift, die fälschlich Aristoteles zugeschrieben wurde, bestätigt. Sie trägt den Titel *Oeconomica*

schichtliche *Untersuchung zur Besteuerung Palästinas in neutestamentlicher Zeit*, Frankfurt 1988.

30 Eine treffende Beschreibung dieses Sachverhaltes gibt D. J. Kyrtatas: »As administrative and economic centres, cities, large or small, exercised a constant influence upon the countryside. But if, from an economic point of view, country was always exploited by city, from a cultural point of view relations seem to have been much more ambivalent ... At the time provincial cities started stagnating or declining, however, local cultures and native tongues underwent a revival in the countryside: assimilation gave way to differentiation.« *The Social Structure of Early Christian Communities*, London/New York 1987, S. 150.

und beschreibt die Einnahmen und Ausgaben des Seleukidenreiches. Sie teilte die Verwaltung der Einnahmen und Ausgaben in vier Gruppen ein: die Verwaltung des Königs, des Satrapen, der Polis und des privaten Bürgers. Zur Verwaltung des Königs gehörten Münzprägung, Export, Import und Ausgaben; zur Verwaltung des Satrapen die Einkünfte aus Land: *ekphorion* und *dekatē*. *Ekphorion* war eine feste Pachtsumme, die *dekatē* (Zehnter) eine Quotenabgabe. Es sind dies Abgaben von Land, das nicht von einer Polis verwaltet wurde und damit nicht zur *gē politikē* zählte. Auch im Modell von Euhemeros, das eine gemischte Verfassung entwarf, war das Land des Königs mit der *dekatē* belastet (Diodorus Siculus v 42,1).

Das Recht des Herrschers auf diese Abgabe wurde damit begründet, daß der königliche Eroberer das Land mit dem Speer erworben habe. Jedenfalls haben die Seleukiden auf diese Vorstellung (*doriktētos chōra*) besonderen Wert gelegt.[31]

Die Wirklichkeit war allerdings wesentlich komplizierter. Das Königsland konnte direkt vom König verwaltet werden oder aber an hohe Beamte vergeben worden sein. Es konnten aber auch verschiedene Kategorien Land (Land der *ethnē*, der *polis*, von Privatpersonen und von Tempeln) aus dem Königsland ausgeschieden und Körperschaften und Personen übertragen worden sein. Außerdem gab es auf dem Königsland selber (der *basilikē chōra*) neben Dorfgemeinschaften auch noch Landgüter städtischer Herren (*villa*).[32]

Dieses Nebeneinander von Stadtland und Königsland blieb auch noch in römischer Zeit bestehen, wie uns der Codex Theodosianus lehrt (zum Beispiel *CTh* v 14,31). In der Regel scheint Königsland als *ager publicus* vom Römischen Staat übernommen worden zu sein. Dort, wo späte Quellen ausnahmsweise einmal den Blick freigeben auf die Grundbesitzverhältnisse im Umland der Städte, bestätigen sie dieses Bild.[33]

31 Zum speererworbenen Land: W. Schmitthenner, »Über eine Formveränderung der Monarchie seit Alexander d. Gr.«, in: *Saeculum* 19 (1968) S. 31-46; A. Mehl, »*Doriktētos chōra*. Kritische Bemerkungen zum ,Speererwerb' in Politik und Völkerrecht der hellenistischen Epoche«, in: *Ancient Society* 11/12 (1980/81), S. 173-212.
32 Zum Königsland: H. Kreissig, *Wirtschaft und Gesellschaft im Seleukidenreich*, a.a.O., S. 89-104.
33 Zur römischen Zeit: B. Levick, *Roman Colonies in Southern Asia Mi-*

Theodoret von Cyrus (Nordsyrien) schreibt in Briefen aus dem Jahre 446/47, seine Vaterstadt verfüge über 50 000 *zuga eleutherika* und 10 000 *zuga tamiaka*. Neben dem Landbesitz freier Bürger (den zuerst genannten Flächen) standen Ländereien, die von Kolonen und von grundbesitzenden Bauern bearbeitet wurden und für die Gold und Kleider an den Fiskus zu entrichten waren (epistula 42-47).

Von Althistorikern ist zuweilen gefragt worden, was denn die seleukidischen Herrscher zu den Gründungen autonomer Städte veranlaßt haben könnte. Eine der Antworten hierauf hat W. W. Tarn gegeben: Die Seleukiden hätten auf diese Weise dazu beitragen wollen, die persönliche Abhängigkeit der Bauern zurückzudrängen. Das gleiche Ziel hätten sie auch durch die Vergabe von Königsland mit der Auflage, das Land müsse in Stadtland umgewandelt werden, erreicht. Und schließlich hätten sie die Zahl der Feudalherren verringert.[34] Dem hat Kreissig widersprochen. Es habe unter den Seleukiden keine »Reformpolitik der Umwandlung von *laoi* in Grundeigentümer« gegeben. Im Umland der Städte sei das *laoi*-System ebenso verbreitet gewesen wie auf dem Königsland.[35]

Dennoch bleibt die Überlegung von W. W. Tarn bedenkenswert. Sie wird von dem Historiker Josephus in seiner Nacherzählung von *Gen.* 47 unterstützt. Der biblische Text *Gen.* 47,13-26 erzählt, daß Joseph während einer Hungersnot in Ägypten und Kanaan den Bauern Korn gegeben hatte. Als Sicherheit hatte er von ihnen erst Geld, dann – als dieses ausgegangen war – Vieh, dann ihre Person und Felder genommen. Dafür mußten sie ihrerseits ein Fünftel von dem Ertrag der Ernte abtreten.[36] Die Notsi-

nor, Oxford 1967, Appendix VI: »Client Kings, Royal Domains, and Imperial Estates« (S. 215-226); I. Hahn, »Sassanidische und spätrömische Besteuerung«, in: *Acta Antiqua* 7 (1959), S. 149-160; derselbe, »Theodoretus von Cyrus und die frühbyzantinische Besteuerung«, in: *Acta Antiqua* 10 (1962), S. 123-130.

34 W. W. Tarn, *Die Kultur der hellenistischen Welt*, Darmstadt ³1966, S. 162 f.

35 »Die Dorfgemeinde im Orient in der hellenistischen Epoche«, in: *Recueils de la Société Jean Bodin* 41 (1983), S. 301-314, auf S. 311-313.

36 B. Lang hat hierin den typischen Weg eines freien jüdischen Bauern in die Abhängigkeit gesehen: »The Social Organization of Peasant Poverty in Biblical Israel«, in: derselbe, *Monotheism and the Prophetic Minority*, Sheffield 1983, S. 114-127.

tuation habe nicht nur ihre Leiber, sondern auch ihre Denkweise (*dianoia*) versklavt, kommentierte Joseph den Vorgang. Als die Not vorüber gewesen sei, habe Joseph das Land jedoch den Städten (!) und ihren Bewohnern zurückgegeben. Die Bewohner seien auf diesem Wege die Herren ihres Landes (*kurios tēs gēs*) geworden und hätten dem König dafür ein Fünftel ihrer Ernte als Abgabe entrichten müssen. Das Ansehen von Joseph sei auf Grund dieser Maßnahme in Ägypten noch gestiegen (*Ant. Jud*, II 189-193).

Diese Nacherzählung des Josephus hat mit Ägypten wenig zu tun, zumal es dort außer Alexandria keine Polis gab. Sie bezieht sich wohl eher auf die syrisch-phönizischen Gebiete, in denen Königsland und Stadtland abwechselten.[37] Der Unterschied, den Josephus auf diese Weise zwischen Stadt- und Königsland machte, deckt sich mit Inschriften aus Kleinasien. Bauern, die dort als minderberechtigte Bürger (*paroikoi*) auf städtischem Land saßen, konnten ihren Landbesitz zumindest de facto in Eigentum verwandeln, was für die *laoi* nicht möglich war.[38] Wenn Josephus behauptete, daß die *laoi* eine versklavte Denkweise gehabt hätten, dann könnte hier das Vorurteil eines Städters reden. Er könnte aber auch eine Besonderheit der *laoi* im Auge haben, die mit ihrer rechtlichen Lage zusammenhing. Ihnen lag möglicherweise der Schutz durch Machthaber näher als ein Engagement für die väterlichen Gesetze.[39] Unabhängig von diesem

37 S. Applebaum, »Hellenistic Cities of Judaea and its Vicinity«, in: B. Levick (Hg.), *The Ancient Historian and his Materials. Essays in Honor of C. E. Stevens*, Farnborough 1975, S. 59-73; A. Kasher, *Jews and Hellenistic Cities in Eretz-Israel. Relations of the Jews in Eretz-Israel with the Hellenistic Cities during the Second Temple Period (332 BCE-70 CE)*, Tübingen 1990.

38 Zu den *paroikoi*: G. E. M. de Ste. Croix, *The Class Struggle in the Ancient Greek World from the Archaic Age to the Arab Conquests*, London 1981, S. 157 f.; I. Hahn, »Periöken und Periökenbesitz in Lykien«, in: *Klio* 63 (1981) S. 51-61.

39 Wäre es nicht denkbar, daß die noch stets ein wenig mysteriöse Bezeichnung *laoi tēs gēs* (= 'am hā'āreṣ) für das religiös laxe Landvolk, die ja eine Affinität mit Galiläa hatte, eben diese Bauern auf Königsland vor Augen hatte? R. Meyer hat in einem Artikel den Konflikt der Rabbinen mit dem galiläischen '*am hā'āreṣ* auf folgende Formel gebracht: »Die gleiche Bevölkerung, die bereitwillig ihr Leben für einen messianischen Anwärter auf den Davidsthron oder für einen messia-

Aspekt bestätigt seine Erzählung jedoch, daß *paroikoi* auf dem Stadtterritorium im Unterschied zu den *laoi* Herren ihres Landes sein konnten.

Juden auf Königsland

Die politische Gemeinde der Juden in Judäa hatte sich in hellenistischer Zeit ihren autonomen Status bewahren können, wobei sich gerade auch die Bauernschaft für ihn eingesetzt hatte. Der Makkabäeraufstand seit 167 v. Chr. war von den Dörfern ausgegangen (Josephus, *Bell. Jud.*, I 36f; *1. Makk.* 2,15-28; *2. Makk.* 8,1). Sie hatten sich gegen den Eingriff des hellenistischen Herrschers Antiochos IV Epiphanes in den Opferkult erhoben und sich außerdem innerjüdischen Bestrebungen widersetzt, Jerusalem zu einer griechischen Polis mit Gymnasion und Ephebie zu machen (*2. Makk.* 4,9-12). Eine solche Verfassungsreform hätte wohl die Masse der Bewohner Judäas zu Ansässigen ohne Bürgerrecht herabgedrückt.[40] Erfolgreich hatte man sich auch dem Vorhaben widersetzt, die Bauern Judäas wie Teilpächter zu belasten und ein Drittel des Ertrages der Aussaat und die Hälfte der Baumfrüchte als Abgabe an den Herrscher zu verlangen (*1. Makk.* 10,29-31).[41] Mit dem Sieg des makkabäischen Aufstandes war auch diesem Vorhaben jede Chance genommen.

Allerdings aber barg der große Erfolg auch Gefahren in sich. Die aus dem Aufstand hervorgegangene Dynastie der Hasmonäer stützte sich nämlich seit Hyrkanos I. (134-105 v. Chr.) nicht mehr auf jüdische Bauernheere, sondern auf Söldner (Josephus, *Ant.*

nischen Propheten einsetzte, brachte dem rabbinischen Ideal einer synagogalen Heilsanstalt kein Verständnis entgegen« (»Der 'Am hā-'Āreṣ. Ein Beitrag zur Religionssoziologie Palästinas im ersten und zweiten nachchristlichen Jahrhundert«, in: *Judaica* 3 (1947), S. 169-199, Zitat S. 190). Zum *'am hā'areṣ*: A. Oppenheimer, *The Am haaretz. A Study in the Social History of the Jewish People in the Hellenistic-Roman Period*, Leiden 1977.

40 Chr. Habicht in seinem Kommentar zum 2. Makkabäerbuch, in: *Jüdische Schriften aus hellenistisch-römischer Zeit*, Bd. 1, Gütersloh 1979, S. 261 (zu 4, 9).

41 Hierzu habe ich das Material zusammengestellt in meinem Buch: *Religion und Klassenbildung im antiken Judäa*, Göttingen ²1982, S. 90-92.

Städte und Königsland in Palästina

Sidon

Damascus

Tyrus

Caesarea Philippi

GALILÄA

Gischala

Ptolemais

Kapernaum

Betsaida

Genne-saret

Gamala

Gaba

Magdala

Sepphoris

Tiberias

Hippos

Jesreel

Nazareth

Dora

Gadara

Caesarea

DEKAPOLIS

Scythopolis

Pella

SAMARIA

Gerasa

Samaria-Sebaste

Sichem

Amathos

Appolonia

Antipatris

Gadara

Joppe

Alexandreion

Lydda

Gophna

Jamnia

Modein

Bet El

Philadelphia

Gazara

JUDÄA

Jericho

Tyros

Azotos

Emmaus

Hesbon

Askalon

Jerusalem

Qumran

PERÄA

Bethlehem

Madeba

Betogabris

Marisa

Hyrkaneia

Bet-Zur

Gaza

Hebron

Machaerus

Adora

JDUMÄA

Masada

Beerscheba

MITTELLÄNDISCHES MEER

Jordan

TOTES MEER

237

Jud., XIII 249 und 374) und entmilitarisierte damit die jüdischen Bürger. Ein zweiter Umstand verstärkte diese Tendenz. Die Hasmonäer erweiterten nämlich den politischen Verband Judäas über das judäische Kernland der Jerusalemer Gemeinde hinaus: Küstenstädte und Galiläa samt dem Jordangraben und der fruchtbaren Jesreel- (Esdrelon-) Ebene wurden eingegliedert. Damit kamen Dorfgemeinschaften und Landgüter, die zuvor zum Königsland der Ptolemäer und Seleukiden gehört hatten, in den Besitz der Hasmonäer, später dann der Römer.

Ich lasse eine Aufstellung von Quellen und Inschriften zum Königsland in Palästina folgen. Allerdings fehlt in der Regel eine Angabe, ob das Königsland direkt vom Hof verwaltet wurde oder an Dritte vergeben worden war, ob es ein privates Landgut des Herrschers war oder ob es zu seinem Amt gehörte. Oft haben Herrscher ihre Macht wohl auch mißbraucht, um die Ländereien anderer Personen zu konfiszieren oder zu erben. Auch ist nicht immer klar, ob es sich um Dorfgemeinschaften oder um Landgüter vom Typus der *villa* gehandelt hat[42]:

Zenonpapyri (*CPJ* 2a; Papiri della Societa Italiana Nr. 554 und 594)[43]: Land des Dioiketen Apollonios Mitte des 3. Jahrhunderts v. Chr. in Baitianata (Bet Anat 19 km östlich von Ptolemais) in Galiläa, auf dem Wein und Feigen in vereinbarter Menge von Bauern unter Leitung eines *kōmomisthōtēs* (Pächters eines Dorfes) erwirtschaftet wurden.

CPJ 2a: nennt elf palästinische Orte (außer Bet Anat noch Stratonos Pyrgos, Ptolemais, Hierosolyma, Ericho, Kydisos, Abella, Surabit, Lakasa, Noe und Eitus), die an ptolemäische Beamte Mehl abliefern mußten.

Inschrift von Hefzibah: dem hohen Beamten Ptolemaios gehörten zu Beginn des 2. Jahrhunderts v. Chr. nordwestlich von Bet Shean in der Jesreel-Ebene Dörfer, darunter auch solche, die der

---

42 Zum Königsland in Palästina: A. Alt, »Hellenistische Städte und Domänen in Galiläa«, in: *Kleine Schriften*, Bd. 2, München 1953, S. 384-395; D. J. Herz, »Großgrundbesitz in Palästina im Zeitalter Jesu«, in: *PJ* 24 (1928), S. 98-113; Hengel, *Judentum und Hellenismus*, a.a.O., S. 40 f; S. 86-88. Die gleichen Unsicherheiten wie über die Verwaltung des Königslandes in Palästina bestehen auch für Kleinasien: siehe B. Levick, a.a.O.

43 Zum Königsland in den Zenon-Papyri: V. Tcherikover, »Palestine under the Ptolemies«, in: *Mizraim* 4/5 (1937), S. 7-90, auf S. 45-48.

seleukidische König Antiochos III. ihm übertragen hatte (IV 22 f).

Josephus, *Ant. Jud.*, XIV 207: die Dörfer in der großen Ebene (Jesreel) gehörten den hasmonäischen Vorfahren und sollen auch Hyrkanos gehören (vgl. auch noch XIV 209 sowie XVII 335 und XVIII 2).

Apostelgeschichte 12,20: die Städte Tyros und Sidon werden vom Königsland des Agrippa I. (37–44 n. Chr.) mit Lebensmitteln versorgt.

Josephus, *Ant. Jud.*, XV 294 (Bell. Jud. III 36): Herodes nahm Landzuteilungen vor in der großen Ebene, der Platz wurde Gaba genannt (siehe auch Josephus, Vita 47).

Josephus, *Vita*, 118 f.: an der Grenze zur *chōra* von Ptolemais lag (bei Gaba) die Stadt Besara (Bet Shearim), in der eine große Menge Getreide der Königin Berenike lagerte, das aus Dörfern ringsum stammte.

Josephus, *Vita*, 126: den Königen tributpflichtiges Land östlich des Jordan.

Josephus, *Vita*, 442.425.429: Titus weist Josephus Land in der großen Ebene zu; von Vespasian empfing er als Geschenk (*dōrea*) »nicht wenig Land« in Judäa; Domitian machte es steuerfrei. Überwiegend lag das Königsland in der Jesreel-Ebene und in Galiläa, was bereits Alt in der genannten Studie beobachtet hatte.

Der Rechtsstatus von Bauern auf Königsland

Bauern auf Königsland besaßen einen Rechtsstatus, der sich von dem der Bauern auf dem Territorium Judäas unterschied: Sie wurden offiziell *laoi* genannt. Es ist dies eine schwierige Bezeichnung, um deren Klärung (allerdings auf Kleinasien bezogen) sich nach E. Bikerman besonders P. Briant bemüht hat. Vieles spricht dafür, daß *laoi* Bauern bezeichnete, deren Dorf auf Königsland lag und die als Mitglieder ihrer Dorfgemeinschaft verpflichtet waren, dem Herrscher bzw. der Person / Körperschaft, der das Dorf übergeben worden war, eine Abgabe (*phoros*) zu entrichten. Sie waren an ihr Dorf gebunden (*adscripti vici* in lateinischer Terminologie), und dieses Dorf war gemeinschaftlich dem Herrscher beziehungsweise dessen ›Lehnsmann‹ Tribut (*phoros*) schuldig.[44]

Diese Bauern, die trotz eingeschränkter Freizügigkeit keine Sklaven waren, blieben rechtlich, militärisch und fiskal dem Herrscher unterstellt, so daß sich kein Vasallenverhältnis zwischen ihnen und dem ›Lehnsmann‹ entwickeln konnte. Dieser besondere Status von Bauern zwischen Freiheit und Abhängigkeit ist nicht nur aus Kleinasien, sondern auch aus dem ptolemäischen Reich bekannt. Er ist gemeint, wenn in Urkunden dieses Reiches von ›freien Personen‹ (*sōma eleutheron*) gesprochen wird. Da Palästina einschließlich Judäa bis zum Beginn des 2. Jahrhunderts v. Chr. Teil des ptolemäischen Reiches war, betrafen die Vorschriften, die dort für diese Personen erlassen wurden, auch Juden.

Diese Vorschriften zum Schutze der freien Personen waren nötig geworden, da die Verknechtung von Angehörigen der unteren Klasse in der gesamten ptolemäischen Provinz Syrien und Phönizien im 3. Jahrhundert v. Chr. einen erheblichen Umfang angenommen hatte. Er veranlaßte Ptolemaios II. Philadelphos, einen Erlaß herauszugeben, der zur Registrierung dieser Personen verpflichtete. Es gab in dieser Provinz eine wohl erhebliche Anzahl Abhängiger, die von ihren Herren bei einer vorangegangenen Registrierung von Sklaven nicht angegeben worden waren. Dem sollte nun mit einem erneuten Erlaß (*prostagma*) aus dem Jahre 260 v. Chr. begegnet werden. Der Erlaß bezweckte, die Versklavung von Bauern auf solche Fälle zu beschränken, die rechtmäßig waren. Nur gekaufte Sklaven und Bauern, die auf königlichen Auktionen verkauft worden waren, durften rechtmäßig versklavt werden. Der ptolemäische Erlaß war gegen die Praxis lokaler Aristokraten gerichtet, tributpflichtige Bauern widerrechtlich zu versklaven. Erwerb und Besitz von regelgerecht erworbenen Sklaven (*oiketai*) blieb von dem Erlaß unberührt.[45]

44 E. Bikerman, *Les Institutions des Séleucides*, Paris 1938, S. 178 f.; P. Briant, »Remarques sur ›laoi‹ et esclaves ruraux en Asie Mineure hellénistique«, in: derselbe, *Rois, Tributs et Paysans*, Paris 1982, S. 95-135; Kreissig, a.a.O., S. 89-104; siehe auch K. W. Welwei, »Abhängige Landbevölkerungen auf »Tempelterritorien« im hellenistischen Kleinasien und Syrien«, in: *Ancient Society* 10 (1979), S. 97-118.

45 »Diejenigen in Syrien und Phönizien, die eine bäuerliche freie Person (*sōma laikon eleutheron*) gekauft oder aber weggebracht und festge-

Die Inschrift von Hefzibah aus dem Beginn des 2. Jahrhunderts wirft erneut ein Licht auf Agrarverhältnisse in der Jesreel-Ebene am Vorabend der Hasmonäer. Wieder wird an den Herrscher (diesmal den seleukidischen König Antiochos III.) als Beschützer vor willkürlicher Versklavung der *laoi* appelliert.[46]
Was wir über diese Dorfgemeinschaften in der Zeit der Hasmonäer und danach wissen, legt nicht die Vermutung nahe, daß an dem Rechtsstatus der Landbevölkerung viel verändert worden

halten oder auf eine andere Weise erworben haben, müssen diese deklarieren und vorführen dem Oikonomos in jeder Hyparchie binnen zwanzig Tagen, nachdem der Erlaß verkündet worden ist« (*PER* 24 552 Z. 1-7). Konnten die Besitzer nachweisen, daß die entsprechenden Personen bereits vor dem Kauf dem Status nach Sklaven gewesen waren (*onta oiketika*), dann konnten sie sie behalten. Und das war auch der Fall bei Personen, die auf königlichen Auktionen verkauft worden waren, »auch wenn sie angaben, frei zu sein« (Z. 12-17). Alle anderen Personen mußten wahrscheinlich freigelassen werden. Zwar sagt dies der Erlaß nicht ausdrücklich. Sehr wohl aber untersagt er es, in Zukunft bäuerliche freie Personen zu kaufen oder als Pfand zu nehmen. »Und künftig soll es niemandem unter irgendeinem Vorwand gestattet sein, einheimische freie Personen zu kaufen oder zu verpfänden außer diejenigen, die der Verwalter der syrischen und phönizischen Staatseinkünfte dem Vollstreckungsverfahren überantwortet hat, gegen die auch die Personalexekution zusteht, wie im Pachtgesetz steht« (Z. 20-27). Text und Kommentar des ptolemäischen Erlasses: M.-Th. Lenger, *Corpus des Ordonnances des Ptolémées*, Brüssel ²1980, S. 42-45; ein ausgezeichneter Kommentar dazu ist noch immer: W. L. Westermann, »Enslaved Persons who are Free«, in: *AJP* 59 (1938), S. 1-30.

46 Der Stratege Ptolemaios hatte den seleukidischen König Antiochos III. gebeten, seine Dörfer, die sein Eigentum waren (*enktēsis*) bzw. die er in Erbpacht besaß (*eis to patrikon*) bzw. die ihm der König übertragen hatte (*katagraphē*), davor zu bewahren, daß dort Soldaten Quartier machten oder daß von ihnen Besitztum beschlagnahmt und *laoi* fortgeführt würden. Diesen Brief, das königliche Antwortschreiben sowie weitere Korrespondenz ließ der Stratege Ptolemaios auf eine Stele aus Stein schreiben und sie in seinen Dörfern aufstellen. Die Stele, die gefunden wurde, stammt aus einem Dorf 7 km nordwestlich von Bet Shean, dem antiken Skythopolis. Literatur: Y. H. Landau, »A Greek Inscription found near Hefzibah«, in: *Israel Exploration Journal* 16 (1966), S. 54-70; Th. Fischer, »Zur Seleukideninschrift von Hefzibah«, in: *Zeitschrift für Papyrologie und Epigraphik* 33 (1979), S. 131-138.

wäre.[47] Die Nachrichten, die wir haben, machen es eher unwahrscheinlich, daß die hasmonäischen Herrscher der Landbevölkerung ihrer Domänen einen anderen Rechtsstatus gegeben haben. Da jedoch von den Hasmonäern eine aktive Politik der Judaisierung der von ihnen eroberten Gebiete betrieben wurde (Josephus, *Ant. Jud.*, XIII 318), machten auf diese Weise auch jüdische Bauern mit diesem Rechtsstatus Bekanntschaft. Zuvor schon hatten Juden in Ägypten ihn kennengelernt.[48]

Wenn sich die Gleichnisse Jesu auf die Landwirtschaft beziehen, haben sie weniger das typisch judäische Kleinbauerntum, sondern oft überdimensionalen Großgrundbesitz vor Augen. Das Gleichnis von den Weingärtnern (*Mk.* 12,1-12) handelt von Bauern (*geōrgoi*), die einen Weinberg gepachtet haben, sich aber weigern, ihren Anteil an den Erträgen davon zu entrichten. Bis in die Details hinein hat M. Hengel dieses Gleichnis durch Papyri der Zenon-Korrespondenz erklären können. Er weist nach, daß sich dieses Gleichnis Jesu auf Verhältnisse bezieht, die für Königsland typisch waren. In einem ähnlichen Milieu spielt das Gleichnis vom betrügerischen Haushalter (*oikonomos*). Als er von seinem Herrn aufgefordert wurde, Rechenschaft abzulegen, veränderte er die Schuldscheine der Schuldner seines Herrn. Dem, der 100 Bat Öl (das sind 36,5 Hektoliter oder der Ertrag von ca. 146 Ölbäumen) schuldete, gab er einen Schuldschein von 50 Bat. Auf dieselbe Weise setzte er eine Schuld von 100 Kor Weizen (den Ertrag von 42 Hektar) auf 80 Kor herab (*Lk.* 16,1-9). Hier wird in Größenordnungen ganzer Dörfer gedacht, und man würde sich nicht weiter wundern, wenn diese Schuldner Pächter ganzer Dörfer (*kōmomisthōtēs*) genannt würden.[49]

47 In einem Edikt des Jahres 47 v. Chr. überließ Caesar dem Hasmonäer Hyrkanos »die Dörfer in der großen Ebene, welche Hyrkanos und die Vorfahren vor ihm (also die Hasmonäer) besessen haben« (Josephus, *Ant. Jud.*, XIV 207). Später waren diese Dörfer oder wenigstens Dörfer dieser Gegend im Besitz von Herodes bzw. von Nachkommen des Herodes (Josephus, *Vita*, 118 f.). Schließlich wurden Domänen, die Archelaos besessen hatte und die wahrscheinlich auch dort lagen, von den Römern 6 n. Chr. verkauft (Josephus, *Ant. Jud.*, XVII 355; XVIII 2).

48 A. Kasher, *The Jews in Hellenistic and Roman Egypt. The Struggle for Equal Rights*, Tübingen 1985, S. 63-74.

49 Zu den Agrarverhältnissen in den Gleichnissen Jesu: J. Jeremias, *Die Gleichnisse Jesu*, Göttingen [6]1962, S. 180; M. Hengel, »Das Gleichnis

Der Herrscher als Schutzherr
vor Versklavung

Anders als die jüdischen Bewohner Judäas waren die *laoi* auf den Schutz durch die Großgrundbesitzer und den König angewiesen. Der ptolemäische Herrscher Ptolemaios II. Philadelphos untersagte in seinem Edikt die widerrechtliche Versklavung von Bauern in Syrien und Phönizien, die Hefzibah-Inschrift kämpfte gegen das gleiche Übel. Nur dem König, nicht aber Privatleuten stand offiziell das Recht der Personalexekution gegen fiskale Schuldner zu. Wahrscheinlich war den königlichen Erlassen nur ein momentaner Erfolg beschieden und mußten zu späterer Zeit erneut Erlasse herausgegeben werden.

Im 1. Jahrhundert n. Chr. gab der Präfekt von Ägypten, der Neffe Philos von Alexandrien, Tiberius Julius Alexander, ein Edikt heraus, das wiederum eine Ergreifung des Schuldners durch den Gläubiger untersagte, eine Vollstreckung in seine Güter hingegen gestattete.[50] Er hatte hierbei auf populäre ägyptische Anschauungen Rücksicht genommen, die zur gleichen Zeit Diodorus Siculus bezeugte. Die Erwartung, daß Herrscher ihre Untertanen vor

von den Weingärtnern Mc. 12, 1-12 im Lichte der Zenonpapyri und der rabbinischen Gleichnisse«, in: *ZNW* 59 (1968), S. 1-39; A. N. Sherwin-White, *Roman Society and Roman Law in the New Testament*, Oxford 1963, S. 120-143.

50 Der Text des Edikts lautete an der entscheidenden Stelle: »Da einige [Beamte] unter dem Vorwand von Staatsinteressen Darlehen fremder Personen sich übertragen ließen und bestimmte Personen in das Schuldgefängnis und in andere Gefängnisse einlieferten, die, wie ich weiß, eben deshalb aufgehoben wurden, damit die Eintreibung der Darlehen aus dem Vermögen und nicht aus den Personen erfolgt, halte ich mich an die Entscheidung des vergöttlichten Augustus und verordne, daß sich niemand unter dem Vorwand von Staatsinteressen von anderen Darlehen übertragen lassen darf, die er selbst nicht von Anfang an gewährt hat, und daß keinesfalls freie Personen in irgendein Gefängnis eingesperrt werden dürfen, sofern sie nicht Straftäter sind, auch nicht in ein Schuldgefängnis, außer den Schuldnern des Fiskus« (Z. 15-18). Text: G. Chalon, *L'Édit de Tiberius Julius Alexander. Étude Historique et Exégétique*, Olten/Lausanne 1964, S. 27-39 und S. 110-122 (materialreicher Kommentar zu Z. 15-18); dt. Übersetzung: H. Freis, *Historische Inschriften zur römischen Kaiserzeit von Augustus bis Konstantin*, Darmstadt 1984, S. 68-73.

willkürlicher Versklavung schützen sollten, war gerade in Ägypten groß.

Der ägyptische Herrscher Bokchoris (8. Jahrhundert v. Chr.), der das Schuldrecht geregelt habe, »erlaubte bezüglich der Schuldner nur eine Erstattung der Schulden aus den Gütern, ließ aber auf gar keinen Fall zu, daß die Person des Schuldners [*to sōma*] versklavt werde«. Die Personen würden nämlich dem Staat gehören, damit dieser sich ihrer Dienste in Kriegs- und Friedenszeiten versichern könne (Diodorus siculus 1 79,3).

Römische Herrscher des 1. Jahrhundert v. Chr. (Caesar) – darauf bezieht sich »die Entscheidung des vergöttlichten Augustus« im Edikt von Tiberius Julius Alexander – schufen in der ›lex Julia de cessione bonorum‹ eine Möglichkeit für die Reichen, der Personalexekution zu entgehen. Der Statthalter übernahm sie für Ägypten, wo sie populären Erwartungen entgegenkam.[51]

Die Wirkung dieser Erlasse bestand vor allem wohl in der Propagierung der Vorstellung, daß die Freiheit der Bürger eine Angelegenheit der Herrscher war. Sie konnten ihre Freiheit nicht gemeinschaftlich sichern, sondern sollten dies den Herrschern überlassen. Ich möchte auf diesen Punkt noch ein wenig genauer eingehen. Denn in diesen Agrarverhältnissen bildete sich eine Vorstellung von richtiger Ordnung heraus, die von der jener Stadtgemeinde abwich. Die Bauern des Königslandes lebten nicht nur unter anderen Bedingungen, als städtische Bürger es taten, sondern sie hatten andere Vorstellungen von der richtigen politischen Ordnung.

Wir können in diesem Zusammenhang ähnliche Beobachtungen machen, wie wir es bei der antiken Stadtherrschaft getan hatten. Auch die besonderen Verhältnisse in der *chōra* machten ihren Einfluß auf jüdische Reflexion geltend. Es zeigte sich auch im antiken Judentum, daß es nicht eine, sondern *zwei* Lösungen für das Problem der Freiheit der Glaubensgenossen gab. Neben der Bildung eines politischen Verbandes von Bürgern konnte sich die Erwartung auch auf ein starkes und gerechtes Königtum richten. Die Überzeugungskraft dieser Erwartung lag in dem Umstand, daß Könige wiederholt die Produzenten gegen Aristokraten in Schutz genommen hatten.

51 Zum römischen Hintergrund siehe M. W. Frederiksen, »Caesar, Cicero and the Problem of Debt«, in: *Journal of Roman Studies* 56 (1966), S. 128-141.

Auch im Judentum haben wir Zeugnisse für diese Auffassung. Die altbabylonische Vorstellung einer Entlassung aus Knechtschaft auf Geheiß eines Königs hatte im Judentum Eingang und Anklang gefunden. Von einem Propheten hatten Juden während ihrer Verbannung die Befreiung erwartet. Einer der Texte aus der Höhle von Qumran hatte die Hoffnung auf Melchisedek gerichtet, der eine Befreiung der Entrechteten verkünden werde (siehe Kapitel 4).

Daneben gab es auch noch die Erwartung, nicht-jüdische Herrscher würden Juden Gerechtigkeit widerfahren lassen. Sie stand in Zusammenhang mit dem wiederholten Versuch ptolemäischer Herrscher, Bauern auf Königsland vor widerrechtlicher Versklavung in Schutz zu nehmen. Daß sich an der Verbreitung dieser Auffassung von Herrschergewalt auch jüdische Autoren beteiligten, zeigt der besonders interessante Fall des Aristeasbriefs. Denn Aristeas scheint den Erlaß des Ptolemaios II. Philadelphos gekannt zu haben, wenn er diesem König folgende Anordnung zuschreibt: Alle Juden, die als Sklaven nach Alexandrien und Ägypten verschleppt worden waren, sollten gegen eine staatliche Entschädigung ihrer Besitzer von 20 Drachmen pro Person freigelassen werden.[52] Zwar behauptete der Autor, der König habe den Erlaß auf alle Juden gleichermaßen ausgedehnt, ob sie schon im Land waren oder erst später hineinkommen würden (Arist. 26). Jedoch ist die Ausdehnung auf alle Juden einschließlich späterer Generationen eher utopisch. Eine einmalige Entlassung von Bür-

[52] »Befehl des Königs. Alle Soldaten, die mit meinem Vater in die Gebiete von Syrien und Phönizien gezogen waren, das Land der Judäer betreten und judäische Personen [sōmata] ergriffen und diese in die Stadt und ins Land [nämlich Alexandria und Ägypten, HGK] gebracht oder auch an andere verkauft haben, ebenso aber auch, wenn solche vorher [im Lande] waren oder auch später hineingebracht wurden: die Besitzer haben sie sofort freizulassen. Sie erhalten für jede Person sogleich 20 Drachmen ... Denn ich glaube, daß diese sowohl gegen meines Vaters Willen als auch gegen die gute Sitte gefangengenommen wurden« (Artist. 22 f). Sowohl die Bezeichnung ‚*suria kai phoinikē*‘ als auch der Begriff ‚*sōmata*‘ wird aus dem echten Prostagma stammen. Zum Edikt im Aristeasbrief: W. L. Westermann, a.a.O., S. 20-28; M. Hadas, *Aristeas to Philocrates (Letter of Aristeas)*, New York 1951 (Reprint 1973), S. 28-45; weiter zur jüdischen Königsvorstellung: M. Weinfeld, »The King as the Servant of the People: The Source of the Idea«, in: *JJSt* 33 (1982), S. 189-194.

gern, die während eines Kriegszuges versklavt wurden, ist dagegen in der Antike noch vorstellbar (Josephus, *Ant. Jud.*, XII 144; XIV 304.313; *1. Makk.* 10,33). Der Aristeasbrief hat demnach den Erlaß von Ptolemaios in eine jüdische Herrschererwartung eingearbeitet.

Der Aristeasbrief, in Alexandria Ende des 2. Jahrhunderts v. Chr. entstanden, muß als ein Zeugnis jüdischer Aneignung populärer Erwartungen an das Königtum gelten. Ich möchte daran erinnern, daß Bauern auf dem Land des Dioiketen Apollonios bei der Auseinandersetzung um die Ablieferung von Trauben und Feigen auch um »Erweise der Menschenfreundlichkeit« (*philanthrōpia*) gebeten hatten (*PSI* 554, Col. v). Man betritt mit dieser Wendung das Gebiet populärer Vorstellungen vom Königtum.[53] Auch im Aristeasbrief, der sich ausgiebig der Schlüsselworte von Inschriften und Papyri bedient, ist es die Aufgabe des Königs, menschenfreundlich (*philanthrōpos*) zu sein (Arist. 208; ebenso 290). Menschenfreundlichkeit wird eine »besondere Königstugend gegen den Untertan«, wie W. Schubart aufgrund seiner ausgebreiteten Materialdurchsicht feststellt.

In den Tischgesprächen, die der König Ptolemaios II. Philadelphos mit den Übersetzern der Septuaginta führt (Arist. 187-294), heißt es, daß die Philanthropia und Liebe zu den Untertanen (*hypotetagmenoi*) ein »unlösbares Band der Eunoia« entstehen läßt (265, vgl. 205). Der Begriff *eunoia* kommt ebenfalls auf Inschriften und Papyri vor. Schubart zufolge steht er »im Mittelpunkt der gegenseitigen Beziehungen von

---

53 Inschriften und Papyri sind hierfür wichtige Zeugen. *Philanthropia* bezeichnete auch noch Jahrhunderte später den königlichen bzw. kaiserlichen Großmut, auf den die Untertanen sich beriefen. »Lollianos, der auch Homoios heißt«, bittet 253/260 n. Chr. Valerian und Gallienus, ihm, der Lehrer ist, einen Garten in der Stadt als Einkommensquelle zu überlassen, den einer seiner Vorgänger angelegt hatte. »Euer himmlischer Großmut, große Gebieter [*autokratores*], erstreckt ihre *philantrōpia* über eure ganze bewohnte Welt und schickt sie an jeden Ort« (Text herausgegeben von G. H. R. Horsley, *New Documents Illustrating Early Christianity. A Review of the Greek Inscriptions and Papyri published in 1976*, North Ryde, Australia 1981, Nr. 26, S. 45-47 und S. 87 f. mit weiterem Material). Studien hierzu: A. Pelletier, »La Philanthropia de tous les jours chez les écrivains juifs hellénisés«, in: *Paganisme, Judaisme, Christianisme. Mélanges offerts à Marcel Simon*, Paris 1978, S. 35-44.

Herrschern und Beherrschten« und meint ein »Treueverhältnis beider Seiten«.[54]

Es ist für eine Untersuchung der pragmatischen Bedeutung antiker jüdischer Religion aufschlußreich, wie der Aristeasbrief einen für *laoi* bestimmten Erlaß in eine jüdische Legitimation hellenistischen Königtums eingearbeitet hat.

Ein weiteres Zeugnis für eine Erwartung der Befreiung des jüdischen Volkes durch einen Herrscher bildet ein Orakel, das das Ende der römischen Herrschaft über den Orient und die Ankunft eines Königs aus dem Osten verheißen hatte. Als im Juni 66 n. Chr. der Tempelhauptmann Eleasar, ein Sohn des Hohenpriesters Hananjā, die diensttuenden Priester dazu überreden konnte, von Fremden keine Gaben oder Opfer mehr anzunehmen, war der Krieg mit den Römern eröffnet. Denn nun wurden die Opfer für die Römer und den Kaiser eingestellt (Josephus, *Bell. Jud.*, II 409 f). Vorausgegangen war eine lange Kette von Konflikten zwischen der römischen Besatzungsmacht und den Juden. Zur Wut, die lange gegärt hatte, aber war ein Orakel getreten:

»Was sie aber am meisten zum Krieg angestachelt hatte, war eine zweideutige Prophezeiung [*chrēsmos amphiboles*], die sich gleichfalls in den heiligen Schriften fand: ›Daß zu jener Zeit aus ihrem Land einer über die bewohnte Erde [*oikoumenē*] herrschen werde‹. Dies legten sie aus, als ob es um einen der ihren [*oikeios*] ginge, und viele der Weisen [*sophoi*] täuschten sich in ihrem Urteil. Das Wort bezog sich vielmehr auf die

54 W. Schubart, »Das hellenistische Königsideal nach Inschriften und Papyri«, in: *Archiv für Papyrusforschung* 12 (1937), S. 1-26, Zitate S. 8 f. Auch in den späteren neupythagoreischen Traktaten über die Königsherrschaft nimmt der Begriff *eunoia* einen herausragenden Platz ein. In ihnen heißt es vom König, er stelle Gottes Beziehung zur Welt anschaulich dar und von ihm gehe die *eunoia* aus, die die Untertanen dann lediglich erwidern müßten (Ekphantos, *Stobaei Anthologii* IV 7,64). Der König ist zudem als das lebende Gesetz (*nomos empsychos*) der einzig legitime Gesetzgeber (Diotogenes IV 7,61). Die neupythagoreischen Traktate über das Königtum hat herausgegeben und kommentiert L. Delatte, *Les traités de la royauté d'Ecphante, Diotogène et Sthénidas*, Paris/Liège 1942; vorzüglich E. R. Goodenough, »The Political Philosophy of Hellenistic Kingship«, in *YCS* 1 (1928), S. 53-102. Die wichtige Arbeit von F. Taeger (*Charisma. Studien zur Geschichte des antiken Herrscherkultes*, 2 Bde., Stuttgart 1957 und 1960) ist für diese Fragestellung leider weniger ergiebig.

Herrschaft Vespasians, der in Judäa zum Kaiser ausgerufen wurde. Aber es ist ja den Menschen nicht möglich, dem Verhängnis zu entrinnen, auch wenn sie es voraussehen« (Josephus, *Bell. Jud.*, VI 312-314).

Auf den ersten Blick scheint es so, als habe Josephus hier eine messianische Verheißung der Tora auf den römischen Kaiser Vespasian bezogen und als würde sich der Historiker Josephus als böswilliger Verfälscher der heiligen Schrift entpuppen.[55] Jedoch hat man bis heute nicht eine alttestamentliche Weissagung nennen können, die ohne Zweifel gemeint sein müßte. Es wurden erwogen: die Menschensohnweissagung von *Dan.* 7,13 f., die Bileamweissagung *Num.* 24,7.12, die Weissagung *Gen.* 49,10 vom Herrscher, dem die Völker gehorchen. Jedoch fügen sich alle diese Schriftstellen schlecht zu der Prophezeiung, die Josephus zitiert. Dem Menschensohn soll zwar die Herrschaft über die Völker der Erde übertragen werden, aber er ist ein himmlisches Wesen und kann kaum ›einer aus ihrem Land‹ sein. M. Hengel schlug daher die Bileam-Weissagung vor: »Es geht auf ein Stern aus Jakob, ein Szepter erhebt sich aus Israel«. Der hier Angekündigte ist zwar ›einer aus ihrem Land‹, ist aber kein Weltherrscher. Denn er befreit Israel lediglich von seinen Feinden ringsherum. Und ein gleiches Dilemma ergibt sich bei *Gen.* 49,10. Weder diese noch andere Stellen der Tora passen zu dem Zitat des Josephus. Ich

---

55 »Diese Exegese von *Dan.* 7, 13 und 9, 26 bei Josephus ist eine böswillige Verfälschung der Schrift, die einzige, von der wir aus jener Zeit im Judentum wissen. Josephus hat aber mit dieser säkularisierten Apokalyptik und diesem pervertierten Messianismus eine politische Karriere gemacht. Er ist ›Hofprophet‹, römischer Bürger und Freund von Kaisern geworden«, schreibt E. Kocis, »Apokalyptik und politisches Interesse im Spätjudentum«, in: *Judaica* 27 (1971), S. 71-89, Zitat S. 82; auch bei H. Lindner (*Die Geschichtsauffassung des Flavius Josephus im Bellum Judaicum*, Leiden 1972) zeigt sich, daß diese Stelle für das Verständnis von Josephus recht zentrale Bedeutung erlangt hat (S. 69-77); vorsichtiger dagegen T. Rajak, *Josephus. The Historian and his Society*, London 1983, S. 191 f. Gerade die unerhörte Konsequenz, daß Josephus die Schrift böswillig verfälscht habe, muß aber zu denken geben. Stimmt denn überhaupt die Voraussetzung, es habe sich um eine biblische Weissagung gehandelt? Denn nur dann träfe dieses Urteil zu.

möchte daher bezweifeln, daß es sich überhaupt um eine messianische Weissagung der Tora handelt.[56]

An dieser Stelle hilft nun der Sachverhalt weiter, daß Josephus mit dieser Nachricht nicht allein steht. Sie wird unabhängig von ihm von den antiken Geschichtsschreibern Tacitus und Sueton überliefert.[57] Tacitus schreibt in seinen *Historiae* (v 13,2):

»Nur wenige Juden gerieten über die Deutung dieser Ereignisse [eine Reihe von Vorzeichen, HGK] in Besorgnis: Die Mehrzahl von ihnen war überzeugt [*persuasio*], es werde einem Wort in den alten Schriften der Priester zufolge um jene Zeit geschehen, daß der Orient erstarke und Männer, die aus Judäa aufbrechen, sich der Herrschaft bemächtigen [*eo ipso tempore fore ut valesceret Oriens profectique Judaea rerum potirentur*]. Dies dunkle Wort [*ambages*] hatte den Vespasian und den Titus vorausgesagt, doch hatte die große Masse, menschlichem Wunschdenken entsprechend, sich selbst eine so hohe Bestimmung zugeschrieben und wurde nicht einmal durch das Scheitern des Aufstandes zur Wahrheit bekehrt.«

Dieser Parallelbericht des Tacitus erlaubt es, den Inhalt der Weissagung, auf die Josephus sich bezieht, zu präzisieren. Das Wort aus den alten Schriften der Priester weissagt ein Ereignis, das lokal von Judäa seinen Ausgang nimmt, das aber den ganzen Orient betrifft und ihn von der römischen Herrschaft befreit. Denn das Orakel weissagte keinen römischen Herrscher, sondern einen orientalischen. Es ist eine Reihe weiterer Weissagungen überliefert, die die Hoffnung auf eine Befreiung des Orients vom

56 Zur Deutung der Stelle: O. Michel/O. Bauernfeind, *Flavius Josephus, De Bello Judaico* II, 2, München 1969, S. 190-192; M. Hengel, *Die Zeloten*, Köln/Leiden 1961, S. 243-246; M. de Jonge, »Josephus und die Zukunftserwartungen seines Volkes«, in: *Josephus-Studien. Festschrift für O. Michel*, Göttingen 1974, S. 205-219, auf S. 209 ff.

57 Sueton, *Vespasianus* 4, 5: »Über den ganzen Orient hatte sich die alteingewurzelte Meinung verbreitet, es stehe in den Sprüchen der Gottheit, daß um jene Zeit Männer aus Judäa aufbrechen und sich der Weltherrschaft bemächtigen werden [*ut eo tempore Judaea profecti rerum potirentur*]. Diese Voraussage betraf – wie später aus den Ereignissen deutlich wurde – einen römischen Kaiser, doch die Juden hatten sie auf sich bezogen und einen Aufstand angezettelt.« Der Text des Sueton bestätigt alle Besonderheiten, die Tacitus gegenüber Josephus auszeichnen, zieht allerdings den Orient aus der Weissagung selber heraus, um ihn zum Subjekt der Erwartung zu machen – eine Verwässerung der prägnanteren Darstellung des Tacitus.

römischen Joch aussprechen. Von Sonnenaufgang wird Gott einen König schicken, heißt es in *Or. Sib.* III 652 f und eine ähnliche Aussage steht in *Apk.* 16, 12, im ägyptischen Töpferorakel sowie im Hystaspesorakel (Lactantius, *Divinae Institutiones* VII 15,11). Die Hoffnung, daß ein König aus dem Osten die Herrschaft für den Orient zurückerobern werde, war weit verbreitet. Ihre Glaubwürdigkeit war dadurch verbürgt, daß diese Verheißung in den heiligen Schriften verzeichnet war, ohne daß ein Bedürfnis bestand, sie darin nachzuschlagen. Sie repräsentierte Befreiungserwartungen, die ganz Vorderasien galten.[58] Man sollte noch einmal genau prüfen, wo und wieweit diese gesamtvorderasiatische Erwartung der Befreiung durch einen mächtigen Retter in das antike Judentum Eingang hat finden können. Ich möchte hier nur die Vermutung äußern, daß diese Erwartung am ehesten unter Sozialverhältnissen des Königslandes plausibel ist.

Als von der Mitte des 2. Jahrhunderts v. Chr. an in großem Umfang die *laoi* der in Galiläa gelegenen Königsländereien dem politischen Verband Judäas einverleibt worden waren, wurden auch monarchische Befreiungserwartungen übernommen. Wir wissen hierüber allerdings wenig. Immerhin spielen manche Gleichnisse Jesu und der Rabbinen in einem solchen Milieu und stellen die Regierung oberhalb des Dorfes als Angelegenheit von Königen und ihrer Beamten dar. Eine politische Schicht städtischer Repräsentanten fehlt.[59] So lüften diese Gleichnisse ein wenig den Schleier vor der Welt der *laoi*. Was wir sehen, paßt zum Orakel: ein soziales Milieu, das nicht in Begriffen von Bürgergemeinde, sondern mächtiger charismatischer Herrscher dachte.

So drängt sich der Eindruck auf, daß die politische Annexion der Königsländereien und Galiläas offensichtlich religionsgeschichtli-

---

58 E. Norden, »Josephus and Tacitus über Jesus Christus und eine messianische Prophetie«, in: *Neue Jahrbücher für das klassische Altertum* 31 (1913) S. 637-666; H. Windisch, »Die Orakel des Hystaspes«, in: *Verh. Kon. Ak. v. Wet. Afd. Letterkunde* 28, 3, Amsterdam 1929. Ich habe die Quellen und ihre Deutung in dem Artikel untersucht: »›Dann wird der Orient herrschen und der Okzident dienen‹. Zur Begründung eines gesamtvorderasiatischen Standpunktes im Kampf gegen Rom«, in: *Spiegel und Gleichnis. Festschrift für Jacob Taubes*, Würzburg 1983, S. 40-48.

59 Richtig gesehen von A. N. Sherwin-White, a.a.O., S. 133 ff.

che Wirkungen hatte. Als auch die politische Gemeinde Judäas immer direkter von den Machthabern und deren Launen abhängig wurde, setzte auch in ihr ein Denken ein, das sich Schutz und Errettung weniger von einem Erstarken der Bürgergemeinde als von einem mächtigen Herrscher versprach. Wir können die große Popularität der Königsideologie gut in solchen politischen Bewegungen jener Zeit beobachten, in denen Anführer zu Königen gekürt wurden.[60] Damit verschob sich die religiöse Ethik vom Gesetzesgehorsam zur Loyalität zur Person des Erlösers.

Die herangezogenen antiken Quellenzeugnisse sprechen dafür, daß sich in der Beziehung zwischen der jüdischen Religionsgemeinde auf der einen und dem persisch-hellenistisch-römischen Zentralstaat auf der anderen Seite eine besondere und eigene Dimension praktischer politischer Bedeutung antiker jüdischer Religion herausgebildet hatte. Sie war mehr als nur eine Außenansicht der jüdischen Religion gewesen. Wir können nämlich beobachten, wie die beiden Typen politischer Ordnung, die für Juden bedeutsam geworden sind – die Bildung einer Bürgergemeinde und die Sicherung von Freiheit durch das Königtum – von Juden für eine politische Interpretation ihres Erwählungsglaubens verwendet wurden. Ob es sich um das Privileg der Autonomie oder um das Recht auf Schutz durch den Herrscher vor Versklavung handelt: beide äußeren politischen Vorgaben wurden von Juden aufgegriffen, um die Bedeutung der jüdischen Religion auszudrücken. Durch diese pragmatischen Bedeutungen ihrer Religion haben Juden ihren sozialen Beziehungen in der politischen Struktur der Großstaaten Ausdruck und Form gegeben. Auch zeigen die Quellen, auf welchem Wege und mit welchen Mitteln diese pragmatischen Bedeutungen zustande gekommen sind und verfestigt wurden. Die sogenannte gemischte Verfassung des Hellenismus hatte für die Differenzierung pragmatischer Bedeutungen jüdischer Religion Folgen.

60 R. A. Horsley, »Popular Messianic Movements around the Time of Jesus«, in: The Catholic Biblical Quarterly 46 (1984), S. 471-495; R. A. Horsley/J. S. Hanson, Bandits, Prophets, and Messiahs: Popular Movements at the Time of Jesus, Minneapolis 1985.

Dritter Teil
Die antike Stadtherrschaft als Problem
vorderasiatischer Erlösungsreligionen

VII Jüdische Ablehnungen der Stadtherrschaft von Jerusalem

In derselben Epoche, in der sich die jüdischen Gemeinden des Privilegs der Autonomie erfreuten, können wir auch einen entgegengesetzten Sachverhalt beobachten: daß antike jüdische Religionsgemeinden sich aus der Bindung an die antike Stadtherrschaft lösten. Denn damals wurden neue Religionsinterpretationen entwickelt, die eine Opposition gegen die judäische Stadtherrschaft intellektuell und praktisch ausdrückten. Wir verlassen mit diesem Gegenstand das offizielle Judentum und betreten das schwierige Gebiet jüdischer Heterodoxie.

Als Max Weber sich mit der Religionswissenschaft seiner Zeit befaßte, zog die ›Religionsgeschichtliche Schule‹ viel Aufmerksamkeit auf sich. Einer ihrer wichtigsten Vertreter, Adolf Deissmann, gehörte zum religionswissenschaftlichen Kreis in Heidelberg, an dem auch Weber teilnahm. Das Ziel der Forscher dieser Schule war es, die Aussagen von theologischen Texten auf gelebte Religion zu beziehen und von den fixierten Texten zurückzugehen zur mündlichen Tradition.[1] Die Bedeutung theologischer Aussagen sollte aus ihrem Gebrauch erhoben werden. So könnte man, viele Jahre später und um Wittgenstein weiser, das Programm charakterisieren. Man näherte sich damals bereits dem Thema, das heute wieder aktuell geworden ist: dem inneren Zusammenhang von Glaubensanschauungen und Handlungen, von Weltbild und Ethos, Ideen und Interessen. Man näherte sich ihm jedoch von den religionshistorischen Quellen her.

Seither sind zahlreiche Texte, ja ganze antike Bibliotheken in Sand und Höhlen Vorderasiens gefunden worden, die unsere Kenntnis enorm bereichert haben. Dabei haben wir vor allem mehr Einsicht in die Weltbilder jüdischer Opposition gegen die

---

1 K. Müller, »Die religionsgeschichtliche Methode«, in: *Biblische Zeitschrift* 29 (1985), S. 161-192; G. Lüdemann, M. Schröder, *Die Religionsgeschichtliche Schule in Göttingen*, Göttingen 1988; U. Berner, »Religionswissenschaft und Theologie. Das Programm der Religionsgeschichtlichen Schule«, in: H. Zinser (Hg.), *Religionswissenschaft. Eine Einführung*, Berlin 1988, S. 216-238.

Jerusalemer Stadtherrschaft erhalten. Ich habe bereits dargelegt (Kapitel v), daß die Jerusalemer Priester- und Laiengeschlechter sich zwecks Legitimation ihrer Herrschaft darauf beriefen, daß die Herrschaft eines Einzelnen (eines Königs) gegen ihre väterlichen Gesetze verstoße. Die historischen Quellen ließen jedoch nur Vermutungen darüber zu, daß es hinter den Kulissen konkurrierende jüdische Herrschaftskonzeptionen gegeben haben müsse. Erst der aufsehenerregende Fund einer ganzen Bibliothek in der (sehr wahrscheinlich) essenischen Siedlung Qumran hat die Gewißheit gebracht, daß das so war. Damit besteht die Möglichkeit, Stellungnahmen im antiken Judentum gegen die Stadtherrschaft genauer zu erkunden. Hatten wir bislang studieren können, daß sich die antiken jüdischen Religionsgemeinden als Rechtsgemeinden verstanden hatten und zur Grundlage autonomer politischer Verbände geworden waren, so dokumentieren die Bibliothek von Qumran sowie pseudepigraphische Schriften eine andersgeartete Tendenz: wie die Verknüpfung von Religionsgemeinde und politischer Stadtgemeinde gelockert und schließlich ganz gelöst wurde. Dabei können wir erkennen, welche Vorstellungen diese Trennung legitimiert, ausgedrückt und koordiniert haben. Ich werde auf zwei ausgearbeitete explizite Konzeptionen näher eingehen: die Erwartung eines davidischen Königs sowie die Praxis einer Geheimhaltung von Religion vor der Öffentlichkeit. Zuvor aber möchte ich auf die Struktur der essenischen Gemeinden eingehen, die sich von der jüdischen Stadtherrschaft getrennt hatten.

Die essenischen Gemeinden

Die Trennung der Essener
von der judäischen Stadtherrschaft

Die judäische Stadtherrschaft, der Griechen und Römer eine gewisse Selbstverwaltung zugestanden hatte, war getragen worden von angesehenen jüdischen Laiengeschlechtern, von Schriftgelehrten und von der Jerusalemer Priesterschaft. Es gab jedoch auch Gruppen, die diese Ordnung seit der Mitte des 2. Jahrhundert v. Chr. als illegitim ablehnten und andere Vorstellungen von richtiger, legitimer Ordnung propagierten. Sie taten dies nicht nur theoretisch, sondern verbanden damit auch eine andere Lebensführung. Die Juden, die sich nach Qumran am Rande des Toten Meeres zurückgezogen hatten und die aus guten Gründen mit den Essenern identifiziert werden, hatten sich, wie ihre Gemeinderegel 1 QS schreibt, von dem Wohnsitz (*môšab*) der Männer des Frevels getrennt, um in die Wüste zu gehen und dort den Weg des Herren zu bereiten (*Jes.* 40, 3) (*1 QS* 8,13 f).

Grund hierfür war eine Ablehnung der Hasmonäer gewesen. Diese hatten zwar den Kampf für die jüdischen väterlichen Gesetze mit Erfolg geführt, hatten aber das Hohepriesteramt im Tempel von Jerusalem übernommen, obwohl sie von ihrer Abstammung her dazu nicht berechtigt gewesen waren. Schlimmer noch: einem der Hasmonäer, Jonathan, war 153/152 v. Chr. das Hohepriesteramt vom seleukidischen Herrscher übertragen worden (*1. Makk.* 10,18-20). Die Gemeinde von Qumran aber wollte niemanden außer den Söhnen Zadoks als rechtmäßigen Hohenpriester anerkennen und hatte sich aus diesem Grunde von der Jerusalemer Stadtherrschaft getrennt. Sie hatte sich an einen abgelegenen Ort zurückgezogen, um sich dort dem Studium des Gesetzes zu widmen und einen asketischen Lebenswandel zu führen (*1 QS* 8,12-18; 9,19 f).[2] In dieser Mönchssiedlung wurde der Rückzug in die Wüste mit einer asketischen Lebensführung identisch: mit Ehe- und Besitzlosigkeit. So wurde außerhalb der Zivi-

---

2 Eine Auswahl aus den gefundenen hebräischen Texten mit deutscher Übersetzung: E. Lohse (Hg.), *Die Texte aus Qumran. Hebräisch und deutsch*, München ⁴1986; die aramäischen Texte hat K. Beyer mit deutscher Übersetzung herausgegeben: *Die aramäischen Texte vom Toten Meer*, Göttingen 1984. Eine gute Darstellung der Geschichte der Essener von Qumran stammt von J. T. Milik, »Die Geschichte der Essener«, in: K. E. Grözinger u. a. (Hg.), *Qumran*, Darmstadt 1981, S. 58-120; weiter dazu J. Murphy-O'Connor, »The Essenes and their History«, in: *RB* 81 (1974), S. 215-244; neuerdings P. R. Callaway, *The History of Qumran Community*, Sheffield 1988; grundlegende Literatur: G. Vermes, *The Dead Sea Scrolls. Qumran in Perspective*, London 1977; J. Maier, K. Schubert. *Die Qumran-Essener*, München 1973 (UTB 224); J. A. Fitzmeyer, *The Dead Sea Scrolls. Major Publications and Tools for Study*, Missoula 1975. Die Zahl der Publikationen ist unermeßlich, Qumran-Bibliographien alleine füllen einen Band. Eine hilfreiche Auswahl aus der Masse an Veröffentlichungen nahm C. Koester vor: »A Qumran Bibliography 1974-1984«, in: *Bibl. Theol. Bull.* 15 (1985), S. 110-120.

lisation im Bereich der Wüste die apokalyptische Erwartung asketisch veralltäglicht.[3]

Es gab daneben noch eine andere essenische Gruppe, deren Mitglieder in ihren angestammten Orten blieben. Zeugen für sie sind antike Autoren. Philo berichtete:

>Sie leben in Dörfern und wenden sich von den Städten ab wegen der Gesetzlosigkeiten, die sich unter den Bürgern breit gemacht haben. Sie wissen, daß aus diesem Zusammenleben den Seelen eine unheilbare Krankheit erwächst wie von einer verseuchten Luft< (*Quod omnis probus liber sit* 76).

Die Ablehnung städtischer gottloser Kultur war diesen Essenern, die in ihren Orten leben blieben, mit den Mitgliedern von Qumran gemeinsam.[4] Ansonsten aber waren die Unterschiede groß. Diese Essener hatten Frauen, Familien und Besitz (Damaskusschrift CD 7,6 f.; 16,10 f.; Gemeinschaftsregel *1* QSa 1,9-11; Kriegsrolle).[5] Sie durften – im Gegensatz zu der Gemeinschaft

---

3 J. J. Collins, »Patterns of Eschatology at Qumran«, in: J. Levenson, B. Halpern (Hg.), *Traditions in Transformation*, Eisenbrauns 1981, S. 351-375, erarbeitet den antizipatorischen Status der Eschatologie von Qumran. Zur Ablehnung der Ehe sowie privaten Besitzes siehe Josephus, *Ant. Jud.*, XVIII 20 f.; Philo, *Apologie der Juden* (Eusebius, *Praeparatio evangelica*, VIII 11, 4 und 14); hierzu J. M. von der Ploeg, »Die Essener und die Anfänge des christlichen Mönchtums«, in: K. S. Frank (Hg.), *Askese und Mönchtum in der Alten Kirche*, Darmstadt 1975, S. 107-128.

4 Ähnlich berichtet der Kirchenvater Hippolyt: »Deshalb geht niemand von ihnen in eine Stadt, damit er nicht durch ein Tor komme, auf dem Standbilder stehen« (*Refutatio* IX, 26, 1). Sie lehnten das Zusammenleben mit Heiden ab, und nicht größere Siedlungen allgemein. Rein quantitativ gab es ja keine klaren Unterschiede zwischen Dörfern und Städten. Wir vernehmen daher aus anderen Quellen, daß die Essener »viele Städte bewohnen, viele Dörfer und große und menschenreiche Siedlungen« (Philo, zitiert von Eusebius, *Praeparatio evangelica*, VIII 11, 1). Josephus bestätigt dies: »Sie haben keine eigene Stadt, sondern in jeder wohnen viele« (*Bell. Jud.*, II 124 f.). Die patristischen Nachrichten über die Essener hat A. Adam zusammengestellt: *Antike Berichte über die Essener*, Berlin ²1972.

5 G. Vermes, *The Dead Sea Scrolls. Qumran in Perspective*, London 1977, S. 97 f.; zur Unterscheidung zweier Gruppen von Essenern, von G. Vermes, a.a.O., S. 106, als »a single religious movement with two branches« bezeichnet. Siehe auch E. Schürer, *The History of the Jewish*

von Qumran – verheiratet sein und Sklaven, Sklavinnen und Pächter besitzen (*CD* 11,12; 12,10).[6] Sie lebten zwar – wie ihre Nachbarn – in Haushalten (*bêt*), bildeten aber eigene Rechtsverbände, die sich von den bestehenden Gemeinden, ob hellenistisch oder jüdisch, ob politisch oder synagogal getrennt hatten.

Die Bildung
einer verschworenen Rechtsgemeinde

Die Terminologie, die die Situation dieser Haushalte bezeichnet, ist militärisch: Man wohnt in ›Lagern‹ (*maḥᵃne*) als sei man im Kriege bzw. in der Wüste unterwegs (zum Beispiel *CD* 7,6 f.; 12,23; 13,4 ff.). Mit den Gottlosen darf man keinen Handel treiben außer in bar (*CD* 13,14-16). Konflikte von Mitgliedern untereinander sollen nicht den zuständigen jüdischen Behörden vorgelegt werden, sondern einem zehnköpfigen Kollegium von Richtern (vier Priestern, sechs Laien), das dem Aufseher der Gemeinschaft unterstand (*CD* 10,4-7).[7] Dabei waren schwere Strafen vorgesehen, wenn Vergehen gegen das Gesetz von Zeugen bestätigt worden waren (*CD* 9,16-10,3): Todesstrafe bei todeswürdigen Verbrechen (*CD* 9,17-20) und bei Apostasie (*CD* 12,2 f.). In anderen Fällen konnte ein Mitglied aus der Gemeinschaft ausgestoßen werden, wobei diese Exkommunikation nicht so total war wie in der Gemeinderegel der Qumran-Sekte (vergleiche *CD* 20,1-8 mit *1 QS* 7,1 f.).[8]

People in the Age of Jesus Christ (175 B.C. – A.D. 135), Bd. 2, hg. von G. Vermes, F. Millar und M. Black, Edinburgh 1979, S. 555-590.

6 Auch dies im Gegensatz zur Metrokomē von Qumran. Denn laut Josephus (*Ant. Jud.*, XVIII 21) und Philo (*Quod omnis probus liber sit* 79) lehnten die Essener die Sklaverei ab.

7 Zu diesem Aufseher (*mᵉbaqqēr*), der mit dem christlichen Bischof (*episkopos*) einige bemerkenswerte Übereinstimmungen aufweist B. E. Thiering, »Mebaqqer and Episkopos in the Light of the Temple Scroll«, in: *JBL* 100 (1981), S. 59-74.

8 Essenische Gerichtsbarkeit: Josephus, *Bell. Jud.*, II 145; wichtige Studien hierzu stammen von M. Delcor, »The Courts of the Church of Corinth and the Courts of Qumran«, in: J. Murphy-O'Connor (Hg.), *Paul and Qumran*, London 1968, S. 69-84; E. Koffmahn, »Die staatsrechtliche Stellung der essenischen Vereinigungen in der griechisch-römischen Periode«, in: *Biblica* 44 (1963), S. 46-61; C.-H. Hunzinger, »Beobachtungen zur Entwicklung der Disziplinarordnung der Ge-

Vergleicht man die Organisation der Qumran-Sekte mit hellenistischen Vereinen, entdeckt man einige interessante Übereinstimmungen. Eine besteht darin, daß wie in Qumran auch in diesen Vereinen von den Mitgliedern verlangt wurde, Konflikte mit Mitbrüdern den eigenen Vorstehern vorzulegen und nicht den öffentlichen Gerichten. Wer dagegen verstieß, wurde für eine befristete Zeit ausgeschlossen und mußte eine Buße bezahlen (so die Statuten der Iobacchi).[9] Ähnlich hatte auch Paulus die Gläubigen in Korinth aufgefordert, sich in Konfliktfällen nicht von den Ungerechten, sondern nur von den ›Heiligen‹ richten zu lassen (*1. Kor. 6*,1). Hierbei könnte das in Griechenland anerkannte Institut des privaten Schiedsgerichtes, das neben der staatlichen Gerichtsbarkeit bestand, einen gewissen Einfluß gehabt haben.[10] Die Essener haben allerdings grundsätzlich den offiziellen Rechtsinstitutionen jede Legitimität abgesprochen. Auch aus den Worten des Paulus spricht eine prinzipielle Ablehnung der Gerichtsbarkeit von Ungläubigen über die ›Heiligen‹, was in den hellenistischen Vereinen nicht vorkam.[11]

In der Antike übten die Mitglieder des städtischen Rats (*boulē*) auch die Gerichtsbarkeit aus (Josephus, *Bell. Jud.*, II 273). Indem die Essener eine eigene Gerichtsbarkeit schufen, wandten sie sich von der politischen Gemeinde ab, der sie kraft Geburt angehörten. Damit trennten sich die Essener von der offiziellen jüdischen Rechtsgemeinde und dem von ihr gebildeten autonomen politischen Verband.

Die essenische Vereinigung von Familienverbänden wurde von einem Aufseher (*m^{e}baqqēr*) geleitet, der große Befugnisse hatte. Er entschied über die Aufnahme neuer Mitglieder, war mit den Finanzen beauftragt, unterrichtete über die Werke Gottes und

   meinde von Qumran«, in: K. E. Grözinger u. a. (Hg.), *Qumran*, a.a.O., S. 249-262.

 9 M. Weinfeld, *The Organizational Pattern and the Penal Code of the Qumran Sect. A Comparison with Guilds and Religious Associations of the Hellenistic-Roman Period*, Fribourg/Göttingen 1986 – auf den Seiten 34, 49, 52.

10 Zur privaten Schiedsgerichtsbarkeit: G. Thür, P. E. Pieler, Art. »Gerichtsbarkeit«, in: *Reallexikon für Antike und Christentum*, Bd. 10, 1978, S. 363-365.

11 Zum Konzept der Heiligkeit: M. Newton, *The Concept of Purity at Qumran and in the Letters of Paul*, Cambridge 1985.

entschied in Rechtsangelegenheiten (*CD* 13,11f; 14,14; 13,7f.; 9,17-22; 14,11f.). Zu seinen Aufgaben zählt darüber hinaus auch der Schutz und die Unterstützung bedürftiger Gemeindemitglieder (*CD* 14,12–17; 6,21).

Die bereits im Alten Testament geforderten Pflichten gegenüber Bedürftigen, Armen, Witwen und Waisen wurden noch erweitert. Die essenischen Gemeinden sollten die Armen und Bedürftigen unterstützen; sie sollten für den Schutz unverheirateter Frauen sorgen, die keine freien männlichen Verwandten (*gô'ēl*) hatten; sie sollten Genossen loskaufen, die in Fremdsklaverei geraten waren; sie sollten dem Essener auf Reisen Schutz und Unterkunft bieten und alten Menschen beim Sterben beistehen; sie sollten denen helfen, die keinen Besitz hatten und daher von ihrer Hände Arbeit leben mußten und die schützen, die keinen Vater hatten.[12] An die Stelle der Gütergemeinschaft in der Metrokomē von Qumran[13] war in den essenischen ›Lagern‹ in den Dörfern und Städten Judäas eine Unterstützung derer getreten, die hilflos dem Druck Mächtiger ausgesetzt waren.[14] Insbesondere erwarteten die Essener Schutz vom Aufseher. *CD* XIII 9f. heißt es von ihm:

»Und er soll Erbarmen mit ihnen haben wie ein Vater mit seinen Söhnen und alle Verstreuten zurück(bringen) wie ein Hirt seine Herde. Und er soll alle Stricke, die sie fesseln, lösen (*Jes.* 58,6), damit kein Verfolgter und Unterdrückter in seiner Gemeinde sei.«

12 Zur Institution von *g*ᵉ*ullā*: mein Buch *Religion und Klassenbildung im antiken Judäa*, Göttingen ²1982, Kapitel 2. Daraus ergibt sich, daß Frauen ohne *gô'ēl* faktisch schutzlos waren.

13 H. J. Klauck, »Gütergemeinschaft in der klassischen Antike, in Qumran und im Neuen Testament«, in: *RdQ* 11 (1982), S. 47-80.

14 Das biblische Material zum Schutz der Bedürftigen und Armen ist übersichtlich zusammengestellt und interpretiert von F. C. Fensham, »Widow, Orphan, and the Poor in Ancient Near Eastern Legal and Wisdom Literature«, in: *JNES* 21 (1962), S. 129-139, sowie von E. Hammershaimb, »On the Ethics of the Old Testament Prophets«, in: *VT*, Suppl. 7 (1959), S. 75-101. Zu den Schutzbedürftigen der griechisch-römischen Städte: H. Bolkestein, *Wohltätigkeit und Armenpflege im vorchristlichen Altertum*, Utrecht 1939, S. 50; das Griechische machte eine Unterscheidung zwischen dem Bettler (*ptōchos*) und dem, der hart schuften mußte (*penēs*): M. Finley, *Die antike Wirtschaft*, München 1977, S. 38.

Die Stricke sind keine »geistigen Fesseln und die Bande der Sünde«, wie A. Dupont-Sommer meinte, sondern bezeichnen die Fesseln, die insolventen Schuldnern angelegt wurden.[15] Das Symbol des Hirten hat häufig politische Bedeutung gehabt und den Schutz der Schwachen vor dem Starken bezeichnet.[16]

Geheimhaltung von Religion vor der Welt

In dieser Gemeinschaft der Essener wurde etwas vorgeformt, was wenig später für das junge Christentum charakteristisch wurde: Sie brach mit den Instanzen der judäischen Stadtherrschaft; sie distanzierte sich von dem befleckten Heiligtum in Jerusalem (Philo, *Quod omnis probus liber sit* 75; *CD* 5,6; *1 QS* 9,3-6), ohne sich allerdings von den kultischen Verpflichtungen der Tora loszusagen[16], und sie bestritt jeden Wert von Verwandtschaft (*CD* 20,13) für die Erlangung von Heil. Komplementär zu diesem Auszug aus der Bürgergemeinde schuf sie eine eigene Gemeindeorganisation, die jüdischen Bürgern ohne Familie und ohne Besitz Schutz bot. Dabei scheint das hellenistische Vereinswesen einen gewissen Einfluß gehabt zu haben. Das Ergebnis aber war etwas Neues: Die von Persern, Griechen und Römern sanktionierte Verbindung von Religionsgemeinschaft und politischer Stadtgemeinde Jerusalems wurde von den Essenern aufgekündigt.

Man kann diesen Tatbestand besonders klar daran ablesen, daß die religiöse Wahrheit vor den Instanzen dieser Welt geheim gehalten werden sollte. Geheimhaltung religiöser Wahrheit wurde seit dem 2. Jahrhundert v. Chr. im Judentum eine öfters geübte Praxis, die mit der älteren Auffassung, die *tôrā* sei öffentlich zu verkündigen, brach.[17] Die Qumran-Essener hatten es ihren Mit-

---

15 A. Dupont-Sommer, *Die essenischen Schriften vom Toten Meer,* Tübingen 1960, S. 173 Anm. 2 (Zitat); Philo, *De specialibus legibus*, III 160; Plutarch, *Lucullus*, XX 2 (Fesseln der Schuldner).

16 Die essenische Haltung zum Tempel behandelt: J. Murphy-O'Connor, »The Damascus Document Revisited«, in: *Revue Biblique* 92 (1985), S. 223-246, auf den Seiten 234-238. »Their fundamental ideology would not permit them to exempt themselves from matters of strict obligation« (S. 236).

17 Materialübersichten: J. Jeremias, *Die Abendmahlsworte Jesu*, Göttin-

gliedern zur Pflicht gemacht, den »Männern des Frevels« auf Fragen nach Gesetz und Gebot (*tôrā wamišpaṭ*) keine Antwort zu geben (*1 QS* 5,15 f) und »den Rat des Gesetzes (*tôrā*) inmitten der Männer des Frevels« zu verbergen (*str*) (*1 QS* 9,17 vgl. 8,12). Josephus betätigt dies, wenn er schreibt (*Bell. Jud.*, II 142):

»Des weiteren verpflichtet sich [der neu unter die Essener Aufgenommene, HGK], stets die Wahrheit zu lieben und die Lüge zu Schanden zu machen, seine Hände von Diebstahl und seine Seele von dem Makel unrechten Gewinns rein zu halten, den Gruppenmitgliedern nichts zu verheimlichen, anderen dagegen keines ihrer Geheimnisse zu offenbaren, und sollte man ihn auch zu Tode martern. Er schwört außerdem, ihre Lehren niemandem auf anderem Wege mitzuteilen, als er sie selber kennengelernt hat, sich von Räuberei fernzuhalten und die Bücher der Sekte und die Namen der Engel geheim zu halten. Durch solche Eidschwüre versichern sich die Essener der neu Aufzunehmenden.«[18]

Die Religionsgemeinde stellte sich auf diese Weise außerhalb der Stadtgemeinde von Jerusalem. An die Stelle einer Öffentlichkeit von Religion in der Stadtgemeinde trat eine verschworene Gemeinschaft, die sich gegen die gottlose Welt verbrüderte.

Die Verheißung eines neuen davidischen Königtums

Wir sind nach dem Fund der Bibliothek der Essener von Qumran in der Lage, die Frühgeschichte des Christentums in die antike jüdische Opposition gegen die Verhältnisse in Judäa einzuordnen. Diese Opposition hat Stellung genommen gegen die Stadtherrschaft von Jerusalem und hat ihre Ablehnung in bestimmten Konzeptionen ausgedrückt. Das frühe Christentum hat von dieser intellektuellen Vorarbeit Gebrauch gemacht. Ich möchte dies an einer Konzeption zeigen, die bislang unter einem solchen Ge-

gen ³1960, S. 119-123; O. Perler, Art. »Arkandisziplin«, in: *RAC*, Bd. 1, 1950, S. 667-676; D. Powell, Art. »Arkandisziplin«, in: *TRE* Bd. 1, Berlin 1979, S. 1-8; zur Arkandisziplin im antiken Christentum: Ch. Jacob, »*Arkandisziplin*«, *Allegorese, Mystagogie. Ein neuer Zugang zur Theologie des Ambrosius von Mailand*, Meisenheim 1990.

18 A. Dupont-Sommer, *Die Essenischen Schriften vom Toten Meer*, a.a.O., S. 34 f.; zur Geheimhaltung im rabbinischen Judentum: G. A. Wewers, *Geheimnis und Geheimhaltung im rabbinischen Judentum*, Berlin 1975.

sichtspunkt nicht betrachtet worden ist: nämlich der Erwartung eines neuen Herrschers aus dem Geschlechte Davids.

Die kritische Bibelwissenschaft hat zwar mehrheitlich die Behauptung der Evangelien, Jesus sei ein Davidide gewesen, als unhistorisch verworfen.[19] Sie hat aber wenig Mühe darauf verwendet, Herkunft und Bedeutung dieser Überlieferung zu erklären. Dabei hatte schon der Apostel Paulus gleich zu Beginn seines Römerbriefes behauptet, daß Jesus Christus

»hervorgegangen ist aus dem Samen Davids nach dem Fleische und eingesetzt wurde zum Sohne Gottes in Macht nach dem Geiste der Heiligkeit auf Grund der Auferstehung von den Toten« (*Röm.* 1,3 f).[20]

Bei Paulus spielte diese Aussage keine prominente Rolle. Das Markusevangelium spricht an einer Stelle aus, was wohl auch Paulus stillschweigend voraussetzt: daß die Bezeichnung Herr (*kurios*) für Jesus angemessener ist als die Bezeichnung Sohn (Nachkomme) Davids (*Mk.* 12,35-37a). Im Barnabasbrief aus den Jahren um 130/132 n. Chr. wird die Bezeichnung Jesu Christi als ein Sohn Davids sogar als Irrtum gebrandmarkt (*Bar.* 12,10-12). Die Bezeichnung entstammte offenbar einem Kontext, der den im Römischen Reich operierenden christlichen Missionaren suspekt war. Eine Erklärung hierfür ist man bislang schuldig geblieben.

Um hier weiterzukommen, möchte ich an einen anderen Sachverhalt erinnern, der erst allmählich deutlicher geworden ist: daß die Erwartung eines davidischen Messias erst im 1. Jahrhundert n. Chr. im antiken Judentum normativ geworden ist. In der Zeit davor war sie nicht allgemein anerkannt, sondern es gab mehrere konkurrierende Erlöservorstellungen.[21] Daß man dies dennoch lange Zeit geglaubt hatte, hing weniger mit der Zahl der Quellen zusammen – sie ist klein –, sondern mit dem Postulat christlicher Theologen, die – von neutestamentlichen Aussagen inspiriert (*Lk.* 24, 26 f.) – das Auftreten Jesu als Erfüllung biblischer Weissagungen gedeutet hatten. Indem sie das taten, weckten sie –

19 C. Burger, *Jesus als Davidssohn. Eine traditionsgeschichtliche Untersuchung*, Göttingen 1970.

20 P. E. Langevin, »Une confession prépaulinienne de la ,Seigneurie‘ du Christ. Exegèse de Romains 1,3-4«, in: *Le Christ, hier, aujourd’hui et demain*, Québec 1976, S. 277-327.

21 M. Smith, »What is Implied by the Variety of Messianic Figures?«, in: *JBL* 78 (1959), S. 66-72.

gewollt oder ungewollt – den Eindruck, daß die Hoffnung auf einen davidischen Messias zu den anerkannten Glaubensanschauungen des Judentums zur Zeit von Jesus gehört habe. Löst man sich von dieser Suggestion und untersucht vorbehaltlos, was daran richtig ist, kommt man kaum um die Feststellung herum, wie schwach die Beweise sind. Wer die jüdischen Schriften der fraglichen Epoche, die den Messias *nicht* erwähnen, aufzählt, muß fast alle wichtigen Schriften und Schriftengruppen der damaligen Zeit nennen.

»The term ›messiah‹ has scant and inconsistent use in early Jewish texts. Most of the Dead Sea Scrolls and the Pseudepigrapha, and the entire Apocrypha, contain no reference to the ›messiah‹. Moreover, a messiah is neither essential to the apocalyptic genre nor a prominent feature of ancient apocalyptic writings«, schreibt W. S. Green, der diese Untersuchung vorgenommen hatte.[22]

Diese Behauptung ist zwar überspitzt formuliert, kann aber das Problem verdeutlichen.

Wie aber ist dieser Sachverhalt zu erklären? W. S. Green meint, daß die Messias – Konzeption erst durch ihre christliche Funktion den hohen Rang erhalten habe, den sie in der Wissenschaft hat. Jedoch gibt es noch eine andere Möglichkeit, den Rang dieser Konzeption im antiken Judentum zu erklären: indem man untersucht, ob mit ihr politische Bedeutungen verknüpft worden waren und sie aus diesem Grunde nicht so allgemein anerkannt war,

---

22 W. S. Green, »Introduction: Messiah in Judaism: Rethinking the Question«, in: J. Neusner, W. S. Green, E. Frerichs (Hg.), *Judaisms and Their Messiahs at the Turn of the Christian Era*, Cambridge 1987, S. 1-13, Zitat S. 2 f. Dieser Band ist die neueste Behandlung des Themas. Zum Messias bei Jesus Sirach: A. Caquot, »Ben Sira et le messianisme«, in: *Semitica* 16 (1966), S. 43-68; zum Messias in den Pseudepigraphen: J. H. Charlesworth, »The Concept of the Messiah in the Pseudepigrapha«, in: *Aufstieg und Niedergang der Römischen Welt*, II, Bd. 19, 1, Berlin 1979, S. 188-218; R. Leivestadt, »Jesus-Messias-Menschensohn. Die jüdischen Heilserwartungen zur Zeit der ersten römischen Kaiser und die Frage nach dem messianischen Selbstbewußtsein Jesu«, in: *Aufstieg und Niedergang der Römischen Welt*, II, Bd. 25, 1, Berlin 1982, S. 220-264; J. Neusner, »One Theme, two Settings. The Messiah in the Literature of the Synagogue and in the Rabbis' Canon of Late Antiquity«, in: *Bibl. Theol. Bull.* 14 (1984), S. 110-121.

wie man von einer biblischen Verheißung eigentlich annehmen sollte.[23]

Zurückhaltung jüdischer Autoren gegenüber dem davidischen Messias

Das umfangreiche Corpus griechischer Texte zum antiken Judentum sagt nicht nur erstaunlich wenig über einen zukünftigen endzeitlichen davidischen Herrscher aus. Das könnte tatsächlich auf den niedrigen Rang dieser Konzeption in der jüdischen Religion der damaligen Zeit hinweisen, gäbe es nicht ein Indiz anderer Art. In dem großen Corpus griechisch-lateinischer Texte zum antiken Judentum – von M. Stern herausgegeben und kommentiert – befinden sich nur wenige Hinweise auf das Königtum Davids und seiner Nachkommen.[24]

Daß antike hellenistische Historiker vielleicht vom judäischen Königtum nichts gewußt haben, darf man nicht ausschließen. Muß man bei griechischen Autoren mit dieser Möglichkeit rechnen, so ist das bei den bekannten jüdischen griechischsprachigen Autoren Josephus und Philo nicht mehr möglich. Auch sie üben

---

23 Ich habe eine ausführlichere Begründung hierfür in meinem Artikel gegeben: »Das Gentilcharisma der Davididen in der jüdischen, frühchristlichen und gnostischen Religionsgeschichte Palästinas«, in: J. Taubes (Hg.), *Theokratie*, München/Paderborn 1987, S. 127-147.

24 M. Stern, *Greek and Latin Authors on Jews und Judaism. Edited with Introductions, Translations and Commentary*, Bd. 1, Jerusalem 1976. *Nikolaos von Damaskus* (1. Jahrhundert v. Chr.) erwähnt »David, den König von Judaea« im Zusammenhang mit einer Niederlage, die dieser erlitten habe (Josephus, *Ant. Jud.*, VII 101-103; M. Stern, Nr. 84); *Pompeius Trogus* (um die Zeitenwende) meldet, daß bald nach Mose und Aaron ein König eingesetzt worden war und daß es seitdem Sitte (*mos*) bei den Juden war, »ein- und dieselben als Könige und Priester zu haben« (Justinus, *Historiae Philippicae* XXXVI, Epitoma 2, 16; M. Stern, Nr. 137). Weiter sind eher nebensächliche Erwähnungen König Salomo von *Dius* (2. Jahrhundert v. Chr.), von *Menander von Ephesus* (2. Jahrhundert v. Chr.) (Josephus, *Contra Apionem*, I 114.120; M. Stern Nr. 35 f), von *Theophilus* (2. Jahrhundert v. Chr.) (Eusebius, *Praeparatio Evangelica*, IX 34, 19; M. Stern, Nr. 37), und von *Alexander Polyhistor* (1. Jahrhundert v. Chr.) (Clemens Alexandrinus, *Stromata*, I, 21, 130, 3; M. Stern, Nr. 51b) zu nennen.

aber Zurückhaltung, wenn es um den endzeitlichen davidischen Herrscher geht. Ebenso verhalten sie sich auch zum biblischen davidischen Königtum. Josephus äußerte sich wenig positiv über David. Da er die Herrschaftsform der Aristokratia dem Königtum vorgezogen hatte, darf man vielleicht Verfassungsvorstellungen hierfür verantwortlich machen.[25] Eine gleiche Überlegung könnte auf Philo zutreffen. In seiner Darstellung des jüdischen Volkes hatte er das Modell einer sich selber verteidigenden autonomen Bürgerschaft ohne König vor Augen (*Legatio ad Gaium* 215).[26]

M. Stern hat die befremdliche Zurückhaltung von Philo und Josephus auf eine Weise gedeutet, die zur Lösung unseres Problems beiträgt. Er hat sie nämlich in Verbindung gebracht mit der Schilderung, die Hekataios von Abdera (um 300 v. Chr.) vom jüdischen Volk gegeben hatte und in der er ausgeschlossen hatte, daß die Juden jemals von Königen beherrscht worden seien (Diodo-

---

25 Josephus berichtet zwar von Gottes Verheißung an David, daß sein Haus und sein Königtum immerdar vor Gott Bestand haben sollen (*2. Sam.* 7, 16), schraubt diese Worte aber auf die Zusage zurück, »die Königsherrschaft den Nachkommen der Kinder [Davids] zu bewahren und zu übergeben« (*Ant. Jud.*, VII 93), und zwar für die Dauer von 21 Generationen (*Ant. Jud.*, V 336). Zuvor läßt Josephus noch den Propheten Natan David die traurige Botschaft mitteilen: »Er [Gott] könne ihm, der in vielen Kriegen gekämpft und sich mit dem Blut der Feinde befleckt habe, nicht gestatten, den Tempel zu bauen« (VII 92; vgl. *1. Chron.* 28, 3). Die einzige Stelle, an der Josephus auf etwas dem Messianismus Ähnliches zu sprechen kommt, war das Orakel, das zum Aufstand gegen Rom angestachelt hatte. Es hatte aber keinen davidischen Herrscher prophezeit, sondern allgemein einen Herrscher aus dem Orient.

26 Philo spricht laut dem Index Philoneus von G. Mayer nur in *De confusione* 149 von David, und dies auch nur übertragen: »die Söhne des Gott preisenden David«. E. R. Goodenough hatte noch geglaubt, dies damit erklären zu können, daß Philo den Messianismus wohl gekannt, aber für sich behalten habe (*The Politics of Philo Judaeus: Practice and Theory*, New Haven 1938 S. 25). Neuerdings hat R. D. Hecht nachgewiesen, daß Philo keinen allgemein anerkannten jüdischen Messianismus voraussetzt, sondern nur einen umstrittenen populären politischen Messianismus, den er in seiner Logos-Mystik neutralisierte (»Philo and Messiah«, in: J. Neusner, W. S. Green, E. Frerichs (Hg.), a.a.O., S. 139-168).

rus Siculus, *Bibliotheca Historica*, XL, 3; siehe oben, v. Kapitel). Stern kommentierte sie:

»In Wirklichkeit neigen auch Philo und Josephus dazu, in ihren allgemeinen Überblicken über die jüdische Verfassung die Monarchie zu ignorieren. Es war die Hierokratie, die als spezifisch jüdische Regierungsform betrachetet wurde, die *patrios politeia* der Juden«.[27]

So wie die aristokratische jüdische Gesandtschaft vor Pompeius das Königtum abgelehnt hatte, hatte Hekataios das jüdische Königtum ignoriert und behauptet, die Juden hätten nie einen König gehabt.

Gestützt auf diese Quellen, kann man das Schweigen jüdischer griechischsprachiger Autoren anders, als bislang geschehen, erklären. Das Schweigen über einen zukünftigen davidischen Messias und die Zurückhaltung gegenüber der David-Überlieferung könnten in Zusammenhang mit einer politischen Ablehnung des Königtums stehen. Liegt die Annahme nicht nahe, daß Kritiker der Institution des Königtums nicht hoffnungsvoll nach einem neuen Herrscher aus dem Hause Davids Ausschau gehalten haben? Die pragmatische Bedeutung, die mit dieser Erwartung verbunden worden war, könnte ihre Verbreitung und Popularität begründet und zugleich auch begrenzt haben.

Implizite Ablehnung des hasmonäischen Königtums

Ich möchte auf der Grundlage dieser These einen Schritt weiter gehen und prüfen, ob nicht vielleicht auch umgekehrt die Erwartung eines endzeitlichen davidischen Herrschers mit politischen Stellungnahmen verknüpft war und zwar einer Ablehnung der aristokratischen Stadtherrschaft. Ist es nicht prüfenswert, ob zur Zeit des Zweiten Tempels Gruppen, die in Opposition zur privilegierten judäischen Stadtherrschaft standen, sich auf die Verheißung stützten, Gott werde einen neuen endzeitlichen König erstehen lassen? Ich meine, daß diese These einiges für sich hat.

Eine der Weissagungen, auf die die Hoffnung eines grundlegenden politischen Wandels sich stützen konnte, war die Weissagung des Propheten Natan an David gewesen, daß dessen Haus und dessen Königtum für immer Bestand haben würden.

27 M. Stern, *Greek and Latin Authors on Jews and Judaism*, Bd. 1. a.a.O., S. 31 (meine Übersetzung).

»Ich werde aufrichten deinen Samen [*zera^c*; *sperma*] nach dir, der hervorgeht aus deinem Inneren, und sein Königtum aufrichten ... Ich werde ihm zum Vater werden und er mir zum Sohn werden ... Dein Haus [*bêt*; *oikos*] und dein Königtum [*mamlākā; basileia*] sollen für immer vor mir Bestand haben« (*2. Sam.* 7,12-16).

Diese Weissagung wurde in der Zeit des Zweiten Tempels als lebende Verheißung weitergegeben, wobei man vom zukünftigen davidischen Herrscher erst ganz spät in der Form einer Messias-Gestalt sprach. Man drückte die Hoffnung auf eine Einlösung der geweissagten davidischen Königsherrschaft mit Hilfe von Metaphern aus, die bereits im biblischen Schrifttum geschaffen worden waren. In den Königspsalmen finden sich Widerklänge der besonderen Beziehung zwischen Gott und davidischem Herrscher (zum Beispiel *Ps.* 2,7 ff.; 89,4.20-38; 110,1-4; 132,11 ff.), und Propheten hatten diese Erwartung aufgegriffen und mit Leben gefüllt (*Jes.* 9,5 f.; *Jer.* 23,5 f.; *Jes.* 11,1-10). Die Allegorien vom Kind, vom Sproß, vom Zweig aus dem Wurzelstock, von der Wurzel und vom Horn wurden Mittel, um diese Erwartung der Einlösung einer Zusage auszudrücken. Dabei läßt sich ausmachen, daß die Metpahern der Natan-Weissagung bis in die Zeit des entstehenden Christentums als lebende Hoffnung weitergegeben worden waren (*Jesus Sirach* 47,2-12; *1. Makk.* 2,57).[28]

Solange man vom neutestamentlichen Schrifttum ausging, meinte man, die Bezeichnung ›Sohn Davids‹ als Titel einer endzeitlichen Erlöserperson betrachten zu müssen. Heute wissen wir, daß ›Sohn Davids‹ erst im 1. Jahrhundert n. Chr. ein Titel des Messias wurde. Auch das hebräische *maš²ᵃḥ* ist erst zu dieser Zeit zu einer festen Bezeichnung geworden. »Gesalbt« bezeichnete in den Jahrhunderten vor Christus eine göttliche Erwählung und Ernennung, ohne daß hierbei ausschließlich an den davidischen »Gesalbten« gedacht worden wäre. Auch andere Personen konnten »Gesalbte« sein.[29] Die Untersuchung der Messiasvorstellung

28 D. C. Duling, »The Promises to David and Their Entrance into Christianity – Nailing Down a Likely Hypothesis«, in: *NTS* 20 (1973/74), S. 55-77. Vor Duling hatte dies schon U. Kellermann gezeigt: »Die politische Messias-Hoffnung zwischen den Testamenten. Eine programmatische historische Skizze«, in: *Pastoraltheologie* 56 (1967), S. 362-377, 436-448.

29 M. de Jonge, »The Use of the Word ›Anointed‹ in the Time of Jesus«, in: *Novum Testamentum* 8 (1966), S. 132-148; derselbe, »Jesus als

kann sich daher nicht auf den Titel beschränken, sondern weitet sich aus auf die Verheißung an David und deren Bedeutung.

Schon länger ist bekannt, daß mit dem Glauben an die Natan-Weissagung eine Polemik gegen die Herrschaft der Hasmonäer verbunden war.[30] Die Hasmonäer hatten sich nicht nur die Hohe-priesterwürde, sondern danach auch noch die Königswürde wi-derrechtlich angeeignet. Eine Schrift, die aus Kreisen der Opposi-tion gegen die hasmonäischen Herrscher hervorgegangen war – die Psalmen Salomos –, ruft Gottes Zusicherung an David in Erinnerung, daß sein Haus und sein Königtum auf immer beste-hen bleiben würde und wendet sie gegen die hasmonäischen Herrscher[31]:

»Du, Herr, erwähltest David zum König über Israel, und du schworst ihm für seinen Samen in Ewigkeit, daß sein Königtum vor dir nicht auf-

profetische zoon van David«, in: F. Garcia Martinez u. a. (Hg.), *Profe-ten en Profetische Geschriften. Festschrift A. S. van der Woude*, Kam-pen/Nijkerk 1986, S. 157-166; derselbe, »The Earliest Christan Use of Christos. Some Suggestions«, in: *New Testament Studies* 32 (1986), S. 321-343; W. H. Brownlee, »»The Anointed Ones of Aron and Is-rael‹. Thesis, Antithesis, Synthesis«, in: *Festschrift M. M. Delcor*, Neu-kirchen 1985, S. 37-44; Z. Weisman, »Anointing as a Motif in the Making of the Charismatic King«, in: *Bib.* 57 (1976), S. 378-398.

30 V. Aptowitzer, *Parteipolitik der Hasmonäerzeit im rabbinischen und pseudepigraphischen Schrifttum*, Wien 1927, S. 49-65 und 82-123.

31 Die Psalmen Salomo wurden ursprünglich in Hebräisch abgefaßt, sind jedoch nur in Griechisch und Syrisch erhalten geblieben. Historische Anspielungen verraten, daß die Psalmen zwischen 70 und 45 v. Chr. entstanden sind, und zwar in Jerusalem (PsSal. 4, 1). Ich folge der Übersetzung von S. Holm-Nielsen, in: *Jüdische Schriften aus helleni-stisch-römischer Zeit*, IV, 2, Gütersloh 1977; die Übersetzung ist kom-plizierter als üblich, da man mit einer hebräischen Vorlage zu rechnen hat, die vom griechischen Übersetzer nicht immer richtig verstanden worden ist; auch muß eine syrische Übersetzung berücksichtigt wer-den. Die Psalmen weisen sowohl mit Pharisäischem als auch mit Esse-nischem Übereinstimmungen wie Unterschiede auf: R. B. Wright, »The Psalms of Solomon, the Pharisees, and the Essenes«, in: R. A. Kraft (Hg.), *Proceedings for the International Organization for Sep-tuagint and Cognate Studies and the Society of Biblical Literature*, 1972, S. 136-147; R. B. Wright auch in J. H. Charlesworth (Hg.), *The Old Testament Pseudepigrapha*, Bd. 2, London 1985, S. 639-650; zur Kritik an den Hasmonäern: J. Schüpphaus, *Die Psalmen Salomos*, Lei-den 1977, S. 66 f.

höre. Aber wegen unserer Sünden erhoben sich Gottlose wider uns, grif-fen uns an und stießen uns fort; ⟨was du nicht verheißen⟩ hattest, das rissen sie an sich mit Gewalt ... In Herrlichkeit errichteten sie ein König-tum aufgrund ihres Hochmuts, sie verwüsteten Davids Thron in lärmen-dem Übermut« (17,4-6). Zur Strafe wird Gott einen Fremdling [*allotrios*] [Pompeius oder Herodes sind gemeint, HGK] auftreten lassen und ihren Samen von der Erde wegnehmen (17,7.9). Auf eine Schilderung dieser gottlosen Zeit folgt ein Gebet: »Sieh zu, Herr, und richte ihnen [gemeint sind die in alle Welt verstreuten Gerechten, HGK] ihren König, Davids Sohn [artikelloses *huios David*] auf, zu der Zeit, die du ausersehen, Gott, daß er als König herrsche über deinen Knecht Israel« (17, 21). Seine Aufgabe soll sein, Jerusalem von den Heidenvölkern zu reinigen (17, 22). »Er wird richten Völker und Völkerschaften in der Weisheit seiner Ge-rechtigkeit« 17, 29). Der gerechte König ist von Gott selber unterwiesen worden (17, 32).

Der Verfasser dieser Zeilen richtete die Hoffnung darauf, daß ein Davidide erneut König werde und als gerechter und weiser Herr-scher, von Gott selber unterwiesen, die Herrschaft ausüben werde.

Die Natan-Weissagung hatte also auch die Bedeutung gehabt, die Herrschaftsansprüche der Hasmonäer zu bestreiten. Das Schei-tern der Hasmonäer bestätigte nachträglich noch, daß ihre Herr-schaft illegitim gewesen war. Hier taucht neben den bereits be-kannten Positionen der Anhänger einer hamonäischen Herrschaft und deren aristokratischen Gegnern eine dritte Position auf, die nicht das Königtum ablehnt, sondern dessen Ausübung durch Angehörige des Geschlechtes der Hasmonäer.

Weitere Zeugnisse einer Hoffnung auf einen neuen davidischen Herrscher kamen in der essenischen Bibliothek von Qumran ans Licht. In der vierten Höhle von Qumran hat man 1952 Texte gefunden, die auf Grund paläographischer Gesichtspunkte auf die zweite Hälfte des 1. Jahrhunderts v. Chr. bzw. den Beginn des 1. Jahrhunderts n. Chr. datiert werden.[32] Das Königtum ist in die-ser Erwartung sowohl eine staatliche Institution als auch Träger der Heilszusage Gottes an Israel.[33] Im exegetischen Kontext

32 Aus der umfangreichen Literatur zitiere ich nur: E. M. Laperrousaz, *L'attente du Messie en Palestine à la veille et au début de l'ère chré-tienne à la lumière des documents récemment découverts*, Paris 1982, S. 171-225.

33 O. Camponovo, *Königtum, Königsherrschaft und Reich Gottes in den frühjüdischen Schriften*, Göttingen 1984; schon das Königtum vor

(*Gen.* 49,10) heißt es vom »Gesalbten der Gerechtigkeit, dem Sproß Davids«:

»Ihm und seinem Samen ist der Bund der Königsherrschaft gegeben über sein Volk bis in ewige Geschlechter« (*4 Qpatr.*; weitere Texte *4 Qflor* 10-13; *4 QpJes*).

Die außeralltäglichen Fähigkeiten des Herrschers (sein Charisma), die seinen Gefolgsleuten Heil bringen und die ihm die Führerschaft eintragen, wurden an seine Nachkommen geheftet und damit zu einem Gentilcharisma.[34] Die von ihm abstammende Verwandtschaftsgruppe galt insgesamt als herrschaftlich und prophetisch begnadet; nur aus ihr können gerechte und weise Herrscher hervorgehen. Auf sie wurden die Hoffnungen derer gerichtet, die nach Gerechtigkeit und Einsicht verlangten.[35]
Daß derartige Vorstellungen von Erlösung im damaligen Judentum nicht unbekannt waren, zeigt ein Ereignis aus der Geschichte der Makkabäer/Hasmonäer. Auch sie hatten sich durch ein Charisma ihres Geschlechtes legitimiert, wie *1. Makk.* 5, 55-62 erkennen läßt. Als zwei Gefolgsleute von Judas Makkabaios (164-161 v. Chr.) auf eigene Faust im Kampf gegen die Heiden Heldentaten vollbringen wollten, scheiterten sie kläglich.

»Sie waren nämlich nicht aus dem Geschlecht [*sperma*] jener Männer, durch deren Hand Israel Rettung [*sōtēria*] zuteil wurde« (*1. Makk.* 5,62).[36]

dem Exil war in Nord- und Südreich anders konzipiert: A. Alt, »Das Königtum in den Reichen Israel und Juda«, in: *Kleine Schriften*, Bd. 2, München 1953, S. 116-134; zum politischen Hintergrund jüdischer Eschatologie: S. Mowinckel, *He That Cometh*, Oxford 1956.
34 Zum Begriff des Charisma: S. Breuer, »Magisches und Religiöses Charisma. Entwicklungsgeschichtliche Perspektiven«, in: *KZSS* 41 (1989), S. 215-240; W. Schluchter, »Einleitung: Max Webers Analyse des antiken Christentums. Grundzüge eines unvollendeten Projekts«, in: derselbe (Hg.), *Max Webers Sicht des antiken Christentums, Interpretation und Kritik*, Frankfurt 1985, S. 11-71; R. Bendix in demselben Band: »Umbildungen des persönlichen Charismas. Eine Anwendung von Webers Charismabegriff auf das frühe Christentum«, S. 404-443; M. N. Ebertz, *Das Charisma des Gekreuzigten. Zur Soziologie der Jesusbewegung*, Tübingen 1987.
35 Zum Begriff Gentilcharisma: M. Weber, *Wirtschaft und Gesellschaft*, Tübingen ⁵1985, S. 140-148 und 671 f.
36 *1. Makk.* 14, 4-15 malt diese wunderbare Macht der Hasmonäer weiter

Das Heil kann nur erwirkt werden durch den auf Grund seiner Abstammung begnadeten Führer. Die Gläubigen mußten geduldig warten, bis er erschienen war. Solange er noch auf sich warten ließ, mußten sie sich an Gottes Verheißung halten. Ein gewisser Quietismus war daher mit dieser Vorstellung verbunden. Er wurde im Falle der David-Verheißung dadurch noch verstärkt, daß die Gegenwart nicht nur als eine Zeit der Ungerechtigkeit, sondern auch der Unwissenheit angesehen wurde.

Implizite Ablehnung
aristokratischer Herrschaft

Die überraschende Nennung zweier Messiasse in Schriften von Qumran (die Messiasse Aarons und Israels *1 QS* 9,11; der Messias Aarons und Israels *CD* 12,23 f; 14,19; 19,10 f.) hat die Frage nach dem Verhältnis der Macht von Priestern und Laien im antiken Judentum aktuell werden lassen. Denn die messianischen Vorstellungen der Qumrangemeinde waren »durch das Nebeneinander priesterlicher und königlicher Gewalt in nachexilischer Zeit« charakterisiert (A. S. van der Woude). Schon in der Tora hatte es neben dem Bund Gottes mit Pinehas Samen, dem Priestergeschlecht, den mit Davids Samen gegeben (*Num.* 25,12 f; *Mal.* 2,4). Beide Geschlechter waren Träger und Repräsentanten des Bundes Gottes mit seinem Volk. Die Schriften von Ezechiel (Kapitel 44-46) und Sacharja (4,14; 6,9-14) haben auf diesem Nebeneinander von Priestertum und Königtum bestanden (vgl. außerdem noch Jer. 33,17 f; *Sir.* 45,25; 51,12 hebr. h&i). Erst die Hasmonäerherrscher haben beide Funktionen in einer Person verbunden, was von vielen als unerträgliche Usurpation empfunden worden war. Die Schriften von Qumran schieden beide Instanzen erneut, was nicht nur eine Verurteilung der Hasmonäer bedeutete, sondern auch die Aristokratie abwertete.[37]

aus. Eine Parallele zu solcher Auffassung findet sich im Jubiläenbuch, wo Jakob zu seinem Sohn Juda spricht: »Durch dich werde gefunden die Rettung Israels« (*Jub.* 31, 19 f). Schließlich gebrauchten die Testamente der Zwölf Patriarchen dieselbe Vorstellung, worauf ich gleich noch zu sprechen komme. Ähnlich formuliert *1 QM* 11, 3.

37 A. S. van der Woude, *Die messianischen Vorstellungen der Gemeinde von Qumran*, Assen 1957, Zitat S. 242; siehe weiter S. 225-227; kurze

Bei der Versammlung am Ende der Zeiten, die in der messiani-schen Gemeinschaftsregel von Qumran geschildert wird, sitzt der Messias Israels, der aus der Nachkommenschaft Davids erwartet wird, in der Rangordnung *nach* den Priestern, aber *vor* den Häuptern der Tausendschaften und den Vorstehern der Häuser, jedem entsprechend seiner Würde (*1 QSa* 2,14-17). Diese end-zeitliche Ordnung entsprach allerdings nicht den tatsächlich be-stehenden Institutionen, die den Laiengeschlechtern unabhängig vom Königtum eine eigene Vertretung ermöglicht hatten: die 150 s^egānîm von Nehemia, die *gerousia* der hellenistischen Zeit, der ḥeber (das Kollegium) der Juden unter den Hasmonäern, die *sun-hodoi* bzw. das *sunhedrion* in römischer Zeit. Vergleicht man den Entwurf der Gemeinschaftsregel mit der bestehenden Ordnung, wird erkennbar, daß sie die Laiengeschlechter dem erwählten da-vidischen Herrscher unterordnete. Sie rechnete für die Heilszeit nicht mit einer eigenständigen kollegialen Herrschaft angesehener jüdischer Geschlechter, die vom Hohenpriester geleitet wurde, sondern mit einer monarchischen Ordnung. Das Heil konnte nur von dem geweissagten davidischen König kommen.

Eine Doppelherrschaft von Priestertum und Königtum setzten auch die Testamente der Zwölf Patriarchen voraus. Sie propagier-ten die Verheißung eines kommenden Davididen (*Test. Jud.* 22,3; 24) und folgerten daraus, wem die Juden zu gehorchen hätten:

»Und jetzt, meine Kinder [spricht der Patriarch Simon, HGK], gehorcht Levi und Juda und erhebt euch nicht über diese beiden Stämme, denn aus ihnen wird euch die Rettung Gottes [*sōtērion tou theou*] hervorgehen [*anatellein*] (*Test. Sim.* 7,1).[38]

Darstellung dieser These in: *ThWNT* ix (1973), S. 508-511 sowie in seinem Kommentar: *Zacharia*, Nijkerk 1984, S. 95 und S. 116 f.

38 M. de Jonge, *Testamenta xii patriarchum*, Leiden 1964; J. Becker, *Jüdische Schriften aus hellenistisch-römischer Zeit*, iii, 1. Gütersloh 1974 (mit vielen Querverweisen); A. S. van der Woude, a.a.O., S. 227; A. Hultgård, *L'Eschatologie des Testaments des Douze Patriarches*, Uppsala 1977, S. 60-63.

Das Idiom eines oppositionellen Milieus
im frühen Christentum

Die Erkenntnis, daß die alte Natan-Verheißung an David in einem oppositionellen Milieu weitergelebt hatte und dabei anti-aristokratische und anti-hasmonäische Bedeutungen angenommen hatte, kann das Problem lösen, daß die Verheißung kein normativer Bestandteil der antiken jüdischen Religion zur Zeit Jesu gewesen ist, andererseits aber auch keine christliche Schöpfung war. Die Hoffnung auf einen kommenden Davididen hatte in der politischen Kommunikation in Palästina eine kritische Bedeutung erhalten. Ihr Kern war die Natan-Weissagung, deren Ausdrucksweise (Kind, Sohn, Sproß, Zweig, Wurzel, Horn) bewußt archaisierend. Nur durch den in grauer Vorzeit zugesagten Herrscher konnte Israel noch gerettet werden. Die Qualitäten, die ihm zugeschrieben wurden, waren nicht mehr nur militärisch-politisch, sondern darüber hinaus auch weisheitliche und prophetische. Er wird mit Recht und Gerechtigkeit herrschen und Weisheit besitzen. Der neue Herrscher erlöst nicht allein von sozialer und politischer Ungerechtigkeit, sondern auch von Unwissenheit. Das Zeitalter, in dem die Anhänger dieses Weltbildes zu leben glaubten, war nicht nur politisch widergöttlich, sondern auch ohne Einsicht und Weisheit. Der erwartete Herrscher nahm daher immer mehr die Züge eines esoterischen Weisheitslehrers an, weshalb David auch als Orpheus beschrieben und bildlich dargestellt werden konnte.[39]

Wir treffen an verschiedenen Stellen des neutestamentlichen Schrifttums auf diese archaisierenden Symbole der Natan-Weissagung. Das Auftreten Jesu war in den Begriffen des davidischen Gentilcharismas beschrieben worden.

In der Ankündigung der Geburt Jesu schreibt das Lukasevangelium: »Dieser wird groß sein und Sohn des Höchsten genannt werden, und Gott der Herr wird ihm den Thron seines Vaters David geben, und er wird König sein über das ganze Haus Jakobs in Ewigkeit. Und es wird kein Ende seines Königtums geben« (1,32 f.).[40]

39 H. G. Kippenberg, »Pseudikonographie: Orpheus auf jüdischen Bildern«, in: *Visible Religion* 7 (1990), S. 233-249.
40 Daß die Kindheitsgeschichte im Lukas-Evangelium diese besondere Vorstellung von der Errettung Israels kennt und verwendet, zeigt sich auch im Lobgesang des Zacharias, in dem es heißt: »Und [Gott] hat

Die Behauptung, Jesus sei ein Sohn Davids, bezeichnet etwas anderes als nur eine Abstammung.[41] Sie propagiert eine spezifische Auffassung von der Erlösung Israels. Bei der Beschreibung des Auftretens Jesu haben frühe Christen auf diese Überlieferung wie auf ein Idiom zurückgegriffen.[42]

Dabei scheint eine weitere Umwertung vorgenommen worden zu sein. Die typisch herrschaftlichen Elemente im Bilde vom Sohn Davids, die schon im jüdischen Material relativiert worden waren, wurden von Christen gänzlich fallen gelassen. David galt in frühchristlichen Schriften nur noch als geistbegabt (*Mk.* 12, 36; *Apg.* 2, 29-31), und Gleiches galt für seinen endzeitlichen Sohn. So gründlich wurden die herrschaftlichen Elemente beseitigt, daß K. Berger die Konzeption sogar ganz in weisheitlichen Gruppen unterbringen wollte.[43] Der Sohn Davids wie auch sein Königreich waren ihres politischen, öffentlichen Charakters gründlich entkleidet worden.

Dem blinden Bartimaios, der die Worte herausstößt: »Sohn Davids, Jesus, erbarme dich meiner«, wird befohlen, sofort zu schweigen (*Mk.* 10,47 f.). Dieses Schweigegebot wird bekanntlich noch an anderen Stellen des Markusevangeliums wiederholt (*Mk.* 1,44 f.; 3,11 f; 7, 36). Parallel hierzu und in Übereinstimmung hiermit ist auch die Königsherrschaft (*basileia*) ein Geheimnis (*mustērion*) geworden, das den Jüngern Jesu gegeben ist (*Mk.* 4, 11) oder – wie Matthäus und Lukas erklären – den Jüngern zu *kennen* gegeben ist (*Mt.* 13, 11 und *Lk* 8, 10).

uns aufgerichtet ein Horn [*keras*] der Erlösung [*sōtēria*] in dem Hause Davids, seines Knechtes« (*Lk.* 1, 69).

41 Nach wie vor lehrreich: F. Hahn, *Christologische Hoheitstitel*, Göttingen 1963, S. 242-279; monographische Behandlung: C. Burger, *Jesus als Davidssohn. Eine traditionsgeschichtliche Untersuchung*, Göttingen 1970.

42 Zum Begriff des *Idioms* verweise ich auf M. Douglas, *Edward Evans-Pritchard*, Penguin 1981. Dort schreibt sie (S. 72) über die Methode von Evans-Pritchard: »He tried never to declare a belief or theory not supported by action ... He calls a principle an idiom, when, although appealed to locally as if a description, it is in no way an accurate description of what is happening. The idiom of descent through the male line is [for the Nuer, HGK] a way of thinking about political relations.«

43 K. Berger, »Die königlichen Messiastraditionen des Neuen Testaments«, in: *NTS* 20 (1973/74), S. 1-44.

Das Königtum Davids war eine esoterische Angelegenheit geworden.[44]

Die Herrenverwandten

Frühe Christen hatten diese Konzeption von Israels Errettung durch einen Angehörigen aus dem Geschlechte Davids übernommen. Diese Tatsache macht sich auch noch in anderen Zusammenhängen bemerkbar. Bereits in den vierziger Jahren des 1. Jahrhunderts hatte Jakobus, der Bruder Jesu, den ersten Rang in der Jerusalemer Gemeinde eingenommen (*Gal.* 2, 9). In diese Frühzeit fällt auch die kerygmatische Wendung, die Paulus in seinem Brief an die Römer, der irgendwann zwischen 54 und 59 n. Chr. verfaßt wurde, zitierte (*Röm.* 1,3 f.), und die die alte Verheißung Gottes an die Nachkommen Davids aufgegriffen und mit ihr das Charisma von Jesus von Nazareth gedeutet hatte. Beide Sachverhalte stehen in einem Zusammenhang. Das Ansehen, das Jesu Bruder Jakobus in der ältesten Jerusalemer Gemeinde der Christen erlangt hatte und an dem noch weitere Verwandte Jesu teilhatten, wird durch diese Deutung des Ansehens Jesus verständlich. Zwar war laut *Mt.* 1,18 und *Lk.* 1,35 Jesus vom Heiligen Geist gezeugt worden, womit eine Abstammung von Joseph und folglich von David ausgeschlossen wurde. Jedoch teilten nicht alle diese Ansicht. Im Gegenteil: nicht nur wurde diese Abstammung weiterhin behauptet, sondern Jesu Brüder galten als Teilhaber seines Charismas.[45]

---

44 Prophetische Begabung des Davidssohnes: M. de Jonge, »Jesus als profetische Zoon van David«, in: *Profeten en profetische geschriften. Festschrift A. S. van der Woude*, a.a.O., S. 157-166; zum Messiasgeheimnis: W. Wrede, *Das Messiasgeheimnis in den Evangelien*, Göttingen ²1913; T. A. Burkill, »Strain on the Secret: An Examination of Mark 11,1-13,37«, in: *ZNW* 51 (1960), S. 31-46; G. Bornkamm, in: *ThWNT* IV (1942), S. 823-825.

45 In den Evangelien führten sie noch ein Schattendasein und wurden einmal sogar als Beweis für Jesu Durchschnittlichkeit genannt. »Ist dieser nicht der Zimmermann, der Sohn der Maria [*Mt.* 13,55: »ist dieser nicht der Sohn des Zimmermanns«] und Bruder von Jakobus, Joses, Judas und Simon? Und sind nicht seine Schwestern hier bei uns? Und sie nahmen Anstoß an ihm« (*Mk.* 6,3). Neben dieser namentli-

Auch noch Zeugnisse des 2. und 3. Jahrhunderts n. Chr. bestätigen, daß Brüder und Verwandte Jesu im palästinischen Christentum und im sich bildenden Gnostizismus am Ansehen Jesu als
Davididen teilhatten.[46] Besonders aufschlußreich ist ein Brief des
Julius Africanus aus Palästina (gest. um 240). Er bezeichnet die
Angehörigen Jesu als Herrenverwandte und nennt als Grund dafür, sie seien

>»wegen ihrer Verbindung mit dem rettenden Geschlecht [*sōtērion genos*]
Herrenverwandte [*desposunoi*] genannt worden«.[47]

chen Nennung gibt es weitere Hinweise auf Jesu Brüder (*Mk.* 3,31-35;
Joh. 2,12; 7,3; *Apg.* 1,14). Paulus erwähnt im 1. Korintherbrief, daß die
Brüder des Herrn ihre Frauen auf Missionsreisen mitnahmen
(*1. Kor.* 9,5). Einer der Brüder aber trat aus diesem Schattendasein sehr
schnell heraus. In einer prägnanten Formulierung lesen wir bei Paulus:
Jesus sei zuerst dem Kephas erschienen, dann den Zwölfen, darauf
mehr als 500 Brüdern, hernach Jakobus, danach den Aposteln und
schließlich Paulus selber (*1. Kor.* 15,5-8). Im Galaterbrief ist dann Jakobus, der Bruder des Herrn, wie er 1,19 bezeichnet wird, der erste
der drei »Säulen« (*stuloi*). Zusammen mit Kephas und Johannes leitete
er die jüdische Christenheit (2,9). Jakobus kam 62 n. Chr. ums Leben,
als der jüdische Hohepriester Ananus eine Vakanz in der römischen
Statthalterschaft nutzte, um ihn wegen Gesetzesübertretung vor das
Synhedrium zu stellen und mit anderen Christen hinrichten zu lassen
(Josephus, *Ant. Jud.*, xx 200). Zu Jesu Verwandtschaft: A. Meyer,
W. Bauer, in: E. Hennecke, W. Schneemelcher (Hg.), *Neutestamentli-
che Apokryphen*, Bd. 1, Tübingen ⁴1968, S. 312-321; W. A. Bienert, in:
W. Schneemelcher (Hg.), *Neutestamentliche Apokryphen*, Bd. 1, Tü-
bingen ⁵1987, S. 373-386; zu Jakobus im Neuen Testament:
H. D. Betz, *Galatians*, Philadelphia 1979, S. 78 f.; W. Pratscher, *Der
Herrenbruder Jakobus und die Jakobustradition*, Göttingen 1987 (mit
weiterführender Literatur); Jakobus bei Josephus: G. Vermes, F. Mil-
ler, *The History of the Jewish People in the Age of Jesus Christ (175
B. C. – A. D. 135)*, Bd. 1 Edinburgh 1973, S. 428-441.
46 S. K. Brown, *James: A Religio-Historical Study of the Relations between Jewish, Gnostic, and Catholic Christianity in the Early Period
through an Investigation of the Traditions about James the Lord's
Brother*, PhD, Brown University 1972; zu der Rolle von Judas Thomas, einem weiteren Bruder Jesu, als Vermittler esoterischen Heils-
wissens: siehe Kapitel ix, »Praktiken gnostischer Geheimhaltung«.
47 Eusebius hat diesen Brief bewahrt. In ihm ging Africanus auf Überlieferungen der leiblichen Verwandten des Erlösers ein. Unter Herodes –
so behaupteten sie – seien die in Archiven aufbewahrten Urkunden

Sie wurden nicht nur wegen ihrer Verwandtschaft mit Jesus von Nazareth so genannt, sondern weil sie zusammen mit Jesus von Nazareth aus dem rettenden Geschlecht (*sōtērion genos*) Davids stammten (Hegesippus bei Eusebius, *Historia ecclesiae*, III 20,1). So hatten die Verwandten Jesu noch lange Zeit nach dem Auftreten Jesu an seinem Charisma Anteil.

Christliche Ablehnungen von Tempel und Priesterschaft

Auf eine Besonderheit möchte ich noch hinweisen: daß es im frühen Christentum neben dem davidischen Herrscher keinen Priester (mehr) gab. Nicht der Bund Gottes mit David *und* mit den Priestern, sondern nur noch der mit David verbürgte die Erlösung Israels. Es gibt in den neutestamentlichen Schriften Zeugnisse, die den Tempel ablehnen und damit ihre Herkunft aus demselben politischen Umfeld verraten. Bei seinem Verhör vor dem Synhedrium traten Zeugen auf und behaupteten, Jesus habe gesagt:

»Ich werde diesen mit Händen gemachten Tempel zerstören und innerhalb von drei Tagen einen anderen nicht mit Händen gemachten Tempel errichten« (*Mk.* 14,58).

Zwar hält der Evangelist Markus dies für ein falsches Zeugnis. Diese Tempelweissagung spielte in der Apostelgeschichte beim Verhör des Stephanus erneut eine Rolle. Wieder sollen es falsche Zeugen sein, die auftraten und aussagten:

»»Dieser Mann [Stephanus, HGK] redet unaufhörlich Worte gegen diesen heiligen Ort und das Gesetz; denn wir haben ihn sagen hören, daß dieser Jesus von Nazareth diesen Ort zerstören und die Bräuche [*ethē*] ändern wird, die uns Mose überliefert hat«« (*Apg.* 6,13 f.).

Dagegen zitiert das Johannesevangelium Jesus mit den Worten:

»Brechet diesen Tempel ab, und in drei Tagen will ich ihn wiedererstehen lassen« (*Joh.* 2,19).

hebräischer Geschlechter (*anagraphai tōn genōn*) vernichtet worden. Zu den wenigen, die die Erinnerung an ihre edle Abstammung (*eugeneia*) hätten retten können, gehörten die Verwandten Jesu (Eusebius, *Historia ecclesiae*, I 7,2-15; Zitat 7,14).

G. Theißen hat zeigen können, daß diese Tempelweissagung Jesu kein falsches Zeugnis war, sondern authentisch ist und in Zusammenhang mit einer jüdischen Opposition gegen den Jerusalemer Tempel gebracht werden muß, die vor allem in der Landbevölkerung verankert war.[48]

In diesen Zusammenhang gehört auch die Deutung der Zerstörung des Jerusalemer Tempels 70 n. Chr., die in der kleinen Apokalypse von Markus 13 vorgetragen wurde. Sie hat in dieser Zerstörung einen notwendigen Schritt in Richtung auf die Ankunft des Menschensohnes und die Erlösung der Auserwählten gesehen.[49]

In diesen Fällen haben frühe Christen sich der Ideen und Konzepte einer Opposition gegen die politische Herrschaft von Aristokraten und Priestern bedient. Sie haben sie aber später selber wieder neutralisiert. Die Erwartung eines neuen davidischen Herrschers ist an den Rand gedrängt worden; die Tempelweissagung Jesu hat man nur als ein falsches Zeugnis weiter überliefert. Welche Gründe hatte diese Neutralisierung und Uminterpretation zweier alter, authentischer Stellungnahmen gegen die jüdische Stadtherrschaft? Nimmt man die Untersuchungen zum Namen ›christianoi‹ als Bezeichnung einer politischen Fraktion in den privilegierten jüdischen Bürgerverbänden hinzu – ich komme gleich darauf zurück –, dann darf man vermuten, daß das frühe Christentum sich anfangs in einem sozialen und religiösen Umfeld außerhalb der Jerusalemer Stadtherrschaft verbreitet hatte. Erst durch die Mission faßte es in den jüdischen Bürgerverbänden hellenistischer Städte Fuß. Die frühen christlichen Gemeinden waren zu Beginn Teil von jüdischen Synagogengemeinden und – falls vorhanden – dem jüdischen *politeuma* und trennten sich erst allmählich – vielleicht muß man an einigen Orten bis zum Aufstand der Juden unter Trajan 115 n. Chr. heruntergehen[50] – davon. Solange aber Christen eine Fraktion im jüdischen Bürgerverband bleiben wollten, mußten sie sich von strikt ablehnenden

48 »Die Tempelweissagung Jesu. Prophetie im Spannungsfeld von Stadt und Land«, in: *Studien zur Soziologie des Urchristentums*, Tübingen ²1983, S. 142-159.

49 H. G. Kippenberg, »Ein Vergleich jüdischer, christlicher und gnostischer Apokalyptik«, in: D. Hellholm (Hg.), *Apocalypticism in the Mediterranean World and the Near East*, Tübingen ²1989, S. 751-768.

50 W. H. C. Frend, *The Rise of Christianity*, London 1984, S. 150.

kritischen Stellungnahmen gegen den Tempel und auch von der Erwartung eines neuen jüdischen Königtums distanzieren.

Dagegen sehen wir bereits im Johannesevangelium eine andere Stellungnahme zu Jesu Weissagung. Sie paßt zu der schroff ablehnenden Haltung, die dieses Evangelium auch an anderen Stellen gegen Juden bezogen hat. Gnostiker haben sich ebenfalls an einer Abschwächung dieser Weissagung nicht beteiligt. So heißt es im koptischen Thomasevangelium (*Logion 71*):

»Jesus sagte: ,Ich werde [dieses] Haus zerstören, und niemand wird in der Lage sein, es [wieder] aufzubauen.'«

Daß Gnostiker die Trennung der Christen von den jüdischen Bürgerverbänden, vorangetrieben haben, zeigt sich auch an anderen Quellen (siehe IX. Kapitel).

Es war wohl kein reiner Zufall, daß die galiläische Jesus-Bewegung mit einer Opposition gegen die Jerusalemer Aristokratie und den Tempel verbunden war. Galiläa war ein Gebiet, das sich von der judäischen Gemeinde um Jerusalem deutlich unterschied. Es war durchsetzt von Königsland, das zumeist von nicht-jüdischen Großgrundbesitzern verwaltet wurde. Die jüdischen Dorfgemeinschaften in Galiläa waren anders als die im judäischen Bergland nicht in den Prozeß der Bildung eines autonomen politischen Verbandes einbezogen worden. Sie unterstanden direkt den Herrschern (oft Fremdherrschern) und wurden Familienmitgliedern der Herrscher und hohen Beamten als sichere Erwerbsquellen überlassen. Die Bauern hatten dort – wie wir gesehen haben – einen Rechtsstatus eigener Art, und es fehlte dort die für die Stadtherrschaften typische Klasse der *honestiores* und *curiales*.[51] Das hatte auch religionsgeschichtliche Seiten. Die Erwartung eines kommenden Menschensohnes, der die Befreiung vom letzten verbrecherischen römischen Weltreich bringt, gehört zum

---

51 Der Historiker A. N. Sherwin-White beschrieb diese besondere Situation, die wir oben erläutert hatten, mit den Worten: »Die Vorstellung einer Regierung oberhalb des Niveaus der *kōmē* [der Dorfgemeinschaft, HGK] und ihrer Synagoge wird in den Gleichnissen und in der galiläischen Erzählung als eine Sache von Königen und Prinzen dargestellt« (*Roman Society and Roman Law in the New Testament*, Oxford 1963, S. 134, meine Übersetzung).

galiläischen Bestand der Evangelien (*Lk.* 12,8 f.)[52] Auch ein Traktat des zusammengestellten Henochbuches scheint galiläischer Herkunft gewesen zu sein: die Vision Henochs *Hen.* 12-16.[53]
Die frühen Christen haben ihre Erwartung eines bevorstehenden Unterganges des letzten widergöttlichen Reiches aus einem Milieu außerhalb von Jerusalem bezogen. In Jerusalem hatte man die Erfahrung gemacht, daß die Zugehörigkeit zu einem Weltreich eine gewisse lokale Selbstverwaltung und ein Leben nach den väterlichen Gesetzen nicht ausschloß, sondern möglich machte. In den galiläischen Gebieten aber fehlte eine Schicht patrimonialer jüdischer Grundherren, die eine solche Ordnung hätten tragen können. Hier richtete sich die Hoffnung von Juden auf ein neues einheimisches Königtum oder aber auf eine weltgeschichtliche Wendung, die zum Untergang des letzten Weltreiches führen werde. Palästinische Christen haben ihr Weltbild (und teilweise auch ihre apokalyptischen Schriften)[54] aus diesem Milieu bezogen. Sie haben mit ihnen auch eine bestimmte politische Stellungnahme in die Welt des Römischen Reiches getragen.[55]
Die Überlieferung der Verheißung Gottes an David war mit politischen Stellungnahmen verknüpft worden. Der Gebrauch dieser

---

52 F. Hahn, *Christologische Hoheitstitel. Ihre Geschichte im frühen Christentum*, a.a.O., S. 32-42.

53 G. W. Nickelsburg, »Enoch, Levi and Peter: Recipients of Revelation in Upper Galilee«, in: *JBL* 100 (1981), S. 575-600.

54 P. Vielhauer, »Einleitung zu ›Apokalypsen und Verwandtes‹«, in: E. Hennecke/W. Schneemelcher (Hg.), *Neutestamentliche Apokryphen*, Bd. 2, Tübingen ³1964, S. 407-421; zusammen mit G. Strecker in: W. Schneemelcher (Hg.), *Neutestamentliche Apokryphen*, Bd. 2, Tübingen ⁵1989, S. 491-515.

55 Es ist Althistorikern mehr als Theologen aufgefallen, wie sehr das frühe Christentum dem ländlichen Milieu der Antike verbunden war. G. E. M. de Ste Croix schreibt in seinem *magnum opus* mit dem Titel *The Class Struggle in the Ancient Greek World* (London 1981): »Innerhalb einer Generation war die Botschaft Jesu transformiert worden in das, was manchmal (vielleicht nicht zu Unrecht) als paulinisches Christentum beschrieben worden ist. Dieser Prozeß kann vom Historiker (im Unterschied zum Theologen) nicht verstanden werden, wenn er nicht gesehen wird als der Übergang eines ganzen Ideensystems von der Welt der *chōra* zu der der *polis* – ein Prozeß, der notwendigerweise höchst tiefgreifende Veränderungen in jenem Ideensystem mit sich brachte« (S. 433; meine Übersetzung).

Konzeption kann als Indiz dafür gewertet werden, wo sich das Christentum in Palästina gebildet hatte: unter Juden, die in Opposition standen zur Jerusalemer Stadtherrschaft. Da die Natan-Weissagung durch oppositionelle Gruppen getragen wurde, fällt so indirekt ein Licht auf das Milieu früher Anhänger von Jesus von Nazareth. Sie rekrutierten sich aus einem Milieu, das die privilegierte Stadtherrschaft als politische Verfassung ablehnte und auch den Hasmonäern ein Herrschaftsrecht bestritt. Auftreten und Würde des Jesus von Nazareth wurde von ihnen in den Begriffen der Erfüllung der Natan-Weissagung beschrieben. Damit wurde eine Erlösungslehre entworfen, in der nicht mehr das treue Befolgen der väterlichen Gesetze, sondern die unbedingte Loyalität zum Charismatiker das Heil sicherte.

Das literarische Genre ›geheimes Offenbarungsbuch‹

Die Spannung zwischen dem Privileg der Autonomie und der Abhängigkeit von paganen Herrschern

Das Privileg eines jüdischen Lebens entsprechend den väterlichen Gesetzen war nur dadurch möglich geworden, daß der jüdische Erwählungsglaube im Rahmen der vorgegebenen politischen Strukturen und ihrer Möglichkeiten ausgedrückt und politisch verwirklicht worden war. Fremdbeobachtung jüdischen Lebens und jüdische Selbstreflexion hatten zu gleichen Teilen dazu beigetragen. Diese Zuordnung der eigenen zur fremden Kultur kann noch an anderen Gegenständen beobachtet werden. So zeigt die Tatsache, daß Juden zuweilen neben ihrem angestammten einen griechischen, lateinischen oder anderen paganen Namen trugen, daß sie in höherem Grade, als die Exklusivität ihre Glaubens vermuten läßt, in die fremde Kultur, in der sie lebten, eingebunden waren.[56] Legt man als Beurteilungsmaßstab das Tragen von

56 J.J. Collins hat die Interaktion von Juden und Griechen unter dem Gesichtspunkt jüdischer Identität dargestellt: *Between Athens and Jerusalem. Jewish Identity in the Hellenistic Diaspora*, New York 1983. Zu diesem Thema hat die Deutsche Vereinigung für Religionsgeschichte 1986 eine Tagung veranstaltet: M. Pye, R. Stegerhoff (Hg.),

paganen Namen unter Juden an, läßt sich ermessen, wie sehr Juden in soziale Beziehungen mit Heiden verflochten waren.

Schon in den Elephantine-Papyri (Ägypten, 5. Jahrhundert v. Chr.) kann man beobachten, daß Juden fremde (allgemein semitische, persische und ägyptische) Namen trugen.[57] Ein und dieselbe Person trug erst den ägyptischen Namen As-Hor, dann vier Jahre später (416 v. Chr.) den jüdischen Namen Natan (*AP* 20 und 25). In der nachfolgenden hellenistischen Zeit blieb dieser Brauch bestehen. Sehr beliebt waren die griechischen Namen.[58] In römischer Zeit ist in Zusammenhang mit dem römischen Bürgerrecht eine Polyonomie üblich geworden. Saulus scheint schon von Geburt an – und nicht erst seit seiner Bekehrung – auch das römische *cognomen* Paulus getragen zu haben (*Apg.* 13,9).[59] Die Apostelgeschichte nennt weitere Juden mit römischen Namen: Joseph, genannt Barsabbas, welcher Justus genannt wurde (1,23); Johannes mit Beinamen Marcus (12,12.25); Symeon, genannt Niger (13,1). Ob hier stets ein offizielles *cognomen* vorliegt oder nur ein inoffizieller Beiname, ein *agnomen*, ist schwer zu entscheiden. Fest steht nur, daß Bürger aus dem Osten des Reiches, die römische *cives* geworden waren, auch einen römischen Namen führen mußten (*mutatio nominis*).[60]

Man sollte sich in diesem Zusammenhang der These von M. Mauss erinnern, daß ein Name seinem Träger eine Rolle in seiner Gesellschaft zuteilt. Der Name ist mehr als nur die äußerliche Bezeichnung eines Menschen: Er legt einem Menschen

Religion in fremder Kultur. Religion als Minderheit in Europa und Asien, Saarbrücken 1987.

57 P. Grelot, *Documents araméens d'Egypte*, Paris 1972, S. 352-354, 455-502; M. H. Silverman, *Religious Values in the Jewish Proper Names at Elephantine*, Neukirchen-Vluyn 1985, S. 48-88.

58 Eine Übersicht hierüber findet sich in der neuen Ausgabe von E. Schürer (hg. von G. Vermes, F. Millar, M. Black), *The History of the Jewish People in the Age of Jesus Christ (175 B. C.–A. D. 135)* Bd. 2, Edinburgh 1979, S. 73 f.; gute Beobachtungen zum Gebrauch fremder Namen durch Juden bei H. Cazelles, »Onomastique«, in: *Supplément au Dictionnaire de la Bible* VI (1960), Sp. 732-744.

59 G. A. Harrer, »Saul who is also called Paul«, in: *HThR* 33 (1940), S. 19-34.

60 B. Doer, *Die römische Namengebung. Ein historischer Versuch*, Stuttgart 1937, S. 179-201; I. Kajanto, *Supernomina. A Study in Latin Epigraphy*, Helsinki 1967.

Rechte und Pflichten auf, und er prägt das Verhalten anderer ihm gegenüber.[61] Das Aufkommen von biblischen Namen als Eigennamen muß im Zusammenhang mit Bestrebungen von Juden, entsprechend ihren väterlichen Gesetzen zu leben, gesehen werden. In derselben Periode wurde es gebräuchlich, daß Juden neben einem jüdischen einen paganen Namen trugen. Das läßt erkennen, wie intensiv und dauerhaft die Beziehungen waren, in denen Juden mit Fremden standen. Den entscheidenden Gesichtspunkt hierbei hatte George Herbert Mead genannt, als er schrieb: »Das Individuum geht nur als ein Objekt, nicht als ein Subjekt in seine Erfahrung ein.«[62] Die paganen Namen wie die Doppelnamen zeigen, daß und wie der Einzelne sich nicht nur als Objekt seiner Religionsgemeinde erfuhr, sondern auch sozialer Beziehungen außerhalb dieser Gemeinde. Damit zeigt sich im individuellen Namen eine ähnliche Doppelstruktur, wie sie auch in der politischen Privilegierung bei jüdischen Religionsgemeinden bestanden hat.

Das Privileg der Autonomie, das die griechischen und römischen Herrscher Juden an verschiedenen Orten ihrer Reiche gewährt hatten, hatte die Erfahrung der Fremdherrschaft zwar gemildert, nicht aber aufgehoben. Die Privilegien fielen den Juden ja auch nicht einfach in den Schoß, sondern mußten erkämpft werden, so daß das beruhigende Gefühl eines gesicherten Rechtes nicht aufkommen konnte. Auch blieben Heiden, so wohlwollend sie auch sein mochten, rituell unrein. Zur Verunsicherung trugen jüdische Intellektuelle bei, als sie ein Weltbild vertraten, demzufolge die politische Unterwerfung eine Folge jüdischen Ungehorsams und daher befristet gerechtfertigt war.

Jeremia hatte geweissagt, daß die babylonische Gefangenschaft siebzig Jahre dauern würde (siehe IV. Kapitel). Nach siebzig Jahren sollte das Volk aus der Knechtschaft entlassen werden. Mitte des 2. Jahrhunderts v. Chr. – gerade, als die Makkabäer den Kampf um die väterlichen Gesetze aufnahmen – deutete das Buch Daniel diese Prophetie neu und machte die Rechnung noch ein-

61 M. Mauss, »Eine Kategorie des menschlichen Geistes: Der Begriff der Person und des ›Ich‹« (1938 zuerst auf Französisch publiziert), in: M. Mauss, *Soziologie und Anthropologie*, Bd. 2, Frankfurt 1978, S. 223-251.
62 *Sozialpsychologie*, Neuwied 1969, S. 309.

mal auf. Nun wurden aus den siebzig Jahren 70 Jahrwochen: 70 × 7 = 490 Jahre oder 10 Yobeljahre (*Dan.* 9,1 f. und 9,24-27). Sie wurden gezählt von der Zerstörung Jerusalems und des Tempels 587 v. Chr. an. Nach sieben Jahrwochen – so die Berechnung – werde die Stadt neu aufgebaut. Nach noch einmal 62 Jahrwochen werde ein »Gesalbter« ausgerottet. Daniel spielt damit auf die Absetzung des rechtmäßig eingesetzten – das bezeichnet Salbung in diesem Falle – jüdischen Hohenpriesters Onias III. 170 v. Chr. durch den griechischen Herrscher Antiochus IV. Epiphanes an. Die chronologischen Kenntnisse, über die Daniel verfügte, waren jedoch nicht ausreichend, denn er machte den Zeitraum zwischen den beiden markanten Ereignissen am Anfang und am Ende um circa 66 Jahre länger, als er in Wirklichkeit war. Nach einer weiteren halben Jahrwoche, also nach 3½ Jahren, sollte dann das Ende der Periode der Unfreiheit erreicht werden. Das Buch Daniel muß vor 167 v. Chr. geschrieben bzw. zusammengestellt worden sein.[63]

Die Rechnung mit 70 Sabbatjahren oder 10 Yobeljahren liegt auch anderen Apokalypsen des 2. und 1. Jahrhunderts v. Chr. zugrunde: der Zehnwochenapokalypse des 1. (äthiopischen) Henochbuchs (92,1-5; 93,1-10; 91,11-17), Henoch-Fragmenten aus der 4. Höhle von Qumran sowie dem Melchisedek-Midrasch aus der 11. Höhle von Qumran.[64] Die Verfasser und Tradenten dieser Texte urteilen über die eigene Gegenwart unerbittlich und scharf.

63 Emil Schürer, *The History of the Jewish People in the Age of Jesus Christ (175 B. C.–A. D. 135)*, Bd. 3, Teil 1, Edinburgh 1986, S. 248 f.; J. J. Collins, *The Apocalyptic Vision of the Book of Daniel*, Missoula 1977; weitere Studien zu Daniel verzeichnet J. J. Collins in seinem Buch: *The Apocalyptic Imagination. An Introduction to the Jewish Matrix of Christianity*, New York 1984; zur Chronologie der Sabbatjahrwochen: I. Hahn, »Josephus und die Eschatologie von Qumrān«, in: H. Bardtke (Hg.), *Qumran-Probleme*, Berlin 1963, S. 167-191 (mit weiterem antiken Quellenmaterial zu unterschiedlichen Deutungen der Chronologie Daniels); B. Z. Wacholder, »Chronomessianism: The Timing of Messianic Movements and the Calendar of Sabbatical Cycles«, in: *Hebrew Union College Annual* 46 (1975), S. 201-218.
64 J. T. Milik, *The Books of Enoch. Aramaic Fragments of Qumrān Cave 4*, Oxford 1976, S. 249-255; zum Melchisedek-Midrasch verweise ich auf die Publikation jüngeren Datums von E. Puech, »Notes sur le Manuscrit de XIQ Melkîsêdeq«, in: *Revue de Qumran* 12 (1987), S. 483-513.

Dieselbe Periode, in der Juden sich das Privileg, entsprechend den väterlichen Gesetzen leben zu dürfen, erkämpft hatten und weiterhin erkämpften, war in ihrer Sicht eine Periode, in der Israel den Frevel sühnen mußte (*Dan.* 12,1) oder von seinem Gott abgefallen war (*1. Henoch* 93,9).[65]

Echte religiöse Pseudepigraphie

Die apokalyptischen Offenbarungsschriften, die so urteilten, waren ihrem eigenen Anspruch nach Offenbarungen, die vor langer Zeit biblischen Weisen und Propheten enthüllt und von ihnen insgeheim niedergeschrieben worden waren. Die Verfasser dieser Schriften machten von dem Mittel der Pseudepigraphie Gebrauch: Literarische Texte, die erst vor kurzem verfaßt worden waren, wurden Personen der Vergangenheit zugeschrieben. So regelmäßig kommt diese falsche Zuschreibung vor, daß man die Pseudepigraphie – neben der Vision bzw. Himmelsreise des Weisen und neben der Geschichtsdeutung – als ein Formelement jüdischer Apokalypsen betrachtet hat.[66]

Lange Zeit hatte man über den Tatbestand, daß hier streng genommen eine Fälschung vorlag, mehr oder weniger hinweggesehen. Das hat sich erst neuerdings, und zwar als Folge von Studien von W. Speyer, geändert. Ich will auf die Überlegungen, die man sich zur Erklärung dieser falschen Verfasserangaben gemacht hatte, hier nur kurz hinweisen. So haben einige den Zweck dieser Verfasserangaben darin gesehen, das Ansehen und Prestige einer

---

65 Zur Zehnwochenapokalypse: S. Uhlig, »Das äthiopische Henochbuch«, in: *Jüdische Schriften aus hellenistisch-römischer Zeit*, Bd. 5, Gütersloh 1984, S. 709-715. Die zeitgeschichtlichen Stellungnahmen dieser beiden Schriften behandelt M. Hengel, *Judentum und Hellenismus*, Tübingen ³1988, S. 328 f.

66 M. Stone, »Apocalyptic Literature«, in: derselbe (Hg.), *Jewish Writings of the Second Temple Period*, Assen 1984, S. 383-441, auf S. 383; zur literarischen Form der Apokalypsen: J. J. Collins (Hg.), *Apocalypse: The Morphology of a Genre*, Missoula 1979, S. 9 f., und die Artikel in D. Hellholm (Hg.), *Apocalypticism in the Mediterranean World and the Near East*, Tübingen 1989², S. 329-637.

Schrift und ihres Inhaltes zu heben (so J.J.Collins).[67] Andere
haben in ihr den Niederschlag einer echten Vision gesehen, in der
ein Gläubiger sich von einem weisen Vorfahren inspiriert glaubte
(so M. Stone).[68] Andere haben auf das Fehlen einer klaren Vorstellung von geistigem Eigentum in Palästina – im Unterschied
zur hellenistischen Stadtkultur – hingewiesen und von einem religiösen Traditionsstrom gesprochen, für den nicht die Individuali-
tät des Schreibers, sondern die Autorität früherer Weiser und
Propheten zählte (M. Hengel).[69] Schließlich hat man darauf hingewiesen, daß es schon lange vor dem 2. Jahrhundert v. Chr. im
antiken Judentum literarischer Brauch war, Prophetenworte ohne
Angabe des Propheten zu verschriftlichen und an bereits bestehende Sammlungen anzuhängen (I. Gruenwald, im Anschluß an
M. Smith).[70]

Einen weiteren Schritt in der Erklärung der religiösen Pseudepigraphie hat W. Speyer getan. Speyer hat eine grundlegende
Studie zur literarischen Fälschung in der Antike vorgelegt und
sich speziell zur jüdischen Pseudepigraphie noch einmal gesondert geäußert. Er hat dabei eine treffende Bezeichnung eingeführt
und von »echter religiöser Pseudepigraphie« gesprochen. Nicht
immer haben wir es nämlich mit absichtlichen Fälschungen zu
tun. Eine solche liegt nur dann vor, wenn Juden in ihren Schriften
bewußt neben richtigen auch falsche Verfasserangaben machten,
um das Ansehen dieser Schriften (und damit ihrer Religion) bei
Heiden zu heben. Dies kam in der griechischsprachigen Diaspora

---

67 J.J.Collins, »Pseudonymity, Historical Reviews and the Genre Reve-
    lation of John«, in: *Catholic Biblical Quarterly* 39 (1977), S. 329-343.
68 M.Stone, »Apocalyptic Literature«, in: derselbe (Hg.), *Jewish Wri-
    tings of the Second Temple Period*, Assen 1984, S. 427-433 (»Pseudepi-
    graphy, Inspiration and Esoterism« ist dieser Abschnitt, der sich mit
    den Merkmalen von Apokalypsen befaßt, überschrieben).
69 M.Hengel, »Anonymität, Pseudepigraphie und ›Literarische Fäl-
    schung‹ in der jüdisch-hellenistischen Literatur«, in: K. von Fritz
    (Hg.), *Pseudepigrapha* I: *Pseudopythagorica, Lettres de Platon, Litté-
    rature pseudépigraphe juive*. Fondation Hardt, Bd. 18. Genf 1972
    S. 229-308.
70 I. Gruenwald, »Jewish Apocalyptic Literature«, in: *Aufstieg und Nie-
    dergang der Römischen Welt*, Bd. 19,1, Berlin 1979, S. 89-118, auf
    S. 97 f. Der Artikel von M. Smith, »Pseudepigraphy in the Israelite
    Literary Tradition«, in: K. v. Fritz, a.a.O., S. 191-227.

vor. Mit verschiedenen Mitteln sollte absichtlich Echtheit vorgetäuscht werden. Anders aber lag dies bei der palästinischen jüdischen Literatur. Die Pseudepigraphie in ihr beabsichtigte nicht in erster Linie Fälschung. Einem Historiker mußte auffallen, wie lange in Palästina die Pseudepigraphie das Feld beherrscht hatte und daß ein Autor wie Jesus Sirach, der seine Schrift mit seinem Namen versah, eine Ausnahme war. Den Grund hierfür meinte W. Speyer darin zu sehen, daß einem mythischen Glauben entsprechend Götter schreiben konnten oder aber einen Gläubigen inspirieren konnten, zu schreiben.

»Uns kommt es nur darauf an, zu zeigen, daß religiöse Menschen zu verschiedenen Zeiten göttliche Offenbarung in schriftlicher Form erhalten zu haben glaubten und daß diese echte religiöse Pseudepigraphie von Fälschungen, die ebenfalls vorgekommen sind, sowie von gleichartigen dichterischen Erfindungen abzuheben ist.«[71]

Das Verhältnis zwischen dem Autor und seinem Werk konnte als Eingebung eines Textes interpretiert werden, so daß aus diesem Grunde der richtige Verfasser durch einen religiösen ersetzt wurde.

Gründe der Geheimhaltung
von Offenbarungsschriften

Dennoch sind damit nicht alle Fragen, die sich in diesem Zusammenhang stellen, befriedigend geklärt. Eine von diesen Fragen, die nur selten, wenn überhaupt, gestellt wird, heißt: Besteht ein Zusammenhang zwischen dem literarischen Mittel der Pseudepi-

71 *Die literarische Fälschung im heidnischen und christlichen Altertum. Ein Versuch ihrer Deutung*, München 1971; derselbe, Art. »Fälschung, literarische«, in: *Reallexikon für Antike und Christentum*, Bd. 7, Stuttgart 1969, Sp. 236-277; derselbe, »Religiöse Pseudepigraphie und literarische Fälschung im Altertum«, in: N. Brox (Hg.), *Pseudepigraphie in der heidnischen und jüdisch-christlichen Antike*, Darmstadt 1977, S. 195-263, Zitat S. 235. Seine Definition von religiöser Pseudepigraphie auf S. 204. Kritisch wäre höchstens anzumerken, daß Speyer seine Analyse zu sehr auf die Probleme von geistigem Eigentum und auf mythische Vorstellungen von schreibenden Göttern gerichtet hat, während die Verschriftlichung selber als Verfahren der Autorisierung von Religion weniger ins Blickfeld kommt.

graphie und dem vernichtenden Urteil dieser Schriften über die Welt? Auf Anhieb scheint diese Frage nicht sinnvoll zu sein, weil die religiöse Pseudepigraphie weiter verbreitet war als nur unter Apokalypsen. Sie begegnet auch in anderen literarischen Gattungen wie beispielsweise den Testamenten von Patriarchen und anderen biblischen Vätern und hat daher keine exklusive Bindung an das Genre der Apokalypse.[72] Dennoch entfällt damit nicht die Berechtigung dieser Frage. Denn auch Schriften der literarischen Gattung der Testamente beurteilten die Gegenwart ablehnend. Und das gleiche gilt für die sibyllinischen Orakel. Die echte religiöse Pseudepigraphie war also auch außerhalb der apokalyptischen Literatur mit einer ablehnenden Stellungnahme zur Welt verbunden.

Der gemeinsame Nenner für die falschen Verfasserangaben war erstens der Glaube, in einer Zeit ohne Propheten zu leben. Zwar ist dieser Glaube in der Zeit vor dem 1. Jahrhundert n. Chr. längst nicht so allgemein verbreitet gewesen, wie es aus späterer rabbinischer Perspektive erscheint. Er wurde wohl nur in bestimmten intellektuellen Kreisen gepflegt. Beispielsweise hatte Josephus diesen Glauben vertreten, wenn er in *Contra Apionem* 1 40 darlegt, daß in der Zeit von Mose bis Artaxerxes 1. (465-425 v. Chr.) Propheten aufgetreten seien und die Geschichte ihrer Zeit in dreizehn Büchern aufgeschrieben hätten. Bei ihm war dieser Glaube mit der Vorstellung des Abschlusses eines Kanons verbunden.[73] Die Weisen und Schriftgelehrten, die zur Zeit des Hellenismus offizielle Interpreten jüdischer Religion geworden waren, haben ihn aufgegriffen und mittels der Pseudepigraphie für sich fruchtbar gemacht. Die Prophetie konnte auf dem Wege der Pseudepigraphie wieder aufleben, ohne daß man den populären Propheten, die es zur gleichen Zeit gab (siehe V. Kapitel) ein Existenzrecht einzuräumen brauchte.

72 J. J. Collins, »Testaments«, in: M. Stone (Hg.), *Jewish Writings of the Second Temple Period*, Assen 1984, S. 325-355.

73 Zur Kanonisierung und ihren religionshistorischen Konsequenzen: A. und J. Assmann (Hg.), *Kanon und Zensur. Beiträge zur Archäologie der literarischen Kommunikation*, Bd. 2, München 1987; J. A. Sanders, *From Sacred Story to Sacred Text*, Philadelphia 1987; D. G. Meade, *Pseudonymity and Canon. An Investigation into the Relationship of Authorship and Authority in Jewish and Earliest Christian Tradition*, Tübingen 1986.

Neben der Vorstellung eines Endes der Prophetie setzte die Pseudepigraphie zweitens voraus, daß Schriften zwar verfaßt, aber nicht veröffentlicht wurden. Einige Apokalypsen legitimierten die Zuschreibung an Weise der israelitischen Vorzeit in einer Art, die inhaltlich mit der Verurteilung der Welt zusammenhing. Sie gaben Gründe dafür an, daß Offenbarungen in der Vergangenheit von den Weisen zwar aufgeschrieben, aber anschließend nicht veröffentlicht, sondern geheim gehalten worden waren. Bereits in der wahrscheinlich ältesten Apokalypse, nämlich der von Daniel, befahl der Engel:

»Du aber, Daniel, verbirg die Worte und versiegle das Buch bis zur Zeit des Endes. Viele werden umherirren, aber die Erkenntnis wird zunehmen« (12,4; vgl. 12,9; siehe 8,26: »Verbirg die Vision, denn sie ist für lange Zeit später bestimmt«).

Weil in der Gegenwart noch die Gottlosen das Sagen haben und die wirkliche Einsicht noch fehlt, muß das Buch geheimgehalten werden, bis die Zeit des Endes gekommen ist. Diese Begründung kehrt in der sogenannten 4. Esra-Apokalypse wieder, einer um 100 n. Chr. in Palästina verfaßten Schrift. Nachdem ein Engel Esra seine Traumgesichte erklärt hatte, forderte er ihn auf:

»Schreib also dies alles, was du gesehen hast, in ein Buch und lege es an einen verborgenen Ort. Lehre es die Weisen aus deinem Volk, von denen du weißt, daß ihre Herzen die Geheimnisse fassen und bewahren können« (4. Esra 12,35-38).

Die Weisen sind die Träger der Geheimnisse (12,38). Erst am Ende der Zeiten sollen diese Bücher dem Volk bekannt gemacht und veröffentlicht werden. Auf diese Weise wird die Veröffentlichung einer Schrift Esras so viele Jahrhunderte nach seinem Tode verständlich gemacht und die Gegenwart durch die Veröffentlichung dieser Schrift als die erwartete Endzeit interpretiert.
Die 4. Esra-Apokalypse begründet ausführlich, warum es neben den bekannten Heiligen Schriften auch noch geheime gegeben hat. Schon seit Mose gab es eine Zweiteilung der Überlieferung, denn Gott hatte Mose geboten:

»Diese Worte sollst du veröffentlichen und jene geheimhalten« (14,6).

Als zu Esras Lebzeiten die Wahrheit auf dem Rückzug aus der Welt war und die Lüge sich näherte (14,17), da sorgte Esra sich um die späteren Generationen, die ohne Gesetz leben müßten.

Gott aber hatte ein Einsehen und gab ihm einen Becher zu trinken, sodaß er in den folgenden vierzig Tagen wie im Rausch fünf Schnellschreibern vierundneunzig Bücher diktieren konnte. Als das vollbracht war, sprach der Herr zu ihm:

»Die ersten Bücher, die du geschrieben hast, leg offen hin. Würdige und Unwürdige mögen sie lesen. Die letzten siebzig aber sollst du verwahren, um sie den Weisen aus deinem Volk zu übergeben« (14,45 f.; siehe auch 14,26).

Auch in anderen Apokalypsen wird eine Verschriftlichung erwähnt, bei der die Schrift im Geheimen weitergegeben wurde (*1. Henoch 82,1 f; 2. Henoch 54*). In den Umkreis dieser Konzeption gehören neben der *Himmelfahrt Mose* 1,16-18; 10,11 auch noch die Berichte über das Buch *Elxai*. Dieses Buch soll einst von einem Engel offenbart worden sein. Ein gewisser Alkibiades hatte es aus Syrien nach Rom mitgebracht (Hippolytus, *Refutatio*, IX 13,1 f.).[74] Die Veröffentlichung einer bislang geheimgehaltenen Offenbarung war aber endgültig. Das unterschied sie von den gnostischen Apokryphen (siehe IX. Kapitel), die die dauernde Verborgenheit der Wahrheit vor der Welt der Lüge zur Voraussetzung hatten und die daher als esoterische Schriften geheimgehalten wurden.

Ich möchte den Sachverhalt als eine stillschweigende Übereinkunft zwischen Autor und Leser charakterisieren. Zwischen dem Autor einer pseudepigraphischen Schrift und seinen Lesern bestand ein Einverständnis darüber, daß Offenbarungen Gottes vor langer Zeit von großen jüdischen Weisen und Propheten niedergeschrieben und im Geheimen weitergegeben worden waren und daß sie erst im Angesicht des nahenden Endes vor kurzem veröffentlicht wurden. Daß eine Schrift so hohen Alters und solcher Autorität so lange unbekannt geblieben war, untergrub ihre Glaubwürdigkeit nicht.

Die Esoterik, mit der diese Schriften sich umgaben, sollte die Zuschreibung verständlich machen und war nicht etwa praktisch gemeint. Schließlich wurde die Apokalypse Daniel in der Antike

---

74 Einige Fragmente gesammelt und übersetzt von J. Irmscher in: W. Schneemelcher (Hg.), *Neutestamentliche Apokryphen in deutscher Übersetzung*, Bd. 2, a.a.O., S. 619-623; eine detaillierte Analyse der Quellen und der Wirkungsgeschichte dieses Buches durch G. Luttikhuizen, *The Revelation of Elchasai*, Tübingen 1985.

viel gelesen, um über die verborgene Zukunft etwas in Erfahrung zu bringen. Josephus berichtet dies (*Ant. Jud.*, xx 210). Frühe Christen hatten sie konsultiert, um die Bedeutung der schrecklichen Zerstörung des Heiligtums in Jerusalem 70 n. Chr. zu verstehen (*Mk.* 13,14). Auch aus der Henoch-Apokalypse zitierten sie gelegentlich.[75] Die jüdischen Apokalypsen, die man als Deutungen der Gegenwart las, wurden nicht als geheime Schriften behandelt, aus denen nicht zitiert werden durfte. Vielleicht sollte man den Begriff der ‚Lesemysterien‘ verwenden, um die Beziehung der Leser zu ihnen zu charakterisieren.[76]

Es ist übrigens aufschlußreich, daß dem christlichen Apokalyptiker Johannes eine Geheimhaltung der Offenbarung untersagt worden war:

»Versiegle nicht die Worte der Weissagung dieses Buches; denn der rechte Augenblick ist nahe« (*Apk.* 22,10).

Weil die neue Zeit bereits angebrochen war, bedurfte es keiner Geheimhaltung der Wahrheit mehr vor der Lüge dieser Welt. Außerdem hat sich das Christentum in die Tradition der populären prophetischen Bewegungen gestellt und mit Weisen und Propheten in der Gegenwart gerechnet. Die Johannes-Apokalypse verwendet daher anders als ihre jüdischen Vorgänger nicht mehr das Mittel der Zuschreibung an legendäre biblische Gestalten.

---

75 Emil Schürer, *The History of the Jewish People*, Bd. III, Teil 1, a.a.O., S. 248 f. und S. 250. Der Judasbrief des Neuen Testamentes zitiert aus Henoch (v. 14 f.). Es wäre lohnend, einmal unter diesem Gesichtspunkt die gnostischen Schriften mit den jüdischen zu vergleichen. Solange die Welt von der Lüge beherrscht wurde, sollten nämlich auch diese Schriften nicht öffentlich gemacht werden, wobei in diesem Falle aber die Geheimhaltung vielleicht praktisch gewesen sein könnte.

76 J. A. Festugière, »Mystères cultuels et mystères littéraires«, in: *L'idéal religieux des Grecs et l'Evangile*, Paris ²1932, S. 116-132; E. R. Goodenough, »Literal Mystery in Hellenistic Judaism«, in: *Festschrift K. Lake*, London 1937, S. 227-241.

Geheimhaltung von Religion
vor der Öffentlichkeit

Die echte religiöse Pseudepigraphie setzt beim Leser eine gewisse
Bekanntschaft mit der Praxis von Geheimhaltung voraus. Im Judentum gab es eine derartige Praxis, die sich namentlich auf rituelle Handlungen bezog.[77] Gut bezeugt ist diese Praxis bei den
Essenern, die sich von den Gottlosen ihrer Gegenwart aus dem
eigenen Volk getrennt hatten. Wenn Josephus von ihnen behauptet, jeder Novize müsse schwören, »die Bücher der Sekte und die
Namen der Engel geheim zu halten« (*Bell. Jud.*, II 142), stimmt
das mit der Aufforderung der essenischen Sektenschrift an den
Einsichtigen überein,

»zu verbergen den Rat des Gesetzes inmitten der Männer des Unrechts
und mit Wissen, Wahrheit und gerechtem Urteil diejenigen zurechtzu-
weisen, die den Weg wählen« (*1QS* 9,17).[78]

Diese essenische Anweisung bestätigt den inneren Zusammenhang von Weltablehnung und Geheimhaltung, den die Pseudepigraphie voraussetzt.
Ich möchte noch kurz auf eine andere Begründung von Geheimhaltung im antiken Judentum hinweisen. In einem jüdischen Gedicht, das den griechischen Orpheus mit jüdischer Theologie in
Verbindung bringt und das zur Gruppe der absichtlichen hellenistischen Literaturfälschungen gerechnet werden muß, wird Geheimhaltung anders begründet. In dem Gedicht eröffnete Orpheus seine Rede mit der feierlichen Formel der Mysterien:

»Ich werde zu denen reden, denen es zusteht; schließt die Türen, ihr
Ungeweihten alle. Du aber höre zu, Sprößling des lichtgebenden Mondes,
Mousaios, denn ich werde Wahres ertönen lassen.«[79] Nach dieser Eröff-

77 J. Jeremias, *Die Abendmahlsworte Jesu*, Göttingen ³1960, S. 119-123
(»Esoterik im Spätjudentum und Urchristentum«); M. Smith, *Clement of Alexandria and a Secret Gospel of Mark*, Cambridge (Mass.)
1973, unter anderem auf S. 197-199 (»Secrecy in Ancient Judaism«).
Eine Abhandlung zur kirchlichen Esoterik hat Ch. Jacob vorgelegt:
»Arkandisziplin«, Allegorese, Mystagogie. Ein neuer Zugang zur
Theologie des Ambrosius von Mailand, Frankfurt 1990.
78 Weitere Quellen zu dieser essenischen Praxis sind: *1QS* 4,6; 8,12; *CD*
15,10 f. M. Weinfeld weist in seinem Buch auf Parallelen mit anderen
antiken Vereinigungen hin: S. 60-62.
79 Von Aristobulos, der zur Zeit von Ptolemaios VI Philometor 181-145

nung folgt eine monotheistische Kosmologie: »Schau einzig auf den Weltenlenker«. Nach einigen dunklen Worten unter anderem über den, »der von Gott in Sprüchen empfangen hat dem doppelten Gesetz entsprechend [diplax themis]«, bricht Orpheus abrupt ab: »Mehr zu sagen ist nicht erlaubt.« Das »doppelte Gesetz« könnte die beiden Gesetzestafeln bezeichnen oder aber – wahrscheinlicher – die zwei Bedeutungsebenen der Offenbarung: eine esoterische neben einer exoterischen Bedeutung.[80]

Die Rede richtet sich exklusiv an Eingeweihte und gebraucht die Terminologie von Mysterienreligionen. Man wird von einer literarisierten Mysterienansprache reden können, in der Orpheus als Begründer einer esoterischen Überlieferung von Erlösungslehren galt. Anders als bei den jüdischen Weisen Henoch, Daniel, Esra, Baruch und anderen, deren Namen erst mit Geheimhaltung in Verbindung gebracht werden mußten, war Orpheus schon seit langem und bekanntermaßen mit solcher Praxis verbunden gewesen und war Geheimhaltung ein bleibendes Kennzeichen seiner Religion. Sein Name war Programm für einen esoterischen jüdischen Glauben, der nur an besonders Ausgewählte mitgeteilt wurde.[81]

In der Zeit des Zweiten Tempels vollzog sich in der Literatur des antiken Judentums eine Entwicklung, die ein Licht wirft auf die

v. Chr. lebte, zitiert; überliefert von Pseudo-Justin, *Cohortatio ad Gentiles* 15 und Eusebius, *Praeparatio Evangelica* XIII 12,5 mit kleinen Erweiterungen.

80 Hinsichtlich der Offenbarung dieses Weltenlenkers weichen die Exzerpte von Eusebius (bzw. Aristobulos) und Pseudo-Justin voneinander ab. Pseudo-Justin behauptet, daß kein Sterblicher den Weltenlenker gesehen habe. Eusebius fügt an der Stelle nun aber hinzu: »Mit dem *nous* aber wird er gesehen«. Und weiter: »Denn nicht kann einer der sterblichen Menschen den Herrscher sehen außer ein Kind, hervorgegangen aus dem alten Stamm der Chaldäer.« Unter dem Empfänger der Offenbarung kann Abraham oder Mose verstanden worden sein. Philo hielt nämlich Mose für einen astrologisch geschulten Chaldäer (*Vita Mosis* 5).

81 Die antike mystische Auffassung jüdischer Religion hat E. R. Goodenough dargestellt: *By Light, Light: The Mystic Gospel of Hellenistic Judaism*, New Haven 1935; neuere Behandlung des Themas durch J. J. Collins, *Between Athens and Jerusalem. Jewish Identitiy in the Hellenistic Diaspora*, New York 1983, S. 195-243; I. Gruenwald, »Jewish Esoteric Literature in the Time of Mishnah and Talmud«, in: *Immanuel* 4 (1974), S. 37-46.

wachsende Bedeutung vorgegebener politischer Öffentlichkeit für die jüdische Religion. Die jüdischen Rechtsbücher erlangten in der damaligen Zeit offizielle Anerkennung durch die politischen Instanzen des Großstaates. Neben einer innerjüdischen Kodifizierung gab es eine äußere Sanktionierung dieser Rechtsbücher durch die offiziellen Instanzen des persischen, griechischen und römischen Großstaates. Hieraus resultierte die Spannung, die zwischen den jüdischen Bedeutungen von *tôrā* auf der einen Seite und der hellenistischen politischen Terminologie *patrioi nomoi* auf der anderen Seite bestand. Auch an anderen Gegenständen (neben den Rechtsbüchern nannten wir das politische Handeln, die Eigennamen und das Martyrium) hatten wir eine ähnliche pragmatische Bedeutungslogik antiker jüdischer Religion beobachtet.

Neben die Rechtsbücher traten in der hellenistischen Zeit Schriften, die ein ablehnendes Urteil aussprachen über die politischen Verhältnisse der Gegenwart. Sie trugen die Form von Offenbarungsbüchern, die vor langer Zeit von Weisen aufgeschrieben, jedoch erst kürzlich veröffentlicht worden waren. Die Veröffentlichung war nötig geworden, da das Ende der Zeit der Unwahrheit und des Abfalls gekommen war. In dieser Literaturform zeigt sich, wie neben der öffentlichen politischen Funktion jüdischer Religion, für die Juden mutig und energisch gekämpft hatten, eine zweite Dimension der Bedeutung von Religion erschlossen wurde. Sie sollte Religion der politischen Öffentlichkeit entziehen, solange die Welt von der Unwahrheit beherrscht wurde. Der besondere Status dieser Schriften: Offenbarungen der Wahrheit zu sein und doch geheim überliefert worden zu sein, deutet auf die besonderen Schwierigkeiten jüdischer Existenz in der damaligen Epoche hin: einerseits loyal zu sein gegenüber den Herrschern, die ihnen das Privileg der Autonomie einräumten, und auf der anderen Seite einen Erwählungsglauben zu pflegen, der keiner staatlichen Garantien bedurfte. Beides sollte durch diese Literatur ausgeglichen werden. Die Religion der Väter wurde als Offenbarung einer Aussicht auf Befreiung interpretiert, für die es solange keine Öffentlichkeit geben konnte und brauchte, als die Lüge und der Abfall in dieser Welt noch vorherrschten.

VIII Die christliche Abkehr von den väterlichen Gesetzen der Stadtgemeinden

Will man das Verhältnis der Christen zur politischen Ordnung ihrer Zeit charakterisieren, ist Webers Begriff der Entpolitisierung interessant. Weber erklärte ihn selber mit den Worten: Sozial Privilegierte wandten sich ab von politischer Betätigung. Sie taten dies gezwungen durch eine »bürokratisch-militaristische Einheitstaatsgewalt« oder zogen sich freiwillig aus der Politik zurück. Weber versuchte, den Sachverhalt über die Intentionen der Handelnden zu erfassen. Das ist vor dem Hintergrund der intentionalistischen Bewußtseinsphilosophie seiner Zeit begreiflich. Wenn wir heute den Gegenstand seiner Beobachtung neu beschreiben wollen, sollten wir andere Vorgehensweisen wählen. Denn das Vertrauen darauf, daß wir uns in Menschen anderer Perioden und Kulturen hineinversetzen und so ihre Handlungen verstehen können, ist geschwunden. Der Beobachtung zugänglich ist in erster Linie die Kommunikation von Menschen. Der Sinn, den sie mit ihren Handlungen verbinden, sollte besser nicht aus der Absicht isolierter Handlungssubjekte erschlossen werden, sondern aus sprachlichen Konzeptionen, die Einverständnis begründen und Handlungen koordinieren (siehe 1. Kapitel). Entpolitisierung ist aus einer solchen Perspektive betrachtet kein Inhalt subjektiver Absicht, sondern der Kommunikation über die Stadtherrschaft. Christen setzten dabei den kritischen Diskurs, den Juden hierüber begonnen hatten, fort.

Die Bildung einer Fraktion von Christen in den jüdischen Bürgergemeinden

Die Konflikte, die bereits früh zwischen Christen und Juden aufbrachen, waren vor allem Konflikte um die Verbindlichkeit der Toravorschriften: ob die Beschneidung, ob die Beachtung des Sabbatgebotes, ob der Opferkult in Jerusalem für die Erlösung unabdingbare Voraussetzung waren oder nicht. Zweifel an der Verbindlichkeit der Ritualgesetze hatte Paulus vorgetragen. Doch schon vor ihm und neben ihm hatten die sogenannten »Helleni-

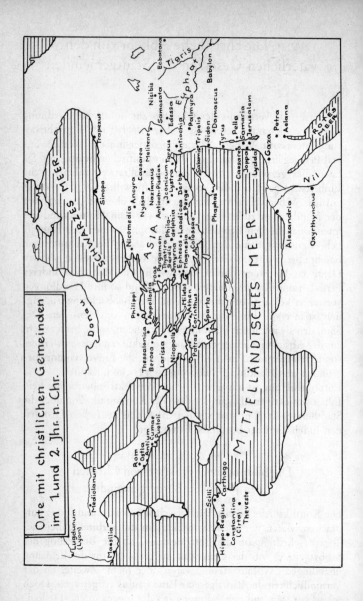

Orte mit christlichen Gemeinden im 1 und 2. Jhr. n. Chr.

SCHWARZES MEER

MITTELLÄNDISCHES MEER

ROTES MEER

ASIA

Donau

Tigris

Euphrat

Nil

Lugdunum (Lyon)

Mediolanum

Massilia

Rom
Ostia
Antium
Cumae
Puteoli

Scilli

Hippo-Regius   Carthago

Constantina (Cirta)

Thevste

Philippi

Thessalonica
Beroea   Appollonia

Larissa

Nicopolis

Patras   Athen
Sparta   Corinthus

Miletos

Magnesia
Ephesos   Laodicea   Colossae
Smyrna   Parge
Sardis
Thyatira   Philadelphia
Troas   Pergamon

Nicomedia   Ancyra
Nyssa   Caesarea
Nazianzus   Melitene
Antioch-Pisidia
Iconium   Tarsus
Lystra   Derbe

Samosata
Edessa   Nisibis

Ecbatona

Salamis   Antiochia
Paphos   Tripolis   Palmyra   Babylon

Sidon   Damascus
Tyrus

Caesarea   Pella   Samaria
Joppa   Jerusalem
Lydda   Gaza   Petra   Aelana

Alexandria

Oxyrhynchus

Sinopa

Trapezus

298

sten« in Jerusalem (*Apostelgeschichte* 6,1; 9,29) die Vorläufigkeit des Gesetzes von Mose und des Opferkultus im Heiligtum Jerusalems behauptet (6,11-14), was einen von ihnen, Stephanus, das Leben gekostet hat. Die Hellenisten flüchteten danach aus Jerusalem, zogen unter anderem nach Antiochia (*Apg.* 8,1.4; 11,19) und trugen die Botschaft des Evangeliums unter die Heiden.[1] Von dort aus wurde das Evangelium in Synagogengemeinden des Mittelmeerraumes weitergetragen.

Innerjüdische Vereinigungen

Zu diesen innerjüdischen Auseinandersetzungen kam ein Konflikt, der mit dem offiziellen, äußeren, politischen Status der jüdischen Religion im Römischen Reich zusammenhing und bei einer Behandlung der Trennung der Christen von den Juden nicht unberücksichtigt bleiben darf. Als die antiken jüdischen Gemeinden Träger autonomer politischer Verbände wurden, entstand in der antiken jüdischen Religion eine eigene Dimension politischer Bedeutung des Erwählungsglaubens. Indem die jüdische Gemeinde in Jerusalem und die Synagogengemeinden in den hellenistischen Städten von dem Zentralstaat als Träger politischer Autonomie anerkannt worden waren, ging die jüdische Religion eine feste und enge Verbindung mit einer bestimmten politischen Ordnung ein. Die Religionsgemeinde wurde zu einer offiziellen Instanz, die die rechtlichen und moralischen Beziehungen ihrer Angehörigen untereinander regelte. Diese politische Interpretation des Erwählungsglaubens hat eine lange Vorgeschichte, die sich an Hand der Kodifizierung des Bundesrechts zu politischen Zwecken bis in die Zeit des 7. Jahrhunderts v. Chr. zurückverfolgen läßt. Diese Religionsgeschichte hat die Voraussetzung dafür geschaffen, daß nicht nur die Gemeinde in Jerusalem, sondern auch die kleinen lokalen Gemeinschaften von Juden an verschiedenen anderen Orten des Mittelmeerraumes zum Träger eines politischen Verbandes werden konnten. Da diese Religionsgeschichte mit günstigen

---

1 M. Hengel, »Zwischen Jesus und Paulus. Die ›Hellenisten‹, die ›Sieben‹ und Stephanus (*Apg.* 6,1-15; 7,54-8,3)«, in: *ZThK* 72 (1975), S. 151-206; derselbe, *Between Jesus and Paul. Studies in the Earliest History of Christianity*, London 1983.

äußeren Herrschaftsbedingungen zur Zeit der Perser, Griechen und Römer zusammentraf, konnten sich die jüdischen Religionsgemeinden an vielen Orten offiziell als Rechtsgemeinden konstituieren. Es ist dies ja nur die Kehrseite der Struktur antiker Stadtherrschaft: daß sich nämlich die antike Stadt nur dann soziologisch von einem wirtschaftlichen und administrativen Zentralort unterschied, wenn ihre Bewohner sich als eine Rechtsgemeinde konstituierten. Hiervon aber konnten jüdische Religionsgemeinden auf Grund ihrer Religion Gebrauch machen.

Daß im antiken Judentum auch Religionsinterpretationen vertreten wurden, die sich dieser vorgegebenen privilegierten politischen Struktur nicht fügten, hatten wir gesehen. Ich erinnere nur an die Trennung der Essener von der gottlosen Herrschaft in Jerusalem, an die Ablehnung des Tempelkultus in Jerusalem, an die Hoffnung auf eine Errettung Israels durch einen neuen davidischen Herrscher oder an die Vorstellung einer geheimen und also nicht-öffentlichen Offenbarung. Durch den Fund der Bibliothek von Qumran sind plötzlich diese jüdischen Stellungnahmen ans helle Tageslicht getreten. Sie zeigen uns, wie differenziert und voll innerer Spannungen das antike Judentum war, bevor der Schlagbaum zwischen jüdischer und christlicher Religionsgemeinschaft niederging. Warum er aber überhaupt niederging, ist nicht so selbstverständlich, wie man aus späterer Sicht anzunehmen veranlaßt wird. Die theologischen Differenzen zwischen den beiden Gruppen bestanden nämlich im antiken palästinischen Judentum selber, sodaß nicht ausschließlich und allein in ihnen die Scheidung beider begründet gewesen sein kann. Warum hätte das Ergebnis nicht auch dem Verhältnis von Sunna und Schia im Islam gleichen können, wo die Differenzen ähnlich gravierend waren und dennoch nicht zu einer derart radikalen Trennung geführt haben?

Die amtliche Bezeichnung *christianoi*

Der zusätzliche historische Faktor, der diese Trennung vorangetrieben hatte, war ein Dissens, der sich weniger in der Theologie als in der politischen Pragmatik jüdischer Religion abspielte. Dieser Konflikt zeigte sich in nichts Geringerem als dem Namen ›Christen‹ selber. Die Bezeichnung war laut Apostelgeschichte 44 n. Chr. den Jüngern in Antiochia gegeben worden:

»In Antiochia wurden die Jünger zuerst *christianoi* genannt« (*Apg.* 11,26).

Es muß sich um eine offizielle Bezeichnung gehandelt haben, da das griechische *chrēmatizein* ein Wort der Amtssprache ist. Das aber müßte heißen, daß Römer den Jüngern diese Bezeichnung gegeben haben. Sprachliche Beobachtungen unterstützen diese Vermutung. Die Bezeichnung war nämlich nach Art lateinischer Adjektive auf *-ianus* gebildet, die im Lateinischen die Anhänger einer Partei bezeichnen, in diesem Falle eines *Chrēstos* bzw. *Christos* (Sueton, *Claudius* 25; Tacitus, *Annales* xv 44,3). Römische Beamte hatten auf diese Weise die Jünger Jesu Christi von anderen Gruppen in der offiziellen jüdischen Gemeinde (dem *politeuma*) von Antiochia unterschieden. Die Bezeichnung bezog sich weniger auf das Ansehen als auf den Status der Jünger Jesu.[2]

Diese Terminologie setzte eine innerjüdische Gruppenbildung in Antiochia voraus. Sie ist aus den historischen Quellen auch andernorts bekannt. Nicht nur die Essener, die in ihren angestammten Wohnorten blieben und sich dort zu einer gesonderten Vereinigung zusammengeschlossen hatten, sondern auch Synagogengemeinden waren aus informellen Zusammenkünften entstanden. Ihre Mitglieder trafen sich erst in Häusern, bis sie ausreichend Mittel aufgebracht hatten, um ein offizielles Gebetshaus zu erwerben. In Städten mit einer starken jüdischen Minderheit gab es mehrere frei konstituierte Gemeinden von Juden, wobei außer der Sprache auch Faktoren wie zum Beispiel Klientelverhältnisse eine Rolle spielten. Dabei hatte das hellenistische Vereinswesen für solche religiöse Vergemeinschaftungen Vorarbeit geleistet.[3] Ausschlaggebend aber war die Religiosität jüdischer Laien gewe-

---

2 Eine noch heute grundlegende Darstellung des Sachverhaltes und seiner rechtlichen Implikationen: E. Peterson, »Christianus«, in: *Frühkirche, Judentum und Gnosis*, Rom/Freiburg 1959, S. 64-87; weiter E. Bikerman, »The Name of the Christians«, in: derselbe, *Studies in Jewish and Christian History*, Bd. 3, Leiden 1986, S. 139-151.

3 M. Hengel, »Zwischen Jesus und Paulus«, a.a.O., S. 176-180; derselbe, *Judentum und Hellenismus*, a.a.O., S. 445-448; A. Th. Kraabel verweist auf den Ursprung der einzelnen Synagogen in der Vereinigung mehrerer jüdischer Häuser zu gemeinsamer religiöser Praxis: »Social Systems of Six Diaspora Synagogues«, in: J. Gutman (Hg.), *Ancient Synagogues: The State of Research*, Chico 1981, S. 79-91.

sen. Sie hatte es bewirkt, daß Religion zuständig wurde für die Bildung von Rechtsgemeinden.

Allein in Rom bezeugen Inschriften vierzehn verschiedene jüdische Einzelgemeinden mit eigenem Versammlungsort, eigenem Ältestenrat (*gerousia*) und eigenen Gemeindebeamten. Von einer Zusammenfassung aller stadtrömischen jüdischen Gemeinden unter eine gemeinsame Leitung findet sich in der ganzen Kaiserzeit kein Beleg. Dies stand in Gegensatz zu Alexandrien, wo die diversen Synagogen einen gemeinsamen politischen Verband bildeten.[4] Auch in Antiochia unterstanden die jüdischen Gemeinden einem offiziellen Vorsteher (*archōn*) (Josephus, *Bell.Jud.*, VII 47).

Diesem Grundmuster, daß sich Häuser zwecks Religionsausübung zu einer Synagogengemeinde zusammentaten, folgte auch die ›christliche‹ Gruppenbildung. Die frühen christlichen Gemeinden traten dabei aber nicht vollständig in die Fußstapfen bestehender Synagogenorganisation. Die frühen christlichen Gemeinden wurden nicht von Ältesten geleitet, sondern von Propheten und Lehrern. Propheten als besonders angesehene Charismatiker sind historisch zuerst für Antiochia bezeugt (*Apg.* 13,1 f.).

Paulus, selber mit Antiochia verbunden, organisierte die von ihm gegründeten Gemeinden in gleicher Weise (*1.Kor.* 12,28-31; 14,29-33).[5] Auch die Gemeinde zu Rom (*Herm mand* 11) entsprach diesem Bild, obwohl vom 2.Jahrhundert n.Chr. an die

---

4 P. Lampe, *Die stadtrömischen Christen in den ersten beiden Jahrhunderten. Untersuchungen zur Sozialgeschichte*, Tübingen 1987, S. 367 f. (Beilage IV: »Fraktionierung der stadtrömischen Judenschaft«); Emil Schürer, *The History of the Jewish People in the Age of Jesus Christ*, Bd. III, 1, a.a.O., S. 87-98.

5 H. Greeven, »Propheten, Lehrer, Vorsteher bei Paulus«, in: *ZNW* 44 (1952/53), S. 1-43; G. Dautzenberg, *Urchristliche Prophetie. Ihre Erforschung, ihre Voraussetzungen im Judentum und ihre Struktur im ersten Korintherbrief*, Stuttgart 1975; D. Hill, »Christian Prophets as Teachers or Instructors in the Church«, in: J. Panagopoulos (Hg.), *Prophetic Vocation in the New Testament and Today*, London 1977, S. 108-130; D. E. Aune, *Prophecy in Early Christianity and the Ancient Mediterranean World*, Grand Rapids 1983; allgemeiner setzt B. Holmberg an: *Paul and Power: The Structure of Authority in the Primitive Church as Reflected in the Pauline Epistles*, Philadelphia 1980; G. Theißen sieht in Antiochien die Heimat eines Kreises von Wandercharismatikern: *Soziologie der Jesusbewegung*, München 1977, S. 15 ff.

prophetische Verfassung der christlichen Gemeinden durch die Episkopalverfassung überflügelt wurde.[6]

Die christlichen Gemeinden bildeten sich ebenfalls aus einer Vereinigung verschiedener Häuser.[7] Das ›Haus‹ (*oikos*) war die gesellschaftliche Basiseinheit und war mit erheblichen Rechten und Pflichten ausgestattet, die allerdings nur dann auch wirklich effektiv wurden, wenn es über Landbesitz und Eigentum verfügte.[8] Religiöse Gemeinschaften, die sich auf diese informelle Weise bildeten, waren abhängig von den sie tragenden Haushalten. Die Zustimmung der politischen Stadtgemeinde bzw. der Behörden des Römischen Reiches konnte demgegenüber nur sekundär sein, war aber notwendig. Allerdings kam sie nicht von selbst. Im Gegenteil. Es gab Perioden und Gebiete, in denen das Mißtrauen der Machthaber gegenüber inoffiziellen Vereinigungen (*collegia*) groß war und sie deshalb zu illegalen Religionen (*illicita*) werden konnten.[9]

6 H. von Campenhausen, *Kirchliches Amt und geistliche Vollmacht in den ersten drei Jahrhunderten*, Tübingen ²1963, S. 75 ff.; E. Lohse, »Die Entstehung des Bischofsamtes in der frühen Christenheit«, in: *ZNW* 71 (1980), S. 58-73.

7 W. A. Meeks, *The First Urban Christians. The Social World of the Apostle Paul*, New Haven/London 1983, S. 75-84 (»Models from the Environment«); derselbe, *The Moral World of the First Christians*, Philadelphia 1986. Er beschreibt in diesem Buch die christlichen Gemeinschaften als »eine messianische Sekte in Israel« (S. 98-108) und als »eine Vereinigung von Haushalten in der Polis« (S. 109-123). Außerdem siehe A. J. Malherbe, *Social Aspects of Early Christianity*, Baton Rouge/London 1977, Kapitel 3 (S. 60-91): »House Churches and their Problems«; H. J. Klauck, *Hausgemeinde und Hauskirche im frühen Christentum*, Stuttgart 1981.

8 Aus der umfangreichen Literatur hierzu: D. C. Verner, *The Household of God*, Chico 1983, Kapitel 2 (S. 27-81): »The Household in the Hellenistic-Roman World«; J. H. Elliott, *A Home for the Homeless. A Sociological Exegesis of 1 Peter, its Situation and Strategy*, Philadelphia 1981, S. 170-182: »The Significance and Function of the Oikos in the Greco-Roman World«.

9 R. L. Wilken, *The Christians as the Romans saw them*, New Haven/London 1984, S. 12 f.; 31-47; derselbe, »Kollegien, Philosophenschulen und Theologie«, in: W. A. Meeks (Hg.), *Zur Soziologie des Urchristentums*, München 1979, S. 165-193; E. Schürer, *The History of the Jewish People*, Bd. III, Teil 1, Edinburgh 1986, S. 112.

Die amtliche Bezeichnung *christianoi* war nicht aus der Luft gegriffen. Sie bezog sich auf eine Selbstbezeichnung, die unter anderem aus dem Brief des Apostels Paulus an die Korinther bekannt ist. Die Jünger Christi bezeichneten sich dort als Sklaven Christi (*1. Kor.* 7,22) und gaben damit ihrer Loyalität zu Jesus von Nazareth als Gesalbtem unbedingten Vorrang vor einer Loyalität zu den väterlichen Gesetzen der Juden. Die Erwartung eines Davididen als Gesalbter und Heiland genoß auch in den hellenistischen jüdischen Bürgerverbänden ein gewisses Ansehen. Im 1. Jahrhundert n. Chr. hatte sich im gesamten antiken Judentum die normative Vorstellung eines zukünftigen endzeitlichen Messias herausgebildet. Das Achtzehngebet bat um dessen Kommen.[10]

Man kann leider nicht mehr die genauen Umstände rekonstruieren, unter denen die Jünger in Antiochien zuerst *christianoi* genannt wurden. Weder E. Peterson noch E. Bikerman, denen wir die grundlegende Kenntnis dieser Zusammenhänge verdanken, haben jedoch einen Sachverhalt berücksichtigt, der Einfluß gehabt haben könnte: daß die jüdischen Gemeinden in Antiochia einen gemeinsamen politischen Verband gebildet haben und nicht – wie in Rom – unabhängig und selbständig waren. Nur unter der Voraussetzung dieser Geschlossenheit konnte das Auftreten der Jünger Jesu als eine Fraktionierung im politischen Rechtsverband der Juden gesehen werden und nicht als seine Erweiterung um eine neue Gemeinde. Da die Juden Antiochias von den Privilegien hellenistischer und römischer Herrscher profitiert hatten, bezeichnete *christianoi* mehr als nur eine weitere jüdische (Synagogen-)Gemeinde. Es bezeichnete eine Fraktion, die eine andere Haltung einnahm zur Politik der Bewahrung der *patrioi nomoi* als Juden in Antiochia sonst.

10 E. Lohse, »Der König aus Davids Geschlecht. Bemerkungen zur messianischen Erwartung der Synagoge«, in: *Festschrift O. Michel*, Leiden 1963, S. 337-345.

Die allmähliche Trennung
der Christen vom privilegierten Judentum

Die neuere Forschung zum Judentum und Christentum in den Großstädten des Römischen Reiches (Jerusalem, Antiochia, Edessa, Ephesus, Alexandria, Rom) hat Indizien dafür gefunden, daß der Bruch zwischen beiden Religionen nur sehr allmählich und örtlich verschieden eingetreten ist.[11] In Jerusalem waren Christen bis kurz vor dem Fall der Stadt 70 n. Chr. Teil der dortigen jüdischen Religionsgemeinde.[12] Zu Beginn des 2. Jahrhunderts mußte sich in Antiochia der christliche Führer Ignatius damit auseinandersetzen, daß Christen Teil der jüdischen Religionsgemeinschaft waren und bleiben wollten. Sie meinten nämlich:

»Wenn ich es nicht in den Urkunden finde, [sondern nur] im Evangelium, glaube ich es nicht« (Ignatius, *Philadelphier*, 8,2).

Die Gegner des Ignatius wollten zwar am verbindlichen Status der Tora festhalten, vertraten zugleich aber eine spiritualisierende Schriftauslegung. Es handelte sich allerdings nicht um orthodoxe Juden, da sie die Beschneidung nicht praktizierten (*Philadelphier* 6,1). Dennoch meinten sie, daß das Christentum seinen Glauben auf das Judentum gründen müsse (*Magnesier* 10,3).[13] Nicht anders war die Lage in Alexandrien.

11 J. Gager hat mit Hilfe der Theorie der kognitive Dissonanz den Trennungsvorgang zwischen beiden Gruppen rekonstruiert: *Kingdom and Community. The Social World of Early Christianity*, Englewood Cliffs 1975. Neuere Studien: J. Maier, *Jüdische Auseinandersetzungen mit dem Christentum in der Antike*, Darmstadt 1982; D. Rokeah, *Jews, Pagans and Christians in Conflict*, Jerusalem/Leiden 1982; W. A. Meeks, »Breaking Away: Three New Testament Pictures of Christianity's Separation from the Jewish Communities«, in: J. Neusner/E. Frerichs (Hg.), *»To See Ourselves as Others See Us«. Christians, Jews, »Others« in Late Antiquity*, Chico, California 1985, S. 93-116; G. W. E. Nickelsburg, »Revealed Wisdom as a Criterion for Inclusion and Exclusion: From Jewish Sectarianism to Early Christianity«, in: ebd., S. 73-91.

12 G. Lüdemann, »Die Nachfolger der Jerusalemer Urgemeinde. Analyse der Pella-Tradition«, in: derselbe, *Paulus der Heidenapostel*, Bd. 2, Göttingen 1982, S. 265-286; C. Colpe, *Das Siegel der Propheten. Historische Beziehungen zwischen Judentum, Judenchristentum, Heidentum und frühem Islam*, Berlin 1990, S. 59-88.

13 Zur Stadtgeschichte Antiochias: G. Downey, *A History of Antioch in*

»It is doubtful that a clear separation between church and synagogue was effected there until the end of the first century or the beginning of the second« (B. Pearson).[14]

Wenn man den Blick auf die Schulen Alexandrias lenkt, dann scheint eine noch längere Zeit gegenseitigen Kontakts und Austausches wahrscheinlich.[15] Auch in Karthago waren die Grenzen noch lange offen.[16]

Eine wichtige Information zu Christen in Rom hat Sueton bewahrt. Er berichtet nämlich in seiner Claudius-Biographie über ein Ereignis, das auch der Apostelgeschichte (18,2) bekannt war und das in das Jahr 49 n. Chr. datiert wird[17]:

»Juden, die unter ihrem Anführer Chrestos beständig Unruhe stifteten, vertrieb er aus Rom« (Sueton, *Claudius*, 25,4).

Durch das sogenannte Claudius-Edikt könnte eine Scheidung zwischen Christen und Juden in den jüdischen Gemeinden zu Rom bewirkt worden sein. Paulus setzte sie in seinem Römerbrief bereits voraus.[18] Es ist auch nicht auszuschließen, daß die relative Unabhängigkeit der christlichen Gemeinde zu Rom vom offiziel-

Syria, Princeton 1961; J. H. W. G. Liebeschuetz, *Antioch: City and Imperial Administration in the Later Roman Empire*, Oxford 1972; zu den Juden und Christen in Antiochia: W. A. Meeks/R. L. Wilken, *Jews and Christians in Antioch in the First Four Centuries of the Common Era*, Missoula 1978; R. M. Grant, »Jewish Christianity at Antioch in the Second Century«, in: *Festschrift J. Daniélou*, Paris 1972, S. 97-108; C. K. Barrett, »Jews and Judaizers in the Epistle of Ignatius«, in: *Jews, Greeks and Christians. Essays in Honor of W. D. Davies*, Leiden 1976, S. 220-244; W. R. Schoedel, »Ignatius and the Archives«, in: *Harvard Theological Review* 71 (1978), S. 97-106.

14 B. Pearson, »Christians and Jews in First-Century Alexandria«, in: *Harvard Theological Review* 79 (1986), S. 206-216, Zitat S. 210.

15 W. Bousset, *Jüdisch-Christlicher Schulbetrieb in Alexandria und Rom*, Göttingen 1915; C. H. Roberts, *Manuscript, Society and Belief in Early Christian Egypt*, Oxford 1979, bringt das Auftreten von Gnostikern in Zusammenhang mit einer Trennung des Christentums vom Judentum (S. 58 ff.) (siehe unten, IX. Kapitel).

16 W. H. C. Frend, »Jews and Christians in Third Century Carthage«, in: *Festschrift M. Simon*, Paris 1978, S. 185-194.

17 Schürer, *The History of the Jewish People*, Bd. III, 1, a.a.O., S. 77 f.

18 Lampe, a.a.O., S. 7-9; G. Lüdemann, »Zur Geschichte des ältesten Christentums in Rom«, in: *ZNW* 70 (1979), S. 86-114.

len Judentum eine Folge davon gewesen war, daß die jüdischen Gemeinden dort keinen festgefügten politischen Verband mit gemeinsamer Führung gebildet hatten.

Die neueste, meisterhafte Darstellung von W. H. C. Frend stellt den gesamten Zeitraum von 70 bis 135 n. Chr. unter die Überschrift »Die christliche Synagoge« und behandelt das gesamte frühe Christentum als jüdisches Erbe im Römischen Reich.[19] Bei allen Differenzen zwischen Juden und Christen darf man ihre Gemeinsamkeiten nicht unterschätzen: vor allem die ihnen gemeinsame Weigerung, am heidnischen Kultus teilzunehmen, und die damit zusammenhängenden praktischen Maximen von Bekehrung und Martyrium. Nur durch den radikalen Bruch mit dem Götzendienst konnten Gläubige in den Genuß des Heiles gelangen.[20]

Der Schlüssel zu den Bedeutungen, die der christlichen Religion in der Antike gegeben wurde, liegt in der Geschichte der autonomen Städte. Neben den genannten sind dies noch Edessa und Ephesos.[21] Aus den historischen Quellen darf man den Schluß ziehen, daß die Unterscheidung der *christianoi* von anderen jüdischen Gruppen historisch früher erfolgt war als die Scheidung der Christen vom antiken Judentum. Das Maß an Vielfalt, das im antiken Judentum geduldet wurde, war groß genug, um auch eine solche Gruppierung nicht überall grundsätzlich auszuschließen. Dafür gab es mehrere Gründe. Erstens war der Grad der Geschlossenheit der jüdischen Gemeinden in den verschiedenen Städten des Römischen Reiches unterschiedlich. Zweitens hatten

19 W. H. C. Frend, *The Rise of Christianity*, London 1984, S. 120-160; er hat seine Interpretation des frühen Christentums in dem Artikel zusammengefaßt: »Early Christianity and Society: A Jewish Legacy in the Pre-Constantinian Era«, in: *HThR* 76 (1983), S. 53-71.

20 Die Gemeinsamkeiten von Kirche und hellenistischer Synagoge gerade auch in dieser Hinsicht hat P. Borgen dargelegt: »The Early Church and the Hellenistic Synagogue«, in: *Studia Theologica* 37 (1983), S. 55-78.

21 W. Elliger, *Ephesos – Geschichte einer antiken Weltstadt*, Stuttgart 1985; J. B. Segal, *Edessa. »The Blessed City«*, Oxford 1970; H. J. W. Drijvers, *Cults and Beliefs at Edessa*, Leiden 1980. Allgemein zur antiken Stadt: F. Kolb, *Die Stadt im Altertum*, München 1984; D. Claude, *Die byzantinische Stadt im VI. Jahrhundert*, München 1969 (siehe auch oben, III. Kapitel).

sich um die jüdischen Synagogengemeinden zwei Kreise von Gläubigen gebildet: ein innerer Kreis von Gläubigen aus dem jüdischen Volke selber und ein äußerer Kreis von Gläubigen, die mit dem Judentum sympathisierten.[22] Drittens hatte sich neben einer literalistischen Schriftauslegung eine spiritualisierende, allegorische Schriftdeutung in den jüdischen Synagogengemeinden verbreitet. Diese drei Umstände begründeten eine beträchtliche Vielfalt von Deutungen jüdischer Religion. Eine Exkommunikation der Christen aus den jüdischen Religionsgemeinden war daher nicht selbstverständlich.[23]

Politische Implikationen
des Namens *christianoi*

Wenn dennoch Christen so früh schon als eine eigene Gruppe von anderen jüdischen Gruppen unterschieden wurden, dann ergab sich dies aus einer anderen Perspektive, die sich mehr auf den äußeren privilegierten Status des antiken Judentums bezog als auf seine Gruppen im Inneren. Auf diese Überlegung war bereits E. Peterson gekommen, als er sich fragte, ob nicht mit der römischen Bezeichnung eine Aufhebung des Bürgerrechtes, das Juden ansonsten in Antiochia genossen haben, verbunden gewesen sein könnte.[24]

Diese Überlegung wird von den frühen römischen Quellen zum Christentum unterstützt. Sie lassen etwas von den Implikationen

22 A. T. Kraabel hat die Existenz dieser Gruppe von Gläubigen bestritten: »The Disappearance of the ›God-fearers‹«, in: *Numen* 28 (1981), S. 113-126. Diese Ansicht wird mit guten Gründen von Th. M. Finn abgelehnt: »The God-fearers Reconsidered«, in: *Catholic Biblical Quarterly* 47 (1985) S. 75-84; die Erscheinung der zwei Kreise ist auch an anderen orientalischen Kulten im Römischen Reich beobachtet worden: J. Smith, »Native Cults in the Hellenistic Period«, in: *History of Religions* 11 (1971), S. 236-249.

23 Erst im 2. Jahrhundert n. Chr. wurde in das Achtzehngebet die Exkommunikation der Häretiker (*mînîm*) aufgenommen, Emil Schürer, *The History of the Jewish People in the Age of Jesus Christ (175 B.C.–A.D. 135)*, Bd. 2, Edinburgh 1979, S. 462 f.

24 Peterson, a.a.O., S. 75; ebenso Grundmann, Art. »chriō«, in: *ThWNT* IX (1973), S. 529.

der römischen Bezeichnung *christianoi* erkennen.[25] Schon im sogenannten Claudius-Edikt, das Sueton überliefert, wird der
Name mit einem Streit in Verbindung gebracht. Die Christusver-
kündigung hatte in einer oder mehreren der stadtrömischen Synagogen Unruhe gestiftet. Nicht nur in Rom war mit dem Auftreten von Christen Unruhe verbunden. Zuvor war das schon in
Synagogen von Jerusalem (Apg. 6,9-15), Antiochia in Pisidien
(13,45.50), Iconium (14,2.5), Lystra (14,19) und Korinth (18,12-
17) geschehen.[26]
Als Nero 64 n. Chr. Schuldige für den Brand Roms suchte, da
wies sein Finger auf die,

»die wegen ihrer verwerflichen Handlungen [*flagitia*] verhaßt, vom Volk
Chrestiani genannt wurden« (Tacitus, *Annales*, xv 44,2), und er verhängte
über sie die Todesstrafe (Sueton, *Nero* 16).

Die verwerflichen Handlungen (*flagitia*) der Christen bestanden
darin, daß sie nicht mehr die väterlichen Gesetze ihrer Väter befolgten und bewahrten, sondern ihnen grundsätzlich Anerkennung verweigerten. Der Skandal wuchs, als sich nicht nur Juden
von den väterlichen Überlieferungen abkehrten, sondern auch
Heiden sich von den römischen und hellenistischen Gesetzen,
Stadtgemeinden und Kulten abwandten. Die spezifische Beziehung zwischen privilegierten Stadtherrschaften und ihren mächtigen Gönnern wurde durch Christen in Frage gestellt. Als Plinius
der Jüngere fünfzig Jahre später 109-113 n. Chr. in Kleinasien
Statthalter war, fand er vielleicht in seiner Mandatensammlung
noch die Verfügung Neros vor, daß jeder, der sich als Christ
bekannte, hinzurichten sei.[27] Die Bezeichnung *christianoi* als solche war den Römern lange verdächtig geblieben.
Um so erstaunlicher ist es, daß Christen sehr früh die ihnen gege-
bene Bezeichnung *christianoi* übernommen haben. Bereits in den
späten Schriften des Neuen Testaments taucht sie auf (*Apg.* 26,28;
1. Ptr. 4,16). Ignatius, Bischof von Antiochien (gest. 107/
08 n. Chr.), gebrauchte sie in seinen Briefen schon wie selbstver-

25 S. Benko, *Pagan Rome and the Early Christians*, Kapitel 1: »The
Name and its Implications«, London 1985.
26 P. Lampe, *Die stadtrömischen Christen in den ersten beiden Jahrhunderten. Untersuchungen zur Sozialgeschichte*, Tübingen 1987, S. 4-9.
27 J. Molthagen, *Der römische Staat und die Christen im zweiten und
dritten Jahrhundert*, Göttingen ²1975, S. 25-27.

ständlich (zum Beispiel *Magn.* 4; 10; *Röm.* 3,2). Christen hatten offenbar gar keine Probleme damit, diese Außenperspektive zu übernehmen und in ihr Selbstverständnis zu integrieren. Etwas Vergleichbares konnten wir schon bei antiken Juden beobachten, als sie die hellenistische Bezeichnung der *patrioi nomoi* für die Deutung ihrer Religion akzeptierten.

Im Martyrium des Polykarp (gest. 156 n. Chr.) befindet sich eine Ausführung, die den Gebrauch des Wortes durch Christen erhellt.

Nachdem der greise Polykarp dem ihn verhörenden Prokonsul das ewige Feuer angedroht hatte, ließ der Prokonsul durch seinen Herold der im Stadion von Smyrna versammelten Menge verkünden: »Polykarp hat bekannt, *christianos* zu sein.« Daraufhin schrie die versammelte Menge von Heiden und Juden: »Dieser ist der Lehrer Asiens, der Vater der Christen, der Vernichter unserer Götter, der die Menge lehrt, nicht zu opfern und nicht anzubeten« (*Martyrium Polycarpi* 12).

Der Name *christianos* implizierte für die Einwohner Smyrnas eine Ablehnung der überlieferten väterlichen Religion. Und diese Implikation wurde sowohl von den Christen wie von den Heiden, Juden und den Beamten des römischen Staates nachvollzogen. Der Begriff ist den Christen nicht fremd geblieben, da sie selber den lokalen Gesetzen und Götterkulten nicht loyal bleiben wollten.

Die christliche Fraktion als Solidargemeinschaft

Zur Zeit des Apostels Paulus standen Propheten in ihrem Ansehen in der Kirche direkt hinter den Aposteln (*1. Kor.* 12, 28 f.). Diese Vorrangstellung verloren sie jedoch bereits im Laufe des ersten Jahrhunderts an die Ältesten und Bischöfe. Die Entwicklung der Bischofsverfassung wurde von dem selbstverständlichen Ansehen, das den Älteren im antiken Judentum zukam, vorangetrieben. Die »Ältesten« hatten in der jüdischen Synagoge besonders hervorgehobene Sitzplätze (*Tos M^egilla* 4,21 b). Die Essener anerkannten gleichfalls eine besondere Autorität der »Ältesten« (*z^eqēnîm*) (Philo, *Quod omnis probus liber sit* 81; *1 QS* 6,8-10). Die judenchristliche Gemeinde in Jerusalem folgte ebenfalls diesem Vorbild (*Apg.* 11,30; 21,18) und verstand sich möglicherweise nach Analogie des jüdischen Synhedrions als oberster Gerichtshof und maßgebliche Lehrinstanz aller Christen (*Apg.* 15; 16,4). Da die christlichen Missionare sich außerhalb Judäas ebenfalls an Synagogen wandten und dort Anhänger gewannen, begegnen wir auch in frühen christlichen Gemeinden Ältesten (griech. *presbuterioi*) (*Apg.* 14,23; 20, 17-38). Die Behauptung allerdings, Paulus habe sie eingesetzt, ist wenig glaubwürdig. Denn es sind gerade nicht die echten Paulus-Briefe, sondern eine Reihe anderer Schriften (*Apg.*, *1. Petr.*, *1. Tim.* und *Tit.*, *1. Clem.*), die sich für diese Gemeindeordnung aussprachen.

Die presbyteriale Ordnung orientierte sich an der Hausgemeinschaft (*oikos*) als Modell für die Ordnung der Gemeinde. Hierfür sind die sogenannten Haustafeln wichtige Zeugen. In der Haustafel des ersten Petrusbriefes werden die »Ältesten« ermahnt, die Herde Gottes zu weiden (5,1 f.), und die Jüngeren aufgefordert, sich ihnen dabei unterzuordnen (5,5). Das Ältestenamt hatte einen »patriarchalischen Charakter« (G. Bornkamm), denn die Befugnisse der Ältesten gegenüber Frauen, Kindern und Sklaven trugen rechtliche Züge.

Die Pastoralbriefe aus dem 2. Jahrhundert n. Chr. verstärkten diesen rechtlichen Bezugspunkt der Gemeindeordnung. Sie forderten als Kriterium bei der Auswahl des Bischofs bzw. der Ältesten, daß der Bewerber über ein gutes Renommé als Vorsteher seiner eigenen Hausgemeinschaft verfüge. Der Bischof – *Tit.* 1,5 sind es die *presbuteroi* – soll in gleicher Weise für die Gemeinde sorgen, wie er dies für sein »Haus« tut (*1. Tim.* 3,2-7). Während die Ältesten nur Vorsteher der einzelnen Haushalte waren, wuchsen dem Aufseher über die Gemeinde, dem Bischof (griech. *episkopos*) Funktionen zu, die sich aus den sozialen Verpflichtungen der Körperschaft gegenüber ihren schutzbedürftigen Mitgliedern ergaben.[28]

Es war in der Antike nicht immer selbstverständlich, daß der Oikos ein Modell für Gemeinschaften von Bürgern war. Aristoteles hat dies ausdrücklich abgelehnt. Er bestand darauf,

28 G. Bornkamm, Art. *presbus*, in: *ThW*, Bd. 6, Stuttgart 1959, S. 651-680; H. von Campenhausen, *Kirchliches Amt und geistliche Vollmacht in den ersten drei Jahrhunderten*, Tübingen ²1963; J. Mühlsteiger, »Zum Verfassungsrecht der Frühkirche«, in: *ZKTh* 99 (1977), S. 129-155 und 257-285; E. Lohse, »Die Entstehung des Bischofsamtes in der frühen Christenheit«, in: *ZNW* 71 (1980), S. 58-73; M. Karrer, »Das urchristliche Ältestenamt«, in: *NT* 23 (1990), S. 152-188.

»daß die Regierung des Hausherrn und die des Staatsmannes nicht gleich sind und überhaupt nicht alle Arten von Regierung (*archē*) einander gleich seien, wie einige behaupteten. Denn die [politische Herrschaft HGK] ist eine Regierung über von Natur aus Freie und die [Regierung des Hausherrn, HGK] eine über Sklaven. Die Hausverwaltung ist eine Alleinherrschaft – denn jedes Haus wird von einem einzigen verwaltet –, die Regierung des Staatsmannes aber ist eine Herrschaft über Freie und Gleichgestellte« (*Pol.* 1255 b).

Diese Scheidung von ökonomischer Verfügungsgewalt des Hausherrn und politischer Herrschaftsgewalt wurde von Plato und anderen antiken Philosophen so nicht vorgenommen. In der mittelplatonischen Philosophie, zeitgleich mit den frühchristlichen Schriften, galt umgekehrt gerade die Hausgemeinschaft als Modell für die Bürgergemeinde. Philo zum Beispiel, der in dieser Tradition steht, kann gelegentlich (*De Iosepho* 38) feststellen, daß die *Polis* ein großer *Oikos* sei. Die Essener haben ihre hierarchischen Rechtsvereinigungen entsprechend dieser Maxime gebildet und die antike Kirche – ohne die Gnostiker jedoch – folgten diesem Vorbild.

Man sollte allerdings hinzufügen, daß die frühchristliche Vorstellung von dieser Gemeinschaft alles andere als despotisch war. Studien zu den neutestamentlichen Haustafeln haben zurecht betont, daß in den drei unterschiedlichen Rechtsbeziehungen von Mann und Frau, Eltern und Kindern, Herren und Sklaven stets die Gegenseitigkeit der Pflichten betont wird (*Eph.* 5,21-6,9; *Kol.* 3,18-4,1; *1. Petr.*). Der Stärkere hat gegenüber dem Schwächeren Fürsorgepflicht. Die Gemeinschaft sollte nicht aus Unterwerfungsverhältnissen bestehen, sondern auf Gegenseitigkeit aufgebaut sein.[29]

Die Bedeutung des Aufsehers über die Gemeinde nahm in dem Maße zu, in dem die christlichen Gemeinden ihren Mitgliedern Unterstützung und Schutz angedeihen ließen. Lange Zeit kamen nur die Christen in den Genuß dieser Hilfe. Die antiken Quellen heben dabei bestimmte hilfsbedürftige Gruppen besonders hervor: Witwen, Waisen, Fremde und Gefangene. Auch nahmen sich die Gemeinden des Begräbnisses ihrer Mitglieder an (Aristides,

---

29 D. Lührmann, »Neutestamentliche Haustafeln und Antike Ökonomie«, in: *NTS* 27 (1981), S. 83-97; D. L. Balch, *Let Wives be Submissive*, Scholars Press 1981; zuvor bereits J. E. Crouch, *The Origin and Intention of the Colossian Haustafel*, Göttingen 1972, S. 102 f.

Apologie 15; Tertullian, *Apologeticum* 39,6). Die Apologie des Justin (aus dem 2. Jahrhundert) beschrieb die Organisation der christlichen Gemeinde in folgenden Worten:

»Wer aber die Mittel und den Willen hat, gibt nach seinem Ermessen, was er will, und das, was zusammenkommt, wird bei dem Vorsteher hinterlegt; dieser kommt damit Waisen und Witwen zu Hilfe und denen, die wegen Krankheit oder aus einem anderen Grunde bedürftig sind, sowie den Gefangenen und den Fremden, die in der Gemeinde anwesend sind, kurz er ist allen, die in der Stadt sind, ein Fürsorger« (*1. Apologie* 67,6).

Tertullian hat ebenfalls eine Konzeption christlicher Gemeinschaft entwickelt und beschrieb in seinem Apologeticum die *factio Christiana* als *corpus* (ein politischer Terminus). Nachdem er über den Vorsitz der Ältesten und den finanziellen Beitrag der Mitglieder gesprochen hat, kommt er darauf zu sprechen, wofür die Ausgaben gedacht sind:

»für den Unterhalt und das Begräbnis Bedürftiger, für Jungen und Mädchen ohne Mittel und Eltern, für altgewordene Diener, ebenso für Schiffbrüchige und für jene, die in Bergwerken oder auf Inseln oder in Gefängnissen ... wegen ihrer Zugehörigkeit zur Gemeinschaft Gottes ... zu Pfleglingen ihres Bekenntnisses werden« (39,5 f.).

Dies war mehr als bloß eine Wunschvorstellung. Bereits die Jerusalemer Urgemeinde versorgte täglich Witwen (*Apg.* 6,1 ff.). Die Pastoralbriefe (*1. Tim.* 5,3-16) stellten später als Regel auf, daß in erster Linie Familienangehörige sich um die Witwen zu kümmern hätten. Nur wenn diese Möglichkeit nicht gegeben sei, sollte die Gemeinde einspringen. Die römische Gemeinde schließlich unterstützte im Jahre 251 (laut Eusebius, *Historia ecclesiae*, VI 43,11) mehr als 1500 Witwen und Hilfsbedürftige. Sie hat sich anscheinend in der Hilfsbereitschaft besonders hervorgetan. Bischof Dionysius von Korinth hat sie nämlich dafür gelobt, daß sie die Armut der Bedürftigen erleichtert und die Brüder in den Bergwerken unterstützt habe (Eusebius a.a.O., IV 23,10 – spielt in der zweiten Hälfte des 2. Jahrhunderts).
Neben den Witwen und Hilfsbedürftigen werden wiederholt die Waisen, genauer: die Vaterlosen, genannt. Die Waisen waren nicht nur hinsichtlich ihres Lebensunterhaltes gefährdet. Ihre Lage war deshalb prekär, weil sie ohne Eltern und damit außerhalb einer sie schützenden patriarchalen Gewalt waren. »Die Waise befreien sie von dem, der gegen sie Gewalt gebraucht« (Aristides, *Apologie* 15).

Auch den Fremden wurde besondere Unterstützung gewährt. »Wenn sie einen Fremdling sehen, führen sie ihn in ihre Wohnung und freuen sich über ihn, wie über einen wirklichen Bruder. Denn sie nennen sich nicht Brüder dem Leibe nach, sondern im Geiste und in Gott« (Aristides, *Apologie* 15).

Insbesondere aber hatten die um des christlichen Glaubens willen Gefangenen Anspruch auf Unterstützung. Tertullian und Justin denken dabei in erster Linie an Lebensmittel, während Aristides ein Stück weiter geht und – wenn möglich – einen Loskauf fordert (*Apologie* 15). Dies hatte die essenische Vereinigung ebenfalls vorgesehen. Daß dies kein reines Wunschbild blieb, gibt die Kirchengeschichte des Eusebius zu erkennen. Christen waren während der decischen Verfolgung (251 n. Chr.) in Ägypten in die Berge geflohen und dort von Beduinen versklavt worden. Die Gemeinden konnten sie nur mit viel Mühe und gegen viel Geld wieder freikaufen (*Historia ecclesiae*, vi 42,3 f, Bericht des Dionysius von Alexandrien; ein ähnlicher Bericht über Montanisten v 18,7-9). Dagegen kam ein Loskauf von christlichen Sklaven und Sklavinnen, die in paganen Haushalten dienten, nicht in Frage. Vielleicht gab es entsprechende Erwartungen. Ignatius gab ihnen jedoch nicht statt: »Sie (die Sklaven und Sklavinnen) sollen nicht verlangen, auf Gemeindekosten befreit zu werden, damit sie nicht als Sklaven der Begierde angetroffen werden« (*Ign. Pol.* 4,3). Die Christen haben das Problem der Freiheit ihrer Mitglieder als nicht so dringlich empfunden wie die jüdischen Religionsgemeinden vor und neben ihnen.[30]

Wie schon bei den Essenern bot die Gemeinde ihren schwächeren Mitgliedern Schutz. Frauen ohne freie männliche Verwandte, Kinder ohne elterlichen Vormund und Fremde waren in besonderem Maße in der Antike Opfer von Eigenmacht, was bei den Gefangenen sowieso evident ist. Der Bischof übernahm wie ein *pater familias* den Schutz seiner schwachen Gemeindeglieder. Auf diese Weise könnte ihm auch seine Vorrangstellung in den

---

30 M. Hengel, *Eigentum und Reichtum in der frühen Kirche. Aspekte einer frühchristlichen Sozialgeschichte*, Stuttgart 1973; die Artikel von E. A. Judge und R. L. Wilken in: W. A. Meeks (Hg.), *Zur Soziologie des Urchristentums*, München 1979, S. 131-193; R. M. Grant, *Christen als Bürger im Römischen Reich*, Göttingen 1981; H. Gülzow, *Christentum und Sklaverei in den ersten drei Jahrhunderten*, Bonn 1969, S. 115-127.

Gemeinden zugefallen sein. Denn ein Zustrom von schutzsuchenden Bürgern mußte in den Gemeinden Abhängigkeiten und Befugnisse hervortreiben, die die Propheten aus ihrer Vorrangstellung verdrängten.[31]

Noch in den späten gnostischen Schriften der Bibliothek von Nag Hammadi finden sich Plädoyers für eine Vorrangstellung der Propheten. »Trockene Kanäle« werden in der Petrus Apokalypse die Bischöfe genannt (*NHC* VII 79). Gesiegt aber haben in der Kirche andere Vorstellungen wie beispielsweise die des 1. Klemensbriefes. Er tadelte aufs schärfste, daß die korinthische Gemeinde Presbyter, die ordnungsgemäß eingesetzt worden waren, abgesetzt hatte (cap. 44). Die Disziplin des Römischen Heeres wird den Korinthern als Vorbild vorgehalten. Jeder soll sich seinem Nächsten entsprechend seiner Gabe unterordnen: »Der Starke soll für den Schwachen sorgen, der Schwache aber soll den Starken achten; der Reiche soll den Armen unterstützen, der Arme aber soll Gott dafür danken, daß er jenem gab, wodurch seinem Mangel abgeholfen werde« (38,2).

Im Blick auf die gnostische Konkurrenz ist es interessant, daß Ignatius – ein Befürworter des monarchischen Episkopates – in dem Brief an die Smyrnäer seinen gnostischen Gegnern (*Ign. Sm.* 2; 5,1-3) vorwarf:

»Sie kümmern sich nicht um die Liebespflicht, nicht um eine Witwe, nicht um eine Waise, nicht um einen Hilfsbedürftigen, nicht um einen Gefesselten oder Befreiten, nicht um einen Hungernden oder Dürstenden« (*Ign. Sm.* 6,2).

Die Stärke der bischöflich organisierten Kirche lag wohl auch in der Organisation von wirtschaftlicher Unterstützung und rechtlichem Schutz.

31 Stählin, Art. *chēra*, in: *ThWNT*, Bd. 9, Stuttgart 1973, S. 428-454, spricht auf S. 431 von der Rechtsbedrängnis der Witwen, die als Schuldsklavinnen verkauft wurden (*Thr.* 1,1 setzt in Parallele ›zur Witwe‹ und ›dienstbar werden‹); Stählin, Art. *xenos*, in: *ThWNT* Bd. 5, Stuttgart 1954, S. 1-36, auf S. 6: »Noch bis in die Kaiserzeit hinein war der Fremde theoretisch obdach- und rechtlos; nur durch die Gewinnung eines Gastfreunds sicherte er sich die Möglichkeit der Unterkunft..., und nur durch die Unterstellung unter einen *patronus* erlangte er Rechtsschutz«; H. Ringgren, Art. *jātôm*, in: *Theologisches Wörterbuch zum Alten Testament*, Bd. 3, Stuttgart 1982, S. 1982, S. 1075-1079.

Weigerung einer Beteiligung
am Gemeinschaftshandeln paganer Städte

Die Ablehnung des Genusses von Opferfleisch und die Abkehr von einer Gemeinschaft mit Heiden

Ein besonders empfindlicher Punkt, der die Beziehung von paganen Stadtgemeinden und christlichen Religionsgemeinden schwer belastete, war die Stellung von Christen zu den städtischen Kulten. Schon früh hatten Christen die jüdische Ablehnung des Fleisches paganer Opfertiere (griechisch *eidōlothuton*) übernommen. Diese Bezeichnung war von Juden in polemischer Abwandlung des paganen *hierothuton* geprägt worden, das das den Göttern geweihte Fleisch von Opfertieren bezeichnete. Die jüdische Umformulierung des griechischen Wortes sollte jede Andeutung einer Heiligkeit dieses Fleisches ausmerzen.[32]

Das Aposteldekret von Apostelgeschichte 15, 19 f. 29 schrieb Christen aus dem Heidentum vor, sich allen Götzenopferfleisches (*eidōlothuta*) zu enthalten, und folgte damit einer gängigen Praxis jüdischer Synagogengemeinden. Nicht nur eine Teilnahme an heidnischen Kultmahlen war damit verworfen, sondern auch das Opferfleisch auf dem Markt.[33] Jedoch sollte man nicht annehmen, daß nach dem Apostelkonzil 49 n. Chr. hierüber unter Christen Einigkeit bestanden hätte. Der Bericht von Paulus über dieses Ereignis (*Gal.* 2,6) weiß nämlich nichts von diesem Aposteldekret, wobei man dieses Schweigen verschieden deuten kann: daß Paulus das Aposteldekret nicht kannte oder es nicht kennen wollte oder aber es ablehnte. Dabei ist das letztere keineswegs ausgeschlossen. Denn Paulus lehnte den Genuß von Götzenopferfleisch nicht in gleicher Folgerichtigkeit ab, wie das Aposteldekret dies tat. Dies zeigt sich an seiner Reaktion auf Vorgänge in

---

32 F. Büchsel, Art. »*eidōlothuton*«, in: *Theologisches Wörterbuch zum Neuen Testament*, Bd. 2, Stuttgart 1935, S. 375 f.

33 P. Borgen, »The Early Church and the Hellenistic Synagogue«, in: *Studia Theologica* 37 (1983), S. 55-78, auf S. 72 f. (wo auch Quellen behandelt werden, die eine Teilnahme von Juden an paganen Kulten belegen).

Korinth. Die alte Kirche folgte an diesem Punkte nicht Paulus, sondern dem Aposteldekret.[34]

In der christlichen Gemeinde zu Korinth glaubten Gemeindeglieder, die wahre Erkenntnis (*gnōsis*) zu besitzen und an heidnischen Kultmahlen teilnehmen zu dürfen. Sie taten das so, daß andere Christen es sahen und daran Anstoß nahmen (*1. Kor.* 8,9-13). Paulus lehnte eine Teilnahme von Christen an paganen Kulten rundweg und kategorisch ab (*1. Kor.* 8,11 f.; schärfer noch *1. Kor.* 10,19 f.) und forderte die Christen stattdessen auf: »Fliehet den Götzendienst« (*1. Kor.* 10,14). Dabei war sein Hauptargument, daß durch den Kult eine Gemeinschaft mit Dämonen zustandekomme. Ebenso stelle der Genuß von Opferfleisch in Jerusalem eine Gemeinschaft mit Gott her. In gleicher Weise begründete in der Sicht von Paulus das Abendmahl eine Gemeinschaft mit dem Herren (*1. Kor.* 10,14-22). Juden, Heiden und Christen stellen jeweils durch ihren Kult eine Gemeinschaft (*koinōnia*) mit Gott und untereinander her. Damit greift Paulus nur auf, was in der antiken Kultur selbstverständlich war, daß Gemeinschaften sich über Kulte konstituiert haben. Die christliche Religionsgemeinschaft machte hiervon keine Ausnahme.[35]

Kultmahle konnten zu verschiedenen Gelegenheiten stattfinden: wenn es eine entsprechende Stiftung gab, aus der die Mahlzeit bezahlt wurde (man denke etwa an die Kommagene-Inschrift Dittenberger, OGIS 383); wenn es ein großes Fest gab; wenn ein Bürger einen anderen privat in einen Tempel einladen wollte. Private Einladungsschreiben sind aus dem ägyptischen Oxyrhynchos des 2. und 3. Jahrhunderts n. Chr. erhalten geblieben. Beim Mahl ist der Gott Serapis selber anwesend:

»Herais bittet dich, in dem Hause des Serapeion an einem Gelage des

---

34 J. C. Brunt, »Rejected, Ignored, or Misunderstood? The Fate of Paul's Approach to the Problem of Food Offered to Idols in Early Christianity«, in: *New Testament Studies* 31 (1985), S. 113-124.

35 W. L. Willis, *Idol Meat in Corinth. The Pauline Argument in 1 Corinthians 8 and 10*, Chico 1985, S. 184-222; J. Murphy-O'Connor, *St. Paul's Corinth. Texts and Archeology*, Wilmington 1983, mit Materialien zum Opfermahl; W. Popkes, Art. »Gemeinschaft«, in: *RAC*, Bd. 9, Stuttgart 1976, Sp. 1100-1145; P. Herrmann, J. H. Waszink, C. Colpe, B. Kötting, Art. »Genossenschaft«, in: *RAC*, Bd. 10, Stuttgart 1976, Sp. 83-155.

Herren Serapis morgen, dem elften, von neun Uhr an teilzunehmen«
(P. Köln 57).[36]

Diese Mahlzeiten hatten weniger, wie W. L. Willis zeigt, eine sa-
kramentale als eine soziale Funktion. Sie förderten die Gemeinschaftlichkeit von Bürgern untereinander und trugen einen gesel-
ligen Charakter.

G. Theißen hat schichtspezifische Differenzen in der Gemeinde
von Korinth für die unterschiedlichen Stellungnahmen von Christen zum Opferfleisch verantwortlich gemacht. Er identifizierte
die Schwachen von *1. Kor.* 1,26 f. (»nicht weise, mächtig und
wohlgeboren«) mit denen, die an den Kultmahlen Anstoß nahmen (die Gewissensschwachen) (*1. Kor.* 8,7.10). Die Starken, also
die Christen mit höherem Ansehen, seien es ihrem gesellschaftlichen Status mehr oder weniger schuldig gewesen, an Tempelmahlen teilzunehmen. Da antike Bürger sich bei Gelegenheit gegenseitig zu Opfermahlzeiten in den Tempel einluden (Aelius Aristides *or.* 45, 27), konnten sich Christen mit gehobenem Sozialstatus
dem nicht entziehen.[37]

Neben handfesten sozialen Interessen gab es noch einen weiteren
Grund, der Christen zur Teilnahme an kultischen Aktivitäten
von Heiden veranlaßt haben könnte. Schon in der Apostelgeschichte galt der Genuß von Götzenopferfleisch als befleckend
(15,20). In Korinth sehen wir nun, wie Christen, die sich von den
Dämonen dieser Welt befreit wußten (man sollte den Begriff
›Gnostiker‹ besser nicht verwenden), durch das Essen von ›Götzenopferfleisch‹ ihre Freiheit und damit ihre Überlegenheit über
die Dämonen unter Beweis stellen wollten (*1. Kor.* 8,4.7). Die
einfachen Christen hatten dagegen vor dem Genuß dieses Fleisches panische Angst, wie aus Dokumenten späterer Verfolgun-

36 Neun Texte solcher Einladungen ins Sarapeum hat zusammengestellt
und übersetzt: W. L. Willis, a.a.O., S. 40-42; weitere drei Einladungen
zu einer *klinē* sind von G. H. R. Horsley herausgegeben, übersetzt
und kommentiert worden: *New Documents Illustrating Early Christianity. A Review of Greek Inscriptions and Papyri published in 1976,*
North Ryde 1981, S. 5-9; dort auch der zitierte Text P. Köln 57. Siehe
auch L. H. Martin, *Hellenistic Religions. An Introduction,* Oxford
1987.
37 G. Theißen, »Die Starken und Schwachen in Korinth«, in: *Studien zur
Soziologie des Urchristentums,* Tübingen ²1983, S. 272-289.

gen ersichtlich ist.[38] Diese kühne Demonstration der Erlösung wurde von späteren gnostischen Gruppen sehr geschätzt. Schon diese Christen von Korinth trieben einen Keil in die gemeinsame jüdisch-christliche Ablehnung von Opferfleisch. Die späteren gnostischen Ausdeutungen der Freiheit vom Gesetz trugen noch verstärkt dazu bei, die Gemeinsamkeiten von Christen mit den jüdischen Synagogengemeinden zu untergraben. Paulus widersetzte sich dem und hielt daran fest, daß es Christen nicht gestattet sein konnte, an solchen Tempelmahlen teilzunehmen. Die religiöse Gemeinschaft der Christen untereinander schloß jede kultische Gemeinschaft mit Heiden, auch die zu Zwecken der Demonstration der Erlösung, aus. Solange Christen noch im Synagogenverband blieben, der ja gleichfalls pagane Kultmahle strikt verwarf, war diese Haltung weder neu noch revolutionär. Das wurde sie erst, als auch griechische Bürger sich zum Christentum bekehrten und eigene Gemeinden bildeten.

Mit dem Fall, daß Heiden sich zum Christentum bekehrten, trat ein neues Problem auf, mit dem die Synagogengemeinden kaum konfrontiert worden waren: die Teilnahme von ehemals paganen Christen an privaten Mählern, bei denen Opferfleisch verzehrt wurde. Während Paulus im Falle der Tempelmahle den »Schwachen« Recht gegeben hatte (*1. Kor.* 8,9: »ein Anstoß für die Schwachen«), bezog er in diesem Punkte eine Position, die den »Starken« entgegenkam:

»Alles, was auf dem Fleischmarkt verkauft wird, esset, ohne um des Gewissens willen etwas zu untersuchen; denn ›des Herren ist die Erde und das, was sie erfüllt‹ [*Ps.* 50, 12]. Wenn jemand von den Ungläubigen euch einlädt, und ihr wollt hingehen, so esset alles, was euch vorgesetzt wird, ohne um des Gewissens willen etwas zu untersuchen. Wenn aber jemand zu euch sagt: ›Das ist den Göttern geweihtes Fleisch [*hierothuton*]‹, so esset nicht wegen dessen, der [euch darauf] hingewiesen hat und um des Gewissens willen« (*1. Kor.* 10, 25-28).

Diese Stellung von Paulus zu den privaten Mahlen wurde von der Alten Kirche nicht übernommen. Es gab in der Alten Kirche eine antipaulinische Strömung, die hier greifbar wird.[39] Damit ent-

---

38 Zum Beispiel aus Cyprians Brief Nr. 57 aus dem Jahre 252 n. Chr.; Übersetzung: A. M. Ritter, *Kirchen- und Theologiegeschichte in Quellen. Alte Kirche*, Neukirchen-Vluyn ²1982, S. 91 f.

39 G. Lüdemann, »Zum Antipaulinismus im frühen Christentum«, in: *EvTh* (1980), S. 437-455.

schied sie sich gegen eine unterschiedliche Behandlung von privaten Mählern und Tempelmahlen. Wäre die unterschiedliche Beurteilung von Opferkult und privatem Mahl, bei dem das Fleisch
geopferter Tiere verzehrt wurde, zur kirchlichen Norm erhoben
worden, hätte dies vielleicht zu einer vorsichtigen Trennung von
Religion und Politik führen können. Die alltägliche Gemeinschaftlichkeit von Christen mit Heiden wäre nicht wegen der
Frage des Genusses von Opferfleisch problematisch geworden.
Die Praxis der Alten Kirche war an diesem Punkt jedoch unversöhnlich und trieb den Keil ›Götzenopferfleisch‹ unerbittlich in
die Beziehungen von Christen und ihren heidnischen Mitbürgern.

Störung des Provinzfriedens und Verfolgungen von Christen

Eine Ablehnung der öffentlichen Kulte war in der Antike unüblich, ja unerhört. Seit dem 2. Jahrhundert n. Chr. warf man den
Christen daher »Gottlosigkeit« (*atheotēs*) vor. Nicht eine theoretische Leugnung der Existenz der Götter war damit gemeint,
sondern eine Unterlassung der pflichtgemäßen Beachtung der
Kulthandlungen. Im Lateinischen lautete dieser Vorwurf: »Deos
non colitis« = »Ihr erweist den Göttern keine Ehre« (Tertullian,
Apologeticum, 10,1).[40] Diese Vorwürfe wurden nicht nur von den
staatlichen Instanzen, sondern auch von den Bürgern der betroffenen Städte selber erhoben.
Wir wissen heute, daß die Verfolgungen, denen Christen vom
1. Jahrhundert an ausgesetzt waren, lange Zeit nur lokal waren
und nicht auf offiziellen Edikten basierten, welche das Christentum verboten hätten. Erst die Verfolgung unter Decius 250/51
geschah auf Anordnung von oben und zielte auf Christen überall
im Reich. Die Funde von Urkunden, in denen Behörden einem

40 L. Koep, »›Religio‹ und ›Ritus‹ als Problem des frühen Christentums«,
in: *JAC* 5 (1962), S. 43-59: ›religio‹ ist keine Gesinnung, sondern die
Bereitschaft, auf jede Störung des Verhältnisses zu den Göttern mit
ritus/caerimoniae zu antworten. Ein Atheist ist, wer den ›ritus‹ verweigert; A. von Harnack, »Der Vorwurf des Atheismus in den ersten
drei Jahrhunderten«, in: *Texte und Untersuchungen. Neue Folge* 28, 4,
Leipzig 1905; W. R. Schoedel, »Christian ›Atheism‹ and the Peace of
the Roman Empire«, in: *Church History* 42 (1973), S. 309-319.

Bürger die Teilnahme am paganen Kultus attestierten (*libelli*), aber auch Briefe von Cyprian werfen ein Licht auf diesen Charakter der Verfolgung unter Decius.[41]

In der Zeit vor Decius waren die Behörden nur dann gegen Christen eingeschritten, wenn Bürger sie bei ihnen angezeigt hatten. Es war dies die akkusatorische Verfahrensweise. Eine aktive Aufspürung durch staatliche Stellen wurde von Trajan und seinen Nachfolgern abgelehnt (Plinius, *Epistula*, x 97). Lag jedoch eine Anzeige vor, konnte der römische Statthalter ein Gerichtsverfahren eröffnen (*cognitio extra ordinem*). Blieb der Angeklagte bei seinem Glauben, hatte der Statthalter freie Hand und konnte ihn eventuell sogar hinrichten lassen. Schwor der Gläubige aber dem Christentum ab, wurde er direkt freigesprochen. Eine strafbare Handlung lag dann nicht vor. Das spricht dafür, daß man Christen nicht irgendwelcher Straftaten wegen belangte. Laut A. N. Sherwin-White soll man ihnen *contumacia* »Mißachtung staatlicher Stellen« vorgeworfen haben. Es ist auf Grund der Rechtspraxis aber wahrscheinlicher, daß die Behörden sie mit Gewalt von ihrem Starrsinn (*obstinatio*) abbringen wollten (G. E. M. de Ste. Croix).[42]

41 Eine Sammlung der Libelli durch J. R. Knipfing, »The Libelli of the Decian Persecution«, in: *Harvard Theological Review* 16 (1923), S. 345-390; weitere *libelli* und ein Kommentar zu ihnen von W. L. Leadbetter bei G. H. R. Horsley, *New Documents Illustrating Early Christianity. A Review of the Greek Inscriptions and Papyri Published in 1977*, North Ryde 1982, S. 180-185; eine Darstellung der Verfolgung des Decius aus der Sicht des Bischofs Cyprians gibt G. W. Clarke in der Einleitung zu seiner Übersetzung von Briefen Cyprians: *The Letters of St. Cyprian of Carthage*, Bd. 1, New York/Ramsey, N. J. 1984, S. 21-39.

42 G. de Ste. Croix, »Why were the Early Christians Persecuted?«, in: *Past and Present* 26 (1963) S. 6-38; A. N. Sherwin-White, »Why were the Early Christians Persecuted? An Amendment«, in: *Past and Present* 27 (1964), S. 23-27. In demselben Band bestreitet Ste. Croix die Interpretation Sherwin-Whites (S. 28-33); die Rolle des Kaiserkultes war eher bescheiden: F. Millar, »The Imperial Cult and the Persecutions«, in: E. Bickerman u. a. (Hg.), *Le Culte des Souverains dans l'Empire Romain*, Genf 1973, S. 145-175; den allgemeineren Rahmen behandeln A. Wlosok, *Rom und die Christen*, Stuttgart 1970; J. Molthagen, *Der römische Staat und die Christen im zweiten und dritten Jahrhundert*, Göttingen ²1975.

Vor diesem Hintergrund werden die Worte des Proconsuls in den Akten der scilitanischen Märtyrer verständlich:

»Weil sie starrsinnig [*obstinanter*] [in ihrem *ritus Christianus*] verharren, obgleich ihnen die Möglichkeit zur Rückkehr zum Lebenswandel (*mos*) der Römer gegeben worden ist, wird beschlossen, sie mit dem Schwert hinzurichten« (Martyrium der Scilitaner 14).[43]

Die Verfolgung von Christen wurzelte nicht in irgendwelchen Gesetzen des römischen Rechtes, sondern im Denken der Menschen, stellte T. D. Barnes am Ende eines Artikels fest, der allen antiken Hinweisen auf eine römische Gesetzgebung gegen Christen nachgegangen war.[44]

Dieser Charakter der Christenverfolgungen wirft ein Licht auf die Bedeutung, die die christliche Religion im Kontext der antiken Kultur gehabt hat. Besagt er doch, daß die staatlichen Verfolgungen aus Konflikten hervorgegangen waren, die sich innerhalb der Stadtgemeinschaften abspielten. Dort wurde Christen die hartnäckige Weigerung, am heidnischen Opferritus teilzunehmen und auch nur Fleisch von Opfertieren zu essen, als *odium humani generis* ausgelegt, als Menschenhaß, wobei *genus humanum* oft nichts anderes meinte als die Gesamtheit der römischen Bürger oder einfach das Imperium Romanum.[45] Eine fast beiläufige Bemerkung des Plinius läßt erkennen, wie massiv Christen auf den Genuß solchen ›heiligen‹ Fleisches verzichtet hatten. Denn er verzeichnete es im Jahre 110 als einen Erfolg der Christenprozesse in Kleinasien, daß

---

43 Das gleich noch zu besprechende Toleranzedikt des Galerius und des Maximinus 311 n. Chr. bestätigt ebenfalls, daß die Verfolgungen die Christen zu den Anordnungen der Vorfahren zurückführen sollten. Man wollte sie so von dem Entschluß, die Religion ihrer Vorfahren zu verlassen, abbringen.

44 »Legislation against the Christians«, in: *Journal of Roman Studies* 58 (1968), S. 32-50 (alle Quellen sind abgedruckt, übersetzt und besprochen).

45 W. Nestle, »Die Haupteinwände des antiken Denkens gegen das Christentum« (1948), in: J. Martin, B. Quint (Hg.), *Christentum und antike Gesellschaft*, Darmstadt 1990, S. 17-80, auf S. 69 ff.; D. von Berchem, »Tertullians ›De pallio‹ und der Konflikt des Christentums mit dem Imperium Romanum«, in: R. Klein (Hg.), *Das frühe Christentum im Römischen Staat*, Darmstadt 1971, S. 106-128, auf S. 108.

»beinahe schon verlassene Tempel wieder besucht werden, die regelmäßigen Opferhandlungen (*sacra sollemnia*), die lange unterlassen worden waren, wieder aufgenommen werden und an verschiedenen Orten Fleisch der Opfertiere (*carne victimarum*) wieder verkauft werden kann, für das bisher nur selten Käufer gefunden werden konnten« (*Epistula* x 96, 9 f.).

Trotz der gewaltigen Konsternierung, die das Auftreten paganer Kultverweigerer überall zur Folge hatte, haben die Apologeten des Christentums im 2. Jahrhundert diese Weigerung aufrechterhalten (Aristides, *Apologie* 15; Tertullian, *Apologeticum* 42, 4; Athenagoras, *Legatio* 13 f.).[46]

Stellungnahmen gegen Wehrdienst und Ämter

Die Kultgemeinschaften, die den antiken Stadtherrschaften zugrundelagen, waren Verbrüderungen mit politisch-militärischer Absicht gewesen. Die Bürger wollten die Verteidigung ihrer Stadt selber in die Hände nehmen, nicht auf staatliche Söldnerheere vertrauen und ihre Freiheit nach innen wie nach außen selber sichern. Indem Christen sich aus der kultischen Gemeinschaft mit ihren Mitbürgern zurückzogen, distanzierten sie sich auch von dieser Absicht. Weil der Kult eine umfassende Gemeinschaftlichkeit der Bewohner einer Stadt begründete, waren mit einer Ablehnung auch andere Pflichten, die mit dieser Gemeinschaftlichkeit verbunden waren, zweifelhaft geworden. Die *patrioi nomoi* waren für Christen nicht nur kultisch entwertet. Sie waren es auch im Hinblick auf die alltäglichen politischen Normen sozialer Beziehungen, die sich aus ihnen ergaben. Die Politik der Bewahrung der väterlichen Überlieferungen war in den Augen der Christen kein Mittel mehr, vor Gott Ansehen zu erwerben. Die Ablehnung eines Verzehrs von Fleisch geopferter Tiere bei privaten Mählern war eine Verschärfung gewesen, verglichen mit der Haltung von Paulus. Sie setzte sich fort, als Christen sich weigerten, sich am politischen Leben der Stadtgemeinden zu beteiligen. Dabei sollte man nicht annehmen, daß diese Konsequenz in irgendeiner Weise zwingend notwendig gewesen wäre. So wie der Schritt einer Ablehnung von Kultmahlen zu privaten Mahlen erst

46 R. M. Grant, *Greek Apologists of the Second Century*, Philadelphia 1988.

bewußt getan werden mußte, so auch der weitere Schritt eines Rückzuges aus dem politischen Leben.

Bereits in einigen Passagen des Neuen Testaments wurden die politischen Statusunterschiede, die zwischen Griechen, Juden, Barbaren, Skythen, Sklaven und Freien bestanden, relativiert, wenn nämlich »Christus in ihnen« ist (*Kol.* 3,11). Es galt als eine Pflicht der Christen, dem paganen Kult abzuschwören und die Leidenschaften (*thymoi*) abzulegen (*Kol.* 3,5-8). Mit dieser Formulierung stellten sich Christen auch gegen den Wehrdienst, der eng mit der Bildung von Bürgergemeinden verbunden gewesen und der – wie gleich gezeigt werden soll – durch die militärische Entwicklung überholt worden war.[47]

Es ist ein wiederkehrendes Argument in der Polemik von Christen gegen Heiden gewesen, daß die heidnischen Götter Kriegstreiber seien. Tatianus behauptete in seiner *Oratio ad Graecos*, sie seien Ratgeber für Kriege (19,2). Ebenso hatte sich Clemens Alexandrinus geäußert (*Protrepticus* III 42,3). Im Gegensatz zum Gott von Jesus Christus seien die paganen Götter kriegslüstern. Mit dieser Charakterisierung zog er die Folgerung aus dem Zusammengehen paganer Religion mit der Aufsplitterung der Herrschaft in verschiedene Stadtverbände. Origenes vertrat in *Contra Celsum* II 30 die Auffassung, daß die Existenz zahlreicher Staaten, die gegeneinander Krieg führen, die Verbreitung der christlichen Verkündigung behindert habe. Jedoch habe sich die Lage der bewohnten Welt beim Auftreten Jesu überall zum Gezügelteren gewandelt. Denn Augustus habe durch seine Alleinherrschaft die Vielen auf der Erde zum Ausgleich gebracht. Dies erst habe es möglich gemacht, daß die friedfertige christliche Lehre, die nicht einmal Selbstverteidigung gestattete, triumphiert habe (ähnlich v 33). Die Wehrhaftigkeit, die mit den Stadtstaaten verbunden war, mußte weichen, damit die christliche Lehre sich überall ausbreiten konnte.

Eusebius hat diesen Gesichtspunkt noch weiter theologisch ausgearbeitet. Ihm erscheint der Friede des Imperium Romanum als

47 J. L. Swift, »War and the Christian Conscience 1: The Early Years«, in: *Aufstieg und Niedergang der Römischen Welt*, Reihe 11, Bd. 23, 1, Berlin 1979, S. 835-868; J. Helgeland, »Christians and the Roman Army from Marcus Aurelius to Constantine«, in: ebd., S. 724-834; R. J. Daly u. a., *Christians and the Military. The Early Experience*, Philadelphia 1985.

Erfüllung der alttestamentlichen Weissagung vom Völkerfrieden. Ist es denn nicht erstaunlich, fragt Eusebius, daß erst von den Zeiten Jesu an die meisten Völker der bewohnten Welt unter die eine Herrschaft der Römer gelangt sind (*Demonstratio evangelica* III 7, 30)? Dies war seiner Ansicht nach kein Zufall, denn anders hätten die Apostel die ihnen aufgetragene Mission nicht erfüllen können.

»Hatte doch der Gott, der über allen ist, ihnen den Weg vorbereitet und die Leidenschaften [*thymoi*] der Polis-Abergläubigen durch die Furcht vor einer höheren Gewalt gezügelt. Bedenke nämlich, wenn die Anhänger des polytheistischen Irrtums nicht gehindert worden wären, gegen die Lehre [*didaskalia*] Christi zu kämpfen, würde man heute in Stadt und Land Bürgerkriege [*emphyloi staseis*] sehen, Verfolgungen und keine kleinen Kriege, wenn die Abergläubischen wieder die Macht hätten« (Eusebius, a.a.O., III 7, 33 f.). Damit aber sei die Weissagung von *Micha* 5,4 f. in Erfüllung gegangen, daß bis zum Ende der Welt Friede sein werde (Eusebius, *Demonstratio evangelica* VII 2,22; ebenso VIII 3,13 f.).[48]

Eusebius faßte die Ausbreitung der christlichen Religion als eine Ausschaltung von emotionalen Bindungen an die Stadtgötter und damit von Krieg und Bürgerkrieg auf. Es scheint auch tatsächlich so gewesen zu sein, daß Christen sich dem Dienst in der Armee entzogen bzw. behauptet haben, sich ihm zu entziehen (Origenes, *Contra Celsum* VIII 68.73). Allerdings bezog sich dies schon viel mehr auf die römischen stehenden Heere als auf die städtischen Bürgerwehren. Bei dieser Haltung spielte das Tötungsverbot, dem die Christen sich verpflichtet fühlten, ebenso eine Rolle wie ein Widerwille gegen die römische Heeresreligion. Jedoch sollte man sich auch in diesem Falle die wirkliche Situation nicht in Übereinstimmung mit dem Ideal vorstellen. Nichts dokumentiert die widersprüchliche Wirklichkeit besser als die Tatsache, daß »die Verfolgung [Diokletians, HGK] bei den Brüdern in den Armeen begann« (Eusebius, *Historia ecclesiae* VIII 1,7; vgl. Lactantius, *De mortuorum persecutorum* 11,3).[49]

48 Siehe hierzu: E. Peterson, »Kaiser Augustus im Urteil des antiken Christentums. Ein Beitrag zur Geschichte der politischen Theologie«, in: J. Taubes (Hg.), *Der Fürst dieser Welt. Carl Schmitt und die Folgen. Religionstheorie und politische Theologie*, Bd. 1, Paderborn 1983, S. 174-180.
49 P. van der Horst, »Het oorloogsvraagstuk in het christendom van de eerste drie eeuwen«, in: *Lampas* 19 (1986), S. 405-420.

Nicht sehr anders war es bei der Übernahme städtischer Ämter durch Christen. Celsus meinte, die Christen auffordern zu müssen, sich an der Regierung der Stadtgemeinden zu beteiligen (Origenes, *Contra Celsum* VIII 75), was nicht aus der Luft gegriffen war. Man denke etwa an Tertullians Schrift *De pallio*. In ihr erklärte Tertullian, warum er einige Zeit nach seiner Bekehrung zum Christentum vielleicht unter dem Einfluß des Montanismus im Jahre 209/210 n. Chr. die Toga (das offizielle Gewand römischer Bürger) abgelegt und sich auf den Straßen Karthagos im *pallium* (dem griechischen *himation*, das ein Alltagskleidungsstück geworden war ⟨Valerius Maximus 6,9 ext. 1⟩) gezeigt hatte. Römische Bürger mußten bei offiziellen Anlässen die Toga tragen, weshalb das römische Volk auch *gens togata* genannt werden konnte. Seine karthagischen Mitbürger hatten daran Anstoß genommen und ihm seinen Abstieg vor Augen gehalten: »von der *toga* zum *pallium*«. Dem geschmähten *pallium* legte Tertullian in dieser Schrift nun die Worte in den Mund:

»›Ich habe‹, sagte es, ›keine Verpflichtung gegen Forum, Marsfeld und Ratsversammlung [*curia*]. Ich brauche zu keinem Dienst früh aufstehen, zu keiner Rednerbühne dränge ich mich, nach keinem prätorischen Amtshause habe ich mich zu richten, in die Kanäle habe ich meine Nase nicht zu stecken, die Gerichtsschranken betrete ich nicht, die Richterbänke beschwere ich nicht, das Recht verwirre ich nicht. Prozeßreden belfere ich nicht herunter; ich bin nicht Richter, nicht Soldat, nicht Regierungsbeamter: ich bin aus dem Volke ausgeschieden [*secessi de populo*]‹« (*De pallio* 5).[50]

Als Tertullian die Toga ablegte, legte er mit ihr auch seinen Status als römischer Bürger ab und wurde der *civitas* untreu. Tertullian läßt das *pallium* selber sprechen und verwendet dabei die Gattung eines Plädoyers, bei dem der Anwalt den wahren Hintergrund eines Falles nicht offen darlegt. Man darf daraus schließen, daß die ganze Schrift »eine verschleierte Absage an das Imperium« darstellt (D. von Berchem).[51]

50 Die Übersetzung ist von K. Kellner, in: *BKV Tertullian*, Bd. 1, München 1912, S. 30.
51 Zu dieser Schrift hat D. van Berchem einen aufschlußreichen Kommentar geschrieben: »Tertullians De pallio und der Konflikt des Christentums mit dem Imperium Romanum« (1944), in: R. Klein (Hg.), *Das frühe Christentum im Römischen Staat*, Darmstadt 1971, S. 106-128, Zitat S. 126.

Gelegentlich hätte es aber durchaus auch die Möglichkeit gegeben, sich von den mit einem Amt verbundenen kultischen Pflichten zu befreien. Diese Möglichkeit wurde in Karthago erörtert und führte zu Diskussionen in der christlichen Gemeinde zu Beginn des 3. Jahrhunderts n. Chr. Tertullian hat dazu in seiner Schrift *De idololatria* Stellung genommen.

»Vor kurzem ist hier eine Auseinandersetzung [*disputatio*] darüber entstanden, ob ein Diener Gottes die Verwaltung einer Ehrenstelle [*dignitas*] oder Machtposition [*potestas*] übernehmen dürfe, wenn er sich von jeder Art des Götzendienstes entweder durch eine Vergünstigung [*gratia*] oder durch eine List [*astutia*] freihalten könne, wie auch Joseph und Daniel die Ehrenstelle und Machtposition frei von Götzendienst verwaltet haben mit den Insignien und dem Purpur der Statthalter von Ägypten oder Babylon angetan.« Seine Ablehnung dieser Möglichkeit formuliert Tertullian in der Form einer Annahme. Wenn man sich wirklich von einer direkten und indirekten Berührung mit dem Kult bei der Ausübung einer Magistratur fern halten könne, dann mag es angehen. Doch die Aufzählung an Handlungen, die den Amtsinhaber unvermeidlich mit dem Kult in Verbindung bringen, macht die Annahme ganz und gar unwahrscheinlich (*De idololatria* 17).

Tertullian forderte, daß kein Christ eine städtische Magistratur übernehmen sollte. Zu vielfältig waren die Berührungspunkte zwischen politischen Aufgaben und dem paganen Kult. Ob sich die Christen in Karthago und anderswo auch wirklich immer daran gehalten haben, bleibt zu fragen.[52] Daß es Christen gab, die darüber anders dachten als Tertullian, ist bekannt.[53] Man sollte nicht meinen, daß das faktische Handeln von Christen dem immer und überall entsprochen hätte. Doch die Forderungen von christlichen Wortführern richteten sich gegen die Beteiligung von

52 G. Schöllgen, »Die Teilnahme der Christen am städtischen Leben in vorkonstantinischer Zeit. Tertullians Zeugnis für Karthago« (1982), in: J. Martin/B. Quint (Hg.), *Christentum und antike Gesellschaft*, Darmstadt 1990, S. 319-357. Der erste Teil behandelt die Beteiligung von Christen am Wirtschaftsleben, der zweite die am politischen Leben.

53 Man lese das (allerdings spärliche) Material, das W. Eck, »Das Eindringen des Christentums in den Senatorenstand bis zu Konstantin d. Gr.«, in: *Chiron* 1 (1971), S. 381-406, und W. Schäfke, »Frühchristlicher Widerstand«, in: *Aufstieg und Niedergang der Römischen Welt*, Reihe II, Bd. 23,1, a.a.O., S. 460-723, auf den S. 547-550, zusammengestellt haben.

Christen an den Aktivitäten städtischer Gemeinden. Mit der strikten Ablehnung der paganen Götterkulte wurde eine weitergehende Ablehnung politischer Gemeinschaftlichkeit verknüpft.

Eine ähnliche Reserve gegenüber öffentlichen Ämtern spricht Minucius Felix (Octavius 31,6) aus. In diesen Kontext gehört auch eine Äußerung von Aelius Aristides (c. 129-181 n. Chr.) in seiner Schrift *hyper tōn tettarōn*. Er verglich in ihr kynische Philosophen mit Christen, von denen er meinte:

»Die Götter verehrten sie nicht, im Rat der Städte saßen sie nicht.«[54]

Christen hatten diese kritische Stellungnahme zu städtischen Gemeinschaftsaktivitäten nicht schon mit ihrem Glauben erworben. Sie war das Produkt von Diskussionen, die nicht nur in Karthago geführt wurden. Zusammen mit der Weigerung, an gemeinsamen Festen mit Heiden teilzunehmen, ergab sich daraus eine wirkliche Störung der sozialen Beziehungen mit Heiden in den Städten des Römischen Reiches.

Das öffentliche Glaubensbekenntnis vor den Instanzen des Reiches

Die Haltung von Christen zur antiken Stadtherrschaft war – auf jeden Fall dem eigenen Anspruch nach – unversöhnlich. Zu Recht hat man sie unter das Stichwort ›Widerstand‹ gestellt.[55] Ich möchte in diesem Zusammenhang noch auf einen anderen Gegenstand hinweisen, der über christlichen Vorstellungen von Legalität Aufschluß gibt: auf die Literaturgattung der Märtyrerakten.

Von der Mitte des 2. Jahrhunderts an berichteten Christen von den Leiden ihrer Brüder und Schwestern, die sich dem Druck der römischen Machthaber nicht gebeugt hatten, in der literarischen Form der Märtyrerakten. Diese Form trat von Anfang an in zwei

54 Ausgabe von C. A. Behr, S. 514 f. (p. 671 f.); zum anti-kynischen Kontext dieser Äußerung siehe J. Bernays, *Lucian und die Kyniker*, Berlin 1879, S. 38 f. mit Anmerkung auf S. 103 f.; siehe außerdem S. Benko, a.a.O., S. 1097 f.; M. Hengel, *Eigentum und Reichtum in der frühen Kirche. Aspekte einer frühchristlichen Sozialgeschichte*, Stuttgart 1973, S. 45.

55 W. Schäfke, »Frühchristlicher Widerstand«, in: *Aufstieg und Niedergang der Römischen Welt*, Reihe II, Bd. 23,1, a.a.O., S. 460-723.

verschiedenen Gattungen auf: der des Briefes (Martyrium Polykarps und Märtyrer von Lyon) und der des Verhörprotokolls (Martyrium des Justin und die Passio Sanctorum Scilitanorum).[56] Die Briefform überrascht nicht, da sie im frühen Christentum üblich und beliebt war. Erstaunlich ist dagegen die Benutzung der amtlichen Form der Prozeßakte. Auch wenn natürlich nicht alle Einzelheiten der Prozesse wirklich authentisch berichtet werden, zeigt sich in der Wahl dieser Form, daß Christen das Bekenntnis vor amtlichen Instanzen wichtig war und durch diese Form genauso beglaubigt werden konnte wie durch die Briefform.

Dieser äußere Eindruck wird vom Erzählinhalt bestätigt, beispielsweise des Martyriums Polykarps.

Polykarp (wahrscheinlich 156 n. Chr.) von der städtischen Polizei von Smyrna ins volle Stadion gebracht, und vom Statthalter aufgefordert, beim Genius des Kaisers zu schwören, lehnte dies ab und bat stattdessen den Statthalter, die Lehre des ›Christianismos‹ erläutern zu dürfen. Dieser hielt ihm entgegen: »Überzeuge das Volk [*dēmos*].« Polykarps Antwort darauf: ›Ich hätte wohl dich dieser Lehre würdig gefunden. Denn wir sind gelehrt worden, den Behörden und Machthabern [*archai kai exousiai*], die von Gott eingesetzt sind, pflichtgemäß Ehre zu erweisen (was uns übrigens nicht schadet). Jene aber halte ich nicht für würdig, daß wir uns vor ihnen verteidigen« (*Martyrium des Polykarp* 10).

Der Märtyrer hegt keinerlei Bedenken, sein Bekenntnis vor den Instanzen der Zentralgewalt abzulegen. Das städtische Volk und seine Amtsträger (*dēmos* und *archonten*) sind hingegen dieses Bekenntnisses nicht würdig.

Die städtische Bevölkerung wird in einigen Märtyrerakten als johlende Stadionmenge geschildert, als vernunftloser und blutgieriger Mob (Martyrium des Karpos, Papylus und Agathonikē in Pergamon Kap. 43, ca. 176 n. Chr.). Der Brief über die Märtyrer von Lyon malt ein ähnliches Bild: Der wilde Mob setzte Christen mit Schreien und Schlägen zu, schleppte sie fort, raubte sie aus, warf Steine und brachte sie hinter Schloß und Riegel.

»Sie wurden dann auf die Agora gebracht und von dem Befehlshaber und den leitenden Machthabern der Stadt vor der ganzen Menge verhört. Als sie ein Bekenntnis abgelegt hatten, wurden sie bis zur Ankunft des Statthalters ins Gefängnis gebracht« (Eusebius, *Historia ecclesiae* v 1,7).

56 K. Holl, »Die Vorstellung vom Märtyrer und die Märtyrerakte in ihrer geschichtlichen Entwicklung«, in: *Gesammelte Aufsätze*, Bd. 2, Tübingen 1928, S. 68-102.

Es sind die Behörden, die einen ›ordentlichen‹ Prozeß, in dem der Angeklagte wenigstens noch einmal sein Bekenntnis ablegen kann, garantieren. Polykarp hatte es so ausgesprochen: Nur die Behörden und Machthaber handeln in Gottes Auftrag, der Demos selber ist gottlos (cap. 9). Hier wird die Verunreinigung der Stadt durch das gottlose Volk noch auf die in ihr bestehende Öffentlichkeit ausgedehnt. Ein Glaubensbekenntnis kann es nur vor den Reichsinstanzen, nicht aber vor der Stadtgemeinde geben. Damit ist auch diese Reichsinstanz noch nicht wirklich legitim. Aber Legalität wird ihr zugebilligt.

Römische Sanktionierungen der väterlichen Gesetze und der gleichzeitige Funktionenverlust der Stadtgemeinden

Der staatliche Schutz für die *patrioi nomoi*

Die Stellung, die die römischen Machthaber zur Gruppe der *christianoi* einnahmen, ergab sich aus der Herrschaftsstruktur des Römischen Reiches und seiner Legitimation. Als in Alexandrien 44 n. Chr. ein Bürgerkrieg zwischen Juden und Griechen ausbrach, ordnete Claudius nicht nur eine gewaltsame Unterdrückung dieses Konflikts an, sondern erließ ein Edikt, in dem er die Bewahrung der väterlichen Gesetze zur Aufgabe römischer Politik machte. Er versicherte in ihm, daß es der erklärte Wille schon von Augustus gewesen sei,

»daß die einzelnen [Völker], die unterworfen worden waren, bei ihren eigenen Gebräuchen [*ethē*] bleiben und nicht gezwungen werden dürften, den väterlichen Gottesdienst [*patrios thrēskeia*] aufzugeben« (Josephus, *Ant. Jud.*, XIX 283).

Zwar bestehen Zweifel an der Authentizität des von Josephus überlieferten Wortlautes des Edikts, da sich Claudius in einem Brief an die Alexandriner aus dem Jahre 42 n. Chr., von dem eine Abschrift auf Papyrus gefunden wurde (Papyrus London 1912), sehr viel vager ausgedrückt hat. Aber auch in diesem Brief wird den Juden das Recht eingeräumt, entsprechend ihren eigenen Gebräuchen (*ethē*) zu handeln, wie schon unter Augustus (Z. 86 f.).

Außerdem droht Claudius in ihm den Griechen, die den Krieg gegen die Juden angezettelt hatten, alle Menschenfreundlichkeit ihnen gegenüber fallen und seinem Zorn freien Lauf zu lassen (Z. 73-82).[57] Der Herrscher ist gewillt, die Toleranz zwischen beiden verfeindeten Gruppen, wenn nötig, mit Gewalt zu erzwingen.

Schon vor diesem Edikt des Kaisers Claudius erfreute sich die väterliche Überlieferung (*mos maiorum*) bei den Römern hoher Wertschätzung. Dabei ging es anfänglich ausschließlich um die eigene römische Überlieferung.[58] Die Durchsetzung des *patrius mos* war die Maxime römischer Politik. Dabei bedurfte es keiner philosophischen Begründung ihrer Gültigkeit:

»Von dir Philosophen muß ich eine Begründung der Religion [*ratio religionis*] bekommen, unseren Vorfahren [*maiores*] aber muß ich glauben, ohne daß eine Begründung gegeben wird [*nulla ratione reddita credere*]« (Cicero, *De natura deorum* III, 6; ähnlich *De legibus* 2,10,27).

Die römischen Herrscher beanspruchten später, Beschützer der väterlichen Überlieferungen auch nicht-römischer Gemeinwesen zu sein, wie wenig rational sie ihnen auch erscheinen mochten. Damit aber trat eine gewisse Veränderung ein in der politischen Bedeutung der väterlichen Gesetze. Im Hellenismus wurden diese von den Einwohnern einer Stadt kodifiziert und von den Herrschern – unter Umständen nach einer Prüfung – privilegiert. Im Römischen Reich wurde die Bezeichnung *patrioi nomoi* synonym mit einer imperialen Ordnung, in der verschiedene Völker zusammenlebten. Wie verbreitet und verwurzelt diese Auffassung war, hat Joseph Vogt in seiner Abhandlung »Zur Religiosität der Christenverfolger im Römischen Reich« gezeigt.[59] Es war

57 Abgedruckt in A. S. Hunt/C. C. Edgar, *Select Papyri*, Bd. 2, Cambridge (Mass.)/London 1934 Nr. 212. Dt. Übersetzung: J. Leipoldt und W. Grundmann, *Umwelt des Urchristentums*, Bd. 2, Berlin 1967, Nr. 269.

58 Beispielsweise berichtet Livius mit Empörung, daß es während des punischen Krieges »in der Öffentlichkeit, auf dem Markt und dem Capitol eine Menge Frauen gab, die nicht mehr nach Vätersitte [*patrius mos*] opferten und zu den Göttern beteten« (xxv 1, 7). Die fremden Kulte, von denen hier die Rede ist, wurden später dennoch zugelassen: W. H. C. Frend, *Martyrdom and Persecution in the Early Church*, Oxford 1965, S. 104 ff. (»Rome and Foreign Cults«).

59 J. Vogt, »Zur Religiosität der Christenverfolger im römischen Reich«, in: *SHAW.Ph.* 1 (1962), S. 7-30. R. L. Wilken hat dieses Thema noch

undenkbar, den öffentlich anerkannten Göttern des römischen Volkes (*dei publici populi Romani*), zu denen auch die Götter befreundeter (unterworfener) Gemeinwesen zählten, die geschuldete Verehrung zu verweigern. Eine solche Weigerung mußte nicht nur als ein Angriff auf die Götter und auf das sie verehrende Gemeinwesen empfunden werden. Es war auch ein Angriff auf die Herrschaftsordnung des Imperium Romanum.

Je unsicherer dessen Grundlage wurde, um so eher waren die römischen Machthaber geneigt, einem solchen Angriff mit Gewalt zu begegnen. Es blieb – so zeigte Vogt – ein ungeschriebenes Gesetz der Magistrate, in Sachen der ererbten Religion zu handeln und nicht zu debattieren. Es ist darum nicht verwunderlich, daß in der Zeit der beginnenden schweren Krise des Römischen Reiches (im 3. Jahrhundert n. Chr.) der römische Aristokrat und Historiker Cassius Dio in einer fiktiven Rede den Maecenas zu Augustus sagen läßt[60]:

»Verehre selbst überall durchweg das Göttliche nach der Sitte der Väter [*kata ta patria*] und zwinge auch die übrigen dazu« (Cassius Dio LII 36, 1).

Damit wurde eine Politik der Bewahrung der väterlichen Gesetze gefordert, die von den Severern im 3. Jahrhundert n. Chr., aus welchen Gründen auch immer, mit blutigem Ernst betrieben wurde und die in den allgemeinen Verfolgungen von Christen (und Manichäern) mündete.

Wie groß die Kontinuität dieser Maxime römischer Politik war, zeigt ein Sprung ganz an das Ende des römischen Prinzipats, zum Edikt des Galerius und Maximinus (311 n. Chr.). Noch einmal erklärte Galerius rückblickend seine Absichten bei der Christenverfolgung, bevor er ihr feierlich abschwor. Ihm war daran gelegen gewesen,

»alle Verhältnisse entsprechend den alten Gesetzen und der öffentlichen Verfassung der Römer zu ordnen und dafür zu sorgen, daß auch die

einmal und mit noch mehr Material behandelt: *The Christians as the Romans Saw Them*, New Haven/London 1984, Kap. III (»The Piety of the Persecutors«); M. Whittaker, *Jews and Christians: Graeco-Roman Views*, Cambridge 1985.

60 J. Bleicken, »Der politische Standpunkt Dios gegenüber der Monarchie. Die Rede des Maecenas Buch 52, 14-40«, in: *Hermes* 90 (1962), S. 444-467.

Christen, die die Religion ihrer Vorfahren verlassen haben [Lactantius: *parentum suorum reliquerant sectam*], zu guter Gesinnung zurückfänden. Jedoch hatte sie aus irgendwelchem Grunde solcher Eigenwille erfaßt und solche Torheit befallen, daß sie nicht mehr den Bräuchen der Alten folgten, die vielleicht sogar ihre eigenen Ahnen dereinst eingeführt hatten, sondern nach eigenem Gutdünken so, wie jeder wollte, sich selbst Gesetze machten … Als nun durch uns ein Erlaß erging, der sie zu den von den Vorfahren festgelegten Sitten zurückführen sollte [*ut ad veterum se instituta conferrent*], wurde sehr vielen der Prozeß gemacht, viele wurden auch vernichtet.«[61]

Man hat vermutet, daß die Motivierung des 1. Edikts Diokletians gegen die Christen aus dem Jahre 303 gleich war, und hat dies aus der Begründung seiner Maßnahmen gegen die Manichäer gefolgert.

Die alte Religion dürfe nicht von einer neuen kritisiert werden, heißt es in dem Edikt gegen die Manichäer (*neque reprehendi a nova vetus religio deberet*). »Das größte Verbrechen ist es nämlich, anzufechten, was einmal von den Alten festgesetzt und bestimmt seinen Stand und Lauf hat und besitzt« (*Mosaicarum et Romanarum legum collatio* 15, 3, 2).[62]

Neben den Herrschern setzten sich auch städtische Bürgergemeinden für ihre väterlichen Gesetze ein. Dies geschah auch noch in späterer Zeit. Beispielsweise hatten Bürger von Tyrus dem Maximinus noch nach dem Toleranzedikt eine Petition zukommen lassen, in der sie um eine Vertreibung der Christen aus ihrer Stadt baten (Eusebius, *Historia ecclesiae*, IX 7,12). Gleiches hatten Bürger von Nikomedien verlangt (*Historia ecclesiae* IX 9,6). Weiter ist eine Inschrift von Lykiern und Pamphyliern erwähnenswert, in der Maximinus aufgefordert wurde, den christlichen Kult zu untersagen (CIL III 12132). Jedesmal war das Ziel das gleiche: die Bewahrung der städtischen Gemeinschaft vor der christlichen Gottlosigkeit.[63]

---

61 Lactantius, *De mortibus persecutorum*, XXXIV (der lateinische Text); Eusebius, *Historia ecclesiae*, VIII 17, 6-8 hat einen griechischen Text bewahrt. Sabinus setzte dieses Edikt dann durch einen Brief, den ebenfalls Eusebius bewahrt hat (*Historia ecclesiae*, IX 1,2-6), in Kraft.

62 Zur Deutung des 1. Edikts Diokletians im Lichte des Manichäer-Ediktes: K. Stade, *Der Politiker Diokletian und die letzte große Christenverfolgung*, Kirchhain 1926, S. 162 und S. 83-92 (dort auch der Text des Manichäer-Ediktes).

63 R. M. Grant, »The Religion of the Emperor Maximin Daia«, in:

So war die Respektierung der väterlichen Sitten nicht nur eine alltägliche Norm vieler Stadtgemeinden im Römischen Reich gewesen. Sie war zugleich Kriterium für die richtige soziale Ordnung und die Verehrung der Götter im Römischen Reich. Die heidnische Religion war auf diese Weise mit der Legitimität politischer Herrschaft verknüpft worden. Der Monotheismus der Christen mit seiner Ablehnung anderer Götter und paganer Kulte bildete demzufolge ein politisches Problem, wie E. Peterson gezeigt hat.[64]

Der Funktionenverlust städtischer Bürgergemeinden

In derselben Zeitspanne, in der römische Herrscher mit Gewalt die Anerkennung der väterlichen Überlieferungen durchsetzen wollten, vollzogen sich in der Herrschaftsstruktur des Reiches wichtige Veränderungen. Die römischen Herrscher hatten sich durch ihre Herrschaftslegitimation mit einer politischen Ordnung verbunden, deren Fundament die Stadtgemeinden und deren väterliche Gesetze waren. Jedoch entfernte sich die Beziehung zwischen Herrschern und Städten in zunehmendem Maße von ihrem Ausgangspunkt in hellenistischer Zeit. Zwar blieb die Polistradition im Römischen Reich noch lange erhalten, aber ihre Begriffe bezeichneten andere Sachverhalte, was insbesondere Philologen aufgefallen war.[65] »Freiheit« bezeichnete nicht mehr staatliche Souveränität und Unabhängigkeit, sondern lediglich

J. Neusner (Hg.), *Christianity and Other Greco-Roman Cults*, Leiden 1974, Bd. 4, S. 143-166.

64 E. Peterson, »Der Monotheismus als politisches Problem« (1935), in: *Theologische Traktate*, München 1951, S. 45-147. Die These von Peterson hat eine Diskussion ausgelöst. A. Schindler (Hg.), *Monotheismus als politisches Problem? Erik Peterson und die Kritik der politischen Theologie*, Gütersloh 1978; J. Taubes (Hg.), *Der Fürst dieser Welt*, a.a.O. Der Beitrag von P. Koslowski, »Politischer Monotheismus oder Trinitätslehre?«, in diesem Band, S. 26-44, geht auf Peterson ein. Ich halte unter dem Gesichtspunkt einer Pragmatik christlicher Religion die Darstellung von Peterson für zutreffend.

65 J. Irmscher, »Die Polistradition im spätantiken Rom«, in: *Index. Quaderni camerti di studi romanistici. International Survey of Roman Law* 7 (1977), S. 35-43.

das Fehlen einer Besatzung und die Befreiung von sonst üblichen Auflagen. Daneben enthielt »Freiheit« allerdings nach wie vor das Recht zu einer eigenen Gemeindeverfassung. Es war vielfach römische Praxis gewesen, die überkommene Ordnung zwar der Form nach beizubehalten, sie aber gleichzeitig im Interesse der Herrschaftserfordernisse umzuorientieren.

Die Wandlungen in der Herrschaftsstruktur vollzogen sich über mehrere Jahrhunderte hinweg. Max Weber hatte sie als eine Verschiebung der Gewichte von der städtischen Bürgergemeinde zur Bürokratie beschrieben (siehe III. Kapitel). Es gibt eine Unzahl von Deutungen dieses Vorganges, der als Untergang des Römischen Reiches in die Literatur eingegangen ist. Eine neuere Studie hat deutlich werden lassen, wie kontrovers er diskutiert worden ist.[66] Wenn man einen Konsensus in der neueren historischen Erforschung dieses Vorganges formulieren müßte, käme am ehesten die Auffassung in Frage, daß dieser Vorgang nicht nur mit äußeren Kriegen, sondern auch mit einem inneren Strukturwandel des Römischen Reiches verbunden war.[67] Dabei sollte man allerdings besser nicht an eine innere Gesetzmäßigkeit denken. Nur wenn äußere Veränderungen von den Handelnden selber reflektiert werden, können sie eine Rückwirkung auf die soziale Wirklichkeit haben (siehe I. Kapitel zu Giddens). Aus diesem

66 A. Demandt, *Der Fall Roms. Die Auflösung des römischen Reiches im Urteil der Nachwelt*, München 1983; zuvor K. Christ (Hg.), *Der Untergang des Römischen Reiches*, Darmstadt 1970. Wie aktuell das Thema noch immer ist, zeigt das Bändchen von W. Raith, *Das verlassene Imperium. Über das Aussteigen des römischen Reiches aus der Geschichte*, Berlin 1982.

67 Übergreifende Darstellungen des spätantiken Strukturwandels: G. E. M. de Ste. Croix, *The Class Struggle in the Ancient Greek World from the Archaix Age to the Arab Conquests*, London 1981; M. I. Finley, *Die antike Wirtschaft*, München 1977; A. H. M. Jones, *The Later Roman Empire 284-602. A Social Economic and Administrative Survey*, 3 Bde., Oxford 1964; J. Kromayer/G. Veith, *Heerwesen und Kriegführung der Griechen und Römer*, München 1928; R. MacMullen, *Roman Social Relations 50 B.C. to A.D. 284*, New Haven 1974; derselbe, *Corruption and the Decline of Rome*, Yale 1988; eine gute Aufsatzsammlung verdanken wir H. Schneider (Hg.), *Sozial- und Wirtschaftsgeschichte der römischen Kaiserzeit*, Darmstadt 1981; instruktiv auch J. Bleicken, *Verfassungs- und Sozialgeschichte des Römischen Kaiserreiches*, 2 Bde., Paderborn 1978.

Grunde möchte ich mich in diesem wahrhaft großen und komplexen Gegenstandsbereich auf einen einzigen Aspekt konzentrieren: ob und wie der Einfluß des Großstaates im Inneren der Städte spürbar wurde und ihre Verfassung als Bürgerverbände berührte. Dazu möchte ich an Hand von historischen Quellen solche Vorgänge aus dem Gesamtprozeß herausheben, die den Wandlungsprozeß aus lokaler Perspektive sichtbar werden lassen.

1. Entmilitarisierung der Stadtherrschaften

Eine wesentliche Veränderung der Herrschaftsordnung, die bereits ganz am Anfang des Prinzipates stand, war eine Militärreform von Augustus gewesen. Sie bewirkte, daß die kaiserlichen Truppen gegenüber den städtischen privilegiert wurden. Schon zuvor war in der Endzeit der Römischen Republik die militärische Macht von der Bürgerwehr auf bezahlte Berufssoldaten verlagert worden.[68] Augustus reformierte den berufsmäßigen Heeresdienst, regelte die Höhe des Soldes, die Dauer des Dienstes, die Finanzierung des Heeres und die Entlassung der Soldaten (Sueton, *Augustus* 49,1 f.). Außerdem erhob er mit seinem Titel *imperator* den Anspruch, alleine über den Einsatz militärischer Mittel entscheiden zu dürfen. Damit wurde der Oberbefehl über die Armeen in einer Hand konzentriert (Cassius Dio 53,12,2 f.). Jede Militäraktion war eine des Kaisers, nur er konnte Triumphe feiern. Zugleich band der Kaiser durch ein umfassendes Patronatsverhältnis die Truppen an seine Person.[69]

Daß Augustus stehende Heere (*stratiōtai athanatoi*) eingeführt hatte, war darin begründet gewesen, daß die Heere an den Grenzen des Reiches gelagert werden mußten. Dazu trat noch als weiteres Motiv, Bürgerkriege einzudämmen.

»Und wenn wir allen [freien Männern, HGK], die im dienstfähigen Alter sind, auch noch erlauben, Waffen zu besitzen und sich im Kriegshandwerk zu üben, werden von ihnen immer Aufstände [sg. *stasis*] und Bürgerkriege ausgehen« (Dio Cassius LII 27).

68 Zur vorangehenden Zeit der Republik: D. Timpe, »Das Kriegsmonopol des römischen Staates«, in: W. Eder (Hg.), *Staat und Staatlichkeit in der frühen Römischen Republik*, Wiesbaden 1990, S. 368-387.
69 K. Raaflaub, »Die Militärreformen des Augustus und die politische Problematik des frühen Prinzipats«, in: G. Binder (Hg.), *Saeculum Augustum* I. *Herrschaft und Gesellschaft*, Darmstadt 1987, S. 246-307.

Damit hatten die Stadtherrschaften das Recht auf den Gebrauch militärischer Mittel verloren, obwohl gerade die Herstellung eines wehrfähigen Verbandes wesentlich zu ihrer Bildung geführt hatte. Eine Zeitlang spiegelte das Heer noch die Sozialstruktur des Römischen Reiches wider, bevor es dann im 3. Jahrhundert zu einem mächtigen Sonderkörper wurde.[70]

2. Reichsrecht und Stadtrechte

Ein weiterer Funktionsbereich, an dem ein Verlust an Macht der antiken Stadtgemeinden beobachtet wurde, war die Rechtsprechung. Man kann diesen Vorgang in groben Zügen an der Geschichte Judäas illustrieren. Der römische Vasallenkönig Herodes (37-4 v. Chr.) hatte es verstanden, dem jüdischen Synhedrion die Zuständigkeit für die Verhängung der Todesstrafe zu nehmen (Josephus, *Ant. Jud.*, XIV 167). Als Judäa 6 n. Chr. kaiserliche Procuratur wurde, ging diese auf den römischen Procurator über (Josephus, *Bell. Jud.*, II 117 f.). Ähnlich verlief die Entwicklung in anderen Städten des Römischen Reiches.

Ein weiterer Umstand, der sich nachteilig auf die Rechtshoheit der Stadtgemeinden auswirkte, war eine Konkurrenz von Rechtsinstanzen. Auch hierfür bietet Judäa ein Beispiel. Die hellenistischen Städte Palästinas erhielten im 1. Jahrhundert v. Chr. eine eigene Gerichtsbarkeit, die neben die jüdische trat. Damit traten zumindest virtuell verschiedene Gerichtsinstanzen und Rechtssysteme in Konkurrenz. Juden, die auf dem Territorium einer Stadt wie Caesarea lebten, konnten bei Konflikten statt eines jüdischen Gerichtshofes (*sunhedrion*, *boulē* oder *bêt dîn*) ein städtisches Gericht anrufen. Gravierender aber war, daß auch römische Instanzen angerufen werden konnten. Paulus rief bekanntlich den Kaiser an (*Apg.* 25,1-12). M. Goodman hat in rabbinischen Quellen zur jüdischen Gesellschaft in Galiläa im 2. Jahrhundert n. Chr. diese Konkurrenz der Rechtsprechungen aufgezeigt.[71] Unter dieser Situation litten nicht nur Juden. Auch Plutarch klagte darüber, daß Griechen, anstatt ihre eigene Gerichtsbarkeit anzuru-

---

70 G. Alföldy, »Das Heer in der Sozialstruktur des Römischen Kaiserreiches«, in: derselbe, *Römische Heeresgeschichte. Beiträge 1962-1985*, Amsterdam 1987, S. 26-42.

71 M. Goodman, *State and Society in Roman Galilee, A.D. 132-212*, Totowa, S. 155-171.

fen, sich an den römischen Statthalter wandten (Plutarch, *Praecepta gerendae rei publicae* 19).

Verschärft wurde die Konkurrenz von Rechtsinstanzen noch durch unterschiedliche Rechtssysteme.[72] Schon zur Zeit der hellenistischen Herrscher hatte es neben den verschiedenen Stadtrechten auch ein eigenes Herrscherrecht gegeben. Ein diesen Punkt erhellender Papyrus aus Alexandrien aus dem 3. Jahrhundert v. Chr. läßt erkennen, daß ein Rechtsentscheid sich an königlichen Erlassen (*diagrammata*) orientieren mußte. In Fällen, wo es solche Erlasse nicht gab, sollte entsprechend den *politikoi nomoi* entschieden werden: von der ptolemäischen Verwaltung anerkannten städtischen Gesetzen. Wenn auch sie fehlten, sollte man dem Gerechtigkeitssinn folgen (P. Gurob. 2).[73] In der römischen Zeit regierten Herrscher mit Hilfe von Briefen und Edikten in die Städte hinein. Die zentralstaatliche Gesetzgebung erreichte ihren Höhepunkt allerdings erst spät, als Kaiser Theodosius (408-450 n. Chr.) den Befehl gab, diejenigen Gesetze aufzuschreiben und zu kodifizieren, die in der ganzen Welt befolgt werden sollten (*Codex Theodosianus*, Minutes).

3. Schuldrecht

Es konnte vorkommen, daß Rechtssysteme miteinander in Konflikt gerieten. Ein Beispiel dafür findet sich im Schuldrecht. Die Schuldknechtschaft, die im antiken Judentum legitim war, sollte den Gläubiger für den Verlust eines Darlehens mit Arbeit ent-

72 Konkurrenz von Gerichtsinstanzen bzw. Rechtssystemen: L. Mitteis, *Reichsrecht und Volksrecht in den östlichen Provinzen des römischen Kaiserreiches*, Leipzig 1891; D. Nörr, *Imperium und Polis in der hohen Prinzipatszeit*, München ²1969; von D. Nörr auch der vorzügliche Aufsatz: »Die Evangelien des Neuen Testaments und die sogenannte hellenistische Rechtskoine«, in: *ZSRG.R* 78 (1961), S. 92-141; dieses Thema wurde von J. D. M. Derrett aufgenommen: »Law and Society in Jesus' World«, in: *Aufstieg und Niedergang der römischen Welt*, Reihe 11, Bd. 25,1, Berlin 1982, S. 478-564.

73 Text: A. S. Hunt/C. C. Edgar, *Selected Papyri* 11, Loeb Classical Library, Bd. 282, darin Nr. 256; dazu: E. Bikerman, »Beiträge zur antiken Urkundengeschichte«, in: *Archiv für Papyrusforschung* 8 (1929), S. 216-239 auf S. 227 f.; A. Kasher, *The Jews in Hellenistic and Roman Egypt. The Struggle for Equal Rights*, Tübingen 1985, S. 31 f. (siehe oben, v. Kapitel).

schädigen. Nicht nur die älteren jüdischen Rechtsbücher billigten sie, sondern auch noch Mischna und beide Talmude (*Gittin* IV 9 und 46b/47a; *Qiddushin* I 2 und 14b-22b). Sie scheinen absichtlich an dieser archaischen, aber befristeten Form von Schuldhaftung festgehalten zu haben. Diese Regelung aber wurde durch ein Reichsedikt in Frage gestellt. Dies geschah durch eine gesetzliche Regelung von Caesar aus den Jahren 46/45 v. Chr., die es einem bankrotten Bürger erlaubte, seine Güter an den Gläubiger abzutreten (*cessio bonorum*), ohne mit dem Makel der *infamia* behaftet zu werden. Auch eine befristete Schuldsklaverei blieb ihm erspart. Der Codex Theodosianus bestätigte später diese Regelung, forderte allerdings, daß bestimmte Voraussetzungen erfüllt sein mußten (*CTh* IV 20 und VII 71,4). Von der *cessio bonorum* profitierten in erster Linie die Besitzenden, denen die Schmach der Personalexekution und der Schuldknechtschaft erspart blieben.[74] Ausgenommen hiervon war die fiskale Schuld. Dies zeigt das oben besprochene Edikt des Tiberius Julius Alexander: Wenn freie Bürger Schuldner des Fiskus waren, durften sie sehr wohl ins Schuldgefängnis (*praktoreion*) geworfen werden. Dem armen Schlucker stand dagegen eine Schuldgefangenschaft auch im Falle privater Schulden bevor. Der Exekutor (*praktōr* – siehe *Lk.* 12,58 f.) konnte ihn mit Prügel und Folter solange malträtieren, bis er zu zahlen bereit war. Die Mischna kennt diese *cessio*, wenn man den Begriff *sîqᵉrîqôn* von *sunchōrēsis* herleiten darf, dem griechischen Wort für das lateinische *cedere*.[75] Die für das Reichsrecht typische Ungleichheit des Rechtes für Besitzende und für Besitzlose hatte also auch bei den jüdischen Bewohnern Galiläas

74 F. von Woess, »Personalexekution und cessio bonorum im römischen Reichsrecht«, in: *ZRG* (43) 1922, S. 485-529; M. W. Frederiksen, »Caesar, Cicero and the Problem of Debt«, in: *JRS* 56 (1966), S. 128-141; M. Gil, »Land Ownership in Palestine under Roman Rule«, in: *RIDA*, 3. Serie 17 (1970), S. 11-53; D. Sperber, *A Dictionary of Greek and Latin Legal Terms in Rabbinic Literature*, Bar-Ilan 1984, S. 61; zur Malträtierung Gefangener: G. Thür, Art. »Folter (juristisch)«, in: *RAC*, Bd. VIII, Stuttgart 1972, S. 101-112.

75 Vor Bar-Kokhba sei diese Institution unbekannt gewesen, erst danach sei sie üblich geworden. Jedoch sei es notwendig, beim Kauf eines Grundstückes unter *cessio* sich der Zustimmung des früheren Eigentümers zu vergewissern. Später forderte man sogar, ihm ein Viertel des Kaufpreises zu geben (*Gittin* V 6 f.; *jGittin* V 47 b; *bGittin* 58 b).

im 2. Jahrhundert n. Chr. Anklang gefunden.[76] Das alte und notorische Problem der Schuldknechtschaft war auf diese Weise unabhängig von der Existenz einer Bürgergemeinde zur Zufriedenheit der Besitzenden geregelt worden.

4. Exogene Stadtgründungen

Auch dieser Vorgang läßt sich in Palästina studieren. Als Pompeius 64/63 v. Chr. den Hasmonäerstaat zu Fall gebracht hatte, trennte er die Städte Gadara, Hippos, Skythopolis, Pella, (Dion), Samaria, Marisa, Azotos, Jamnia und Arethusa vom Hasmonäerreich ab und gab sie ihren nichtjüdischen Einwohnern zurück.[77] Diese Stadtgründungen kamen den ethnischen Verhältnissen entgegen und waren insofern endogen. Von der Zeit des Herodes an sollte sich das ändern. Die Gründung von Städten schloß zunehmend weniger an innere Vorgaben für die Bildung einer Bürgergemeinde an, sondern stand im Dienste der Herrschaftssicherung und wurde von außen in die Wege geleitet. Ökonomische und militärische Gesichtspunkte entschieden über die Verleihung der Stadtwürde, die Zuweisung von Territorium und die Einrichtung städtischer Institutionen. Herodes gründete in Palästina auf diese Weise Sebaste (zuvor Samaria) und Caesarea (Josephus, *Ant. Jud.*, XV 296.331-341), der Tetrarch Herodes 26 n. Chr. Tiberias (*Ant. Jud.*, XVIII 36-38), das – wie Sepphoris (Josephus, *Vita*, 38 f.) – eine vorwiegend jüdische Bevölkerung hatte. Es folgten weitere, überwiegend heidnische Stadtgründungen: Flavia Neapolis (als Nachfolgerin des samaritanischen Sichem) (72 n. Chr.), Aelia Capitolina (als Nachfolgerin von Jerusalem) (130/31 n. Chr.), Eleutheropolis und Diospolis unter Severus sowie weitere Städte, bis ganz Palästina in heidnische Stadtstaaten eingeteilt war. Dabei war die Bevölkerung in Stadt und Umland mindestens zum Teil jüdisch. Juden, die auf dem Territorium dieser Städte lebten, bekamen den Status von *paroikoi* bzw. *peregrini*.[78] Dieser Blick auf

76 P. Garnsey, *Social Status and Legal Privilege in the Roman Empire*, Oxford 1970.
77 Zu den Maßnahmen des Pompeius: U. Baumann, *Rom und die Juden. Die römisch-jüdischen Beziehungen von Pompeius bis zum Tode des Herodes (63 v. Chr.-4 v. Chr.)*, Frankfurt/Bern 1983, S. 37-42.
78 Eine Übersicht über die hellenistischen Städte in Palästina in: E. Schürer, *The History of the Jewish People in the Age of Jesus Christ (175 B.C.–A.D. 135)*, Bd. II, Edinburgh 1979, S. 85-183; A. Kasher, *Jews*

eine Region des Römischen Reiches zeigt beispielhaft, wie die Stadtgemeinden auf dem Wege waren, sich von der ethnischen und religiösen Homogenität ihrer Mitglieder zu lösen. Dieser Vorgang erfaßte das Römische Reich insgesamt.[79]

5. Verpflichtung der städtischen Aristokratie auf Ämter

Kaiser Caracalla hatte 212 n. Chr. allen Untertanen das römische Bürgerrecht verliehen (Dio Cassius 77,9). Ausgenommen waren nur die Kopfsteuerpflichtigen (*dediticii*). Diese Maßnahme führte zu einer Vereinheitlichung des Status der Reichsbewohner. Dagegen blieben die unterschiedlichen fiskalen Pflichten und Privilegien der Städte und Kommunen (*civitates* und *gentes*) unverändert bestehen.[80] Diese Ansprüche wirkten sich auf die Zusammenstellung des Rats der Stadt aus. Im Rat der Stadt (*sunhedrion* bzw. *boulē* bzw. *curia*), der zumindest im Westen häufig ungefähr 100 Mitglieder zählte, saßen die vornehmen und reichen Familien der Stadt. Sie waren zwar selber von der Steuer befreit, mußten jedoch die Lasten (*munera*), die ihren Heimatgemeinden und den Dörfern auf dem Stadtterritorium aufgebürdet worden waren, mittragen. Weil die Ratsmitglieder mit ihrem eigenen Vermögen für die Leistungen der Städte hafteten und auch in Wirklichkeit oft genug aus eigenem Vermögen dazu beitragen mußten, sorgten die Ratsmitglieder, die Decurionen, dafür, daß möglichst

and *Hellenistic Cities in Eretz-Israel. Relations of the Jews in Eretz-Israel with the Hellenistic Cities during the Second Temple Period (332 BCE – 70 CE)*, Tübingen 1990; zur Verstädterung Palästinas in der Zeit des Römischen Reiches: A. H. M. Jones, »The Urbanization of Palestine«, in: *JRS* 21 (1931), S. 78-85; derselbe, *The Cities of the Eastern Roman Provinces*, Oxford 1937, S. 270-295.

79 Zur wichtigen Unterscheidung von endogener und exogener Urbanisierung: F. Vittinghoff, »›Stadt‹ und Urbanisierung in der griechisch-römischen Antike«, in: *HZ* 226 (1978), S. 547-563; weiter F. Vittinghoff, »Soziale Struktur und politisches System in der hohen römischen Kaiserzeit«, in: *HZ* 230 (1980), S. 31-55; derselbe (Hg.), *Stadt und Herrschaft. Römische Kaiserzeit und hohes Mittelalter*, München 1982 (mit Beiträgen von W. Dahlheim, H. Galsterer und F. Vittinghoff selber); zu den Stadtgründungen in der Zeit des Augustus: G. Bowersock, *Augustus and the Greek World*, Oxford 1965, S. 85-100.

80 A. D. Sherwin-White, *The Roman Citizenship*, Oxford ²1973, S. 279-287; F. Vittinghoff, »Römische Stadtrechtsformen der Kaiserzeit«, in: *ZSRG.R* 68 (1951), S. 435-485.

viele ihrer wohlhabenden Mitbürger in die *curia* aufgenommen wurden.[81]

Da unter diesen Bedingungen die Ausübung eines städtischen Amtes für viele nicht mehr attraktiv war, konnten lokale Familien von den römischen Machthabern dazu gezwungen werden (beispielsweise Justinian, *Digesten*, 50,4,3,15). Zuweilen scheint es die Decurionen aus der Stadt überhaupt weggezogen zu haben. Provinzstatthalter erhielten daher die Anweisung, sie sollten Mitglieder der städtischen *curia*, die ihre Stadt verlassen hatten, in die Heimatstadt zurückbeordern und zur Übernahme ihrer vor allem fiskalen Lasten (*munera*) zwingen (Justinian, *Digesten*, 50,2,1). Ebenso ist der spätere kaiserliche Befehl 396 n. Chr. (?) zu verstehen, die Curiales »sollten nicht die Städte fliehen oder verlassen, um auf dem Lande zu wohnen« (*ne civitates fugiant aut deserant rus habitandi causa*) (*CTh* XII 18,2). Das zwölfte Buch des Codex Theodosianus enthält unter dem Titel »De decurionibus« nicht weniger als 192 Edikte, Dekrete und Briefe, die alle gegen dasselbe Übel ankämpfen: daß die Decurionen sich den *civilia munera* der Städte zu entziehen versuchten.

Allerdings wäre es voreilig, aus diesen Quellen den Schluß zu ziehen, überall und zu allen Zeiten wäre die Übernahme städtischer Ämter unattraktiv geworden und daher unter Zwang erfolgt. Richtig weist F. Vittinghoff daraufhin, daß an manchen Orten und zu manchen Zeiten es höchst attraktiv blieb, sich an der Selbstverwaltung autonomer Einheiten zu beteiligen.[82] Diese Selbstverwaltung blieb – wie er sagt – ein imperiales Strukturprinzip, auch wenn sich daneben der Aufstieg eines Amtsadels vollzog, der sich neben und über den Geburtsadel stellte.[83]

81 M. Stahl, *Imperiale Herrschaft und provinziale Stadt: Strukturprobleme der römischen Reichsorganisation vom 1.-3. Jahrhundert der Kaiserzeit*, Göttingen 1978; L. Neesen, *Untersuchungen zu den direkten Staatsabgaben der römischen Kaiserzeit (27 v. Chr.-284 n. Chr.)*, Bonn 1980.

82 F. Vittinghoff, »Zur Entwicklung der städtischen Selbstverwaltung. Einige kritische Bemerkungen«, in: derselbe (Hg.), *Stadt und Herrschaft*, a.a.O., S. 107-146.

83 P. Garnsey, »Aspects of the Decline of the Urban Aristocracy in the Empire«, in: *Aufstieg und Niedergang der römischen Welt*, Reihe II, Bd. 1, Berlin 1974, S. 229-252; A. H. M. Jones, »The Social Background of the Struggle between Paganism and Christianity«, in:

Im römischen Herrschaftssystem vollzogen sich Wandlungen, die die Vorstellungen, die man sich von der Ordnung der Gesellschaft machte, auf längere Zeit unangemessen werden ließen. Mit der Expansion der römischen Herrschaft in Vorderasien vom 1. Jahrhundert v. Chr. an schwand allmählich die gemischte Verfassung des Hellenismus: das Nebeneinander von freien Städten und Königsland. Das ehemalige Königsland ging in das Eigentum des Römischen Volkes über. Die einst privilegierten Stadtgemeinden büßten schrittweise ihre Vorrechte und Funktionen ein und wurden zu Zentralorten des Römischen Reiches, wiewohl die Begrifflichkeit oft noch die alte blieb.

Eine neuere Studie, die den Kaiserkult in Kleinasien vor Ort und aus der Sicht der Provinz untersucht, hat zeigen können, daß dieser Kult mehr mit Diplomatie als mit Religion zu tun hatte. Entwickelt hatten ihn Griechen, die die religiöse Sprache benutzten, um Wohltaten der Herrscher zu preisen.[84] Der Kaiserkult war in das traditionelle religiöse System der Stadtgemeinschaft integriert. Als diese Gemeinschaft vom 3. Jahrhundert an ihre Vitalität einbüßte, traf ihre Schwächung auch den Kaiserkult.[85]

Die beschriebenen Vorgänge führten dazu, daß politische Herrschaft und städtische Bürgergemeinden getrennte Wege gingen. Die Herrschaftslegitimation folgte zwar noch lange der Terminologie, wie sie im Hellenismus und in der Republik entwickelt worden war. Jedoch regulierten die väterlichen Überlieferungen in Wirklichkeit nicht mehr in der gleichen Weise und Intensität wie früher die Beziehungen der Bürger untereinander. Damit aber wuchs im Römischen Reich eine Diskrepanz zwischen der offiziellen Politik der Bewahrung der väterlichen Gesetze und

A. Momigliano (Hg.), *The Conflict of Paganism and Christianity in the Fourth Century*, Oxford 1963, S. 17-37; A. Chastagnol, »Die Entwicklung des Senatorenstandes im 3. und 4. Jahrhundert unserer Zeitrechnung«, in: Schneider (Hg.), a.a.O., S. 293-306.

84 P. Veyne, *Brot und Spiele. Gesellschaftliche Macht und politische Herrschaft in der Antike*, Frankfurt 1988.

85 S. R. F. Price, *Rituals and Power: The Roman Imperial Cult in Asia Minor*, Cambridge 1984; die Beziehung zwischen Herrschern und Städten im Römischen Reich behandelt F. Millar, »Empire and City, Augustus to Julian: Obligations, Excuses and Status«, in: *JRS* 73 (1983), S. 76-96; derselbe, *The Emperor in the Roman World*, London 1977.

den tatsächlichen Verhältnissen in den Städten. In mehreren wesentlichen Bereichen der antiken Stadtkultur fanden im selben Zeitraum Funktionsauslagerungen in Richtung Großstaat statt: Die stehenden Heere lösten Bürgerwehren ab, Reichsrecht und imperiale Gerichtsbarkeit traten neben die Stadtrechte, die Sicherung der Freiheit der Untertanen sollte von kaiserlichen Erlassen gewährleistet werden, Städtegründungen wurden von oben in die Wege geleitet, neben die städtische Aristokratie trat ein Amtsadel. Die geschilderten Vorgänge schwächten die Verfassung antiker Zentralorte als politische Bürgerverbände und nahmen den väterlichen Überlieferungen wichtige praktische Funktionen. Neben die Stadtherrschaft war eine bürokratische Ordnung getreten. Die offizielle Politik der Bewahrung der väterlichen Überlieferungen blieb zwar noch lange Maxime römischer Politik. Daneben aber hatten sich in Wirklichkeit zunehmend traditionsfreie Beziehungen und Ordnungen herausgebildet.[86] Durch die zentralstaatliche Herrschaft lösten sich die engen Bindungen, die Religion und Herrschaft im Rahmen der antiken Stadtherrschaft eingegangen waren.

Stabilisierung einer politischen Bedeutung christlicher Erlösungsreligion

Pagane Zeitgenossen hatten Mühe, die Gemeinschaften der Christen den ihnen vertrauten Formen von Gruppenbildungen zuzuordnen. War diese Gemeinschaft eine *hetaeria*, wie Plinius dachte, eine *diatribē* (Galen), eine *factio*, ein *corpus* (Tertullian). Oder bildeten sie *collegia* oder eine Philosophenschule? Die übliche Terminologie scheint dem besonderen Fall nicht angemessen gewesen zu sein.[87] Das darf nun aber nicht heißen, daß sich die politische Rolle der Christen im Römischen Reich nicht genauer beschreiben ließe. Seit der pragmatischen Wendung in der Bedeu-

---

86 S. N. Eisenstadt, *The Political Systems of Empires*, Glencoe 1963; derselbe, »Religious Organizations and Political Processes in Centralized Empires«, in: *JASt* 21 (1962), S. 271-294.
87 R. L. Wilken, *The Christians as the Romans Saw Them*, New Haven/London 1984, S. 31-47; derselbe, »Kollegien, Philosophenschulen und Theologie«, in: W. A. Meeks (Hg.), *Zur Soziologie des Urchristentums*, München 1979, S. 165-193.

tungstheorie wissen wir, daß die Aussage eines Satzes nicht identisch ist mit der Rolle, die er spielt (siehe 1. Kapitel). Die Rolle, die
die Botschaft von Kreuzigung und Auferstehung Jesu Christi (das
Kerygma) in den antiken Stadtgemeinschaften spielte, ergab sich
nicht aus der Aussage an sich, sondern aus den Konventionen,
unter denen sie gemacht und verstanden wurde.
Um die Rolle der christlichen Botschaft in den antiken Stadtgemeinden zu erkennen, ist ein Wechsel der Perspektive nötig. In
den vergangenen Jahren sind einige Studien zu der Frage vorgelegt worden, wie Christen und Juden in der Antike von anderen
gesehen wurden.[88] Sie lassen erkennen, daß die Zeugnisse antiker
Beobachter in der Tat ein Licht auf die Bedeutung werfen, die
antike Mitbürger dem Christentum mit Blick auf die Stadtgemeinden gegeben haben.

Pagane Kritik am Christentum:
Aufstand gegen die Stadtgemeinschaft

Aufschlußreich für die Bedeutung der christlichen Botschaft in
den Städten des Römischen Reiches sind die Diskussionen, die
pagane Intellektuelle, meistens platonisierende Philosophen, mit
Christen geführt haben.[89] Es waren dies vor allem Celsus,
M. Cornelius Fronto, Galen, Porphyrius und der spätere heidnische Kaiser Julian Apostata.
Einer der frühesten und einflußreichsten Kritiker war Celsus. Er

88 Außer dem genannten Buch von R. L. Wilken siehe J. Neusner/E. Frerichs (Hg.), »To See Ourselves as Others See Us«. Christians, Jews,
»Others« in Late Antiquity, a.a.O.; eine Textsammlung stammt von
M. Whittaker, Jews and Christians: Graeco-Roman Views, a.a.O.
89 Klassische Gesamtdarstellung ist nach wie vor P. de Labriolle, La Réaction païenne. Etude sur la polèmique antichrétienne du Ier au VIe
siècle, Paris 1942. Von den älteren Studien hat ebenfalls noch Wert:
W. Nestle, »Die Haupteinwände des antiken Denkens gegen das Christentum« (1948), in: J. Martin/B. Quint (Hg.), Christentum und antike Gesellschaft, a.a.O., S. 17-80. Außer dem Buch von R. L. Wilken
ist wichtig: S. Benko, »Pagan Criticism of Christianity During the
First Two Centuries A.D.«, in: Aufstieg und Niedergang des Römischen Reiches, Reihe II, Bd. 23,2, Berlin 1980, S. 1055-1118; S. Benko,
Pagan Rome and the Early Christians, London 1985.

war ein Philosoph in der platonischen Tradition, stammte aus Alexandrien und hatte zwischen 177 und 180 n. Chr. sein »Wahres Wort« (*alēthēs logos*) verfaßt. Origenes setzte sich in seiner Antikritik *Contra Celsum* ausführlich mit dieser Schrift auseinander. Er tat dies ungefähr siebzig Jahre später. Die Schrift des Celsus war auch noch nach so vielen Jahren aktuell und gefährlich geblieben. Aus naheliegenden Gründen ist sie nicht erhalten. Da Origenes aber Celsus Satz für Satz widerlegte, ist es möglich, seine Schrift aus der Widerlegung des Origenes herauszuschälen und passagenweise wiederherzustellen.

Celsus argumentierte mit einer politischen Kulturtheorie, die in der Tradition griechischer Ethnographie stand. Jedes Volk hat seine eigenen Nomoi und soll diese bewahren. Göttervorstellungen und Kulte reihte er unter die väterlichen Überlieferungen (*ta patria*) bzw. die politische Gemeinschaft (*to koinon*) ein. Die Weigerung von Christen, an den religiösen Zeremonien teilzunehmen, verurteilte er als einen Angriff auf die Grundlagen der politischen Ordnung.

Einem Juden, der sich an jüdische Konvertiten zum Christentum richtete, legte er die Worte in den Mund:

»Was ist euch widerfahren, o Mitbürger, daß ihr das väterliche Gesetz verlassen habt und von (Jesus) verführt ... ganz lächerlich getäuscht worden seid und von uns weg zu einem anderen Namen und einer anderen Lebensweise übergelaufen seid?« (*Contra Celsum*, II, 1).

Celsus unterstützte diese Sicht seines jüdischen Gewährsmannes und hielt selber den Christen vor:

»Es ist unmöglich, daß ein und derselbe ›mehreren Herren‹ dient [Celsus greift hier *Mt.* 6, 24; *Lk.* 16, 13 auf]. Dieses ist, wie er [Celsus] meint, ein Aufruf zum Aufstand [*stasis*] jener, die sich selber verschanzen und von den übrigen Menschen losreißen« (*Contra Celsum*, VIII, 2).

Celsus warf den Christen vor, daß sie ihren jüdischen *patrios nomos* verraten hätten (II, 1), wie auch die Juden sich dieses hätten zu Schulden kommen lassen, da sie aus Ägypten geflüchtete Sklaven gewesen seien (IV, 31). Ihrer Abstammung nach seien sie nämlich Ägypter gewesen, der jüdische Monotheismus sei die Folge eines Abfalls vom Polytheismus.

»Die Juden haben Ägypten verlassen, nachdem sie sich gegen die Gemeinschaft der Ägypter erhoben und die in Ägypten gebräuchlichen Riten verachtet haben. Das, was sie den Ägyptern angetan haben, haben sie von denen erlitten, die sich Jesus angeschlossen und ihm als Christus geglaubt haben. In beiden Fällen war der Grund der Neuerung ein Aufstand gegen die Gemeinschaft [*to stasiazein pros to koinon*]« (III, 5). Auch die Christen würden die Gewohnheiten ablehnen (1, 1) und seien vom *patrios nomos* abgefallen (II, 4).[90]

Die phantastische Ausführung zu den Juden läßt nicht vermuten, daß hier eine wertvolle historische Quelle zur Bedeutung des Christentums in der antiken Kultur vorliegen könnte. Und doch ist dies so.

»Die Bedeutung der Ausführungen des Celsus liegt darin, daß sie die Verknüpfung des Problems des jüdisch-christlichen Monotheismus mit den Fragen des politischen Lebens, das heißt konkret: mit den politischen Problemen des Imperium Romanum erkennen lassen«, schrieb E. Peterson.[91]

Celsus ging aber über die griechische Ethnographie hinaus, als er die Verschiedenheit der Kulturen und Religionen durch die Überordnung eines Gottes relativierte, dem die verschiedenen nationalen Götter untergeordnet waren. Die verschiedenen Teile der Erde waren jeweils anderen göttlichen Aufsehern zugeteilt und werden dementsprechend anders verwaltet. Celsus verknüpfte durch diese Theologie die imperiale Struktur des Römischen Reiches, die die Verschiedenartigkeit der unterworfenen Völker voraussetzt, mit einem Henotheismus, der sich durch seine Offenheit grundlegend von dem exklusiven Monotheismus des Christentums unterschied. Für den politischen Henotheismus gibt es noch weitere Quellen, unter anderem Philo und die pseudo-aristotelische Schrift *De mundo*.[92] Weil die regionalen

90 Eine Einführung in Celsus einschließlich einer Bibliographie findet sich bei S. Benko, »Pagan Criticism of Christianity During the First Two Centuries A.D.«, a.a.O., S. 1055-1118, auf den S. 1101-1108.

91 E. Peterson, »Der Monotheismus als politisches Problem« (1935), a.a.O., S. 45-147, Zitat S. 81.

92 E. Peterson hat die Verknüpfung des antiken Nationalismus mit diesem Henotheismus in einem anderen Artikel behandelt: »Das Problem des Nationalismus im Alten Christentum«, in: derselbe, *Frühkirche, Judentum und Gnosis*, Freiburg/Rom 1959, S. 51-63; zum paganen Henotheismus: J. Teixidor, *The Pagan God. Popular Religion in the Greco-Roman Near East*, Princeton 1977, S. 3-17; J. Ferguson, *The Religions of the Roman Empire*, London 1970, S. 32-56; R. MacMullen, *Paganism in the Roman Empire*, New Haven/London 1981.

Kulturen über einen Henotheismus mit der imperialen Ordnung verbunden wurden, galt in einem solchen Weltbild jede Ablehnung anderer Kultur als Sakrileg.

»Es ist gottlos [wörtlich ›unheilig‹, HGK], das, was von Anfang an in den verschiedenen Gegenden als Gewohnheit festgelegt worden ist, aufzulösen« (v, 25).

Da Christen andere Götter und Kulte nicht anerkannten, bedrohten sie die bestehende Ordnung und praktizierten deshalb *stasis*.[93]

Es gibt Hinweise darauf, daß dieser Vorwurf gegen die Christen nicht von Celsus als erstem vorgetragen worden ist, sondern zuvor schon von Juden erhoben worden war. Celsus scheint nämlich eine jüdische Quelle in seiner Schrift verarbeitet zu haben.[94] Vor diesem Hintergrund ist es begreiflich, daß derselbe Vorwurf auch außerhalb philosophischer Zirkel auftaucht. In einer gnostischen Schrift wirft ein Pharisäer dem Gnostiker Johannes vor, sein Meister Jesus von Nazareth habe sie veranlaßt, sich von der Überlieferung der Väter abzuwenden (Apokryphon des Johannes *NHC* II 1,15 ff.). Schon Josephus sah im 1. Jahrhundert n. Chr. in der Emanzipation von der Tradition das Übel seiner Zeit, wie eine mehr beiläufige Bemerkung in der Schrift *Contra Apionem* belegt. Auf den antijüdischen Vorwurf, das jüdische Volk habe keine Erfinder hervorgebracht, reagierte Josephus mit der Bemerkung, daß Einsicht und Tugend darin bestünden, entsprechend den ursprünglichen Gesetzen zu denken und zu handeln.

Viele aber »halten es für gut, keinem der väterlichen (Gesetze) treu zu bleiben, und sie attestieren denen, die diese zu übertreten wagen, größte Kraft der Weisheit« (*Contra Apionem*, II 182). Josephus beurteilte diese Erscheinung ablehnend.

93 C. Andresen, *Logos und Nomos. Die Polemik des Kelsos gegen das Christentum*, Berlin 1955, legt dar, wie Celsus durch Herodot beeinflußt worden ist (S. 192-197). Wenn er dann wenig später meint: »Mit dem ›Gemeinsamen‹ ist nicht der politische Staatsverband, sondern die kultisch im Nomos geeinte Volksgemeinschaft gemeint« (S. 217), dann scheidet er anachronistisch Religion und Politik. M. Borret hat sich in seiner Ausgabe (*Origène contre Celse*, II, Paris 1968, S. 22 f. mit Anm.) zu Recht davon distanziert.

94 J. G. Gager, »The Dialogue of Paganism with Judaism: Bar Cochba to Julian«, in: *HUCA* 44 (1973), S. 89-118, auf S. 103 f.

Schon vor Celsus hatte der angesehene Rhetor M. Cornelius Fronto aus Cirta in Nordafrika (er lebte zwischen circa 100-166 n. Chr.) Reden gegen Christen verfaßt. Sie sind ebenfalls nicht erhalten geblieben. Wohl aber gibt es Gründe für die Vermutung, daß Minucius Felix in seinem (irgendwann zwischen 200 und 240 geschriebenen) Dialog zwischen Octavius Januarius, einem Verteidiger des Christentums, und Q. Caecilius Natalis, einem paganen Kritiker desselben, auf eine Rede von Fronto zurückgegriffen hat.

Caecilius plädierte dafür, die von den Vätern überlieferten Götter anzuerkennen. Die Christen aber würden eine »so alte, so nützliche und so heilbringende Religion« wie die der Väter verachten (Minucius Felix, Octavius 8,1). Statt an den öffentlichen Zeremonien der Städte für ihre Götter teilzunehmen, hielten sie ihre Gottesdienste heimlich ab (Octavius 8,3-5; 9,1-6; 12).[95]

Man darf in diesem Zusammenhang auch noch auf den antiken Arzt Galen hinweisen. Sein Vorwurf gegen das Christentum ist allerdings anderer Art. Er lehnte in verschiedenen Schriften, die zwischen 162 und 180 n. Chr. geschrieben worden sind, grundsätzlich die Vorstellung ab, (politische) Gesetze könnten offenbart worden sein.

Wer Medizin ohne Wissenschaft betreibt, den vergleicht er mit Mose, »der dem Stamm der Juden Gesetze [*sanan* in der allein erhaltenen arabischen Übersetzung] vorgeschrieben hatte. Denn es ist seine Natur, daß er Bücher schreibt ohne Beweise [arab. *burhān*], da er sagt: Gott befahl und Gott sprach« (Zitat 1 bei R. Walzer). In der Schrift *De pulsuum differentiis* spricht Galen von der Schule (*diatribē*) des Mose und Christus, in der über *unbewiesene Gesetze* geredet werde (Zitat 4).[96]

---

95 S. Benko stellt den Vorwurf der Heimlichkeit in den Kontext der Kritik, die Kirchenväter an Gnostikern geübt hatten: »Pagan Criticism of Christianity During the First Two Centuries A.D.«, a.a.O., S. 1055-1118, auf den Seiten 1081-1089; S. Benko, *Pagan Rome and the Early Christians*, a.a.O., S. 54-78.

96 R. Walzer, *Galen on Jews and Christians*, London 1949, S. 10 f. und 14; kürzlich hat A. Dihle gezeigt, daß Galen als einer der ersten den grundlegenden Unterschied zwischen griechischen kosmologischen Vorstellungen und hebräischen Schöpfungsvorstellungen erfaßt und dargelegt hat: *Die Vorstellung vom Willen in der Antike*, Göttingen 1985, S. 9-30.

Politische Gesetze dürfen kein Inhalt von Offenbarung sein, sondern müssen argumentativ begründet werden.

Den gleichen Vorwurf (*alogos pistis*) hatte Porphyrius erhoben (Eusebius, *Praeparatio evangelica*, 1 3,1). Ansonsten aber ähnelte die Polemik des syrischen Neuplatonikers aus Tyrus (geboren um 233 n. Chr.) gegen die Christen mehr der von Celsus. Auch in diesem Fall haben Kirchenväter seine Einwände bewahrt. Allerdings erfuhr seine Schrift *Gegen die Christen* keine so textnahe Replik wie die von Celsus. Oft kann man nur vermuten, daß hinter bestimmten Texten Passagen aus Porphyrius stehen. A. v. Harnack nahm an – was nicht unbestritten geblieben ist[97] –, daß ein Text von Eusebius auf ihm fußt. Eusebius referierte in ihm einige gängige Vorwürfe gegen die Christen.

»Wieso aber sollten nicht diejenigen in allen Beziehungen frevelhaft und gottlos sein, die von den väterlichen Göttern [andere Lesart: ›Sitten‹ 〈*ethōn* statt *theōn*〉] abgefallen sind, durch die jedes Volk und jede Stadt verfaßt sind?« (*Praeparatio evangelica*, 1 2,2).[98] Diese Menschen, die nicht nur die griechischen, sondern auch die jüdischen Gesetze verletzen, sollen bestraft werden (2, 3). Denn: »Die größte Frucht der Frömmigkeit ist die Verehrung des Göttlichen entsprechend den väterlichen Überlieferungen [*kata ta patria*]« (Porphyrius, *Epistula ad Marcellam* 18; ein weiterer Text bei A. v. Harnack, Nr. 66).[99]

97 A. von Harnack, »Porphyrius, *Gegen die Christen*, 15 Bücher. Zeugnisse, Fragmente und Referate«, in: *AAWB*, Phil.-Hist. Kl. 1 (1916), S. 3-115. Der Eusebius-Text ist bei Harnack als Nr. 1 abgedruckt. Neuere kritische Positionen in bezug auf die Stelle bei Eusebius beziehen: A. Meredith, »Porphyry and Julian against the Christians«, in: *Aufstieg und Niedergang der römischen Welt*, Reihe II, Bd. 23, 2, a.a.O., S. 1119-1149 und A. Benoit, »La ›Contra Christianos‹ de Porphyre: Où en est la collecte des fragments?«, in: *Festschrift M. Simon*, Paris 1978, S. 261-275.

98 Zur politischen Bedeutung von *systēma* siehe das von A. Kasher gesammelte Material: *The Jews in Hellenistic and Roman Egypt*, Tübingen 1985, S. 229 mit Anm. 96. In diesem Zusammenhang muß auch Eusebius genannt werden: »Durch (die Götter) sind alle Menschen und die Verwaltung der öffentlichen Dinge verfaßt« (*Historia ecclesiae*, IX 9a, 6).

99 Weitere philosophische Stimmen, die die Abkehr der Christen von den überlieferten Kulten beklagten, finden sich bei Augustinus, *De consensu evangelistarum*, 1 16, 24; Arnobius, *Adversus Nationes*, 2, 67, und Eusebius, *Praeparatio evangelica*, IV 1, 3.

Es muß auffallen, daß der Vorwurf an die Christen, sie würden den *patrioi nomoi* untreu sein, verbunden wird mit einer Androhung von Strafe. Fast wörtlich kehren die Worte wieder, die Cassius Dio dem Maecenas in den Mund gelegt hatte: Zwinge auch die übrigen Einwohner des Reiches dazu, das Göttliche nach der Sitte der Väter zu verehren. Dabei wird hinzugefügt, was das Vergehen so gravierend macht: daß es nämlich ein Abfall von der Grundordnung ist, die die Völker und Städte im Römischen Reich haben.

Nachdem das Christentum Staatsreligion geworden war, trat noch einmal ein mächtiger Kritiker des Christentums auf: Kaiser Julian mit dem bezeichnenden Beinamen Apostata. Er griff erneut den Vorwurf auf, daß die Galiläer – so bezeichnete er die Christen – den Glauben ihrer Väter verraten hätten. Den Alexandrinern hielt er in einem Brief vor, daß die Väter der Hebräer einst in Ägypten Sklavendienste verrichtet hätten:

»Jetzt aber nehmt Ihr, Bürger Alexandrias und Bezwinger der Ägypter – euer Stadtgründer hat ja die Ägypter unterworfen – im Widerspruch zu Euren geheiligten Traditionen –, eine freiwillige Knechtschaft unter Menschen auf Euch, die ihre väterlichen Glaubenslehren der Geringschätzung preisgegeben haben, und keine Erinnerung kommt euch an den Segen jener Zeit, als ganz Ägypten Gemeinschaft mit den Göttern hatte« (Brief 61, hg. von B. K. Weis = J. Bidez Brief 111).

Julians Programm während seiner kurzen Regentschaft 361-363 n. Chr. war die Wiedereinführung der väterlichen Götter und Kulte im Römischen Reich gewesen. Dabei unterstützte er nicht nur Heiden, sondern auch die Juden. Nur diese beiden waren ja ihren väterlichen Gesetzen treu geblieben.[100]

Aus seinen Worten an die Alexandriner können wir ersehen, daß – fast 200 Jahre nach Celsus – mit Judentum und Christentum noch immer gegensätzliche pragmatische Bedeutungen verbunden wurden. Das Judentum stand für eine Religion, die die väterlichen Gesetze bewahren wollte; das Christentum für eine Religion, die die väterlichen Gesetze aufgeben wollte. Dabei sei das naheliegende Mißverständnis ausgeräumt, hier würde eine tat-

---

100 J. G. Gager, »The Dialogue of Paganism with Judaism: Bar Cochba to Julian«, in: *Hebrew Union College Annual* 44 (1973), S. 89-118; J. Bidez, *Kaiser Julian. Der Untergang der heidnischen Welt*, Reinbek 1956.

sächliche soziale Praxis von Juden und Christen beschrieben. Es handelt sich – genau gesagt – um Handlungskonzeptionen, die zwar Handlungen möglich machten, aber noch nicht an sich schon soziale Praxis waren. Die pragmatischen Bedeutungen jüdischer und christlicher Religion haben nicht nur eine erstaunliche Kontinuität über mehrere Jahrhunderte hinweg bewiesen. Sie haben auch die Struktur von gegensätzlichen, ja alternativen Handlungslegitimationen behalten. Es ist wichtig zu erkennen, daß diese Polarisierung pragmatischer Bedeutungen sich nicht als solche aus der Gottesvorstellung ergab. Zwar hat Peterson recht, wenn er einen inneren Zusammenhang zwischen dem paganen Henotheismus auf der einen und der politischen Struktur des Römischen Reiches auf der anderen Seite annahm. Jedoch darf man daraus gewiß nicht umgekehrt folgern, der jüdisch-christliche Monotheismus sei ein natürlicher Bundesgenosse im Kampf gegen die väterlichen Überlieferungen gewesen. Ganz im Gegenteil!

Zwar hat der jüdisch-christliche Schöpfergott anders als der pagane Eingott nicht Gesamtheit der Ordnung und Beständigkeit des Kosmos repräsentiert, sondern stand ihnen als eine transzendente Macht gegenüber. Diese Transzendenz konnte aber sowohl in einer Politik der Bewahrung der väterlichen Gesetze wie ihrer Verwerfung zum Ausdruck kommen. Wie A. Dihle jüngst gezeigt hat, hatte der Arzt Galen im 2. Jahrhundert n. Chr. die grundlegende Differenz zwischen griechischer Kosmologie und jüdischer Schöpfungstheologie entdeckt. In der biblischen Kosmologie gibt es kein Gesetz und keine Regel, die auf Schöpfer und Geschöpf gleicherweise angewendet werden können.[101] Aus der Sicht der antiken Kultur konnte diese Transzendenz sowohl die Bedeutung erlangen, unbedingt und unter allen Umständen die väterlichen Gesetze zu bewahren. Sie konnte aber auch die Berechtigung dafür sein, die väterlichen Gesetze zugunsten der wahren Lebensführung aufzugeben. Die Transzendenz Gottes als solche kommt

101 A. Dihle, *Die Vorstellung vom Willen in der Antike*, a.a.O., S. 9-13; weiter zum Vergleich jüdisch-christlicher und paganer Gottesvorstellung: R. Grant, *Gods and the One God. Christian Theology in the Graeco-Roman World*, London 1986; L. W. Hurtado, *One God, One Lord: Early Christian Devotion and Ancient Jewish Monotheism*, Philadelphia 1987; R. van den Broek, T. Baarda, J. Mansfeld (Hg.), *Knowledge of God in the Graeco-Roman World*, Leiden 1988.

nur in der Radikalität der ethischen Forderung zum Ausdruck, nicht aber in deren Inhalt.

Wenn dieser Schöpfergott beide Möglichkeiten in sich trug: die Forderung der Bewahrung oder der Ablehnung der väterlichen Gesetze, zeigt sich darin, wie wichtig das faktische Einverständnis von Religionsgemeinden mit der einen bzw. anderen Deutung gewesen ist. Hierin muß die Ursache der Polarisierung von Christentum und Judentum gesucht werden. So wie Juden sich zur hellenistischen Interpretation ihres Glaubens als Bewahrung der väterlichen Gesetze bekannt haben, so haben es Christen im Hinblick auf die römische Auffassung ihres Glaubens als einer Abkehr von den väterlichen Gesetzen getan. Ich möchte dazu zwei Erscheinungen besprechen: die christliche Antikritik auf die Vorwürfe der paganen Philosophen sowie die christliche Personkonzeption.

Christliche Antikritiker:
Erlösung vom Zwang natürlicher Herkunft

Es lohnt sich, den Spieß umzudrehen und die christliche Kritik am Paganismus auf den gleichen Sachverhalt hin zu überprüfen: nämlich auf die Ablehnung der politischen Implikationen paganer und jüdischer Religion. Neben grober Polemik gegen das Heidentum gab es eine Anzahl antiker christlicher Intellektueller, die sich mit ihm auf gleicher Ebene auseinandergesetzt haben.[102]

Ein Vertreter solcher Auseinandersetzung war der Theologe Tatian. Er stammte aus Syrien und hatte eine *Oratio ad Graecos* (zwischen 150 und 178) abgefaßt, in der er auch Stellung bezogen hatte zu den städtischen Gesetzen.

»Ich verachte eure Gesetzgebung. Alle sollten ein und dieselbe *politeia* haben. Jetzt aber gibt es ebensoviele Gesetzgebungen, wie es verschiedenartige Städte gibt. Was in den einen schändlich ist, ist in den andern gut« (*Oratio* 28).

Tatian machte für diese Verschiedenheit die Vorstellung verantwortlich, daß der Ursprung (*genesis*) des Menschen sein Leben bestimme.

102 C. A. Contreras, »Christian Views of Paganism«, in: *Aufstieg und Niedergang der Römischen Welt*, Reihe II, Bd. 23, 2, a.a.O., S. 974-1022.

»Wir aber [spricht Tatian im Namen aller Christen] stehen über dem Schicksal [*heimarmenē*] und haben statt der wandelnden Dämonen [gemeint sind die Planeten, HGK] den einen unwandelbaren Herren kennengelernt und haben – da nicht vom Schicksal getrieben – uns ihrem Gesetzgeber entzogen« (9, 2). Die Menschen sind durchaus imstande, sich ihrem Ursprung zu entziehen (11, 2). Nur tun sie dies nicht, und hierin liegt das Verwerfliche: »Die Ordnung der Welt ist gut, das Handeln [*politeuma*] in ihr aber schlecht« (19, 2).

Tatian verknüpfte die Verschiedenheit der Stadtrechte mit einem Glauben an den schicksalhaften Zwang des Ursprunges. Diese Verschiedenheit ergibt sich erst daraus, daß Menschen ihre Geburt in einer zufälligen Gemeinschaft zu einem notwendigen und unveränderlichen Schicksal machen und dabei auf ein Stück ihrer Freiheit verzichten.

Diese Kritik am Paganismus steht nicht alleine. Von einem syrischen Zeitgenossen Tatians mit Namen Bardaisan (ein Christ aus Edessa, der zwischen 154 und 222 n. Chr. gelebt hat) ist ein Dialog überliefert, der eine ähnliche Argumentation entfaltet. Das Buch mit dem Titel *Buch der Gesetze der Länder* ist von einem Schüler Bardaisans aufgeschrieben worden und war Eusebius und anderen Kirchenvätern unter dem Titel *Dialog über das Fatum* bekannt.[103]

Bardaisan vertrat in seinem Dialog mit dem Astrologen Awidas die Ansicht, daß das Handeln des Menschen nicht vom *fatum* (*ḥelqā*) bestimmt ist, sondern daß der Mensch Freiheit über sich selbst (*ḥārūtā dᵉnafšeh*) habe (hg. von Drijvers, S. 38,11-13). »Es gaben sich nämlich die Menschen in jedem Land Gesetze (*nāmūse*' vom griechischen *nomos*) durch diese Freiheit, die ihnen von Gott gegeben worden ist« (S. 40,11 f.). Die Lebensführung der Christen beweist dies: »Wo sie [die Christen, HGK] sind und wo sie sich aufhalten, bringen die Gesetze der Länder sie nicht ab vom Gesetz ihres Messias, und nicht zwingt sie das *fatum* der Verwalter, Sachen zu gebrauchen, die ihnen unrein sind« (S. 60,13-16).

Auch Bardaisan behauptet, daß der christliche Glaube eine menschliche Freiheit bezeuge, die die übrigen Bewohner des Reiches zwar in ihren Gesetzgebungen einmal in Anspruch genommen hätten, die sie aber durch die Verehrung der Götter und die Befolgung der Gesetze der Länder wieder verloren hätten.[104]

---

103 Weiteres im Artikel »Bardaisanes« von H. J. W. Drijvers in: *TRE* 5 1979, S. 206-212.
104 Ungefähr zwei Jahrhunderte später hat Theodoret von Cyrus (um

Wichtig war, daß sich mit dieser intellektuellen Konzeption die recht konkrete Hoffnung verband, von den Mächten dieser Welt frei zu werden. Wie stark die Hoffnung, von der Macht der Dämonen befreit zu werden, bei der Bekehrung von Heiden zum Christentum gewesen war, hat erneut R. MacMullen vorgeführt, nachdem bereits zuvor E. R. Dodds dies in einer klassischen Monographie ausführlich beschrieben hatte.[105]

Christliche Personkonzeption

Es gibt einige historische Zeugnisse, die erkennen lassen, daß diese pragmatische Bedeutung christlicher Erlösungsreligiosität nicht nur in den Außenbeziehungen christlicher Gemeinden daheim war, sondern auch zum Orientierungsmittel des Einzelnen werden konnte. Ich möchte, um diesen Zusammenhang zu erläutern, auf die Bedeutungen des Namens in der Antike hinweisen.

In der antiken Gesellschaft war der Name das wichtigste Mittel, um Pflichten und Rechte des Einzelnen festzulegen. Wenn ein Name unter eine Heirats-, Kauf- oder Schuldurkunde gesetzt wurde, in die Liste der Bürger einer Stadtgemeinde eingetragen (wie *2. Makk.* 4,9; Dion Chrysostomos 34,23), in Geschlechtsregistern verzeichnet (wie *Esra* 2/*Neh.* 7) oder in Verzeichnisse der Steuerpflichtigen aufgenommen wurde (wie *3. Makk.* 3,28), lag dem zugrunde: Der Name verpflichtete seinen Träger oder räumte ihm besondere Rechte ein. Das Führen des Namens unterlag gewissen Regeln, jedoch kam Namenswechsel in bestimmten Fällen vor. Trat ein Ausländer ins römische Heer ein, so nahm

466 gest.) sich noch einmal mit den griechischen und römischen Gesetzen und Gesetzgebern befaßt. Er meinte feststellen zu können, »daß sie nicht einmal ihre Nachbarn überzeugen konnten, entsprechend ihren Gesetzen zu handeln (*politeuesthai*)« (*Graecarum affectionum curatio*, IX 6).

105 R. MacMullen, »Two Types of Conversion to Early Christianity«, in: *Vigiliae Christianae* 37 (1983), S. 174-192; derselbe, *Christianizing the Roman Empire (A.D. 100-400)*, New Haven/London 1984; E. R. Dodds, *Heiden und Christen in einem Zeitalter der Angst. Aspekte religiöser Erfahrung von Mark Aurel bis Konstantin* (engl. 1965), Frankfurt 1985.

er einen römischen Namen an. Der ägyptische Flottensoldat Apion teilte seinem Vater mit: »Mein Name ist übrigens Antonis Maximos« (*BGU* II 423 und 632).[106] Ebenso mußte sich seit 45 v. Chr. ein Ausländer, der das römische Bürgerrecht erworben hatte, mit der offiziell vorgeschriebenen dreigliedrigen Namensreihe registrieren lassen. *nomen* und *praenomen* übernahm er dabei von seinem römischen Gönner, der ihm zum Bürgerrecht verholfen hatte. Seinen angestammten Namen konnte er als *cognomen* weitertragen.[107] Da der Name die Rechte und Pflichten des Einzelnen festlegte, durfte er nicht ohne weiteres geändert werden. Wie sehr diese amtliche Sichtweise des Namens die Bedeutung vom griechischen *onoma* beeinflußt hatte, hatte bereits H. Bietenhard festgestellt: »In der Sprache der Verwaltung bekommt *onoma* die Bdtg Rechtstitel, Rechnungsposten.«[108] Der Begriff der Person im Sinne des rationalen Individuums entwikkelte sich in der Antike erst spät. Das griechische *prosōpon* hatte erst vom 3. Jahrhundert n. Chr. an diese Bedeutung angenommen.[109] Wenn man die Rechte und Pflichten des Bürgers festlegen wollte, bediente man sich des Namens des Bürgers. Der Name war das wohl wichtigste Mittel, um den Einzelnen zu repräsentieren.

In den ersten drei Jahrhunderten war der Begriff der Person noch nicht vereinheitlicht worden (J. Daniélou).[110] Wenn von der Offenbarung des unbegrenzten (*aperigraptos*) und unaussprechlichen (*arrētos*) Gottes gesprochen wurde, bediente man sich der Vorstellung, das Wort (der *logos*) habe sich selber begrenzt, einen

106 A. Deißmann, *Licht vom Osten. Das Neue Testament und die neuentdeckten Texte der hellenistisch-römischen Welt*, Tübingen ⁴1923, S. 145-153.

107 B. Doer, *Die römische Namengebung. Ein historischer Versuch*, Stuttgart 1937; G. A. Harrer, »Saul Who also is Called Paul«, in: *HThR* 33 (1940), S. 19-33; I. Kajanto, *Supernomina. A Study in Latin Epigraphy*, Helsinki 1967, S. 24 ff.

108 Art. »onoma«, in: *ThWNT*, Bd. v, Stuttgart 1954, S. 244.

109 E. Lohse, Art. »prosōpon«, in: *ThWNT*, Bd. vi, Stuttgart 1959, S. 771.

110 J. Daniélou, »La Notion de Personne chez les Pères Grecs«, in: I. Meyerson (Hg.), *Problèmes de la Personne*, Paris 1973, S. 113-121; in diesem Band auch der wichtige Beitrag von P. Hadot, »De Tertullien à Boèce. Le Développement de la Notion de Personne dans les Controverses Théologiques«, S. 123-134.

Namen gegeben und sei so Sohn geworden. Valentinianische Gnostiker haben dies so formuliert: »Der Name des Vaters ist der Sohn« (*NHC* I 38,6 f.). Der Name nimmt hier die Stelle ein, die später von dem Begriff der Person eingenommen wurde. Identität und Selbst wurden, solange der Zentralbegriff der Person noch nicht entfaltet worden war[111], mittels des Namens erörtert.

Vor diesem Hintergrund werden Aussagen von christlichen Theologen zum Namen *christianoi* interessant. Ich möchte mit einer Ausführung des bereits eben zitierten syrischen Theologen Bardaisan (222 n. Chr. gest.) beginnen. Er hat einen Zusammenhang zwischen dem Namen *christianoi* und einer Abkehr von den väterlichen Gesetzen hergestellt:

»Wir werden alle, wo wir auch sind, nach dem einen Namen des Messias Christen [*krestyānā*] genannt.« Nach einer Beschreibung verschiedener lokaler Gesetze, denen die Christen an den entsprechenden Orten sich weigern zu folgen, faßt er zusammen: »Wo sie auch sind und wo sie sich aufhalten, bringen die Gesetze der Länder sie nicht vom Gesetz ihres Messias ab, und nicht zwingt sie das *fatum* der Verwalter, Sachen zu gebrauchen, die ihnen unrein sind« (S. 60 f.).[112]

Die Auffassung der Person, die dieser Äußerung zum Namen zugrunde lag, unterschied sich von der jüdischen. Die jüdischen Namen repräsentierten ein Ich, das seine Identität in interaktiven Beziehungen mit jüdischen und paganen Mitbürgern erhielt. Der

111 Grundlegend die Abhandlung von M. Mauss zur historischen Entfaltung der Kategorie der Person: M. Mauss, »Eine Kategorie des menschlichen Geistes: Der Begriff der Person und des ›Ich‹« (1938), in: derselbe, *Soziologie und Anthropologie*, Bd. 2, Frankfurt 1978, S. 221-252; eine historische Darstellung des römischen Persona-Begriffes hat M. Fuhrmann gegeben: »Persona, ein römischer Rollenbegriff«, in: O. Marquard, K. Stiele (Hg.), *Identität*, München 1979, S. 83-106; die Behauptung, daß die Kategorie der Person nicht universal, sondern kulturabhängig ist, wurde in den vergangenen Jahren in drei Aufsatzsammlungen diskutiert: R. A. Shweder, R. LeVine (Hg.), *Culture Theory. Essays on Mind, Self and Emotion*, Cambridge 1984 (in Anknüpfung an G. H. Mead); M. Carrithers, S. Collins, S. Lukes (Hg.), *The Category of the Person*, Cambridge 1985 (in Anknüpfung an M. Mauss); H. G. Kippenberg, Y. B. Kuiper, A. F. Sanders (Hg.), *Concepts of Person in Religion and Thought*, Berlin/ New York 1990.

112 H. J. W. Drijvers, *The Book of the Laws of the Countries*, Assen 1965.

Name *christianos* drückte dagegen ein Ich aus, das sich den Ansprüchen der lokalen Loyalitäten nicht beugen wollte und sollte.

Die Märtyrerakte des Carpus, Papylus und der Agathonike protokollierte ein Verhör, das darauf ein Licht wirft.

Der Proconsul aus Pergamon fragte den Carpus: »›Wie heißt du?‹ Der Selige antwortete: ›Mein erster und auserwählter Name ist *christianos*, wenn du aber meinen weltlichen willst: Carpus‹« (H. Musurillo, Nr. 2, S. 22 f.). Dieses Verhör soll zur Regierungszeit des Marcus Aurelius (161–180 n. Chr.) in Kleinasien stattgefunden haben.[113]

Von einer ähnlichen Auffassung berichteten die Gemeinden von Lyon und Vienne in ihrem Brief über die fürchterlichen Verfolgungen, denen sie 177/178 n. Chr. ausgesetzt gewesen waren. Ein Diakon Sanctus aus Vienne wurde von einer aufgebrachten Menge und von Soldaten schrecklich mißhandelt. Doch er widersetzte sich seinen Peinigern

»mit solcher Standhaftigkeit, daß er weder seinen eigenen Namen nannte noch den des Volkes oder der Stadt, aus der er kam, und auch nicht, ob er Sklave oder Freier sei. Er antwortete auf alle Fragen in lateinischer Sprache: ›Ich bin *christianus*‹. Dieses bekannte er ununterbrochen, anstatt Namen, Stadt, Abstammung und alles übrige [zu nennen, HGK]. Eine andere Auskunft aber hörten die Heiden nicht von ihm« (Eusebius, *Historia ecclesiae*, v 1,20). Diese Haltung kam ihn teuer zu stehen. Folterknechte quälten ihn auf schreckliche Weise, doch blieb er unerschütterlich bei seinem Bekenntnis, bis er den wilden Tieren im Amphitheater von Lyon vorgeworfen wurde.

Es sind dies nur vereinzelte Zeugnisse zur Stellung von Christen zu den zivilen Namen. Aber sie vermögen eine Eigentümlichkeit christlicher Namengebung in der Antike zu erhellen. A. v. Harnack hatte mit Erstaunen festgestellt, daß die Kirche zwar die Vielgötterei austilgen wollte, aber unbefangen die damals üblichen heidnischen Namen weiter gebrauchte. Unter 87 Bischöfen, die 256 n. Chr. zu einer Synode in Nordafrika zusammengekommen waren, gab es keinen einzigen mit alttestamentlichem Namen und nur zwei mit neutestamentlichem: Petrus und Paulus.[114]

113 Wenn man der Nachricht des Eusebius (*Historia ecclesiae* IV 15, 48) Glauben schenken darf; die gekürzte lateinische Version setzt die Ereignisse unter Decius an. Zu dieser Unsicherheit siehe auch Musurillo, *The Acts of the Christian Martyrs*, Oxford 1972, S. xv.

114 A. v. Harnack, *Die Mission und Ausbreitung des Christentums in den*

Christen trugen weiterhin die alten heidnischen Namen, darunter sogar solche, die aus heidnischen Götternamen gebildet waren. Es soll sogar einmal vorgekommen sein, daß ein Märtyrer (Apollonius) sich geweigert hat, einem Gott, dessen Namen er trug, zu opfern.[115]

Das verfügbare onomastische Material aus dem Römischen Reich paßt zu diesem Befund. H.-I. Marrou hat errechnet, daß in den ersten drei Jahrhunderten nur 5-10% der Namen von Christen christlich waren. Nur langsam stieg im Laufe der Zeit der Prozentsatz christlicher Namen.[116] Dionysius von Alexandrien (gest. 264/65 n. Chr.) erwähnte mehr beiläufig, daß zu seiner Zeit Gläubige ihren Kindern die Namen *Paulos* und *Petros* gaben (Eusebius, *Historia ecclesiae*, VII 25,14). Eusebius berichtete in seiner Schrift *De martyribus Palaestinae*, daß einige Märtyrer während der Verfolgungen 303-311 n. Chr. nicht ihre zivilen Namen nannten, sondern an deren Stelle die Namen von Propheten. Denn ihre zivilen Namen waren aus paganen Götternamen gebildet (XI 8). Erst von der Mitte des 3. Jahrhunderts n. Chr. an bahnte sich der Umschwung an und gaben Christen ihren Kindern Namen aus der Heiligen Schrift oder von Märtyrern. Sie erhofften sich vom Namen eines Märtyrers Schutz und Obhut für ihr Kind, weiß sehr viel später, im 5. Jahrhundert, Theodoret von Cyrus zu berichten (*Graecarum affectionum curatio*, VIII 67).

In der langen Zeit zwischen den Anfängen des Christentums und der Konstantinischen Wende hatte die Mehrzahl der Christen ihre paganen Namen weiter getragen. Die gnostische Verheimlichung der Identität der Erlösten vor der Welt wäre ohne diese Praxis im Christentum kaum denkbar gewesen. Man kann diesen

ersten drei Jahrhunderten, Leipzig ⁴1924, S. 437; eine nach wie vor gute Zusammenstellung des wichtigsten historischen Materials findet sich im Artikel von J. Moffatt, »Names (Christian)«, in: *ERE*, Bd. IX (1917), S. 145-151; siehe auch F. M. Denny, Art. »Names and Naming«, in: *ER*, Bd. 10 (1987), S. 300-307.

115 *Acta des Apollonius*. Ausgabe und Übersetzung: H. Musurillo, *The Acts of the Christian Martyrs*, Oxford 1972, S. 90-105.

116 H.-I. Marrou, »Problèmes Généraux de l'Onomastique Chrétienne«, in: N. Duval (Hg.), *L'Onomastique Latine*, Paris 1977, S. 431-433; I. Kajanto, *Onomastic Studies in the Early Christian Inscriptions of Rome and Carthage*, Helsinki 1963, S. 87-123: »The Origins of a Christian Nomenclature«.

Befund nicht anders deuten, als daß die christliche Identität lange Zeit unabhängig von und neben der zivilen begründet wurde und erst in einem allmählichen Vorgang sich auch in den zivilen Interaktionen als solche zu erkennen gab. Damit aber wurde eine Entwicklung eingeschlagen, die langfristig zum modernen Individualismus hinführte. Für diesen ist ja die Forderung typisch, daß das autonome Individuum seinen Platz in der Gesellschaft haben könne und nicht nur außerhalb von ihr.[117]

Idealisierung des Status der *paroikoi*
(Einwohner ohne Bürgerrecht)

Christliche Gemeinden hatten von früh an eine ablehnende Haltung zu den städtischen Verbänden eingenommen.[118] So finden sich bereits in Schriften des Neuen Testaments Aussagen, denen zufolge die *polis* bzw. das *politeuma* der Christen im Himmel ist.[119] Man hat diese Aussagen häufig spiritualistisch verstanden. Einige Ausführungen der Kirchenväter lassen jedoch erkennen, daß die Implikationen solcher Aussagen nicht gänzlich folgenlos für das praktische Handeln und Bewußtsein sein mußten. Im *Hirt des Hermas*, der Mitte des 2. Jahrhunderts n. Chr. in Rom geschrieben worden war, aber auch im Osten populär war, wurde der christliche Leser ermahnt, keine

»Äcker, kostbaren Einrichtungen, Häuser und vergänglichen Wohnungen« zu erwerben. »Bedenkst du nicht, daß dies alles [dir] fremd ist und

---

117 Gesehen und beschrieben von L. Dumont, »A Modified View of our Origins: the Christian beginnings of modern individualism«, in: M. Carrithers u. a. (Hg.), a.a.O. (Anm. 111), S. 93-122.

118 Eine Übersicht über das historische Material hat W. Schäfke verschafft: »Frühchristlicher Widerstand«, in: *Aufstieg und Niedergang der Römischen Welt*, Reihe II, Bd. 23, 1, a.a.O., S. 460-723.

119 Paulus schrieb den christlichen Bewohnern der Stadt Philippoi in Ost-Makedonien: »Unsere Bürgergemeinde [*politeuma*] ist im Himmel, und aus ihm erwarten wir auch als Erlöser den Herren Jesus Christus« (*Phil.* 3, 20). Im Hebräerbrief heißt es: »Wir haben hier keine bleibende Stadt [*polis*], sondern suchen die zukünftige« (13, 14). Man darf diesen und ähnlichen Sätzen (*Gal.* 4, 26) nicht ausschließlich eine rein übertragene, praktisch folgenlose Bedeutung zuschreiben.

unter eines anderen Gewalt steht? Denn der Herr dieser Stadt wird sagen:
›Ich will nicht, daß du in meiner Stadt wohnst; vielmehr sollst du diese
Stadt verlassen, weil du nicht nach meinen Gesetzen [*nomoi*] lebst‹. Wenn
du nun im Besitz deiner Äcker, Häuser und vieler anderer Güter von ihm
ausgewiesen wirst, was willst du dann mit Acker, Haus und dem übrigen,
was du dir erworben hast, machen? Denn mit Recht kann der Herr dieses
Landes zu dir sagen: ›Entweder lebe nach meinen Gesetzen oder verlaß
mein Land‹. Willst du wegen deiner Äcker und deiner anderen Habe
deinem Gesetz abschwören und dein Leben nach dem Gesetz dieser Stadt
führen?« (*Herm sim* 1, 1-5).

Christen sollen kein Eigentum erwerben, da sie die Gesetze der
Stadt, in der sie dies tun, nicht anerkennen können. Eigentumser-
werb ist sinnvoll nur im Zusammenhang mit der Anerkennung
des Stadtrechts. Wer das Bürgerrecht nicht anstrebt und nicht
nach den Stadtgesetzen leben will, der soll auch nicht Land und
Haus erwerben. Auch muß er mit Ausweisung rechnen. Dabei
wird man daran erinnern dürfen, daß eine solche Ausweisung aus
der Stadt Rom etwas mehr als hundert Jahre zuvor unter Claudius tatsächlich vorgekommen war.
Eine weitere Stimme, die praktische Konsequenzen aus der
christlichen Erlösungsbotschaft zog, kam aus Alexandrien. Clemens Alexandrinus (wahrscheinlich in Athen geboren und vor
215 n. Chr. gestorben) schreibt:

»Der Athener soll den Gesetzen des Solon folgen, der Argiver denen des
Phoroneus und der Spartaner denen des Lykurgus. Wenn du dich aber
hast einschreiben lassen [als Bürger, HGK] Gottes, sei dir der Himmel
Vaterstadt und Gott Gesetzgeber« (*Protrepticus*, x 108, 4).[120]

Eine ähnliche Reflexion steht im Diognetbrief, der wohl kurz vor
Clemens anzusetzen ist und ebenfalls aus Alexandrien stammt. Er
sagt über das Leben der Christen in der Welt aus:

»Denn Christen unterscheiden sich nicht durch Land, Sprache und Sitten
von den übrigen Menschen. Denn nirgendwo bewohnen sie eigene Städte,
noch bedienen sie sich irgendeiner abweichenden Sprache, noch führen sie
ein auffallendes Leben … Obwohl sie griechische und barbarische Städte
bewohnen, wie es einen jeden traf, und den landesüblichen Sitten [*ethē*] in
Kleidung, Nahrung und übrigem Lebenswandel folgen, zeigen sie eine
bewunderte und anerkanntermaßen außerordentliche [*paradoxon*] Be-

120 Eine Quellenübersicht zum Thema »Christian Views of Paganism«
    gibt C. A. Contreras in: *Aufstieg und Niedergang der Römischen
    Welt*, Reihe II, Bd. 23.2, a.a.O., S. 974-1022.

schaffenheit ihres Handelns [*politeia*]. Sie bewohnen das eigene Vaterland, aber wie Beisassen [*paroikoi*]. Sie nehmen an allem teil wie Bürger und ertragen alles wie Fremde. Jede Fremde ist ihr Vaterland und jedes Vaterland eine Fremde. Sie heiraten wie alle, zeugen und gebären Kinder, aber sie setzen die Neugeborenen nicht aus. Ihren Tisch bieten sie als gemeinsam an, aber nicht ihr Bett. Im Fleisch befinden sie sich, aber sie leben nicht nach dem Fleisch. Auf Erden weilen sie, aber im Himmel sind sie Bürger. Sie gehorchen den erlassenen Gesetzen und besiegen die Gesetze mit ihrem Lebenswandel« (*Diog.* 5,1 f., 4-10).

Man beachte den Begriff der paradoxen *politeia*. Christen haben wie die *paroikoi* – wie die Fremden, die ohne eigentliches Bürgerrecht in einer Stadt leben – keinen Anteil an der städtischen Gemeinde. Der Diognetbrief führt an dieser Stelle frühchristliche Konzeptionen weiter. Schon im 1. Petrusbrief wurden kleinasiatische Christen als *paroikoi* bezeichnet, was dort aber anscheinend in einem rechtlich präzisen Sinne gemeint war (1,17; 2,11). *Paroikoi* waren in der Terminologie hellenistischer Staaten »Anwohner« auf dem Territorium einer Stadtherrschaft, die keine Mitglieder der politischen Gemeinde waren. Der 1. Petrusbrief hatte diese Kategorie städtischen Rechts aufgegriffen und zum Ausdruck christlicher Identität gemacht.[121] Diese Konzeption hat im antiken Christentum weite und intensive Verbreitung gefunden. Mit ihr traten die städtischen Gesetze und die religiöse Lebensführung prinzipiell auseinander. In dieser Bezugnahme auf das antike Stadtrecht und seine unterschiedlichen Rechtskategorien wird erkennbar, wie das antike Christentum im Blick auf die Status-Kategorien der antiken Stadtherrschaft interpretiert worden war.

121 J. H. Elliott, *A Home for the Homeless. A Sociological Exegesis of 1 Peter, Its Situation and Strategy*, Philadelphia 1981 (S. 24-36 und 37-48). Eine Übersicht über die frühchristliche Idealisierung der *paroikoi* gibt der Artikel »*paroikos*« im *Theologischen Wörterbuch zum Neuen Testament*, Bd. 5, Stuttgart 1954, S. 840-852 (von K. L. und M. A. Schmidt). Ironisch spielte der Spötter Lukian auf die Haltung von Christen zum städtischen Kult an, wenn er in seinem *Peregrinos* 13 schreibt: »Dann hat ihr erster Gesetzgeber sie überzeugt, daß sie einander Brüder seien, wenn sie einmal die Vorschriften übertreten und die griechischen Götter verleugnet haben, jenen ihren gekreuzigten Sophisten aber verehren und nach seinen Gesetzen leben.«

Die imperiale Anerkennung
christlicher Religion

Als Christen sich von den Gesetzen der antiken Stadtgemeinden abkehrten, waren sie der späteren Entwicklung sozusagen vorausgeeilt. Sie propagierten eine Abkehr von der Polis-Ordnung, die sich schleichend und unabhängig von ihnen vollzog.[122] Es ist darum unzutreffend, Christen eine direkte Schuld am Untergang der antiken Stadtgemeinden geben zu wollen. Der Prozeß der Entmachtung der Stadtherrschaften war aus anderen Gründen im Gange. Schon bevor christliche Gemeinden auf der politischen Bühne eine Rolle zu spielen begannen, war das ›politische‹ Bewußtsein der Stadtbürger am Schwinden. So beklagte Plutarch, daß Griechen, anstatt bei Konflikten ihre städtischen Gerichte anzurufen, die des römischen Statthalters anriefen (*Praecepta rei publicae gerendae* 19). Innerstädtische Rivalitäten (*stasis*), die mit *homonoia* gepaart durchaus dem Wohl der ganzen Stadt zugute kommen konnten (Philostrat, *Vita Apollonii*, IV, 8), gaben den römischen Machthabern Möglichkeiten der Intervention in die inneren Angelegenheiten der Städte.[123] Ein Verfall städtischen Gemeinsinnes wurde auch in der antiken paganen Religion wahrgenommen. Man hat nämlich beobachtet, daß in verschiedenen Gebieten des Römischen Reiches Inschriften zu Ehren heidnischer Götter nach dem Jahre 260 n. Chr. fast schlagartig verschwanden. Damit ging das Heidentum als Stadtreligion (»civic religion«) unter. P. Brown, der sich mit dieser Erscheinung jüngst noch einmal beschäftigt hat, hat die Erklärung hierfür im Zusammenbrechen der innerstädtischen Rivalitäten durch die Parteinahme der Zentralgewalt gesehen.[124] Die städtischen Familien, die zuvor mittels öffentlicher Schenkungen um die Gunst ihrer

---

122 Siehe hierzu auch meinen Artikel »Agrarverhältnisse im antiken Vorderasien und die mit ihnen verbundenen politischen Mentalitäten«, in: W. Schluchter (Hg.), *Max Webers Sicht des antiken Christentums*, Frankfurt 1985, S. 151-204.

123 D. Nörr, *Imperium und Polis in der hohen Prinzipatszeit*, München ²1969, S. 40.

124 J. Geffken hatte als erster beobachtet, daß die städtischen Inschriften fast schlagartig verschwanden: *Untergang des griechisch-römischen Heidentums*, Heidelberg 1920, S. 20 ff.; P. Brown, *The Making of Late Antiquity*, Cambridge, Mass. 1978, S. 28-34; siehe auch

Mitbürger gerungen hatten (*philotimia*), stiegen entweder in die Bürokratie auf oder aber sozial ab. Eine neuartige soziale Mobilität kennzeichnete die ansonsten so statische Gesellschaft der Spätantike.[125]

Die christlichen Gemeinden scheinen besonders städtische Schichten außerhalb der vollberechtigten Stadtbürger angezogen zu haben, wobei diese durchaus reich und mächtig sein konnten. W. A. Meeks spricht in diesem Zusammenhang von »Statusinkonsistenz«: Wohlhabende emanzipierte Frauen, reiche Juden und Freigelassene mit Geld und Bildung konnten in der christlichen Gemeinde ein Ansehen erlangen, das ihnen die bestehende Ordnung vorenthielt.[126] So weit verbreitet waren die Freigelassenen und ihre Nachkommen, daß Tacitus behaupten konnte:

»Wenn man die Freigelassenen aussondern würde, würde sich deutlich ein Mangel an Freigeborenen zeigen.« (*Annales*, XIII 27)

Freigelassene Sklaven kehrten in aller Regel nicht in ihre ursprünglichen Sozialbeziehungen zurück, sondern bildeten – auch wegen der Pflichten, die sie gegenüber ihren ehemaligen Herren behielten – eine eigene Schicht unter den Stadtbürgern, neben den Freien, den Periöken und den Sklaven. Als sich die politische Macht vom alten städtischen Geburtsadel auf einen neuen Amtsadel verlagerte, da wurden Voraussetzungen geschaffen, die dem Christentum günstig waren. Erst mußte die alteingesessene städ-

W. H. C. Frend, *The Donatist Church. A Movement of Protest in the Roman North Africa*, Oxford 1952, S. 83 ff.

125 R. MacMullen, *Roman Social Relations 50 B.C. to A.D. 284*, New Haven 1974; derselbe, »Soziale Mobilität und der ›Codex Theodosianus‹« (1964), in: H. Schneider (Hg.), *Sozial- und Wirtschaftsgeschichte der römischen Kaiserzeit*, Darmstadt 1981, S. 155-167.

126 W. A. Meeks, *The First Urban Christians. The Social World of the Apostle Paul*, New Haven and London 1983, S. 16-23 (»Mobility«); T. M. Finn, »Social Mobility, Imperial Civil Service, and the Spread of Early Christianity«, in: *Studia Patristica* 18 (1982), S. 31-37; D. Kyrtatas, *The Social Structure of the Early Christian Communities*, London 1987, zeichnet in Kapitel 3 die Verbindung von Freilassung und Christentum nach und folgert: »There are reasons to believe that Christianity was particularly successful among freedman« (S. 71); die Bezeichnung Statusdissonanz verwendet auch der Althistoriker F. Vittinghoff, »Soziale Struktur und politisches System in der hohen römischen Kaiserzeit«, in: *HZ* 230 (1980), S. 31-55.

tische Aristokratie ihre Schlüsselpositionen verloren haben, bevor der Weg für eine staatliche Anerkennung des Christentums frei war.[127]

In diesem Zusammenhang sollte noch erwähnt werden, daß die christlichen Gemeinden bis ins dritte Jahrhundert hinein quantitativ eher unerheblich geblieben waren. So hat man aus einer Angabe des Eusebius (*Historia ecclesiae*, VI 43,11) errechnet, daß es in Rom im Jahre 251 n. Chr. 15 000-20 000 Christen gegeben haben muß, was bei einer mutmaßlichen Gesamtbevölkerung von einer bis eineinhalb Millionen etwa ein Prozent ergäbe.[128]

Eusebius trug zu Beginn des 4. Jahrhunderts, als Konstantin das Christentum gerade offiziell anerkannt hatte, eine Geschichtstheologie vor, die erklären sollte, warum erst unter Augustus der prophezeite Christus erschienen war.

»Die [biblische Messias-, HGK] Weissagung blieb unerfüllt, solange es ihnen [den Juden, HGK] möglich war, unter eigenen Archonten des Ethnos zu leben. Dies begann mit Mose und dauerte bis zur Herrschaft von Augustus, als Herodes als erstem Fremden [*allophulos*] von den Römern die Herrschaft über die Judäer übergeben worden war« (*Historia ecclesiae*, I 6,2).

Erst nachdem der Rahmen politischer Autonomie des antiken jüdischen Volkes gesprengt war, konnte ein Messias auftreten, der auch den Heiden Erlösung brachte. Die Aufhebung jüdischer Selbstverwaltung war die Voraussetzung dafür, daß der Messias sich auch den Heiden zuwenden konnte.[129]

Schaut man von dieser Theologie zurück auf die vorangehenden

127 A. H. M. Jones, »Der soziale Hintergrund des Kampfes zwischen Heidentum und Christentum« (1963), in: R. Klein (Hg.), *Das frühe Christentum im römischen Staat*, Darmstadt 1971, S. 337-363.

128 R. M. Grant, *Christen als Bürger im Römischen Reich*, Göttingen 1981, S. 15-17 (Zahlen); zur geschätzten Gesamtbevölkerung verweise ich auf H. Cancik, »Gnostiker in Rom. Zur Religionsgeschichte der Stadt Rom im 2. Jahrhundert nach Christus«, in: J. Taubes (Hg.), *Gnosis und Politik*, Paderborn 1984, S. 163-184.

129 Die Prophezeiung, von der Eusebius spricht, steht *Gen.* 49, 10: »Nicht wird es fehlen an einem Herrscher aus Juda noch an einem Führer aus seinen Lenden, bis der kommt, dem es vorbehalten ist.« Eine vergleichbare Deutung der Herrschaft des Herodes findet sich auch bei Josephus, und zwar als eine essenische Auffassung (*Ant. Jud.*, XV 374).

Jahrhunderte, so findet man einige Anzeichen dafür, daß Eusebius nicht der erste Christ war, der die imperiale Herrschaft positiv, ethnische bzw. städtische Autonomie dagegen negativ bewertet hat. Schließlich hatte das Christentum des 3. und 4. Jahrhunderts kaum unter städtischen Aristokraten, zahlreich aber unter Amtsträgern des römischen Staates Anhänger gefunden. Und liegt nicht auf derselben Linie, daß Christen für Kaiser, seine Beamten und Mächtige beteten (beispielsweise Tertullian, *Apologeticum* 39, 2)?

Allerdings darf man sich kein vereinfachtes Bild von den politischen Stellungnahmen antiker Christen machen. E. Peterson hat verschiedene Ansätze politischer Theologie im antiken Christentum unterschieden und dazu auf die Geburtsgeschichten der Evangelien verwiesen. In der des Lukasevangeliums ist der ganze Erdkreis des Kaisers Augustus Schauplatz der Ereignisse (*Lk.* 2,1-20). Das Matthäusevangelium siedelte die Ereignisse dagegen im Osten an mit seinem König Herodes und den Magiern (*Mt.* 2,1 f.). In diesem Nebeneinander zweier Schauplätze des Heils war die Möglichkeit der Entwicklung zweier verschiedener Formen politischer Theologie angelegt, von der die eine sich dem Imperium Romanum verbunden wußte, die andere sich dazu in Opposition stellte.[130] Der oppositionelle Ansatz setzte den älteren Widerstand des Orients gegen Rom fort und kann in die Kette dieser »opposition history« (wie J. W. Swain sie klassisch beschrieben hatte) eingegliedert werden.[131] Beide Auffassungen wurden im antiken Christentum weiter entwickelt. Es gab frühchristliche Schriftsteller, die die römische Herrschaft anerkannten (beispielsweise Paulus *2. Thess.* 2,5-7 und *Römer* 13; weiter Justin, *Apol.*, 1, 12). Und es gab andere, die im Römischen Reich eine Manifestation des Widergöttlichen sahen. So leitet die Zerstörung des Jerusalemer Tempels im Markusevangelium das Ende des Römischen Reiches ein (*Mk.* 13,14 ff.). Die Apokalypse des Johannes schloß sich dieser Stellungnahme gegen das Römische Reich an (19,2). Auch später verschwand diese Anschauung nicht.

130 E. Peterson, »Kaiser Augustus im Urteil des antiken Christentums« (1933), in: J. Taubes (Hg.), *Der Fürst dieser Welt*, a.a.O., S. 174-180.
131 »The Theory of the Four Monarchies: Opposition History under the Roman Empire«, in: *Classical Philology* 35 (1940), S. 1-21; neuerdings auch D. Mendels, »The Five Empires. A Note on a Hellenistic Topos«, in: *American Journal of Philology* 102 (1981), S. 330-337.

Hippolytus, der aus dem Osten des Reiches stammte und in Rom lebte, verurteilte in seinem um 204 abgefaßten Danielkommentar die Ökumenizität des Römischen Reiches als eine teuflische Nachahmung der Christenheit (in *Daniel* IV, 9). Durchgesetzt aber hat sich die Anerkennung des Römischen Reiches als Obrigkeit von Gott.

Wiederholt hat man die Frage aufgeworfen, was sich denn eigentlich im Römischen Reich geändert habe, als das Christentum von den Herrschern als offizielle Religion anerkannt worden war. Kürzlich warf der Althistoriker R. MacMullen sie auf und konnte nicht mehr nennen als das Gebiet sexuellen Verhaltens. Nur hier beobachtete er nachweisbare Veränderungen.[132] Dabei war schon früher diese Frage auf eine ganz entscheidende Weise umformuliert worden: welche *Folgen* die imperiale Anerkennung des Christentums gehabt hat. Religion ist ja nicht einfach ein ideologischer Überbau über bestehende Machtverhältnisse. Wie andere symbolische Formen wird Religion, wenn sie öffentlich sanktioniert wird, selber zu einem Faktum, das seine Wirkung auf die gesellschaftliche Ordnung nicht verfehlt. Politologische Untersuchungen haben die äußere Präsentation als einen wichtigen Aspekt von Politik entdeckt: Politik als Ritual (M. Edelman).[133] Das gleiche haben religionswissenschaftliche Studien gezeigt und damit die Grenzen zwischen Macht und Ritual, Politik und Symbol, Herrschaft und Religion beseitigt.[134] Es ist ein Irrtum zu meinen, Religion trete zu schon bestehenden Machtverhältnissen als eine Ideologie hinzu. Wenn Religion von Machthabern anerkannt und unterstützt wird, gewinnt sie eine eigene Tatsächlichkeit und Dynamik. Wenn diese Religion mit Maximen sozialen Handelns verknüpft war, dann kann ihre staatliche Anerkennung ihr zu großer Wirksamkeit verhelfen.

Damit sind wir beim springenden Punkt: Wenn mit einem Glauben eine politische Bedeutung verbunden worden ist, dies auch

---

132 »What difference did Christianity make?«, in: *Historia* 35 (1986), S. 322-343. Zuvor schon R. MacMullen, *Christianizing the Roman Empire (A.D. 100-400)*, New Haven/London 1984.

133 M. Edelman, *Politik als Ritual. Die symbolische Funktion staatlicher Institutionen und politischen Handelns*, Frankfurt 1976.

134 D. Cannadine in der Einleitung zu D. Cannadine, S. Price (Hg.), *Rituals of Royalty. Power and Ceremonial in Traditional Societies*, Cambridge 1987, S. 1-19.

durch Außenstehende anerkannt wird und jene Bedeutung politisch sanktioniert und verbindlich gemacht wird, dann kann dieser Religion außerordentliche soziale Wirkung beschieden sein. In diesem Sinne geben die Unterschiede, die zwischen den pragmatischen Bedeutungen paganer, jüdischer und christlicher Religion bestanden haben, einen wichtigen Hinweis auf die Beantwortung der Frage, was denn die Folge der imperialen Anerkennung des Christentums gewesen sein könnte. Sie bestand darin, daß die christliche Religion den schleichenden Prozeß der Aushöhlung der Stadtgemeinden als notwendige Befreiung vom Zwang lokaler Gesetze rechtfertigte. Als die Römischen Herrscher sich der christlichen Kirche zuwandten und sie anerkannten, da verschoben sie durch diese Anerkennung die Legitimität von Herrschaft weg von den Stadtgemeinden hin zur Zentralgewalt. Die Zentralgewalt konnte auf diese Weise den Bruch mit den väterlichen Überlieferungen zur verbindlichen Norm sozialen Handelns im Reich machen.

IX Die gnostische Ablehnung
eines öffentlichen Bekenntnisses der Gläubigen

Begriffliche Abgrenzung von Gnosis

Es bereitet bis heute beträchtliche Schwierigkeiten, die schillernde und fließende Erscheinung Gnosis auch nur einigermaßen klar aus der antiken Religionsgeschichte auszugrenzen. Der antike Gnostizismus hatte so enge Beziehungen zur griechischen Philosophie, zur jüdischen Schöpfungslehre und zum iranischen Dualismus, daß man ihn aus diesen Religionen hat ableiten wollen. Daß das kaum möglich und wenig ergiebig ist, darüber sind sich heutzutage viele Religionshistoriker einig. Die Frage nach dem Ursprung ist zu Recht und mit guten Gründen in den Hintergrund getreten, nachdem sie bis in die sechziger Jahre noch im Zentrum gestanden hatte.[1] Man kann den antiken Gnostizismus nicht auf *eine* (iranische) religionshistorische Wurzel zurückführen, wie R. Reitzenstein, W. Bousset und andere Vertreter der Religionsgeschichtlichen Schule es versucht hatten. Nach dem Fund der Bibliothek von Nag Hammadi sollte man aber auch der Versuchung widerstehen, an die Stelle von Iran jetzt das antike Judentum zu setzen, wofür G. Quispel plädiert hat.[2] Man würde

1 Repräsentativ für die ältere Forschung: U. Bianchi (Hg.), *Le Origini dello Gnosticismo. Colloquio di Messina 13-18 Aprile 1966*. Leiden 1967. Richtige Kritik an der Suche nach dem religionshistorischen Ursprung des Gnostizismus durch H. J. W. Drijvers, »Die Ursprünge des Gnostizismus als religionsgeschichtliches Problem« (1967/68), in: K. Rudolph (Hg.), *Gnosis und Gnostizismus*, Darmstadt 1975, S. 798-841. Siehe dazu ebenfalls E. M. Yamauchi, *Pre-Christian Gnosticism. A Survey of the Proposed Evidences*, Grand Rapids, Michigan 1973, insbesondere Kapitel 11 (»Criticisms of Methodology«), S. 170-186.
2 G. Quispel, »The Origins of the Gnostic Demiurge«, in: *Kyriakon. Festschrift J. Quasten*, Münster 1970, S. 271-276; derselbe, »Gnosis«, in: M. J. Vermaseren (Hg.), *Die Orientalischen Religionen im Römerreich*, Leiden 1981, S. 413-435. Eine Einführung in die Debatte über die Beziehung Judentum – Gnosis gibt R. van den Broek, »The Present State of Gnostic Studies«, in: *VigChr* 37 (1983), S. 41-71, auf S. 56-61. Richtig die Feststellung von R. M. Wilson: »Der jüdische Beitrag zur Entwicklung der Gnosis steht außer Frage, aber handelt es sich um

nur die Fehler eines fragwürdigen Forschungsmodells wiederholen. Über die religionsgeschichtlichen Ursprünge läßt sich der antike Gnostizismus wohl kaum genauer erfassen.

Leider ist es aber nicht einfacher, den antiken Gnostizismus mit Hilfe inhaltlicher Kriterien abzugrenzen. Der Gnostizismus war in viele Konventikel und Fraktionen zersplittert, die unabhängig voneinander operierten. Er war als eine intellektuelle Tradition außerordentlich zäh und ist mehrere Jahrhunderte lang den großen offiziellen Religionen von Judentum, Christentum, Zoroastrismus sowie der griechischen Philosophie und sogar noch dem Islam wie ein Schatten gefolgt. Man hat für diesen Sachverhalt das drastische, aber nicht sehr glückliche Bild vom Parasiten auf dem Boden von Wirtsreligionen verwendet.[3] Der Gnostizismus hat seinen Weg als eine Umdeutung und Umwertung bestehender Weltbilder und Ethiken genommen. Dabei hat er sich auf verschiedene Lehren gerichtet: auf die Schöpfungslehre des jüdischen Monotheismus, die Auferstehungslehre des Christentums, die Seelenlehre der platonischen Philosophie und den iranischen Dualismus. Diese Religionen wurden Objekt ›revolutionärer Allegorie‹ – so die Bezeichnung, die H. Jonas diesem Phänomen gegeben hatte.[4] Nicht die Frage nach dem Ursprung, sondern die

einen Beitrag, den Juden leisteten, oder um das Resultat einer Anleihe, die Heiden beim Judentum machten?« Und er antwortet darauf: »Der Gebrauch jüdischen Materials beweist nicht, daß die Benutzer Juden sind!« Art. »Gnosis/Gnostizismus II«, in: *Theologische Realenzyklopädie*, Bd. 13, Berlin 1984, S. 535-550, Zitat S. 537 f.

3 K. Rudolph: »Ein sonst nicht weiter beachteter Zug des Gnostizismus ist die ihm eigene ›parasitäre‹ Rolle, die m. E. zuerst U. Bianchi richtig beobachtet hat. Einen ›reinen‹ Gnostizismus finden wir nämlich nirgends vor, immer ist er angelehnt an fertige ältere Religionsgebilde bzw. deren Überlieferungen. Er wuchert wie Parasiten (oder Pilze) auf fremdem Boden, den ›Wirtsreligionen‹, wenn man so sagen kann, wozu die griechische, jüdische, iranische, christliche und islamische gehören. Der Gnostizismus hat also keine eigene Tradition, sondern nur eine geborgte.« »Randerscheinungen des Judentums und das Problem der Entstehung des Gnostizismus«, in: derselbe (Hg.), *Gnosis und Gnostizismus*, Darmstadt 1975, S. 768-797, Zitat S. 772; ebenso in seinem Buch: *Die Gnosis. Wesen und Geschichte einer spätantiken Religion*, Leipzig ²1980, S. 63.

4 *Gnosis und spätantiker Geist*, Bd. 1, Göttingen ³1964, S. 214-217.

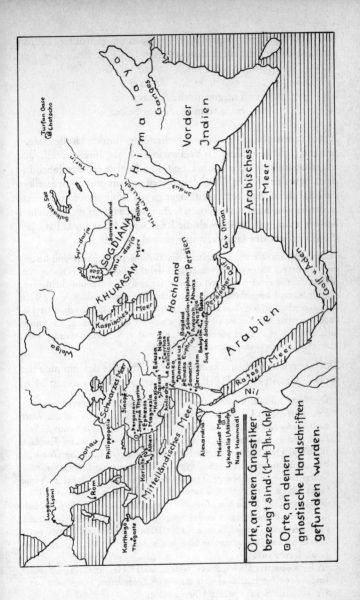

Turfan Oase ⊡ Chotscho

Ganges

Vorder Indien

Hi m a l a j a

Arabisches Meer

Oxus

Balkhur

Hindukusch

Indus

Samarkand

SOGDIANA

Amu - darja

Aral See

Balkaschsee

Mero

KHURASAN

Syr - darja

Tarim

Kaspisches Meer

Volga

Hochland Ktesiphon Persien

G.v. Oman

Persischer Golf

Golf v. Aden

Arabien

Schwarzes Meer

Edessa
Nisibis
 Emessa Euphr. Seleucia-Ktesiphon
⊡ Damascus Bagdad
Apamea Carrhae
Kokusos La callinicum Amorah Ahwaz
Kolossae Tigris
Antiochia
Jerusalem Babylon ⊡ Bostra
Samaria Suq nach Schuster

Sinope

Donau

Philippopolis

Pergamon Thyatira
Smyrna Ephesos
Athen Magnesia
Korinth

Rom

Mittelländisches Meer

Rotes Meer

Nil

Alexandria

Medinet Madi
Lykopolis (Assiut)
Nag Hammadi

Lugdunum
(Lyon)

Karthago
Thagaste

⎯⎯ Orte, an denen Gnostiker
bezeugt sind.(1.–4.]h.n.(hr.)

⊡ Orte, an denen gnostische Handschriften
gefunden wurden.

371

nach der Gleichförmigkeit der Umdeutung genannter Lehren verdient daher besondere Beachtung.

Die gnostische Konzeption
eines transzendenten Selbst

Der Gnostizismus ist eine Erscheinung antiker Religionsgeschichte, die besonders große Faszination auf Intellektuelle des 20. Jahrhunderts ausgeübt hat. Seit dem Beginn unseres Jahrhunderts wurden in den Trockengebieten Asiens und Nordafrikas einzelne Texte und vereinzelt sogar ganze Bibliotheken entdeckt, in denen von einer ausweglosen Gefangenschaft des menschlichen Selbst in der materiellen Welt die Rede war.[5] Hans Jonas hat über die Aktualität des Gnostizismus einmal gesagt:

»Etwas im Gnostizismus klopft an die Tür unserer Existenz und besonders unserer Existenz im zwanzigsten Jahrhundert. Hier befindet sich Menschsein in einer Krise und in einer der radikalen Wahlmöglichkeiten, die der Mensch hinsichtlich seiner Ansicht über seine Stellung in der Welt, über seine Beziehung zu sich selbst, zum Absoluten und zu seiner sterblichen Existenz hat. Es ist sicherlich etwas im Gnostizismus, das einem hilft, Menschsein besser zu verstehen, als man es verstehen würde, wenn man nichts vom Gnostizismus gewußt hätte.«[6]

Doch herrscht bis heute keine Einigkeit über die Bestimmung des typisch Gnostischen. Da die Gnostiker, von Marcion und Mani

5 Die Texte sind, neben den schon vorher bekannten historischen Quellen, teilweise in Übersetzung veröffentlicht worden: A. Adam, *Texte zum Manichäismus*, Berlin ²1969; J. P. Asmussen, *Manichaean Literature. Representative Texts Chiefly from Middle Persian and Parthian Writings*, Delmar, New York 1975; W. Foerster (Hg.), *Die Gnosis*, 3 Bde., Zürich/München 1969, 1971, 1980; R. M. Grant, *Gnosticism. A Source Book of Heterical Writings from the Early Christian Period* (1961), New York 1978; B. Layton (Hg.), *The Gnostic Scriptures*, London 1987; J. M. Robinson, *The Nag Hammadi Library in English*, Leiden ³1988. Einführungen in das Studium dieser Texte von M. Tardieu, J.-D. Dubois, *Introduction à la littérature gnostique*, Paris 1986; R. v. d. Broek, *De taal van de Gnosis. Gnostische teksten uit Nag Hammadi*, Baarn 1986.

6 »A Retrospective View«, in: G. Widengren, D. Hellholm (Hg.), *Proceedings of the International Colloquium on Gnosticism*, Stockholm 1977, S. 1-15, Zitat S. 13 f. (meine Übersetzung).

einmal abgesehen, ihre Religion nicht durch die Bildung einer hierarchischen Organisation und die Formulierung verbindlicher Lehren von anderen abgegrenzt haben, ist eine Bestimmung von Gnosis in höherem Maße als in anderen Fällen eine Aufgabe des Beobachters: von den antiken Kirchenvätern bis zu den modernen Wissenschaftlern.

Versucht man trotz dieser Schwierigkeiten eine Abgrenzung, kommen zwei Konzeptionen als besonders typisch in Frage: ein kosmischer Dualismus und eine metaphysische Konzeption des menschlichen Selbst. Es ist das Verdienst des Religionshistorikers C. Colpe gewesen, auf die systematische Funktion von Selbstbegriffen im antiken Gnostizismus hingewiesen zu haben. Die ältere Forschung, die Religionsgeschichtliche Schule, hatte noch angenommen, daß ein Mythos vom Erlösten Erlöser aus Vorderasien (Iran) in die antike Mittelmeerkultur gewandert sei und dort vielfache Spuren hinterlassen habe.[7] In einer ins Einzelne gehenden Auseinandersetzung mit dieser Sicht hat C. Colpe gezeigt, daß sie so nicht aufrechterhalten werden kann.[8] Zugleich hat er aber an der Notwendigkeit einer begrifflichen Abgrenzung des Gnostizismus gegenüber anderen antiken Erlösungsreligionen festgehalten. Im Anschluß an eine Konferenz von Gnosisforschern zu Messina im Jahre 1966 hat er dazu eine Definition formuliert, die

---

7 R. Reitzenstein, »Iranischer Erlösungsglaube« (1921), in: K. Rudolph (Hg.), *Gnosis und Gnostizismus*, Darmstadt 1975, S. 280-305.

8 C. Colpe, *Die religionsgeschichtliche Schule. Darstellung und Kritik ihres Bildes vom gnostischen Erlösermythus*, Göttingen 1961. »Mit dieser Frage nach der Erlöserfunktion von Selbst- und Geistbegriffen« – so charakterisierte Colpe in diesem Buch seinen Ansatz – »wird man dem Anliegen der älteren Forschung und vielen Texten gerechter, als wenn man, wie es neuerdings häufiger geschieht, einfach die These dagegen setzt, daß die Gnosis erst unter christlichem Einfluß eine Erlösergestalt aufgenommen habe« (S. 207). Auch H. Jonas hatte auf die Bedeutung des antiken Gnostizismus für die Konzeption des menschlichen Selbst hingewiesen, als er schrieb: »Es ist keine Übertreibung, wenn man sagt, daß die Entdeckung dieses transzendenten inneren Prinzips im Menschen und die größte Anteilnahme an seinem Schicksal das eigentliche Zentrum der gnostischen Religion sind.« *The Gnostic Religion*, Boston ²1963, S. 124 (meine Übersetzung). In dieser Beurteilung besteht übrigens durchaus noch eine Kontinuität mit R. Reitzenstein, *Die hellenistischen Mysterienreligionen nach ihren Grundgedanken und Wirkungen*, ³1927, Darmstadt 1956, Beilage XIX, »Die Bedeutung des Selbst«.

dies leisten sollte. In den deutschen »Vorschläge(n) für eine ter-
minologische und begriffliche Übereinkunft«, für deren Redaktion er verantwortlich war, heißt es:

»Der Gnostizismus der Sekten des zweiten Jahrhunderts enthält eine
Reihe zusammenhängender Charakteristika, die man in die Vorstellung
von der Gegenwart eines göttlichen »Funkens« im Menschen zusammenfassen kann, welcher aus der göttlichen Welt hervorgegangen und in diese
Welt des Schicksals, der Geburt und des Todes gefallen ist und der durch
das göttliche Gegenstück seiner selbst wiedererweckt werden muß, um
endgültig wiederhergestellt zu sein ... Nicht jede Gnosis ist Gnostizismus, sondern nur diejenige, welche in diesem Zusammenhang die Vorstellung von der Wesensgleichheit der Natur des Göttlichen mit der des
wiederzubelebenden und wiederherzustellenden Funkens enthält; diese
Gnosis des Gnostizismus enthält auch die göttliche Identität des *Erken-
nenden* (des Gnostikers), des *Erkannten* (der göttlichen Substanz seines
transzendenten Ich) und des *Erkenntnismittels* (der Gnosis, insofern sie
implizite göttliche Fähigkeit ist, die wiedererweckt und aktualisiert werden muß. Diese Gnosis ist Offenbarung und/oder Tradition. Diese Offenbarung und/oder Tradition ist von anderer Art als die biblische und
islamische Offenbarung und Tradition).«[9]

Diese Begriffsbestimmung ist ein Versuch, den Gemeinsamkeiten
in der Verschiedenheit antiker gnostischer Lehren und Gruppen
gerecht zu werden. Sie übergreift auch noch die Unterschiede
zwischen einzelnen Lehrsystemen: ob es am Anfang der Welt
zwei Prinzipien gegeben hat oder nur eines; ob ein männliches
oder ein weibliches Wesen »gefallen« ist; was den Fall verursacht
hat (ob Sinnlichkeit – Unwissenheit – Gewalt – Hybris etc.); wie
die Befreiung des Menschen aus der Welt zustande kommt.[10]
Ihnen allen ist eine Konzeption vom menschlichen Selbst gemeinsam. Es ist seinem Ursprung und Wesen nach göttlich, ist durch
einen tragischen Fall in die Fänge der materiellen Welt und des
Körpers gelangt und kann daraus nur durch Erkenntnis seiner
selbst erlöst werden. Zwischen dem Selbst und seinem transzendenten Wesen steht die Welt der Unwissenheit, des Leidens und
der Ungerechtigkeit. Wo diese Konzeption des menschlichen

---

9 C. Colpe, »Vorschläge zur Gnosisforschung«, in: W. Eltester (Hg.),
  Christentum und Gnosis, Berlin 1969, S. 129-132, Zitat S. 130 f.
10 Rudolph bespricht die Hauptzüge dieses Mythos in: *Die Gnosis. Wesen und Geschichte einer spätantiken Religion*, a.a.O., S. 59-185.

Selbst fehlt, sollte man besser nicht von Gnostizismus sprechen.[11]

Allerdings kann auch diese begriffliche Übereinkunft bestimmte
Abgrenzungsprobleme nicht lösen. Es gelingt ihr nämlich nicht,
die Marcioniten zu berücksichtigen, obwohl sie mit anderen antiken Gnostikern Übereinstimmungen aufweisen.[12] Ob allerdings
die Marcioniten überhaupt Gnostiker genannt werden dürfen, ist
auch anderen Gnosis-Forschern wie K. Rudolph fragwürdig.[13]
Wir werden gleich noch sehen, daß die Marcioniten sich tatsächlich von gnostischen Gruppen in bestimmter Hinsicht grundlegend unterschieden und daher mit Recht eine Sonderstellung einnehmen.

Die Unwissenheit des Weltengottes
und die Verborgenheit der Erlösten

Antike Gnostiker propagierten ein Weltbild, das implizit den
Herrschaftsverhältnissen in der Welt ablehnend gegenüber-
stand.[14] Zugleich aber haben die gründlichen prosopographischen
Studien von P. Lampe zu einzelnen Gnostikern in Rom gezeigt,
daß führende Gnostiker antiken Bildungsschichten angehört haben. Unter Berücksichtigung dieser Tatsache hat Lampe eine eigene These zur Entpolitisierung vorgetragen.

11 In einer weitergehenden Studie zur gnostischen Erlösergestalt hat
   C. Colpe im einzelnen gezeigt, wieso die zu Erlösenden konsubstan-
   tiell sind mit dem Erlöser (*salvator salvandus*). Jüdische Vorstellungen
   einer Weisheit, die sich aus dieser Welt zurückgezogen hat, konnten
   ebenso diese wesenhafte Identität ausdrücken wie die platonischen
   Begriffe des *nous* bzw. des *logos*, die sowohl ein erkennendes Selbst als
   eine jenseitige Instanz bezeichneten. In ähnlicher Weise wurden zoroastrische Hypostasierungen des guten Denkens (*vohu manah*) umgedeutet: Art. »Gnosis II (Gnostizismus)«, in: *RAC*, Bd. 11, Stuttgart
   1981, Sp. 537-659.
12 A. von Harnack, *Marcion. Ein Evangelium vom fremden Gott*, Leipzig ²1924; B. Aland, »Marcion«, in: *ZThK* 70 (1973), S. 420-447;
   H. J. W. Drijvers, »Christ as Warrior and Merchant. Aspects of Marcion's Christology«, in: *StPatr* 21 (1989), S. 73-85.
13 Rudolph, *Die Gnosis. Wesen und Geschichte einer spätantiken Religion*, a.a.O., S. 337-342.
14 Rudolph, *Die Gnosis*, ebd., S. 284-293.

»Meines Erachtens muß die These vom Verlust der politischen Einfluß-
möglichkeit modifiziert werden: Der intellektuelle Gnostiker wird zum
Weltverächter, nicht weil er zur angeblich politisch entmündigten Schicht
der Intellektuellen und Wohlhabenden des 2. Jahrhunderts gehört, sondern weil er sich *als Christ* nicht mehr in öffentlichen Ämtern politisch
betätigen kann.«[15]

Dieser These fehlt jedoch wirkliche Überzeugungskraft, weil die
Hinwendung zum Christentum selber freiwillig war und es Christen von Staats wegen nicht verwehrt war, öffentliche Ämter zu
übernehmen. Sie selber wollten es nicht: man denke an Tertullian.
Daher ist ein psychologisches Kompensationsmodell, nach dem
die gnostischen Mysterien die »Genugtuung des Herausgeho-
benseins« (Lampe) vermitteln würden, hier nicht recht am
Platze.
Mehr verspreche ich mir auch in diesem Fall von einer Erkenntnis
der politischen Bedeutungen, die der antike Gnostizismus im
Kontext seiner Zeit gehabt hat. Dabei ist vor allem wissenswert,
ob Gnostiker etwas von ihren kritischen Stellungnahmen zur
Welt in Handlungen haben praktisch werden lassen und ob hierbei eine eigenständige Dimension pragmatischer Bedeutung erzeugt worden ist, die sich dauerhaft an den Gnostizismus geheftet
hat. In Analogie zu den pragmatischen Bedeutungen von Judentum und Christentum möchte ich daher auch den antiken Gnostizismus unter dem Gesichtspunkt kommunikativen Handelns und
der damit einhergehenden Reflexion untersuchen. Um dieses Ziel
zu erreichen, werde ich mich in einem ersten Schritt auf die Trennung der Gnostiker vom Judentum und Christentum richten.
Eventuell lassen sich ja die Erkenntnisse, die wir über die pragmatischen Bedeutungen dieser beiden Religionen erlangt haben, für
diese Untersuchungen verwenden.

15 P. Lampe, *Die stadtrömischen Christen in den ersten beiden Jahrhunderten*, Tübingen 1987. Lampe behauptet S. 265 f., der Verlust der
Polis-Autonomie habe bereits Jahrhunderte zurück gelegen. Auch er-
laube das historische Quellenmaterial kaum, bereits für die erste
Hälfte des 2. Jahrhunderts n. Chr. von politischer Entmündigung der
wohlhabenden Intellektuellen zu sprechen. Beide Behauptungen wi-
dersprechen sich. Die erste scheint mir falsch zu sein.

Die Umwertung
des jüdischen Schöpfergottes

Ebenso wie es Hinweise darauf gab, daß Christen an einigen Orten bis ins 2. Jahrhundert n. Chr. und sogar noch länger Mitglieder der jüdischen privilegierten Bürgergemeinden geblieben waren, auch wenn sie in ihnen eigene Vereinigungen bildeten, gibt es Indizien dafür, daß die Abgrenzungen zwischen Christen und Gnostikern erst spät (vielleicht an einigen Orten erst im Laufe des 3. Jahrhunderts n. Chr.) erfolgt sind. Zwar wurde im 2. Jahrhundert n. Chr. Marcion, der reiche Schiffseigner aus Kleinasien, aus der römischen Christengemeinde ausgeschlossen, aber der angesehene gnostische Theologe Valentinus wäre beinahe zum Bischof von Rom gewählt worden (Irenaeus, *Adversus haereses*, III 3,4).[16] Die Grenzen zwischen den Strömungen im frühen Christentum waren noch lange offen, wie W. Bauer in seinem Buch *Rechtgläubigkeit und Ketzerei im ältesten Christentum* schon vor vielen Jahren gezeigt hat. Seine Ergebnisse wurden von der späteren Forschung zwar im einzelnen korrigiert, im großen und ganzen aber bestätigt.[17] Daraus ergibt sich, daß die Trennungsvorgänge zwischen Juden, Christen und Gnostikern zeitgleich verlaufen sein müssen.

Gnostiker stellten neben Juden und Christen eine Strömung in den jüdischen Laiengemeinden dar. Seit dem Wort Martin Bubers aus dem Jahre 1952, Marcion habe einen geistigen Beitrag zur

16 W. H. C. Frend, *The Rise of Christianity*, London 1984, S. 194-228, besonders S. 207 und 215; zu Valentin: B. Layton, *The Gnostic Scriptures*, London 1987, S. 217-222; P. Lampe, *Die stadtrömischen Christen in den ersten beiden Jahrhunderten. Untersuchungen zur Sozialgeschichte*, a.a.O., S. 203-219 (Marcion); wichtig der Artikel von H. Cancik, »Gnostiker in Rom. Zur Religionsgeschichte der Stadt Rom im 2. Jahrhundert nach Christus«, in: J. Taubes (Hg.), *Gnosis und Politik. Religionstheorie und politische Theologie*, Bd. 2, München/Paderborn 1984, S. 163-184; weiter G. Lüdemann, »Zur Geschichte des ältesten Christentums in Rom. I. Valentin und Marcion, II. Ptolemäus und Justin«. in: *Zeitschrift für die neutestamentliche Wissenschaft* 70 (1979), S. 86-114.

17 *Rechtgläubigkeit und Ketzerei im ältesten Christentum*, Tübingen ²1964 (mit einem Nachtrag von G. Strecker zur Aufnahme des Buches).

militärischen Zerstörung Israels durch Hadrian geleistet, steht der antike Gnostizismus unter dem Verdacht des Antisemitismus.[18] Vieles weist tatsächlich auf einen gnostischen Antijudaismus hin. Daß Christus zur Vernichtung des Gottes der Juden gekommen sei, wird als Lehre des Gnostikers Satorninus überliefert (Irenäus, *Adv.haer.* 1 24,2). Dennoch sollte man mit diesem Vorwurf zurückhaltend umgehen.[19] Wiederholt begegnen wir im Christentum des 1. und 2. Jahrhunderts der Erscheinung, daß gnostisierende Christen Anhänger einer judaisierenden Lebensweise waren. Auch gab es Gnostiker (etwa Simon oder den Traktat *Authentikos Logos, NHC* VI 3), für die nicht der jüdische Gott, sondern erst die Engel die Schuld der Weltschöpfung auf sich geladen haben. Der Antijudaismus alleine kann daher die Trennung von Gnostikern und Juden kaum erklären. Um so mehr Beachtung verdient eine Erklärung, die den Antijudaismus im Johannes-Evangelium historisch einordnet.

Bereits im Johannes-Evangelium wurde der jüdische Schöpfergott zum Herrn dieser Welt dämonisiert (*Joh.* 12,31; 14,30; 16,11).[20] Eine Untersuchung hat diese Umwertung mit dem Konflikt zwischen Christen und Juden in Verbindung gebracht. Christen machten die Erfahrung, gegen ihren Willen aus Synagogen und jüdischen Bürgerverbänden ausgeschlossen zu werden (*Joh.* 9,22), und deuteten sie auf diese Weise. Gnostiker hatten den Herrscher über diese erschreckende Welt daher mit Zügen des jüdischen Schöpfergottes ausgestattet.[21] In diesem Zusammenhang ist übrigens auch Marcion zu erwähnen, der von einem früheren Gnostiker, von dem wir nicht viel mehr als den Namen kennen (Kerdon), die Anschauung übernommen haben soll, der Gott des jüdischen Gesetzes und der Propheten sei der Urheber

---

18 Zitiert und besprochen von J. Taubes in seiner Einleitung zu dem Band: *Gnosis und Politik,* a.a.O., S. 12 f.

19 Ebd., S. 9-15. Taubes' »Einleitung« trägt den Untertitel: »Das stählerne Gehäuse und der Exodus daraus oder ein Streit um Marcion, einst und heute«.

20 A. F. Segal, »Ruler of This World: Attitudes about Mediator Figures and the Importance of Sociology for Self-Definition«, in: E. P. Sanders (Hg.), *Jewish and Christian Self-Definition,* Bd. 2, *Aspects of Judaism in the Greco-Roman Period,* London 1981, S. 245-268.

21 A. F. Segal, *Two Powers in Heaven. Early Rabbinic Reports about Christianity and Gnosticism,* Leiden 1977, S. 234-267.

alles Bösen in der Welt. In Jesus Christus aber habe sich ein anderer, zuvor unbekannter Gott offenbart (Irenäus, *Adv.haer.*, I 27,1-3).

Eine Voraussetzung für die gnostische Umwertung jüdischer Schöpfungslehre war ihre kosmologische Uminterpretation durch Philo und andere alexandrinische Philosophen gewesen.[22] Der jüdische Gott mußte erst mit einer griechischen Konzeption von Welt verknüpft werden, ehe er zum Weltenherrscher werden konnte. Es gab eine weit verbreitete Konzeption von Welt, in der ein oberster Gott die Regierung über die Welt an untere Instanzen delegiert hatte. »Le roi règne mais il ne gouverne pas«, umschrieb E. Peterson diese Konzeption eines paganen Henotheismus. Die Nationalgötter der von den Römern unterworfenen Völker übernahmen diese Aufgabe. Philo hatte sich diese Konzeption zu eigen gemacht und geschrieben: »In Wahrheit ist Gott ein Herrscher des Friedens, seine Diener aber sind die Führer der Kriege« (*De decalogo*, 178). Damit aber wurde die Voraussetzung für ein Weltbild gelegt, in dem die nationalen Götter als Regenten dieser Welt für Leiden, Unrecht und Unwissenheit in ihr verantwortlich gemacht werden konnten.[23]

Vor diesem Hintergrund schält sich eine andere Erklärungsmöglichkeit der Trennung antiker Gnostiker von Juden und Christen heraus. Als christliche Gemeinden zum Ziel blutiger Verfolgungen wurden, weil sie sich von den offiziell anerkannten jüdischen und heidnischen väterlichen Gesetzen losgesagt hatten, erklärten Gnostiker dies mit dem Neid und der Unwissenheit des niederen Weltenherrschers. Ihre Deutung des politischen Vorganges verankerte den Konflikt, den Christen mit ihrer Ablehnung der väterlichen Gesetze heraufbeschworen hatten, in einem kosmologischen Dualismus und damit in einem in sich schlüssigen Weltbild.

22 B. A. Pearson, »Philo and Gnosticism«, in: *Aufstieg und Niedergang des Römischen Weltreiches*, Reihe II, Bd. 21, 1, Berlin 1984, S. 295-342; K.-W. Tröger (Hg.), *Altes Testament – Frühjudentum – Gnosis*, Berlin 1980.

23 E. Peterson, »Der Monotheismus als politisches Problem« (1935), in: *Theologische Traktate*, München 1951, S. 45-147; derselbe, »Das Problem des Nationalismus im antiken Christentum«, in: derselbe, *Frühkirche, Judentum und Gnosis*, Rom/Freiburg 1959, S. 51-63; H. G. Kippenberg, »Versuch einer soziologischen Verortung des antiken Gnostizismus«, in: *Numen* 17 (1970), S. 211-231.

Will man der pragmatischen Bedeutung des gnostischen Weltbildes auf die Spur kommen, dann sollte man die Quellen untersuchen, die zum ersten Mal Erscheinungen bezeugen, die etwas von einer typisch gnostischen Handlungsreflexion erkennen lassen.

Plinius hatte in seinem Brief an Trajan gemeint, wahre Christen würden sich nicht zum Opfer an heidnische Götter zwingen lassen. Diese Bemerkung setzt voraus, daß die Bezeichnung *christianoi* an sich schon eine ablehnende Stellung zum städtischen Opferkult erwarten ließ, was von den übrigen historischen Berichten zu den antiken Christenverfolgungen durchaus bestätigt wird. Der Name alleine war den Staatsbeamten schon verdächtig, da er eine den Rechtsfrieden der Provinz störende Stellung zum offiziellen Kult implizierte.

Lange bevor es Römischen Beamten in den Sinn gekommen war, Christen einem Opfertest zu unterwerfen, hatte es jedoch Christen gegeben, die an paganen Tempelmahlen teilgenommen haben. Wir hören zum ersten Mal im Brief des Paulus an die Korinther (55 n. Chr.), daß Christen »im Götzenhause zu Tische liegen«. Sie können dies, weil sie glauben, stark zu sein und die *gnōsis* zu haben (*1. Kor.* 8,10; 10,20-22). Wer sich an den »Tisch der Dämonen« (so anschaulich Paulus *1. Kor.* 10,21) zu setzen wagte, der mußte sich höherer Mächte sicher sein.

Dieses Zeugnis steht nicht allein. Der Verfasser der Apokalypse des Johannes (Ende des 1. Jahrhunderts in Kleinasien) hielt in Sendschreiben den Gemeinden von Pergamon und Thyatira vor, in ihren Reihen gebe es Christen, Nikolaiten genannt, die Götzenopferfleisch (*eidōlothuta*) essen würden und Unzucht trieben (*Apok.* 2,14 f. 20; vgl. Hippolyt, *Adv.haer.*, VII, 36; Ireaneus, *Adv.haer.*, 1,26,3). Was hier beanstandet wird, könnte teilweise der von Paulus tolerierten Praxis in Korinth entsprechen: dem Verzehr von Fleisch heidnischer Opfertiere. Jedoch wird die Unzucht, die beklagt wird, wohl die Teilnahme an paganen Kulten bezeichnen, so daß hier eine Praxis vorausgesetzt wird, die ebenfalls aus Korinth bekannt ist und die Paulus abgelehnt hatte: daß Pneumatiker sich durch den Verzehr von Opferfleisch den Dämonen aussetzten und so ihre Erlösung unter Beweis stellten.

Mitte des 2. Jahrhunderts kam Justin, der zur Zeit der Abfassung in Rom lebte, in seinem Dialog mit dem gelehrten Juden Tryphon auf Christen zu sprechen, die an heidnischen Kulthandlungen teilnehmen sollen. Justin muß das bestätigen.

Tryphon hielt Justin vor, daß viele, die sich zu Jesus bekennen, »Götzenfleisch essen und behaupten, keinen Schaden dadurch zu erleiden«. Justin muß zugeben, daß es Lehrer im Namen Christi gibt, die den »Macher des Ganzen verleumden und an gesetzwidrigen [*anomos*] und gottlosen [*atheos*] Riten teilnehmen. Von denen heißen die einen Markianoi, andere Valentinianer, andere Basilidianer, andere Satornilianer und andere anders« (*Dialogus*, 35, 1.6).

Man kann diesen Bericht streckenweise überprüfen. Von Basilides, der unter den Kaisern Hadrian und Antioninus Pius (117-161 n. Chr.) in Alexandrien gelehrt hatte, weiß Agrippa Castor in seiner ›Widerlegung des Basilides‹ zu berichten:

Basilides »habe gelehrt, es mache nichts aus [*adiapherō*], vom Götzenopferfleisch zu kosten und unbekümmert in Zeiten von Verfolgung dem Glauben abzuschwören« (Eusebius, *Historia ecclesiae*, IV 7,7)[24].

Basilides war ein eigenständiger Denker, den man nur mit gewissen Einschränkungen dem Gnostizismus zurechnen darf.[25] Sein Lehrsystem war wesentlich monistisch und stark griechisch-philosophisch geprägt. Von hier aus betrachtet, kann man nicht aus-

24 Irenaeus bestätigt diese Behauptung. Da er die Lehre des Basilides dem Valentinianismus angeähnelt hat, ist seine Bestätigung aber nicht über alle Zweifel erhaben. »Sie [die Anhänger des Basilides] verachten aber auch das Götzenopferfleisch [*idolothyta*] und halten es für nichts, genießen es vielmehr ohne irgendeine Angst [*trepidatio*] (Irenaeus, *Adversus haereses*, I 24, 5).

25 K. Rudolph, *Die Gnosis* a.a.O., S. 334 f. Man kann diese ungnostische Tendenz etwa an seiner Erklärung des Leidens der Märtyrer erkennen, die Clemens von Alexandrien bewahrt hat. Die Märtyrer leiden nicht etwa, weil eine Macht (*dunamis*) ihnen nachstellt. Sie leiden, weil sie unbemerkt gesündigt haben, wobei Basilides auch mit Sünden in einem früheren Leben rechnete (Lehre von der Metempsychosis). Wer das Martyrium erleidet, reinigt sich damit von der Sünde. Für ihn ist das Martyrium daher durchaus etwas Gutes, aber zugleich ein Zeichen von Unvollkommenheit (Clemens Alexandrinus, *Stromata* IV 81, 1-83,2; vgl. zur Lehre von der Reinkarnation auch Origenes in *Epistolam ad Romanos* v 1). Diese Erklärung ist ungnostisch, da sie die Welt, in der Christen verfolgt werden, nicht als eine widergöttliche Sphäre ansieht und vom wahren Gott abtrennt.

schließen, daß Basilides mit seiner Auffassung von der Gleichgültigkeit des Genusses von Götzenopferfleisch eher einer stoischen als einer gnostischen Begründung gefolgt sein könnte.[26] Von herausragender Bedeutung ist jedoch, daß er zum ersten Mal eine Verbindung hergestellt hat zwischen einer Verleugnung des Glaubens beim staatlichen Opfertest und dem Genuß von Götzenopferfleisch durch Erlöste.

In dem Bericht des Hippolytus über Basilides befindet sich *eine* Aussage, die eine Verleugnung des Glaubens legitimierte. Sie befindet sich in dem Weltentstehungsdrama. Der Weltenherrscher meinte nämlich, er sei der einzige Gott und über ihm sei nichts mehr. Dementsprechend weiß er auch nichts von den Pneumatikern in dieser Welt.

»Er wußte nicht, daß diese (Sohnschaft) weiser, mächtiger und hervorragender war als er selber«. »Die Söhne ... sind wir, die Pneumatiker, die hier zurückgelassen wurden, um die Seelen ... zur Vollendung zu bringen ... Denn es herrschte der große Herrscher, der seine Grenze bis zur Feste hat, im Glauben, er sei allein Gott und über ihm sei nichts. Denn alles war durch ein geheimnisvolles Schweigen behütet« (Hippolyt, *Ref.* VII 23,4; 25,2 f.).

Das Motiv der Unwissenheit und Überheblichkeit des Weltenherrschers kehrt regelmäßig auch in anderen gnostischen Lehren wieder. Wenn Basilidianer einem staatlichen Opfergebot nachkommen und dabei ihren Glauben verleugnen durften, lieferte diese Konzeption die Berechtigung für eine solche Handlungsmaxime. Weil der Weltschöpfer nichts von der Existenz eines übermächtigen und weisen überweltlichen Gottes weiß, sind ihm auch die Erlösten unbekannt. Diesen ist es infolgedessen gestattet, ihren überweltlichen Ursprung zu verheimlichen.

Ich möchte an dieser Stelle eine weitere Nachricht von Irenäus über Basilides anfügen. Zwar hat Irenäus in seiner Darstellung des Basilides Informationen aus der Gnosis der Valentinianer einfließen lassen. Aber sein Bericht stimmt mit dem von Hippolytus darin überein, daß der Weltenherrscher die Erlösten nicht kennt.

26 H. Langerbeck, »Die Anthropologie der alexandrinischen Gnosis«, in: *Aufsätze zur Gnosis*, Göttingen 1967, S. 38-82, auf S. 46-49; C. Scholten, *Martyrium und Sophiamythos im Gnostizismus nach den Texten von Nag Hammadi*, Münster 1987, S. 112-114; zur stoischen Ethik des Basilides: B. Layton, *The Gnostic Scriptures*, London 1987, S. 418.

Zusätzlich macht er deutlich, daß sie sich ihm nicht zu erkennen zu geben brauchen und daher wegen des Namens (*christianoi*) auch nicht leiden müssen.

»Wie der Sohn allen unbekannt [*incognitus*] sei, so brauchen auch sie von niemandem erkannt zu werden; sondern wie sie selbst alle kennen und durch alle hindurchgehen, so seien auch sie allen unsichtbar und unbekannt [*invisibilis et incognitus*]. Sie sagen: ›Denn du erkenne alle, dich aber soll niemand erkennen‹. Darum sind Leute dieser Beschaffenheit auch bereit zur Verleugnung [*negatio*]. Sie können auch nicht einmal leiden wegen des Namens, da sie allen ähnlich sind« (*Adv.haer.*, 1, 24,6).

Dieser Bericht ist zu genau, als daß man ihn als Polemik abtun könnte. In ihm wird der intellektuelle Kontext einer Religion erkennbar, die es Gläubigen erlaubte, an heidnischen Kultaktivitäten teilzunehmen. Da der Weltenherrscher nicht um die Existenz der Erlösten weiß, geben sie sich nicht zu erkennen. Sie durften verschwiegen sein, ihre Überzeugung verheimlichen oder Verstellung und bewußte Täuschung anwenden. Auch wenn K. Koschorke gegen die Verwendung der Bezeichnung ›Verstellung‹ in diesem Zusammenhang Bedenken angemeldet hat und statt dessen von gnostischer *humilitas*, Demut und äußerer Gleichheit sprechen will[27], möchte ich den Begriff nicht fallen lassen. Er bezeichnet recht treffend das Verhältnis des Erlösten zur unerlösten Welt und steht mit der Annahme einer Verborgenheit der Erlösten vor den Weltenherrschern in engem Zusammenhang.

Man kann an diesem Quellenmaterial ablesen, daß die Basilidianer eine pragmatische Deutung ihres Glaubens entwickelt und damit eine Handlungskompetenz begründet haben, die in Zusammenhang mit der Frage stand, ob die Erlösten sich vor den Instanzen dieser Welt zu erkennen geben mußten oder nicht. Die Öffentlichkeit des Glaubensbekenntnisses, die Juden und Christen selbstverständlich gewesen war, wurde zum Problem.

27 K. Koschorke, *Die Polemik der Gnostiker gegen das kirchliche Christentum*, Leiden 1978; zur antikirchlichen Polemik in Nag-Hammadi-Quellen außer Koschorke auch E. Pagels, *Versuchung durch Erkenntnis*, Frankfurt 1981, S. 120-156. Zur Kritik des Begriffes Verstellung: Koschorke, a.a.O., S. 168 und S. 224.

Die Ablehnung eines Glaubensbekenntnisses
vor der Öffentlichkeit

Unvergleichbar wichtiger als die Anhänger des Basilides wurden die von Valentin.[28] Auch sie nahmen zu diesem Problem Stellung. Irenaeus, der seine Schrift gegen die Häresien (*Adversus haereses*) um ca. 180 n. Chr. schrieb, weiß von den Vollkommensten unter Valentinianern – genauer den Anhängern des Ptolemaios, eines der brillianten Schüler Valentins in Rom[29] – zu berichten:

»Deshalb tun die Vollkommensten von ihnen alles Verbotene ohne Furcht [*adeōs*] ... Sie essen das Götzenopferfleisch ohne Bedenken [*adiaphorōs*] und meinen, dadurch nicht befleckt zu werden. Sie stellen sich zu jedem zu Ehren der Götzen veranstalteten Festvergnügen der Heiden als erste ein. Manche von ihnen halten sich auch nicht von dem Gott und den Menschen verhaßten Schauspiel der Tierkämpfe und der menschenmordenden Gladiatorenkämpfe fern. Ein Teil von ihnen frönt unersättlich den Lüsten des Fleisches und sagt, man müsse dem Fleischlichen das Fleischliche, dem Geistigen das Geistige geben« (*Adversus haereses*, 1 6,3).

Der Vorwurf des Libertinismus ist haltlos. In der Regel handelte es sich um eine »Konsequenz aus gnostischen Anschauungen ..., die nicht den Gnostikern selbst, wohl aber ihren Gegnern zwingend erschien« (Koschorke).[30] Auch hat die Bibliothek von Nag Hammadi kein Beweismaterial für ihre Richtigkeit erbracht. Dagegen paßt die Behauptung, die Erlösten würden ohne Furcht an heidnischen Kultveranstaltungen teilnehmen, zum Dialog Justins, der dieses ja ebenfalls behauptet hatte. Dabei fällt allerdings auf, daß diese Handlung nur den Vollkommenen zugestanden wird. Wichtig ist ein weitergehender Bericht, den wir Tertullian verdanken. Kirchliche Christen waren bereit – wenn es sein mußte –, vor Beamten des Reiches ein Bekenntnis ihres Glaubens abzulegen. Sie hielten diese Instanzen für berechtigt, nach dem Glauben des Einzelnen zu fragen und hielten ein Bekenntnis und das daraus folgende Leiden für religiös verdienstlich. Anders Gnostiker. Greifbar wird die Begründung, die Gnostiker für ihre Auffassung gegeben haben, in einer Schrift, die Tertullian 213 n. Chr. in Karthago geschrieben und der er den passenden Namen *Scorpiace* (=

28 J. Robinson, »Jesus from Easter to Valentinus (or to the Apostles Creed)«, in: *Journal of Biblical Literature* 101 (1982), S. 5-37.
29 Zu Ptolemaios: Lampe, a.a.O., S. 255 f.; Layton, a.a.O., S. 276-279.
30 Koschorke, a.a.O., S. 124.

›Arznei gegen den Skorpionenstich‹) gegeben hatte. Valentinianer hatten damals in Karthago die Meinung verbreitet, daß die Märtyrer grundlos sterben würden. Die einfältigen Seelen würden nämlich nicht wissen, »wo, wann und vor wem man ein Bekenntnis abzulegen habe« (*Scorpiace*, 1 7). Für Tertullian steht außer Frage, daß Gott das Martyrium gutheißt, da er ja auch den Götzendienst verboten habe. Die Zweifler meinten hingegen,

> »das geforderte Bekenntnis habe nicht hier, das heißt nicht innerhalb des Umkreises dieser Erde, nicht innerhalb der Frist dieses Lebens und nicht vor gewöhnlichen Menschen zu geschehen ... Erst wenn die Seelen aus den Leibern herausgegangen sind und man durch die einzelnen Stockwerke des Himmels hindurch begonnen hat, sie einer Untersuchung hinsichtlich der Aufnahme in das jeweilige Stockwerk und einem Verhör über die geheimen Lehren [*arcana sacramenta*] der Häretiker zu unterziehen, hat das Bekenntnis stattzufinden: vor den wahren Mächten und den wahren Menschen, den Vollkommenen, den Unbeweglichen und Unbescholtenen des Valentinus« (*Scorpiace*, X 1).

Die Gnostiker stellten ihre Erlösungslehre in den Kontext des seinerzeit aktuellen Themas: der Teilnahme an paganen Kulten.[31] Es besteht eine innere Verbindung zwischen Handlungsmaxime und Weltbild: Wie die Welt aus Unwissenheit entstanden ist und sich der Weltenherrscher nur aus Ignoranz rühmen kann, daß es keinen anderen Gott außer ihm gibt, so ist auch der Pneumatiker in dieser Welt unbekannt und unsichtbar. Der pneumatische Same war ja von der Sophia *heimlich* (*adēlōs*) dem Menschen in die Seele gesät worden (Clemens Alexandrinus, *Excerpta ex Theodoto*, 53,2). Erst mit dem Aufstieg der Seele nach oben ändert sich das und gibt sich der Pneumatiker zu erkennen. Dabei lehrten Valentinianer ihren Anhängern die entscheidenden Paßworte, damit sie sie kennen, wenn der innere Mensch Körper und Seele zurückläßt und den Aufstieg beginnt (Markos ⟨Irenaeus, *Adv. haer.*, 1 21,5⟩).

Das Selbst des Gnostikers war bereits jetzt von aller Herrschaft befreit: Die Gnostiker waren ein »königsloses [*abasileutos*] Geschlecht«. Die Pneumatiker lebten so im Reich des Demiurgen und dennoch frei von seiner Herrschaft, wie es die Bürger in den autonomen Städten des Römischen Reiches taten.[32] Diese Kon-

---

31 E. Pagels, *Versuchung durch Erkenntnis. Die gnostischen Evangelien*, Frankfurt 1981, S. 120-156.
32 F. T. Fallon, »The Gnostics: The Undominated Race«, in: *Novum*

zeption des erlösten menschlichen Selbst begründete ein Weltverhältnis, das sich nach außen an Institutionen konformierte, während es nach innen heimlich einen Vorbehalt machen durfte.[33]

Im *Testimonium Veritatis* wird dieser Sachverhalt so beschrieben: »Er macht sich jedermann gleich, und doch trennt er sich von ihnen« (*NHC* IX 3,44). Das Mittel, das hierbei gebraucht wird, war unter anderem das Schweigen. »Er ist [nun] Schüler seines männlichen Nus, er hat begonnen, zu schweigen« (44,1 ff.). Die Welt ist der Ort der Täuschung, heißt es in einem gnostischen Traktat, der ebenfalls in groben Zügen dem valentinianischen Lehrsystem folgt (Exegese der Seele, *NHC* II 6,136).

»Täuschung ist der Modus der göttlichen Gegenwart in der Welt«: so charakterisierte Ph. Perkins das Verhältnis von Demiurg und unbekanntem Gott sowie von Engelmächten und Erlöser.[34] In gleicher Weise darf man auch das Verhältnis von weltlichen Instanzen und menschlichem Selbst bei den Valentinianern charakterisieren.

Dieses Weltbild hat Auswirkungen auf die Selbstbezeichnungen von Gnostikern. Während die kirchlich orientierten Christen die amtliche Bezeichnung *christianos* für sich übernommen hatten, haben Gnostiker sich in dieser Weise nicht auf Fremdbezeichnungen festlegen lassen.[35] Die Valentinianer haben gewußt, daß weder Gott noch der Vollkommene von einem Namen repräsentiert werden könne. Da die Welt aus der Unwissenheit entstanden ist und die Namen zu dieser Welt gehören, sind alle Namen mangelhaft.[36] Die Vielfalt von Gruppenbezeichnungen und Selbstbezeichnungen hängt mit dieser Auffassung von Namen zusammen. Religion kann nur innerhalb einer geschlossenen Ge-

Testamentum 21 (1979) S. 271-288; R. Bergmeier, »›Königslosigkeit‹ als nachvalentianisches Heilsprädikat«, in: *Novum Testamentum* 24 (1982), S. 316-339.

33 K. Koschorke widmet dieser gnostischen Konformität einen aufschlußreichen Abschnitt in seinem Buch (S. 166-173).

34 Ph. Perkins, »Deceiving the Deity: Self-Transcendence and the Numinous in Gnosticism«, in: A. Olson, L. S. Rouner (Hg.), *Transcendence and the Sacred*, Notre Dame/London 1981, S. 138-158.

35 Siehe hierzu die Materialsammlung von F. Siegert, »Selbstbezeichnungen der Gnostiker in den Nag-Hammadi-Texten«, in: *ZNW* 71 (1980), S. 129-132.

36 K. Koschorke, »Die ›Namen‹ im Philippusevangelium«, in: *ZNW* 64 (1973), S. 307-322.

meinschaft von Vollkommenen und Gläubigen zweiten Ranges öffentlich werden, nicht aber vor städtischen und staatlichen Instanzen.

Diese Konzeption war auch außerhalb des Valentinianismus bekannt. Das sehr verbreitete Apokryphon des Johannes, das Irenäus den Barbelognostikern zurechnete (*Adv.haer.*, I 29), legte in ähnlicher Weise dar, wie der Weltherrscher Jaldabaoth dem Menschen unbeabsichtigt Pneuma einhauchte und dieses den Menschen stärker als seinen Schöpfer machte, was den Archonten (Herrschern) dieser Welt jedoch verborgen blieb (Apokryphon des Johannes, *NHC* II, 1,19 f.).[37] Ebenfalls bleibt in der Schrift ›Zostrianos‹ der Erlöste wie der Erlöser vor den Weltmächten verborgen (*NHC* VIII,1 130,5-15).[38]

Da das gnostische Selbst den dämonischen Mächten dieser Welt überlegen war, brauchte der Gnostiker den Test, dem Christen von den römischen Behörden unterworfen wurden – nämlich paganen Göttern zu opfern –, nicht zu fürchten. Er mußte ihn so wenig fürchten, wie der Erlöser selbst, der unerkannt von den Herrschern dieser Welt herabgestiegen war, um den Seinen die Erlösungsbotschaft zu bringen.

So ergibt eine nähere Prüfung der Nachricht Justins, Gnostiker hätten an heidnischen Kulten teilgenommen, daß sie sehr wohl zutreffen kann. Denn es zeigte sich, daß in den gnostischen Weltbildern von Basilidianern und Valentinianern eine Täuschung weltlicher Mächte als Handlungsmöglichkeit angelegt war. Gnostiker scheinen besonders in Zeiten blutiger Christenverfolgungen mit dieser Erlösungskonzeption geworben zu haben, da sie das Heil unabhängig machte von der Haltung zum staatlichen Opfertest. Wiederholt behaupten antike Quellen auch von anderen Gnostikern, sie hätten in Verfolgungszeiten eine Verstellung vor der Welt praktiziert. So notierte Origenes, daß Simon, um einen größeren Anhang zu gewinnen, »von seinen Jüngern die Todesgefahr, die man die Christen zu wählen lehrte, wegnahm, indem er sie lehrte, dem Götzendienst (*eidōlolatreia*) gegenüber

---

37 Mit weiteren Parallelen aus anderen gnostischen Traktaten übersetzt von B. Layton, a.a.O., S. 43 f.

38 G. Stroumsa, »Form(s) of God: Some Notes on Meṭaṭron and Christ«, in: *HThR* 76 (1983), S. 269-288 (Material zu gnostischen Geheimnamen).

gleichgültig zu sein« (*Contra Celsum*, VI 11). Wenn man weitere Quellen zum Simonianismus hinzuzieht, erkennt man, daß auch in diesem Falle die Lehre eine solche Handlungsweise rechtfertigte. Der simonianische Erlöser war in einer den weltschöpferischen Engeln unerkennbaren Gestalt verwandelt (*transfiguratus*) in die Welt hinabgestiegen (Irenaeus, *Adv.haer.*, 1 23,2 f.). Nach einer Auffassung, die Simon von seinen Anhängern zugeschrieben worden war, war auch das unzerstörbare Wesen in jedem Menschen (der Möglichkeit, nicht der Wirklichkeit nach) *verborgen* vorhanden (Hippolyt, *Refutatio* VI 9,6 f. und 17,1).

Der Vorrang des Propheten vor dem Märtyrer und die Bildung verschworener Gemeinden

Bereits K. Holl hat beobachtet, daß sich im 2. Jahrhundert n. Chr. das Ansehen von Charismatikern innerhalb der christlichen Religionsgemeinschaft zu verlagern begann. In der Schrift Hirte des Hermas (Mitte des 2. Jahrhunderts) sah der urchristliche Prophet Hermas sich im Geiste vor der ihm als Frau erschienenen Kirche stehen. Sie gebietet ihm, sich zu setzen. Als der Prophet sich auf den Ehrenplatz zu ihrer Rechten setzen will, weist sie ihn aber fort. Dieser Platz bleibt dem Märtyrer vorbehalten. So muß der Prophet sich mit dem Platz zur Linken begnügen (*Hermas vis.*, III 1,2-2,2).[39]

Anders war die Stellung der Gnostiker zum Martyrium. Bekanntlich haben die Kirchenväter Gnostikern »feige Täuschungen« bei den Christenverfolgungen vorgeworfen (Clemens Alexandrinus, *Stromata*, IV 16,3).

Irenaeus wußte, daß es außerhalb der Kirche Leute gebe, die behaupteten: »Ein solches Zeugnis [Martyrium im Griechischen, HGK] sei nicht notwendig. Das wahre Zeugnis sei ihre Lehre. In der ganzen Zeit, seit der Herr auf Erden erschienen ist, hat vielleicht einer oder zwei mit unseren Märtyrern ... die Schmach des Namens ertragen und ist mit ihnen abgeführt worden« (*Adv.haer.*, IV 33,9). Anfang des 3. Jahrhunderts klagte

39 K. Holl, »Die Vorstellung vom Märtyrer und die Märtyrerakte in ihrer geschichtlichen Entwicklung«, in: *Gesammelte Aufsätze*, Bd. 2, Tübingen 1928, S. 68-102, zu Hermas auf S. 69; P. Nagel nahm in seinem Buch *Die Motivierung der Askese und der Ursprung des Mönchtums*, Berlin 1966, diese These wieder auf (S. 72 f.).

auch Tertullian in seiner Schrift *Scorpiace*: Wenn die Kirche Verfolgung erleidet, »dann kommen die Gnostiker ans Licht, dann kriechen die Valentinianer hervor, dann sprudeln alle Gegner der Märtyrer hervor« (1,5).[40]

Irenaeus hat die Ablehnung des Martyriums mit einer Christologie in Zusammenhang gebracht, für die Christus in Wirklichkeit gar nicht gelitten hat (*Adversus haereses*, III, 18,5), weshalb auch das Leiden des einfachen Christen religiös kein Verdienst sein kann.[41] Die Kirchenväter haben es sich aber an diesem Punkte zu einfach gemacht. Die Valentinianer nahmen eine weniger konsequente Haltung zum Martyrium ein, als sie behaupteten. Koschorke hat dies an Hand von Texten aus Nag Hammadi zeigen können, und die Fragmente des Herakleon, eines Anhängers von Valentin, bestätigen dies.

Herakleon wandte sich gegen die kirchliche Auffassung, daß nur das Bekenntnis vor den Behörden wirklich zähle.[42] Schließlich

---

40 Ein reichhaltiger Exkurs zu »Gnosis und Martyrium« bei Koschorke, a.a.O., S. 134-137; Scholten, a.a.O., S. 117-119, zur Martyriumsscheu von Gnostikern.

41 Weiteres Material hierzu bringt W. H. C. Frend, »The Gnostic Sects and the Roman Empire«, in: *JEH* 5 (1954), S. 25-37; derselbe, *Martyrdom and Persecution in the Early Church. A Study of a Conflict from the Maccabees to Donatus*, Oxford 1965, S. 244-247 und 353 ff.; die gnostische Ablehnung von Martyrium und ihr Zusammenhang mit der Christologie wird auch von E. Pagels erörtert: *Versuchung durch Erkenntnis. Die gnostischen Evangelien*, a.a.O., S. 120-156. Mir scheint neben der Christologie noch eine zweite Idee mitzuspielen. Daß es unter Marcioniten Märtyrer gab (siehe gleich im Text), hängt mit ihrer Auffassung zusammen, daß die Offenbarung in bestimmten Texten des Neuen Testaments verbindlich festgelegt worden ist, während Gnostiker an eine fortdauernde Offenbarung in Visionen glaubten und daher eine apostolische Autorität nicht anerkannten (E. Pagels, »Visions, Appearances and Apostolic Authority: Gnostic and Orthodox Traditions«, in: *Gnosis. Festschrift für Hans Jonas*, Göttingen 1978, S. 415-430). Jedes definitive Bekenntnis mußte daher unadäquat sein.

42 »Das Bekenntnis mit dem Munde ist nicht eine vollständige [*katholikē*], sondern eine partielle [*merikē*] Angelegenheit. Vollständiger aber ist das, von dem er jetzt sagt, es bestehe in Werken und Taten entsprechend dem Glauben an ihn. Diesem (vollständigen) Bekenntnis folgt auch das partielle vor den Behörden, wenn es nötig ist und die

könnten auch Heuchler das Bekenntnis mit dem Munde ablegen. Außerdem hätten es nicht alle, die errettet wurden, abgelegt. Ähnlich äußerte sich der Verfasser des Testimonium Veritatis, eines in Nag Hammadi gefundenen Traktats, der ebenfalls aus dem Kreis der Valentinianer kam. Der Verfasser greift die in der Kirche zirkulierende Vorstellung auf: »Wenn wir uns um des Namens willen dem Tod ausliefern, werden wir gerettet werden«, und fügt den Einwand hinzu: »Aber so verhält es sich nicht« (*NHC* IX 34,1-7). Ein solches Zeugnis nur mit dem Wort und nicht mit Kraft beruhe auf Unwissenheit (31,24). Es gibt nur ein wahres Zeugnis (wörtlich: Martyrium): »Wenn der Mensch sich selbst erkennt und Gott, der über der Wahrheit ist, wird er gerettet werden« (*NHC* IX 44,30-45,6),[43] Gnostiker lehnten nicht das Bekenntnis als solches ab. Sie wandten sich gegen kirchliche Vorstellungen, die sich mit dem Märtyrertod verbunden hatten. »Nicht das Bekenntnis als solches ist verwerflich, sondern die mit ihm verbundenen Vorstellungen sind es« – so beschreibt Scholten die gnostische Haltung.[44]

Die Anschauung, daß die Unwissenheit der Welt kompensiert wird durch die Prophetie der Vollkommenen, unterschied sich von der kirchlichen, die nicht dem Propheten, sondern dem Märtyrer den Ehrenplatz einräumte. Der Kern der Differenz lag darin, daß für Gnostiker das Bekenntnis vor weltlichen Instanzen nicht religiös verdienstvoll sein konnte. Zwischen den Erlösten und dieser Welt gab es keine Wahrhaftigkeit und Öffentlichkeit. Das Verhältnis beider zueinander war durch Unwissenheit bis hin zur bewußten Täuschung charakterisiert. Es war dies so, weil das Selbst der Gnostiker mit dem transzendenten Gott wesensgleich war. Nicht zufällig taucht in diesem Zusammenhang zum erstenmal das *homoousios* der späteren christologischen Debatten auf (Irenaeus, *Adv.haer.*, I 6,1).

Ich möchte die Berichte über das Handeln der valentinianischen

Vernunft [*logos*] es rät« (Fragment 50 – Clemens Alexandrinus, *Stromata*, IV 71 f.).

43 Auch eine andere Schrift der Bibliothek von Nag Hammadi, nämlich die Apokalypse des Petrus, sieht das so (*NHC* VIII 79, 11-21). Sie lehnt ebenfalls das Martyrium nicht rundweg ab, verwirft aber die Anschauung, es würde die Erlösung garantieren. Scholten, a.a.O., behandelt S. 105-109 den Martyriums-Begriff im *Testamentum Veritatis*.

44 Ebd., S. 108.

Vollkommenen auch noch in den Zusammenhang ihrer Gemeindebildung stellen. Die valentinianischen Vollkommenen erwarben ihr Ansehen bei den Gläubigen zweiten Ranges durch eine Demonstration ihrer Überlegenheit über die Dämonen. Es ist dies eines der bekannten Mittel, um außeralltägliches Ansehen zu erlangen: Ein Held bricht mit einer geheiligten Tradition und demonstriert damit seine Überlegenheit über die geltenden Normen.[45] Indem die Vollkommenen sich den Dämonen direkt kultisch aussetzten, ohne Furcht zu zeigen und Schaden zu nehmen, bewiesen sie, daß sie bereits von den Weltenherrschern befreit waren. Umgekehrt: Die dämonischen Mächte fürchten die Pneumatiker, wie dies bereits Valentin in einem eindrucksvollen Bild beschrieben hatte:

»Wie die Engel Furcht befiel vor jenem Gebilde [dem Menschen, HGK], das Größeres von sich gab als seiner Herkunft entsprach wegen dessen, der unsichtbar den Samen der oberen Wesenheit in ihn gelegt hatte und es offen gesagt hatte, so rufen auch bei den Geschlechtern der weltlichen Menschen Gegenstände Furcht hervor, die die Menschen selber gemacht haben, wie Standbilder, Bilder und alles, was Hände mit dem Namen ›Gott‹ schaffen. Denn der mit dem Namen ›Mensch‹ gebildete Adam bewirkte eine Furcht vor dem präexistenten Menschen, der in ihm anwesend war. Die Engel waren bestürzt und versteckten schnell das Werk« (Clemens von Alexandrien, *Stromata*, II 36,2-4, Fragment 1).

Um die Pneumatiker herum bildeten sich dementsprechend kleine Zirkel von Gläubigen zweiten Ranges, die durch unbedingte Treue zu ihnen auf Teilhabe an ihrer Überlegenheit über die Dämonen hofften. Grundlegend waren hierbei die prophetischen Gaben der Pneumatiker. Durch sie wollten sie das Defizit der Unwissenheit kompensieren, aus dem die Welt entstanden war (Irenaeus, *Adv.haer.* 1, 2,3).[46]
Nach einem ähnlichen Muster hatten in der Antike auch Marcio-

45 L. de Heusch, »Pour une dialectique de la sacralité du pouvoir«, in: derselbe (Hg.), *Le Pouvoir et le Sacré*, Brüssel 1962, S. 15-47; derselbe, »Sacred Kingship as a Politico-Symbolic Structure: A Re-evaluation of Frazer's Thesis«, in: B. Kapferer (Hg.), *Power, Process and Transformation: Essays in Memory of Max Gluckman*, Special Issue *Social Analysis* 22 (1987) S. 22-29.

46 H. G. Kippenberg, »Gnostiker zweiten Ranges: Zur Institutionalisierung gnostischer Ideen als Anthropolatrie«, in: *Numen* 30 (1983), S. 146-173.

niten und Manichäer Gemeinden gebildet. Auch sie bestanden aus Vollkommenen und Gläubigen zweiten Ranges. Diese drei Religionsgemeinschaften (Valentinianer, Marcioniten und Manichäer) waren sich darin einig, daß die Vollkommenen sich von Besitz und Sexualität zu enthalten hatten. Neben dieser ihnen gemeinsamen Forderung aber stellte jede dieser Gruppen noch andere, nur ihr eigene Anforderungen an ihre Vollkommenen. Die valentinianischen Vollkommenen mußten ihre pneumatische Stärke durch die Gabe der Prophetie beweisen, aber auch durch andere außeralltägliche Handlungen wie beispielsweise die geistliche Ehe: der Ehe eines Asketen mit einer ebenfalls asketischen Frau (Epiphanius, *Panarion*, XXXI 21,9). Auf diese Weise wurde die Erlösungsbotschaft zum Mittel einer Gemeindebildung. Die persönliche Loyalität mit den bereits Erlösten war ihr Dreh- und Angelpunkt.

Die Beobachtung, die wir an Juden und Christen gemacht haben, hat sich auch in diesem Falle bestätigt: daß sich nämlich die pragmatische Bedeutung vorderasiatischer Erlösungsreligionen im Zusammenhang mit der antiken Stadtherrschaft gebildet hat. Im Falle der Gnostiker ergab sie sich aus der Ablehnung eines öffentlichen Bekenntnisses, das von Juden und Christen gleichermaßen als religiös verdienstvoll gepriesen worden war. Aus den jüdisch-christlichen Gemeinden löste sich mit den Gnostikern eine eigene Gruppe, die der Erlösungsbotschaft eine andere Bedeutung gegeben hat: die Bedeutung einer Verborgenheit der Erlösten vor dieser Welt und ihren Mächten. In der Zeit der Verfolgung von Christen, die sich den Zorn der Mitbürger wegen ihrer Abkehr von den väterlichen Überlieferungen zugezogen hatten, entlehnten Gnostiker dieser Deutung das Recht, ihre religiöse Identität jederzeit verleugnen zu dürfen. Indem sie kleine Gemeinden um Propheten herum bildeten, gaben sie dieser Überzeugung eine feste institutionelle äußere Form. Neben dem jüdischen Bürgerverband (*politeuma*) und der christlichen Fraktion wurde damit ein dritter Typus von Gemeinschaft in den antiken Städten gegründet.[47]

47 H. A. Green, »Ritual in Valentinian Gnosticism: A Sociological Interpretation«, in: *Journal of Religious History* 12 (1982), S. 109-124.

Gnostische Gemeinden legten Wert auf eine Geheimhaltung ihrer Schriften, Riten und Überlieferungen.[48] Von den Basilidianern berichtete Irenaeus: »Man darf ihre Geheimnisse (*mustēria*) nicht aussprechen, sondern muß sie durch Stillschweigen in Verborgenheit bewahren« (*Adv.haer.*, 1 24,6). Geheime Schriften, die Brüdern und Jüngern Jesu zugeschrieben wurden, zirkulierten unter gnostischen Christen. Dabei stammte der Begriff *apokruphon*, mit dem Kirchenväter diese Schriften brandmarkten (Athanasius, 39. Festbrief; Clemens Alexandrinus, *Stromata*, 1 xv 69,6), aus dem Sprachgebrauch der Gnostiker selber.[49]

Im Brief des Jakobus (bzw. Apokryphon des Jakobus, *NHC* 1,2) spricht Jakobus von »einem geheimen Buch [*apokruphon*], das mir und Petrus vom Herren offenbart worden ist … und das ich in hebräischer Schrift aufschrieb und dir [Kerinthos, HGK] sende« (1,10 ff.). Zuvor schon hatte Jakobus demselben Empfänger eine andere Geheimschrift gesandt

48 Zur Geheimhaltung in der Geschichte der Religionen (darunter Spätantike und Sufismus) siehe: K. W. Bolle (Hg.), *Secrecy in Religions*, Leiden 1987 (mit Beiträgen von J. Smith und A. Schimmel). Zur gnostischen Geheimhaltung fehlt eine Monographie. Wichtige Vorarbeiten: M. Smith, *Clement of Alexandria and a Secret Gospel of Mark*, Cambridge, Mass. 1973; H. Krämer, Art. »*mustērion*«, in: *Exegetisches Wörterbuch zum Neuen Testament*, Bd. 2, Stuttgart 1978, S. 1098-1105; D. Powell, Art. »Arkandisziplin«, in: *TRE*, Bd. 1, Berlin 1979, S. 1-8; Chr. Jacob, *»Arkandisziplin«, Allegorese, Mystagogie. Ein neuer Zugang zur Theologie des Ambrosius von Mailand*, Frankfurt 1990; W. H. C. Frend, »The Gnostic Sects and the Roman Empire«, in: *JEH* 5 (1954), S. 25-37; G. G. Stroumsa, »Esotericism in Mani's Thought and Background«, in: L. Cirillo (Hg.), *Codex Manichaicus Coloniensis*, Cosenza 1986, S. 153-168; Chr. Riedweg, *Mysterienterminologie bei Platon, Philon und Klemens von Alexandrien*, Berlin 1987.

49 W. Schneemelcher, *Neutestamentliche Apokryphen*, Bd. 1, *Die Evangelien*, Tübingen ⁵1987, S. 6 f.; R. M. Wilson, Art. »Apokryphen II«, in: *TRE*, Bd. 3, 1978, S. 317 f. Eine Quelle zur Geheimhaltung von Büchern durch Christen sind die pseudoklementinischen Homilien (ed. R. Rehm, *Die Pseudoklementinen, Homilien* 1, Berlin 1953, S. 1-4; in engl. Übersetzung bei M. Weinfeld, *The Organizational Pattern and the Penal Code of the Qumran Sect*, Göttingen/Fribourg 1986, App. C S. 65-69 (mit Kommentar); A. Oepke, R. Meyer, Art. »*kruptō*«, in: *ThWNT*, Bd. 3, Stuttgart 1938, S. 959-999.

(1,30 ff.).[50] Diese gnostische Anschauung war auch Irenaeus bekannt, als er schrieb: »Der Heiland habe eben dies im Verborgenen nicht alle gelehrt, sondern nur einige seiner Schüler, die es begreifen konnten und die zu verstehen vermochten, was von ihm durch vorgeführte Szenen, Rätsel und Parabolen angedeutet wurde« (*Adv.haer.*, II, 27,2).[51]

Gnostiker drückten ihren Glauben durch die literarische Gattung der geheimen Offenbarungsschrift aus.[52] Dabei könnte der Begriff der ›Lesemysterien‹, auf den ich oben (Kapitel 7) im Zusammenhang antiker jüdischer Geheimschriften hingewiesen hatte, auch auf gnostische Schriften Anwendung finden.

Daneben gab es die geheime mündliche Überlieferung. Sie wurde zuweilen mit den »Herrenverwandten« verbunden und führte auf diese Weise die Auffassung vom »rettenden Geschlecht« Davids weiter. Einige Schriften aus der Bibliothek von Nag Hammadi betrachteten die beiden Herrenbrüder Jakobus und Judas Thomas als Empfänger geheimer Lehren. Jakobus, der den Beinamen ›der Gerechte‹ (*dikaios*) führte (*NHC* V,3 32,2 f.), empfing in der 1. Apokalypse des Jakobus von Jesus Lehren (das Mysterion 25,6; 28,2), die geheim zu halten (*hōp*) seine Pflicht ist, die er aber Addai, einem Apostel im syrischen Christentum, offenbaren soll (36,13-24). Jakobus gilt damit als Vermittler der Offenbarung Jesu an die Gläubigen (29,19-28; 42,16).[53]

Ähnliche Vorstellungen waren noch mit einem anderen Herren-

---

50 Zum Brief des Jakobus: D. Kirchner in: Schneemelcher, a.a.O., S. 234-244. Weitere Texte hierzu: Ägypterevangelium, *NHC* III, 2 40,14; Adam-Apokalypse, *NHC* V, 5 85,23.

51 Eine vorzügliche Materialübersicht zu den Aposteln als Trägern der Überlieferung in der Gnosis erstellte M. Hornschuh in: E. Hennecke, W. Schneemelcher (Hg.), *Neutestamentliche Apokryphen*, Bd. 2, Tübingen ³1964, S. 41-52.

52 Ph. Perkins, *The Gnostic Dialogue. The Early Church and the Crisis of Gnosticism*, New York 1980.

53 Jakobus als Tür für die Erlösten und als Erlöser: Hegesippus bei Eusebius, *Historia ecclesiae*, II 23,8 und 55,7 und 18; Analyse der Jakobus-Überlieferungen: S. K. Brown, *James: A Religio-Historical Study of the Relations between Jewish, Gnostic, and Catholic Christianity in the Early Period through an Investigation of the Traditions about James the Lord's Brother*, Brown University 1972; zur *1. Apok. Jak.*: W. R. Schoedel, »The (First) Apocalypse of James«, in: D. M. Parrot (Hg.), *Nag Hammadi Studies*, Bd. 11, Leiden 1979, S. 65-103. Die gnostische Gruppe der Naassener behauptete von ihren Leh-

bruder verbunden: Judas Thomas Didymus. Es ist diese eine künstliche Person, hervorgegangen aus einer Identifizierung des in *Mk.* 6,3 genannten dritten Bruders von Jesus namens Judas (erwähnt im Judasbrief) mit dem in *Joh.* 11,16 genannten »Thomas dem Zwilling«. Das griechische *didumos* übersetzt ein aramäisches *taumā/tōmā.* In der syrischen Religionsgeschichte wurde er zum Zwilling von Jesus gemacht und mit dem Herrenbruder Judas identifiziert.[54] Auch er galt als Träger geheimer Überlieferungen. So heißt es im Thomas-Evangelium:

»Dies sind die geheimen Worte [*šače etḥēp*], die Jesus der Lebendige gesprochen hat und die aufgeschrieben hat Didymus Judas Thomas. Und er hat gesagt: ›Wer das Verständnis dieser Worte findet, wird den Tod nicht schmecken‹« (*NHC* II,2 32,10-14). Das Buch von Thomas dem Athleten (*NHC* II,7) beginnt ähnlich: »Die geheimen Worte, die der Erlöser zu Judas Thomas sprach und die ich, Matthäus, niedergeschrieben habe« (138,1 f., vgl. 19). Thomas wird Zwilling Jesu genannt (138,7 f.).[55] Schließlich sei auf die syrischen Thomas-Akten verwiesen. Judas Thomas, Zwilling Jesu (Kap. 1; 11; 31), wird in Kap. 39 mit den Worten angesprochen: »Zwillingsbruder des Christus, Apostel des Höchsten und miteingeweiht in das verborgene [*apokruphon*] Wort des Christus, der seine verborgenen Worte empfängt.«

Die 1. und die 2. Apokalypse des Jakobus kannten gleichfalls eine Hochschätzung der leiblichen Verwandtschaft von Jakobus mit Jesus, deuteten sie jedoch neu. Die Idee eines Gentilcharismas wurde zurückgedrängt und durch die Idee ersetzt, daß ein Mann seinen Bruder in die ihm offenbarten Geheimnisse einweiht. Da-

ren, »Jakobus, der Bruder des Herrn, habe sie der Mariamne überliefert« (Hippolyt, *Refutatio*, v 7,1).

54 B. Layton spricht von einer Schule des Heiligen Thomas und legt das Quellenmaterial dazu vor (*The Gnostic Scriptures*, London 1987, S. 359-409 mit einer Karte auf S. 362 f., die die Verbindung dieser Schule mit Ägypten anschaulich macht). Es handelt sich hier um eine Strömung im antiken Christentum, die an sich noch nicht den Namen häretisch verdient. Siehe hierzu: H. Koester, »Gnomoi Diaphoroi. The Origin and Nature of Diversification in the History of Early Christianity«, in: J.M. Robinson, H. Koester (Hg.), *Trajectories through Early Christianity*, Philadelphia 1971, S. 114-157.

55 J.D. Turner, *The Book of Thomas the Contender*, Missoula 1975; weitere Beobachtungen hierzu von K. Rudolph in seinem Literaturbericht: »Die Nag Hammadi-Texte und ihre Bedeutung für die Gnosisforschung«, in: *ThR* 50 (1985), S. 1-40.

bei wurde vorausgesetzt, daß religiöse Offenbarung nur in der kleinen verschworenen Gemeinschaft von Familie bzw. Dorf mitgeteilt wird. Zum Vergleich möchte ich auf eine iranische Quelle hinweisen. Der Bahman Yašt gebot, das Gesetz des Awesta nicht verborgen (*pihān*) zu halten, den *zand* aber – den Kommentar dazu – nicht außerhalb »eures *paywand*« (der engsten Gemeinschaft) zu lehren.[56]

Wir erkennen an dieser Neudeutung des davidischen Gentilcharismas, daß gnostisch-christliche Intellektuelle Motive der älteren jüdischen Opposition gegen die Stadtherrschaft aufgegriffen und umgedeutet haben. Diese Opposition hatte sich innerhalb des Judentums Palästinas auf die Natan-Weissagung gestützt. Noch das frühe Christentum glaubte an die Erfüllung dieser Verheißung in Jesus und seinen väterlichen Verwandten. Außerhalb Palästinas wurde jedoch das besondere Ansehen der Verwandten Jesu nicht mehr durch ein davidisches Gentilcharisma, sondern eine geheime, nur den Brüdern und Verwandten mitgeteilte Offenbarung begründet.

Pagane Kritik an der Geheimhaltung von Religion

Die Tatsache, daß es Christen gab, die ihren Glauben verheimlichten, war nicht nur Kirchenvätern bekannt, sondern auch Heiden aufgefallen. Dabei möchte ich allerdings berücksichtigen, daß es zur Zeit des Römischen Reiches zwei Figurationen gegeben hat, in denen Religion politisch öffentlich werden konnte: die Stadtgemeinden und das Reich. Beide gilt es zu unterscheiden. Denn an den Kriterien der Stadtgemeinden gemessen, standen nicht nur Gnostiker, sondern alle Christen im Verdacht einer Geheimhaltung. Am Kriterium der Reichsöffentlichkeit gemessen taten sich jedoch Unterschiede auf: Hier waren lediglich Gnostiker einer bewußten Verheimlichung ihres Glaubens verdächtig, wohingegen Christen ihren Glauben auf entsprechendes Befragen zu bekennen pflegten.

Es waren die bekannten paganen Kritiker, die Christen Geheimhaltung ihres Glaubens vorgeworfen haben. Minucius Felix gibt

---

56 Zum Texte des Bahman Yašt: G. Widengren, *Die Religionen Irans*, Stuttgart 1965, S. 256 Anm. 48.

den Vorwurf des paganen Kritikers Caecilius mit den Worten wieder[57]:

»Warum bemühen sie sich denn so sehr, den Gegenstand ihrer Verehrung, was es auch mit ihm auf sich haben möge, zu verheimlichen und zu verbergen [*occultare et abscondere*]? Was anständig ist, freut sich über Öffentlichkeit; nur Laster hält man geheim. Warum haben sie keine Altäre, keine Tempel, keine anerkannten Standbilder [*simulacra*], reden sie nie öffentlich [*palam*], versammeln sie sich nie frei, wenn nicht aus dem Grunde, daß das, was sie da heimlich treiben, strafbar oder schändlich ist?« (Octavius x,2).

Der pagane Beobachter beurteilte das Handeln der Christen nach den Normen der antiken Stadtkultur. Auch die anderen paganen Kritiker des antiken Christentums waren Verteidiger der Stadtgemeinden und beurteilten die antiken Christen wesentlich von diesem Standpunkt aus. Nicht zufällig finden wir daher bei Celsus einen ähnlichen Vorwurf:

»Die Errichtung von Altären und Bildsäulen fliehen sie; denn ihr Kennzeichen ist die Verabredung einer unsichtbaren und geheimen Gemeinschaft« (Origenes, *Contra Celsum*, VIII,17).

S. Benko hat zeigen können, daß die pagane Kritik am Christentum teilweise gegen gnostisierende Christen gerichtet war. Daß Christen im allgemeinen ihren Glauben freimütig vor den Stadthaltern und Reichsinstanzen bekannten und nur christliche Gnostiker dieses ablehnten, machte für die paganen Verteidiger antiker Stadtkultur keinen großen Unterschied. Denn die Formensprache, in der Religion in der antiken Stadtkultur ausgedrückt und verbindlich gemacht wurde, hatten weder Christen noch Gnostiker übernommen. Dennoch trifft der Vorwurf, eine unsichtbare und geheime Gemeinschaft zu bilden, eher auf gnostische als auf kirchliche Christen zu.

Es war in der Antike auch sonst üblich, daß Lehren vor Außen-

---

57 Hierzu: R. L. Wilken, *The Christians as the Romans Saw them*, New Haven 1984, S. 44-47; S. Benko, *Pagan Rome and the Early Christians*, London 1985, S. 54-74; derselbe, »Pagan Criticism of Christianity during the First Two Centuries A.D.«, in: *Aufstieg und Niedergang der Römischen Welt*, Reihe II, Bd. 23,2, Berlin 1980, S. 1055-1118, auf den S. 1081-1089. Benko ist der Ansicht, daß der pagane Vorwurf der Heimlichtuerei, den Minucius Felix zurückweist, auf antignostische Stellungnahmen der Kirchenväter zurückgehen könnte.

stehenden geheim gehalten und nur ausgewählten Schülern mitgeteilt wurden. Mittelplatonische Philosophen der ersten Jahrhunderte unterrichteten in dieser Weise. Die ›privaten Seminare‹, die sie hielten, wurden von Außenstehenden als eine Esoterik gedeutet, ohne daß allerdings eine wirkliche Esoterik beabsichtigt gewesen wäre.[58]

Staatliche Unterdrückung von Gnostikern

Strafmaßnahmen gegen Manichäer im paganen Römischen Reich

Der erste römische Herrscher, der außer Christen gezielt Gnostiker verfolgen ließ, war der spätrömische pagane Kaiser Diokletian, der von 284-305 n. Chr. herrschte. Sein Objekt waren die Manichäer.

In einer Gesetzessammlung aus dem Beginn des 5. Jahrhunderts, die im 16. Jahrhundert wiederentdeckt worden ist (*Collatio legum Mosaicarum et Romanorum*) steht eine Anordnung, die Diokletian am 31. März (wohl des Jahres 297) in Alexandria dem Prokonsul Afrikas, Julianus, erteilt hat. In ihr bekräftigte er die Politik, die von ihm und seinen Vorgängern (schon gegenüber den Christen) betrieben worden war: Diejenigen, die den alten Religionen neue und unerhörte Grundsätze entgegenstellten (*hi qui novellas et inauditas sectas veterioribus religionibus opponunt*), müßten bestraft werden. Dies treffe – wie der Prokonsul dem Kaiser berichtet hatte – auch auf die Manichäer zu. Außerdem seien die Manichäer aus dem persischen, uns feindlichen Volk hervorgegangen [der Krieg zwischen Römern und Persern näherte sich dem Höhepunkt HGK], würden Unruhe stiften und das bescheidene und ruhige Volk der Römer mit den persischen Gesetzen vergiften. Drakonische Strafen wurden angedroht: Urheber und Anführer sollen samt ihren Schriften verbrannt werden, die Gesinnungsgenossen hingerichtet, Honoratioren nach ihrer Enteignung in die Bergwerke geschickt werden.[59]

58 J. Glucker, *Antiochus and the Late Academy*, Göttingen 1978, S. 296-329; J. M. Dillon, »Self-Definition in Later Platonism«, in: E. P. Sanders (Hg.), *Jewish and Christian Self-Definition*, Bd. 3, London 1982, S. 60-75.

59 Text des Ediktes: A. Adam, *Texte zum Manichäismus*, Berlin 1954, S. 82 f.; K. Stade, *Der Politiker Diokletian und die letzte große Christenverfolgung*, Kirchhain 1926, S. 86-89 (mit deutscher Übersetzung).

Die Manichäer werden von diesem Edikt wie die Christen zu Verrätern an den väterlichen Gesetzen gemacht. Außerdem seien sie aus dem Volk des Feindes, der Perser, hervorgegangen. Zwar waren die Manichäer auch im persischen Sassanidenreich seit ungefähr 276 n. Chr. Verfolgungen ausgesetzt gewesen, jedoch war unter dem Perserkönig Narsēs (293-302 n. Chr.) die Verfolgung einer Duldung gewichen. Narsēs griff auf die Religionspolitik von Šāpūr zurück, der Mani und seine Jünger hatte gewähren lassen. Damit rückten aus römischer Warte Perserreich und Manichäismus wieder näher zusammen. Da in diese Zeit auch die erste Welle der Ausbreitung des Manichäismus in Nordafrika fällt, lagen dem Edikt Diokletians sowohl außen- als auch innenpolitische Erwägungen zugrunde.[60]

Unterdrückung von Gnostikern als Häretiker

Mit der Anerkennung des Christentums als offizieller, staatlich anerkannter Religion im 4. Jahrhundert n. Chr. hatten sich die Voraussetzung von Herrschaft im Römischen Reich geändert. Nicht mehr die zahlreichen lokalen Kulte und Gemeinschaften waren die anerkannten Grundpfeiler, die zu schützen Aufgabe des Staates war. An deren Stelle trat die *eine* Religion, die öffentlich für den Bruch mit den väterlichen Überlieferungen als Norm politischen und religiösen Lebens eintrat und stattdessen einen exklusiven Monotheismus verlangte.

Als Konstantin das Christentum anerkannte, gewährte er ihm zunächst einmal nur die Wiedergabe kirchlicher Vermögen. Der christlichen Körperschaft (*corpus*) sollten die Versammlungslokale, die beschlagnahmt worden waren, wiedergegeben werden (Eusebius, *Historia ecclesiae*, x 5,9 f.).[61] Da sich die Anerkennung

60 Studien zum Edikt: E.-H. Kaden, »Die Edikte gegen die Manichäer von Diokletian bis Justinian«, in: *Festschrift H. Lewald*, Basel 1953, S. 55-68; W. Seston, »Echtheit und Datierung des diokletianischen Edikts gegen die Manichäer«, in: G. Widengren (Hg.), *Der Manichäismus*, Darmstadt 1977, S. 374-384; J. Molthagen, *Der römische Staat und die Christen im zweiten und dritten Jahrhundert*, Göttingen ²1975, S. 112-115; W. Portmann, »Zu den Motiven der diokletianischen Christenverfolgung«, in: *Historia* 39 (1990), S. 212-248.

61 A. Ehrhardt, »Constantin d. Gr. Religionspolitik und Gesetzgebung«

auf die Kirche als Anstalt bezog, obwohl eine entsprechende Einheitlichkeit im Christentum nicht bestand, sah sich der Herrscher bald mit dem Problem konfrontiert, wie denn die christlichen Dissidenten zu behandeln seien. Der Dissens zwischen der sich bildenden katholischen Kirche und den vielen konkurrierenden Gruppen und Grüppchen über Erlösungswege und über die Öffentlichkeit des Bekenntnisses der Erlösten wurde eine Angelegenheit des Herrschers.

Bereits drei Jahrzehnte nach dem Manichäer-Edikt, nur wenige Jahre nach der konstantinischen Wende, griff Konstantin in innerchristliche Angelegenheiten ein.

Kaiser Konstantin schrieb einen »Brief an die Häretiker«. In ihm wandte er sich an die Novatianer, Valentinianer, Marcioniten, Paulianer und sogenannten Kataphryger, »kurz alle, die ihr durch eure besonderen Versammlungen Sekten bildet«, und erließ ein Gesetz (*nomos*), »daß keiner von euch fortan mehr wage, Zusammenkünfte zu veranstalten. Darum haben wir auch den Befehl gegeben, eure Häuser, in denen ihr diese Zusammenkünfte haltet, zu beschlagnahmen« (Brief 28 aus Eusebius, *Vita Constantini*, III, 64 f. – um 326 n. Chr. geschrieben).[62]

Die christlichen Edikte sollten den Häretikern öffentliche Versammlungen untersagen und durch Konfiskation der Versammlungshäuser unmöglich machen. Die öffentliche Versammlungsfreiheit sollte den Rechtgläubigen vorbehalten bleiben.

Diokletian hatte den in römischen Augen verwerflichen Ausschließlichkeitsanspruch der Manichäer bekämpft: »Sie schließen nach ihrem verkehrten Gutdünken aus, was von der Gottheit uns einst zugestanden wurde«. Sollten sie aber – so würde ich diesen Satz verstehen – der römischen Religion die nötige Ehrerbietung erweisen, entfiele jeder Grund für ihre Verfolgung. Zwar beabsichtigten auch die christlichen Verfasser der Edikte eine Heilung der Häretiker, waren sich andererseits aber bewußt, daß diese Heilung erst am Ende der Zeiten geschehen könne. Man kann diese Voraussetzung an den Edikten christlicher Herrscher im

(1955), in: H. Kraft (Hg.), *Konstantin der Große*, Darmstadt 1974, S. 388-456 auf S. 435-437.

62 Übersetzung: H. Kraft, *Kaiser Konstantins religiöse Entwicklung*, Tübingen 1955, S. 246-248; griechischer Text auch bei K. Koschorke, »Patristische Materialen zur Spätgeschichte der valentinianischen Gnosis«, in: M. Krause (Hg.), *Gnosis and Gnosticism*, Leiden 1981, S. 120-139, auf S. 134 f.

Codex Theodosianus (XVI. Buch, 5. Titel) erkennen. Valentinianer und Manichäer gehören nach ihrer Auffassung zur Kategorie der Häretiker. Und von diesen gilt: »Alle Häresien, verboten von göttlichen und imperialen Gesetzen, sollen für immer aufhören« (*CTh* XVI 5,5). Damit war aber paradoxerweise eine gewisse Anerkennung der faktischen Existenz von Häresie verbunden. Denn solange die Welt bestand und ihr Ende noch nicht in Sicht war, mußte man mit der Existenz von Häretikern und Abtrünnigen rechnen.

Schon jüdische Apokalypsen hatten die Anschauung vertreten, Abfall vom rechten Glauben kennzeichne die Endzeit (*Dan.* 11,30; *1. Hen.* 93,9). Neutestamentliche apokalyptische Texte waren ihnen darin gefolgt. Die Parousia des Herren kann nicht stattfinden, »wenn nicht zuerst der Abfall (*apostasia*) gekommen ist und der Mensch der Gesetzeslosigkeit (*anomia*) sich offenbart hat« (*2. Thess.* 2,3; analog *Mt.* 24,10; *1. Tim.* 4,1-3; *1. Joh.* 2,18 f. und 4,3). Theodor von Mopsuestia erkannte (zu Beginn des 5. Jahrhunderts) in den Manichäern, Marcioniten und Valentinianern die Irrlehrer wieder, die in *1. Tim.* 4,1-3 prophezeit worden waren (*Comm. in Tim. ad locum*).[63] Die Kategorie ›Häretiker‹ hatte geschichtsphilosophische Implikationen: Sie verurteilte Andersdenkende aufs strengste, überließ ihre Vernichtung aber dem Gericht am Ende der Zeiten.

Man darf daraus allerdings nicht den falschen Schluß ziehen, daß der Codex Theodosianus keinen Unterschied zwischen verschiedenen Häretikern gemacht hätte. Man hat ihn sehr wohl gemacht! Ein Edikt von Kaiser Theodosius aus dem Jahre 428 beweist dies, wenn es forderte:

»Der Wahnsinn der Häretiker muß unterdrückt werden« (*haereticorum est reprimanda insania*), aber »nicht alle sollen mit derselben Strenge bestraft werden« (*CTh* XVI 5,65 Prolog und 2). Einige wie die Arianer dürfen (lediglich) keine Kirchen in den Städten besitzen. Andere wie die Valentinianer, die Montanisten, die Borborianer, die Donatisten und die Manichäer dürfen sich nirgendwo auf römischem Boden versammeln und beten. »Die Manichäer sollen darüber hinaus aus den Städten vertrieben werden [*Manichaeis etiam de civitatibus expellendis*)« (5,65,2).

So sind die unterschiedlichen häretischen Gruppen mit abgestuften Strafmaßnahmen bedroht worden:

63 Text bei Koschorke, a.a.O., S. 136.

- dem Verbot des Besitzes von Versammlungsgebäuden in einer Stadt (*civitas*);
- dem Verbot von Versammlungen und Gebeten auf dem Boden des Römischen Reiches;
- der Vertreibung aus den Städten.

Koschorke hat die These vertreten, daß lange Zeit die älteren Gnostiker noch eine gewisse Toleranz genossen hätten. Tatsächlich scheinen die Manichäer durchgehend strenger und konsequenter unterdrückt worden zu sein als die Valentinianer.[64] Wie streng die Manichäer bereits vor Theodosius unterdrückt worden sind, zeigt ein Edikt aus dem Jahre 372 n. Chr.. Kaiser Valentinian hatte in Trier das erste antimanichäische Edikt nach Diokletian ausgefertigt. Es war an den Stadtpräfekten von Rom gerichtet. Während Diokletian die Manichäer noch in Afrika bekämpft hatte, hatten sie inzwischen in Italien Fuß gefaßt.

»Wo immer eine Versammlung [*conventus*] von Manichäern oder ein Haufe dieser Art gefunden wird, soll ihren Lehrern [*doctores*] eine schwere Strafe auferlegt werden. Ebenso sollen diejenigen, die sich versammeln, als ehrlos [*infamis*] und unehrenhaft aus dem Kreis der Menschen entfernt werden. Häuser und Gebäude, in denen die profane Lehre unterwiesen wird, sollen ohne alle Bedenken von Männern des Fiskus beschlagnahmt werden« (*CTh* XVI 5,3).

Die Sammelkategorie der ›Häretiker‹ ließ also durchaus Unterschiede bei der Verfolgung der verschiedenen Gruppen zu. Manichäer wurden durchweg strenger bestraft als christliche Häretiker.

Das Verbot öffentlicher Versammlungen und seine Durchsetzung

Allen Häretikern war gleichermaßen untersagt, sich öffentlich zu versammeln (*in publico convenire loco*) oder sich Kirchen zu bauen (Th XVI 5,65,3). Die militärischen und zivilen Stellen des Reiches wurden angewiesen, sie daran zu hindern. Jenseits aller unterschiedlichen Strafandrohungen für häretische Gruppen gab es die grundlegende Absicht, öffentliche Versammlungen von Häretikern zu unterbinden. Hierbei stützten sich die Herrscher

64 Ebd., S. 124 f.

auf die lokalen Amtsträger (zumeist Prätorianerpräfekten) und auf die alte städtische Aristokratie:

»Wir untersagen es allen Häretikern, unerlaubte Versammlungen [*inlicitas congregationes*] in Städten [*intra oppida* – *oppidum* eine zwar befestigte, aber kleine Stadt] abzuhalten«, wurde dem Prätorianerpräfekten Eutropius mitgeteilt. Sollten sie sich nicht daran halten, dann sollen sie aus den Mauern der Städte vertrieben werden (*ab ipsis urbium moenibus propelli*) (5,6,3; 381 n. Chr.).

Ein weiteres Edikt aus dem Jahre 381 n. Chr. (5,7) untersagte den Manichäern Feiern in kleinen und großen Städten. »Sie sollen völlig ferngehalten werden vom Anblick in einer volkreichen Stadt [*civitas*]« (5,7,3). Im selben Jahre wurde die Zone, in denen Häretiker keine Versammlungen abhalten dürfen, so umschrieben: »in Stadt und Land sowie den Gütern [*intra urbium adque agrorum ac villarum loca*]«. Wer trotzdem lehrte und Kulte praktizierte, sollte aus den Gemeinschaften (*a coetibus*) vertrieben werden und zu seinem Geburtsort zurückkehren, »damit niemand von ihnen die Möglichkeit hat, zu irgendwelchen anderen Orten zu gehen oder zu [anderen] Städten zu schweifen«. Decurionen, in deren Städten unerlaubte Versammlungen abgehalten wurden, sollten verurteilt werden (5,12). Weitere Verbannungsbefehle befinden sich in den Edikten 5,11; 5,14; 5,18; 5,65,2. Daß den Decurionen die Überwachung des Versammlungsverbotes übertragen wurde (zusammen mit den *defensores* und den staatlichen Beamten) teilt 5,45 aus dem Jahre 408 n. Chr. mit.[65]

Auch andere Edikte befahlen städtischen Aristokraten (den Decurionen), Versammlungen von Häretikern zu unterbinden. Ein Edikt (5,21) aus dem Jahre 392 n. Chr. drohte dem Gutsherren Konfiskation bzw. seinem Verwalter eine Geld- oder Prügelstrafe an, falls er Versammlungen von Häretikern auf den Gütern (*villa*) gestatte (dies kehrt 5,34; 5,36; 5,40 wieder). Die städtischen Aristokraten waren offensichtlich für die Durchsetzung dieser Anordnungen unentbehrlich, und zwar nicht nur wegen ihrer Funktion im Magistrat der Stadt, sondern auch als Gutsherren.

Daß die Decurionen tatsächlich bei der Durchsetzung von Edikten gebraucht wurden, ist auch aus einem anderen Vorgang ersichtlich. Valentinian und Valens ordneten in einem Edikt an, die unter Julian (erneut) eingesetzten Bischöfe sollten wieder abgesetzt werden. Sie drohten den Decurionen eine Geldstrafe von

65 Zur Gesetzgebung des Codex Theodosianus: E.-H. Kaden, a.a.O., sowie K.-L. Noethlichs, *Die gesetzgeberischen Maßnahmen der christlichen Kaiser des vierten Jahrhunderts gegen Häretiker, Heiden und Juden*, Diss. Phil., Köln 1971.

300 Pfund Gold (und – wie Sozomenos hinzufügt – die Prügel-strafe) an, wenn sie die Bischöfe nicht aus ihren Kirchen und Städten vertrieben (5,1; Sozomenos, *Historia ecclesiae*, VI, 12). Dieses kleine Detail aus dem Verwaltungsalltag des Römischen Reiches zeigt, daß dem Herrscher seine Beamtenschaft nicht ge-nügte, um die Befolgung seiner Anordnungen zu erzwingen. Die lokalen Autoritäten waren nicht zu umgehen. Jedoch verstanden sie sich nicht als gehorsame Befehlsempfänger und mußten mit Drohungen in die gewünschte Richtung getrieben werden. Hier tut sich eine Kluft auf zwischen dem weitgesteckten Ziel (Ver-sammlungsverbot von Häretikern im ganzen Reich) und den ver-fügbaren Mitteln, es durchzusetzen.

Um den Entscheidungsspielraum der städtischen Magistrate zu verkleinern, hatten kaiserliche Edikte die juristische Praxis in den Städten an einem zentralen Punkt geändert. Alle Bürger hatten das Recht einer Anklage gegen Häretiker erhalten und wurden zugleich damit in diesen Fällen von den mit der *accusatio* norma-lerweise verbundenen Risiken ausdrücklich befreit (*CTh* XVI 5,9,1 und 5,11).[66] Damit gab der christliche Herrscher den christlichen Untertanen ein Instrument in die Hand, um lokale Amtsträger ohne eigene Risiken zum Einschreiten gegen Häretiker zu zwin-gen. Jedoch blieb ein Einverständnis der Decurionen nach wie vor Voraussetzung dieses Eingreifens. Waren die lokalen Macht-verhältnisse den Kirchenchristen ungünstig, konnten die Chan-cen für die Durchsetzung der kaiserlichen Gesetze entsprechend geringer werden. Der lokale Faktor war bei der Durchsetzung der antihäretischen Edikte nicht zu unterschätzen.

66 Hierüber informiert *CTh* 5,11: »Und wenn es etwa jemanden geben sollte, der die so klaren Verbote übertritt, so soll er – da allen, die die Pflege und die Pracht der richtigen Ehrerbietung erfreut, das Recht [*der Anklage=accusandi*, fügt Mommsen hinzu] zugestanden ist – ver-trieben werden [*pellatur*] auf Grund des gemeinsamen Einverständnis-ses aller guten [Bürger] [*communi omnium bonorum conspiratione*].« Th. Mommsen/P. M. Meyer (Hg.), *Theodosiani libri* XVI, Berlin 1905, S. 859. Ohne Mommsens Ergänzung liefe dieses Edikt des Jahres 383 n. Chr. auf eine Ermunterung zum Pogrom hinaus. Da Theodosius aber fünf Jahre später Mönche wegen eigenmächtiger Verfolgung von Valentinianern bestrafen lassen wollte, spricht viel für Mommsens Er-gänzung. Die Deutung im Sinne einer Aufforderung zum Pogrom vertrat A. Piganiol, *L'Empire Chrétien*, Paris 1947, S. 221 Anm. 136.

Selten sagen antike Quellen etwas über die Absichten und die tatsächlichen Wirkungen dieser Gesetze aus. Um so wertvoller sind Ausnahmen wie ein Bericht von Sozomenos, einem Rechtsanwalt. Er weiß in seiner *Historia ecclesiae* (zwischen 443 und 450 verfaßt) über das Versammlungsverbot *CTh* XVI 5,12 zu berichten:

»Der Kaiser erließ ein Gesetz und verbot den Heterodoxen den Besitz von Kirchen, die Glaubensunterweisung, die Weihe von Bischöfen oder anderer Personen. Die einen sollten aus Stadt und Land vertrieben werden, die anderen ohne Ehre sein und nicht mit den übrigen das gleiche Bürgerrecht teilen. Er schrieb schwere Strafen in die Gesetze. Aber er wendete sie nicht an. Denn es war nicht seine Absicht, daß die Untertanen bestraft würden, sondern daß sie in den Zustand von Respekt [*deos*] gerieten, damit sie mit ihm einer Meinung seien über die Gottheit. Denn er lobte die, die freiwillig vom (häretischen) Glauben abgefallen waren« (Sozomenos, *Historia ecclesiae*, VII, 12).

Die Häretiker konnten sich also durch eine Abkehr vom ›Irrglauben‹ von einer Bestrafung befreien. Wie bei den Christenverfolgungen durch die paganen Machthaber war es der Zweck der Edikte gewesen, einen Gesinnungswandel zu erzwingen. Allerdings war die Ordnung, um deren willen dies geschah, eine andere geworden. Die Öffentlichkeit des Römischen Reiches war nun eine christliche. An die Stelle der vielen Nomoi lokaler Gemeinschaften war das eine göttliche Gesetz und die eine Kirche getreten. Und dieses Gesetz duldete keine Öffentlichkeit von Häresien.

Verfolgung von Manichäern im sassanidischen und frühislamischen Iran

Auch außerhalb des Römischen Reiches wurden Gnostiker verfolgt. Einige Jahre vor dem Edikt Diokletians gegen die Manichäer wütete im Sassanidenreich der zoroastrische Oberpriester Kartīr gegen alle, die von der Religion des Mazdaismus (*dyn-y mzdysn*) abgewichen waren. Kartīr hat seine Aktionen selber schriftlich festgehalten und in einer Inschrift an der Ka‘aba des Zarathustra in Naqš-i Rustam veröffentlichen lassen. Die Inschrift beschrieb seinen Aufstieg. Unter Šāpūr I (242-273) war er noch Herpat gewesen, unter Hormizd I und Bahrām I wurde er

Magupat (273-277 n. Chr.), und unter Bahrām II (277-293) wurde er unter die Großen des Reiches (*vazurkān*) aufgenommen.

Über seine Tätigkeit schreibt er: Die Lehren (*kēš*) Ahrimans und der Dämonen wurden aus dem Reich verbannt. »Und Juden, Schamanisten [*šaman*], Brahmanen, Nazoräer, Christen, Muktik und Zandīq wurden im Reich geschlagen [*zat hēnd*]; die Götzen [*uzdēs*] wurden zerstört und der Wohnort [*grist*] der Dämonen vernichtet.« Kartīr rühmte sich dieser Vernichtungen, weil sie bestätigten, daß er zu Recht in den Rang der Großen erhoben worden war und seiner Aufgabe als Magupat des Ohrmazd gewachsen war.

Zandīq bezeichnete denjenigen, der im Hinblick auf den *zand* (das Wissen und dann speziell den Kommentar des Avesta) von der offiziellen zoroastrischen Kirche abwichen. Zwar hat R. C. Zaehner gemeint, in *zandīq* Anhänger eines materialistischen Zurvanismus sehen zu müssen. Jedoch bleibt wahrscheinlicher, daß die *zandīq* Anhänger Manis waren, die den Zoroastrismus auf ihre Weise kommentiert und gedeutet hatten.

Daß bereits Mani von diesen Verfolgungen betroffen war, bestätigen manichäische Quellen. Sie berichten nämlich vom Martyrium Manis um 276 n. Chr. unter Bahrām I (274-277 n. Chr.) und erwähnen dabei auch die Mitwirkung des Priesters Kartīr (M 6031).[67]

Die Art der Verfolgung unterschied sich von den westlichen Edikten. Hier wurde kein Gesetz erlassen, hier wurde auch nicht zu einer konsequenten Verfolgung bestimmter Gruppen durch staatliche Amtsträger aufgerufen. Die Verfolgung war eine Ruhmesleistung von Kartīr persönlich gewesen. Dazu paßt, daß die Verfolgung der Manichäer auch später eine Sache der persönlichen Initiative von Herrschern blieb. Denn der Nachfolger Bahrāms II, der Schah Narsēs (293-302), distanzierte sich von seinen

67 Text, Übersetzung und Kommentar der Kartīr-Inschrift: M.-L. Chaumont, »L'Inscription de Kartīr à la ›Ka°bah de Zoroastre‹ (Texte, Traduction, Commentaire)«, in: *JA* 248 (1960), S. 339-380; die Deutung von ›*zandīq*‹ wurde von H. H. Schaeder entwickelt: derselbe, *Iranische Beiträge* I, Halle 1930, S. 274-291; R. C. Zaehners Deutung: *The Dawn and Twilight of Zoroastrianism*, London 1961, S. 196-198; der mittelpersische Text M 6031 ist aufgenommen in: M. Boyce, *A Reader in Manichaean Middle Persian and Parthian*, Leiden/Teheran 1975, Text m; Übersetzung von J. P. Asmussen, *Manichaean Literature*, New York 1975, S. 55.

beiden Vorgängern Bahrām I und II. Er betrachtete sich als Erben Šāpūrs und setzte dessen tolerante Politik gegen die Jünger Manis fort und beendete erst einmal die Verfolgungen der Manichäer.[68]

In der frühislamischen, omayyadischen Zeit war den Manichäern ein den Christen und Juden durchaus vergleichbarer Status gegeben worden. Erst in abbasidischer Zeit setzten islamische Verfolgungen ein. Die Muslims übernahmen das Etikett, das zuvor die Sassaniden den Manichäern aufgedrückt hatten: Mittelpersisch *zndyk* (*zandīq*), Arabisch *zindīq* (pl. *zanādiqa*; Abstraktum *zandaqa*). Und sie ordneten es in ihre Gesetzgebung gegen Apostaten ein. Im *Qoran* wurde Abtrünnigen das Höllenfeuer angedroht, »diejenigen ausgenommen, die umkehren und sich bessern. Gott ist barmherzig und bereit zu vergeben« (Sure 3,89). Dem Apostaten wurden zwar jenseitige Strafen angedroht, aber die Rückkehr zum Islam stand ihm offen. Anders die Rechtspraxis in der islamischen Gemeinschaft *nach* Mohammed. Dem Apostaten wurde nun die Todesstrafe angedroht. Uneinig aber war man sich darin, ob und gegebenenfalls wann man Rückbekehrungsversuche unternehmen solle.

Der bedeutende islamische Rechtsgelehrte Mālik ibn Anas (gestorben 795 n. Chr.) war der Ansicht gewesen, man solle nur den zu bekehren versuchen, der ganz offen vom Islam abfällt. Wer aber zu den *zindīq* übergehe, könne ohne Umschweife getötet werden. »Solchen Leuten gegenüber werden Bekehrungsversuche nicht unternommen, denn [die Aufrichtigkeit ihrer] Bekehrung kann nicht beurteilt werden, da sie doch auch vorher im geheimen Ungläubige waren, während sie öffentlich den Islam bekannten«.[69]

Ob nun mit Bekehrungsversuchen (so die Auffassung der Hanafiten, die im Abbasidenreich tonangebend waren) oder ohne: in beiden Fällen wurden die Manichäer von den Moslems seit der

---

68 W. Seston, »Der Sassanidenkönig Narses, die Araber und der Manichäismus«, in: G. Widengren (Hg.), *Der Manichäismus*, Darmstadt 1977, S. 362-373.

69 Malik b. Anas, al-Muwatta', hg. von Muhammad Fu'ad ᶜAbdalbāqī, Bd. 2, Kairo 1370/1951 S. 736 (den Text erhielt ich dankenswerterweise von H. Halm); übersetzt von I. Goldziher, *Muhammedanische Studien*, Bd. 2, Halle 1888, S. 216; G. Vajda, »Die zindīqs im Gebiet des Islam zu Beginn der ᶜAbbasidenzeit«, in: Widengren (Hg.), *Der Manichäismus*, a.a.O., S. 418-463.

Abbasidenzeit unterdrückt. Dabei hatten die Moslems eine Vorstellung von Öffentlichkeit, die stark der spätrömisch-christlichen ähnelte. Beide Religionen vertraten die Auffassung, daß das öffentliche Leben entsprechend exklusiven offenbarten Wahrheitsansprüchen geregelt werden müsse und daß konkurrierende Wahrheitsansprüche in der Öffentlichkeit nicht geduldet werden können.

Die Verländlichung von gnostischen Gruppen

Als die antike Gnosis im 2. Jahrhundert n. Chr. ihre volle Blüte erlangt hatte, trat sie vor allem in den Städten in Erscheinung. Die gnostischen Lehrer Satornil, Basilides, Valentinus und Herakleon wirkten in Antiochia, Alexandria und Rom. Diese städtische Verbundenheit setzte sich auch im 3. Jahrhundert noch fort. Bardaisan lebte in Edessa, Mani stammte aus der persischen Residenzstadt Seleukia–Ktesiphon. Allerdings hatte Basilides bereits im ersten Jahrhundert seine Aktivitäten auch aufs flache Land gerichtet.[70] Seit dem 4. Jahrhundert verschwanden die Gnostiker allmählich aus dem Gesichtskreis der Städte und begegnen in den Quellen zunehmend auf dem Land. Layton hat auf einer (leider unvollständigen) geographischen Karte einige Orte festgehalten, in denen Gnostiker (bis ins 8. Jahrhundert) bezeugt sind, und hat auf diese Weise die Verländlichung gnostischer Gruppen sichtbar gemacht.[71]

Bis heute ist diese Erscheinung, wenn sie überhaupt zur Sprache gebracht wurde, meistens unter Gesichtspunkten des Niederganges der antiken Gnosis behandelt worden. Ich möchte stattdessen vorschlagen, sie als eine Erscheinung eigenen Rechts zu betrachten.[72]

70 D. J. Kyrtatas, *The Social Structure of the Early Christian Communities*, London/New York 1987, S. 165-167.

71 B. Layton (Hg.), *The Gnostic Scriptures. A New Translation with Annotations and Introductions*, London 1987, S. 10 f.; K. Koschorke, »Patristische Materialen zur Spätgeschichte der valantinianischen Gnosis«, in: M. Krause (Hg.), *Gnosis and Gnosticism*, Leiden 1981, S. 120-139.

72 H. G. Kippenberg, »Verländlichung des Gnostizismus als Folge seiner

Gnostiker auf dem Land

Einen kleinen Einblick in die Religiosität auf dem Land nach dem Ende des Heidentums als Staatsreligion gestattet Theodoret von Cyrus (gestorben um 460 n. Chr.). Er berichtet von Ereignissen, die nicht unter abhängigen Bauern auf *villae* (Gütern städtischer Grundbesitzer), sondern in Dorfgemeinschaften spielten. Die großen menschenreichen Dörfer drückten der Missionierung des flachen Landes ihren Stempel auf. Das wird daran erkennbar, daß sie das Christentum in der Form der Verehrung von Asketen und Wundertätern übernahmen. Das Wichtigste hierzu hat P. Brown in seinem bekannten Aufsatz »The Rise and Function of the Holy Man in Late Antiquity« ausgeführt.[73] Der Heilige ist zusätzlich zu allen seinen außerordentlichen Fähigkeiten auch noch ein Patron, der zwischen dem Dorf und der Welt draußen vermittelt.

Die Heiligenkarriere des Abrahames in einem Dorf nahe Emesa in (*Historia religiosa*, XVII, 1-4) ist dafür ein gutes Beispiel (ein weiteres in *Historia religiosa*, II, 9). Der Heilige war als Kaufmann verkleidet in ein großes Dorf gekommen, das bekannt war wegen seines Unglaubens. Als er sich als Christ zu erkennen gab, wollten ihn die Dörfler unter Drohungen aus dem Dorf vertreiben. Doch zum selben Zeitpunkt erschienen, wie gerufen, Steuereintreiber (*praktores*), die die Dorfbewohner mit Gewalt zur Zahlung einer Steuerschuld zwingen wollten. Der Heilige trat zwischen die feindlichen Parteien und versprach den Steuereintreibern hundert Stücke Gold, wenn sie von ihrem Treiben abließen. Die Dorfbewohner »forderten ihn [daraufhin] auf, ihr Patron [*prostatēs*] zu werden, denn das Dorf hatte keinen Herren [*despotēs*]. Sie waren Bauern und Herren in einem.« Einige Tage später lieh er sich dann das Geld in Emesa und bezahlte die Steuerschuld (*Historia religiosa*, XVII, 3).

Diese Erzählung zeigt, wie dünn und brüchig die Beziehungen zwischen der ländlichen Dorfgemeinschaft und der städtischen Aristokratie, die für die Steuer verantwortlich war, damals waren. Wir befinden uns schließlich in einer Zeit, in der die Patronatsbewegung diese Beziehungen auf breiter Front unterminierte (dazu

staatlichen Unterdrückung«, in: W. Kreisel (Hg.), *Geisteshaltung und Umwelt. Festschrift M. Büttner*, Aachen 1988, S. 307-320.

73 P. Brown, »The Rise and Function of the Holy Man in Late Antiquity«, in: *JRS* 61 (1971), S. 80-101; abgedruckt in J. Martin/B. Quint (Hg.), *Christentum und antike Gesellschaft*, Darmstadt 1990, S. 391-439.

10. Kapitel). Zusätzlich aber gibt die Erzählung zu erkennen, daß die Dorfbewohner eine gemeinsame Religion hatten, denn das Dorf trat schlossen zum Christentum über.[74]

Theodoret von Cyrus ist ein Zeuge für Marcioniten auf dem Lande. Auch in diesem Falle haben wir es neben Landgütern mit Dorfgemeinschaften zu tun.

»Acht Dörfer des Marcion und die benachbart liegenden [Siedlungen] habe ich mit Freude zur Wahrheit geführt; ein anderes Dorf, gefüllt mit Eunomianern, ein anderes mit Arianern habe ich geführt zum Licht der Erkenntnis Gottes, und durch die göttliche Gnade ist bei uns auch nicht eine Unkrautpflanze von Häretikern übriggeblieben« (*Epistula* 81, geschrieben 448 n. Chr.; *Epistula* 113 erwähnt ebenfalls Marcioniten). Über Marcioniten in der *chōra* der Polis Cyrus erboste er sich auch in der *Historia religiosa*, XXI 15. A. v. Harnack kommentierte diese Stelle mit den Worten: Die Marcioniten »verbauerten«.[75]

Außer von Marcioniten hören wir auch von Valentinianern auf dem Land. K. Koschorke hat das Quellenmaterial in dem bereits genannten Artikel vorbildlich zusammengestellt. Darunter befinden sich zwei Briefe des Ambrosius von Mailand, die auch auf die tatsächliche Wirkung der staatlichen Gesetzgebung gegen Gnostiker ein Licht werfen.

Im Sommer 388 waren Christen in Callinicum (einer Militärstadt am Euphrat im äußersten Osten des Reiches) von ihrem Bischof dazu aufgehetzt worden, eine jüdische Synagoge in Brand zu stecken. Der Comes Orientis hatte dies dem Kaiser Theodosius gemeldet, und der Herrscher

74 Ethnologische Untersuchungen zu gegenwärtigen Dorfgemeinschaften haben für diesen engen Zusammenhang von Dorf- und Religionsgemeinschaft ökonomische Faktoren verantwortlich gemacht. Die dörflichen Familienbetriebe waren im Blick auf gemeinsame Bewässerung und Vereinbarungen über den Anbau aufeinander angewiesen und mußten sich darüber hinaus noch rivalisierender Kommunen erwehren. Gemeinsamer Glaube implizierte auch gemeinsame Verwandtschaft, und Verwandtschaft wiederum beinhaltete praktische Gegenseitigkeit. Die Abwendung von der überlieferten Religion konnte nur durch ein Dorf als ganzes geschehen, oder aber das Dorf zerfiel in voneinander auch ökonomisch geschiedene Teile. Ich beziehe mich auf: R. L. Canfield, *Faction and Conversion in a Plural Society: Religious Alignments in the Hindu Kush*, Michigan 1973; J. Weulersse, *Paysans de Syrie et du Proche-Orient*, Paris 1946.

75 A. von Harnack, *Marcion. Ein Evangelium vom fremden Gott.* Leipzig ²1924, S. 159f.

hatte angeordnet, daß die Schuldigen »bestraft werden sollten und der Bischof persönlich für die Wiederherstellung der Synagoge Sorge zu tragen habe«. Hiergegen legte Ambrosius in einem Brief an den Kaiser Einspruch ein (*Epistula* 40,6). In diesem Zusammenhang berichtet Ambrosius auch, daß Mönchen noch wegen einer anderen eigenmächtigen Aktion Strafe angedroht worden war. »Valentinianer hatten [Mönchen, HGK] den Weg versperrt, auf dem sie gemäß Gewohnheit und altem Brauch zum Fest der makkabäischen Märtyrer zogen [am 1. 8. 388, HGK]. [Die Mönche] steckten erregt von solcher Unverschämtheit [*moti insolentia*] ein Heiligtum von ihnen [*fanum eorum*] in Brand, das in aller Eile [*tumultuarie*] in irgendeinem ländlichen Dorf [*ruralis vicus*] errichtet worden war« (*Epistula* 40,16). In einem Brief an seine Schwester berichtet Ambrosius von einer Predigt in Gegenwart des Kaisers, in der er diesen Vorgang noch einmal zur Sprache gebracht habe: Mönche sollten bestraft werden, weil sie ein Gebäude von Valentinianern (*aedificium Valentinianorum*), einen Versammlungsort (*conventiculum*), in Brand gesteckt hatten (*Epistula* 41,1.27).[76]

Wir können den Berichten entnehmen, daß nur die Synagoge, nicht aber das valentinianische Gebäude vom Bischof wiederaufgebaut werden mußte. Die Valentinianer wurden zwar schlechter gestellt als die Juden, aber eine pogromartige Bestrafung von Ketzern durch Mönche war in jedem Falle verboten. Beachtenswert scheint mir auch, daß Valentinianer in aller Eile (*tumultuarie*) ein Versammlungsgebäude auf dem Land errichtet haben sollen. Tatsächlich war ja im Jahre 388 zum ersten Male wieder seit 384 ein Edikt gegen Häretiker erlassen worden. In dem Edikt vom 10. März 388 wurde den Häretikern – zusätzlich zu den schon bestehenden Benachteiligungen – das Recht der Appellation an den Kaiser genommen. Könnte es möglich sein, daß die Mönche darin einen Freibrief für einen Rachefeldzug gegen Valentinianer gesehen haben? Die Valentinianer jedenfalls scheinen erst kurz zuvor aufs Land ausgewichen zu sein. Wuchs der staatliche Druck in den Städten, dann konnten Häretiker versuchen, aufs flache Land auszuweichen. Das schloß nicht aus, daß sie bei veränderter Lage wieder in die Städte zurückkehrten.

Einen Hinweis auf Valentinianer in Städten gibt ein Brief von Julian Apostata aus dem Jahre 362 n. Chr. Julian ordnete in ihm an, daß der gesamte Kirchenbesitz der Arianer von Edessa eingezogen werden solle.

76 Besprechung und Übersetzung der zwei Briefe des Ambrosius in: *Library of Christian Classics*, Bd. 5, S. 226-250.

»Die Anhänger der arianischen Kirche haben im Übermut ihres Reichtums die Leute von der Sekte des Valentinus angegriffen und sich in Edessa so schwere Ausschreitungen zuschulden kommen lassen, wie sie in einer wohlgeordneten Stadt nie und nimmer vorkommen dürfen« (*Epistula* 59 – B. K. Weis).

Auch noch nach dem staatlichen Verfolgungsbefehl sind Valentinianer in Städten bezeugt. 448 n. Chr. beschwerte sich Theodoret von Cyrus darüber, daß ihm der Zutritt zu Städten verwehrt sei, wohingegen sie nicht nur für Arianer und Eunomianer, sondern sogar für Manichäer, Marcioniten und Valentinianer zugänglich seien (*Epistula* 81). Man wird das kaum anders verstehen können, als daß die Decurionen der Städte beträchtliche Freiheit hatten bei der Befolgung oder aber Ignorierung der kaiserlichen Edikte.

Was wir hier mikroskopisch studieren können, hat sich in Vorderasien wohl öfter abgespielt, wiewohl eine gründliche Studie hierzu fehlt.[77] Valentinianer, Marcioniten und Manichäer haben es – wie andere heterodoxe Gruppen – geschafft, sich auf dem Lande niederzulassen. Verfolgte Gnostiker hatten außer einer Unterwerfung unter die Kirche nur die Alternativen: entweder die Städte zu verlassen oder aber in den Städten zu bleiben und ihre gnostische Überzeugung zu verbergen. Die Verstellung (*hupokrisis*) vor den bösen Mächten der Welt konnte ohne viel Umstände aus der dualistisch-spiritualistischen Kosmologie und Anthropologie begründet werden. Die in den *Codex Theodosianus* aufgenommenen Gesetze rechneten übrigens mit solcher Verheimlichung (XVI 5,9). Daneben aber gab es das andere: die Flucht von der Stadt aufs Land.

---

77 Interessant die Beobachtung des Kirchenhistorikers K. Holl, auf die mich P. Nagel aufmerksam gemacht hat. In seinem Artikel: »Das Fortleben der Volkssprachen in Kleinasien in nachchristlicher Zeit«, in: *Gesammelte Aufsätze zur Kirchengeschichte*, Bd. 2, *Der Osten*, Tübingen 1928, S. 238-248, schrieb K. Holl: »Man gewinnt fast den Eindruck, als ob das Innere Kleinasiens ein gelobtes Land der Dissenters gewesen wäre« (S. 247).

Eine gleiche Beobachtung läßt sich auch an den Manichäern machen. Zu Beginn hatten vor allem städtische Händler den Manichäismus verbreitet. Zu der Zeit, als Augustinus sich mit ihm auseinandersetzte, hatte sich das Blatt jedoch gewendet.[78] Die Manichäer zogen sich aus den großen Städten, in denen Beamte und Bischöfe immer argwöhnischer wurden, in kleine Provinzstädtchen und entlegene Dörfer zurück, wie P. Brown beobachtet hatte.[79] Auch die Ablehnung des Ackerbaus hinderte sie nicht daran, galt sie doch nur für die *electi*. Wenn Augustinus die manichäischen *auditores* (Hörer) beschreibt, setzte er dieses ländliche Milieu bereits voraus.

»Eure *auditores*, die mit ihren Frauen, Kindern, Familien, Häusern und Äckern euch dienen«, notiert er *Contra Faustum*, v 10; »sie bearbeiten das Land, leihen gegen Zins und haben Ehefrauen«, schreibt er in *Epistula* 23 6,2. Die typische Vergesellungsform der Manichäer war die kleine Zelle von *auditores*, die den *electi* diente und die sonntags zur Verlesung von Schriften zusammenkam (*conventicula*). Die einfachen Gläubigen waren gehalten, untereinander eine Brüderethik zu pflegen. »Der Hörer soll den Hörer so lieb haben, wie man seinen Bruder und seine Familienangehörigen lieb hat. Denn sie sind ja Kinder der lebendigen Familie und der Lichtwelt« (T II D 126). Diese *auditores* mußten über einen gewissen materiellen Wohlstand verfügen, um die *electi* aufnehmen und unterstützen zu können. Wir befinden uns hier schon mitten in dem Prozeß einer Verländlichung des Manichäismus.[80]

Als die Manichäer im Sassanidenreich verfolgt wurden, reagierten sie darauf auf eine Weise, über die der Fihrist des Ibn an-Nadīm (10. Jahrhundert n. Chr.) Aufschluß gibt.

---

78 S. N. C. Lieu, *Manichaeism in the Later Roman Empire and Medieval China. A Historical Survey*, Manchester 1985, S. 63-78 und S. 85-90.
79 P. Brown, »The Diffusion of Manichaeism in the Roman Empire« (1969), in: *Religion and Society in the Age of Saint Augustine*, London 1972, S. 94-118.
80 Die Texte T III D 278 II und T II D 126 bei M. Boyce, *A Reader in Manichaean Middle Persian and Parthian*, Leiden/Teheran 1975, S. 55-57; F. Décret, *L'Afrique manichéenne (ive-ve siècles)*, Bd. 1, Paris 1978, hat S. 203-208 das soziologisch relevante Material behandelt. Die beiden Texte Augustins sind in Bd. 2, S. 155, Anm. 237, abgedruckt.

»Die ersten, die abgesehen von der Samanīyah [Schamanisten – eine der unter Kartīr verfolgten Gruppen] in das Land jenseits des Oxus gingen, gehörten zu den manichäischen Religionsgemeinden [adyān]. Der Grund war [der folgende]: Nachdem Chosroes [der sassanidische Herrscher Bahrām, HGK] Mani am Galgen hatte sterben lassen und seinen Untertanen die religiösen Streitigkeiten verboten hatte, begann er Manis Anhänger überall, wo er sie nur fand, umzubringen. Diese flohen vor ihm, bis sie den Fluß [Amu Darja] bei Balkh überschritten hatten, drangen in das Reich des Khān ein und blieben bei ihm. Khān ist in ihrer Sprache ein Beiname, den man dem König der Türken gibt.« Dort seien die Manichäer bis zum Fall des Sassanidenreiches geblieben. »Danach kehrten sie zurück in dieses Land, besonders zur Zeit des persischen Umsturzes [gemeint ist wahrscheinlich die Azraqī-Rebellion 698/99 n. Chr.] und zur Zeit der Omayyaden-Könige, denn Khālid ibn ᶜAbdallah al-Qasrī nahm sich ihrer an, nur daß der Sitz des Oberhauptes in dieser Gegend ausschließlich an Babylon gebunden war ... Unter der Herrschaft von al-Muqtadir [908-932] wanderten sie ein weiteres Mal aus. Denn um ihr Leben fürchtend begaben sie sich nach Khurāsān. Wer zurückblieb, verbarg [satara] seine Lehre [amr] und wanderte in diesen Städten umher ... In den Staaten des Islam sind nur wenige. In der Stadt des Heils (Bagdad) habe ich ungefähr dreihundert von ihnen unter der Regierung von Muᶜizz ad-Daula kennengelernt; in der gegenwärtigen Zeit aber sind von ihnen in der Residenz kaum mehr als fünf zu finden. Diese Manichäer heißen Ağārā und leben auf den Dörfern von Samarqand, Soğd und vorzugsweise in Tunkath.«[81]

Der Berichterstatter Ibn an-Nadīm schrieb zwar sieben Jahrhunderte nach Manis Tod, aber sein Bericht ist wahrscheinlich zutreffend. Denn einige der gefundenen Texte sprechen von einer frühen Mission Manis und seiner Jünger im Osten Irans.[82] Die wei-

81 Text abgedruckt, übersetzt und erklärt von G. Flügel, *Mani, seine Lehre und seine Schriften*, Leipzig 1862, S. 76 f. und S. 105 f.; engl. Übersetzung: B. Dodge, *The Fihrist of al-Nadim*, Bd. 2, New York 1970, S. 801-803.

82 Mani zog im letzten Jahre Ardaširs aus, um im Lande der Inder zu missionieren (*Kephalaia* 15,24-27). »Als Mani aus dem Iran-Gebiet vertrieben wurde, ging er in das Land Indien und übertrug die Seelenwanderungslehre von ihnen in seine eigene Häresie« (al-Bīrūnī, India – ed. E. Sachau, S. 27,8 f.). In Belutschistan konnte Mani den Tūrān-Shāh (M 8286 und M 48 1), im Gebiet von Balkh den Warucān-Shāh (M 216 b) gewinnen. Mani sandte »Mar ᶜAmmō, den Lehrer, der die parthische Schrift kannte, ... nach Abaršahr« (das iranische Hochland im Gegensatz zum irakischen Tiefland) (M 2). Ein Brief an Mar ᶜAmmō bezeugt Manichäer in Merw und eine Gemeinde-Organisa-

ßen Kleider der manichäischen Electi prägten den Osten so sehr, daß Muslims mit dem Begriff ›Weiße Kleider‹ (pers. *sapid-ğāme-gān*, arab. *baiḍ al-taub*) oppositionelle religiöse Bewegungen in Mittel- und Zentralasien bezeichneten. Während die im Westen Gebliebenen gezwungen waren, ihre Identität geheim zu halten, konnten sie im Osten öffentlich auftreten. Übrigens meldet Ibn an-Nadīm einen gleichen Sachverhalt für Marcioniten. Sie hielten sich normaler Weise unter den Christen verborgen. Nur in Khurāsān konnten sie den Manichäern gleich öffentlich auftreten. Khurāsān, der Osten Irans, hat für Gnostiker, die aus dem Westen flüchten mußten, als Rückzugsgebiet Dienst getan. Es gelang den Manichäern im Osten sogar, den türkischen Uiguren-Herrscher zur Annahme der manichäischen Religion zu bewegen.[83]

Diese Quellen zur Verbannung von Gnostikern aus den Städten des Römischen Reiches und zur Verfolgung in Iran bezeugen eine Diffusion von Religion besonderer Art. Neben zielstrebiger Mission in Bevölkerungszentren gab es auch den Rückzug aufs flache Land und in staatlich schwer kontrollierbare Gebiete. Hier konnten Gnostiker versuchen, Dorfgemeinschaften und Stammesverbände von ihrer Religion zu überzeugen und hinter sich zu bringen. Es gab seit dem 4. und 5. Jahrhundert offensichtlich zahlrei-

tion in Abaršahr (M 5815 II). In diese Gebiete konnten sich Manichäer zurückziehen, als sie in den Zentren des Sassanidenreiches verfolgt wurden. Die erwähnten Quellen stehen in Übersetzung bei A. Böhlig, *Die Gnosis*, Bd. 3, *Der Manichäismus*, Zürich/München 1980, S. 86 und 226 (Kephalaia und al-Bīrūnī) und J. P. Asmussen, a.a.O., S. 17-25; die frühe manichäische Mission behandelte W. Sundermann in zwei Beiträgen: »Zur frühen missionarischen Wirksamkeit Manis«, in: *AOH* 24 (1971), S. 79-125; »weiteres zur frühen missionarischen Wirksamkeit Manis«: a.a.O., S. 371-379; S. N. C. Lieu, a.a.O., S. 78-85.

83 Zu den ›weißen Kleidern‹ im Manichäismus: E. Esin, »Notes on the Manichean Paintings of Eastern Turkistan«, in: *The Memorial Volume of the* VIth *International Congress of Iranian Art and Archeology*, Teheran 1976, S. 49-80; zu den Marcioniten Ibn an-Nadīms: B. Dodge, a.a.O., S. 806 f.; zur Staatsreligion der Uiguren: H.-J. Klimkeit, »Das manichäische Königtum in Zentralasien«, in: *Festschrift für Walter Heissig*, Wiesbaden 1983, S. 225-244; A. von Gabain, »Das uigurische Königreich von Chotscho, 850-1250.« *Sitzungsberichte der deutschen Akademie der Wissenschaften zu Berlin*, Klasse für Sprache, Nr. 5, Berlin 1961.

che Dörfer und Stammesverbände in Vorderasien, in denen der
Wunsch lebte, sich dem von den Städten ausgehenden Konfor-
mitätsdruck zu entziehen. Wo das der Fall war, hatten Gnostiker,
aber auch andere Häretiker gewisse Chancen. Allerdings mußten
sie ihrerseits eine Voraussetzung erfüllen: Sie mußten Gläubige
zweiten Ranges zulassen. Valentinianer und Manichäer kannten
diese Gruppe von Laiengläubigen (*psuchikoi* und *auditores*) von
Anfang an. Bei den Marcioniten ist diese Institution erst später
entstanden.[84] Die guten Chancen, die diese drei Gruppen auf dem
Lande hatten, hingen mit der Zulassung von *secundi ordinis disci-
puli* zusammen.[85]

Schaut man von hier aus auf die antike, von Texten bezeugte
Gnosis zurück, dann kann man in ihr Voraussetzungen erkennen,
die das Überleben unter ländlichen Bedingungen erleichtert haben. Einmal haben Gnostiker von Anfang an eine gewisse Skepsis
im Hinblick auf ein öffentliches Glaubensbekenntnis gehabt und
haben dem öffentlichen Martyrium nicht den religiösen Wert zugebilligt, den Juden, Christen und Griechen ihm gaben. Zweitens
gab es gnostische Strömungen, die Gläubige zweiten Ranges zu-
ließen. Diese Gruppen treffen wir nicht zufällig auf dem flachen
Land an. Sie konnten bestehende bäuerliche oder tribale Gruppen
en bloc in ihre Religionsgemeinschaft eingliedern. Nur außerhalb
der Städte auf dem Lande konnten sie als Gemeinden überleben.
In den Städten wurden ihre Gemeinden durch die Verfolgungen
aufgerieben.

Wenn die Gnosis aus einem städtischen Phänomen zu einer Erscheinung des Landes und von Rückzugsgebieten wurde, dann
hat sie nur nachvollzogen, was Max Weber für die antike Kultur
insgesamt behauptet hatte. Jedoch ist keineswegs allen antiken
Religionen dieser Sprung gelungen. Im Gegenteil! Bei dieser Ver-
lagerung des Schauplatzes sind die meisten antiken Religionen
untergegangen, da sie auf dem Lande keine Institutionen vorge-
funden haben, die sie stützen und weitertragen konnten. Anders

84 Ephräm der Syrer (4. Jahrhundert n. Chr.) erwähnt in seinen Schriften
Contra haereses (C. W. Mitchell, Bd. 2, London 1921, S. xxvi) zwei
Klassen von Gläubigen unter den Marcioniten (Hinweis von
H. J. W. Drijvers).

85 Siehe meinen Artikel: »Gnostiker zweiten Ranges: Zur Institutionalisierung gnostischer Ideen als Anthropolatrie«, in: *Numen* 30 (1983),
S. 146-173.

stand es mit gnostischem Denken und Handeln. Ihm gelang es, seinen Schauplatz zu verlegen: von einer städtischen Verankerung zu ländlichen Gemeinschaften. Insbesondere Dorfgemeinschaften in den gebirgigen Rückzugsgebieten Vorderasiens sind zum Stützpunkt gnostisierenden Denkens geworden. Ohne diese neue Institutionalisierung wäre die antike Gnosis wenig mehr als eine religionshistorische Randerscheinung von Judentum und Christentum geblieben und hätte das Schicksal der antiken Stadtkultur geteilt. So aber hat sie sich bis ins Mittelalter Europas und bis in die abbasidische Zeit Vorderasiens halten können, so sehr sie dabei auch an ursprünglichen Zügen eingebüßt hat.[86] Möglich war das der Gnosis nur, weil die Gemeinden, die sie bildete, für ihr Bekenntnis auf eine bereits entstehende staatliche oder städtische Öffentlichkeit nicht angewiesen waren, ja diese ablehnten.

Verleugnung des Glaubens
als Handlungskompetenz

Es gab in der antiken und der folgenden islamischen Religionsgeschichte Religionsgemeinschaften, die eine Verleugnung des Glaubens in Zeiten der Verfolgung erlaubten. Die Verstellung vor den weltlichen Instanzen war unter bestimmten Bedingungen religiös richtig und brachte das Heil des Gläubigen nicht in Gefahr. Bereits Origenes hatte dies als Beweggrund auch der Simonianer vermutet, und der Bericht des Agrippa Castor über die Basilidianer ist wohl auch so zu verstehen. Verläßlichere Informationen haben wir über die Valentinianer. Sie lehnten ein Bekenntnis der Erlösten vor der Öffentlichkeit ab und warben mit dieser Idee zur Zeit der schweren Christenverfolgungen. Erst im Falle der Elke-

---

86 K. E. Müller, *Kulturhistorische Studien zur Genese pseudo-islamischer Sektengebilde in Vorderasien*, Wiesbaden 1967; H. Halm, *Die islamische Gnosis. Die extreme Schia und die ᶜAlawiten*, Zürich/München 1982; E. Le Roy Ladurie, *Montaillou. The Promised Land of Error*, New York 1979; S. Runciman, *The Medieval Manichee. A Study of the Christian Dualist Heresy* (1947), Cambridge 1955; A. Borst, *Die Katharer*, Stuttgart 1953; J. Le Goff (Hg.), *Hérésies et sociétés dans l'Europe pré-industrielle 11ᵉ-18ᵉ siècles*, Paris/Den Haag 1968; N. Garsoïan, *The Paulician Heresy*, Paris/Den Haag 1967.

saiten, Manichäer und Paulikianer können wir uns jedoch ein klares Bild machen.

Es ist vielleicht angebracht, sich an dieser Stelle der ganz anderen Beurteilung von Verstellung im antiken Judentum und Christentum zu erinnern. Im antiken Judentum galt es als vorbildlich, öffentlich seinen Glauben zu bekennen. Eine Verleugnung des Glaubens vor der Öffentlichkeit wurde strikt abgelehnt, wie wir oben gesehen hatten. Als nämliche staatliche Beamte dem Schriftgelehrten Eleasar angeboten hatten, er solle Fleisch bringen, das ihm erlaubt sei, und nur so tun (*hupokrinesthai*), als ob er dem königlichen Gebot Folge leiste, lehnte er dies entrüstet ab (*2. Makk.* 6). Eleasar will den jüngeren Männern ein edles Beispiel dafür sein, wie man »bereitwillig und aufrecht für die ehrwürdigen und heiligen Gesetze stirbt« und nicht Abscheu und Schande auf sich ziehen. Zum jüdischen Martyrium gehörte nicht allein eine faktische Gesetzesobservanz. Die öffentlich gezeigte Bereitschaft, für die väterlichen Gesetze zu sterben, gehörte ebenso dazu. Mit dieser Konzeption war die Erwartung einer Auferstehung verknüpft. Der Tod hat seinen Schrecken verloren, weil den Märtyrern die »Auferstehung zum Leben« gewiß war. Eine Verheimlichung des Glaubens mußte von hier aus wie Gottlosigkeit erscheinen.

In diesem Zusammenhang ist die jüdische Beurteilung von *hupokrisis* allgemein wichtig. Dieses Wort bezeichnete in griechischer Sprache die Schauspielerei und stand so gesehen in einem semantischen Zusammenhang mit *persona*, das ja ebenfalls aus der Welt des Theaters stammte, wo es die Maske und dann die Rolle des Schauspielers bezeichnete. Wie sehr Juden eine Trennung der Rolle des Einzelnen von ihm selbst verabscheuten, läßt sich daran ermessen, daß Juden das biblische Wort für Gottlosigkeit (*ḥānep*) mit *hupokrisis* ins Griechische übersetzten.[87] Das Christentum hat sich dieser Sicht nicht nur angeschlossen, sondern sie eher noch radikalisiert und das Innere des Menschen als Ort der Sünde betrachtet.

---

87 Diesen – wie er es nennt – ›merkwürdigen Übersetzungsvorgang‹ stellt U. Wilckens dar in seinem Artikel »*hupokrinomai*« in: *ThWNT*, Bd. VIII, Stuttgart 1969, S. 558-571; siehe auch U. Wilckens/A. Kehl/K. Hoheisel, Art. »Heuchelei«, in: *RAC*, Bd. 14, 1988, S. 1205-1231.

»Wehe ihr Heuchler, daß ihr geweißten Gräbern gleich seid, die auswendig schön scheinen, inwendig aber voll von Totengebeinen und allem Unrat sind« (*Mt.* 23,27).

Verstellung wurde verurteilt wegen des Inneren, das sie zudeckte und das schlecht war.[88]

In diametralem Gegensatz hierzu standen einige spätantike und islamische Religionsgemeinschaften. Bereits in der antiken Religionsgeschichte gab es Gruppen, die *hupokrisis* zu einer Handlungsmaxime gemacht haben. Ein wahrer Schlüsselbegriff wurde allerdings erst das arabische *taqiyya* bzw. das persische *ketmān* im schiitischen Islam. Diese Begriffe begründeten eine Praxis der Verheimlichung.

Georg Simmel hat sich als Soziologe mit der sozialen Logik von Geheimhaltung befaßt und dazu Ideen vorgetragen, die es wert sind, kurz referiert zu werden. Innerhalb des Objektkreises von Wahrheit und Täuschung ist das Innere des uns gegenüberstehenden Menschen ein besonderer Fall: Kein anderes Objekt kann uns in gleicher Weise über sich aufklären oder sich verstecken. Diese doppelte Möglichkeit bestimmt grundlegend die individuelle Existenz. Durch einen Wechsel zwischen Verbergen und Enthüllen entstehen soziale Ferne und soziale Nähe, werden um den Einzelnen herum Kreise von Bekanntschaft, Freundschaft und Ehe gelegt, die auf diesem Wege geschaffen und zugleich voneinander unterschieden werden. Neben der offenbaren Welt bildet sich so eine zweite, in der die Individualisierung des Einzelnen stattfindet.

Ein besonderer Fall tritt Simmels Meinung nach dann ein, wenn sich Gruppen dem Geheimnis als ihrer Existenzform verschreiben. Ein Individuum kann kein Geheimnis sein, eine gesellschaftliche Einheit dagegen kann es. Sie verdankt ihre Existenz allerdings ganz den Beziehungen derer, die ihr angehören. Sie müssen einander vertrauen, sich gegenseitig Schutz bieten und Verschwiegenheit praktizieren. Nur durch diese moralische Verbundenheit ist es möglich, daß neben dem individuellen Gegenspiel von Verbergen und Enthüllen auch noch ein gemeinschaftliches

88 Interessante Überlegungen hierzu von M. C. Bateson, »›This Figure of Tinsel‹: A Study of Themes of Hypocrisy and Pessimism in Iranian Culture«, in: *Daedalus* 108 (1979), S. 125-134, auf S. 125 zu *Mt.* 23,27 als Paradigma von Heuchelei in der westlichen Kultur.

Gegenspiel stattfindet. Aufsteigende wie verfallende Mächte finden in solchen Geheimgesellschaften ein Mittel, sich vor bedrohlichen größeren Mächten zu schützen.[89]

Ich möchte in aller Kürze auf drei Religionsgemeinschaften in Vorderasien am Ende der Antike eingehen, die in diesem Sinne Geheimnis als ihre Existenzform ergriffen haben: die Elkesaiten, die Manichäer und die Paulikianer.

In dem Buche Elxai, das Anfang des 2. Jahrhunderts geschrieben worden war, und das die *Elkesaiten* überlieferten, stand eine Lehre von der Verstellung.[90]

»Er lehrt Verstellung [*hupokrisis*] und sagt, es sei keine Sünde, wenn jemand bei Gelegenheit in der Zeit einer drohenden Verfolgung Götzen verehrt, sofern er sie nicht aus Überzeugung verehrt und sofern er mit dem Munde und nicht mit dem Herzen bekennt ... Ein Priester Pinehas aus dem Geschlechte Levis, Aarons und des alten Pinehas habe während der Gefangenschaft in Babylon die Artemis in Susa verehrt und sei auf diese Weise unter dem König Darius dem Todesverderben entronnen« (Epiphanius, *Panarion*, XIX, 1,8–2,1; 3,3 wird die Verstellung noch einmal kurz erwähnt).

Origines brachte ebenfalls die Elkesaiten mit einer Praxis der Verstellung in Verbindung.

»Er [Elksai?] lehrt, daß zu verleugnen gleichgültig [*adiaphoron*] ist und daß der, der dies versteht, unter Zwang zwar mit dem Mund, nicht aber mit dem Herzen verleugnen wird« (überliefert von Eusebius, *Historia ecclesiae*, VI 38).

Die Auffassung der Elkesaiten scheint der von Basilides nahegestanden zu haben, denn auch Basilides hatte ja eine Verleugnung des Glaubens mit einer stoischen Ethik der Indifferenz begründet. Allerdings entlehnten die Elkesaiten das Recht zur Verleugnung einem Dualismus zwischen Mund und Herzen, Außen und Innen. Die Bewährung in der Verfolgung bestand darin, das Innere vor dem Äußeren, die Wahrheit vor der Lüge zu verbergen.

89 G. Simmel, »Das Geheimnis und die geheime Gesellschaft«, Kapitel 5 in: *Soziologie. Untersuchungen über die Formen der Vergesellschaftung* (1908), Berlin ⁵1968.
90 G. Luttikhuizen, *The Revelation of Elchasai*, Tübingen 1985, S. 119f. (zum Bericht von Epiphanius); S. 201 f. (zur eventuellen Herkunft aus dem Buch Elksai).

Man könnte diese Handlungsanweisung als Zugeständnis einer Notlüge auffassen. Das scheint mir aber nicht ausreichend zu sein, wenn man an die Anspielung auf die ›Verborgenheit‹ im Namen *elksai* denkt. Es ist ein aramäisches Wort und hat vermutlich einen ansonsten unbekannten Propheten als die verborgene Macht bezeichnet.[91] Es liegt nahe, die Verborgenheit der göttlichen Macht mit der Praxis der Verstellung in Verbindung zu bringen. Weil die Wahrheit verborgen war und sich nur in dem Propheten Elksai manifestiert hatte, konnte es außerhalb seiner Religionsgemeinschaft nur Lüge geben. Eine ähnliche Voraussetzung scheint die Anthropologie zu haben, die nicht Griechisch, sondern Hebräisch ist und zwischen dem Mund und dem Herzen unterscheidet. Das Herz als Ort der Aufrichtigkeit wird versteckt und beschützt vom Mund als Ort der Konvention. Damit wird ein inneres von einem äußeren Selbst abgesondert.

Ich möchte den Sachverhalt mit Hilfe eines Zitates von G. H. Mead erläutern und illustrieren. »Das Individuum geht nur als ein Objekt, nicht als ein Subjekt in seine Erfahrung ein ... Die Existenz privater oder ›subjektiver‹ Erfahrungsinhalte ändert nichts an der Tatsache, daß Selbstbewußtsein zur Voraussetzung hat, daß das Individuum zu einem Objekt seiner selbst wird, indem es die Haltungen anderer Individuen ihm gegenüber innerhalb eines organisierten Rahmens sozialer Beziehungen übernimmt. Denn andernfalls könnte ein Individuum nicht seiner selbst bewußt sein oder überhaupt ein Ich besitzen.«[92]

	Selbstbewußtsein	
Subjekt ↔	Objekt ↔	Haltungen anderer
Ich	soziale Rollen	soziale Welt

Durch die Maxime der Verstellung wird zwischen dem Ich und

---

91 Zum Namen Elksai: Luttikhuizen, a.a.O., S. 179-188, der ihn als Gottesbezeichnung interpretierte, die aus dem Titel des Buches stammt; überzeugender Rudolph, der ihn als theophoren Namen oder Titel eines jüdischen Propheten deutete: »Die Bedeutung des Kölner Mani-Codex für die Manichäismusforschung. Vorläufige Anmerkungen«, in: *Mélanges d'histoire des religions offerts à H.-C. Puech*, Paris 1974, S. 471-486, auf S. 475 f. mit Anm. 5; derselbe, »Antike Baptisten. Zu den Überlieferungen über frühjüdische und -christliche Taufsekten«, in: *SSAW.PH* 121, 4 (1981), S. 13-16.

92 *Sozialpsychologie*, Neuwied 1969, S. 309 f.

seinen sozialen Rollen eine Distanz hergestellt. Die Verstellung verschleiert das Subjekt gegen Einblicke anderer. Die Grenze zwischen dem Ich und den Anderen wird nach innen verlegt und verläuft zwischen dem Subjekt und seinen sozialen Rollen. Das Verhältnis, in dem es zu anderen steht, ist von Täuschung gekennzeichnet. Das Innere muß vor den Blicken Fremder geschützt werden.

Ob den Elkesaiten auch in Wirklichkeit Verfolgungen gedroht haben und welcher Art diese gewesen sein könnten, wissen wir nicht. Zum richtigen Verständnis der Lehre aber ist dieser Sachverhalt nicht unbedingt notwendig. Die Erwartung der Verfolgung kann auch unabhängig von akuten Bedrohungen als ein Urteil über die soziale Welt verstanden werden.[93] Dieser Konzeption entlehnten sie die Berechtigung dafür, daß Gläubige sich in Verfolgungszeiten verstellen durften. Dabei wurde ein ansonsten unbekanntes jüdisches Vorbild angeführt – vielleicht sollte man von einem Gegenbild zum Pinehas von Num 25,6-15 sprechen, dessen Eifer ja im antiken Judentum sprichwörtlich geworden ist (siehe *1. Makk.* 2,26 f.). Im Falle einer Verfolgung dieser Gemeinschaft war es ihr Recht, sich nach außen zu verstellen. Damit ist eine Handlungskompetenz eigener Art begründet.

Die Elkesaiten sind wichtig geworden, weil aus ihnen Mani, der Begründer des *Manichäismus*, hervorgegangen ist. Der islamische Historiker an-Nadīm (10. Jahrhundert n. Chr.) hatte überliefert, Mani sei in einer Täufergemeinschaft (*muġtasila*) aufgewachsen, die von einem *al-Ḥasīḥ* gestiftet worden sei.[94] Im Jahre 1970 wurde bekannt, daß in der Kölner Papyrussammlung ein kleiner Taschenkodex mit einer Biographie Manis gefunden und in Wien entziffert worden war, der diese Behauptung bestätigte.[95] Mani war in einer Täufergemeinschaft herangewachsen, als deren Stif-

---

93 Die Mächte dieser Welt waren darauf aus, den Erlösten zu verfolgen und zu quälen, behauptet die Apokalypse des Adam aus Nag Hammadi (*NHC*, v, 5 77,12-19).

94 Engl. Übersetzung von B. Dodge, *The Fihrist of al-Nadīm*, New York 1970, Bd. 2, S. 773 f. und 811. Abgedruckt bei A. F. J. Klijn/G. J. Reinink (Hg.), *Patristic Evidence for Jewish-Christian Sects*, Leiden 1973, S. 271.

95 A. Henrichs/L. Koenen, »Ein griechischer Mani-Codex«, in: *ZPE* 5 (1970), S. 97-216.

ter *Alchasaios* galt (*CMC* 95,9-12).[96] Sein Vater Pattek war der Gemeinschaft beigetreten, als Mani vier Jahre alt war (im Jahre 219/220). Im Alter von zwölf Jahren offenbarte sich dem Mani zum ersten Mal sein himmlisches Spiegelbild, im Alter von 24 Jahren (im Jahre 240 n. Chr.) ein zweites Mal. Mani sah darin die Gnade des himmlischen Vaters, ihn aus dem Irrtum der Sektierer (*planē tōn dogmatistōn*) zu erlösen (*CMC* 17,8-19,16). Bei dieser Trennung waren Fragen ritueller Art wichtig gewesen.[97] Der himmlische Gefährte (*suzugos*) belehrte ihn, wer er sei, was sein Leib und was seine Seele (*CMC* 21-23).

Der himmlische Offenbarer hatte ihm »Mysterien enthüllt, die der Welt verborgen sind und die kein Mensch sehen und hören darf« (*CMC* 43). Mani aber wandelte »mit größter Kunst und Umsicht in jenem Gesetz und bewahrte diese Hoffnung in [seinem] Herzen« (*CMC* 25,2-7). Nur schrittweise trennte er sich von dem Gesetz, in dem er aufgewachsen war: »Wie werde ich als einzelner in der Lage sein, dieses Mysterium inmitten der Menge zu enthüllen, die dem Irrung verfallen ist?« fragte er sich besorgt (*CMC* 31,3-9). Als Mani die Offenbarung erhalten hatte, betete er: »daß ich vor meinen Feinden verborgen werde, falls ich von Bedrängnis und Verfolgungen umfangen bin« (*CMC* 36,23-38,14). Jedoch machte sein himmlischer Gefährte ihm Mut, und Mani trennte sich [heimlich, HGK] von der Lehre, in der er aufgewachsen war, und wurde »wie ein Fremdling und Einzelgänger in ihrer Mitte, bis der Zeitpunkt kam, zu dem« er »aus jener Lehre austrat« (*CMC* 44). »Alle Geheimnisse, die mir mein Vater geschenkt hat, habe ich vor den Sekten und Heiden, ferner auch vor der Welt verborgen und verhüllt, euch aber nach dem Wohlgefallen meines glückseligsten Vaters offenbart« (*CMC* 68,6-15).

Treffend hat G. Stroumsa diese Auffassung von Geheimhaltung der Offenbarung eine bedingte Esoterik genannt.[98] Die Offenbarung wird entsprechend den äußeren Umständen geheimgehalten

96 Kritische Edition: L. Koenen/C. Römer, *Der Kölner Mani-Kodex. Über das Werden seines Leibes*, Opladen 1988: zur Verbindung mit den Täufern siehe außer Rudolph, a.a.O.; A. Henrichs, »Mani and the Babylonian Baptists: A Historical Confrontation«, in: *HSCP* 77, (1973), S. 23-59; derselbe, »The Cologne Mani Codex Reconsidered«, in: *HSCP* 83 (1979), S. 339-367.
97 J. J. Buckley, »Mani's Opposition to the Elchasaites: A Question of Ritual«, in: P. Slater/D. Wiebe (Hg.), *Traditions in Contact.* Waterloo 1983, S. 323-336; dieselbe, »Tools and Tasks: Elchasaite and Manichaean Purification Rituals«, in: *JR* 66 (1986), S. 399-411.
98 »Esotericism in Mani's Thought and Background«, in: L. Cirillo

oder verkündet. Mani und seine Anhänger betrieben lange Zeit und an vielen Orten offen Mission.[99] Widerstand gegen die Mission aber deuteten sie als Angriff der Macht der Finsternis auf die Söhne des Lichtes, den diese mit der List der Verstellung beantworten sollten.[100] In sogdischen Fragmenten wird diese Haltung mit der eines Kindes verglichen, das vorgibt, taubstumm zu sein, obwohl es hören kann.[101] an-Nadīm bestätigte diese manichäische Praxis, als er von einer hoffnungslosen Lage der späten versprengten Manichäer berichtete, in der »die Zurückgebliebenen ihre Religion verbargen«.[102]

Ein weiterer Fall, der diese Handlungskompetenz illustriert, ist der der *Paulikianer*. Mit ihnen befinden wir uns bereits im 8./ 9. Jahrhundert n. Chr., und zwar in Kleinasien. Die Paulikianer waren heimlich in die orthodoxen Kirchen eingesickert und hielten ihre eigenen Lehren hinter einem »rein verbalen Konformismus« (so die Beschreibung von P. Lemerle) verborgen. Petrus Siculus überliefert uns das Verhör eines Paulikianers durch den Patriarchen von Konstantinopel. Der Patriarch fragte ihn, warum er denn den orthodoxen Glauben aufgegeben habe. Der Befragte aber bestritt das und verfluchte die, die den orthodoxen Glauben verlassen haben. »Er nannte aber seine eigene Häresie orthodoxen

(Hg.), *Codex Manichaicus Colonensis*, Cosenza 1986, S. 153-168, auf S. 156.

99 S. N. Lieu, *Manichaeism in the Late Roman Empire and Medieval China. A Historical Survey*, a.a.O., S. 60-90.

100 G. Stroumsa, »Monachisme et Marrianisme chez les Manichéens d'Egypte«, in: *Numen* 29 (1983), S. 184-201, auf S. 194; derselbe, »König und Schwein. Zur Struktur des manichäischen Dualismus«, in: J. Taubes (Hg.), *Gnosis und Politik*, München/Paderborn 1984, S. 141-153; zur List bei der Erlösung S. 149 ff.; ebenfalls zu dieser Deutungsfunktion des manichäischen Mythos: H. J. W. Drijvers, »Conflict and Alliance in Manichaeism«, in: H. G. Kippenberg (Hg.), *Struggles of Gods. Papers of the Groningen Work Group for the Study of the History of Religions*, Berlin/New York 1984, S. 99-124.

101 N. Sims-Williams, »The Sogdian Fragments of Leningrad«, in: *BSOAS* 44 (1981), S. 231-240 auf S. 238.

102 B. Dodge, *Fihrist*, a.a.O., S. 802; zum späten Manichäismus: G. Vayda, »Die zindīqs im Gebiet des Islam am Beginn der ᶜAbbasidenzeit« (1938), in: G. Widengren (Hg.), *Der Manichäismus*, a.a.O., S. 418-463.

Glauben.« Das Verhör ging in diesem Stile weiter. Stets verstand der Paulikianer die offizielle Terminologie auf seine Weise.

»Wiederum über die heilige katholische und apostolische Kirche befragt, antwortet er ebenso, indem er die Versammlungen der Manichäer katholische Kirche nannte.«

Der Angeklagte wurde für unschuldig befunden (Petrus Siculus, *Historia Manichaeorum*, 114-121). Die Paulikianer machten, entrüstet Petrus Siculus sich, »einen unstatthaften und ganz groben Gebrauch von der Allegorie« (*Historia*, 14). Andere Berichterstatter bestätigten, daß die Paulikianer allegorisch zum Zwecke der Verheimlichung ihres Glaubens sprachen und der offiziellen Sprache paulikianische Bedeutungen unterstellten (Petrus Higumenos 10f., 15; Photius 29).[103]

Die Paulikianer lehrten einen Dualismus zwischen dem bösen Gott dieser Welt und dem guten Gott der kommenden Welt (Petrus Siculus, *Historia*, 36-38). Als Gruppe waren sie fest organisiert. Die Allegorie auf ihren Lippen hatte auch mit militärisch-politischer Taktik zu tun. Wenn sie nämlich das Heft in der Hand hatten, ließen sie die Allegorie fallen. Verborgenheit konnte die Bedeutung von Subversion annehmen, ihr Gegenbegriff des Erscheinens die Bedeutung von Aufstand.

Es gab im Rahmen des vorderasiatischen Glaubens an eine absolut transzendente Gottheit alternative Möglichkeiten, das Verhältnis des menschlichen Selbst zur sozialen Welt zu bestimmen. Judentum/Christentum auf der einen, Gnosis/Schia auf der anderen Seite lassen sich mit entgegengesetzten Optionen in Verbindung bringen. Entweder war das Innere des Menschen der Ort der Sünde und die Öffentlichkeit der Ort der praktischen Bewährung des Glaubens, oder aber die äußere Welt war der Ort der Sünde und die innere Welt der Erlösten der Ort der Wahrheit.

103 Beide Texte herausgegeben von C. Astuc, W. Conus-Wolska, J. Gouillard, P. Lemerle, D. Papachryssanthou, J. Paramelle, »Les sources grecques pour l'histoire des Pauliciens d'Asie Mineure. Texte critique et traduction«, in: *Travaux et Mémoires du Centre de Recherche d'Hist. et Civil. Byz.* 4 (1970), S. 1-227; P. Lemerle, »L'Histoire des Pauliciens d'Asie Mineure d'après les sources grecques«, in: a.a.O., 5 (1973), S. 1-144; N. G. Garsoïan, *The Paulician Heresy*, Paris/Den Haag 1967.

x Die schiitische Praxis der Verstellung in einer Welt voller Ungerechtigkeit

Übergänge von der spätantiken Stadtherrschaft zur Gesellschaft im Islam

Die antiken Stadtgemeinden waren von grundbesitzenden Bürgern gebildet worden. Das spätere Schicksal dieser antiken Stadt hat Max Weber im Jahre 1896 als »die sozialen Gründe des Unterganges der antiken Kultur« beschrieben. Was er Untergang nannte, das war in seiner Darstellung mehr eine allmähliche Umstrukturierung. Weber zeichnete nach, wie die antiken Stadtgemeinden (im Westen) allmählich den feudalen Grundherrschaften weichen mußten (siehe oben, 3. Kapitel). Den Wandlungsprozessen im Osten ging er jedoch nicht mit gleicher Genauigkeit nach, obwohl die Entwicklung hier anders gewesen war. Im Osten wurden die städtischen Bürgergemeinden nicht beseitigt, sondern durch das Patrocinium – hier zum besseren Verständnis ›Patronatsbewegung‹ genannt – nur geschwächt.[1] Was die religionshistorischen Konsequenzen dieses Vorganges gewesen sind, hat bislang wenig Beachtung gefunden. M. Nilsson hat beschrieben, wie die Kulte im antiken Griechenland anfänglich Eigentum von Geschlechtern waren, bevor sie zu öffentlichen Kulten der Stadtgemeinde wurden. In vergleichbarer Weise war im Judentum die Religion von Stadtgemeinden getragen worden. Wie aber sieht es am Ende der Antike aus, als die Stadtgemeinden unter Druck gerieten? Darf man vermuten, daß Religionen aus der städtischen Öffentlichkeit verschwanden und wiederum zum Eigentum von Verwandtschaftsgruppen wurden?[2]

Bevor ich der Pragmatik von Erlösungsreligiosität in der Reli-

1 Den Übergang von der byzantinischen zur islamischen Gesellschaft behandelt der Band von A. Bryer, H. Lower (Hg.), *Continuity and Change in Late Byzantine and Early Ottoman Society*, Washington/ Birmingham 1986; ebenfalls M. G. Morony, *Iraq after the Muslim Conquest*, Princeton 1984.

2 M. P. Nilsson in: Chantepie de la Saussaye, *Lehrbuch der Religionsgeschichte*, Bd. 2, Tübingen ⁴1925, S. 387.

gionsgeschichte Vorderasiens weiter nachgehe, möchte ich zwei
Erscheinungen behandeln, an denen Veränderungen in den sozialen Strukturen der antiken Stadtgemeinden erkennbar werden:
die Patronatsbewegung auf dem Land und die Bildung von nachbarschaftlichen Gemeinschaften in der Stadt.

Die Privatisierung öffentlicher Macht
in der Patronatsbewegung

Bereits seit der Mitte des 3. Jahrhunderts mehrten sich Hinweise,
daß die städtischen Aristokraten Rivalen um die Loyalität bäuer-
licher Produzenten bekommen hatten: den Amtsadel. Von diesem Zeitpunkt an hat man nämlich eine neue Erscheinung in der
antiken Gesellschaft beobachtet: Abhängige Bauern und Dorfgemeinschaften befreiten sich von der Stadtaristokratie und suchten
sich neue Patrone aus der Schicht der militärischen und zivilen
Amtsaristokratie. Anders als im westlichen Teil des Mittelmeeres
verschwand im Osten des Reiches die Stadtaristokratie allerdings
nicht.[3] Stattdessen bildete sich eine Konkurrenz zwischen ihr und
dem Amtsadel heraus – eine Konkurrenz, die auch noch in islamischer Zeit fortbestand und in der Patronatsbewegung (lat. *patrocinium*) am klarsten zum Ausdruck kam.[4]

3 Einen Überblick über die Städte im Osten gibt A. H. M. Jones, *The
  Cities of the Eastern Roman Provinces*, Oxford 1937; derselbe, *The
  Greek City from Alexander to Justinian*, Oxford 1940; einen zusam-
  menfassenden Vergleich zwischen Ost und West stellt A. H. M. Jones
  an: *The Later Roman Empire 284-602. A Social, Economic, and Administrative Survey*, Bd. 2, Oxford 1964, S. 1064-1068; M. Pallasse hat in
  seiner Studie *Orient et Occident à propos du Colonat Romain au Bas-
  Empire*, Lyon 1950, die These vertreten, daß im Osten der Kolonat lang-
  samer voranschritt als im Westen, da sich die städtischen Decurionen
  neben den Besitzern der staatlichen Macht länger behaupten konnten.
4 Zum Patronat in antiken Agrarverhältnissen: P. Garnsey, G. Woolf,
  »Patronage of the Rural Poor in the Roman World«, in: A. Wallace-
  Hadrill (Hg.), *Patronage in Ancient Society*, London 1989, S. 153-170;
  B. Frier, *Landlords and Tenants in Imperial Rome*, Princeton 1980;
  R. P. Saller, *Personal Patronage under the Early Empire*, Leiden 1981;
  zum *patrocinium*: I. Hahn, »Das bäuerliche Patrocinium in Ost und
  West«, in: H. Schneider (Hg.), *Sozial- und Wirtschaftsgeschichte der
  Römischen Kaiserzeit*, Darmstadt 1981, S. 234-257; M. A. Wes, »Patro-

Die Schubkraft dieser Entwicklung war von Bauern ausgegangen, die von der städtischen Aristokratie und den Staatsbeamten fiskal unter Abgabendruck gesetzt worden waren und deren Freiheiten von jenen beschnitten wurden. Dieser Prozeß ist unter anderem in Palästina bezeugt.

Theodosius I ordnete an (383-388 n. Chr.), daß – was in anderen Provinzen schon geltendes Recht war – auch in Palästina gelten solle: daß es Kolonen nicht frei stehen solle, »die Orte zu verlassen [*abscedere*], von deren Erträgen sie leben, oder die Felder im Stich zu lassen [*deserere*], die sie einmal zur Kultivierung empfangen haben« (*Codex Justinianus*, XI 51, 1).

Um den regelmäßigen Eingang der staatlichen Einkünfte zu sichern, sollte die Freizügigkeit der bäuerlichen Produzenten eingeschränkt werden. Aus den zuvor noch relativ freien Bauern sollten Kolonen werden.[5]

Eine Petition ägyptischer Bauern aus dem Jahre 332 n. Ch. gibt einen Einblick in die schwierige Lage von Bauern, deren Dorfnachbarn das Weite gesucht hatten. Drei Personen mußten für die Steuerlast eines ganzen Dorfes aufkommen, obwohl das Land teilweise schon gar nicht mehr bestellt wurde. Sie begaben sich daher auf eigene Faust auf die Suche nach den verschwundenen Dorfgenossen und fanden schließlich einige von ihnen auf einem anderen Gut. Zu ihrer großen Enttäuschung verwehrte ihnen aber der Gutsbesitzer den Zutritt. Andere ehemalige Nachbarn entdeckten sie auf Gütern auf Königsland. Die verzweifelten Dörfler wandten sich daraufhin mit der Bitte an den Präfekten, er solle einem Beamten den Befehl erteilen, ihnen die pflichtvergessenen Dorfgenossen zu übergeben (A. S. Hunt/C. C. Edgar II Nr. 295). Ob ihnen Erfolg beschieden war, wissen wir nicht.

Die zahlreichen Edikte zum *patrocinium vicorum* im *Codex Theodosianus* (XI 24, 1) bestätigen, daß ähnliche Vorgänge häufig waren. Bauern weigerten sich, die vom Staat verlangten Leistungen zu erbringen und begaben sich unter den Schutz reicher und mächtiger Patrone.

    cinium en imperium in het laat-Romeinse Westen«, in: *TG* 87 (1974), S. 147-159.

5 Zum Kolonat allgemein nach wie vor wichtig: M. Rostowzew, *Studien zur Geschichte des römischen Kolonates*, Leipzig/Berlin 1910. Eine Darstellung der Staatsabgaben in der Zeit bis zum 3. Jahrhundert n. Chr. von L. Neesen, *Untersuchungen zu den direkten Staatsabgaben der römischen Kaiserzeit (27 v. Chr.-284 n. Chr.)*, Bonn 1980.

Es war die Absicht der Verfasser dieser Edikte, den einzelnen Produzenten an dem Ort festzuhalten, an dem er fiskal registriert war: gleichgültig ob unter dem Namen eines städtischen Grundherren oder eines Dorfes. Die fiskale Kontrolle war alles, wichtiger jedenfalls als die örtlich (zum Beispiel in Palästina) gebräuchliche Freiheit der Pachtverträge (*jBaba Meṣia* 9).[6] Ebenso war es neu, dem Bauern das Recht einer Zivilklage gegen den Grundherren zu entziehen (*Codex Justinianus* XI 1,2). Die Eingriffe in bäuerliche Gewohnheitsrechte sowie die Steuerforderungen, die im einzelnen zu schildern hier zu weit gehen würde[7], hatten jedoch andere Folgen, als die Verfasser der Edikte erhofft hatten. Sie gewährleisteten wohl nur zum Teil einen regelmäßigen Eingang der Steuern. Mit Sicherheit aber trieben sie eine neue Institution hervor: das *patrocinium*. Die Bauern suchten Schutz bei mächtigeren Herren. Damit aber verdrängten die Inhaber fiskaler und rechtlicher Macht die legitimen Grundbesitzer.[8]

Im Jerusalemer Talmud wird an einigen Stellen darauf angespielt, daß Bauern sich freiwillig unter den Schutz sogenannter ›Herren des Ellbogens‹ begaben. Kein Darlehensgeber werde es wagen, ein Stück Land, das ihnen übertragen wurde, zu pfänden. Allerdings gibt der Jerusalemer Talmud zu bedenken, daß auch sie eines Tages stürzen könnten (*jNedarim* 3,4; *jShebiit* 10,1).[9]

Auch an anderen Orten machten sich im 4. und 5. Jahrhundert

6 Zu den freien Pachtverträgen: G. A. Wewers, *Bavot. Pforten*. Übersetzung des Talmud Yerushalmi, Bd. IV, 1-3, Tübingen 1982, S. 311-319.

7 A. H. M. Jones, »Überbesteuerung und Niedergang des Römischen Reiches«, in: H. Schneider (Hg.), *Sozial- und Wirtschaftsgeschichte der Römischen Kaiserzeit*, Darmstadt 1981, S. 100-108.

8 E. Patlagean, *Pauvreté économique et pauvreté sociale à Byzance, 4e-7e siècles*, Paris/Den Haag 1977, S. 290 ff.

9 A. H. M. Jones, »Der Römische Kolonat«, in: H. Schneider (Hg.), *Sozial- und Wirtschaftsgeschichte der römischen Kaiserzeit*, a.a.O., S. 81-99, zu Palästina auf S. 88 und zum Entzug einer Zivilklage von Bauern gegen ihre Grundherren auf S. 91; zum palästinischen *patrocinium*: D. Sperber, »Patronage in Amoraic Palestine«, in: *JESHO* 14 (1971), S. 227-252; der Talmud ist auch sonst eine wichtige Quelle für die Sozialgeschichte: derselbe, *Roman Palestine 200-400*, Ramat-Gan 1974; derselbe, » On Social and Economic Conditions in Third Century Palestine«, in: *Archiv Orientalni* 38 (1970), S. 1-25; derselbe, »Trends in Third Century Palestinian Agriculture«, in: *JESHO* 15 (1972), S. 227-255.

n. Chr. im Osten des Reichs Militärs und Zivilbeamte zu Patronen (griech. *prostatēs*) von freien Dorfgemeinschaften sowie von Bauern städtischer Grundherrschaften. Damit zerriß das Netz von Vergesellschaftungen, das zwischen den Bürgern der Stadt und ihren Gütern und Dörfern im agrarischen Umland gespannt worden war.[10] Ein wichtiger, aufschlußreicher Bericht hierzu kommt aus Antiochia (Ende des 4./Anfang des 5. Jahrhunderts n. Chr.).

Der Rhetor Libanius aus Antiochia mußte erleben, wie seine jüdischen Bauern, die als Kolonen bereits vier Generationen lang die Güter seiner Familie bearbeitet hatten, plötzlich ihr »altes Joch abschüttelten« und sich einen neuen militärischen Patron nahmen (*Oratio* 47, 13-16). Gleiches widerfuhr anderen Grundherren (*domini*) (47, 11 f.). Auch Dorfgemeinschaften ohne Grundherren gingen ein Patronat ein und entzogen sich damit der Pflicht, den städtischen Aristokraten (Decurionen) die geschuldeten staatlichen Abgaben zu entrichten (Libanius, *Oratio* 47, 4-10).[11]

Diese Vorgänge traten auf so breiter Front auf, daß kaiserliche Edikte zwischen 360 und 415 das *patrocinium vicorum* (das Patronat über die Dörfer) zu unterbinden suchten. »Bauern sollen sich vom *patrocinium* enthalten«, forderten sie (*Codex Theodosianus* XI 24, 2). Jedoch blieben diese Edikte wohl meistens ohne Wirkung, wie gerade Libanius zu erkennen gibt. Vergeblich berief er sich auf ein bereits bestehendes staatliches Verbot (*Oratio* 47, 35). Es waren nicht nur die mächtigen Amtsträger, die daran schuld waren. Es waren auch die Bauern, die von sich aus den Schutz eines Patrons suchten. Bauern entrannen so dem Druck ihres Gutsbesitzers, freie Dorfgemeinschaften dem Zugriff städtischer Steuereinzieher. Dieses freiwillige Patronat war ein Kennzeichen im besonderen der östlichen Gebiete des Reiches. Ob man so weit gehen kann wie I. Hahn und von einem »Zeichen der Emanzipationsbestrebungen der Dörfler« sprechen darf, ist eine andere Frage. Die Zwänge, die das Patronat hervorbrachten, passen nicht recht zum Begriff ›Emanzipation‹. Auf der anderen Seite hatte aber die Patronatsbewegung zur Folge, daß die

10 G. Prachner, »Zur Bedeutung der antiken Sklaven- und Kolonenwirtschaft für den Niedergang des Römischen Reiches«, in: *Historia* 22 (1973), S. 732-756.

11 Text in der Ausgabe von A. F. Norman, *Libanius, Selected Works*, Bd. 2, Loeb Classical Library, Cambridge (Mass.)/London 1977; L. Harmand, *Libanius – Discours sur les patronages*, Paris 1955.

Schutzfunktion ein Mittel wurde, um Abhängigkeitsbeziehungen zwischen Machthabern und Bauern zu bilden. Von einer anderen Warte betrachtet läßt sich der gleiche Vorgang mit Fug und Recht daher als eine Privatisierung von staatlicher, öffentlicher Macht beschreiben.[12] Dabei ist deutlich, daß diese Privatisierung von öffentlicher Macht von den Dorfgemeinschaften teilweise aktiv gefördert wurde. Während im Westen die Bauern überwiegend ihre Unabhängigkeit verloren hatten, gab es im Osten noch sehr viel länger bäuerliche Landeigentümer, die in Dorfgemeinschaften zusammenlebten. Die vitalen vorderasiatischen Dorfgemeinschaften, die anfangs die Bildung städtischer politischer Verbände vorangetrieben hatten, wendeten sich mit dieser Patronatsbewegung gegen die städtischen Institutionen und begaben sich freiwillig in den Schutz mächtiger Amtsträger. Deren Patronat sicherte ihren Fortbestand.[13]

Die Patronatsbewegung machte weder vor dem Sassanidenreich noch vor dem Islam halt. Nachdem bereits C. Cahen nachgewiesen hat, daß sie auch noch von islamischen Quellen bezeugt wird, hat eine neuere Studie nach erneuter Quellendurchsicht festgestellt:

»The institution of *patrocinium* continued under the Umayyads and the 'Abbasids under the name of *talǧiᶜa*.«[14]

12 I. Hahn, a.a.O., S. 263; R. MacMullen, *Corruption and the Decline of Rome*, Yale 1988, arbeitet diesen Aspekt heraus. Siehe auch seinen Artikel: »Personal Power in the Roman Empire«, in: *AJP* 107 (1986), S. 512-524.

13 A. H. M. Jones sah in der Stärke einer ihr Land besitzenden Bauernschaft ein Merkmal des Ostens: *The Later Roman Empire 284-602. A Social, Economic, and Administrative Survey*, Oxford 1964, Bd. 2, S. 1064-1068; dies tat auch M. Pallasse, a.a.O., S. 37 ff., während C. R. Whittaker, a.a.O., S. 73-99, hinter diese Annahme ein Fragezeichen setzte.

14 Eine andere Bezeichnung war *ḥimāya*: C. Cahen, »Notes pour l'histoire de l'himaya«, in: *Mélanges Louis Massignon*, Paris 1957, S. 287-303; derselbe, Art. »ḥimaya«, in: *EI²*, Bd. 3 (1971), S. 394 f.; zur Kontinuität der Institution: Ziaul Haque, *Landlord and Peasant in Early Islam. A Study of the Legal Doctrine of Muzāraᶜa or Sharecropping*, Islambad 1977, S. 154 f. und 241 f. (Zitat S. 155); M. G. Morony, »Landholding in Seventh-Century Iraq: Late Sasanian and Early Islamic Patterns«, in: A. L. Udovitch (Hg.), *The Islamic Middle East, 700-1900. Studies in Economic and Social History*, Princeton 1981, S. 135-

Militärische und politische Macht konnte über diese Institution in ökonomische Vorteile umgewandelt werden. Von dieser Bewegung konnten auch noch islamische Rechtsgelehrte (^{c}ulamā) in den vorderasiatischen Städten profitieren. Da Dorfgemeinschaften ihr eigenes ökonomisches und politisches Gewicht behielten, blieben sie ein selbständiger Machtfaktor und konnten sich gegebenenfalls selber einflußreiche Vertreter ihrer Interessen suchen. Das waren im Arabischen Reich und im Abbasidenstaat auch Rechtsgelehrte. Erst mit dem Aufkommen der türkischen Sklavenarmeen und dem Iqta'-System im 11. Jahrhundert n. Chr. änderten sich diese Voraussetzungen und verebbte diese Bewegung.[15]

Mit der Patronatsbewegung war ein langfristiger sozial-historischer Trend im Mittelmeerraum umgekehrt worden. Die antiken Stadtgemeinden waren aus einem Synoikismos von Grundbesitzern nahegelegener Dörfer bzw. Landgüter hervorgegangen. Die Dorfgemeinschaften und die Grundbesitzer hatten in der persischen, griechischen und frührömischen Epoche ein Interesse an städtischen Institutionen zur Regulierung ihrer Angelegenheiten gehabt und bewahrt. Mit der Patronatsbewegung aber gaben sie zu erkennen, daß sie ihr Geschick nicht mehr unison mit der Stadtgemeinde verbanden. Man sollte jedoch nicht von der Annahme ausgehen, diese Abwendung hätte zu dem Zustand vor der Polisbildung geführt. »Das Kontinuum der mittelländisch-europäischen Kulturentwicklung kannte *bisher* weder abgeschlossene ›Kreisläufe‹ *noch* eine eindeutig orientierte ›gradlinige‹ Entwicklung«, behauptete Max Weber mit guten Gründen.[16] Auch in diesem Falle ergab sich aus der Patronatsbewegung ein neues Muster sozialer Beziehungen zwischen Machthabern auf der einen, Bauern und Dorfgemeinschaften auf der anderen Seite. Ihre Struktur läßt sich im Sinne der moralischen Ökonomie als ein

175; Abd al-Azīz Duri, »Landlord and Peasant in Early Islam«, in: *Der Islam* 56 (1979), S. 97-105.

15 Die Rolle dieser Bewegung beim Aufstieg städtischer Rechtsgelehrter behandelt I. M. Lapidus, »The Evolution of Muslim Urban Society«, in: *CSSH* 15 (1973), S. 21-50, auf S. 40 f.; das Aufkommen des neuen militärischen Systems behandelt: D. Pipes, *Slave Soldiers and Islam: The Genesis of a Military System,* New Haven 1981.

16 M. Weber, »Agrarverhältnisse im Altertum«, in: *Gesammelte Aufsätze zur Sozial- und Wirtschaftsgeschichte*, Tübingen 1924, S. 278.

Tausch beschreiben: Die Produzenten gaben Dienste und Produkte, die Patrone Schutz und politischen Einfluß.[17]

Lokale Vergemeinschaftungen
in der islamischen Stadt

Auch in den Städten entstanden parallel zu diesen Vorgängen neuartige soziale Strukturen. Wenn die antike Stadtherrschaft für eine Pragmatik antiker Religionen so wichtig war, wie sich bisher gezeigt hat, dann möchte man wissen, in welcher Weise sich die islamische von der antiken Stadt Vorderasiens unterschieden hat. Mit dieser Überlegung öffnet man die Tür zu einem intensiv diskutierten Gegenstand. Im Jahre 1955 hat G. E. von Grunebaum hierzu einen Artikel veröffentlicht, in dem er die Forschungen zur islamischen Stadt zusammenstellte und die Schlußfolgerung zog:

»Die muslimische Stadt ist jedenfalls, im Gegensatz zur antiken *polis,* kein autonomer Bürgerverband ... Der Muslim verstand die Stadt als eine Ansiedlung, in welcher seine religiösen Verpflichtungen voll erfüllt, seine gesellschaftlichen Ideale voll verwirklicht werden konnten«.[18]

An der Folgerung von Grunebaums, der islamischen Stadt fehle die Autonomie, entzündete sich in der Folgezeit eine Diskussion, die zu Abstrichen führte. C. Cahen führte gegen sie nicht nur einige Übereinstimmungen der islamischen mit der antiken Stadtgesellschaft ins Feld, sondern wies auch auf Autonomiebestrebungen in islamischen Städten des Mittelalters hin.[19] I. M. Lapidus hat die Diskussion noch ein Stück weitergeführt und dargelegt, wie sich aus dem religiösen Gemeinschaftsleben des Islam städtische Rechtsschulen gebildet haben, die sich ihrerseits städti-

---

17 J. C. Scott, *The Moral Economy of the Peasant: Rebellion and Subsistence in Southeast Asia,* New Haven/London 1976; derselbe, »Patronage or Exploitation?«, in: E. Gellner/J. Waterbury (Hg.), *Patrons and Clients in Mediterranean Societies,* London 1977, S. 21-39.

18 G. E. von Grunebaum, »Die islamische Stadt«, in: *Saeculum* 6 (1955), S. 138-153, Zitat S. 139.

19 C. Cahen, »Zur Geschichte der städtischen Gesellschaft im islamischen Orient des Mittelalters«, in: *Saeculum* 9 (1958), S. 59-76; »Mouvements populaires et autonomes urbain dans l'Asie musulman du moyen-age«, in: *Arabica* 6 (1959), S. 25-56; 233-265.

scher Angelegenheiten annahmen und die Gläubigen zum Tun des Richtigen an- und vom Tun des Verderblichen abhielten. Damit lösten sie die Religion von der engen Bindung an die staatliche Herrschaft des Kalifats ab. Rechtsschulen wurden zu Trägern einer islamischen Lebensführung unabhängig von den staatlichen Instanzen.[20]

Die Anfänge dieser Entwicklung lassen sich – so überraschend das klingen mag – bis in die Zeit vor dem Islam zurückverfolgen. Schon seit dem 4. Jahrhundert n. Chr. begannen Religionsgemeinden staatliche und städtische Befugnisse an sich zu ziehen. So wurde zum Beispiel die Gerichtsbarkeit zu einer inneren Angelegenheit von Religionsgemeinschaften.[21] Der Islam brachte diesen Prozeß zur Blüte und zum Abschluß. Zwar wird man nicht bestreiten dürfen, daß auch in islamischer Zeit Institutionen der Stadt als ganzer existierten und funktionierten, aber die Tendenz ging in eine andere Richtung und ließ die Rechtsschulen zum Träger öffentlicher Angelegenheiten werden.

Es waren Untersuchungen von Sozialgeographen, die mit eigenen Beobachtungen zur Stadtgeschichte diese Einsichten vertiefen konnten. Ihnen war aufgefallen, daß nicht erst in der islamischen, sondern bereits in der orientalischen Stadt die hellenistischen Plangrundrisse entartet waren. Dies hing nach ihren Untersuchungen damit zusammen, daß es bereits in der orientalischen und erst recht in der islamischen Stadt einen – im Vergleich mit der westlichen Stadt besonderen – Bereich unterschiedlicher

20 I. M. Lapidus, »The Evolution of Muslim Urban Society«, in: *CSSH* 15 (1973), S. 21-50; derselbe, »The Separation of State and Religion in the Development of Early Islamic Society«, in: *IJMES* 6 (1975), S. 363-385; derselbe, *Muslim Cities in the Later Middle Ages,* Cambridge 1984; derselbe (Hg.), *Middle Eastern Cities: A Symposium on Ancient, Islamic and Contemporary Middle Eastern Urbanism,* Berkeley 1969; A. H. Hourani, S. M. Stern (Hg.), *The Islamic City,* Oxford 1970; L. Gardet, *La cité musulmane. Vie sociale et politique,* Paris ⁴1976.

21 J. B. Segal, »Mesopotamian Communities from Julian to the Rise of Islam«, in: *Proceedings of the British Academy* 41 (1955), S. 109-139; J. B. Segal, *Edessa. »The Blessed City«,* Oxford 1970; M. G. Morony, »Religious Communities in Late Sasanian and Early Muslim Iraq«, in: *JESHO* 17 (1974), S. 113-135; J. H. W. G. Liebeschuetz, *Antioch: City and Imperial Administration in the Later Roman Empire,* Oxford 1972, S. 265.

Rechtsqualität gegeben hat. Neben dem öffentlichen Bereich (von Bazar und Moschee) und der Intimsphäre des privaten Hauses gab es einen gemeinschaftlich–privaten Bereich, der sich an totlaufenden Wohnstraßen (Sackgassen) zeigte:

»In ihm ist die öffentliche Verfügungsgewalt bereits weitgehend eingeschränkt; er hat gewissermaßen die Rolle eines äußeren Schutzkordons für die private Intimsphäre des einzelnen Hauses... Als ein städtisches Areal mit ganz eigengearteter Rechtsqualität kommt sie [die Sackgasse, HGK] dem allgemeinen Bestreben nach Sicherung und Ausdehnung der Privatsphäre so entgegen, daß die Sackgasse von den Bewohnern der orientalischen Stadt bewußt angestrebt, vielfach sogar von Anfang an in die Planung städtischer Wohnviertel mit einbezogen wird.« Sie ist ein »Negativraum«, durch den die Bewohner sich abschirmen.[22]

Bei der Bildung von Stadtvierteln wiederholte sich dieses Prinzip. In Zeiten schwacher Zentralgewalt konnten sie sich sogar mit Mauern tatsächlich abriegeln. Die gemeinschaftlich bewohnten Stadtteile wurden für die Sicherheit der Bewohner der Stadt wichtiger als die Stadtgemeinde insgesamt.

Kürzlich hat J. L. Abu-Lughod die inneren Prozesse der islamischen Stadt erneut behandelt. Ihren Forschungen zufolge hatten die rechtlichen Unterschiede, die im Islam zwischen Muslims und Nicht-Muslims gemacht wurden, ebenso Folgen für die Bildung von Stadtvierteln in den Städten wie die rigorose Geschlechtertrennung für die Bauweise und Architektur. Dadurch, daß der Staat sich wenig um die Verhältnisse in den Städten kümmerte, ließ er den Aktivitäten von Nachbarschaften breiten Raum. Kennzeichnend hierfür ist die Bezeichnung *finā'*. Sie bezeichnet einen allgemein zugänglichen Raum, der an Privateigentum grenzt und auf den der Besitzer Ansprüche erheben kann. Dabei

22 E. Wirth, »Die orientalische Stadt. Ein Überblick aufgrund jüngerer Forschungen zur materiellen Kultur«, in: *Saeculum* 26 (1975), S. 45-94; derselbe, »Strukturwandlungen und Entwicklungstendenzen der orientalischen Stadt«, in: *Erdkunde* 22 (1968), S. 101-128; derselbe, »Die Beziehungen der orientalisch-islamischen Stadt zum umgebenden Lande«, in: *Festschrift E. Plewe*, Wiesbaden 1973, S. 323-333; siehe auch M. E. Bonine, »From Uruk to Casablanca. Perspectives on the Urban Experience of the Middle East«, in: *Journal of Urban History* 3 (1977), S. 141-180; J. Rykwert, *The Idea of a Town: The Anthropology of Urban Form in Rome, Italy and the Ancient World*, London 1976.

war die Regel, daß erlaubt war, was anderen keinen Schaden zufügte. Dadurch entschieden die Nachbarn darüber, ob ein öffentlicher Raum privatisiert werden durfte oder nicht.[23]

Vergleicht man diese Tatbestände mit der antiken Stadt, so sind nicht nur verschwundene Institutionen zu verzeichnen: das Theater, das Gymnasium, die großen öffentlichen Plätze, die Kolonnaden. Nicht nur hatten Institutionen wie die Bäder ihre Funktionen grundlegend gewandelt. Es gab darüber hinaus einen prinzipiellen Unterschied in der Behandlung öffentlicher Areale. Hatte die antike Rechtsordnung das öffentliche Eigentum prinzipiell gegen private Übergriffe verteidigt, so mußte im Islam die Schädigung eines Dritten erst nachgewiesen werden, bevor der Staat in Gestalt des *muḥtasib* (des islamischen Aufsehers) einschritt. In dieser Hinsicht handelt es sich beim Staat im Islam tatsächlich um einen Minimalstaat. Weil er sich nur mit den elementarsten Funktionen der Städte befaßte, förderte er unabsichtlich die Funktionen nachbarschaftlicher Vergemeinschaftungen.[24]

Eine besondere Möglichkeit, der Struktur von Sozialbeziehungen in den Städten empirisch nachzugehen, bieten daher diese lokalen Vergemeinschaftungen. Ethnographische Untersuchungen in zeitgenössischen Gesellschaften des Mittleren Ostens haben sich hierauf gerichtet. Zwar darf man deren Ergebnisse keinesfalls auf frühislamische Verhältnisse übertragen, jedoch sind sie aus heuristischen Gründen beachtlich. Der amerikanische Ethnologe D. F. Eickelman hat in seiner Untersuchung eines Stadtviertels von Boujad in Marokko herausgefunden, daß benachbarte Familien ihre Nähe durch den arabischen Begriff *qarāba* (Nähe/Geschlossenheit) ausdrückten. Obwohl die Bewohner ihre Beziehungen

23 J. L. Abu-Lughod, »The Islamic City – Historical Myth, Islamic Essence, and Contemporary Relevance«, in: *IJMES* 19 (1987), S. 155-176. Eine mit Fotomaterial und Zeichnungen reich dokumentierte Beschreibung der äußeren Gestalt islamischer Städte und der damit verbundenen islamischen Rechtsauffassung stammt von J. Akbar, *Crisis in the Built Environment. The Case of the Muslim City*, Singapore 1988, S. 107-128. Diese Studie zeigt, wie die Grenze zwischen privatem und öffentlichem Bereich über die Jahre hinweg an ein und demselben Ort hin- und hergehen konnte.

24 Zum Vergleich antiker und islamischer Stadt: H. Kennedy, »From *polis* to *madina*: Urban Change in Late Antiquity and Early Islamic Syria«, in: *Past & Present* 106 (1985), S. 3-27.

selber als Verwandtschaft beschrieben, ging es in Wirklichkeit um
territorial integrierte Gruppen. Statt von Verwandtschaftsgruppen möchte Eickelman lieber von patronymen Vereinigungen
sprechen, in Analogie zu der ᶜaṣabiyya in Ibn Khalduns Theorie
der Herrschaftsprozesse, die nicht ausschließlich Verwandt-
schaftsverhältnisse bezeichnete, sondern unterschiedliche Sozialbeziehungen unter dem gemeinsamen Nenner sozialer Verbind-
lichkeiten zusammenfaßte.[25] In die gleiche Richtung weisen übrigens auch Feldforschungen in der mittelöstlichen Dorfgesell-
schaft.[26]
Dabei ist die Untersuchung dieser lokalen Gemeinschaften nicht
ganz einfach.

Symptomatisch ist die Klage eines Sozialgeographen, »daß soziologisch
relevante Untersuchungen im Vorderen Orient immer spärlicher werden,
je mehr sich der Gegenstand der Erforschung der sozialen Gruppe nä-

25 D. F. Eickelman, »Is there an Islamic City? The Making of a Quarter
    in a Maroccan Town«, in: *IJMES* 5 (1974), S. 274-294; derselbe, *The
    Middle East. An Anthropological Approach*, Englewood Cliffs 1981,
    S. 108-110, wo er auch andere Forschungen hierzu bespricht; Auszüge
    aus Ibn Khalduns Muqaddima liegen in englischer und deutscher Über-
    setzung vor: F. Rosenthal, *The Muqaddimah. An Introduction to Hi-
    story*, Abridged by N. J. Dawood. Oxford 1967; A. Schimmel, *Ibn
    Chaldun. Ausgewählte Abschnitte aus der muqaddima*, Tübingen 1951.
    Wichtige Literatur hierzu: Y. Lacoste, *Ibn Khaldoun. Naissance de l'hi-
    stoire passé du tiers-monde*, Paris 1969; P. von Sivers, *Khalifat, König-
    tum und Verfall. Die politische Theorie Ibn Khalduns*, München 1967;
    derselbe, »Back to Nature: The Agrarian Foundations of Society accor-
    ding to Ibn Khaldun«, in: *Arabica* 27 (1980), S. 68-91; E. Gellner, *Le-
    ben im Islam. Religion als Gesellschaftsordnung*, Stuttgart 1985; A. Al-
    Azmeh, *Ibn Khaldun. A Reinterpretation*, London 1982; B. Lawrence
    (Hg.), *Ibn Khaldun and Islamic Ideology*, Leiden 1984.
26 R. L. Canfield, *Faction and Conversion in a Plural Society: Religious
    Alignments in the Hindu Kush*, Michigan 1973. Sein Ergebnis war, daß
    Dorfgemeinschaften auf Grund ökonomischer Zwänge (Bewässerung
    bzw. Integration in den Markt) entstanden, daß sie aber ihre Gemein-
    schaftlichkeit gegenüber anderen Dörfern in der Form eines anderen
    Glaubens ausdrückten und dabei Verwandtschaft der Dorfbewohner
    behaupteten: War die eine Gruppe ismailitisch, dann die andere ima-
    mitisch. »Common faith implies a common kinship« (S. 69). Die so
    begründete Verwandtschaft beinhaltete: gegenseitige Besuche – Tei-
    lung materieller Güter – gegenseitige Hilfe; vgl. P. Heine, *Ethnologie
    des Nahen und Mittleren Ostens. Eine Einführung*, Berlin 1989.

hert«. Er sieht die Ursache darin, daß auch in der sozialen Realität »die Gesellungsformen in orientalischen Gesellschaften weniger zahlreich und schwächer ausgeprägt als in unserem Kulturkreis« sind.[27]

R. P. Mottahedeh bringt dies auf den Punkt, wenn er feststellt, daß die Nachbarschaften, in denen manche die Basiseinheit dieser Gesellschaften zu finden gehofft hatten, selten positive Loyalitäten in Form von Kooperationen, sondern in den meisten Fällen lediglich negative Loyalitäten hervorgebracht haben und wenig mehr als ein Mittel der lokalen Verteidigung gewesen sind. Der Begriff des ›Negativraumes‹, den Sozialgeographen in anderem Zusammenhang zur Charakterisierung vorderasiatischen Raumverhaltens geprägt haben, findet in diesem Befund eine Bestätigung.[28]

Den vorderasiatischen Gesellschaften des Islam fehlten die Gemeinden aller städtischen Bürger mit ihren Institutionen ebenso wie die Feudalherrschaften und Zünfte des europäischen Mittelalters. Zwar sind die drei großen Sektoren der komplexen vorderasiatischen Gesellschaften – der städtische, der bäuerliche und der tribale – erkundet worden, aber Studien, die deren gegenseitige Beziehungen untersucht haben, sind erst in jüngerer Zeit vorgenommen worden. Lange Zeit war man stillschweigend davon ausgegangen, daß in diesen Gesellschaften eine Kluft zwischen Herrschenden und Beherrschten bestand und daß die Beherrschten ihrerseits wieder in ein Mosaik isolierter Einheiten von Stämmen, Dörfern und Stadtquartieren verteilt waren.[29] Erst in jüngerer Zeit haben sozialwissenschaftliche Forscher ihre Aufmerksamkeit auf die äußeren Einflüsse in jedem dieser Sektoren gerichtet, haben größere Regionen analysiert und bestimmte Vermittlungsstellen untersucht, an denen sich die verschiedenen Sektoren berühren, überlappen oder verbinden, wie Heiligtümer, Märkte und verschiedene Typen von Mittelsmännern.

27 U. Planck, »Soziale Gruppen im Vorderen Orient«, in: E. Ehlers (Hg.), *Beiträge zur Kulturgeographie des islamischen Orients*, Marburg 1979, S. 1-10, Zitat S. 9.
28 R. P. Mottahedeh, *Loyalty and Leadership in an Early Islamic Society*, Princeton 1980, S. 4.
29 Siehe die (ideologie-)kritische Besprechung von Gibb und Browns *Islamic Society and the West* durch R. Owen, »The Middle East in the Eigtheenth Century – An ›Islamic‹ Society in Decline?«, in: *Review of Middle East Studies* 1 (1975), S. 101-112.

Zusätzlich zu diesen Forschungsstrategien gibt es eine weitere, die sich auf die Analyse von Kultur bezieht und die für uns von besonderem Interesse sein könnte. Ihr Ansatzpunkt war Kultur – nicht als das, was Menschen alles gelernt haben, sondern als jene regulativen Vorstellungen, die Individuen ihren sozialen Interaktionen zugrundelegen (siehe oben 1. Kapitel). Diese Warte hat D. F. Eickelman eingenommen, als er die nachbarschaftlichen Vergemeinschaftungen in einer marokkanischen Stadt untersucht hat.

»Ein Grund für die Schwierigkeit, in der nordafrikanischen Gesellschaft – und vielleicht auch anderswo in der islamischen Welt – eine Struktur zu erkennen, liegt darin, daß die meisten Definitionen von sozialer Struktur zu eng vorgenommen werden und nur Situationen berücksichtigen, in denen *Gruppen* von Individuen in Positionen und Ständen angeordnet sind. In vielen Teilen des islamischen Mittleren Ostens und anderswo wird immer deutlicher, daß soziale Struktur auch aufgefaßt werden kann mit *Individuen* als den grundlegenden Einheiten der sozialen Struktur... Das ›stabile und dauerhafte‹ Element in der sozialen Struktur ist nicht die Herstellung von Beziehungen zwischen Individuen, die sich ja schnell und tiefgreifend verändern können, sondern sind die kulturell anerkannten *Mittel* [*culturally accepted means*], mittels derer Individuen miteinander zweiseitige Beziehungen und Verpflichtungen eingehen und aufrecht erhalten.«[30]

Dabei können sich keineswegs nur Feldforschungen, sondern auch historische Untersuchungen diesen Gesichtspunkt zu Nutze machen.

Am Ende dieses gerafften Überblicks über das Verhältnis der islamischen Stadt zur antiken möchte ich noch einmal den Kontext der pragmatischen Bedeutungen vorderasiatischer Erlösungsreligionen von Judentum, Christentum und Gnosis in Erinnerung rufen. Es waren die antiken Stadtgemeinden und die Stellungnahmen zu ihr, in deren Zusammenhang diese Bedeutungen Gestalt und Kontinuität gewonnen hatten. Sie wurden über die Bewahrung der väterlichen Überlieferungen und die Öffentlichkeit des Glaubensbekenntnisses entwickelt und voneinander geschieden. Ich möchte die naheliegende Frage stellen, ob die Wandlungen in der Sozialstruktur der vorderasiatischen Städte auch neue Deutungen vorderasiatischer Erlösungsreligiosität hervorgebracht

30 D. F. Eickelman, »Is there an Islamic City? The Making of a Quarter in a Maroccan Town«, a.a.O., Zitat S. 280 f. (meine Übersetzung).

bzw. ermöglicht haben. In diesem Zusammenhang könnte ein Studium zweier Gesichtspunkte etwas erbringen. Der erste bezieht sich auf die antiken Legitimationsvorstellungen außerhalb der Stadtherrschaft, die auf einen gerechten Herrscher zielten. Ich möchte die Frage stellen, ob diese in der Folge der Patronatsbewegung einen Aufschwung erhalten haben. Ein zweiter Gesichtspunkt bezieht sich auf die Zurückdrängung öffentlicher Kontrolle durch lokale Gemeinschaften (Nachbarschaften) in den Städten. Hat sie einen Niederschlag gefunden in einer neuartigen Konzeption von Offenbaren und Verbergen der religiösen Wahrheit?

Die Ungerechtigkeit der Welt und der Gehorsam gegenüber dem Imām

Wenn es das Merkmal von Erlösungsreligiosität ist, zu den Ordnungen der Welt in einem Spannungsverhältnis zu stehen, wie Max Weber es in seiner »Zwischenbetrachtung« in der »Wirtschaftsethik der Weltreligionen« behauptet hat[31], dann gibt es auch im Islam Erlösungsreligiosität. Zwar entschieden in der Regel äußere Kennzeichen, wer zum Islam gehörte und wer nicht. Trotz der rituellen und rechtlichen Gemeinsamkeiten der Moslems bildeten sich aber im Islam durchaus unterschiedliche Stellungnahmen zur Welt heraus. Man sollte dabei allerdings beachten, daß die islamische Religionsgeschichte in geringerer Intensität als die christliche von dem Konflikt Orthodoxie – Heterodoxie bewegt worden war.[32] Statt von Orthodoxie (gemeinsam für richtig gehaltene Glaubensanschauungen) hat man hinsichtlich des Islam von Orthopraxie (gemeinsam befolgten Handlungsvorschriften) gesprochen.[33] Daher kann man die Frage, die Weber bewegte – ob und in welcher Weise Erlösungsreligiosität vorgefundene Ordnungen problematisiert und eine methodische Lebensführung begründet und motiviert hat –, hinsichtlich des Is-

31 *Wirtschaftsethik der Weltreligionen. MWG*, Bd. 1/19, Tübingen 1989, S. 479-522.

32 B. Lewis, »Some Observations on the Significance of Heresy in the History of Islam«, in: *Studia Islamica* 1 (1953), S. 43-63 auf S. 57 f.

33 D. F. Eickelman, *The Middle East: An Anthropological Approach*, a.a.O., S. 203 f.

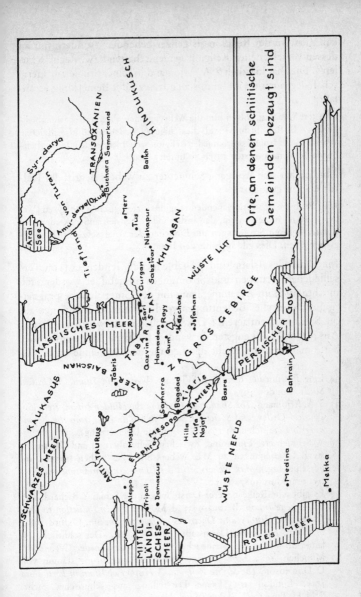

Orte, an denen schiitische Gemeinden bezeugt sind

441

lam nicht an der Religion als ganzer behandeln, sondern nur an dessen verschiedenen Religionsgemeinschaften bzw. Rechtsschulen.[34] Dies hat kürzlich S. A. Arjomand in seiner Studie zur Herrschaftslegitimation im schiitischen Iran zu der Bemerkung veranlaßt:

»Anstatt Weber zu folgen und die Weltreligionen als ganze in ›weltablehnend‹ (z. B. Buddhismus) und ›diesseitige‹ (z. B. Islam) zu klassifizieren, scheint es viel fruchtbarer, in jeder Religion weltablehnende *und* weltbejahende Tendenzen systematisch zu untersuchen.«[35]

Ähnlich hat sich Wolfgang Schluchter zu Webers Begriff der Kulturreligion geäußert:

»Ein Problem der vergleichenden religionssoziologischen Analysen [Webers, HGK] besteht darin, daß insbesondere bei den außerokzidentalen kulturreligiösen Strömungen die Einheiten der Analyse zu hoch aggregiert bleiben. Dies gilt auch für den Islam.«[36]

Innerhalb des Islam sind weltablehnende Tendenzen von verschiedenen Gruppen und Strömungen ausgebildet worden. Ich möchte mich im Zusammenhang mit der Untersuchung pragmatischer politischer Bedeutungen vorderasiatischer Religionen auf die Schia konzentrieren.[37] Das Wort bedeutete wörtlich »Partei« Alis. Obwohl Ali engster Verwandter Mohammeds gewesen war, hatte man ihm das Recht der Leitung der Gemeinde nach Mo-

34 Eine Einführung hierzu: B. S. Turner, *Weber and Islam. A Critical Study*, London 1974.

35 S. A. Arjomand, *The Shadow of God and the Hidden Imam. Religion, Political Order, and Societal Change in Shi'ite Iran from the Beginning to 1890*, Chicago 1985, S. 17 (meine Übersetzung).

36 W. Schluchter, »Einleitung. Zwischen Welteroberung und Weltanpassung. Überlegungen zu Max Webers Sicht des frühen Islams«, in: derselbe (Hg.), *Max Webers Sicht des Islams, Interpretation und Kritik*, Frankfurt 1987, S. 100.

37 Es gibt eine Reihe neuerer Darstellungen der Schia: Y. Richard, *Der verborgene Imam*, Berlin 1983; M. Momen, *An Introduction to Shi'i Islam. The History and Doctrines of Twelver Shi'ism*, Oxford 1985; H. Halm, *Die Schia*, Darmstadt 1988; W. Ende, »Der schiitische Islam«, in: W. Ende/U. Steinbach (Hg.), *Der Islam in der Gegenwart*, München ²1989, S. 70-90; eine gute ältere Einführung stammt von D. Donaldson, *The Shi'ite Religion. A History of Islam in Persia and Irak*, London 1933; eine Darstellung aus schiitischer Sicht: S. M. H. Tabataba'i, *Shi'ite Islam*, Albany 1975.

hammeds Tod streitig gemacht. Viele, die mit den Nachfolgern Mohammeds in der Leitung der Gemeinde uneins waren, scharten sich hinter Ali und seine Söhne und forderten für sie die Leitung der Gemeinde. Unter ihnen entwickelte sich die Lehre von der Verborgenheit und Rückkehr des von Gott Rechtgeleiteten (*mahdī*). Daß Gott am Ende der Welt ein jüngstes Gericht über alle Menschen halten werde, war ein Kerngedanke von Mohammeds Prophetie gewesen (Sure 84,1-12).[38] Auch spielt der Qoran auf eine Wiederkunft Jesu an (4,159; 43,61). Bald nach der Kodifizierung des Qoran verbreiteten sich unter Moslems jedoch andere Endzeitvorstellungen.

Politisierung und Entpolitisierung frühschiitischer Religionsgemeinden

Die Mahdi-Konzeption war in Zusammenhang mit den Oppositionsbewegungen gegen die Kalifen des ersten islamischen Jahrhunderts entstanden. Neuere Studien zur Legitimation der Herrschaft dieser Kalifen haben das Bild, das wir davon hatten, beachtlich korrigiert. Abu Bakr, Umar und Utman waren als *khalīfa* nicht etwa »Nachfolger« Mohammeds. Diese so häufig vertretene Annahme haben P. Crone und M. Hinds in einer kleinen Studie mit guten Gründen bestritten. Ihre Untersuchung des arabischen Begriffes *khalīfa* ergab nämlich, daß er eine Abkürzung ist und der vollständige Titel *khalīfat allāh* lautete und eine offizielle Bezeichnung der arabischen Herrscher – der Omayyaden wie der Abbasiden – war. Er muß richtig mit ›Stellvertreter Gottes‹ übersetzt werden. Als ›Stellvertreter Gottes‹ erhoben die Kalifen den Anspruch, von Gott selber geleitet – das heißt *mahdī* – zu sein und den Gläubigen Gerechtigkeit (*ʿadl*) zuteil werden zu lassen.[39] Wir erkennen hieran, daß die Omayyaden und die auf sie folgenden Abbasiden eine sakrale Legitimation ihrer Herrschaft vertreten haben, in der eine typisch islamische Komponente kaum zu erkennen ist. Im Gegenteil. Sie griffen

---

38 M. Watt/A. T. Welch, *Der Islam*, Bd. 1, Stuttgart 1980, S. 62 f. und 217-221.

39 P. Crone/M. Hinds, *God's Caliph. Religious Authority in the First Centuries of Islam*, Cambridge 1986, S. 4 f. und S. 34-36.

kaum verhüllt ältere antike und sassanidische Herrschaftskonzeptionen auf.[40]

Gegen die omayyadischen Kalifen erhob sich in Kufa, einer von den Arabern gegründeten Stadt am Euphrat, im Jahre 66/686 n. Chr. eine Volksbewegung, die von Muhtar geleitet wurde. An ihr beteiligten sich zum ersten Mal Moslems minderen Rechts, die *mawālī*. Gläubige, die nicht arabischer Herkunft waren, hatten sich nur über den Rechtsstatus eines arabischen Klienten dem Islam anschließen können. Für ihre Interessen versprach sich der Führer des Aufstandes, Mukhtar, einzusetzen und machte die »Verteidigung der Schwachen« zu seinem Programm.[41] Stand am Beginn dieser Volksbewegung in Kufa noch der Wunsch, den Tod von Alis Sohn Husain, der 61/680 n. Chr. bei Kerbala von den Omayyaden umgebracht worden war, zu rächen, so gab der Anführer Mukhtar ihr eine neue Wendung. Er verkündete nämlich, daß ein übrig gebliebener Sohn Alis aus einer Ehe mit einer kriegsgefangenen Frau aus dem Stamme der Banu Ḥanīfa der rechtgeleitete Imam (*al-imām al-mahdī*) sei. Er selber handele als sein Bevollmächtigter (*amīn*) (Naubakhtī 20 f.). Muhammad ibn al-Ḥanafiyya lebte damals in Medina und war Oberhaupt »der Familie«, genauer der Nachkommen Husains.[42] Ob er sich mit seiner Rolle im Aufstand jemals einverstanden erklärt hat, ist nicht sicher und wird von dem islamischen Historiker Šahrastānī sogar bestritten.[43]

Zum ersten Mal können wir hier aus der Nähe beobachten, wie im Zusammenhang mit einer politischen Aufstandsbewegung eine islamische Religionsgemeinde die politischen Ansprüche der Kalifen für ihren Imām übernommen hatte. Es blieb ein Merkmal der sich herausbildenden Schia seit der Zeit der Omayyaden, daß

40 S. A. Arjomand, a.a.O., S. 89-100 (mit weiterer Literatur); R. N. Frye, »The Charisma of Kingship in Ancient Iran«, in: *Iranica Antiqua* 4 (1964), S. 36-54; I. Khalifeh-Soltani, *Das Bild des idealen Herrschers in der iranischen Fürstenspiegelliteratur, dargestellt am Beispiel des Qābūs-Nāmé*, Diss. Phil., Tübingen 1971.

41 W. M. Watt/M. Marmura, *Der Islam*, Bd. 2, Stuttgart 1985, S. 38.

42 Die Quellen in Auswahl in Übersetzung bei H. Halm, *Die islamische Gnosis. Die extreme Schia und die ͨAlawiten*, Zürich/München 1982, S. 43-83 (mit Kommentar); C. Cahen, »Points de vue sur la ›Revolution abbaside‹«, in: *RH* 230 (1963), S. 295-338 auf S. 307 f.

43 Übersetzung von Th. Haarbrücker, a.a.O., Bd. 1, S. 166.

die Anhänger der Partei Alis ($\check{si}^c at$ $^c Al\bar{i}$) die politisch-militärische Herrschaft für ihren Imām forderten.[44] Imām bezeichnet in diesem Zusammenhang die höchste und bindende Autorität in der islamischen Gemeinschaft nach dem Tode Mohammeds.[45] Diesem Aufstand gegen die Omayyaden war jedoch kein politischer Erfolg beschieden. Mukhtar konnte zwar Kufa in seine Gewalt bringen, fiel aber nach einhalb Jahren auf dem Schlachtfeld im Frühjahr 61/687.[46]

In Zusammenhang mit dieser Volksbewegung nahm die *mahdī-*Erwartung ihre schiitische Form an. Dazu muß man die neuartige Zusammensetzung der Volksbewegung in Kufa berücksichtigen. Die Klienten waren meistens aramäische und iranische Handwerker und Händler, die sich in der arabischen Militärsiedlung Kufa in der Nähe der siegreichen arabischen Stämme niedergelassen hatten. Sie bildeten innerhalb der Bewegung von Mukhtar eine gesonderte Gruppe. Ihr Anführer war ein gewisser Kaysān, der Mukhtars Polizei (die Knüppelleute genannt) befehligte.[47] Wichtig ist nun, daß sie auch noch nach dem Scheitern des Aufstandes weiter als Gruppe bestanden. Als Mohammed 81/700 n. Chr. in Medina starb, haben die Anhänger Kaysāns den Tod ihres Imāms in einer neuartigen Konzeption verarbeitet. Einige Kaysaniten behaupteten nämlich, ihr Imām sei gar nicht tot, sondern nur verborgen und seine Rückkehr stehe unmittelbar bevor. Wenn er aber zurückkehre, werde er die Welt mit Gerechtigkeit füllen. Zum ersten Mal wird bei den Kaysaniten das Modell von Verborgenheit (*ġaiba*) und Rückkehr (*raǧ^c a*) des wahren Imāms verwendet und mit der Verheißung von Gerechtigkeit in Zusammenhang gebracht.[48] Ob es vielleicht schon früher durch den konvertierten

44 W. M. Watt, *The Formative Period of Islamic Thought*, Edinburgh 1973, Kapitel 2 (»Proto-Schia unter den Omayyaden«); derselbe, »Shī-^cism under the Umayyads«, in: *JRAS* (1960), S. 158-172.

45 W. Madelung, Art. »Imāma«, in: *EI*, Bd. 3, Leiden ²1971, S. 1163-1169; derselbe, »Der Imamat in der frühen ismailitischen Lehre«, in: *Islam* 37 (1961), S. 43-135; H. Brentjes, »Die Imamatslehren im Islam nach der Darstellung des Asch^cari«, in: *ASAW.PH* 54, 4, Berlin 1964.

46 S. H. Jafri, *Origins and Early Development of Shi^a Islam: an Historical Perspective*, London 1978; H. Halm, *Die Schia*, a.a.O., S. 21-26.

47 F. Friedländer, »The Heterodoxies of the Shiites in the Presentation of Ibn Ḥazm«, in: *JAOS* 28 (1907), S. 1-80; 29 (1908), S. 1-183, auf S. 93 f.

48 Das Quellenmaterial findet sich in Übersetzung bei H. Halm, *Die*

Juden ʿAbdallāh ibn Sabā mit Blick auf Ali entwickelt worden war, ist eine nach wie vor offene Frage. Zu legendär bleiben seine Person und die Gruppe der Sabāʾiyya, als daß dies mehr als eine Möglichkeit sein könnte.[49] Die Kaysaniten haben es dagegen nachweisbar vertreten. Ein Teil von ihnen war bei ihrem Imām Mohammed ibn al-Ḥanafiyya »stehen geblieben« und wartete auf seine Rückkehr, ein anderer Teil folgte einem neuen lebenden Imām, Abū Hāšim. Dabei dürfte ein Einfluß aus einem aramäisch-iranischen Religionsmilieu wahrscheinlich sein.[50] Ein handfester Beweis dafür ist die Bezeichnung *qāʾim*, die eine kaysanitische Gruppe – die Anhänger von Abū Hāšim – zum ersten Mal neben dem Mahdī-Titel verwendet hat und die aus dem Aramäischen stammte, wo sie als Titel eines prophetischen Gemeindestifters verwendet worden war.[51]

Was wir bei den Kaysaniten zum ersten Mal beobachten können, wiederholte sich bis zum 9. Jahrhundert n. Chr. und auch noch danach viele Male in der Geschichte der Schia. Gläubige schlossen sich Nachkommen von Ali als ihren religiösen Führern an. Beim Tode eines solchen Imāms teilte sich die Anhängerschaft. Bei den Kaysaniten war das zum ersten Mal geschehen: Die einen glaubten an eine baldige Rückkehr von Mohammed ibn al-Ḥanafiyya als Mahdi und blieben bei ihm »stehen«, die anderen »gingen« mit dem Imamat »weiter« und anerkannten seinen Sohn Abū Hāšim als seinen Nachfolger.[52] Dieser Vorgang wiederholte sich im Jahre 122/740 n. Chr. nach dem gewaltsamen Tode von Zaid ibn Ali; im Jahre 138/755 n. Chr. nach dem vorzeitigen Tod des Sohnes von Ġaʿfar aṣ-Ṣādiq namens Ismāʿīl und erneut nach dem

islamische Gnosis. Die extreme Schia und die ʿAlawiten, a.a.O., S. 48-55; H. Halm bespricht das Material in *Die Schia* a.a.O., S. 21-26.

49 I. Friedländer, »Abdallāh b.Sabā, der Begründer der Šīʿa, und sein jüdischer Ursprung«, in: *ZA* 23 (1909), S. 296-324; 24 (1910), S. 1-46; derselbe, »The Heterodoxies of the Shiites in the Presentation of Ibn Ḥazm«, a.a.O.

50 H. Halm, *Die islamische Gnosis*, a.a.O., S. 16-23.

51 H. Halm, *Kosmologie und Heilslehre der frühen Ismāʿīlīya. Eine Studie zur islamischen Gnosis*, Wiesbaden 1978, S. 123-125; eine innerislamische Deutung wie die von A. S. Sachedina: »der sich mit dem Schwert erhebt«, ist wenig wahrscheinlich (*Islamic Messianism. The Idea of Mahdi in Twelver Shiʿism*, Albany 1981, S. 60-66).

52 Watt, a.a.O., S. 50.

Tode von Mūsā al-Kāzim im Jahr 183/799 n. Chr. Diejenigen, die nicht an den Tod von Mūsā al-Kāzim glaubten, sondern seine Wiederkehr als *mahdī* erwarteten wurden *al-wāqifa* = ›die Stehenbleiber‹ genannt. Die imamitische Schia blieb schließlich mehrheitlich und offiziell bei dem Sohn von Hasan al-ᶜAskarī stehen, dessen Rückkehr als Imām Mahdī sie am Ende der Geschichte erwartet.[53]

Was aber waren die Folgen der einen oder anderen Entscheidungen? M. Watt hat hierzu einen wichtigen Deutungsvorschlag gemacht. Aus der Tatsache nämlich, daß nach den Spaltungen der Kaysaniten eine lange Zeit der Ruhe ohne Aufstände eintrat und erst im Jahre 737 n. Chr. wieder von einem Aufstand berichtet wird, schloß er auf einen Zusammenhang von Mahdi-Verborgenheit und Quietismus. Von hier aus versuchte er die Spaltungen unter schiitischen Anhängern eines Imām zu deuten:

»Neben den Aktivisten gab es unter den Proto-Shiᶜiten auch Quietisten, die einen Aufstand nicht in Betracht zogen, sondern sich mit messianischen Ideen trösteten... Unter denjenigen, die an einen verborgenen Imam glaubten, scheinen einige gemeint zu haben, es sei in seiner Abwesenheit unzulässig, zur Durchsetzung der Gerechtigkeit Gewalt anzuwenden; bei seinem Erscheinen jedoch sollte es zur Pflicht werden, zum Schwert zu greifen. Dies dürfte auf eine feste Verbindung von Mahdi-Glauben und politischem Quietismus hindeuten.«[54]

---

53 H. Halm, *Die Schia*, a.a.O., S. 25; 36; 38 f. Eine vollständigere Übersicht über die schiitischen Abspaltungen entsprechend diesem Prinzip bietet M. Momen, *An Introduction to Shiᵓi Islam. The History and Doctrines of Twelver Shiᵓism*, New Haven/London 1985, S. 23-60, mit einer graphischen Übersicht auf S. 34. J. M. Hussain, *The Occultation of the Twelfth Imam. A Historical Background*, London 1982, stellt die islamische Literatur zur Verbergung des Imām aus der Zeit vor dem Jahre 260/874 n. Chr., als der zwölfte Imām in die Verborgenheit ging, zusammen (S. 3-5 und Kapitel II); siehe auch M. Serdani, *Der verborgene Imam. Eine Untersuchung der chiliastischen Gedanken im schütischen Islam nach Ibn Babuya*, Diss., Bochum 1979; den Übergang zur Zwölferschia behandelt E. Kohlberg, »From Imāmiyya to Ithnā-ᶜashariyya«, in: *BSOAS* 39 (1976), S. 521-534.

54 W. M. Watt, »Die Bedeutung der Frühstadien der imamitischen Shiᵓah«, in: K. Greussing (Hg.), *Religion und Politik im Iran*, Frankfurt 1981, S. 45-57, auf S. 47. Siehe auch seine Ausführung in M. Watt, M. Marmura (Hg.), *Der Islam*, Bd. 2, a.a.O., S. 41-44, Zitat S. 42: Wer an den verborgenen Imam glaubte und seine Rückkehr (*raǧᶜa*) zuver-

Mittels der Begriffe Quietismus und Aktivismus hat Watt die Alternativen von ›Stehenbleiben‹ oder ›Weitergehen‹ mit unterschiedlichen Handlungsmaximen in Verbindung gebracht. Die Entscheidung zum ›Stehenbleiben‹ und der Erwartung baldiger Rückkehr des Imām ging mit einer zeitweiligen Suspendierung politischer Aktionen einher, die Entscheidung zum ›Weitergehen‹ mit einem Aktivismus für den wahren Imām. Die beiden Handlungsmaximen hat Watt daher auch als Entpolitisierung und Repolitisierung bezeichnet.

Erlösung durch Gehorsam
gegenüber dem Imām

Was waren die Hintergründe und die Folgen dieser Spaltungen? Es scheint so zu sein, daß zuweilen ein Zwang bestanden hat, sich zu entscheiden, entweder stehenzubleiben oder aber weiterzugehen. Dieser Zwang hängt vielleicht mit einer spezifischen Konzeption von Erlösung zusammen.[55] Sie wurde von islamischen Häresiographen wie Šahrastānī zutreffend beschrieben. Auch wenn die Schriften dieser Häresiographen im Zusammenhang staatlicher Ketzerverfolgung entstanden sind[56], enthalten sie doch wertvolle Informationen hierzu.

Den Kaysaniten, schreibt Šahrastānī, »war die Lehre gemeinsam, daß die Religion [dīn] im Gehorsam [ṭāʿa] gegenüber einem Menschen bestehe. Dies brachte sie dahin, die Säulen des Gesetzes [šarīʿfa]: Gebet, Fasten, Almosen, Wallfahrt und so weiter auf [den Gehorsam gegenüber, HGK] Personen zu deuten. Und einige von ihnen gelangten dazu, die Befolgung des Gesetzes aufzugeben, nachdem sie zum Gehorsam gegenüber einem Mann gelangt waren.« Nachdem Šahrastānī weiter berichtet hatte, daß

sichtlich erwartete, »braucht in der Gegenwart nichts zu tun – nicht einmal für die Reform eines besonderen Mißstandes zu arbeiten«.

55 M. Momen weist (a.a.O., S. 45) darauf hin, daß *wāqifa* bzw. *wāqifiyya* nicht nur ›stehenbleiben‹ bedeutet, sondern auch ›zaudern, zögern‹, wie auch umgekehrt *qatʿiyya* nicht nur ›weitergehen‹, sondern auch ›gewiß sein‹ heißt: Es zauderten die, die den Tod des Imāms nicht anerkennen mochten; gewiß waren diejenigen, die seinen Tod akzeptierten und einem neuen lebenden Imām bereit waren zu folgen.

56 H. Ritter, »Philologica III: Muhammedanische Häresiographen«, in: *Der Islam* 18 (1929), S. 34-55.

einige die Auferstehungslehre abschwächten und unter anderem die Lehre von der Rückkehr [*raǧᶜa*] nach dem Tode verträten, unterschied er zwei Gruppen nach dem Tode von Mohammed ibn al-Ḥanafiyya. »Einige beschränkten sich auf Einen und glaubten, daß er nicht stirbt und auch nicht sterben kann, bis er zurückkehrt. Andere übertrugen das Imamat auf einen anderen, wurden dann aber über ihn beunruhigt und verwirrt«. Und er schloß seinen Bericht mit der polemischen Behauptung ab: »Wer glaubt, daß Religion Gehorsam gegenüber einem Mann ist, und er hat keinen (solchen) Mann, dann hat er auch keine Religion«.[57] Von einer späteren Gruppe der Rizāmiyya behauptete er ähnliches: »Sie behaupteten, daß die Religion nur in der Kenntnis des Imāms bestehe. Einige von ihnen aber sind der Ansicht, daß die Religion in zwei Dingen bestehe: der Kenntnis des Imāms und der Loyalität. Und wer diese beiden Dinge für sich erlangt, ist bis zum Zustand der Vollkommenheit befreit von allen Bindungen.«[58]

Andere Quellen bestätigen die Behauptung, daß es Moslems gab, die glaubten, das Heil werde durch den Gehorsam gegenüber einem rechtgeleiteten Nachkommen Alis erworben.[59] Diese Konzeption ähnelte dem Gentilcharisma, das palästinische Christen den »Herrenverwandten« zugeschrieben hatten. Abstammung (*nasab*) ließ bestimmte Fähigkeiten erwarten. Zur Abstammung aber mußte noch ein Ansehen auf Grund eigener Leistungen (*ḥasab*) treten.[60] Ein Gentilcharisma konnte seine Wirkung nur in Verbindung mit einem persönlichen Ansehen entfalten. Bei den schiitischen Imāmen bestand dies in besonderem Heilswissen. Wenn die ›Leute des Hauses‹ (*ahl al-bayt*) neben ihrer Genealogie auch noch esoterisches Wissen vorweisen konnten, konnten sie zum Mittelpunkt einer eigenen Gemeinde werden. Dabei über-

57 Šahrastānī, hg. von Cureton 1846, S. 109; Th. Haarbrücker, *Religionspartheien und Philosophen-Schulen*, Halle 1850, Bd. 1, S. 165; A. K. Kazi/J. G. Flynn, »Shahrastānī Kitāb al-milal waᵓl-nihal. VI. The Shiᵓites«, in: *Abr-n* 15 (1974/75), S. 50-98, auf S. 51.

58 Ed. Cureton S. 115; Haarbrücker, a.a.O., S. 173; Kazi/Flynn, a.a.O., S. 57.

59 Naubakhtī, hg. von Ritter, 1931, S. 41 f.; Übersetzung von M. J. Mashkour, »An=Nawbāḫti. Les sectes šiᵓites«, in: *RHR* 154 (1958), S. 78; A. S. Halkin, Abd-al-Kahir al-Baghdadi, *Moslem Schisms and Sects*, Tel Aviv 1935, Nachdruck Philadelphia 1978, S. 73 ff.; weiteres Quellenmaterial bei E. L. Daniel, *The Political and Social History of Khurasan under Abbasid Rule 747–820*, Minneapolis/Chicago 1979, S. 131 mit Anm. 44 und S. 145 mit Anm. 151.

60 Mottahedeh, a.a.O., S. 98-104.

nahmen Schiiten das profane Modell der Begründung einer Patron-Klienten-Beziehung. Die Ergebenheit der Gläubigen gegenüber ihrem Imām wurde durch einen persönlichen Loyalitätseid (*baiᶜa*) begründet. Nur durch diesen Eid konnten die Gläubigen in den Genuß der Wohltaten (*niᶜma*) ihrer Verbindung mit dem Imām gelangen.[61]

Mit der Anerkennung des Charismas des Imām waren praktische Konsequenzen verbunden. Nicht nur führte die Hingabe an den Imām zu einer Schließung der Gemeinden. Die Gläubigen wurden ihrerseits zu einem Gemeinschaftshandeln mit festen Rechten und Pflichten angehalten. Schon die Kaysaniten erhoben mit dem Glauben an das Imamat von Mohammed ibn al-Ḥanafiyya besondere Ansprüche auf die Handlungen der Gemeindeglieder, die sich von den gemeinislamischen unterschieden. Ihnen war es nicht gestattet, ohne Zustimmung des Imām zum Schwert zu greifen. Außerdem sollte jeder, der sich dem Imām widersetzte, als Ungläubiger und Heide gelten. Solange der Imam verborgen ist, konnte ein *ğihād* nicht ausgerufen werden und konnte es auch keine Pflicht zum ›heiligen Krieg‹ geben (Naubakhtī 24). Diese erst später voll ausgebildete Auffassung findet sich bereits in frühen Berichten über die Kaysaniten. Der Anspruch, für Allah einen Krieg gegen die Ungläubigen zu führen, wurde zwar nicht aufgegeben, aber in der Zeit einer Abwesenheit des Imām nicht erhoben.[62] Diese Handlungsanweisung gehörte auch später zum Grundbestand der speziell schiitischen Ethik. Im Laufe der Zeit trat noch eine weitere hinzu. Es war das Vorrecht der Imāme, einen Anteil vom *khums*, dem Fünften von Beute und Einkommen, zu empfangen.[63] Die schiitischen Gruppen haben auf diese Weise eigene Religionsgemeinden mit einem hohen Grad innerer Geschlossenheit gebildet.

61 Mottahedeh beschreibt das profane System, a.a.O., S. 40-54.
62 E. Kohlberg, »The Development of the Imāmī Shīᶜī Doctrine of *ğihād*«, in: *ZDMG* 126 (1976), S. 64-86; R. Peters, *Islam and Colonialism. The Doctrine of Jihad in Modern History*, Den Haag 1979, S. 13; C. Colpe, »Zur Bezeichnung und Bezeugung des ›Heiligen Krieges‹«, in: *BThZ* 1 (1984), S. 45-57; S. 189-214, auf S. 202-205.
63 A. A. Sachedina, »Al-Khums: The Fifth in the Imāmī Shīᶜī Legal System«, in: *JNES* 39 (1980), S. 275-289; derselbe, *The Just Ruler in Shīᶜite Islam. The Comprehensive Authority of the Jurist in Imamite Jurisprudence*, Oxford/New York 1988, S. 237-245.

So wie andere islamische Konzeptionen war auch die Erwartung eines Mahdi am Ende der Tage in die Form des *ḥadīṯ* (Mitteilung über Aussprüche und Handlungen des Propheten) gebracht worden. Die Endzeitvorstellung war zwar zur Tradition der Rechtsschulen geworden, ihre Authentizität anfänglich aber (und gelegentlich auch noch später) unter den Rechtsgelehrten umstritten.[64] Wir finden sie noch nicht in den ersten Traditionswerken des al-Bukhārī (gest. 870) und Muslim (gest. 875). Sie hielten die Überlieferung offensichtlich nicht für einwandfrei. Erst in den späteren Traditionssammlungen von Abū Dāwūd, Ibn Māǧa und at-Tirmiḏī wurde sie dann doch noch aufgenommen.[65]

Ibn Khaldun, der am Mahdismus ein soziologisches Interesse hatte, stellte in seiner Muqaddima die wichtigsten und ältesten Hadiṯen zusammen, überprüfte ihre Zuverlässigkeit und kam zu dem Befund, daß sie nicht echt waren.[66] Seine Sammlung der Mahdī-Überlieferungen ist recht komplett und erlaubt einen guten Überblick über das Traditionsmaterial. Einige Anschauungen und Vorstellungen kehren regelmäßig wieder:

Wenn nur noch ein Tag der Welt (*dunyā*) übrig geblieben ist, wird Gott einen Mann aus Mohammeds Familie schicken, der ebenfalls Mohammed und dessen Vater ebenfalls Abdallah heißt. Er wird mit schwarzen Fahnen aus dem Osten heranziehen und die Welt mit Gerechtigkeit (*ʿadl*) füllen (*malaʿa*), so wie sie jetzt mit Ungerechtigkeit (*ẓulm*) gefüllt ist; er wird sieben bis neun Jahre (hier schwanken die Traditionen) herrschen, großzügig Geld und andere Gaben verteilen. Die Erde wird während seiner Herrschaft Überfluß hervorbringen. Dieser wunderbare Endzeitherrscher

---

64 Noch immer grundlegend: C. Snouck Hurgronje, »Der Mahdi«, in: *Verspreide Geschriften*, 1, Bonn 1923, S. 145-181; D. S. Margoliouth, »On Mahdis and Mahdiism«, in: *British Academy Proceedings* 7 (1915-16), London 1919, S. 213-233; neuere Gesamtdarstellungen von A. A. Sachedina, *Islamic Messianism. The Idea of Mahdi in Twelver Shi'ism*, Albany 1981; J. M. Hussain, *The Occultation of the Twelfth Imam. A Historical Background*, London 1982; J.-O. Blichfeldt, *Early Mahdism. Politics and Religion in the Formative Period of Islam*, Leiden 1985.

65 A. J. Wensinck, *Handbook of Early Mohammedan Tradition*, Leiden 1927, 1960, S. 139, s. v. »mahdi«.

66 Übersetzung von F. Rosenthal: Ibn Kaldûn, *The Muqaddimah*, Bd. II, Princeton 1958, S. 156-200.

wird in diesen Hadiṯen zumeist *mahdī* genannt: der (durch Gott) Rechtgeleitete.

Im Zentrum der Mahdī-Erwartung stand demnach die Vorstellung, die Welt sei in der Gegenwart mit Ungerechtigkeit gefüllt
und werde am letzten Tag mit Gerechtigkeit gefüllt werden. Entscheidend ist, was darunter verstanden wurde. Was bedeutet Gerechtigkeit (*ᶜadl*), was Ungerechtigkeit (*ẓulm*)? Ich möchte mich
zur Beantwortung dieser wichtigen Frage an das Handbuch der
politischen Administration von Niẓām al-Mulk, dem Wezir der
Seldschuken im 11. Jahrhundert n. Chr., halten. Dort finden wir
die Sentenz:

»Die Herrschaft hat wohl zusammen mit Unglauben Bestand, nicht aber
zusammen mit Ungerechtigkeit«.[67]

Ungerechtigkeit war also etwas anderes als Ungehorsam gegenüber dem islamischen Gesetz. Da sie mit Herrschaft in Verbindung gebracht wurde, ging es bei ihr offenbar um eine Qualität
sozialer Beziehungen. Wir hatten übrigens oben (IV. Kapitel) eine
ähnliche Beobachtung zum hebräischen Begriff *ṣᵉdaqā* referiert.
Auch in der islamischen Religionsgeschichte war Gerechtigkeit
über eine formale Maxime hinaus zur Bezeichnung materialer
Beziehungsqualität geworden. Entgegen allen platten Identifizie-
rungen von Religion und Gesellschaft im Islam möchte ich darauf
hinweisen, daß das Handbuch des Niẓām al-Mulk zwischen Ungerechtigkeit und Unglauben unterschied und daß in der Konsequenz dieser Unterscheidung Herrschaft unabhängig von Religion begründet werden konnte.
Ich möchte die Hintergründe für diese Möglichkeit grob skizzieren. Einmal hatte die Differenzierung zwischen der Macht des
Herrschers und der Autorität der Rechtsgelehrten zu einer solchen Möglichkeit beigetragen.[68] Zweitens war die Entstehung des
Sultanats neben dem Kalifat hierbei von Bedeutung gewesen. Niẓām al-Mulk, selber im Dienst eines seldschukischen Sultans, begründete gleich zu Beginn im ersten Kapitel seines Buches die
Legitimität des Herrschers, ohne sich auf den Islam zu berufen. In jedem Zeitalter erwähle Gott aus der Mitte der Menschen

---

67 C. Schefer, *Siasset Namèh,* Paris 1891, S. 8, Z. 14 f.
68 I. M. Lapidus, »The Separation of State and Religion in the Development of Early Islamic Society«, in: *IJMESt* 6 (1975), S. 363-385.

einen, bestimme ihn zum Herrscher, hefte das Wohl der Welt an ihn und verschließe durch ihn das Tor zu Verderbnis und Aufruhr. Diese Vorstellung war weit verbreitet. Als die türkischen Sultane die faktische Machtausübung übernahmen und die Kalifen in Bagdad politisch entmachteten, da wurde die Trennung der Zentralgewalt« von einer islamischen religiösen Legitimation besiegelt. Stattdessen griff man auf ältere iranische Herrschaftslegitimationen zurück, um diese Herrschaft zu rechtfertigen. A. Lambton hatte schon vor längerer Zeit in der Anschauung von Gerechtigkeit ältere antike und sassanidische Vorbilder wiedererkannt.[69] In ihrer Rekonstruktion dieser Zusammenhänge hat sie die persische Vorstellung von Gerechtigkeit so charakterisiert:

»The way in which the world was to be filled with justice was by the maintenance of each in his rightful place, so that stability would be preserved.« ẓulm war Übertretung der gebotenen Grenzen, ᶜadl hingegen Gleichgewicht und Balance.[70]

Die bereits in der Antike und auch im Sassanidenreich gebräuchliche Herrschaftslegitimation hatte es als Aufgabe des Herrschers – des Stellvertreters Gottes auf Erden – gesehen, den Schwachen vor dem Starken zu schützen. Damit wurde der Herrscher zum Garanten von Gerechtigkeit auch in den Patronatsbeziehungen. Es war sein Recht und seine Pflicht, in diese Beziehungen einzugreifen, wenn den Abhängigen Ungerechtigkeit widerfuhr. Dem Herrscher wurde dabei konsequenterweise ein direktes Durchgriffsrecht bis auf die unterste Ebene der Gesellschaft zugestanden.[71] Was aus dem Blickwinkel von Regelhaftigkeit Willkür oder Despotie ist (K. Greussing), könnte aus dem Blickwinkel der Be-

---

69 »Quis custodiet custodes? Some Reflections on the Persian Theory of Government«, in: StIsl 5 (1956), S. 125-148; 6 (1957), S. 125-146. Der erste Artikel behandelt die ältere Zeit, der zweite die safawidische; H. Busse, »Der persische Staatsgedanke im Wandel der Zeit«, in: Saeculum 28 (1977), S. 53-74.

70 »Justice in the Medieval Persian Theory of Kingship«, in: StIsl 17 (1962), S. 91-119, Zitat S. 102. R. P. Mottahedeh kommt in seiner Analyse der Auffassung von Tyrannei und Gerechtigkeit unter den Buyiden zu demselben Ergebnis: Loyalty and Leadership in an Early Islamic Society, Princeton 1980, S. 177-180.

71 K. Greussing, Vom »guten König« zum Imam. Staatsmacht und Gesellschaft im Iran, Bregenz 1987.

herrschten auch Ausdruck eines patrimonialen Ethos sein (S. A. Arjomand).[72]

Erfahrungen von Ungerechtigkeit

Welche gesellschaftlichen Erfahrungen und Erwartungen die Mahdī-Erwartung ausdrückte, ist damit noch nicht gesagt. Auch auf die Gefahr eines Anachronismus hin möchte ich vorschlagen, sie sich mit Hilfe von späteren Zeugnissen verständlich zu machen.

Im 14. Jahrhundert n. Chr. glaubte Sayyid Nimatu'llah aus Kirmān, daß sich das Ende der Tage durch Spaltung (*fitna*) und Konflikt zu erkennen gebe. »Krieg, Terror, Spaltung und Rechtlosigkeit [*bīdād*, ein persisches Wort] sehe ich rechts und links«, schrieb er und erkannte darin – wie andere auch – Vorzeichen für das baldige Kommen des Mahdī.[73]

Die Angst war weit verbreitet, daß sich Loyalitätsbeziehungen auflösen und Rechtlosigkeit breitmachen könne. Diese Angst war nicht gänzlich unbegründet, wenn man die Herrschaftsstruktur in Iran in Betracht zieht. Der Staat in Iran war keine Institution unabhängig von den sozialen Fraktionen gewesen, die diese neutralisieren und ausgleichen konnte, sondern war in die Rivalität der Klientelgruppen hineingezogen, wie P. Vieille dargelegt hat.[74] Auch waren die Rechte lokaler Gemeinschaften in Iran nicht durch die Vergabe von Privilegien und durch staatliche Erlasse so geregelt worden, wie dies in der antiken Kultur der Fall gewesen war.

Man kann sich diese Deutung auch an den Zeugnissen zu den rituellen Straßenkämpfen im schiitischen Iran seit der Safawiden-

---

72 S. A. Arjomand, *The Shadow of God and the Hidden Imam. Religion, Political Order, and Societal Change in Shiᶜite Iran from the Beginning to 1890*, Chicago 1984, S. 89-100; siehe auch S. A. Arjomand, (Hg.), *Authority and Political Culture in Shiᶜism*, Albany 1988.

73 Text und Übersetzung bei E. G. Browne, *A History of Persian Literature under Tartar Dominion (A. D. 1265-1502)*, Bd. III, Cambridge 1920, S. 463-470; die Vorzeichen behandelt umfassend D. S. Attema, *De Mohammedaanse Opvattingen omtrent het tijdstip van den Jongsten Dag en zijn Voortekenen*, Amsterdam 1942; zur *fitna* siehe S. 61-65.

74 P. Vieille, *La Feodalité et l'Etat en Iran*, Paris 1975, S. 171 und S. 296.

zeit verständlich machen. Seitdem europäische Reisende Persien besucht und darüber berichtet haben (seit dem Beginn des 17. Jahrhunderts), hören wir von Prozessionen im Monat Muḥarram, besonders an seinem zehnten Tage. An diesem zehnten Tage (ᶜāšūrā) des Monats Muḥarram war Husain mit seinen Gefolgsleuten 680 bei Kerbala niedergemetzelt worden, und deshalb zogen an diesem Tage – arabischen und persischen Quellen zufolge – Schiiten klagend durch Straßen ihrer Ortschaften.[75] Europäische Reisende haben später diese Prozessionen ausführlich beschrieben.[76] Die Prozessionen rekrutierten ihre Teilnehmer stets aus einem bestimmten Stadtteil. Das Komitee, das in Iran die Muḥarram-Feierlichkeiten organisierte, konnte sich aus der Klientel eines reicheren Patrons, aus einer Nachbarschaftsgruppe rund um eine Moschee oder aus der religiösen Gefolgschaft, zu der jeder schiitische Laie einem muǧtahid gegenüber verpflichtet war, bilden. Die Prozessionszüge, die dann durch die Straßen zogen, wurden vor allem von Handwerkskorporationen gebildet. Aus den Berichten geht hervor, daß die Prozessionszüge sich nicht etwa aufgrund einer Summe individueller Entscheidungen bildeten, sondern nach vorgeprägten Loyalitäten. Sie bildeten sich aus dem, was H. Alavi treffend die »primordial loyalties« genannt hat: angestammte, von unten her aufgebaute Loyalitäten, die von gemeinsamer Nachbarschaft, der Zugehörigkeit zur gleichen Handwerkskorporation, der religiösen Gefolgschaft oder der Klientel begründet waren.[77]

Die Prozessionen waren von dem Gedanken beseelt, daß in den Tagen von Ašura die Ereignisse von einst erneut Gegenwart werden. »Heute ist der Tag von Ašura, und diese Ereignisse geschahen in Kerbala«, wird ein Teilnehmer am Anfang unseres Jahr-

---

75 Es war ursprünglich ein aramäisches Wort mit der Bedeutung ›Zehnter‹: P. Marçais, Art. ᶜāshūrā, in: Encyclopaedia of Islam, Bd. 1 (1960), S. 705; insgesamt hierzu: M. Ayoub, Redemptive Suffering in Islām. A Study of the Devotional Aspects of ᶜĀshūrā' in Twelver Shīᶜism, Den Haag 1978.

76 Das gesamte diesbezügliche Material habe ich in dem Aufsatz »Jeder Tag ᶜAshura, jedes Grab Kerbala« zusammengestellt, in: K. Greussing (Hg.), Religion und Politik im Iran, Frankfurt 1981, S. 217-256.

77 »Peasant Classes and Primordial Loyalties«, in: Journal of Peasant Studies 1 (1973), S. 23-60.

hunderts zitiert.[78] In einer die europäischen Beobachter faszinierenden wie abschreckenden Weise hat man im Iran auf den Straßen die Niedermetzelung von Husain und den Seinen nachgestellt und in Form von Theateraufführungen nachgespielt.[79] Männer geißelten sich mit Ketten und Säbeln blutig. Die Säbelgeißler legten dabei noch Leichengewänder an, um ihre Opferbereitschaft zu zeigen. Diese Opferbereitschaft wurde auch in den Straßenkämpfen unter Beweis gestellt. Nahezu einhellig berichten Reisende, daß die Umzüge – falls sie einander begegneten – in Kämpfe verwickelt wurden. Sie erzählten weiter, daß der Streit um rituelle Gegenstände entbrannte, daß er mit Stöcken ausgetragen wurde, daß er einer Rivalität der Aufzüge um den Vorrang entsprang, daß man die in diesen Kämpfen Gefallenen für Märtyrer wie die von Kerbala hielt und daß man glaubte, in den Tagen zu Ašura stünden die Tore des Paradieses offen.

Es handelte sich hierbei nicht um zufällige Auseinandersetzungen, sondern um ein strukturiertes und typisches Gegeneinander. Der Konflikt folgte nicht dem Muster der Fehde, die durch einen Normbruch ausgelöst wird. Der Kampf war auch nicht in erster Linie gegen die Zentralgewalt gerichtet, wie dies C. Cahen erwogen hatte.[80] Dem Straßenkampf lag eine Rivalität zwischen den Loyalitätsgruppen in Iran zugrunde. Denn diese Rivalität war nicht durch vertragliche Bindungen gezügelt worden, wie dies im europäischen Feudalismus geschehen war und konnte daher in Straßenkämpfen rituell ausgetragen werden. Obwohl diese Beobachtung sich auf den neuzeitlichen Iran bezieht, kann man vielleicht diese Besonderheit der iranischen Kultur bis in die vorislamische Zeit zurückverfolgen. Der Zoroastrismus lehrte einen kosmologischen Dualismus: Ohrmazd und Ahriman kamen am Anfang der Welt in einem Vertrag (*paymān*) überein, daß sie beide wie zwei Männer in einem Zweikampf eine gewisse Zeit

78 E. Aubin, »Le Chiᶜisme et la Nationalité Persane«, in: *Revue du Monde Musulman* 4 (1908), S. 457-490; Zitat S. 480.

79 P. J. Chelkowski (Hg.), *Taᶜziyeh. Ritual and Drama in Iran*, New York 1979.

80 C. Cahen, »Zur Geschichte der städtischen Gesellschaft im islamischen Orient des Mittelalters«, in: *Saeculum* 9 (1958), S. 59-76. Ähnlich S. El-Messiri, »The Changing Role of the *futuwwa* in the Social Structure of Cairo«, in: E. Gellner/J. Waterbury (Hg.), *Patrons and Clients in Mediterranean Societies*, London 1977, S. 239-253.

lang um die Macht kämpfen würden (*Bundahišn* 1).[81] Die Ungerechtigkeit der Welt kam in der Erfahrung von ungezügeltem
Kampf zwischen den Loyalitätsgruppen zum Ausdruck. Der gerechte Herrscher wurde dagegen mit einer Balance zwischen den
einander widersprechenden Interessen und Ansprüchen in Verbindung gebracht.
Auf einem anderen Wege stößt man auf eine ähnliche Deutung
dessen, was denn mit Ungerechtigkeit gemeint sein könnte. Vergleichende Untersuchungen zu Bauernrevolution im 20. Jahrhundert haben nämlich in ihnen ebenfalls eine bestimmte Auffassung
von Gerechtigkeit entdeckt. Diese Bauernrevolutionen waren ein
Resultat von Ausbeutung gewesen. Aber was genau ist Ausbeutung? Ist es ein Sachverhalt, der nur von den Betroffenen selber
festgestellt werden kann und der sich jeder objektiven Überprüfung entzieht? Barrington Moore hat dem widersprochen und
eingewandt, eine subjektive Interpretation von Ausbeutung wäre
eine Tautologie und könne nicht erklären, *warum* bestimmte
Verhältnisse akzeptiert wurden und andere nicht.[82] Auf der anderen Seite hat eine Quantifizierung von Ausbeutung als ungleiche
Verteilung materieller Güter auch nur begrenzten Erklärungsnut-
zen bewiesen. Die Frage, warum Menschen bestimmte Verhältnisse als gerecht, andere als ungerecht beurteilt haben, können
beide Theorien nicht befriedigend erklären.
Barrington Moore hatte aus diesem Grunde einen neuen Anlauf
zur Lösung dieses Problems unternommen. Dabei ist er davon
ausgegangen, daß Gerechtigkeit und Ungerechtigkeit moralische
Beurteilungsmaßstäbe *in* Abhängigkeitsbeziehungen sind. Selbst

---

81 Die Weltgeschichte ist dieser Kampf um die Macht. H. S. Nyberg,
»Questions de Cosmogonie et Cosmologie Mazdéennes«, in: *JA* 214
(1929), S. 193-310; 219 (1931), S. 1-134 und S. 193-244; weiter dazu
R. C. Zaehner, *Zurvan: A Zoroastrian Dilemma*, Oxford 1955. P. Tol-
stow hat den interessanten Vorschlag gemacht, den zoroastrischen
Dualismus mit einer rituellen Teilung mittelasiatischer Städte in zwei
Fraktionen in Zusammenhang zu bringen: *Auf den Spuren der altcho-
resmischen Kultur*, Berlin 1953, S. 124 ff.

82 Barrington Moore, *Soziale Ursprünge von Diktatur und Demokratie.
Die Rolle der Grundbesitzer und Bauern bei der Entstehung der modernen Welt*, Frankfurt 1969, S. 538-553. Er hat diesem Thema eine
ausführliche Studie gewidmet: *Ungerechtigkeit. Die sozialen Ursachen
von Unterordnung und Widerstand*, Frankfurt 1984.

dann, wenn Lasten in Abhängigkeitsbeziehungen ungleich verteilt und die Austauschkonditionen asymmetrisch sind, können Abhängige diese Beziehungen dennoch für legitim halten. J. C. Scott hat Barrington Moores Interpretation von Ausbeutung als einem objektiven Sachverhalt aufgegriffen und an der Erscheinung von Legitimitätsverlust weitergeführt. Er machte den Verlust von Legitimität abhängig von »Veränderungen in der objektiven Balance von Gütern und Diensten..., die individuell und kollektiv zwischen Gesellschaftsschichten getauscht werden«. Dabei geht es um eine Balance bei ungleichem Tausch.[83] Gerechtigkeit kann auch dann bestehen, wenn zwischen ungleichen Partnern, Herren und Abhängigen, Leistungen ausgetauscht werden, von denen auch die Abhängigen profitieren. Erbringen die Abhängigen (als Bauern und Handwerker) Dienstleistungen, Produkte und Unterstützung für ihre Herren und erhalten sie dafür von ihren Patronen Hilfe bei Übergriffen Dritter oder in Notfällen oder bei der Vertretung ihrer Interessen nach außen, kann sich eine Balance von Leistung und Gegenleistung einstellen, die sie als gerecht beurteilen, obwohl sie ›objektiv‹ schief ist.

Wenn diese Balance dramatisch zuungunsten der Abhängigen verschoben wird und der Produzent daraufhin mehr oder alle Risiken ganz allein tragen muß, kann die Beziehung schlagartig in Illegitimität umschlagen.

»Legitimität ist keine lineare Funktion der Austauschbalance. Stattdessen gibt es für Klienten bestimmte Schwellen, bei deren Überschreiten der Verlust von Legitimität direkt und oft vollständig eintritt.«[84]

Ich will mich nicht dem Verdacht aussetzen, solche Erkenntnisse ohne Rücksicht auf Raum und Zeit verallgemeinern zu wollen. Darum möchte ich wiederholen, daß sie nicht mehr als Möglichkeiten sein können. Die Vermutung aber ist gestattet, daß die Vorstellung, die Welt sei voller Ungerechtigkeit und solle durch den verborgenen Mahdī mit Gerechtigkeit gefüllt werden, in diesem Sinne verstanden und erfahren worden ist. Die Mahdī-Er-

83 J. C. Scott, *The Moral Economy of the Peasant. Rebellion and Subsistence in Southeast Asia*, New Haven/London 1976; derselbe, »Patronage or Exploitation?«, in: E. Gellner/J. Waterbury (Hg.), *Patrons and Clients in Mediterranean Societies*, a.a.O., S. 21-39, Zitat S. 25 (meine Übersetzung).
84 Scott, a.a.O., S. 30.

wartung drückte eine Erfahrung von Schutzlosigkeit und Unsicherheit aus, die ihre Gründe in langfristigen gesellschaftlichen Systemen hatten.

Gerechtigkeit und Ungerechtigkeit werden in diesem Weltbild fast wie Stoffe gedeutet, die die Welt füllen. Die kleine Zelle, die einen rechtgeleiteten Imām kennt und ihm ergeben ist, bildet – so könnte man das Bild weiterführen – im Meer der Ungerechtigkeit eine kleine Insel der Erlösten. Damit entwickelten Schiiten eine Konzeption von wahrer und gerechter Ordnung, die mit den anderen vorderasiatischen Erlösungsreligionen Übereinstimmungen und Unterschiede aufweist. Wir erkennen erneut ein schon bekanntes Element dieser Erlösungsreligiosität wieder: daß es eine unauflösbare Spannung gibt zwischen der Gemeinde der Erlösten und der Öffentlichkeit bestehender Mächte. Im Unterschied aber zu den anderen Religionsgemeinschaften hielt die schiitische unverkürzt an ihren politischen Ansprüchen auf die Herrschaft ihres Imām über alle Moslems fest. Dafür mußte sie allerdings an der Öffentlichkeit ihres Anspruches Abstriche vornehmen.

Schauen wir von hier aus noch einmal auf die Übergänge von der antiken Stadtherrschaft zur Gesellschaft im Islam zurück! Die Abhängigkeit von militärischen und politischen Machthabern hatte sich auf dem Land wie in der Stadt verbreitet und die Stadtgemeinden geschwächt. Öffentliche Macht war privatisiert worden, privates Leben mußte sich mit einem Negativraum sozialen Schutzes umgeben. Die Bildung von Patronatsbeziehungen auf dem Land und die territorialen Fraktionierungen der Städte waren die Kontexte für die Verbreitung einer Religion, die sich als persönliche Loyalität zum Imām verstand und von ihm gerechte Herrschaft erhoffte.

Die Praxis der Verstellung
in einer ungerechten Welt

Die Schriftstellerin und Orientalistin B. Frischmuth hat in ihrem Roman *Das Verschwinden des Schattens in der Sonne* von ihren Studien der islamischen Mystik in Istanbul erzählt. Dabei kommt sie auch auf ein Thema zu sprechen, das wie kein anderes Vorurteile von Europäern gegenüber Schiiten geprägt hat. Einer der Studenten, in deren Leben wir Einblick erhalten, ist Turgut, aus dem Osten der Türkei. Er ist ein politisch engagierter Student, der vor Spitzeln des Staates auf der Hut sein muß. Eines Tages, noch vor Ende des Semesters, teilte er mit, er müsse nach Hause fahren. In Wirklichkeit aber blieb er in der Stadt und wurde bei einer Demonstration von der Polizei erschossen. Einer der gemeinsamen Freunde hatte an der Anlegestelle der Fähre auf die Erzählerin gewartet und ihr das Geschehene mitgeteilt.

»Ich konnte es noch immer nicht fassen. Turgut war nach Hause gefahren, in den Osten. Ich hatte ihn weggehen sehen. Er hatte es mir selbst gesagt. Warum hätte er mir etwas Falsches sagen sollen? Hatte Sevim es gewußt, daß er im Verborgenen in der Stadt geblieben war?«[85]

Andere europäische Reisende haben ähnliche Erfahrungen gemacht, vor allem im Bereich des schiitischen Islam, dem auch Turgut angehörte. Die Praxis der Verheimlichung, verbunden mit politischer subversiver Tätigkeit, hat eine lange Tradition, die auch Europäer nicht verschonte. Das erfuhren europäische Teilnehmer an den Kreuzzügen, setzte sich mit Diplomaten im 19. Jahrhundert fort und hat im 20. Jahrhundert Politiker, Journalisten und Geschäftsleute getroffen.[86]

Von der Verleugnung des Glaubens bei
Lebensgefahr zu einer religiösen Handlungsmaxime

Es gibt wenige Religionen, die so auf Öffentlichkeit gerichtet waren wie der Islam. Darum ist es überraschend, daß einige Suren

85 *Das Verschwinden des Schattens in der Sonne*, Frankfurt 1973, S. 232.
86 Erst kürzlich erregte der Fall des französischen Reporters Jean-Paul Kauffmann Aufsehen. Drei Jahre lang war er im Libanon von Schiiten als Geisel an verschiedenen Orten eingekerkert worden. In dieser endlosen Zeit machten die Wärter ihm wiederholt Hoffnung. »Der Alptraum neigt sich dem Ende zu«, hörte er von dem einen. Oder – als man ihn ganz in die Nähe des internationalen Flughafens von Beirut gebracht hatte –: »Das ist die letzte Schleuse vor der Freilassung«. Immer war es, wie er kommentiert, Taqiyya, Lüge. Die Lügen der Wärter kommen und gehen. Die Lüge bestimmt den Alltag der Geiseln (*ZEIT*-Dossier vom 20. Mai 1988).

des Qoran dem Gläubigen gestatteten, in Notsituationen seinen Glauben zu leugnen, um sein Leben zu retten.

Sure 16, 106 sagt allen Moslems, die frei und ungezwungen den Glauben verleugnen, Gottes Zorn an, »außer wenn einer [äußerlich zum Unglauben] gezwungen wird, während sein Herz im Glauben Ruhe gefunden hat«. Auf der gleichen Linie liegt auch Sure 3, 28: die Gläubigen sollen nicht Ungläubige anstatt der Gläubigen zu Freunden nehmen. »Anders ist es, wenn ihr euch vor ihnen fürchtet [von *taqā*]«. Sure 6, 118 räumt ein, daß ein Moslem in einer Zwangslage Essensgebote verletzt.

Im Ḥadīt werden neben Fällen, in denen Anhänger Mohammeds sich für ihren Glauben töten ließen, auch solche erwähnt, in denen Mohammed es billigte, wenn ein Gläubiger in Todesnot sein Bekenntnis verleugnet: »Wenn der Machthaber zu jemand sagt: ›Du mußt Allāh verleugnen, sonst töte ich dich‹, so steht es ihm frei« (Allāh zu verleugnen), heißt es bei Šaybānī, einem Rechtsgelehrten. *Taqiyya* bezeichnete ursprünglich diese Furcht, bevor es die Verheimlichung bzw. die Verstellung allgemein bezeichnete.[87]

In der frühen islamischen Religionsgeschichte war die Verstellung anfänglich auf die Ausnahmesituation der Verfolgung beschränkt gewesen. Eine der frühesten Gruppen, die verfolgt wurden, waren die Khariǧiten. Sie machten als erste von dieser Möglichkeit Gebrauch.[88] Da die Partei Alis und seiner Nachkommen sich wiederholt Verfolgungen ausgesetzt sah, ergriff auch sie diese Möglichkeit. Der den Aliden wohlgesonnene Dichter Kumayt klagte darüber, daß er »trotz seiner Liebe zu ihnen... doch nur heimlich auf ihrer Bahn wandeln kann und eine andere Gesinnung vortäuschen muß«. Zuvor scheint schon Ali selber seine Absichten verheimlicht zu haben, wenn man einem Bericht des imamitischen Häresiographen al-Qummī glauben darf.[89] So entwickelt sich im Umfeld der Partei Alis die Praxis, die wahre

87 I. Goldziher, »Das Prinzip der takijja im Islam« (1906), in: *Gesammelte Schriften*, Bd. 5, Hildesheim 1970, S. 59-72, Zitat S. 61; E. Kohlberg, »Some Imāmī-Shīʿī Views on Taqiyya«, in: *JAOS* 95 (1975), S. 395-402.

88 W. M. Watt, *Islam and the Integration of Society*, London 1961, S. 101.

89 I. Goldziher, a.a.O., S. 65; H. Halm. *Die islamische Gnosis*, a.a.O., S. 50.

Absicht (*niyya*) vor Außenstehenden verborgen zu halten, da Gott nur diese beurteile.[90]

Die Schia hat in einer Kultur Form erhalten, in der der antike Gnostizismus bekannt und anerkannt war. Dabei muß man wohl eher mit einem aramäischen als mit einem iranischen Milieu rechnen. Bereits der Mahdi-Titel *qā'im* war ein Indiz dafür gewesen. Jedoch gibt es weitere, darunter auch einen, der für eine gnostische Vorgeschichte von *taqiyya*, das im persischen mit *ketmān* wiedergegeben wurde, sprechen könnte. H. Halm hat diese Vorgeschichte an literarischen Stoffen der Ismaeliten nachgewiesen. In ihnen kehrt das gnostische Kernsymbol wieder: das der Verborgenheit des menschlichen Selbst vor den Mächten dieser Welt. Das »Buch der Schatten«, eine geheime Offenbarungsschrift aus dem Kreise extremer Schiiten in Kufa (9. Jahrhundert n. Chr.) erzählt, wie der Teufel beschlossen habe, die Gläubigen zu verfolgen. Daraufhin habe Gott Mohammed beauftragt, zu den Gläubigen hinunterzusteigen und ihnen eine Verheimlichung ihres Wissens zu gebieten:

»›Mohammed, steig zu ihnen hinunter und warne sie vor dem Teufel und seiner Sippschaft...; und befiehl den Gläubigen, sie sollten den Teufel nicht wissen lassen, wie sie erschaffen worden seien noch woraus sie erschaffen seien, und trag ihnen die Verheimlichung [*ketmān*, sc. ihres Wissens] auf!‹ Daher ist euch die Verheimlichung aufgetragen; das ist die Probe auf Gehorsam oder Sünde« (*Buch der Schatten*, Kap. 7).

Das persische *ketmān* vertritt hier das arabische *taqiyya*. »Die Gesandten schärfen den Gläubigen vor allem Verheimlichung (*ketmān*) und Verstellung (*taqiyya*, wörtlich: Vorsicht) ein, damit die Gnosis nicht dem Teufel verraten wird. Sogar das (falsche) Zeugnis zugunsten des Glaubensbruders ist erlaubt, ja Pflicht. Das Heilswissen, das die Imame den Eingeweihten offenbaren, enthebt sie aller kultischen Pflichten«: So kommentiert Halm die Aussage, wobei allerdings die Befreiung von »den Ketten und Banden« oder – wie auch gesagt wird – der »Knechtschaft« mehr verheißt als nur die Aufhebung lästiger kultischer Pflichten.[91]

Daß die Praxis der Verstellung in der Grauzone zwischen Islam

---

90 J. Schacht, *An Introduction to Islamic Law*, Oxford 1964, S. 116-118, über die ›Absicht‹ als fundamentales Konzept islamischen Rechts.

91 H. Halm, *Die islamische Gnosis. Die Extreme Schia und die ᶜAlawi-*

und gnostisch-manichäischen Gruppen daheim war, hatten wir bereits einigen Quellen zum späten vorderasiatischen Manichäismus entnehmen können. Während man Apostaten die Möglichkeit einer erneuten Bekehrung zum Islam einräumte, tat man dies bei den Zindīq nicht. Sie hätten sich nämlich nur scheinbar zum Islam bekannt, in Wirklichkeit aber seien sie Ungläubige geblieben. Aus dieser Grauzone stammt auch das *Buch der Schatten*, das seine Wurzeln in einem aramäisch-gnostischen Milieu hatte. Halm nahm an, daß Kaysaniten in die imamitische Schia im 8. Jahrhundert n. Chr. nach deren Aufschwung unter Ğaʿfar aṣ-Ṣādiq eingeströmt waren und dafür verantwortlich waren, daß diese Vorstellungen in der Schia Eingang und Aufnahme gefunden hatten.[92]

In der Schia wurde die Praxis der Verstellung mit einer esoterischen Auffassung von Religion verknüpft. Das besondere Wissen, das die Imāme der ›Leute des Hauses‹ besaßen, erschloß eine neue, tiefere Bedeutung der Gesetze. Neben die äußere, offensichtliche Bedeutung (*ẓāhir*) trat ein innerer Sinn (*bāṭin*), den weder Qoran noch Ḥadīṯ endgültig verbindlich ausdrücken konnten. Nur die Imāme konnten ihn kennen. Sie waren Träger dieses geheimen Wissens. Diese esoterische Interpretation der Überlieferungen wurde in der frühen Schia mit der Verheimlichung der Absichten verbunden.[93]

Der imamitische Häresiograph an-Naubakhtī berichtete von Vorwürfen gegen den husainidischen Imām Muhammad al-Bāqir (732 bzw. 735 n. Ch. gestorben), die sich hierauf bezogen.

Ein gewisser ʿUmar b. Riyāḥ behauptete, er habe von al-Bāqir auf dieselbe Frage, die er ihm im Laufe eines Jahres zweimal gestellt habe, zwei einander widersprechende Antworten erhalten und ihn daraufhin zur

ten, Zürich/München 1982, S. 257; »Das ›Buch der Schatten‹«, in: *Der Islam* 55 (1978), S. 219-266; 58 (1981), S. 15-86, Zitat S. 70.

92 Halm 1981, S. 28. Den gleichen Vorgang hat man auch an anderen Gruppen studiert: W. F. Tucker, »Rebels and Gnostics: Al-Muğīra ibn Saʿīd and the Muğīriyya«, in: *Arabica* 22 (1975), S. 33-47; derselbe, »Bayān B. Samʿān and the Bayāniyya: Shiʿite Extremists of Umayyad Iraq«, in: *MW* 65 (1975), S. 241-253; derselbe, »Abū Manṣūr al-ʿIjlī and the Mansūriyya: a Study in Medieval Terrorism«, in: *Islam* 54 (1977), S. 66-76.

93 N. Keddie, »Symbol and Sincerity in Islam«, in: *StIsl* 19 (1963), S. 27-63.

Rede gestellt. al-Bāqir aber habe geantwortet: »Unsere Antworten sind manchmal von *taqiyya* diktiert.« Das aber habe er nicht akzeptieren können, denn der Imām habe keinerlei Grund gehabt, ihn zu fürchten. Auch habe es keine weiteren Gesprächsteilnehmer gegeben. Es dürfe niemand Imām sein, der widersprüchliche Rechtsentscheidungen erteile. Er trennte sich daher von der Gruppe um al-Bāqir, denn diese Gruppe hielt daran fest, daß ein Imām unter *taqiyya* auch einander widersprechende Aussagen machen könne (an-Naubakhtī 103).[94]

Dieses Zeugnis belegt, wie früh aus der Notlüge in der Schia eine umfassendere Praxis geworden war. Verheimlichung wurde sogar innerhalb der schiitischen Religionsgemeinschaft geübt und war nicht mehr beschränkt auf die Gegner. Sie begründete eine innere Hierarchie in der Gemeinde, eine Scheidung zwischen einfachen Gläubigen und einer Aristokratie der Wissenden. Damit verbunden war ein neuer Inhalt von *taqiyya:* nämlich die Wortüberlieferung. Kann man den Ḥadīt denn noch glauben und ihnen vertrauen, wenn Aussagen von Imamen auf Verstellung beruhen? Wie lange dieses Problem die Schiiten begleitet hatte, zeigt eine Diskussion tausend Jahre später. Hierüber diskutierten und zerstritten sich nämlich im 18. Jahrhundert n. Chr. die Akhbaris, die die Überlieferungen (*'akhbār*) zur allgemeinen Richtschnur schiitischer Lebensführung machen wollten, und die Usulis, die dem Konsensus (*'iğmā*ᶜ) und der Vernunft (ᶜ*aql*) der Muğtahids vertrauen wollten. Letztere setzten sich durch, und zwar auch aus dem Grunde, weil die Überlieferungen der Imāme zumindest teilweise aus *taqiyya* entstanden seien und es daher für einen jeden Laien unumgänglich sei, in Fragen religiöser Lebensführung einem *muğtahid* zu folgen.[95] Dieser Bericht zeigt aber auch, daß um die Berechtigung von Esoterik und Verheimlichung immer erneut Diskussionen aufgebrochen sind und keine abschließende Position gefunden werden konnte.

Die schiitische Religionsgemeinschaft war aus der Weiterentwicklung einer situationsbedingten Notlüge in ein dauerhaftes Prinzip von Gemeindebildung und Lebensführung entstanden. Der entscheidende Schritt wurde in der Mitte des 8. Jahrhunderts

94 an-Naubakhtī, S. 52 f., übersetzt von M. J. Mashkur, »An=Nawbaḫti, Les sectes šiᶜites«, in: *RHR* 154 (1958), S. 90-95.

95 Zur Kontroverse zwischen Akhbaris und Usulis: A. Falaturi, »Die Zwölfer-Schia aus der Sicht eines Schiiten: Probleme ihrer Untersuchung«, in: *Festschrift W. Caskel*, Leiden 1968, S. 62-95.

n. Chr. getan, als Ǧaᶜfar aṣ-Ṣādiq jener Religionsgemeinschaft vorstand, die später die offizielle Schia wurde. Er befreite die Nachkommen Alis von öffentlichen politischen Ansprüchen. Hatten sie bzw. andere in ihrem Namen bis dahin Forderungen auf die rechtmäßige Leitung der Gemeinschaft aller Moslems erhoben und sich damit in Opposition zu den herrschenden omayyadischen Kalifen gestellt, wurden zu Beginn der Abbasidenzeit diese Ansprüche suspendiert. Dies zeigte sich in einer Reihe einschneidender Veränderungen, die die Schia zu einer geschlossenen Religionsgemeinschaft machten: Der Imamat wurde erblich, der Imām von seinem vorangehenden Vater ernannt; von ihm wurden keine politischen Ansprüche erwartet, sondern ein esoterisches Heilswissen; dem Imām wurde gestattet, seine religiöse Identität nach außen verborgen zu halten. Auch war die Verstellung nicht nur eine Forderung an den Imām, sondern auch an die Laien.[96]

Schiitische Mission und die Schaffung
geheimer Loyalitäten

Der Wezir (›Kanzler‹ pflegt man zu sagen) der Seldschuken Nizām al-Mulk hatte im 11. Jahrhundert n. Chr. im Auftrag des Sultans eine Denkschrift über das Regieren verfaßt (siyāsat-nāma genannt)[97] und in ihr die große Gefahr beschworen, die von jener religiösen Bewegung ausging, der er dann selber wenig später zum Opfer fiel. Als Nizām al-Mulk nämlich zusammen mit dem Seldschukenherrscher auf dem Weg von Isfahan nach Bagdad war, näherte sich ein junger Mann aus der iranischen Provinz Gilan wie ein Bittsteller seinem Zelt. In Wirklichkeit war es ein ismailitischer Selbstmord-Attentäter (fidāᵓī), der ihn mit einem Dolch umbrachte (1092 n. Chr.).[98] In seiner Denkschrift hatte er ein Kapitel (46) dem Auftreten der Qarmaten und Batiniten ge-

96 M. G. S. Hodgson, »How did the Early Shîᶜa Became Sectarian?«, in: *JAOS* 75 (1955), S. 1-13.
97 Der ursprüngliche Titel war *siyar al-mulūk* (Verhaltensweise der Könige): H. Darke (Übers.), *The Book of Government or Rules for Kings.* London ²1978, S. XII f.
98 K. E. Schabinger Freiherr von Schowingen, *Nizāmulmulk. Siyāsat-nāma*, Freiburg/München 1960, S. 75 f.; B. Lewis, *Die Assassinen. Zur*

widmet. Dabei gibt er einen wichtigen Einblick in die Mission seiner Gegner, der Ismailiten, und in die dabei geübte Praxis der Verheimlichung. Mehr als hundert Jahre nach dem unerwarteten Tod des für sie letzten Imams Ismāʿīl, Sohn von Ǧaʿfar aṣ-Ṣādiq (gest. 765), bei dem sie stehen geblieben waren, begannen ismailitische Missionare (Qarmaten nach dem ismailitischen Führer Hamdan Qarmat genannt[99]) ihre Arbeit in verschiedenen Gebieten Irans (ca. 878 n. Chr.). Einer der Missionare mit Namen Khalaf machte sich auf den Weg nach Rayy, ließ sich in dem Dorf Kulin nieder und übte erst einmal sein Handwerk der Stickerei aus.

»Er blieb dort, konnte aber mit niemandem über seine Geheimnisse reden, bis er nach tausendfachen Bemühungen einen auftrieb. Er lehrte ihn diese Religion [*mazhab*] und legte dar, daß sie die Religion der Leute des Hauses [*ahl bayt*] sei und verborgen [*penhān*] gehalten werden müsse, bis der Mahdī in Erscheinung träte. ›Sein Hervortreten ist nahe. Dann wird die Lehre öffentlich [*āškārā*]. Jetzt aber muß man sie lehren, damit ihr, wenn ihr ihn seht, nicht ohne Kenntnis der Religion seid‹.«[100]

Dieser Bericht gibt zu erkennen, wie die oppositionellen ismailitischen Gruppen ihre Mission betrieben.[101] Die Propagierung eines rechtgeleiteten Führers geschah im geheimen. Hatte sie Erfolg, dann bildeten die Gläubigen verschworene Gemeinden. Diese blieben solange geheim, bis der Mahdī erschienen war. Solange der Mahdī noch nicht öffentlich aufgetreten war, hielten seine Anhänger ihren Glauben geheim. Es ist dies zwar ein später Bericht aus dem 11. Jahrhundert über Ereignisse aus dem 9. Jahrhundert n. Chr. Jedoch ist er insgesamt vertrauenswürdig. Auch stimmt er überein mit Berichten über die Mission, die dem Sturz der Omayyaden Mitte des 8. Jahrhunderts vorausgegangen war, und die ebenfalls durch strengste Geheimhaltung gekennzeichnet war.

Tradition des religiösen Mordes im radikalen Islam (englisch 1967), Frankfurt 1989, S. 74 f.

99 W. Madelung, Art. »Ḳarmaṭī«, in: *EI*, Bd. 4, Leiden ²1978, S. 660-665.

100 C. Schefer, *Siassat Namèh*, Paris 1891, S. 185; Schabinger von Schowingen, a.a.O., S. 307; Darke, a.a.O.,, S. 206 f.

101 S. M. Stern, »The Early Ismāʿīlī Missionaries in North-West Persia and in Khurāsān and Transoxania«, in: *BSOAS* 23 (1960), S. 56-90 (zu Kulin S. 57-60); M. Stern, *Studies in Early Ismāʿīlism*, Leiden 1983; allgemein zu den Ismailiten: W. Madelung, Art. »Ismāʿīliyya«, in: *EI*, Bd. 4, Leiden ²1978, S. 198-206.

Dem Missionar Abū ᶜIkrimah wurde aufgetragen, die falsche Kunya Abū Muhammad anzunehmen und seinen richtigen Namen geheimzuhalten. Nur bei einem Mann, der seine Loyalität mit einem Eid beschwören würde (*baiᶜa*), sollte er eine Ausnahme machen. Wenn jemand sich nach seinem Imām erkundigen würde, sollte er antworten: »Wir befinden uns im Zustand von *taqiyya*. Man hat uns befohlen, den Namen unseres Imām geheim zu halten.«[102]

Die Missionare schufen Loyalitäten, die einem späteren Aufstand zeitlich lange vorausgingen und die auch nach dem Aufstand noch lange bestehen bleiben konnten. Das Resultat ihrer Tätigkeit war eine Fraktion (*tāᵓifa*) gewesen. Was später eventuell als Umsturzbewegung zutage trat, das konnte auch nur einfach darin bestehen, die Geheimhaltung religiöser Loyalitäten fallenzulassen. Solche Fraktionen, die nach außen geheim blieben, waren zum Teil unglaublich dauerhaft.[103] Sie hatten ihre Basis nicht nur in arabischen Stämmen, sondern auch in iranischen Dörfern.

Loyalitätsethik lokaler Gemeinschaften

Als die arabischen Heere Vorderasien samt dem iranischen Hochland eroberten, sahen sie sich in diesen Gebieten mit sozialgeographischen Bedingungen konfrontiert, die einer wirksamen Kontrolle denkbar ungünstig waren. Nicht nur die überwältigende Größe des Gebietes setzte Grenzen. Den Arabern gelang es auch nicht, die höher gelegenen Berggebiete des Kernlandes zu durchdringen. Eine Karte von X. de Planhol zeigt, wie viele Gebiete der türkisch-iranischen Welt sich einer Beduinisierung und damit auch einer Islamisierung anfänglich wirkungsvoll entzogen. Der Grund lag unter anderem darin, daß das Dromedar der Beduinen – anders als später das zweihöckrige baktrische Kamel, das die Turkvölker verwendeten – für kalte Zonen ungeeignet

---

102 M. Sharon, *Black Banners from the East: The Establishment of the* ᶜ*Abbasid State – Incubation of a Revolt*, Jerusalem 1983, S. 155-159.

103 Vielleicht im Gegensatz zu profanen Loyalitäten, die mit dem Tode des Patron erloschen (R. P. Mottahedeh, *Loyalty and Leadership in an Early Islamic Society*, Princeton 1980, S. 96).

war und dort nicht eingesetzt werden konnte. Den Turkvölkern gelang dagegen später diese Durchdringung.[104]

Zu den von den Moslems nicht kontrollierten Regionen gehörten auch dichtbesiedelte Gebiete rund um das Kaspische Meer, in Khurasan und Transoxanien. In ihnen gab es unterschiedliche Typen ländlicher Siedlungen:

– Dörfer höher gelegener regenreicher Gebiete, die kleinere Terrassen mittels Bewässerung landwirtschaftlich nutzten;
– aufgelockerte Siedlungen, die sich in den feuchten Niederungen rund um das Kaspische Meer aneinanderreihten;
– befestigte Dörfer vom Qalᶜa-Typus, die außerordentlich alt waren und Verwandtschaftsgruppen (›clan-communities‹) beherbergten.[105]

Wir wissen sehr wenig über die Kultur dieser Dorfgemeinschaften. Zu den wenigen Quellen, die Einblick in diese verschlossene Welt geben, gehören Berichte über Aufstände gegen die arabische Herrschaft: über den Aufstand von Muqannaᶜ und von Babak. Muqannaᶜ stützte sich in seinem Kampf gegen das Abbasidenkalifat in den Jahren (775/76-782/83 n. Chr.) auf die »Weißen Kleider« (persisch *sapid-ğāmegān;* arabisch *baiḍ al-taub* bzw. *mubayyida*). Es waren dies oppositionelle Gruppen in Mittel- und Zentralasien, die mit dem Manichäismus zusammenhingen (9. Kapitel) und Rückhalt in Dörfern hatten.[106] Als der Aufstand Muqannaᶜs niedergeschlagen worden war, werden wir Zeugen einer Teilung seiner Anhängerschaft nach dem Prinzip ›Stehenbleiben/Weitergehen‹. Einige erwarteten seine Rückkehr als Mahdī, andere fügten sich wieder in die Gemeinschaft der »Weißen Kleider« ein.[107] Dasselbe wiederholte sich einige Jahre später unter Babak (816-838 n. Chr.), nur daß die Bewegung in diesem

---

104 X. de Planhol, *Les fondements géographiques de l'histoire de l'islam,* Paris 1968, S. 214 ff.; deutsch: *Kulturgeographische Grundlagen der islamischen Geschichte,* Zürich/München 1975, S. 234 ff.

105 X. de Planhol, »Geography of Settlement«, in: W. B. Fisher (Hg.), *The Cambridge History of Iran,* Bd. 1, Cambridge 1968, S. 409-467, auf S. 418-432.

106 E. L. Daniel, *The Political and Social History of Khurasan under Abbasid Rule. 747-820,* Minneapolis/Chicago 1979, S. 132 und S. 140.

107 E. G. Browne, *A Literary History of Persia,* Bd. 1, Cambridge 1902, S. 318-323; R. N. Frye (Übers.), *Narshakhi, The History of Bukhara,* Cambridge (Mass.) 1954, S. 75.

Falle die Khurramdiniten waren bzw. genannt wurden. Sie teilten sich nach der Niederlage Babaks auf gleiche Weise.[108]

Die Khurramdiniten wurden von islamischen Häresiographen regelmäßig des Mazdakismus verdächtigt, einer sozialrevolutionären Bewegung in Iran aus den Tagen der Sassaniden.[109] Jedoch hat eine neuere Studie stichhaltige Beweise dafür erbracht, daß sie eine Abspaltung innerhalb der extremen Schia (ġulāt) gewesen waren und sich auf Betreiben von Khidāš um 736 n. Chr. aus Resten der Kaysaniten gebildet hatten. Sie waren im westiranischen Hochland, in Isfahan und in Khurasan daheim. Ihr Name ist untypisch. *Khurram* ist persisch und heißt ›froh, freudig‹, so daß Khurramdiniten Anhänger ›eines frohen Glaubens‹ (*dīn*) waren.[110]

Ein wichtiges historisches Zeugnis zu dieser Gruppe stammt von Šahrastānī. Er ordnete sie der extremen Schia (der ġulāt) zu, deren besonderen Merkmale die Lehre von der (Gott-)Ähnlichkeit (des Menschen), der Sinnesänderung (Gottes), der Wiederkehr (des Imām) und der Seelenwanderung seien und fügte dann hinzu: »In jedem Land haben sie andere Namen: in Isfahan heißen sie Khurramiyya und Kudiyya, in Rayy Mazdakiyya und Sinbadiyya, in Azerbaidschan Dhaquliyya, in einigen Orten Muhammira und jenseits des Oxus Mubayyida (weiße Kleider).«[111]

Hier werden ›Weiße Kleider‹ und Khurramdiniten miteinander in Verbindung gebracht. Es scheint, als ob die Anhänger der extremen Schia an verschiedenen Orten eigene lokale Gemeinschaften mit eigenem Namen gebildet haben. Als solche sind sie bis zum 10. Jahrhundert in islamischen Quellen bezeugt.

---

108 G. H. Sadighi, *Les Mouvements religieux iraniens au* IIe *et au* IIIe *siècle de l'Hégire*, Paris 1938, S. 278 f.

109 A. Christensen, *Le règne du roi Kawādh I et le communisme mazdakite*, Kopenhagen 1925; derselbe, *L'Iran sous les Sassanides*, ²1944, Kapitel VII; O. Klima, *Mazdak. Geschichte einer sozialen Bewegung im sassanidischen Persien*, Prag 1957; O. Klima, *Beiträge zur Geschichte des Mazdakismus*, Prag 1977; M. Shaki, »The Social Doctrine of Mazdak in the Light of the Middle Persian Evidence«, in: *Archiv Orientalni* 46 (1978), S. 289-306.

110 M. Rekaya, »Le Ḥurram-dīn et les mouvements ḥurramites sous les ᶜAbbāsides«, in: *StIsl* 60 (1984), S. 5-57; Halm, *Die islamische Gnosis*, a.a.O., S. 82 f.

111 Haarbrücker, a.a.O., Bd. 1, S. 200; Browne, a.a.O., S. 310 f.

Ein Zeuge des 10. Jahrhunderts weiß zu berichten, er habe Khurramdiniten in ihren Häusern besucht und dabei ihre Seelenwanderungslehre kennengelernt. »Sie haben Imāme, an die sie sich in gesetzlichen Angelegenheiten halten, und Apostel, welche unter ihnen herumziehen und die sie mit dem persischen Namen *firištah* (Engel) (Mittelpersisch *frēstag* HGK) bezeichnen.«[112]

Was aus dem Blickwinkel des Islam eine Häresie war, war aus anderem Blickwinkel die Kultur einer lokalen Gemeinschaft.[113]

Vor diesem Hintergrund fällt auf die wiederholten Spaltungen der Gemeinden in die Anhänger eines verborgenen Imāms und eines lebenden Imāms, Stehenbleibenden und Weitergehenden, ein anderes Licht. Einerseits war man eidlich an den verstorbenen Imām gebunden und erhoffte sich von seinem Wirken diesseitige und jenseitige Heilsgüter. Andererseits war Führung nur durch einen lebenden, sprechenden Imām möglich. Das Stehenbleiben bei einem verborgenen Imām entzog der Gemeinde die Führung. Man zögerte, dies zu tun. Doch selbst in diesem Fall bot der Glaube an einen wiederkehrenden *mahdī* noch Anknüpfungsmöglichkeiten. Diese wurden ergriffen, wenn ein Bevollmächtigter im Namen des verborgenen Imām sprach, Glauben fand und allmählich in die Position des Imām einrückte. An der Häufigkeit, mit der das geschah, läßt sich ermessen, wie sehr die Kultur der Lokalgemeinschaften zu diesem Prinzip tendierte: zum Gehorsam gegenüber einem lebenden Imām. Der Häresiograph Šahrastānī schrieb nicht nur von den Kaysaniten, sondern auch von den Khurramdiniten:

»Und sie bekannten sich zur Aufgabe der religiösen Pflichten und behaupteten, die Religion sei nur die Kenntnis des Imāms. Und einige von ihnen nennen die Religion zwei Sachen: Kenntnis des Imāms und Erweis der Loyalität. Und wer für sich die zwei Sachen erlangt, ist befreit von der Bindung bis zu dem Zustand der Vollkommenheit.«[114]

Daß tatsächlich das treue Befolgen der islamischen Ritualgesetze gegebenenfalls als Verstellung verstanden werden konnte, dafür

---

112 Mutahhar b. Ṭāhir, zitiert von D. S. Margoliouth, Art. »Khurramīya«, in: *EI*, Bd. 2, 1927, S. 1047 f.
113 H. G. Kippenberg, »Limits of Islamic Civilisation: Mahdist Movements in Abbasid Iran«, in: J. Bak, G. Benecke (Hg.), *Religion and Rural Revolt*, Manchester 1984, S. 243-255.
114 Šahrastani, hg. von Cureton, 1846, S. 115.

gibt es unverdächtige Zeugen. Einer ist das spätere ismailitische Werk Haft Bāb-i Bābā. Wenn der Qā'im erscheint, heißt es darin, wird »der Schleier [*parde*] der *taqiyya*, die die Tür der *Šarī͞a* ist«, suspendiert (hg. von W. Ivanow, S. 21). Einmal hat es bei den Ismailiten eine solche Suspendierung gegeben. Im Jahre 1164 n. Chr. rief sich einer der ismailitischen Herrscher über die Bergfestung Alamūt (Hasan II) als Qā'im aus und brach demonstrativ die islamischen Ritualgesetze.[115]

Die Religion der Khurramdiniten war eine Angelegenheit lokaler Vergesellungen. Die religiöse Ethik trug dem Rechnung, wenn sie neben dem strikten Befolgen sakraler Gesetze eine unbedingte Loyalität zum Imām propagierte. So wie die Nachbarschaft das einst öffentliche Terrain in ihre eigene Regie gebracht hatte, so prägten lokale Gemeinschaften auch die Religion. Als Staatsreligion hatte der Islam von den Gläubigen vorrangig die Beachtung des Religionsgesetzes verlangt. Zugleich aber entwickelten die Gläubigen Konzeptionen, die die Äußerlichkeit dieser Gesetzesethik zum Ausdruck brachten.

Ich möchte in diesem Zusammenhang noch einmal auf die Frage ganz am Eingang dieses Kapitels zurückkommen, ob die Schwächung städtischer Gemeinschaftlichkeit und Öffentlichkeit dazu geführt hat, daß Religion zum Eigentum verwandtschaftlicher Gruppen wurde. Das hier behandelte Quellenmaterial gibt darauf eine überraschende Antwort. Es dokumentiert nämlich, daß lokale Gemeinschaften sich zwar zum Islam als verbindlichem öffentlichen Rechtssystem bekannt haben, daß sie aber zugleich einen Zweifel genährt haben, ob eine Gesetzesethik zur Erlösung und zum Heil ausreichend ist. Mit dem Islam ist Religion unbedingt und radikal öffentlich geworden. Zugleich aber beobachten wir eine entgegengesetzte Tendenz, die im Laufe der Jahrhunderte eher stärker als schwächer wurde und im Iran erst im 18. Jahrhundert von den islamischen Rechtsgelehrten gebrochen werden konnte.[116] Die öffentliche Religion des Gesetzesgehor-

---

115 M. G. S. Hodgson, *The Order of the Assassins,* Den Haag 1955, Appendix I, S. 279-324.

116 H. Algar, »Shi͞ism and Iran in the Eighteenth Century«, in: T. Naff/ R. Owen (Hg.), *Studies in Eighteenth Century Islamic History,* Illinois 1977, S. 288-302; M. Bayat, *Mysticism and Dissent: Socio-religious Thought in Qajar Iran,* New York 1982; dieselbe, »Die Tradition der Abweichung im schi͞itischen Iran«, in: K. Greussing (Hg.),

sams wurde anerkannt, aber als äußerlich und vorläufig betrachtet. Georg Simmel hat die These entwickelt, das Geheimnis biete die Möglichkeit, neben der offenbaren Welt eine zweite Welt zu begründen und Individualisierung zustande zu bringen. Er hatte in diesem Zusammenhang ein allgemeines Schema kultureller Differenzierung vorgestellt und so beschrieben:

»Es scheint, als ob mit wachsender kultureller Zweckmäßigkeit die Angelegenheiten der Allgemeinheit immer öffentlicher, die der Individuen immer sekreter würden. ...das Öffentliche wird immer öffentlicher, das Private immer privater.«[117]

Diese Überlegung könnte – auf die islamische Religionsgeschichte angewendet – gut erklären, warum in ihr mit der Schia eine neuartige religionshistorische Differenzierung aufgetreten ist. Auf der einen Seite wurde die islamische Religionsgemeinschaft zu einem äußeren, politischen, rechtlichen, rituellen Verband. Auf der anderen Seite aber nahm das Maß an innerer, apolitischer, mystischer Religiosität zu. Durch die Legitimierung von Verheimlichung wurde diese Differenzierung zu einem eigenständigen Moment vorderasiatischer Religionsgeschichte.

Mahdistische Herrschaftsverbände

Wiederholt wurden in der Geschichte Vorderasiens mächtige politische Bewegungen von Religionsgemeinden mit Mystikern an der Spitze geleitet. In einer Koalition mit Städten und ländlichen Gemeinschaften haben sie Herrscher stürzen und neue Dynastien gründen können. In diesen Abläufen zeigte sich eine besondere soziale Dynamik, die eine gewisse Nähe zum Typus der Staatsbildung aus Überlagerung hat.[118] Wesentlich erleichtert wurde diese

    Religion und Politik im Iran, Frankfurt 1981, S. 78–97; A. Schimmel, *Mystische Dimensionen des Islam. Die Geschichte des Sufismus,* Köln 1985.
117 *Soziologie,* Berlin ⁵1968, S. 276 f.
118 L. Krader, *Formation of the State,* Englewood Cliffs, N. J. 1968; Chr. Sigrist, *Regulierte Anarchie. Untersuchungen zum Fehlen und zur Entstehung politischer Herrschaft in segmentären Gesellschaften,* Freiburg 1967; L. Vajda, *Untersuchungen zur Geschichte der Hirtenkulturen,* Wiesbaden 1968; E. Gellner, *Leben im Islam. Religion als Gesellschaftsordnung,* Stuttgart 1985, Kapitel 1.

Dynamik durch die Entstehung eines kriegerischen Nomadismus, der den Städten militärisch gefährlich werden konnte. Beachtenswerte Überlegungen zu den Gründen dieser Staatsbildungen verdanken wir Ibn Khaldun. Allerdings hatte er sie im Blick auf die Verhältnisse in Nordafrika im 14. Jahrhundert n. Chr. entwickelt. Ibn Khaldun hatte das Auf und Ab nordafrikanischer Staaten im 14. Jahrhundert n. Chr. am eigenen Leibe zu spüren bekommen und dafür eine Erklärung aus sozialen Tatbeständen gegeben. Die Ursache hierfür war seiner Ansicht nach eine soziale Dynamik außerhalb der Städte. Stämme auf dem Lande suchten ihr Ansehen dadurch zu steigern, daß sie für ihre Blutsverwandten, Klienten und Schutzbefohlenen Hilfe boten, ihnen Schutz gaben, sie verteidigten oder aber für sie Angriffe ausführten. Diese soziale Solidarität, die eine Mischung tribaler und klientelistischer Strukturen waren, bezeichnete Ibn Khaldun als ᶜaṣabiyya.[119] Da Stämme miteinander um die Vorherrschaft rivalisierten, tendierte diese soziale Solidarität zur politischen Herrschaft. Denn entweder wurden diese Stämme von anderen, stärkeren unterworfen, oder aber sie unterwarfen andere. Waren sie mächtig genug, dann eroberten sie die städtischen Zentren, verjagten dort die alte und müde Dynastie und etablierten selber eine staatliche Herrschaft (*mulk*) mit den ihr eigenen Merkmalen von Söldnerheeren und Tributaneignung.

Ibn Khaldun gab der Religion in diesen politischen Bewegungen eine Funktion. Eine gemeinsame Religion konnte die Eifersucht und den Neid, die unter den Angehörigen einer expandierenden ᶜaṣabiyya bestanden, zum Verschwinden bringen, und sie auf die göttliche Wahrheit ausrichten.

»Wenn sie nun beginnen, ihrer Sache auf den Grund zu gehen, dann kann ihnen nichts widerstehen, weil sie alle eine Ausrichtung und ein gleiches Ziel haben, für das sie ihr Leben lassen würden. Die Bewohner des Staates aber, auf den jene es abgesehen haben, mögen ihnen an Zahl überlegen sein – ihre Wünsche aber sind uneinheitlich auf Nichtiges gerichtet, und sie lassen sich gegenseitig im Stich aus Furcht vor dem Tode und widerstehen [den Angreifern] nicht, selbst wenn sie mehr an Zahl sind als jene.«[120]

119 Y. Lacoste, *Ibn Khaldoun. Naissance de l'histoire passé du tiersmonde*, Paris 1969, S. 134 ff.
120 Ibn Chaldun, *Ausgewählte Abschnitte aus der muqaddima*. Von A. Schimmel, Tübingen 1951, S. 75.

Ibn Khaldun hatte auf diese Weise Religion und die soziale Dynamik eines expandierenden Stammesverbandes aufeinander bezogen. Ohne die ungestüme Machtentfaltung dieser Verbände hätte Religion keine Machtbasis. Aber ohne Religion könnte die Dynamik der unterschiedlichen Gruppen nicht gebündelt und orientiert werden. Die unbedingte Loyalität aller Beteiligten zum Mahdī war imstande, die bestehenden Sozialbeziehungen zu relativieren und den Aufbau eines legitimen politischen Verbandes möglich zu machen.

Ibn Khaldun hat dieses Modell für Nordafrika entwickelt. Jedoch war die ihm zugrundeliegende Konstellation von Stadtgesellschaft, ländlicher Gesellschaft und Heiligenverehrung nicht nur für Nordafrika kennzeichnend, sondern auch für andere Gebiete mit der Möglichkeit von tribalen Verbänden auf dem Lande – darunter Vorderasien. Auch im vorderasiatischen Raum gab es mächtige politische Bewegungen, die von Stämmen getragen und von Heiligen aus verschworenen Religionsgemeinden angeführt wurden. Ich möchte knapp nur auf zwei besonders eindrucksvolle Beispiele aus der Zeit nach der Mongolenherrschaft hinweisen. Der militante türkische Orden des Safī ad-Dīn hatte die persische Dynastie der Safawiden hervorgebracht. Ihr erster Herrscher Šāh Ismāʿīl wurde von seinen Gefolgsleuten als Qāʾim verehrt, was identisch mit Mahdī war. Alle anderen Sozialbeziehungen und Pflichten wurden von der Loyalität zum Heiligen übertroffen.[121] Eine umgekehrte Entwicklung schlug die Rošaniyya ein, die paštunischen Anhänger von Bayazid Ansarī (16./17. Jahrhundert). Nach großen militärischen Anfangserfolgen wurde sie zu einem religiösen Geheimbund. Ihr Anführer galt als Mahdī, der seine Anhänger von den islamischen rituellen Pflichten dispensiert hatte. Als er sich öffentlich als Mahdī bekannte, machte er alle bestehenden Loyalitäten zu Handlungen, die nur unter dem Vorbehalt von *taqiyya* verrichtet worden waren und die

---

121 M. M. Mazzaoui, *The Origins of the Safawids. Šīʿism, Sufism, and the Ġulāt*, Wiesbaden 1972; V. F. Minorsky, »The Poetry of Šāh Ismāʿīl ı«, in: *BSOAS* 10 (1940-42), S. 1006a-1053a; H. R. Roemer, *Persien auf dem Weg in die Neuzeit. Iranische Geschichte von 1350-1750*, Beirut 1989; vgl. zuvor schon von H. R. Roemer, »Die Safawiden. Ein orientalischer Bundesgenosse des Abendlandes im Türkenkampf«, in: *Saeculum* 4 (1953), S. 27-44.

nach seinem öffentlichen Auftreten ihren religiös verpflichtenden Charakter verloren.[122]

Wir können ein ähnliches Prinzip, mit wichtigen Abweichungen im einzelnen allerdings, bereits in der vorderasiatischen Herrschaftsgeschichte vor den Mongolen beobachten. Aus einer proto-schiitischen Bewegung war in den Jahren 747-755 n. Chr. die Abbasiden-Dynastie hervorgegangen.[123] Als die Abbasiden den Anführer ihres Aufstandes in Khurasan, Abū Muslim, ermordeten, da schwur ihnen einer von Abū Muslims Hauptmännern namens Muqannaᶜ blutige Rache und leitete in den Jahren 775/76-782/83 einen Aufstand in Khurasan und Transoxanien gegen sie. Muqannaᶜs Anhänger sahen in ihm ein göttliches Wesen, das sich zuvor in Adam, Noah, Abraham, Moses, Jesus, Mohammed und Abū Muslim und zum Schluß in ihm offenbart habe. In Briefen verkündete er: »Jedem, der sich mir anschließt, gehört das Paradies. Wer mir aber nicht folgt, dem gehört die Hölle«. Seine Gefolgsleute waren der Ansicht, die persönliche Loyalität zu ihm sei für ihr Heil entscheidend und unermeßlich viel wichtiger als das Befolgen des islamischen Gesetzes.[124]

Aus Anhängern Ismāᶜīls, des Sohnes von Ǧaᶜfar aṣ-Ṣādiq, war der Qarmatenstaat auf Bahrain hervorgegangen. Über die Mission dieser Qarmaten und die Geheimhaltung, die sie übten, hatten wir bereits oben berichtet und wichtige Einzelheiten aus Nizām al-Mulk referiert. In Bahrain, zwischen Basra und Oman am Persischen Golf gelegen, war es ihnen gelungen, eine städtische Gesellschaft nach ihren Prinzipien zu ordnen. Über diese Ordnung haben wir einen ungewöhnlichen Augenzeugenbericht, der von Nazir-e Khosrau verfaßt worden ist. Er stammte aus Badakhschan (Nordostafghanistan), wo sein Grab noch heute in

---

122 J. Leyden, »The Rosheniah Sect and its Founder Bayezid Ansari«, in: *Asiatick* [sic!] *Researches or Transactions of the Society Instituted in Bengal* 11 (1810), S. 363-428; A. S. Ahmed, *Millennium and Charisma among the Pathans*, London 1976.

123 E. L. Daniel, *The Political and Social History of Khurasan under Abbasid Rule 747-820*, Chicago 1979, Kapitel 1 und 2.

124 Naršakhī, *Tarikh-e Bukhara*, Kapitel XVII; ins Englische übersetzt von R. N. Frye: *The History of Bukhara*, Cambridge 1954, S. 66; der persische Text herausgegeben von Ch. Schefer, *Description topographique et historique de Boukhara par M. Nerchakhy*, Paris 1892, S. 65.

Ehren gehalten wird, und hatte mit den Ismailiten sympathisiert.[125] Auf ausgedehnten Reisen besuchte er 1047 n. Chr. Ägypten, über das die Fatimiden, eine ismailitische Dynastie, herrschten. Diese Herrschaft überzeugte ihn so sehr, daß er sich in die esoterischen Lehren der Ismailiyya einweihen ließ. Auf der Rückreise nach Hause machte er einen Umweg über die Hauptstadt Lahsa des Qarmatenstaates von Bahrain, der ebenfalls aus einer ismailitischen Mission hervorgegangen und in den Jahren 899–903 n. Chr. gegründet worden war. Über seinen Besuch, der neun Monate dauerte, berichtete er ausführlich in seiner Schrift *safarnāma*. Diese Darstellung eines ismailitischen Staates, die auf persönlicher Anschauung beruht, ist daher frei von den Vorurteilen, die sonst den Ismailiten entgegengebracht wurden.

»In der Stadt gibt es mehr als 20 000 bewaffnete Bürger. Sie sagten, ihr Herrscher [*sulṭān*] sei ein *šerīf* [Nachkomme Mohammeds] gewesen und habe das Volk vom Islam zurückgehalten und gesagt: ›Vorgeschriebene Gebete und Fasten habe ich von euch genommen.‹ Er hatte dem Volk verkündet: ›Außer bei mir gibt es für euch keine Zuflucht [*marǧaᶜ*]! Sein Name war Abū Saᶜīd. Wenn man das Volk dieser Stadt fragte: ›Welche Religion [*mazhab*] habt ihr?‹, sagte es: ›Wir sind Abusaᶜidisten‹. Sie halten keine vorgeschriebenen Gebete und fasten nicht, aber anerkennen Mohammed ... und sein Prophetentum. Abū Saᶜīd hat ihnen gesagt: ›Ich komme zu euch zurück‹, das heißt nach dem Tode [als Mahdī, HGK]. Und sein Grab liegt in der Stadt Lahsa, und sie bauten ein schönes Heiligtum darüber. Und er hat befohlen, daß sechs von seinen Nachkommen für immer die Herrschaft ausüben sollen und die Untertanen [*raᶜyat*] mit Recht [*ᶜadl*] und Gerechtigkeit [*dād*] schützen sollen.«[126]

Eingelöst wurde dieser letzte Wille dadurch, daß die Herrscher 30 000 Sklaven kauften, die die schwere Arbeit in der Landwirt-

125 E. G. Browne, *A Literary History of Persia*, Bd. 2, Cambridge 1906, S. 221 f.; H. Corbin, »Naṣir-e Khusrau and Iranian Ismāᶜīlism«, in: R. N. Frye (Hg.), *The Cambridge History of Iran*, Bd. 4, Cambridge 1975, S. 520–542; L. Dupree, *Saint Cults in Afghanistan*, Hannover 1976.

126 Text hg. von Ch. Schefer: Nāṣir-e Khusraw, *Safar-Nāme*, Paris 1881, S. 226 und S. 82; engl. Übersetzungen des Berichtes über den Besuch in Lahsa: W. M. Thackston Jr., *Nāṣer-e Khosraw's Book of Travels (Safarnāma)*, Albany 1986, S. 86–90; siehe auch B. Lewis, *Islam from the Prophet Muhammad to the Capture of Constantinople*, Bd. II, New York 1974, S. 65; zum Qarmatenstaat: M. J. de Goeje, *Mémoire sur les Carmathes de Bahraïn et les Fatimides*, Leiden ²1886.

schaft verrichten mußten. Daneben unterstützten sie das städtische Handwerk mit finanziellen Mitteln. Über alle diese besonderen Maßnahmen und Regelungen berichtete Nazir-e Khosrau bemerkenswert detailliert. Wir erkennen hier, wie aus der persönlichen Loyalität zu den Heiligen eine neue soziale Ordnung erwachsen war. Wir hören aber auch, daß andere Moslems der Ansicht waren, die Bürger von Lahsa seien Leute »ohne Religion« (*bī-dīn*).

Aus diesem Quellenmaterial, das in einer vergleichenden Untersuchung noch wesentlich erweitert werden könnte, ergibt sich eine wichtige Funktion von Verheimlichung in Prozessen der Bildung neuer Herrschaftsverbände. Die bekannte Praxis von *taqiyya* wird mobilisiert, um bestehende Autoritätsbeziehungen aufzukündigen. Unter Berufung auf Verheimlichung als Praxis in einer ungerechten Welt können anerkannte Pflichten und Gegenseitigkeiten ins Wanken gebracht und von der wahren Loyalität zum Heiligen abgelöst und übertroffen werden.

Die Verstellung als Handlungsmaxime

Wohl kaum eine Erscheinung vorderasiatischer Religionsgeschichte hat soviel Verunsicherung hervorgerufen wie die Maxime von *taqiyya*. Wenn westliche Beobachter sich mit der kollektiven Mentalität oder dem Nationalcharakter von Persern bzw. Iranern befaßt haben, taucht in ihren Schriften irgendwo in aller Regel die »Unaufrichtigkeit« bzw. *ketmān / taqiyya* auf.[127] Die Skala der Bewertungen reicht dabei vom moralischen Vorwurf der Lügenhaftigkeit bis zu einem Verständnis von *taqiyya* als Kunst des inneren Vorbehaltes unter den Bedingungen äußerer Unterdrückung.[128]

127 Eine Übersicht über die Literatur bietet A. Banuazizi, »Iranian ›National Character‹: A Critique of Some Western Perspectives«, in: L. C. Brown, N. Itzkowitz (Hg.), *Psychological Dimensions of Near Eastern Studies*, Princeton 1977, S. 210-240; siehe in demselben Band auch: M. C. Bateson/J. W. Clinton/J. B. M. Kassarjian/H. Safavi/M. Soraya, »Ṣafā-yi Bāṭin. A Study of the Interrelations of a Set of Iranian Ideal Character Types«, S. 257-273.

128 C. Milosz, *Verführtes Denken*, Frankfurt 1974, S. 64-90: »Ketman – Die Kunst des inneren Vorbehaltes«. In diesem Teil seines Buches

Wenn man versucht, *taqiyya* zu interpretieren, sollte man die Deutungen zum Ausgangspunkt machen, die schiitische Theologen und Laien im Iran seit den sechziger Jahren unseres Jahrhunderts entwickelt haben. Im Zusammenhang mit der Politisierung der Schia im Kampf gegen das Schah-Regime und die Verwestlichung der iranischen Gesellschaft sind in Iran Diskussionen darüber geführt worden, wann die Praxis von Verheimlichung enden müsse und offenes Eintreten für die Religion Pflicht eines jeden Gläubigen sei. Der Wortführer einer aktiven Schia in den siebziger Jahren, Ali Shariati, hatte hierzu dezidiert Stellung genommen. Er griff Erkenntnisse des Islamwissenschaftlers Montgomery Watt auf, daß die frühe Schia aktivistisch gewesen sei und erst nach Ǧaᶜfar aṣ-Ṣādiq Mitte des 8. Jahrhunderts n. Chr. apolitisch geworden sei und ihre politischen Ansprüche aufgegeben habe. A. Shariati verlegte diesen Vorgang allerdings – fälschlicherweise – in die Zeit der Safawiden (16. Jahrhundert n. Chr.), um ihn aus der offiziellen Schia zu verbannen. Es sei die vordringliche Aufgabe aller Schiiten, aus der schwarzen Schia der Safawiden, die sich auf Weinen und Klagen beschränkt habe, erneut eine rote Schia der Märtyrer erstehen zu lassen. Die Verstellung konnte er nur noch als Mittel bei der Durchführung der politischen Revolution anerkennen. Die Praxis der Verstellung war ihm eher suspekt. Auch Khomeynī hatte zu ihr Stellung genommen und die Laien aufgefordert, eine richtige von einer falschen *taqiyya* zu unterscheiden. Wenn die Religion selber in Gefahr ist, dann darf es keine Verheimlichung mehr geben. Unabdingbare Positionen des Islam und der schiitischen Religion schlössen *taqiyya* aus.[129]

Man kann diese innerschiitischen Neudeutungen auch an der Glaubensanschauung beobachten, die aufs engste mit der Praxis der Verstellung verbunden ist: der Idee des verborgenen Mahdī.

behandelt Milosz das Denken des Intellektuellen in den ehemaligen Volksdemokratien als den »Fall einer bewußten kollektiven Verstellung«, als »Selbstverwirklichung *gegen* die äußeren Umstände«.

129 S. Akhavi, *Religion and Politics in Contemporary Iran: Clergy-State Relations in the Pahlavī Period,* Albany 1980, S. 112 f. (Vorlesungen Bazargans hierzu); S. 164-166 (Khomeyni); Ali Shariati, *Red Shi'ism,* Teheran 1979, S. 15; derselbe, *Histoire et destinée,* Paris 1982; E. Meyer, »Anlaß und Anwendungsbereich der taqiyya«, in: *Der Islam* 57 (1980), S. 246-280.

Diese Idee habe, wie H. Algar meinte, Schiiten seit frühesten Zeiten dazu motiviert, den faktisch bestehenden politischen Mächten jede Legitimität abzusprechen und sie aus religiösen Gründen aktiv zu bekämpfen.[130] Diese Behauptung von Algar spiegelt das Anliegen iranischer Intellektueller wieder, die apolitische Schia in ein aktives Mittel des Kampfes gegen das Schah-Regime und die Verwestlichung zu verwandeln. Überprüft man sie aber historisch, läßt sie sich nicht halten. Schiiten haben gerade wegen und auf Grund der Verborgenheit ihres Imāms mit »ungläubigen« Regierungen zusammenarbeiten können und haben dies unter dem Vorbehalt von Verstellung auch in ungezählten Fällen praktisch getan.[131] Historisch betrachtet läge daher die Behauptung näher, daß die Praxis der *taqiyya* gerade den Ansatz einer Trennung von Religion und Politik markiert. Die Praxis von *taqiyya* könnte man dementsprechend auch als die Verselbständigung einer politischen Handlungsebene von der religiösen interpretieren und in ihr den Ausgangspunkt einer islamischen Säkularisierung sehen.[132]

Taqiyya als Maxime vernünftigen praktischen Handelns

Gegen H. Algars Abwertung bzw. Leugnung einer schiitischen Praxis der Verstellung lassen sich gewichtige Einwände erheben. Die Verstellung war so sehr zu einem Kennzeichen schiitischer

130 H. Algar, »The Oppositional Role of the Ulama in Twentieth-Century Iran«, in: N. Keddie (Hg.), *Scholars, Saints, and Sufis*, Berkeley 1972, S. 231-255; auf S. 232 erwähnt er den zeitgeschichtlichen Kontext seiner aktivistischen Deutung von Verborgenheit.

131 W. Madelung, »A Treatise of the Sharīf al-Murtaḍā on the Legality of Working for the Government«, in: *BSOAS* 43 (1980), S. 18-31; derselbe, »Authority in Twelver Shiism in the Absence of the Imam«, in: G. Makdisi (Red.), *La notion d'autorité au Moyen Age. Islam, Byzance, Occident*, Paris 1982, S. 163-173.

132 Arjomand 1985, a.a.O., S. 36 f.; M. Bayat geht so weit, zu behaupten, daß Khomeynis Nichtigerklärung von *taqiyya* die prinzipielle Trennung von Politik und Religion seit Ğaᶜfar aṣ-Ṣādiq zunichte gemacht habe: »The Iranian Revolution of 1978-79: Fundamentalist or Modern?«, in: *MEJ* 37 (1983), S. 30-42, auf S. 41.

Lebensführung geworden, daß den Imāmen der Ausspruch zugeschrieben wurde:

»Derjenige, der keine *taqiyya* hat, hat keinen Glauben« oder: »Ein Gläubiger ohne *taqiyya* ist wie ein Körper ohne Kopf« (E. Kohlberg).[133]

Dabei ist allerdings offen, wie dieser Ausspruch genau zu verstehen ist. E. Goldziher war der Ansicht, daß es sich um eine absolute Pflicht aller Gläubigen handele.

»In den schi'itischen Traditionen nimmt die taqiyya eine sehr hervorragende, fast dogmatische Stelle ein. Im Unterschied von der eben dargestellten sunnitischen Auffassung, wird sie nicht als ... Konzession für die Schwächeren behandelt, sondern als unerläßliche Pflicht, die niemand aus Übereifer unterlassen darf.«[134]

Dem hat Kohlberg widersprochen. Auch in der Schia ist *taqiyya* keineswegs in allen Situationen Pflicht. Pflicht ist sie nur in den Fällen, in denen ein freimütiges Glaubensbekenntnis dem Imām oder seiner Gemeinde Schaden zufügen würde. Zwar sind Handlungen ausgenommen, die zum distinktiven Merkmal der schiitischen Rechtsschule gehören. Da die schiitische Rechtstradition sich von der der übrigen islamischen Rechtsschulen aber nur in wenigen, mehr marginalen Punkten unterscheidet – eine Übersicht über die Konfliktpunkte bei J. Schacht[135] –, wird auch durch diese Ausnahme die *taqiyya* nur höchst selten Pflicht.

Allerdings sollte man sich die Frage vorlegen, wieweit die Alternative: »Pflicht oder Konzession« dem Sachverhalt gerecht wird. Das Bild der *taqiyya* bleibt schwankend, wenn man sie an den klaren Maßstäben einer Gesetzesethik für Laien mißt. Eine neuere Studie von Meyer hat die Alternative – Konzession oder Pflicht – einer Überprüfung unterzogen und versucht, sich aus ihr zu befreien. Untersucht man Anlaß und Anwendungsbereich von *taqiyya* in Werken schiitischer Theologen, zeigt sich nämlich, daß sie *taqiyya* nicht als selbständige Forderung im Rahmen einer Laienethik behandeln, sondern in Zusammenhang mit dem Ima-

---

133 »Lā imān li-man lā taqiyya lahu«: E. Kohlberg, »Some Imāmī-Shī'ī Views on Taqiyya«, in: *JAOS* 95 (1975), S. 395-402, Zitat S. 396 mit Anm. 10.

134 Goldziher, a.a.O., S. 65.

135 *The Origins of Muhammadan Jurisprudence*, Oxford 1950, S. 262-268; Y. Linant de Bellefonds, »Le droit imâmite«, in: *Le Shî'isme imâmite*, Paris 1970, S. 183-199.

mat. Damit wird sie ein praktisches Postulat des Glaubens oder, wie Meyer es formuliert, eine »Axiomatik der praktischen Vernunft«, »eine Mischung aus wesens- und situationsethischen Elementen«. »Auf jeden Fall ist die wahre *taqiyya* ständig von der falschen zu unterscheiden.«[136]

»Die *taqiyya* ist bis zum Auftreten des wiederkehrenden Imams, wenn das Wahre die Oberhand ein für allemal gewinnen soll, eine jederzeit erwägenswerte Handlung.«[137]

In diesem Zusammenhang möchte ich auf die enge Verbindung zwischen der Verborgenheit des Mahdī und der Verstellung der Gläubigen hinweisen. Wir erkennen sie daran, wie Verborgenheit des Imām und *taqiyya* miteinander in Verbindung gebracht wurden. Als in der imamitischen Schia der letzte, zwölfte Imām in die Verborgenheit gegangen war und man auf seine Wiederkehr hoffte, wurde dies auch mit seiner Furcht vor den Feinden erklärt: Der Imām müsse sich vor den Feinden in Sicherheit bringen (aš-Šarīf al-Murtaḍā, gest. 1045). Es ist dies ein Vernunftbeweis dafür, warum der letzte Imām verborgen sein müsse. Die Vernunft gebietet die Verheimlichung. Solange der Imam aber verborgen ist, so lange regiert *taqiyya* auch das Handeln der Gläubigen. Jedoch gilt auch das Entgegengesetzte: Erwarten die Gläubigen eine baldige Rückkehr (*raǧ'a*) des Imām Mahdī, steht auch das Ende der Zeit der Unaufrichtigkeit bevor.[138] *Taqiyya* bezeichnet das Handeln unter der Bedingung der Verborgenheit des Mahdī. Damit wird Verstellung zu einem praktischen Weltverhältnis, das von den Gläubigen entsprechend ihren Erfahrungen von Ungerechtigkeit in der Welt strenger oder laxer gehandhabt werden kann. Erst wenn der Mahdī auftritt, kann die Verheimlichung fallen. Bevor es aber soweit ist, ist die Praktizierung der Maxime abhängig vom Urteil der Gläubigen über die Bedrohlichkeit der Ungerechtigkeit in der Welt.

In diesem Zusammenhang ist eine kleine psychologische Studie

---

136 E. Meyer, »Anlaß und Anwendungsbereich der taqiyya«, in: *Der Islam* 57 (1980), S. 246-280, auf S. 249 und 261.
137 Ebd., S. 267.
138 A. Sachedina, »A Treatise on the Occultation of the Twelfth Imāmite Imam«, in: *StIsl* 48 (1978), S. 109-124; zum Vernunftbeweis auf S. 113 ff.

erwähnenswert, die im Jahre 1979 erschienen ist.[139] Sie stellte die Praxis der Verstellung in den Zusammenhang der Urteile, die vorderasiatische Religionen über die Heuchelei gefällt haben. Juden und Christen beurteilten das Innere des Menschen eher als schlecht denn als gut. Der äußere Raum, in dem ihr Handeln beobachtet werden konnte, war dagegen mindestens der Möglichkeit nach neutral. Der christliche Vorwurf der Heuchelei setzt voraus, daß schlechte Absichten durch öffentliches Handeln verborgen werden konnten. In der Schia haben wir eine umgekehrte Sicht der Dinge. Die *taqiyya* kann einem Schleier verglichen werden, hinter dem Wertvolles und Reines verborgen gehalten werden muß, solange die Welt voller Ungerechtigkeit und Unreinheit ist. Verheimlichung oder auch Heuchelei ist ein Gebot der Vernunft. Wenn in Iran Erscheinungen von Verwestlichung als Vergiftung und Infektion der iranischen Kultur diagnostiziert wurden, wie in dem berühmten persischen Roman »ġarb-zadegi« von Al-e Ahmad geschehen, liegt diesem Bild eine Metapher zugrunde, die wie ein Schlüsselsymbol das Denken von Schiiten in Iran durchdrungen hat.[140]

Der Maxime der Verstellung liegt nicht nur unausgesprochen ein Urteil über das menschliche Selbst zugrunde, sondern auch ein Urteil über die Unsicherheit der äußeren Ordnungen. In einer Untersuchung von Sprache, Status und Macht im Iran hat ein amerikanischer Ethnologe die Ungewißheit und Unsicherheit im iranischen Leben behandelt und sie als einen fundamentalen Sachverhalt auch in der Kommunikation zwischen Menschen beschrieben: »Die Beziehung zwischen Form und Inhalt einer Mitteilung kann nicht entsprechend einem einzigen Satz von Kriterien beurteilt werden.«[141] Die Praxis von *taqiyya* möchte er in diesen kulturellen Kontext stellen und interpretieren.

139 M. C. Bateson, »›This Figure of Tinsel‹: A Study of Themes of Hypocrisy and Pessimism in Iranian Culture«, in: *Daedalus* 108 (1979), S. 125-134.

140 Jalal Al-e Ahmad, *Occidentosis: A Plague from the West*. Eingeleitet von H. Algar, Berkeley 1984; B. Hanson, »The »Westoxication« of Iran: Depictions and Reactions of Behrangi, Āle-Ahmad, and Shariᶜati«, in: *IJMES* 15 (1983), S. 1-23.

141 W. O. Beeman, *Language, Status, and Power in Iran*, Bloomington 1986, S. 24 (meine Übersetzung); auf den S. 27-32 geht er ausführlicher und mit Verweis auf Literatur auf die Praxis der Verstellung ein.

Die Praxis von *taqiyya* richtig zu verstehen ist offensichtlich selbst für Schiiten nicht einfach, wie ihre inneren Auseinandersetzungen zeigen. Es wäre vermessen, als Religionshistoriker hier das letzte Wort haben zu wollen. Eine Untersuchung wie diese kann höchstens zeigen, unter welchen Voraussetzungen der Glaube an den verborgenen Imam als Maxime einer Verstellung in der ungerechten Welt gedeutet wurde. Aus einer historischen Sicht waren daran eine tiefgreifende Veränderung der antiken Stadtgemeinde, eine Privatisierung öffentlicher Macht durch Amtsträger, eine esoterische Auffassung von Wahrheit sowie die Erwartung sozialer Gerechtigkeit durch einen charismatischen Herrscher beteiligt.

Nachwort:
Antike Stadtgemeinden und die Religionsgemeinschaften von Juden, Christen, Gnostikern und Schiiten

Religionen können für Menschen ganz unabhängig von ihrem Glauben Bedeutungen erlangen. Eine derartige Möglichkeit wird von dieser Studie in der Geschichte vorderasiatischer Erlösungsreligionen genauer untersucht. Religionswissenschaftler haben sich oft auf die metaphysischen Behauptungen der von ihnen untersuchten Religionen konzentriert und darüber einen weiteren Aspekt von Bedeutung aus dem Auge verloren, der nicht weniger universal ist als der semantische. Laut der anerkannten Einteilung der Semiotik von Charles W. Morris befaßt *Semantik* sich mit dem Aspekt des Bezeichnens von Objekten, *Syntaktik* mit der inneren Logik der verwendeten Zeichen und die *Pragmatik* »mit dem Ursprung, den Verwendungen und den Wirkungen der Zeichen im jeweiligen Verhalten«.[1] Die zuletzt genannte Dimension ist bislang bei der Religionsanalyse zu kurz gekommen. Die Bedeutung, die Religion im Verhalten von Menschen haben kann, braucht nicht aus dem Glauben an metaphysische Aussagen abgeleitet worden zu sein. Statt dessen möchte ich von einer Gegenposition ausgehen und die Behauptung vertreten: Man muß nicht glauben, um die Bedeutung von Religion für das praktische Handeln erklären und verstehen zu können.

Die Doppelstruktur von Kommunikation über Religion

Die umgangssprachliche Kommunikation über Religion hat – wie jede andere Kommunikation auch – eine Doppelstruktur. Jürgen Habermas, dessen Begrifflichkeit ich mir hier zu eigen mache, be-

---

1 Ch. W. Morris, *Zeichen, Sprache und Verhalten*, Düsseldorf 1973, S. 324-328, Zitat S. 326.

hauptet, daß eine Verständigung nur dann zustande kommt, wenn die Gesprächsteilnehmer gleichzeitig zwei Ebenen betreten: die Ebene der Gegenstände, über die sie sich verständigen, und die Ebene der Bedeutung, die sie den Gegenständen zuschreiben. Verständigung in der Kommunikation impliziere beide Aspekte.

Ich möchte den Begriff der Doppelstruktur von Kommunikation gern in die historische Analyse von Religionen einführen. Die vorderasiatischen Religionen von Juden, Christen, Gnostikern und Schiiten haben gewisse metaphysische Annahmen geteilt: daß es nur einen einzigen Gott gibt, daß er allwissend und allmächtig ist, daß er jenseits der Welt steht und daß er den Menschen in Charismatikern mittels ethischer Forderungen den Weg zum Heil offenbare. Übrigens haben nicht alle Religionen einen gleich großen Wert auf das ethische Handeln gelegt wie die vorderasiatischen. Denn es gibt keine zwingende Notwendigkeit, über ethische Fragen im Medium von Religion zu sprechen. Im Gegenteil. Griechische Denker haben sich dem widersetzt. Wenn jedoch Religion als Medium gewählt wird, wie es die vorderasiatischen Religionen getan haben, wächst den religiösen Vorstellungen eine eigenständige Bedeutung zu.

Man nehme als Beispiel den jüdischen Glauben, Gott habe sein Volk aus der ägyptischen Knechtschaft erlöst. Juden haben in der Antike aus diesem Glauben ein Argument gegen die Praxis wohlhabender Glaubensgenossen gemacht, verarmte Mitbrüder im Falle einer unbeglichenen Darlehensschuld in die Sklaverei zu verkaufen. Die religiöse Aussage wurde mit dem Anspruch auf eine ethisch und rechtlich verbindliche Lösung eines sozialen Problems verknüpft. Da dieser Anspruch auf breite Zustimmung innerhalb der jüdischen Religionsgemeinschaft stieß, erhielt er eine eigenständige Geltung. Wenn Gläubige ihre Religion – wie in diesem Fall geschehen – mit einer bestimmten Lösung sozialer Probleme verknüpfen (und andere dabei ausschließen), verwandeln sie metaphysische Aussagen in praktische Geltungsansprüche. Die Bedeutung religiöser Aussagen muß dann nicht mehr nur von dem persönlichen Glauben an sie abhängen, sondern kann sich auch aus der Zustimmung zu ihren praktischen Geltungsansprüchen ergeben.

Eine pragmatische Betrachtungsweise erlaubt es daher, die Beschreibung von Religionen über den engeren kognitiven Aussagebereich hinaus vorzunehmen. Die vorderasiatische Religionsgeschichte liefert eine noch nicht wirklich gesichtete Fülle an Zeugnissen dafür, daß mit metaphysischen Behauptungen Ansprüche auf die Regulierung praktischer Beziehungen verknüpft waren. Während bei Habermas ein Interesse am Diskurs jenseits praktischer Zwänge vorherrscht, hat Anthony Giddens die pragmatische Wende für die Analyse der praktischen Handlungsabläufe nutzbar gemacht. In seinem Modell strukturieren die Handelnden mit ihren Deutungen ihre gesellschaftlichen Beziehungen selber. Ähnlich hat Clifford Geertz sich auf die wechselseitigen Bestätigungen zwischen Weltbild und sozialer Praxis gerichtet. Ich möchte mich dieser erfahrungsnahen Version einer pragmatischen Bedeutungsanalyse anschließen.

Zwar droht in diesem Falle die Gefahr, in Kontroversen philosophischer Art über die Art der Beziehung zwischen Ideen und Handlungen verwickelt zu werden. Statt mich allzu tief in die Auseinandersetzungen zwischen Idealisten (Primat der Ideen der Handelnden) und Naturalisten (Primat der Handlungszwänge) über die Erklärung sozialer Handlungen zu begeben, greife ich einen Schlichtungsvorschlag von Alisdair MacIntyre auf. Er hat die These vertreten, daß Glaubensanschauung (*belief*) und Handlung (*action*) nicht voneinander unabhängig seien. Handlungen müßten – um von physischen Bewegungen unterschieden zu werden – von den Handelnden beschrieben werden können. Dazu bedarf es der Glaubensanschauungen. Die Beziehung zwischen Glaubensanschauung und Handlung könne daher nicht äußerlich und zufällig, sondern nur innerlich und logisch sein. Weil Handlungen Anschauungen ausdrücken, kann auch beurteilt werden, ob sie konsistent sind oder nicht. Damit schließt MacIntyre einen Ursache-Wirkung-Zusammenhang zwischen Handlung und Anschauung aus.

Ich habe zur Ermittlung der Bedeutungen von Religionen in der Kommunikation von Menschen diesen Ansatz gewählt. Er richtet die Aufmerksamkeit darauf, welche metaphysischen Aussagen mit Handlungen verbunden worden sind und welche nicht. Wenn sie tatsächlich gebraucht werden, um Handlungen zu begründen – auszuführen bzw. zu rechtfertigen –, werden diese Glaubensanschauungen zu Fähigkeiten praktischen Handelns. Oder um noch einen weiteren, wie ich finde, glücklichen Begriff von Habermas aufzugreifen, der in diesem Zusammenhang fruchtbar ist: sie können Handlungskompetenz erlangen.

Die antike Stadtherrschaft als Kontext
vorderasiatischer Erlösungsreligionen

Wenn man sich über die praktische Bedeutung vorderasiatischer Religionen Erkenntnisse verschaffen will, ist es nützlich, eine Behauptung Max Webers aufzugreifen: Daß die Verbreitung der vorderasiatischen Erlösungsreligionen in Zusammenhang mit der antiken Stadtherrschaft gestanden habe. Sie waren – in Webers Worten – Folgeerscheinung einer erzwungenen oder freiwilligen Abwendung der Stadtbürger von politischem Einfluß.

Weber hat diese Annahme unter dem Einfluß der Religionswissenschaft seiner Zeit formuliert. Erlösungsreligiosität beruhte demnach auf einer selbständigen Entwicklung in der Religionsgeschichte, als Propheten mit einer kultischen Religiosität gebrochen und eine ethische Lebensführung propagiert hätten. Weber übernahm diese Konzeption, ergänzte sie aber um zwei Gesichtspunkte. Es waren seiner Ansicht nach Intellektuelle, die den Sinn der Welt problematisiert und damit Erlösungsreligiosität rational begründet haben. Außerdem würden Erlösungsreligionen Weltverhältnisse begründen, die im alltäglichen Leben wirksam seien und soziale Beziehungen regeln würden. Zur Bezeichnung dieser Zusammenhänge sprach Weber von Weltbild und Weltverhältnis bzw. Ethos. Sie nehmen bei ihm die Stelle ein, die bei MacIntyre und anderen Glaubensanschauung und Handlung einnehmen.

Weber hat die antike Erlösungsreligiosität, womit er besonders Christentum und Gnosis meinte, in den Zusammenhang der Probleme antiker Stadtherrschaft gestellt. Damit hat er seine Studien zur antiken Stadt für diesen Gegenstand fruchtbar gemacht. Weber hat mit ›Stadt‹ mehr verbunden als nur bestimmte ökonomische, administrative und demographische Funktionen einer Ortschaft. Er unterschied die antike Stadt als militärisch gesichertem Sitz von Handel, Gewerbe, Verwaltung – als Zentralort, wie wir sagen würden – von der Stadt als einer Gemeinde, die durch eine Vergemeinschaftung von meistens grundbesitzenden Bürgern zustande kam. Dadurch, daß Weber die Vergemeinschaftung in einer Stadt von ihren Funktionen als Zentralort unterschied, erschloß er eine ganz neuartige historische Sicht auf die inneren Vergemeinschaftungsvorgänge in antiken Städten, für die die Religionsgeschichte wichtig wurde. Allerdings maß er der Verfügung über militärische Mittel ein großes, vielleicht übertriebenes Gewicht bei. Nur wenn es den Einwohnern eines Zentralortes gelang, die militärischen Mittel ihrer Verteidigung an sich zu ziehen, konnten sie die Macht der Adelsherrschaft bzw. des Königtums brechen und einen eigenen Herrschaftsverband bilden. Da in der Antike die Bildung von Stadtgemeinden jedoch oft mit Zustimmung oder gar auf Veranlassung von Herrschern geschah, ohne daß diese ihre militärischen Mittel abtraten, möchte ich den militärischen Gesichtspunkt nicht ganz so hoch bewerten.

Durch diese Sicht der antiken Stadt ergeben sich Möglichkeiten, einen Kontext antiker Erlösungsreligionen anzugeben. Der britische Sozialphilosoph Ernest Gellner hat einmal in einer kleinen Studie gezeigt, daß die Interpretation von Handlungen und Anschauungen fremder Kulturen davon abhängig ist, welche Kontexte der Interpret als Bezugsrahmen wählt.[2] Magie einer fremden Kultur wird einem europäischen Wissenschaftler unverständlich sein, solange er sie in den Kontext europäischer Philosophie stellt. Er muß sie in den Kontext der fremden Kultur selber stellen, um einen Ethnozentrismus zu überwinden. In Zusammenhang hiermit weist Gellner auch noch auf die Gefahr hin, daß ein Wissenschaftler durch eine Bestimmung dessen, was in einer anderen Kultur als Kontext gelten soll, Werturteile beeinflussen kann. Man nehme Magie als Beispiel. Eine Erscheinung wie Magie kann je nach dem, wie der Kontext bestimmt wird, entweder als falsche Annahme über Naturgesetze oder als begrüßenswerter Wunsch nach Naturbeherrschung interpretiert werden. Es ist daher ein Gebot wissenschaftlicher Objektivität, offenzulegen, was als Kontext angenommen werden soll und was nicht.

Der von Weber charakterisierte Typus der antiken Stadtherrschaft soll in diesem Sinne als Kontext vorderasiatischer Erlösungsreligionen vorausgesetzt werden. Die antike Stadtgemeinde hat sich als eine Gemeinschaft von Bürgern gebildet, die sich im inneren von Königtum und Adelsherrschaft befreit und ihre Freiheit nach außen gemeinschaftlich verteidigt haben. Möglich war das nur, wenn auch nach innen die verderblichen Auswirkungen der Praxis der Schuldsklaverei gemildert oder beseitigt wurden. Die Freiheit der Bürger mußte zum gemeinschaftlichen Problem

---

2 E. Gellner, »Concepts and Society«, in: B. Wilson (Hg.), *Rationality*, Oxford 1974, S. 18-49.

gemacht werden. Dazu mußte mit dem traditionell harten
Schuldrecht gebrochen werden. Eine Kodifikation von Recht ge-
hörte schon wegen dieses Bruches unbedingt zur Bildung einer
Stadtgemeinde dazu.

Die Geschichte der antiken Stadtherrschaft endete nicht, wie oft
behauptet, bereits mit Alexander dem Großen, sondern zog sich
bis zum Ende des Römischen Reiches hin. Jedoch war ihre Existenz von außen und innen bedroht. Man könnte ihre Geschichte
mit einem Drama vergleichen, in dem es drei Hauptrollen gab.
Dies waren erstens städtische Bürger, die stadtnahe Güter besaßen und eine politische und rechtliche Gemeinde bildeten. Zweitens waren es die Bauern, die als Pächter, Kolonen, Sklaven oder
als Dorfgemeinschaft für das Einkommen der städtischen Grundbesitzer und die Steuern an Stadt und Staat zu sorgen hatten.
Drittens gab es die Machthaber der (verschiedenen) Großstaaten,
die zwar den Stadtgemeinden eine (sehr variierende) Selbstverwaltung zustanden, die aber wiederholt in die inneren Angelegenheiten der Bürger und der Stadtgemeinden eingriffen. Wir werden
diesen Schauplatz im Auge behalten, wenn wir untersuchen, ob
und welche pragmatischen Bedeutungen mit den vorderasiatischen Religionen verbunden worden sind. Die vier großen vorderasiatischen Erlösungsreligionen von Juden, Christen, Gnostikern und Schiiten sollen in diesen Kontext gestellt werden. Da sie
Gemeinden von Laien gebildet haben, wurden sie auf diesem
Wege in die Geschichte der antiken Stadtherrschaft verwickelt.

Juden: »Das Privileg und Prestige einer
Lebensführung gemäß den väterlichen Gesetzen«

Den Beginn machte die jüdische Religionsgemeinschaft. In Judäa
hatte sich eine Religionsgemeinschaft gebildet, die sich bereits
lange vor dem Einfluß antiker Stadtherrschaft mit dem Grundproblem der antiken Stadtherrschaft – der eigenmächtigen Versklavung von Mitbürgern – auseinandergesetzt hatte. Durch eine
Untersuchung des literarischen Genres der biblischen Rechtsbücher werden verschiedene Positionen in der Ablehnung der
Schuldsklaverei sichtbar. Die älteren jüdischen Rechtsbücher aus
der Zeit vor dem 7. Jahrhundert v.Chr. haben das archaische
Schuldrecht gemildert und die Freilassung eines hebräischen Skla-

ven nach einer Dienstzeit von sechs Jahren gefordert. Das Rechtsbuch des Deuteronomiums aus dem Ende des 7. Jahrhundert verschärfte die Stellungnahme gegen die Schuldsklaverei und hob den Rechtsstatus des versklavten Juden an. Auch während seiner Dienstzeit sollte er alle seine Rechte als Mitglied der jüdischen Gemeinschaft behalten dürfen. Diese Vorschriften waren auf den freien wehrfähigen Mann zugeschnitten, weniger auf Frauen oder Mittellose. Dadurch, daß die jüdische Religionsgemeinschaft diesen Stellungnahmen öffentliche Verbindlichkeit in Gestalt eines ›Rechtsbuches‹ gegeben hat, hat sie die Voraussetzungen dafür gelegt, daß sie sich in Jerusalem überhaupt als politische Stadtgemeinde konstituieren *konnte*.

Diese Möglichkeit wurde nach dem 5. Jahrhundert v. Chr. Wirklichkeit. Zuerst hatte der persische Herrscher Artaxerxes, dann erneut und mit anderen Implikationen der griechische Herrscher Antiochos der jüdischen Religionsgemeinschaft zu Jerusalem das Recht verliehen, ihre Angelegenheiten entsprechend ihren eigenen Überlieferungen verbindlich zu regeln. Im Zuge von Reichssanktionierungen wurde die Offenbarung des jenseitigen Schöpfergottes in den Begriffen persischer und hellenistischer politischer Theorie interpretiert. Sie wurde aramäisch als *dat* = ›Gesetz‹ und griechisch als *pat/ nomoi* = ›väterliche Gesetze‹ kategorisiert und zum offiziellen Recht der Stadtgemeinde von Jerusalem gemacht. Über die Einhaltung dieser Gesetze wachte in griechischer Zeit eine offizielle Institution, in der Priester des Tempels und Vorsteher angesehener Laiengeschlechter Sitz und Stimme hatten.

Die jüdische Religionsgemeinschaft von Jerusalem erhielt auf diese Weise eine offizielle Gemeinde-Verfassung, die sie so in ihrer langen Geschichte noch nicht gehabt hatte. Priester- und Laiengeschlechter regierten gemeinsam das Volk. Obwohl in der Vergangenheit jahrhundertelang ein König dem Volk vorgestanden hatte und Gott seinem Volk sogar ein ewiges Königtum Davids verheißen hatte, betrachteten jetzt viele Juden inner- und außerhalb Judäas nicht mehr das Königtum, sondern die Aristokratie als ihre traditionelle Herrschaftsform. So veränderte die Vergabe des Privilegs der Autonomie nicht allein den Status der jüdischen Überlieferungen, sondern auch die Vorstellungen von legitimer Herrschaftsordnung. Oppositionelle Gruppen brachten vom 2. Jahrhundert v. Chr. an die Verheißung eines neuen Herrschers aus dem Hause Davids wieder verstärkt in Umlauf und machten damit sowohl dem hasmonäischen Königtum als auch den Vorstehern der Jerusalemer Stadtherrschaft ihr Herrschaftsrecht streitig.

Es gab kaum eine größere heidnische autonome Stadt, in der Juden nicht ebenfalls vom Herrscher für sich das Recht erbaten und oft auch erhielten, entsprechend ihren väterlichen Gesetzen leben und die entsprechenden Institutionen einrichten zu dürfen. Nicht nur griechische, sondern auch römische Herrscher gaben ihm statt. An manchen Orten wie zum Beispiel Alexandria und Antiochia schlossen sich die Synagogengemeinden darüber hinaus zu einem eigenen politischen Verband aller jüdischen Bürger zusammen und bildeten ein *politeuma*. In anderen Städten wie Rom waren die Synagogengemeinden hingegen nur lose verbunden.

Viele politisch aktive Juden wurden von dem verständlichen Wunsch beseelt, in den Genuß politischer Privilegien zu gelangen. Jedoch darf sich die Interpretation nicht mit dieser Feststellung begnügen. In vielen Städten der Hellenistischen und Römischen Welt haben Juden unter Einsatz ihres Lebens für eine Anerkennung ihrer väterlichen Gesetze gekämpft. Dabei hatte sie der Kampf der von Judas Makkabaios und seinen Söhnen geführten Juden Judäas ermutigt. In Eingaben haben sie an vielen Orten um das Recht gebeten, offiziell und mit Zustimmung der Reichsinstanzen in Übereinstimmung mit ihren Überlieferungen leben zu dürfen. Indem Juden diese Möglichkeit ergriffen und sich zu eigen machten, drückten sie ihren Glauben in den staatsrechtlichen Formen der antiken Kultur aus. Übrigens war der Anspruch des Wortes Gottes auf Öffentlichkeit bereits in den jüdischen Rechtsbüchern angelegt gewesen.

Diese pragmatische Bedeutung war nicht eine äußere Schicht um einen unveränderten Wesenskern jüdischen Glaubens, sondern wurde in die jüdische Perspektive von Identität mit einbezogen. Darauf weist die Namengebung hin. Es wurde seit der Perserzeit üblich, einem neugeborenen jüdischen Kind einen biblischen Namen zu geben. Der Einzelne wurde unter den Anspruch gestellt, vor aller Augen jüdischen Vorbildern entsprechend zu leben. Beachtenswert ist dabei, daß in zahlreichen Fällen dieselben Personen neben ihrem biblischen auch noch einen ägyptischen, griechischen oder römischen Namen trugen. Dieser Brauch drückte den Wunsch vieler Juden aus, sowohl gegenüber ihren Mitbürgern in den Synagogengemeinden wie auch gegenüber ihren heidnischen städtischen Mitbürgern loyal sein zu wollen. Ähnlich wie die jüdische Torarolle eine Doppelbedeutung erhalten hat und neben der Offenbarung Gottes auch noch das politische Gesetz einer Stadtherrschaft war, bildete der einzelne zwei soziale Identitäten aus.

Die Übernahme der Außensicht war jedoch keine Anpassung an die heidnische antike Kultur. Mit ihr war vielmehr die Bewahrung einer Innenperspektive verbunden, die zur Welt in einem gespannten Verhältnis stand. Der Glaube von Juden an die Erwählung ihres Volkes im Unterschied zu allen übrigen Völkern war der Grund hiervon. Diese Spannung war nicht weniger charakteristisch für das Judentum der hellenistischen und römischen Zeit als die Übernahme fremder Rechtskategorien oder Namen. In derselben Religionsgemeinschaft, die von den politischen Privilegien des Reiches profitierte, zirkulierten Schriften, die den baldigen Sturz dieses Reiches hoffnungs- oder angstvoll voraussagten. Diese Schriften wurden als Offenbarungen in Umlauf gebracht, die einst Weisen der biblischen Heilszeit zuteil geworden seien. Sie hätten sie aber versiegelt, damit sie erst geöffnet und bekannt gemacht würden, wenn das Ende des letzten Weltreiches naht. Die Zirkulation angeblich so alter Schriften, für den Religionshistoriker ein Indiz ihrer Fälschung, war im Verständnis antiker jüdischer Leser ein Zeichen dafür, daß dieses Ende bevorstand. Hatten Juden einst im Deuteronomium ihre Religion im literarischen Genre des Rechtsbuches öffentlich verbindlich gemacht, so schufen sie in dem Genre des geheimen Offenbarungsbuches eine neue Deutung von Schriftreligionen, die das Wort Gottes der antiken politischen Öffentlichkeit bewußt entzog. Offenbarung konnte und mußte im geheimen weitergegeben werden und ihren Wahrheitsanspruch außerhalb der politischen Öffentlichkeit erheben.

Diese geheimen Offenbarungsbücher waren von sogenannten Weisen verfaßt worden. In der Schicht gebildeter jüdischer Laien wird spätestens seit dem Beginn des 2. Jahrhunderts ein Riß erkennbar. Auf der einen Seite standen die für die Rechtsprechung in den Religionsgemeinden zuständigen Schriftgelehrten, auf der anderen die Weisen als Künder kommender Ereignisse. Unabhängig von den vielfältigen regulativen Funktionen jüdischer Religion in der antiken Kultur wurden Endzeithoffnungen und -befürchtungen laut, die alles Bestehende radikal in Zweifel zogen. Die Übernahme politischer Ordnungsprinzipien hatte nicht etwa zum Verschwinden des Erwählungsglaubens geführt. An sich wäre es denkbar gewesen, daß die jüdische Bibel auf den Status eines Rechtsbuches der jüdischen Lokalgemeinden reduziert worden wäre. Das Gegenteil ist wahr. Die Erwählungshoffnung wurde in einer weltgeschichtlichen Endzeiterwartung radikalisiert und in Formen der Abschließung von der gottlosen Welt kultiviert.

In diesem Zusammenhang muß auch das Martyrium erwähnt werden. Gerade in den alten jüdischen Martyriumsberichten kommt nämlich staatsrechtliche Begrifflichkeit vor. Sie sprechen prononciert vom Sterben für die väterlichen Gesetze (*patrioi nomoi*). Hier war sicher die griechische Idealisierung des Sterbens für die väterlichen Gesetze Vorbild gewesen. Da Juden dieses Sterben mit einer Zusage von Auferstehung und ewigem Heil verbanden, verwandelten sie die griechische politische Konzeption in die ethische Norm einer Erlösungsreligiosität.

So zeigt eine Auswertung von Quellen zur pragmatischen Bedeutung der jüdischen Religion in antiken Städten, daß mit ihr eine besondere Bedeutung verbunden worden war. Durch ein Zusammenwirken von politischen Ordnungsvorgaben und einer Geschichte der Verschriftlichung der Glaubensüberlieferungen in Form von Rechtsbüchern konnte die jüdische Religion erst mit der aramäisch-persischen Konzeption *dat*, danach mit der hellenistisch-römischen der *patrioi nomoi* interpretiert und verknüpft werden. Durch die Übernahme dieser Bedeutung haben Juden sich in den Städten des Persischen, Hellenistischen und später Römischen Reiches Handlungsmöglichkeiten erschlossen und durch eine praktische Inanspruchnahme dieser Möglichkeiten ihre Religion zu einem Bestandteil der antiken Stadtkultur gemacht. Auf diesem Wege gelang es ihnen, ein eigenständiges »sozialmoralisches Milieu« zu bilden. Mit diesem Begriff beschrieb R. M. Lepsius »soziale Einheiten, die durch eine Koinzidenz mehrerer Strukturdimensionen wie Religion, regionale Tradition, wirtschaftliche Lage, kulturelle Orientierung, schichtspezifische Zusammensetzung der intermediären Gruppen gebildet werden«.[3] Juden haben in diesem Sinne in vielen Städten des Helleni-

3 »Parteiensystem und Sozialstruktur: Zum Problem der Demokratisie-

stischen und Römischen Reiches ein sozialmoralisches Milieu gebildet. Religion, gemeinsame Nachbarschaft, ähnliche wirtschaftliche Tätigkeiten und gemeinsame Kultur trafen zusammen. Zu
den von Lepsius genannten Merkmalen, die der Neuzeit eigen
sind, kam in der Antike jedoch noch ein weiteres, überaus wichtiges hinzu: die eigenen Gesetze und die eigene Rechtsprechung.

Christen: »Handeln frei vom Zwang väterlicher Gesetze und städtischer Pflichten«

Die Forderung, die pragmatischen Bedeutungen antiker Religionen zu untersuchen, eröffnet auch im Hinblick auf das frühe
Christentum neue Perspektiven. Die frühchristliche Religion hat
sich in Palästina herausgebildet, hat dies aber in einem Milieu
außerhalb der Jerusalemer Stadtherrschaft getan. Eine Untersuchung der Agrarverhältnisse in Palästina ergibt, daß dort – wie
andernorts in den Großstaaten der Griechen und Römer – Stadtland und Königsland einander abwechselten. Das Königsland war
Beamten oder Körperschaften (wie Tempeln und Städten) übertragen worden. Die Güter und Dorfgemeinschaften, die auf ihm
lagen, hatten die Pflicht, eine Abgabe von den Produkten des
Landes an ihre Herren zu entrichten. Die Bauern auf diesem
Königsland hatten einen besonderen Rechtsstatus, der in der Bezeichnung *laoi* zum Ausdruck kommt. Sie waren einerseits verpflichtet, Abgaben zu erwirtschaften und durften daher ihr Dorf
oder Gut nicht ohne Zustimmung ihrer Herren verlassen. Andererseits unterstanden sie dem Schutz der Herrscher, die sie insbesondere gegen Versklavung durch andere in Schutz nahmen. Die
Gleichnisse Jesu beziehen sich auf diese Verhältnisse, und nicht
auf Stadtland. In diesem Milieu scheinen andere politische Hoffnungen gelebt zu haben als in Jerusalem und Judäa. Nicht die
Autonomie einer städtischen Bürgermeinde, von Priestern und
Laiengeschlechtern geleitet, schwebte den Juden unter diesen

rung der deutschen Gesellschaft«, in: W. Abel (Hg.), *Wirtschaft, Geschichte und Wirtschaftsgeschichte*, Stuttgart 1966, S. 371-393, Zitat
S. 383; M. Riesebrodt, *Fundamentalismus als patriarchalische Protestbewegung. Amerikanische Protestanten (1910-28) und iranische Schiiten
(1961-79) im Vergleich*, Tübingen 1990, S. 35 f.

Verhältnissen als die erstrebenswerte Ordnung vor, sondern die Wiedereinsetzung eines geistbegabten jüdischen Königs. So geht mit dem frühesten Christentum der Vorhang vor einer Welt auf, über die wir sonst wenig wissen.

Das frühe palästinische Christentum gehörte nicht nur hinsichtlich der Agrarverhältnisse einer Welt außerhalb der antiken Stadtherrschaft an. Es stand hinsichtlich seines engeren religionsgeschichtlichen Umfeldes einer religiösen Opposition gegen die Stadtherrschaft von Jerusalem recht nahe. Durch den Fund der Bibliothek der essenischen Gemeinschaft zu Qumran, die sich aus religiösen Gründen von der Jerusalemer Stadtherrschaft losgesagt hat, sind wir heute gut über anti-aristokratische Deutungen jüdischer Überlieferungen unterrichtet. Die Gemeinde zu Qumran hat sich entschieden von den Gottlosen in Jerusalem getrennt, eine eigene Gerichtsbarkeit eingerichtet und gegenüber den Gottlosen eine Geheimhaltung der Worte Gottes praktiziert. Die Vollmitglieder der Gemeinde zogen sich mit einer asketischen Lebensführung, die auf Ehe und Eigentum verzichtete, symbolisch in die Wüste zurück, um eine neue Erlösung vorzubereiten.

Die Essener bildeten auch außerhalb von Qumran Gemeinden. Diese waren hierarchisch organisiert, brachen mit den bestehenden jüdischen Stadtgemeinden und schärften ihren Mitgliedern die biblischen Normen für den Schutz der Armen, Witwen und Waisen ein. Die christliche Kirche folgte später in entscheidenden Punkten (hierarchische Organisation; Schutz der Bedürftigen) diesem Vorbild.

Durch diese Quellen wird ein gemeinsamer Hintergrund mit dem frühen Christentum sichtbar. Die Beschreibung des Lebens Jesu als des verheißenen Sohnes Davids gehört dazu, ebenso die Auffassung von Jesus als Prophet, die Weitergabe prophetischer Unheilsworte gegen Tempel und Priesterschaft Jerusalems und die apokalyptische Hoffnung auf die Befreiung durch den Menschensohn als einen neuen Weltenherrscher. Diese und weitere Vorstellungen stammten aus einem Ideenreservoir, von dem auch Schriften in der essenischen Bibliothek von Qumran gezehrt haben und das kritisch gegen die bestehende Ordnung in Stellung gebracht wurde. Daß so widersprüchliche Vorstellungen wie die vom Menschensohn und vom davidischen Messias in den Evangelien nicht ausgeglichen, sondern unverbunden weitergegeben wurden, wird vor diesem Hintergrund ein wenig begreiflicher. Eine gleiche Unausgeglichenheit beobachten wir nämlich auch bei den Essenern von Qumran. Allerdings stimmten die divergierenden Endzeiterwartungen, die sie weitergaben, in einem Punkte überein: Daß Gottes Verheißung nicht mehr auf dem Tempel und seiner Priesterschaft ruhte, sondern auf dem kleinen Rest der Heiligen Israels.

Mit der Mission veränderte das Christentum seinen Schauplatz und wechselte in die Städte des Römischen Reiches hinüber. Erstes Ziel der Mission, die von Antiochia ausging, waren jüdische Synagogengemeinden im Mittelmeerraum. In einer Frühphase der Mission geschah es wohl, daß Christen ältere kritische Worte Jesu gegen Tempel und Priesterschaft von Jerusalem abschwächten und in dieser gemilderten Form in ihre Literatur (Evangelien und Apostelgeschichte) aufnahmen. Vielleicht war das der Preis dafür, daß Christen Teil der offiziellen jüdischen Bürgerverbände bleiben wollten. An einigen Orten scheinen Christen jüdische Vorschriften von Beschneidung, Sabbatgebot, Reinheit und Kalender noch lange über das 1. Jahrhundert hinaus befolgt zu haben. Wenigstens sind Christen an manchen Orten sehr viel länger, als man annehmen möchte, Mitglieder der jüdischen Bürgerverbände geblieben.

Jedoch wurden bereits in den vierziger Jahren des 1. Jahrhunderts in Antiochia Christen als eine eigene Fraktion im jüdischen Bürgerverband identifiziert. Römische Beamte haben sie wahrscheinlich als Anhänger eines *christos* von den übrigen Juden unterschieden und entsprechend den ihnen bekannten römischen Parteibildungen *christianoi* genannt. Die Anhänger Jesu hatten im jüdischen Bürgerverband von Antiochia (wie später auch andernorts) Diskussionen über die Verbindlichkeit der jüdischen Gesetze ausgelöst und in römischen Augen erstaunlich wenig Wert auf die Befolgung der väterlichen Gesetze gelegt. Die Zugehörigkeit zu Christus war ihnen wichtiger. Eine solche Sicht spiegelt sich anscheinend in der Bezeichnung wider.

Mit dem Auftreten dieser Gruppe wurde auch andernorts Unruhe in die jüdischen Gemeinden getragen und das Sozialmilieu gespalten. Die Entstehung christlicher Gruppen führte zu einer ähnlichen Differenzierung eines sozialmoralischen Milieus in unterschiedliche Lager, wie dies M. Riesebrodt für den modernen Fundamentalismus im amerikanischen Protestantismus und in

der iranischen Schia beschrieben hat.[4] Die jüdischen Synagogengemeinden und Bürgerverbände ergriffen gelegentlich gegen
Christen Strafmaßnahmen, was von den Christen selber als Verfolgung gewertet wurde.

Die von Christen verursachte Unruhe nahm dramatisch zu, als
Heiden sich zum Christentum bekehrten. Es war ja die Eigenart
und Stärke der antiken Stadt gewesen, außer einem reinen Zweck-
verband auch eine moralisch-rechtlich-religiöse Gemeinschaft zu
sein. Die Wortführer der Christen aus dem Heidentum problematisierten jedoch prinzipiell den Sinn des Gemeinschaftshan-
delns der Bürger antiker Städte: vom Opferkult und den Tempelmahlen bis zur Übernahme städtischer Ämter, vom Wehrdienst
bis zur lokalen Gerichtsbarkeit. Indem Christen in aller Öffentlichkeit eine Ablehnung städtischer Gemeinschaftspflichten zur
Maxime ihres Handelns machten, verbanden sie mit ihrer Erlösungsreligiosität eine für die antike Kultur unerhörte, neuartige
Handlungsmaxime. Der Philosoph Celsus aus Alexandrien (2.
Jahrhundert), ein früher scharfsinniger Kritiker des Christentums, hatte diesen Sachverhalt vor Augen, als er den Christen
leidenschaftlich vorwarf, sie würden die väterlichen Gesetze verraten. Er übernahm diesen Vorwurf von Juden, die ihn ebenfalls
gegen Christen vorgebracht haben. Andere heidnische Kritiker
folgten ihnen in dieser Beurteilung. Der Verrat an den väterlichen
Gesetzen wurde das Kennzeichen der ›Christen‹. Da die römischen Statthalter für den Frieden in ihren Provinzen zu sorgen
hatten und jeden Unruhestörer unnachsichtig verfolgten, wurden
die Christen zum Opfer von Verfolgungen und blutigen Unter-
drückungen. Weniger die Ablehnung des Kaiserkultes als der väterlichen Gesetze war der Grund hierfür gewesen.

Christen haben diese Außensicht ihres Handelns akzeptiert. Sie
haben sich zwar als Erben nicht nur der jüdischen Verheißungen,
sondern auch der griechischen Kultur verstanden, sich jedoch
standhaft geweigert, den paganen Göttern Ehre zu erweisen. Das
Martyrium für ihren Glauben galt ihnen als hervorragendes religiöses Verdienst. Nicht der Prophet, sondern der Märtyrer nahm
daher in der Kirche des 2. Jahrhunderts den Ehrenplatz ein. Es
war übrigens in dieser Situation der Verfolgung, daß sich unter

---

4 M. Riesebrodt, *Fundamentalismus als patriarchalische Protestbewegung*, a.a.O.

Christen gnostisierendes Denken breit machte. Während kirchliche Christen vor staatlichen Stellen freimütig ihren Glauben bekannten, standen Gnostiker auf einem anderen Standpunkt und bestritten den religiösen Wert eines öffentlichen Glaubensbekenntnisses.

Paradoxerweise erhielten Christen bei ihrer (selbstgewählten) Ablehnung der Stadtgemeinden Schützenhilfe von den politischen Langzeitentwicklungen. Zwar traten die römischen Machthaber bis zu Beginn des 4. Jahrhunderts als Beschützer der lokalen Gesetze und Bürgergemeinden auf. In Wirklichkeit aber verloren die Stadtgemeinden im Römischen Reich im Laufe der Zeit allmählich Funktionen ihrer Selbstverwaltung und mußten wichtige Aufgaben an den Amtsadel abtreten. Insbesondere litten die städtischen Grundbesitzer unter der Konkurrenz eines mächtiger werdenden Amtsadels. Sie mußten es an vielen Orten erleben, daß ihre Abhängigen (Bauern und Dorfgemeinschaften) ihre herkömmlichen Pflichten vernachlässigten und sich statt dessen aus den Reihen der neuen Machthaber Patrone wählten und ihnen ihre Abgaben anboten. Das gleiche wiederholte sich im Hinblick auf ihre Steuerpflicht. Die städtischen Ratsherren (*decuriones*) hafteten mit ihrem Besitz gegenüber dem Reich für den Eingang der fiskalen Abgaben von Bauern und Dorfgemeinschaften auf Stadtland. Manche Steuerpflichtigen aber zogen es vor, sich unter den Schutz mächtiger Militärs oder Beamter zu stellen und sich mit ihrer Hilfe dem Zugriff der städtischen Ratsherren zu entziehen. Die Patronatsbewegung (*patrocinium* = Patronat), die von der Mitte des 3. Jahrhunderts an um sich griff, schwächte deshalb die städtische Aristokratie. Sie untergrub, zusammen mit neuen Karriere-Wegen im Staatsdienst, die auch weniger angesehenen Schichten wie Freigelassenen offenstanden, die Stützpfeiler der alten heidnischen Ordnung und arbeitete unbeabsichtigt dem christlichen Gegner in die Hand. Durch die Lösung der jüdischen Verheißungen aus dem politischen Rahmen der väterlichen Gesetze schufen Christen eine Erlösungsreligion, die sozialen Schichten mit im Verhältnis zu ihrem großen Einfluß geringem sozialen Ansehen entgegenkam.

Als Konstantin das Christentum staatlichem Schutz unterstellte, richtete sich seine Anerkennung nicht auf die gesamte Breite antiken Christentums, sondern nur auf die »Rechtgläubigen« im Sinne der kirchlichen Konzile. Diese kirchlichen Christen lehnten besonders radikal die Institutionen der antiken Stadt ab. Andererseits bildeten sie eine geschlossene kirchliche Organisation der »Rechtgläubigen«, für die eine strenge innere Hierarchie typisch war. Sie haben Lokalgemeinden mit hohem moralischen Anspruch gebildet und den Schutz von Armen, Witwen, Waisen, Fremden und Gefangenen zur religiösen Pflicht aller Gläubigen gemacht. Zu dieser Aufgabe hatten sich die antiken paganen Stadtgemeinden nur in Ausnahmefällen bekannt, während die jüdische Religionsgemeinschaft ähnliche moralische Ansprüche gehabt hat. Jedoch erhob die Kirche keinen Anspruch mehr darauf, das soziale Problem der Versklavung lösen zu wollen. Sie hat vielmehr von sich aus und freiwillig die Funktionen der Wahrung der Freiheit der Bürger (nach außen wie nach innen) an den Staat abgetreten. Schutz vor Versklavung und vor Angriffen von außen wurden aus dem Paket selbstgestellter Aufgaben einer Religionsgemeinschaft herausgenommen und dem Staat übertragen.

Man wird die antike Karriere des Christentums ohne eine Berücksichtigung der pragmatischen Bedeutung, die mit seiner Botschaft im Römischen Reich verknüpft worden war, nicht erklären können. Der Sachverhalt der Polarisierung pragmatischer Bedeutungen zwischen jüdischer und christlicher Religion hinsichtlich der »väterlichen Gesetze« erklärt auch den tiefgreifenden politischen Umbruch, der mit der staatlichen Anerkennung der christlichen Kirche einherging. Polarisierung bestimmte jedoch keineswegs das Verhältnis zu den jüdischen Überlieferungen insgesamt. Die christliche Kirche hat die jüdische Sozialmoral des Schutzes der Schwachen übernommen und in ihren kirchlichen Gemeinden verbreitet. Zwar hat sie die herkömmliche Aufgabe antiker Stadtgemeinden, den Bürger vor innerer und äußerer Bedrohung zu schützen, an den Staat abgetreten; jedoch hat sie sich selber die Aufgabe gestellt, Bedürftige zu schützen. Damit trennte sie die Legalität staatlichen Handelns von der Moral religiösen Handelns.

Gnostiker: »Die Verheimlichung der wahren Identität in einer unwissenden Welt«

Als die römischen Kaiser die christliche Kirche offiziell anerkannten, wurden in den christlichen Gemeinden unterschiedliche Lehren vertreten. An einigen Orten scheinen »Häretiker« – aus dem Blickwinkel der kirchlichen Konzile – sogar in der Mehrheit gewesen zu sein, die »Rechtgläubigen« dagegen in der Minderheit. Eine der Gruppen, die zu den Häretikern gezählt wurde, war die gnostische. Man kann zu den Gründen dieser frühen Meinungsverschiedenheiten besser vordringen, wenn man auch in diesem Fall den pragmatischen Bedeutungen Beachtung schenkt.

Die Gnosis hat sich im Schatten der großen monotheistischen Religionen von Judentum und Christentum, später dem Islam ausgebreitet. Gnostiker haben die Welt, die den Anhängern dieser Religionen Ergebnis eines Schöpfungsaktes des jenseitigen Gottes war, negativ bewertet und abgelehnt. Ein Teil einer jenseitigen geistigen Lichtsubstanz soll noch vor der Weltentstehung durch einen unglücklichen Umstand in die Macht der finsteren, bösartigen Materie geraten sein. Der jenseitige Gott habe daraufhin ein Rettungsunternehmen ins Werk gesetzt, um die verstreuten Lichtteile aus den Fängen der niederen Weltenherrscher zu befreien. Die Erschaffung des Kosmos diente primär dem Ziel, die versklavten Lichtteile aus der Materie zu erlösen. Dazu wurde der Mensch erschaffen. Denn nun konnten die in die Welt gefallenen Geistelemente von oben aufgerufen werden, sich ihres jenseitigen Ursprungs zu erinnern. Enthaltung von Sexualität und andere Beweise der Überlegenheit sollten die Unabhängigkeit des erlösten Menschen von der Macht des Weltenherrschers demonstrieren.

Der gnostische Mythos vom transzendenten menschlichen Selbst war unter Zuhilfenahme platonisierender Philosophie formuliert worden und verbreitete sich vom Beginn des 2. Jahrhunderts n.Chr. in mehreren Versionen im Römischen Reich. Vom 3. Jahrhundert n.Chr. an sind Gnostiker auch im östlich gelegenen Sassanidenreich bezeugt. Die uns bekannten Gnostiker des Römischen Reiches hatten ihre Wirkungsstätte in den großen Städten: zum Beispiel Antiochia, Alexandria, Rom, Karthago, Edessa. Hier traten sie meistens in christlichen Gemeinden auf. Dabei muß man auf die zeitliche Nähe zu den Christenverfolgungen achten. Gnostiker haben in den Städten die Verfolgungen von Christen erlebt, aber auf diese Verfolgungen anders als ihre »rechtgläubigen« Brüder reagiert. Wiederholt klagten Kirchenväter in ihren antignostischen Schriften darüber, daß Gnostiker bei den Verfolgungen von Christen ihren Glauben verleugnet hätten. Dieser Dissens hatte eine Vorgeschichte im ersten Jahrhundert n. Chr.

In der Mitte des 1. Jahrhunderts n. Chr. hatte nämlich der Apostel Paulus in seiner Gemeinde zu Korinth mit Christen Bekanntschaft gemacht, die sich für so vollkommen und den paganen Göttern (den Dämonen) so überlegen hielten, daß sie offen an heidnischen Tempelmahlen teilzunehmen wagten, ohne Schaden zu befürchten. Paulus widersetzte sich vehement diesem geistigen Heldentum. Auf der anderen Seite aber wollte er kein Problem daraus machen, wenn Christen bei privaten Einladungen auch einmal das Fleisch von im Tempel geopferten Tieren essen würden. Diese liberale Haltung von Paulus gegenüber dem nichtkultischen Genuß von Götzenopferfleisch hat sich in der Kirche aber nicht durchgesetzt.

Als jedoch Christen über ihre strikte Verweigerung von Götzenopferfleisch identifiziert wurden, um sie besser verfolgen zu können, besann man sich anders. Basilides lehrte im 2. Jahrhundert in Alexandria, daß es für die Erlösung irrelevant sei, ob ein Christ Götzenopferfleisch essen und seinen Glauben in Verfolgungszeiten verleugnen würde oder nicht. Nach den uns verfügbaren Quellen hat anscheinend Basilides als erster gnostisierender Denker den Genuß von Götzenopferfleisch mit einer Verleugnung des Glaubens bei Verfolgungen verbunden. Basilides hat den Gläubigen eine Verleugnung des Glaubens gestattet und dies mit dem gnostischen Weltbild begründet. Weil die Erlösten jenseitigen Ursprungs sind, sollen sie in dieser unwissenden Welt besser über ihre Herkunft schweigen.

Anhänger des alexandrinischen Gnostikers Valentin, der eine Zeitlang in Rom großen Eindruck gemacht hat, haben mit einer ähnlichen Lehre unter Christen in verschiedenen Städten großen Erfolg gehabt – besonders, als die Verfolgungen von Christen schlimmer wurden. Tertullian beschreibt, wie Valentinianer zu Beginn des 3. Jahrhunderts in Karthago in den christlichen Gemeinden Zweifel an einem religiösen Verdienst des Martyriums säten und mit welchen Argumenten sie die Ablehnung eines öffentlichen Bekenntnisses begründeten. Das wahre Bekenntnis könne nicht auf dieser Erde vor gewöhnlichen Menschen abgelegt werden, sondern nur nach dem Tode auf dem Weg in den Himmel vor den wahren Mächten. Da die Erlösten heimlich in die Welt gekommen seien, sollten sie sich in dieser Welt auch nicht zu erkennen geben. »Die Welt ist der Ort der Täuschung«.

Klage über »Martyriumsscheu« der Valentinianer wurde auch von anderen Kirchenvätern geäußert. Alleine genommen könnten diese Vorwürfe unter dem Verdacht bloßer Polemik stehen. Daß sie jedoch ernst zu nehmen sind, ergibt sich aus einer den Valentinianern eigenen Auffassung, die wir auch aus gnostischen Originalschriften kennen. Sie besagt, daß der Herrscher über den Kosmos den wahren jenseitigen Gott nicht kennen würde. Der niedere Gott dieser Welt meine zwar auf Grund seiner Eitelkeit, außer ihm gäbe es keinen anderen Gott. In Wirklichkeit stehe aber über ihm der unbekannte, wahre Gott. Dieser verborgene Gott habe heimlich seine Söhne in die Welt gebracht, ohne daß der niedere Weltengott etwas davon wissen würde. Aus diesem Grunde sollten die Erlösten sich ihm auch nicht zu erkennen geben. Täuschung bestimmt die Beziehung, die die Erlösten zu den Mächten dieser Welt haben.

Außerhalb des Kreises der Valentinianer (und verwandter Gnostiker) beobachten wir auch bei den Manichäern gelegentlich die Verknüpfung der Konzeption eines transzendenten Selbst mit einer Verheimlichung der Identität in Verfolgungssituationen. Mani war in der kleinen Täufersekte der Elkesaiten aufgewachsen. Obwohl sie jüdisch beeinflußt war, lehrte sie, daß es statthaft sei, dem eigenen Glauben bei Verfolgungen mit dem Munde abzuschwören. Voraussetzung dafür sei, daß das Herz rein bleibe. Man darf die Elkesaiten als Zeugen dafür nehmen, daß Zweifel am religiösen Verdienst öffentlichen Bekenntnisses bei Verfolgungen auch außerhalb der Gnosis laut wurden. Mani hat zwar mit dieser Gemeinde gebrochen und öffentlich missioniert. Jedoch übten er und seine Anhänger in Verfolgungssituationen wie die Elkesaiten die List der Verstellung.

Die Behauptungen von Kirchenvätern und islamischen Häresiographen passen daher zur Gnosis. Je mehr gnostische Weltbilder die Beziehung des erlösten Selbst zur Welt als Täuschung und List deuteten, desto näher liegt es, hierin eine »reflexive Rück-

kopplung« (Giddens) zu vermuten. Angesichts des Verfolgungs-
druckes wurde die Beziehung des Selbst zur Welt in dieser Weise
reflexiv gedeutet und praktisch strukturiert. Da man immer wieder beobachten kann, wie die Gnosis als radikale Umwertung der
großen monotheistischen Religionen Karriere gemacht hat, könnten derartige Rückkoppelungsprozesse für ihre Entstehung zu
verschiedenen Zeiten und an verschiedenen Orten verantwortlich
sein. Sie würden auch die Tatsache erklären, daß Gnostiker häufig
esoterische Zirkel von Wissenden in der Masse normaler Gläubiger gebildet haben.

Mit der gnostischen Lehre war eine Bedeutung verknüpft worden, die noch in der Ablehnung ihren Entstehungskontext in der
antiken Stadtgemeinde verrät. Die antiken Stadtgemeinden waren
wie selbstverständlich von einer Öffentlichkeit aller Kulte und
Religionen ihrer Bewohner ausgegangen. Dieses Postulat haben
Juden und Christen modifiziert übernommen. Gnostiker haben
es hingegen grundsätzlich problematisiert. Eine gnostisierende
Deutung des jüdischen, christlichen und später islamischen Monotheismus war in manchen Fällen ein Mittel, bei schwerstem
Verfolgungsdruck und erzwungener Verleugnung des Glaubens
sich *selbst* treu bleiben zu können.

Als das kirchliche Christentum offiziell vom Römischen Staat
anerkannt worden war, ging der Staat innerhalb weniger Jahrzehnte zur Unterdrückung der Häretiker, insbesondere der Gnostiker über. Zwar verschwanden die Gnostiker aus der Öffentlichkeit des Reiches. In Wirklichkeit aber bestanden sie in Form
geheimer Zellen in den Städten weiter. Daneben aber bildeten sie
auch verschwiegene Gemeinden auf dem Lande. Dies hing mit
der Gemeindebildung gnostischer Gruppen zusammen. Wer selber nicht so radikal mit der Welt brechen konnte wie die Vollkommenen, konnte wenigstens als Gläubiger zweiten Ranges in
ihren Dienst treten. Wenn er ihnen half, ihren entweltlichten Lebenswandel zu führen, konnte er auch an ihrem Heil ein wenig
teilhaben. Zwar haben längst nicht alle gnostischen Gruppen
diese Möglichkeit eröffnet. Jedoch verdankten die Gemeinden der
Valentinianer und der Manichäer ihre große Verbreitung wohl
vor allem dieser Zulassung von Laien.

Dabei gelang es ihnen zuweilen, Dorfgemeinschaften und sogar
Stammesgemeinschaften als Gläubige zweiten Grades en bloc an
sich zu binden. Die Gnosis hat auf diese Weise einen wichtigen

Beitrag zur Prägung ländlicher Religiosität in Vorderasien und in Europa geleistet. Sie hat dem Mißtrauen, das Dorfgemeinschaften häufig Städten und Staat entgegenbrachten, Ausdruck verliehen.

Man erkennt an dieser eigenartigen Verbreitung der Gnosis, wie eine Erlösungsreligiosität, die die Öffentlichkeit von Religion problematisiert hat, neue Handlungsmöglichkeiten außerhalb der bestehenden politischen Ordnung schuf und sich damit neue Trägerschaften erschloß. Gnostiker konnten so von den Spannungen profitieren, die zwischen städtischen Grundherren und stadtsässigen Machthabern auf der einen, Bauern und Dorfgemeinschaften auf der anderen Seite bestanden.

Schiiten: »Die Praxis der Verstellung in einer Welt voller Ungerechtigkeit«

Eine weitere vorderasiatische Religionsgemeinschaft, die mit dem vorderasiatischen metaphysischen Behauptungspotential eine eigene pragmatische Bedeutung verbunden hat, war die Schia. Sie war die letzte der vorderasiatischen Erlösungsreligionen, die mit ihrer Deutung von Erlösung noch einmal, allerdings schon entfernt, auf die antike Stadtherrschaft bezogen war.

Untersuchungen zu Städten in der Spätantike und im Islam haben ergeben, daß sie einen tiefgreifenden Strukturwandel durchgemacht haben. Schuld daran waren sowohl äußere Umstände in Zusammenhang mit der arabischen Eroberung wie innere Wandlungen. Diese Wandlungen hatten schon früher eingesetzt. Der Zerfall der antiken Stadt als territorialer Körperschaft hat bereits in der Antike begonnen, als der städtische Rat Befugnisse an den Amtsadel abtreten mußte und Religionsgemeinschaften teilweise die Rechtsprechung an sich zogen. Insbesondere die Patronatsbewegung hat sich schädlich auf Macht und Ansehen der städtischen Grundbesitzer und der städtischen Institutionen ausgewirkt. Diese Bewegung, die bereits im Römischen Reich um sich gegriffen hat, setzte sich unter dem Islam weiter fort. Die Folge war, daß die städtischen Gemeinschaftsinstitutionen verkümmerten.

Sozialgeographen haben schon seit längerem die Symptome eines Zerfalls der Stadt als Körperschaft an einigen auffallenden Veränderungen in der islamischen Stadt diagnostiziert. In der vorislamischen antiken Stadt wurde streng zwischen öffentlichen Flächen und privaten Grundstücken unterschieden. Der Rat der Stadt wachte über die öffentlichen Gebiete und betrieb eine Planung der Stadt als ganzer. Die schachbrettartige Anordnung von Straßen in vielen hellenistischen Städten ist hierfür ein guter Beleg. Diese Anordnung löste sich bereits in der Zeit der Spätantike wieder auf. In der islamischen Stadt degenerierten diese Grundrisse vollends bis zur Unkenntlichkeit. An die Stelle eines geordneten Musters von Straßenzügen trat ein Labyrinth von kleinen Straßen, die vielfach in Sackgassen endeten. Es waren meistens die Anwohner einer Straße, die sie in eine Sackgasse verwandelten, um so ihren engeren privaten häuslichen Bereich mit einem weiteren äußeren Schutzbereich zu umgeben. Dies kam dem gemeinsamen Wunsch der Anlieger nach Sicherung ihrer häuslichen Privatsphäre entgegen. Neben dem privaten und dem öffentlichen Bereich entstand auf diese Weise ein Areal mit eigener Rechtsqualität. Es wird von Sozialgeographen, die diese Erscheinung genauer untersucht haben, als ›Negativraum‹ charakterisiert.

Eine andere Erscheinung, die eine Zurückdrängung des öffentlichen Bereiches dokumentiert, waren die Stadtviertel. Die unterschiedlichen Stadtrechtsformen der Antike verschwanden unter dem Islam. Jetzt galten Moschee, Bazar (bzw. Suq) und Festung als die hinreichenden Kennzeichen einer Stadt. Die Stadt war vorrangig wieder Zentralort geworden und nicht mehr Vereinigung der sie bewohnenden Bürger. An die Stelle der antiken personenrechtlichen Einteilungen der Einwohnerschaft in freie Bürger – Freigelassene – Fremde – Sklaven traten andere Klassifikationen. Stadtviertel bildeten sich entsprechend islamischen Rechtskategorien (Juden, Christen, Zoroastrier, Rechtsschulen), aber auch auf Grund ethnischer oder anderer Gemeinsamkeiten der Einwohner. Zwar gab es noch gemeinsame städtische Institutionen. Jedoch zogen sie sich auf die Teilbereiche der Stadt von Moschee, Bazar und Festung zurück. Die Sozialbeziehungen außerhalb dieser Teilbereiche wurden von strengen Loyalitätsbeziehungen geregelt, nicht mehr von einer politischen Öffentlichkeit.

Das islamische Recht regelte zwar soziale Beziehungen in vielerlei Hinsicht. Das zentrale Problem aber, vor dem die Gesellschaft im Islam stand, wurde von diesem Recht nicht erfaßt. Die Herrschaft

– so stellte ein islamisches Handbuch der politischen Administration aus dem 10. Jahrhundert den Sachverhalt dar – kann zusammen mit Unglauben, nicht aber mit Ungerechtigkeit Bestand haben. Ungerechtigkeit in diesem Sinne wurde vom islamischen Recht selber nicht zum Problem gemacht. Man muß sich bewußt machen, daß Abhängigkeitsbeziehungen als solche gerecht oder ungerecht sein können. Wenn ein Abhängiger sich in Situationen der Not auf die Hilfe seines Herren verlassen kann, war diese Beziehung in seinen Augen durchaus gerecht, auch wenn sie, objektiv gesehen, ungleich war. Wenn aber eine an sich schon ungleiche Verteilung von Leistung und Gegenleistung noch einmal weiter und eindeutig zu seinen Ungunsten verändert wurde, konnte der Abhängige die Beziehung schlagartig als ungerecht verurteilen. In diesem Falle konnte er Hilfe von einem starken und gerechten Herrscher erhoffen.

Man muß diesen Sachverhalt berücksichtigen, wenn man sich den Anhängern der Partei ($\bar{si}^c\bar{a}$) Alis, den Schiiten zuwendet. Sie haben erbittert, aber erfolglos für das Kalifat Alis und seiner Söhne gekämpft. Mit dem Kalifat waren insbesondere anfänglich hochgespannte Erwartungen verknüpft, die ihre Wurzeln letztlich in hellenistischen und sassanidischen Herrschaftslegitimationen hatten. Der Kalif war »Stellvertreter Gottes« (so sein voller Titel) und konnte als solcher behaupten, von Gott selber geleitet – das heißt *mahdī* zu sein. Durch den Rückgriff auf diese Erwartungen richtete sich auf ihn die Hoffnung derer, die Ungerechtigkeit erfuhren. Diese Hoffnung hatten im ersten islamischen Jahrhundert besonders die nicht-arabischen Bewohner des Arabischen Reiches. In die neu angelegten arabischen Städte wie Kufa waren Handwerker und Händler aramäischer oder iranischer Herkunft geströmt und als Klienten arabischer Stämme aufgenommen worden. Dadurch wurde in die islamische Gemeinschaft eine rechtliche Ungleichheit getragen, die insbesondere unter den Omayyaden ein Motor sozialer Unruhe war.

Die regierenden Kalifen entsprachen den Erwartungen der Klienten von Gerechtigkeit nicht. Daher unterstützten viele von ihnen die frühen Schiiten. Die anfänglich rein arabische ›Partei‹ Alis forderte erst für Ali, dann für seinen Sohn Husain das Kalifat. Nachdem Husain 680 n.Chr. bei Kerbala von den Omayyaden umgebracht worden war, erhob sich einige Jahre später in Kufa eine Volksbewegung, die Alis weiteren Sohn Muhammad b. al-

Ḥanafiyya an die Macht bringen wollte. Sie scheiterte ebenfalls. Jedoch sahen die Anhänger dies selber nicht so. Statt dessen beobachten wir einen Prozeß der Spaltung der Partei. Nach dem Tode ihres Imāms Muhammad b. al-Ḥanafiyya übertrug ein Teil seiner Anhänger ihre Loyalität auf einen Nachfolger und ging damit, wie es später heißt, »weiter«. Ein anderer Teil nahm hingegen an, er sei nur verborgen und werde demnächst zurückkehren. Sie blieben daher bei ihm als Mahdī »stehen«. Gleiches wiederholte sich vielfach bei späteren schiitischen Gruppen. Die einen übertrugen den Imāmat an einen Nachfolger, die anderen blieben stehen und hofften, der verborgene Imām werde demnächst aus seiner Verborgenheit zurückkehren und die Welt mit Gerechtigkeit füllen, so wie sie jetzt mit Ungerechtigkeit gefüllt ist. In der Zeit bis zum 10. Jh. – und gelegentlich auch noch danach – haben beide Optionen das Handeln von Schiiten bestimmt: die Übertragung des Imāmats auf einen Nachfolger ebenso wie das Warten auf die Rückkehr des verborgenen Imāms. In beiden Fällen aber waren sich die Anhänger darin einig, daß Gerechtigkeit eine Sache des charismatischen Herrschers war und nicht einfach gemeinschaftlicher Durchsetzung islamischer Gesetze. Entsprechend bestand Erlösung darin, den richtigen Imām zu kennen. Im 10. Jahrhundert pendelte sich die Zwölfer-Schia offiziell auf das Modell des verborgenen Imāms ein. Die Zwölferschiiten erwarteten seitdem die Rückkehr des nach Ali 12. Imāms namens Muhammad al-Mahdī, der 874 n.Chr. in die Verborgenheit gegangen sein soll. Erst in dem Augenblick, in dem er öffentlich hervortrete, sollten die Gläubigen den Kampf für die wahre und gerechte Ordnung aufnehmen.

Schiiten gaben der Verborgenheit des gerechten Imām eine Bedeutung, die das Verhältnis des einzelnen Gläubigen zur Welt praktisch regelte. Solange der gerechte Imām noch verborgen ist, sind die Gläubigen nicht zu einem öffentlichen Bekenntnis zu ihm verpflichtet. Sie sollen statt dessen gegenüber Außenstehenden ihren Glauben verborgen halten und sich verstellen (*taqīyya, ketmān*). Erst wenn das Hervortreten des Mahdī nahe ist und der Krieg gegen die Gottlosen beginnt, soll der Gläubige seine Vorsicht fahren lassen. Der Kreis derer, die jetzt bereits aufrichtig sein durften, war auf die beschränkt, die den wahren Imām kannten.

Schiiten lebten mit Sunniten in ähnlichen sozialen Verhältnissen.

Man kann es daher nicht den Verhältnissen anlasten, wenn Schiiten über die Welt anders dachten als Sunniten. Ich möchte vorschlagen, auch in diesem Fall – wie bei den antiken Christen – weniger nach den sozialen Gründen als nach den politischen Folgen eines Weltbildes zu fragen. Welche Folgen die schiitische Deutung der Verborgenheit des gerechten Imām hatte, können wir an einigen machtvollen Aufstandsbewegungen ablesen, an denen Schiiten führend beteiligt waren und die zur Bildung staatlicher Verbände führten. Indem Schiiten die Loyalität zum Imām für ein größeres religiöses Verdienst hielten als die einfache Treue zum islamischen Gesetz, relativierten sie die alltäglichen Loyalitäten und verwandelten die Hoffnung auf Gerechtigkeit in den Glauben einer verschworenen Gemeinde. Vielleicht verdeutlicht ein Vergleich die Besonderheit. Während die christliche Kirche die politische Aufgabe der Abwehr äußerer Feinde und der Herstellung innerer Gerechtigkeit dem Staat übertragen hat, hat die Schia beides als Aufgabe der Religionsgemeinschaft betrachtet, aber die damit verbundenen politischen Ansprüche durch das Gebot der Verstellung in einer Welt voller Ungerechtigkeit neutralisiert.

Die in dieser Studie beschriebenen Bedeutungen, die vorderasiatischen Erlösungsreligionen im Kontext antiker Stadtherrschaft zugeschrieben wurden, sind nacheinander entwickelt worden. Erlaubt man sich den hermeneutischen Kunstgriff, sie wie Erscheinungen ein- und derselben Epoche zu behandeln, so wird trotz ihres historischen Nacheinanders ein Nebeneinander unterschiedlicher Handlungsbegründungen sichtbar. Ob diese Handlungsbegründungen gleichrangig sind oder nicht, diese Frage kann vom Religionswissenschaftler nicht mehr beantwortet werden. Seine Untersuchung muß sich damit begnügen, die vorderasiatischen Erlösungsreligionen als die Verwandlung eines ihnen gemeinsamen metaphysischen Behauptungspotentials in Handlungsalternativen zu beschreiben.

Literatur

1. Weber und die Religionswissenschaft

Studien und Materialien zu Webers Interesse an der Religion;
zu seiner Rezeption zeitgenössischer Religionsanalysen;
zur Bewertung seines Ansatzes und
seiner Interpretationen heute

Bellah, R. N., Religious Evolution (1964), in: Robertson, R. (Hg.) *Sociology of Religion*, Harmondsworth 1969, S. 262-292.

Bendix, R., *Max Weber. Das Werk*, München 1960.

Berger, P. L., »Charisma and Religious Innovation: The Social Location of Israelite Prophecy«, in: *American Sociological Review* 28 (1963), S. 940-950.

–, »The Sociological Study of Sectarianism«, in: *Social Research* 21 (1954), S. 467-485.

Bologh, R. W., *Love or Greatness. Max Weber and Masculine Thinking – A Feminist Inquiry*, London 1990.

Breuer, S., »Magisches und Religiöses Charisma. Entwicklungsgeschichtliche Perspektiven«, in: *Kölner Zeitschrift für Soziologie und Sozialpsychologie* 41 (1989), S. 215-240.

Brunner, O., »Bemerkungen zu den Begriffen ›Herrschaft‹ und ›Legitimität‹«, in: *Festschrift H. Sedlmayr*, München 1962, S. 116-133.

Bühl, W. L., *Kulturwandel. Für eine dynamische Kultursoziologie*, Darmstadt 1987.

Dahme, H.-J., »Der Verlust des Fortschrittsglaubens und die Verwissenschaftlichung der Soziologie. Ein Vergleich von Georg Simmel, Ferdinand Tönnies und Max Weber«, in: O. Rammstedt (Hg.), *Simmel und die frühen Soziologen. Nähe und Distanz zu Durkheim, Tönnies und Max Weber*, Frankfurt 1988, S. 222-274.

Gneuss, Chr. und Kocka, J. (Hg.), *Max Weber. Ein Symposion*, München 1988.

Gouldner, A., »Romantiek en Classicisme«, in: *De Gids* 136 (1973), S. 3-29.

Haym, R., *Die romantische Schule. Ein Beitrag zur Geschichte des deutschen Geistes* (1870), Darmstadt 1977.

Hennen, M., *Krise der Rationalität – Dilemma der Soziologie. Zur kritischen Rezeption Max Webers*, Stuttgart 1976.

Hennis, W., *Max Webers Fragestellung. Studien zur Biographie des Werkes*, Tübingen 1987.

Honigsheim, P., »Max Weber as a Historian of Agriculture and Rural Life«, in: *Agricultural History* 23 (1949), S. 170-213.

–, »Erinnerungen an Max Weber«, in: R. König/J. Winckelmann (Hg.) (1985), S. 161-271.

Käsler, D., *Einführung in das Studium Max Webers*, München 1979.

Kippenberg, H. G., »Religionssoziologie ohne Säkularisierungsthese: E. Durkheim und M. Weber aus der Sicht der Symboltheorie«, in: H. G. Hubbeling / H. G. Kippenberg (Hg.), *Zur symbolischen Repräsentation von Religion*, Berlin / New York 1986, S. 102-118.

Kippenberg, H. G. / B. Luchesi (Hg.), *Religionswissenschaft und Kulturkritik. Die Zeit des Gerardus van der Leeuw (1890-1950)*, Marburg 1991.

Kocka, J., »Otto Hintze, Max Weber und das Problem der Bürokratie«, in: *Historische Zeitschrift* 233 (1981), S. 65-105.

– (Hg.), *Max Weber, der Historiker*, Göttingen 1986.

König R. / J. Winckelmann (Hg.), *Max Weber zum Gedächtnis. Materialien und Dokumente zur Bewertung von Werk und Persönlichkeit* (1963), Opladen ²1985.

Küenzlen, G., »Unbekannte Quellen der Religionssoziologie Max Webers«, in: *Zeitschrift für Soziologie* 7 (1978), S. 215-227.

–, *Die Religionssoziologie Max Webers. Eine Darstellung ihrer Entwicklung*, Berlin 1980.

Lang, B., »Max Weber und Israels Propheten. Eine kritische Stellungnahme«, in: *Zeitschrift für Religions- und Geistesgeschichte* 36 (1984), S. 156-165.

Lennert, R., *Die Religionstheorie Max Webers*, Leipzig 1935.

Lenski, G., *Macht und Privileg. Eine Theorie der sozialen Schichtung*, Frankfurt 1977.

Lepsius, M. R. / W. J. Mommsen (Hg.), *Max Weber. Briefe 1906-1908*, Tübingen 1990.

Löwith, K., »Max Weber und Karl Marx« (1932), in: *Gesammelte Abhandlungen*, Stuttgart 1960, S. 1-67.

Lüdemann, G. / M. Schröder, *Die Religionsgeschichtliche Schule in Göttingen*, Göttingen 1988.

MacIntyre, A., »A Mistake about Causality in Social Science«, in: P. Laslett/W. Runciman (Hg.), *Philosophy, Politics and Society*, Oxford ²1967, S. 48-70.

Marcus, G. E. / M. M. J. Fischer, *Anthropology as Cultural Critique*, Chicago 1986.

Meyer, M., »Romantische Religion. Über ein Nachspiel der Aufklärung«, in: J. Taubes (Hg.), *Der Fürst dieser Welt*, Paderborn 1983, S. 181-197.

Mitzman, A., *The Iron Cage: An Historical Interpretation of Max Weber*, New York 1969.

Mommsen, W. J., *Max Weber und die deutsche Politik 1890-1920*, Tübingen ²1974.

–, *Max Weber. Gesellschaft, Politik und Geschichte*, Frankfurt 1974.

–, *The Age of Bureaucracy: Perspectives on the Political Sociology of Max Weber*, Oxford 1974.

–, »Max Weber. Persönliche Lebensführung und gesellschaftlicher Wandel in der Geschichte«, in: P. Alter / W. J. Mommsen / Th. Nipperdey (Hg.), *Geschichte und politisches Handeln. Theodor Schieder zum Gedächtnis*, Stuttgart 1985, S. 261-281.

Mommsen, W. J. / W. G. Schwentker (Hg.), *Max Weber und seine Zeitgenossen*, Göttingen / Zürich 1988.

Müller, K., »Die religionsgeschichtliche Methode«, in: *Biblische Zeitschrift* 29 (1985), S. 161-192.

Nelson, B., *The Idea of Usury. From Tribal Brotherhood to Universal Otherhood*, Chicago / London ²1969.

–, *Der Ursprung der Moderne. Vergleichende Studien zum Zivilisationsprozeß*, Frankfurt 1977.

Nippel, W., »Methodenentwicklung und Zeitbezüge im althistorischen Werk Max Webers«, in: *Geschichte und Gesellschaft* 16 (1990), S. 355-374.

Nipperdey, Th., *Religion im Umbruch. Deutschland 1870-1918*, München 1988.

Otto, E., »Hat Max Webers Religionssoziologie des antiken Judentums Bedeutung für eine Theologie des Alten Testaments?«, in: *Zeitschrift für die alttestamentliche Wissenschaft* 94 (1982), S. 187-203.

Peacock, J. L., »The Third Stream: Weber, Parsons, Geertz«, in: *Journal of the Anthropological Society of Oxford* 12 (1981), S. 122-129.

Petersen, D. L., »Max Weber and the Sociological Study of Ancient Israel«, in: H. M. Johnson (Hg.), *Religious Change and Continuity*, San Francisco 1979, S. 117-149.

Peukert, D. J., *Max Webers Diagnose der Moderne*, Göttingen 1989.

Reardon, B. M. G., *Religion in the Age of Romanticism: Studies in Early Nineteenth Century Thought*, Cambridge 1985.

Riesebrodt, M., »Ideen, Interessen, Rationalisierung: Kritische Anmerkungen zu F. H. Tenbrucks Interpretation des Werkes Max Webers«, in: *Kölner Zeitschrift für Soziologie und Sozialpsychologie* 32 (1980), S. 111-129.

Robertson, R., »Max Weber and German Sociology of Religion«, in: N. Smart / J. Clayton / P. Sherry / S. Katz (Hg.), *Nineteenth Century Religious Thought in the West*, Bd. 3, Cambridge 1985, S. 263-304.

Rodd, C. S., »Max Weber and Ancient Judaism«, in: *Scottish Journal of Theology* 5 (1979), S. 457-496.

Rossi, P., *Vom Historismus zur historischen Sozialwissenschaft*, Frankfurt 1987.

Schäfer, Chr., *Stadt und Eidgenossenschaft im Alten Testament. Eine Auseinandersetzung mit Max Webers Studie ›Das antike Judentum‹*, Berlin 1981.

Schluchter, W., *Die Entwicklung des okzidentalen Rationalismus. Eine Analyse von Max Webers Gesellschaftsgeschichte*, Tübingen 1979.

–, »Der autoritär verfaßte Kapitalismus. Max Webers Kritik am Kaiserreich«, in: derselbe, *Rationalismus der Weltbeherrschung. Studien zu Max Weber*, Frankfurt 1980, S. 134-169.

–, »Altisraelitische religiöse Ethik und okzidentaler Rationalismus«, in: derselbe (Hg.), *Max Webers Studie über das antike Judentum*, Frankfurt 1981, S. 11-77.

–, »Max Webers Religionssoziologie. Eine werkgeschichtliche Rekonstruktion«, in: derselbe (Hg.), *Max Webers Sicht des antiken Christentums*, Frankfurt 1985, S. 525-560.

–, *Religion und Lebensführung*, 2 Bde., Frankfurt 1988.

Schluchter, W., (Hg.), *Max Webers Studie über das antike Judentum. Interpretation und Kritik*, Frankfurt 1981.

–, *Max Webers Studie über Konfuzianismus und Taoismus. Interpretation und Kritik*, Frankfurt 1983.

–, *Max Webers Studie über Hinduismus und Buddhismus. Interpretation und Kritik*, Frankfurt 1984.

–, *Max Webers Sicht des antiken Christentums. Interpretation und Kritik*, Frankfurt 1985.

–, *Max Webers Sicht des Islams. Interpretation und Kritik*, Frankfurt 1987.

–, *Max Webers Sicht des okzidentalen Christentums. Interpretation und Kritik*, Frankfurt 1988.

Schmidt, M., »Struktur und Selektion: Emile Durkheim und Max Weber als Theoretiker sozialer Evolution«, in: *Zeitschrift für Soziologie* 10 (1981), S. 17-37.

Schöllgen, G., *Max Webers Anliegen. Rationalisierung als Forderung und Hypothek*, Darmstadt 1985.

Seyfarth, C., »Alltag und Charisma bei Max Weber. Eine Studie zur Grundlegung der ›verstehenden‹ Soziologie«, in: W. M. Sprondel / R. Grathoff (Hg.), *Alfred Schütz und die Idee des Alltags in den Sozialwissenschaften*, Stuttgart 1979, S. 155-177.

Simmel, G., *Die Religion*, Frankfurt 1912.

Smart, N. / J. Clayton / S. Katz / P. Sherry (Hg.), *Nineteenth Century Religious Thought in the West*, 3 Bde., Cambridge 1985.

Tenbruck, F., »Das Werk Max Webers«, in: *Kölner Zeitschrift für Soziologie und Sozialpsychologie* 27 (1975), S. 663-702.

–, *Die unbewältigten Sozialwissenschaften oder die Abschaffung des Menschen*, Graz 1984.

–, »Das Werk Max Webers: Methodologie und Sozialwissenschaften«, in: *Kölner Zeitschrift für Soziologie und Sozialpsychologie* 38 (1986), S. 13 ff.

Timpe, D., »Alte Geschichte und die Fragestellung der Soziologie«, in: *Historische Zeitschrift* 213 (1971), S. 1-12.

Treiber, H., »»Elective Affinities‹ between Weber's Sociology of Religion and Sociology of Law«, in: *Theory and Society* 14 (1985), S. 809-861.

Turner, B. S., *Weber and Islam*. A Critical Study, London 1974.

Wagner, G. / Zipprian, H., »Methodologie und Ontologie – Zum Problem der kausalen Erklärung bei Max Weber«, in: *Zeitschrift für Soziologie* 14 (1985), S. 115-130.

Weber, Marianne, *Max Weber. Ein Lebensbild*, Tübingen 1926.

Weber, Max, *Gesammelte Aufsätze zur Religionssoziologie*, 3 Bde., Tübingen 1920/1921.

–, *Wirtschaft und Gesellschaft*, Tübingen 1922, ⁵1985.

–, *Gesammelte Aufsätze zur Wissenschaftslehre*, Tübingen 1922.

–, *Wirtschaftsgeschichte. Abriß der universalen Sozial- und Wirtschaftsgeschichte*, München/Leipzig 1923.

–, *Gesammelte Aufsätze zur Soziologie und Sozialpolitik*, Tübingen 1924.

–, *Gesammelte Aufsätze zur Sozial- und Wirtschaftsgeschichte*, Tübingen 1924.

–, *Die protestantische Ethik*, hg. von J. Winckelmann, Bd. 1, Hamburg ³1973; Bd. 2, Hamburg ²1972.

–, *Die Wirtschaftsethik der Weltreligionen. Konfuzianismus und Taoismus*, hg. von H. Schmidt-Glintzer, Tübingen 1989.

Weiß, J. (Hg.), *Max Weber heute. Erträge und Probleme der Forschung*, Frankfurt 1989.

Winckelmann, J., »*Die Herkunft von Max Webers ›Entzauberungs‹-Konzeption*«, in: *Kölner Zeitschrift für Soziologie und Sozialpsychologie* 32 (1980), S. 12-53.

–, *Max Webers hinterlassenes Hauptwerk: Die Wirtschaft und die gesellschaftlichen Ordnungen und Mächte*, Tübingen 1986.

– (Hg.), *Max Weber. Soziologie – Universalgeschichtliche Analysen – Politik*, Stuttgart ⁵1973.

Zingerle, A., *Max Webers historische Soziologie*, Darmstadt 1981.

11. Religionspragmatik

Grundlagen der Religionsanalyse; angewandte Symboltheorie
und Semiotik; Theorie der Interpretation
religiöser Texte; Religion in Handlungstheorien

Aberle, D. F., »A Note on Relative Deprivation Theory as applied to Millenarian and other Cult Movements«, in: S. L. Thrupp (Hg.), *Millennial Dreams in Action. Studies in Revolutionary Religious Movements*, New York 1970, S. 209-214.

Alexander, J. C. / B. Giesen, »From Reduction to Linkage: The Long View of the Micro-Macro Link«, in: J. C. Alexander / B. Giesen /

R. Münch / N. J. Smelser (Hg.), *The Micro-Macro Link*, Berkeley/
London 1987, S. 1-42.

Asad, T., »Anthropological Conceptions of Religion: Reflections on
Geertz«, in: *Man* 18 (1983), S. 237-259.

Assmann, A. und J. / Chr. Hardmeier (Hg.), *Schrift und Gedächtnis.
Archäologie der literarischen Kommunikation* I, München 1983.

Assmann, A. und J. (Hg.), *Kanon und Zensur. Archäologie der literarischen Kommunikation* II, München 1987.

Austin, J. L., *Zur Theorie der Sprechakte (How to do Things with Words)*,
Stuttgart ²1979.

Baal, J. van, *Symbols for Communication. An Introduction to the Anthropological Study of Religion*, Assen ²1985.

Baaren, Th. P. van / H. J. W. Drijvers (Hg.), *Religion, Culture and Methodology*, Den Haag 1973.

Bakker, J. W. / Y. B. Kuiper / J. Miedema (Hg.), *Anthropologie tussen
wetenschap en kunst. Essays over Clifford Geertz*, Amsterdam 1987.

Banton, M. (Hg.), *Anthropological Approaches to the Study of Religion*,
London 1966.

Bastide, L., *Le sacré sauvage*, Paris 1975.

Bauman, Z., *Culture as Praxis*, London 1973.

Berger, K., *Einführung in die Formgeschichte*, Tübingen 1987.

Berger, P., *Zur Dialektik von Religion und Gesellschaft*, Frankfurt 1973.

Berger, P. / Luckmann, Th., *Die gesellschaftliche Konstruktion der Wirklichkeit*, Frankfurt ⁷1990.

Braun, H.-J. / H. Holzhey / E. W. Orth (Hg.), *Über Ernst Cassirers Philosophie der symbolischen Formen*, Frankfurt 1988.

Burke, P., *Sociology and History*, London 1980.

Burkhardt, A. (Hg.), *Speech Acts, Meaning and Intentions. Critical Approaches to the Philosophy of John R. Searle*, Berlin 1990.

Cancik, H. / B. Gladigow / M. Laubscher (Hg.), *Handbuch religionswissenschaftlicher Grundbegriffe*, Stuttgart, Bd. 1 1988, Bd. 2 1990.

Cannadine, D. / Price, S. (Hg.), *Rituals of Royalty*, Cambridge 1987.

Cassirer, E., *Philosophie der symbolischen Formen*, 3 Bde., Darmstadt
1982-1990.

–, *Wesen und Wirkung des Symbolbegriffs*, Darmstadt 1959.

Colpe, C., *Theologie, Ideologie, Religionswissenschaft. Demonstrationen
ihrer Unterscheidung*, München 1980.

–, *Das Siegel der Propheten. Historische Beziehungen zwischen Judentum,
Judenchristentum, Heidentum und frühem Islam*, Berlin 1990.

–, *Über das Heilige. Versuch seiner Verkennung kritisch vorzubeugen*,
Frankfurt 1990.

Colpe, C., (Hg.), *Die Diskussion um das »Heilige«*, Darmstadt 1977.

Danto, A. C., »Deep Interpretation«, in: *Journal of Philosophy* 78 (1981),
S. 691-706.

Desroche, H., *The Sociology of Hope*, London 1979.

Dolgin, J. L. / D. S. Kemnitzer / D. M. Schneider (Hg.), *Symbolic Anthropology. A Reader in the Study of Symbols and Meanings*, New York 1977.

Douglas, M., *Ritual, Tabu und Körpersymbolik*, Frankfurt 1981.

–, *Reinheit und Gefährdung*, Frankfurt 1988.

Dudley, G., *Religion on Trial. Mircea Eliade & His Critics*, Philadelphia 1977.

Durkheim, E., *Die elementaren Formen des religiösen Lebens* (1912), Frankfurt 1984.

–, *Textes*. Bd. 2: *Religion, Morale, Anomalie*, hg. von V. Karady, Paris 1975.

–, *Durkheim on Religion. A Selection of Readings*, with Bibliography and Introductory Remarks by W. S. F. Pickering, London 1975.

Durkheim, E. / Mauss, M., »Primitive Classification« (1903), London 1963.

Dülmen, R. von, *Religion und Gesellschaft. Beiträge zu einer Religionsgeschichte der Neuzeit*, Frankfurt 1989.

–, »Religionsgeschichte in der historischen Sozialforschung«, in: *Geschichte und Gesellschaft* 6 (1980), S. 36-59.

Elsas, Chr., *Religion. Ein Jahrhundert theologischer, philosophischer, soziologischer und psychologischer Interpretationsansätze*, München 1975.

Evans-Pritchard, E. E., *Theorien über primitive Religionen*, Frankfurt 1968.

Festinger, R. / Riecken, H. W. / Schachter, S., *When Prophecy Fails*, Minnesota 1956.

Firth, R., *Symbols public and private*, London 1973.

Fürstenberg, F. (Hg.), *Religionssoziologie*, Neuwied 1964.

Gadamer, H.-G., *Wahrheit und Methode. Grundzüge einer philosophischen Hermeneutik*, Tübingen 1960.

Geertz, C., *The Interpretation of Cultures*, New York 1973; deutsch (Auswahl): *Dichte Beschreibung. Beiträge zum Verstehen kultureller Systeme*, Frankfurt 1983.

–, *Local Knowledge: Further Essays in Interpretative Anthropology*, New York 1974.

–, *Religiöse Entwicklungen im Islam. Beobachtet in Marokko und Indonesien* (1968), Frankfurt 1988.

–, *Works and Lives. The Anthropologist as Author*, Stanford 1988; deutsch: *Die künstlichen Wilden. Anthropologen als Schriftsteller*, München 1990.

Gellner, E., »Concepts and Society«, in: B. Wilson (Hg.), *Rationality*, Oxford 1970, S. 18-49.

Gerhart, Mary, »Generic Studies: Their Renewed Importance in Religious and Literary Interpretation«, in: *Journal of the American Academy of Religion* 45 (1977), S. 309-325.

Giddens, A., *Die Konstitution der Gesellschaft. Grundzüge einer Theorie der Strukturierung* (1984), Frankfurt 1988.

Gladigow, B., »Kraft, Macht, Herrschaft. Zur Religionsgeschichte politischer Begriffe«, in: B. Gladigow (Hg.), *Staat und Religion*, Düsseldorf 1981, S. 7-22.

–, »Religionsgeschichte des Gegenstandes – Gegenstände der Religionsgeschichte«, in: H. Zinser (Hg.), *Religionswissenschaft. Eine Einführung*, Berlin 1988, S. 6-37.

–, »Gegenstände und wissenschaftlicher Kontext von Religionswissenschaft«, in: *Handbuch religionswissenschaftlicher Grundbegriffe*, Bd. 1, Stuttgart 1988, S. 26-40.

Gladigow B. / H. G. Kippenberg (Hg.), *Neue Ansätze in der Religionswissenschaft*, München 1983.

Glock, Ch. Y., »The Role of Deprivation in the Origin and Evolution of Religious Groups«, in: R. Lee / M. E. Marty (Hg.), *Religion and Social Conflict*, New York 1964, S. 24-36.

Goody, J., »Religion and Ritual: The Definitional Problem«, in: *British Journal of Sociology* 12 (1961) S. 142-164.

–, *The Logic of Writing and the Organization of Society*, Cambridge 1986; deutsch: *Die Logik der Schrift und die Organisation der Gesellschaft*, Frankfurt 1991.

– (Hg.), *Literacy in Traditional Societies*, Cambridge 1968; deutsch: *Literalität in traditionellen Gesellschaften*, Frankfurt 1981; Auszüge daraus veröffentlicht unter dem Titel: Goody, J. / Watt, I. / Gough, K., *Entstehung und Folgen der Schriftkultur*, Frankfurt 1986.

Habermas, J., »Vorbereitende Bemerkungen zu einer Theorie der kommunikativen Kompetenz«, in: J. Habermas / N. Luhmann, *Theorie der Gesellschaft oder Sozialtechnologie*, Frankfurt 1971, S. 101-141.

–, »Wahrheitstheorien«, in: *Wirklichkeit und Reflexion. Festschrift für Walter Schulz*, Pfullingen 1973, S. 211-266.

–, »Sprachspiel, Intention und Bedeutung. Zu Motiven bei Sellars und Wittgenstein«, in: R. Wiggershaus (Hg.), *Sprachanalyse und Soziologie. Die sozialwissenschaftliche Relevanz von Wittgensteins Sprachphilosophie*, Frankfurt 1975, S. 319-340.

–, *Theorie des kommunikativen Handelns*, Bd. 1: *Handlungsrationalität und gesellschaftliche Rationalisierung*, Bd. 2: *Zur Kritik der funktionalistischen Vernunft*, Frankfurt 1981.

–, *Moralbewußtsein und kommunikatives Handeln*, Frankfurt 1983.

–, »Handlungen, Sprechakte, sprachlich vermittelte Interaktionen und Lebenswelt«, in: J. Habermas, *Nachmetaphysisches Denken. Philosophische Aufsätze*, Frankfurt 1988, S. 63-104.

Haferkamp, H., *Sozialstruktur und Kultur*, Frankfurt 1990.

Hirsch, Jr., E. D., *Prinzipien der Interpretation*, München 1972.

Hollis, M. / Lukes, S. (Hg.), *Rationality and Relativism*, Oxford 1982.

Honneth, A. / H. Joas (Hg.), *Kommunikatives Handeln. Beiträge zu Jürgen Habermas' »Theorie des kommunikativen Handelns«*, Frankfurt 1986.

Horton, R. / R. Finnegan (Hg.), *Modes of Thought. Essays on Thinking in Western and Non-Western Societies*, London 1973.

Hubbeling, H. G., *Einführung in die Religionsphilosophie*, Göttingen 1981.

Hubbeling, H. G. / H. G. Kippenberg (Hg.), *On Symbolic Representation of Religion*, Berlin/New York 1986.

Iser, W., *Der implizite Leser. Kommunikationsformen des Romans von Bunyan bis Beckett*, München ²1979.

–, *Der Akt des Lesens. Theorie ästhetischer Wirkung*, München ²1984.

Jordan, L. H., *Comparative Religion: Its Genesis and Growth* (1905), Atlanta 1986.

Kemp, W., »Kunstwerk und Betrachter: Der rezeptionsästhetische Ansatz«, in: H. Belting u. a., *Kunstgeschichte. Eine Einführung*, Berlin 1986, S. 203-221.

Kemp, W. (Hg.), *Der Betrachter ist im Bild. Kunstwissenschaft und Rezeptionsästhetik*, Köln 1985.

Kippenberg, H. G., »Diskursive Religionswissenschaft. Gedanken zu einer Religionswissenschaft, die weder auf einer allgemein gültigen Definition von Religion noch auf einer Überlegenheit von Wissenschaft basiert«, in: B. Gladigow / H. G. Kippenberg (Hg.), *Neue Ansätze in der Religionswissenschaft*, München 1983, S. 9-28.

Kippenberg, H. G. / B. Luchesi (Hg.), *Magie. Die sozialwissenschaftliche Kontroverse über das Verstehen fremden Denkens*, Frankfurt 1977, ²1987.

Kleger, H. / A. Müller (Hg.), *Religion des Bürgers. Zivilreligion in Amerika und Europa*, München 1986.

Kohl, K.-H., »Geschichte der Religionswissenschaft«, in: *Handbuch religionswissenschaftlicher Grundbegriffe*, Band 1, Stuttgart 1988, S. 217 ff.

Lanczkowski, G. (Hg.), *Selbstverständnis und Wesen der Religionswissenschaft*, Darmstadt 1974.

Lang, B. (Hg.), *Das tanzende Wort. Intellektuelle Rituale im Religionsvergleich*, München 1984.

Langer, S. K., *Philosophy in a New Key. A Study in the Symbolism of Reason, Rite and Art* (1942); deutsch: *Philosophie auf neuem Wege*, Frankfurt 1984.

Lawrence, B. B., *Defenders of God. The Fundamentalist Revolt against the Modern Age*, San Francisco 1989.

Lawson, E. Th. / MacCauley, R. N., *Rethinking Religion. Connecting Cognition and Culture*, Cambridge 1990.

Leger, D. / Hervieu, B., *Des communautés pour les temps difficiles. Neoruraux ou nouveaux moines*, Paris 1983.

Lewis, I., *Ecstatic Religion*, Harmondsworth 1971.

–, *Schamanen, Hexer, Kannibalen. Die Realität des Religiösen*, Frankfurt 1989.

Lewis, I. (Hg.), *Symbols and Sentiments. Cross-Cultural Studies in Symbolism*, London 1977.

Long, C. H., *Significations. Signs, Symbols, and Images in the Interpretation of Religion*, Philadelphia 1986.

Lukes, S., »Political Ritual and Social Integration«, in: *Sociology* 9 (1975), S. 289-308.

–, *Emile Durkheim. His Life and Work. A Historical and Critical Study*, Harmondsworth 1973.

Luhmann, N., »Sinn als Grundbegriff der Soziologie«, in: J. Habermas / N. Luhmann, *Theorie der Gesellschaft oder Sozialtechnologie. Was leistet die Systemforschung?* Frankfurt 1971, S. 25-100.

Mead, G. H., *Sozialpsychologie* (1956), Neuwied 1969.

Moore, R. L. / F. E. Reynolds (Hg.), *Anthropology and the Study of Religion*, Chicago 1984.

Morris, B., *Anthropological Studies of Religion. An Introductory Text*, Cambridge 1987.

Morris, Ch. W., *Zeichen, Sprache und Verhalten*, Düsseldorf 1973.

–, *Pragmatische Semiotik und Handlungstheorie*, Frankfurt 1977.

Mühlmann, W. E., *Chiliasmus und Nativismus. Studien zur Psychologie, Soziologie und historischen Kasuistik der Umsturzbewegungen*, Berlin 1961.

Needham, R., *Symbolic Classification*, Santa Monica 1977.

Ortner, S. B., »Theory in Anthropology since the Sixties«, in: *Comparative Studies in Society and History* 26 (1984), S. 126-166.

Peacock, J. L., *Consciousness and Change. Symbolic Anthropology in Evolutionary Perspective*, Oxford 1975.

–, »The Third Stream: Weber, Parsons, Geertz«, in: *Journal of the Anthropological Society of Oxford* 12 (1981), S. 122-129.

Pelz, H., *Linguistik für Anfänger*, Hamburg [7]1987.

Pettazzoni, R., *Der allwissende Gott. Zur Geschichte der Gottesidee*, Frankfurt 1960.

Polanyi, M., *Implizites Wissen*, Frankfurt 1985.

Preus, J. S., *Explaining Religion. Criticism and Theory from Bodin to Freud*, New Haven/London 1987.

Reardon, B. M. G., *Religion in the Age of Romanticism: Studies in Early Nineteenth Century Thought*, Cambridge 1985.

Riesebrodt, M., »Ideen, Interessen, Rationalisierung: Kritische Anmerkungen zu F. H. Tenbrucks Interpretation des Werkes Max Webers«, in: *Kölner Zeitschrift für Soziologie und Sozialpsychologie* 32 (1980), S. 111-129.

–, *Fundamentalismus als patriarchalische Protestbewegung. Amerikanische Protestanten (1910-1928) und iranische Schiiten (1961-1979) im Vergleich*, Tübingen 1990.

Rudolph, K., *Historical Fundamentals and the Study of Religions*, New York 1985.

Schimmel, A., »Summary of the Discussion«, in: *Numen* 7 (1960), S. 235-239.

Schluchter, W., *Die Entwicklung des okzidentalen Rationalismus. Eine Analyse von Max Webers Gesellschaftsgeschichte*, Tübingen 1979.

–, *Religion und Lebensführung*, 2 Bde., Frankfurt 1988.

Searle, J. R., »Theorie der menschlichen Kommunikation und Philosophie der Sprache – Einige Bemerkungen«, in: R. Wiggershaus (Hg.), *Sprachanalyse und Soziologie. Die sozialwissenschaftliche Relevanz von Wittgensteins Sprachphilosophie*, Frankfurt 1975, S. 301-317.

Schneider, H. J., »Pragmatik«, in: *Historisches Wörterbuch der Philosophie*, Bd. 7, Basel 1989, S. 1234-1242.

Sennett, R., *Verfall und Ende des öffentlichen Lebens. Die Tyrannei der Intimität* (1974), Frankfurt 1990.

Sharpe, E. J., *Comparative Religion. A History*, London ²1986.

Skinner, Q., »»Social Meaning‹ and the Explanation of Social Action«, in: P. Gardiner (Hg.), *The Philosophy of History*, Oxford 1974, S. 106-126.

Skorupski, J., *Symbol and Theory. A Philosophical Study of Theories of Religion in Social Anthropology*, Cambridge/New York 1976.

Smith, J. Z., *Map is not Territory. Studies in the History of Religions*, Leiden 1978.

–, *Imagining Religion: From Babylon to Jonestown*, Chicago/London 1982.

–, *To Take Place. Toward Theory in Ritual*, Chicago 1987.

Sperber, Dan, *Rethinking Symbolism*, Cambridge 1975, ²1988.

Spiro, M., »Religion: Problems of Definition and Explanation«, in: M. Banton (Hg.), *Anthropological Approaches to the Study of Religion*, London 1966, S. 85-126.

Stalnaker, R. C., »Pragmatics«; in: D. Davidson / G. Herman (Hg.), *Semantics of Natural Language*, Dordrecht ²1972, S. 380-397.

Stolz, F., *Grundzüge der Religionswissenschaft*, Göttingen 1988.

Sullivan, L. E., »Sound and Senses: Toward a Hermeneutics of Performance«, in: *History of Religions* 26 (1986), S. 1-33.

Tambiah, S. J., »A Performative Approach to Ritual« (1979), in: derselbe, *Culture, Thought, and Social Action*, Cambridge (Mass.)/London 1985, S. 123-166.

Taubes, J. (Hg.), *Religionstheorie und politische Theologie*, 3 Bde., München/Paderborn 1983-1987.

Turner, V., *Das Ritual. Struktur und Anti-Struktur* (1969), Frankfurt 1989.

–, *Dramas, Fields, and Metaphors. Symbolic Action in Human Society*, Ithaca/London 1974.

De Waal Malefijt, A., *Religion and Culture. An Introduction to Anthropology of Religion*, New York 1968.

Waardenburg, J., *Classical Approaches to the Study of Religion. Aims, Methods and Theories of Research*, 2 Bde., Den Haag 1973 und 1974.

–, *Reflections on the Study of Religion*, Den Haag/Paris 1977.

Wagner, R., *Symbols that stand for themselves*, Chicago 1986.

Whaling, F. (Hg.), *Contemporary Approaches to the Study of Religion*, 2 Bde., Berlin 1984 und 1985.

Wilson, B. (Hg.), *Rationality*, Oxford 1974.

Wittgenstein, L., *Philosophische Untersuchungen*, Frankfurt 1975.

Worsley, P., *The Trumpet Shall Sound. A Study of ›Cargo‹ Cults in Melanesia*, London 1970; deutsch: *Die Posaune wird erschallen. ›Cargo‹-Kulte in Melanesien*, Frankfurt 1973.

Zinser, H. (Hg.), *Religionswissenschaft. Eine Einführung*, Berlin 1988.

III. Intellektualismus

Studien zum Begriff der Intellektuellen;
zu ihrer soziologischen Charakterisierung; zum »Verrat«
von Intellektuellen; zur Geschichte und den Rollen
antiker Bildungsschichten

Alatas, S. H., *Intellectuals in Developing Societies*, London 1977.

Antes, P. / D. Pahnke (Hg.), *Die Religion von Oberschichten. Religion – Profession – Intellektualismus*, Marburg 1989.

Assmann, A. (Hg.), *Weisheit. Archäologie der literarischen Kommunikation*, Bd. 3, München 1991.

Bauman, Z., *Legislators and Interpreters. On Modernity, Post-Modernity and Intellectuals*, Oxford 1987.

–, »Gesetzgeber und Interpreten: Kultur als Ideologie von Intellektuellen«, in: H. Haferkamp (Hg.), *Sozialstruktur und Kultur*, Frankfurt 1990, S. 452-482.

Benda, J., *Der Verrat der Intellektuellen*. Mit einem Vorwort von Jean Améry, Frankfurt 1983.

Bering, D., *Die Intellektuellen. Geschichte eines Schimpfwortes*, Frankfurt 1982.

Billington, J., »The Intelligentsia and the Religion of Humanity«, in: *American Historical Review* 65 (1960), S. 807-821.

–, *Fire in the Minds of Men. Origins of the Revolutionary Faith*, London 1980.

Bourdieu, P., *Satz und Gegensatz. Über die Verantwortung des Intellektuellen*, Berlin 1989.

Bowersock, G. W., »Urheber konkurrierender transzendentaler Visionen in der Spätantike«, in: Eisenstadt, S. N. (Hg.), *Kulturen der Achsenzeit. Ihre Ursprünge und ihre Vielfalt*, Bd. 2, Frankfurt 1987, S. 81-91.

Bryant, J. M., »Intellectuals and Religion in Ancient Greece: Notes on a Weberian Theme«, in: *British Journal of Sociology* 37 (1986), S. 269-296.

Brym, R. J., *The Jewish Intelligentsia and Russian Marxism: a Sociological Study of Intellectual Radicalism and Ideological Divergence*, London 1978.

Coser, L., *Men of Ideas: A Sociologist's View*, New York 1965.

Durkheim, E., »Der Individualismus und die Intellektuellen« (1898), in: H. Bertram (Hg.), *Gesellschaftlicher Zwang und moralische Autonomie*, Frankfurt 1986, S. 54-70.

Dux, G., »Religion, Geschichte und sozialer Wandel in Max Webers Religionssoziologie«, in: *Internationales Jahrbuch für Religionssoziologie* 7 (1971), S. 60-94.

–, *Die Logik der Weltbilder*, Frankfurt 1982.

Eisenstadt, S. N. (Hg.), *The Origins and Diversity of Axial Age Civilizations*, Albany 1986; deutsch: *Kulturen der Achsenzeit. Ihre Ursprünge und ihre Vielfalt*, 2 Bde., Frankfurt 1987.

Eisenstadt, S. N. / S. R. Graubard (Hg.), *Intellectuals and Tradition*, New York 1973.

Eyerman, R. / Svensson, L. G. / Söderqvist, Th. (Hg.), *Intellectuals, Universities, and the State in Western Modern Societies*, Berkeley/Los Angeles/London 1987.

Gella, A. (Hg.), *The Intelligentsia and the Intellectuals. Theory, Method and Case Study*, London 1976.

Gouldner, A. W., *Die Intelligenz als neue Klasse*, Frankfurt 1980.

–, *Against Fragmentation. The Origins of Marxism and the Sociology of Intellectuals*, Oxford 1985.

Habermas, J., *Legitimationsprobleme im Spätkapitalismus*, Frankfurt 1973.

–, »H. Heine und die Rolle des Intellektuellen in Deutschland«, in: derselbe, *Eine Art Schadensabwicklung. Kleine Politische Schriften* VI, Frankfurt 1987, S. 25-54.

Honigsheim, P., »Der Max-Weber-Kreis in Heidelberg«, in: *Kölner Vierteljahrshefte für Soziologie* 5 (1926), S. 270-287.

Humphreys, S. C., »›Transcendence‹ and Intellectual Roles: The Ancient Greek Case«, in: *Anthropology and the Greeks*. London 1978, S. 209-241.

Ionescu, G. / E. Gellner (Hg.), *Populism. Its Meanings and National Characteristics*, London 1969.

Kippenberg, H. G., »Intellektuellen-Religion«, in: P. Antes / D. Pahnke (Hg.) (1989), S. 181-201.

Kraus, W., *Der fünfte Stand. Aufbruch der Intellektuellen in West und Ost*, Frankfurt 1990.

Lang, B. (Hg.), *Das tanzende Wort. Intellektuelle Rituale im Religionsvergleich*, München 1984.

Le Goff, J., *Die Intellektuellen im Mittelalter*, Stuttgart ²1987.

Lepsius, M. R., »Kritik als Beruf. Zur Soziologie der Intellektuellen«, in: *Interessen, Ideen und Institutionen*, Opladen 1990, S. 270-285.

Löwith, K., »Max Weber und Karl Marx« (1932), in: K. Löwith, *Gesammelte Abhandlungen*, Stuttgart 1960, S. 1-67.

Löwy, M., *Pour une sociologie des intellectuels révolutionnaires. L'évolution politique de Lukács, 1909-1929*, Paris 1976.

–, *Marxisme et romantisme révolutionnaire. Essais sur Lukács et Rosa Luxemburg*, Paris 1979.

Mannheim, K., »The Problem of the Intelligentsia«, in: derselbe, *Essays on the Sociology of Culture*, London 1956, S. 91-170.

Momigliano, A., »Freedom of Speach and Religious Tolerance in the Ancient World«, in: S. C. Humphreys (1978), S. 179-193.

Mommsen, W. J. / W. Schwentker (Hg.), *Max Weber und seine Zeitgenossen*, Göttingen 1988.

Müller, O. W., *Intelligencija. Untersuchungen zur Geschichte eines politischen Schlagwortes*, Frankfurt 1971.

Nichols, R., *Treason, Tradition and the Intellectual: Julien Benda and Political Discourse*, Lawrence, Kansas 1978.

Parsons, T., »›The Intellectual‹: A Social Role Category«, in: P. Rieff (Hg.), *On Intellectuals*, New York 1960, S. 3-24.

Pels, D., *Macht of eigendom? Een kwestie van intellectuele rivaliteit*, Amsterdam 1987.

Rieff, P. (Hg.), *On Intellectuals*, New York 1960.

Rudolph, K., »Intellektuelle, Intellektuellenreligion und ihre Repräsentation in Gnosis und Manichäismus«, in: P. Antes / D. Pahnke (Hg.) (1989), S. 23-34.

Salomon, A., *Fortschritt als Schicksal und Verhängnis – Betrachtungen zum Ursprung der Soziologie*, Stuttgart 1957.

Shils, E., »Intellectuals«, in: *International Encyclopedia of the Social Sciences*, New York 1968, Bd. 7, S. 399-415.

–, »The Intellectuals and the Powers. Some Perspectives for Comparative Analysis«, in: derselbe, *The Constitution of Society*, Chicago 1972, S. 179-201.

Stark, M. (Hg.), *Deutsche Intellektuelle 1910-1933. Aufrufe, Pamphlete, Betrachtungen*. Heidelberg 1984.

Vatai, F. L., *Intellectuals in Politics in the Greek World. From Early Times to the Hellenistic Age*, London 1984.

Wes, A., »Gesellschaft und Literatur in der Spätantike«, in: *Ancient Society* 18 (1987), S. 173-202.

Whybray, R. N., *The Intellectual Tradition in the Old Testament*, Berlin/New York 1974.

–, »The Social World of the Wisdom Writers«, in: R. E. Clements (Hg.), *The World of Ancient Israel. Sociological, Anthropological and Political Perspectives*, Cambridge 1989, S. 227-250.

Zaniecki, F., *The Social Role of the Man of Knowledge*, New York 1940.

IV. Stadt- und Agrarverhältnisse

Zur Stadt als historischem Typus; Webers Auffassung der antiken Stadt und die Auseinandersetzungen mit ihr; Studien zu Entstehung innerer Ordnung und Geschichte von Stadtgemeinden im Mittelmeerraum vom 6. Jahrhundert v.Chr. bis zur islamischen Zeit; zu den Beziehungen zwischen Stadtgemeinden und den verschiedenen Zentralstaaten in diesem Raum; zur Konkurrenz von zentralstaatlichen und städtischen Machthabern; zu den Agrarverhältnissen der Städte und im Königsland; zur Patronatsbewegung der Bauern in spätrömischer Zeit; zur schriftlichen Kodifizierung von Recht und Moral.

Abrams, Ph. / Wrigley, E. A. (Hg.), *Towns in Societies. Essays in Economic History and Historical Sociology*, Cambridge 1978.

Abu-Lughod, J. L., »The Islamic City – Historical Myth, Islamic Essence, and Contemporary Relevance«, in: *International Journal of Middle East Studies* 19 (1987), S. 155-176.

Adams, R. McC., *The Evolution of Urban Society*, Chicago 1966.

Akbar, J., *Crisis in the Built Environment. The Case of the Muslim City*, Singapore 1988.

Alavi, H., »Peasant Classes and Primordial Loyalties«, in: *Journal of Peasant Studies* 1 (1973), S. 23-60.

Antonio, R. J., »The Contradiction of Domination and Production in Bureaucracy: The Contribution of Organizational Efficiency to the Decline of the Roman Empire«, in: *American Sociological Review* 44 (1979), S. 895-912.

Alföldy, G., »Das Heer in der Sozialstruktur des Römischen Kaiserreiches«, in: derselbe, *Römische Heeresgeschichte. Beiträge 1962-1985*, Amsterdam 1987, S. 26-42.

Alt, A., »Hellenistische Städte und Domänen in Galiläa«, in: *Kleine Schriften*, Bd. 2, München 1953, S. 384-395.

Angold, M., »The Shaping of the Medieval Byzantine ›City‹«, in: *Byzantinische Forschungen* 10 (1985), S. 1-37.

Applebaum, S., »Hellenistic Cities of Judaea and its Vicinity«, in: B. Levick (Hg.), *The Ancient Historian and his Materials. Essays in Honor of C. E. Stevens*, Farnborough 1975, S. 59-73.

Bikerman, E., *Les Institutions des Séleucides*, Paris 1938.

–, »La cité grecque dans les monarchies hellénistiques«, in: *Revue de Philologie* 13 (1939), S. 335-348.

Bleicken, J., *Verfassungs- und Sozialgeschichte des Römischen Kaiserreiches*. 2 Bde., Paderborn 1978.

Bobek, H., »Soziale Raumbildungen am Beispiel des Vorderen Orients«, in: *Tagungsberichte und wissenschaftliche Abhandlungen des deutschen Geographentages 1948*, Landshut 1950, S. 193-206.

–, »Rentenkapitalismus und Entwicklung im Iran«, in: G. Schweizer (Hg.), *Interdisziplinäre Iran-Forschung*, Wiesbaden 1979, S. 113-124.

Bolkestein, H., *Wohltätigkeit und Armenpflege im vorchristlichen Altertum*, Utrecht 1939.

Bonine, M. E., »From Uruk to Casablanca. Perspectives on the Urban Experience of the Middle East«, in: *Journal of Urban History* 3 (1977), S. 141-180.

Bowersock, G., »Augustus and the Greek World, Oxford 1965.

Braudel, F., »Geschichte und Sozialwissenschaften – die ›longue durée‹«, in: H.-U. Wehler (Hg.), *Geschichte und Soziologie*, Köln 1976, S. 189-215.

Braunert, H., »Staatstheorie und Staatsrecht im Hellenismus«, in: *Saeculum* 19 (1968), S. 47-66.

Breebaart, A. B., »De Griekse stad en haar ommeland«, in: *Lampas* 20 (1987), S. 4-15.

Bremer, J. M., »Religiositeit op het land«, in: Lampas 20 (1987), S. 23-35.

Brentjes, B., »Zum Verhältnis von Dorf und Stadt in Altvorderasien«, in: *Wissenschaftliche Zeitschrift der Universität Halle, Gesellschaftl. Reihe* 17 (1968), S. 9-41.

Breuer, S., »Max Weber und die evolutionäre Bedeutung der Antike«, in: *Saeculum* 33 (1982), S. 174-192.

–, »Stromuferkultur und Küstenkultur. Geographische und ökologische Faktoren in Max Webers ›ökonomischer Theorie der antiken Staatenwelt‹, in: W. Schluchter (Hg.), *Max Webers Sicht des antiken Christentums*, Frankfurt 1985, S. 111-150.

Briant, P., »Villages et communautés villageoises d'Asie achéménide et hellénistique«, in: *Journal of the Economic and Social History of the Orient* 18 (1975), S. 165-188.

–, *Rois, Tributs et Paysans. Etudes sur les formations tributaires du Moyen-Orient ancien*, Paris 1982.

–, »Remarques sur ›laoi‹ et esclaves ruraux en Asie Mineure hellénistique«, in: derselbe, *Rois, Tributs et Paysans*, Paris 1982, S. 95-135.

–, »Communautés de base et économie royale en Asie achéménide et hellénistique«, in: *Recueils de la Société Jean Bodin* XLI (1983), S. 315-343.

Brown, P., »The Rise and Function of the Holy Man in Late Antiquity«, in: *Journal of Roman Studies* 61 (1971) S. 80-101; wieder in: J. Martin / B. Quint (Hg.), *Christentum und antike Gesellschaft*, Darmstadt 1990, S. 391-439.

–, *The Making of Late Antiquity*, Cambridge, Mass. 1978.

Bryer, A. / H. Lower (Hg.), *Continuity and Change in Late Byzantine and Early Ottoman Society*, Washington/Birmingham 1986.

Bulliett, R. W., *The Patricians of Nishapur. A Study in Medieval Islamic Social History*, Cambridge, Mass. 1972.

Cahen, C., »Notes pour l'histoire de l'himalaya«, in: *Mélanges Louis Massignon*, Paris 1957, S. 287-303.

–, »Zur Geschichte der städtischen Gesellschaft im islamischen Orient des Mittelalters«, in: *Saeculum* 9 (1958), S. 59-76.

–, »Mouvements populaires et autonomes urbains dans l'Asie musulmane du Moyen Age«, in: *Arabica* 6 (1959), S. 25-56; 233-265.

Canfield, R. L., *Faction and Conversion in a Plural Society: Religious Alignments in the Hindu Kush*, Michigan 1973.

Castritius, H., »Die Gesellschaftsordnung der römischen Kaiserzeit und das Problem der sozialen Mobilität«, in: *Mitteilungen der Technischen Universität Carlo-Wilhelmina zu Braunschweig*, (1973), S. 38-45.

Caton, S. C., »Power, Persuasion and Language: A Critique of the Segmentary Model in the Middle East«, in: *International Journal of Middle East Studies* 19 (1987), S. 77-102.

Chastagnol, A., »Die Entwicklung des Senatorenstandes im 3. und 4. Jahrhundert unserer Zeitrechnung«, in: H. Schneider (Hg.) (1981), S. 293-306.

Chauvot, A., »Curiales et paysans en Orient à la fin du ve et au début du vi^e siècle: Note sur l'institution du Vindex«, in: E. Frézouls (Hg.) (1987), S. 271-281.

Christ, K. (Hg.), *Der Untergang des Römischen Reiches*, Darmstadt 1970.

Claude, D., *Die byzantinische Stadt im* VI. Jahrhundert, München 1969.

Coon, C. S., *Caravan. The Story of the Middle East*, New York 1961.

de Ste. Croix, G. E. M., *The Class Struggle in the Ancient Greek World from the Archaic Age to the Arab Conquests*, London 1981.

Crone, P., *Roman, Provincial and Islamic Law. The Origins of the Islamic Patronate*, Cambridge 1987.

Crone, P. / Cook, M., *Hagarism. The Making of the Islamic World*, Cambridge 1977.

Dagron, G., »Aux origines de la civilisation byzantine: Langue de culture et langue d'Etat«, in: *Revue historique* 241 (1969), S. 23-56.

–, »Entre village et cité: la bourgade rurale des ive-viie siècles en Orient, in: *Koinonia* 3 (1979), S. 29-52.

Dahlheim, W., *Gewalt und Herrschaft. Das provinziale Herrschaftssystem der römischen Republik*, Berlin/New York 1977.

–, »Die Funktion der Stadt im römischen Herrschaftsverband«, in: F. Vittinghoff (Hg.) (1982), S. 13-74.

Davis, J., *People of the Mediterranean. An Essay in Comparative Social Anthropology*, London 1977.

Deininger, J., »Die politischen Strukturen des mittelmeerisch-vorderorientalischen Altertums in Max Webers Sicht«, in: W. Schluchter (Hg.), *Max Webers Sicht des antiken Christentums. Interpretation und Kritik*, Frankfurt 1985, S. 72-110.

–, *Die antike Welt in der Sicht Max Webers*, München 1987.

–, »Die sozialen Gründe des Untergangs der antiken Kultur‹. Bemerkungen zu Max Webers Vortrag von 1896«, in: *Festschrift K. Christ*, Darmstadt 1988, S. 95-112.

–, »Die antike Stadt als Typus bei Max Weber«, in: *Festschrift R. Werner*, Konstanz 1989, S. 269-289.

Demandt, A., *Der Fall Roms. Die Auflösung des römischen Reiches im Urteil der Nachwelt*, München 1983.

Diakonoff, I. M., »The Rural Community in the Ancient Near East«, in: *Journal of the Economic and Social History of the Orient* 18 (1975), S. 121-133.

–, »Slaves, Helots and Serfs in Early Antiquity«, in: J. Harmatta / G. Komorczy (Hg.), *Wirtschaft und Gesellschaft im Alten Vorderasien*, Budapest 1976, S. 45-78.

Dostal, W., »Paria-Gruppen in Vorderasien«, in: *Zeitschrift für Ethnologie* 89 (1964), S. 190-203.

–, »Zum Problem der Stadt- und Hochkulturen im Vorderen Orient: Ethnologische Materialien«, in: *Anthropos* 63 (1968), S. 227-260.

Downey, G., *A History of Antioch in Syria*, Princeton 1961.

Dreher, M., *Sophistik und Polisentwicklung*, Frankfurt 1983.

Drijvers, H. J. W., *Cults and Beliefs at Edessa*, Leiden 1980.

Abd al Aziz Duri, »Landlord and Peasant in Early Islam«, in: *Der Islam* 56 (1979), S. 97-105.

–, »Notes on Taxation in Early Islam«, in: *Journal of the Economic and Social History of the Orient* 17 (1974), S. 136-144.

Ehlers, E., »Rentenkapitalismus und Stadtentwicklung im islamischen Orient«, in: *Erdkunde* 32 (1978), S. 124-142.

Ehlers, E. (Hg.), *Beiträge zur Kulturgeographie des islamischen Orients*, Marburg 1979.

Eickelman, D. F., »Is there an Islamic City? The Making of a Quarter in a Maroccan Town«, in: *International Journal of Middle East Studies* 5 (1974), S. 274-294.

Eisenstadt, S. N., »Religious Organizations and Political Processes in Centralized Empires«, in: *Journal of Asian Studies* 21 (1962), S. 271 ff.

–, *The Political Systems of Empires*, Glencoe 1963.

–, (Hg.), *Kulturen der Achsenzeit. Ihre Ursprünge und ihre Vielfalt*, 2 Bde., Frankfurt 1987.

Elliger, W., *Ephesos – Geschichte einer antiken Weltstadt*, Stuttgart 1985.

Erdheim, M., *Prestige und Kulturwandel. Eine Studie zum Verhältnis subjektiver und objektiver Faktoren des kulturellen Wandels zur Klassengesellschaft bei den Azteken*, Wiesbaden 1973.

Finley, M. I., »The Ancient City: from Fustel de Coulanges to Max Weber and Beyond«, in: *Comparative Studies in Society and History* 19 (1977), S. 305-327.

–, *Die antike Wirtschaft*, München 1977.

–, »Die Schuldknechtschaft« (1965), in: H. G. Kippenberg (Hg.), *Seminar: Die Entstehung der antiken Klassengesellschaft*, Frankfurt 1977, S. 173-204.

–, *Die Sklaverei in der Antike*, München 1981.

–, *Ancient History: Evidence and Models*, London 1986.

Frederiksen, M. W., »Caesar, Cicero and the Problem of Debt«, in: *Journal of Roman Studies* 56 (1966), S. 128-141.

Frei, P. / Koch K., *Reichsidee und Reichsorganisation im Perserreich*, Freiburg/Göttingen 1984.

Freis, H., *Historische Inschriften zur römischen Kaiserzeit von Augustus bis Konstantin*, Darmstadt 1984.

Frézouls, E., »Urbanisme et société. Réflexions sur l'Orient ancien«, in: *Mélanges de l'Ecole Française de Rome* 95 (1983), S. 305-333.

–, »Du village à la ville: problèmes de l'urbanisation dans la Syrie hellénistique et romaine«, in: ders. (Hg.), *Sociétés urbaines, sociétés rurales dans l'Asie Mineure et la Syrie hellénistiques et romaines*, Strasbourg 1987, S. 81-93.

Fried, M., *The Evolution of Political Society. An Essay in Political Anthropology*, New York 1967.

Frier, B., *Landlords and Tenants in Imperial Rome*, Princeton 1980.

Fritz, V., *Die Stadt im alten Israel*, München 1990.

Fusco, S. A., »Rechtspolitik in der Spätantike: Unterschiede zwischen dem Westen und dem Osten und ihre Bedingungen«, in: *Saeculum* 32 (1981), S. 255-272.

Fustel de Coulanges, N. D., *Der antike Staat. Kult, Recht und Institutionen Griechenlands und Roms* (1864), deutsche Übersetzung mit einer Einleitung von K. Christ, München 1981.

Galsterer, H., »Stadt und Territorium«, in: F. Vittinghoff (Hg.) (1982), S. 75-106.

Gardet, L., *La cité musulmane. Vie sociale et politique*, Paris ⁴1976.

Garnsey, P., *Social Status and Legal Privilege in the Roman Empire*, Oxford 1970.

–, »Aspects of the Decline of the Urban Aristocracy in the Empire«, in:

Aufstieg und Niedergang der Römischen Welt Bd. II/1, Berlin 1974, S. 229-252.

–, »Economy and Society of Mediolanum under the Principate«, in: *Papers of the British School at Rome* 44 (1976), S. 13-27.

Garnsey, P. / Whittaker, C. R. (Hg.), *Imperialism in the Ancient World*, Cambridge 1978.

Garnsey, P. (Hg.), *Non-slave Labour in Three Roman Provinces*, Cambridge 1980.

Garnsey, P. / Saller, R., *The Early Principate. Augustus to Trajan*, Oxford 1982; deutsch: *Das Römische Kaiserreich. Wirtschaft, Gesellschaft, Kultur*, Reinbek 1989.

Garnsey, P. / Hopkins, K. / Whittaker, C. R. (Hg.), *Trade in the Ancient Economy*, London 1983.

Garnsey, P. / G. Woolf, »Patronage of the Rural Poor in the Roman World«, in: A. Wallace-Hadrill (Hg.), *Patronage in Ancient Society*, London 1989, S. 153-170.

Gawantka, W., *Die sogenannte Polis. Entstehung, Geschichte und Kritik der modernen althistorischen Grundbegriffe der griechische Staat, die griechische Staatsidee, die Polis*, Stuttgart 1985.

Geffken, J., *Untergang des griechisch-römischen Heidentums*, Heidelberg 1920.

Gellner, E. / Waterbury, J. (Hg.), *Patrons and Clients in Mediterranean Societies*, London 1977.

de Geus, C. H. J., »Agrarian Communities in Biblical Times: 12th to 10th Centuries B. C. E.«, in: *Recueils de la Société Jean Bodin* XLI. *Les Communautés Rurales*, Paris 1983, S. 207-237.

Gil, M., »Land Ownership in Palestine under Roman Rule«, in: *Revue internationale des droits de l'antiquité*, 3. Serie, 17 (1970), S. 11-53.

Goitein, S. D., »The Rise of the Near Eastern Bourgeosie in Early Islamic Times«, in: *Cahiers d'Histoire Mondiale* 3 (1956/7), S. 583-604.

Goodenough, E. R., »The Political Philosophy of Hellenistic Kingship«, in: *Yale Classical Studies* 1 (1928), S. 53-102.

Grunebaum, G. E. von, »Die islamische Stadt«, in: *Saeculum* 6 (1955), S. 138-153.

Gschnitzer, F., *Griechische Sozialgeschichte*, Wiesbaden 1981.

Hahn, I., »Sassanidische und spätrömische Besteuerung«, in: *Acta Antiqua* 7 (1959), S. 149-160.

–, »Theodoretus von Cyrus und die frühbyzantinische Besteuerung«, in: *Acta Antiqua* 10 (1962), S. 123-130.

–, »Periöken und Periökenbesitz in Lykien«, in: *Klio* 63 (1981), S. 51-61.

–, »Das bäuerliche Patrocinium in Ost und West«, in: H. Schneider (Hg.) (1981), S. 234-257.

Haldon, J. F., »Some Considerations on Byzantine Society and Economy in the Seventh Century«, in: *Byzantinische Forschungen* 10 (1985), S. 75-112.

Haque, Ziaul, *Landlord and Peasant in Early Islam. A Study of the Legal Doctrine of Muzara^c^a or Sharecropping*, Islamabad 1977.

Harmand, L., *Libanius – Discours sur les patronages*, Paris 1955.

Havemann, A., *Ri'āsa und qaḍā'. Institutionen als Ausdruck wechselnder Kräfteverhältnisse in syrischen Städten vom 10. bis zum 12. Jahrhundert*, Freiburg 1975.

Heltzer, M., *The Rural Community in Ancient Ugarit*, Wiesbaden 1976.

Heuss, A., »Max Webers Bedeutung für die Geschichte des Griechisch-Römischen Altertums«, in: *Historische Zeitschrift* 201 (1965), S. 529-556.

–, *Stadt und Herrscher des Hellenismus in ihren staats- und völkerrechtlichen Beziehungen*, Leipzig 1937.

Hoebel, E. A., *The Law of Primitive Man*, New York 1974.

Hoffmann, G., *Kommune oder Staatbürokratie? Zur politischen Rolle der Bevölkerung syrischer Städte vom 10. bis 12. Jahrhundert*, Berlin 1975.

Honigsheim, P., »Max Weber as a Historian of Agriculture and Rural Life«, in: *Agricultural History* 23 (1949), S. 170-213.

Hopkins, K., »Structural Differentiation in Rome (200-31 B. C.): The Genesis of an Historical Bureaucratic Society«, in: I. M. Lewis (Hg.), *History and Social Anthropology*, 1968, S. 63-79.

–, »Economic Growth and Towns in Classical Antiquity«, in: P. Abrams, E. A. Wrigley (Hg.) (1978), S. 35-77.

–, *Conquerors and Slaves*, Cambridge 1978.

–, »Taxes and Trade in the Roman Empire (200 B. C. – A. D. 400)«, in: *Journal of Roman Studies* 70 (1980), S. 101-125.

Horden, P. / Purcell, N., *The Mediterranean World. Man and Environment in Antiquity and the Middle Ages*, Oxford 1986.

Horstkotte, H.-J., *Die »Steuerhaftung« im spätrömischen Zwangsstaat*, Frankfurt ²1988.

Hourani, A. H. / Stern, S. M. (Hg.), *The Islamic City*, Oxford 1970.

Humphreys, S. C., *Anthropology and the Greeks*, London 1978.

Irmscher, J., »Die Polistradition im spätantiken Rom«, in: *Index. Quaderni camerti di studi romanistici. International Survey of Roman Law* 7 (1977), S. 35-43.

Jones, A. H. M., »The Urbanization of Palestine«, in: *Journal of Roman Studies* 21 (1931), S. 78-85.

–, *The Cities of the Eastern Roman Provinces*, Oxford 1937.

–, *The Greek City from Alexander to Justinian*, Oxford 1940.

–, *The Later Roman Empire 284-602. A Social, Economic and Administrative Survey*, 3 Bde., Oxford 1964.

–, »Das Wirtschaftsleben in den Städten des Römischen Kaiserreiches«, in: H. Schneider (Hg.) (1981), S. 48-80.

–, »Der Römische Kolonat«, in: H. Schneider (Hg.) (1981), S. 81-99.

–, »Überbesteuerung und Niedergang des Römischen Reiches«, in: H. Schneider (Hg.) (1981), S. 100-108.

Kennedy, H., »From *polis* to *madina*: Urban Change in Late Antiquity and Early Islamic Syria«, in: *Past & Present* 106 (1985), S. 3-27.

–, »The Last Century of Byzantine Syria: A Reinterpretation«, in: *Byzantinische Forschungen* 10 (1985), S. 141-183.

Kennedy, H. / Liebeschuetz, J. H. W. G., »Antioch and the Villages of Northern Syria in the Fifth and Sixth Centuries A. D.: Trends and Problems«, in: *Nottingham Medieval Studies* 32 (1988), S. 65-90.

Kippenberg, H. G., »Die Typik der antiken Entwicklung«, in: H. G. Kippenberg (Hg.), *Seminar: Die Entstehung der antiken Klassengesellschaft*, Frankfurt 1977, S. 9-61.

–, »Agrarverhältnisse im antiken Vorderasien und die mit ihnen verbundenen politischen Mentalitäten«, in: W. Schluchter (Hg.), *Max Webers Sicht des antiken Christentums. Interpretation und Kritik*, Frankfurt 1985, S. 151-204.

–, »Codes and Codification«, in: *Encyclopedia of Religion*, Bd. 3, New York 1987, S. 552-558.

Kippenberg, H. G. (Hg.), *Die Entstehung der antiken Klassengesellschaft*, Frankfurt 1977.

Klengel, H., *Zwischen Zelt und Palast. Die Begegnung von Nomaden und Seßhaften im alten Vorderasien*, Leipzig ²1974.

Klengel, H. (Hg.), *Kulturgeschichte des alten Vorderasien*, Berlin 1989.

Kocka, J., *Sozialgeschichte*, Göttingen ²1986.

Kolb, F., *Die Stadt im Altertum*, München 1984.

Kornemann, E., Artikel ›Bauernstand‹; ›Domänen‹, in: *Real-Encyclopädie der classischen Alterthumswissenschaft*, Suppl. - Bd. 4, 1924, Sp. 83-108; 227-268.

Krader, L., *Formation of the State*, Englewood Cliffs, N. J. 1968.

Kreissig, H., *Die sozialen Zusammenhänge des jüdischen Krieges*, Diss. Phil. Berlin 1965.

–, *Die sozialökonomische Situation in Juda zur Achämenidenzeit*, Berlin 1973.

–, »Die Polis in Griechenland und im Orient in der hellenistischen Epoche«, in: E. C. Welskopf (Hg.), *Hellenische Poleis. Krise – Wandlung – Wirkung*, Bd. 2, Berlin 1974, S. 1074-1084.

–, *Wirtschaft und Gesellschaft im Seleukidenreich*, Berlin 1978.

–, »Die Dorfgemeinde im Orient in der hellenistischen Epoche«, in: *Recueils de la Société Jean Bodin* 41 (1983), S. 301-314.

Kressel, G. M., »Continuity and Endurance of Patrilineage in Towns«, in: *Middle Eastern Studies* 27 (1991), S. 79-93.

Kromayer, J. / G. Veith, *Heerwesen und Kriegführung der Griechen und Römer*, München 1928.

Lambton, A. K. S., »*The Evolution of Iqta^c in Medieval Iran*«, in: *Iran* 5 (1967), S. 41-50.

–, *Landlord and Peasant in Persia*, London ²1969.

–, »Qum: The Evolution of a Medieval City«, in: *Journal of the Royal Asiatic Society* 1990, S. 322-339.

Langhammer, W., *Die rechtliche und soziale Stellung der magistratus municipales und der Decuriones in der Übergangsphase der Städte von sich selbst verwaltenden Gemeinden zu Vollzugsorganen des spätantiken Zwangsstaates (2.-4. Jahrhundert römische Kaiserzeit)*, Wiesbaden 1973.

Lapidus, I. M., »The Evolution of Muslim Urban Society«, in: *Comparative Studies in Society and History* 15 (1973), S. 21-50.

–, »The Separation of State and Religion in the Development of Early Islamic Society«, in: *International Journal of Middle East Studies* 6 (1975), S. 363-385.

–, »Arab Settlement and Economic Development of Iraq and Iran in the Age of the Umayyad and Early Abbasid Caliphs«, in: Udovitch, A. L., (Hg.) (1981), S. 177-208.

–, *Muslim Cities in the Later Middle Ages*, Cambridge 1984.

– (Hg.), *Middle Eastern Cities: A Symposium on Ancient, Islamic and Contemporary Middle Eastern Urbanism*, Berkeley 1969.

Lehmann, G. A., »Krise und innere Bedrohung der hellenischen Polis bei Aeneas Tacticus«, in: *Festschrift F. Vittinghoff*, Köln/Wien 1980, S. 71-86.

Lemerle, R., »Esquisse pour une histoire agraire de Byzance: les sources et les problèmes«, in: *Revue Historique* 219 (1958), S. 32-74 und 254-284; 220 (1958), S. 43-94.

Leveau, Ph., »La ville antique et l'organisation de l'espace rural: villa, ville, village«, in: *Annales (ESC)* 38 (1983), S. 920-942.

–, »Richesses, investissements, dépenses: a la recherche des revenues des aristocraties municipales de l'antiquité«, in: Ph. Leveau (Hg.) (1985), S. 19-37.

Leveau, Ph. (Hg.), *L'origine des richesses dépensées dans la ville antique*, Aix en Provence 1985.

Levick, B., *Roman Colonies in Southern Asia Minor*, Oxford 1967.

–, *The Government of the Roman Empire. A Sourcebook*, Totowa 1985.

Liebeschuetz, J. H. W. G., *Antioch: City and Imperial Administration in the Later Roman Empire*, Oxford 1972.

Lorenz, Th., *Römische Städte*, Darmstadt 1987.

Lotze, D., »Hektemoroi und vorsolonisches Schuldrecht«, in: *Philologus* 102 (1958), S. 1-12.

MacMullen, R., *Enemies of the Roman Order. Treason, Unrest, and Alienation in the Empire*, Cambridge (Mass.) 1966.

–, *Roman Social Relations* 50 B.C. to A.D. 284, New Haven 1974.

–, »Peasants, During the Principate«, in: *Aufstieg und Niedergang der Römischen Welt*, Bd. II/1, Berlin 1974, S. 253-261.

–, *Roman Government's Responses to Crisis, A. D. 235-337,*, New Haven 1976.

–, *Paganism in the Roman Empire*, New Haven/London 1981.

–, »Soziale Mobilität und der ›Codex Theodosianus‹« (1964), in: H. Schneider (Hg.) (1981), S. 155-167.

–, »Personal Power in the Roman Empire«, in: *American Journal of Philology* 107 (1986), S. 512-524.

–, *Corruption and the Decline of Rome*, Yale 1988.

Maine, H. S., *Ancient Law. Its Connection with the Early History of Society and its Relation to Modern Ideas*, London 1905.

Mango, C., *Byzantium. The Empire of New Rome*, London 1980.

Massignon, L., »Le corps de Métier et la Cité islamique«, in: *Revue Internationale de Sociologie* 28 (1920), S. 473-489.

–, »La ›futuwwa‹, ou ›pacte d'honneur artisanal‹ entre les travailleurs musulmans au Moyen Age«, in: *Opera Minora*, Bd. 1, Paris 1969, S. 396-421.

McLean Harper, G., »Village Administration in the Roman Province of Syria«, in: *Yale Classical Studies* 1 (1928), S. 105-168.

Mehl, A., »Doriktētos chōra. Kritische Bemerkungen zum ›Speererwerb‹ in Politik und Völkerrecht der hellenistischen Epoche«, in: *Ancient Society* 11/12 (1980/1), S. 173-212.

Meier, Chr., *Die Entstehung des Politischen bei den Griechen*, Frankfurt 1980.

Mensching, H. / Wirth, E., *Nordafrika und Vorderasien*, Frankfurt 1973.

Millar, F., *The Emperor in the Roman World*, London 1977.

–, »Empire and City, Augustus to Julian: Obligations, Excuses and Status«, in: *Journal of Roman Studies* 73 (1983), S. 76-96.

Mitteis, L, *Reichsrecht und Volksrecht in den östlichen Provinzen des römischen Kaiserreiches*, Leipzig 1891.

Momigliano, A., »Max Weber and Eduard Meyer: Apropos of City and Country in Antiquity«, in: derselbe, *Sesto Contributo alla Storia degli Studi Classici e del Mondo Antico*, Bd. 1, Rom 1980, S. 285-293.

–, »Freedom of Speach and Religious Tolerance in the Ancient World«, in: S. C. Humphreys (1978), S. 179-193.

Moore, Barrington, *Soziale Ursprünge von Diktatur und Demokratie. Die Rolle der Grundbesitzer und Bauern bei der Entstehung der modernen Welt*, Frankfurt 1969.

–, *Ungerechtigkeit. Die sozialen Ursachen von Unterordnung und Widerstand*, Frankfurt ²1984.

Morony, M. G., »Landholding in Seventh-Century Iraq: Late Sasanian and Early Islamic Patterns«, in: A. L. Udovitch (Hg.) (1981), S. 135-175.

–, *Iraq after the Muslim Conquest*, Princeton 1984.

Mottahedeh, R. P., *Loyalty and Leadership in an Early Islamic Society*, Princeton 1980.

Murdock, G. P., *Social Structure*, New York 1949.

Musiolek, P., »Zum Begriff und zur Bedeutung des Synoikismos«, in: *Klio* 63 (1981), S. 207-213.

Neesen, L., *Untersuchungen zu den direkten Staatsabgaben der römischen Kaiserzeit (27 v.Chr. -284 n.Chr.)*, Bonn 1980.

Neumann, G. (Hg.), *Die Sprachen im römischen Reich der Kaiserzeit*, Köln / Bonn 1980.

Nippel, W., *Griechen, Barbaren und »Wilde«. Alte Geschichte und Sozialanthropologie*, Frankfurt 1990.

–, »Methodenentwicklung und Zeitbezüge im althistorischen Werk Max Webers«, in: *Geschichte und Gesellschaft* 16 (1990), S. 355-374.

Nörr, D., *Imperium und Polis in der hohen Prinzipatszeit*, München ²1969.

Orth, W., *Königlicher Machtanspruch und städtische Freiheit. Untersuchungen zu den politischen Beziehungen zwischen den ersten Seleukidenherrschern (Seleukos I., Antiochos I., Antiochos II.) und den Städten des westlichen Kleinasien*, München 1977.

Owens, E. J., *The City in the Greek and Roman World*, London 1990.

Pallasse, M., *Orient et Occident à propos du Colonat Romain au Bas-Empire*, Lyon 1950.

Patlagean, E., »Ancienne hagiographie byzantine et histoire sociale«, in: *Annales (ESC)* 23 (1968), S. 106-124.

–, *Pauvreté économique et pauvreté sociale à Byzance, 4e-7e siècles*, Paris/Den Haag 1977.

–, *Structure sociale, famille, chrétienté à Byzance IVᵉ-XIᵉ Siècles*, Paris 1981.

Peristiany, J. G. (Hg.), *Honor and Shame. The Values of Mediterranean Society*, London 1965.

–, *Mediterranean Family Structures*, Cambridge 1976.

–, *Contributions to Mediterranean Sociology*, Den Haag/Paris 1968.

Petit, P., *Libanius et la vie municipale à Antioche*, Paris 1955.

Piganiol, A., *L'Empire Chrétien*, Paris 1947.

Pigulevskaja, N., *Les Villes de l'Etat Iranien aux Epoques Parthe et Sassanide*, Paris 1956.

–, »Economic Relations in Iran during the IV-VI Centuries A.D.«, in: *Journal of the K. R. Cama Oriental Institute* 38 (1956), S. 60-81.

Pipes, D., *Slave Soldiers and Islam: The Genesis of a Military System*, New Haven 1981.

Pitt-Rivers, J., *The Fate of Shechem or the Politics of Sex. Essays in the Anthropology of the Mediterranean*, Oxford 1977.

Planck, U., »Soziale Gruppen im Vorderen Orient«, in: E. Ehlers (Hg.) (1979), S. 1-10.

Planhol, X. de, »Les villages fortifiés en Iran et en Asie Centrale«, in: *Annales de Géographie* 64 (1958), S. 256-258.

–, *Kulturgeographische Grundlagen der islamischen Geschichte* (1968), Zürich/München 1975.

–, »Geography of Settlement«, in: W. B. Fisher (Hg.), *The Cambridge History of Iran*, Bd. 1, Cambridge 1968, S. 409-467.

Pleket, H. W., *Epigraphica* II. *Texts on the Social History of the Greek World*, Textus minores 41, Leiden 1969.

Podes, S., *Die Dependenz des hellenistischen Ostens von Rom zur Zeit der römischen Weltreichsbildung. Ein Erklärungsversuch zum römischen Imperialismus aus der Sicht der Geschichte als historische Sozialwissenschaft*, Frankfurt 1986.

Polanyi, K. / Arensberg, C. / Pearson, H. W. (Hg.), *Trade and Market in the Early Empires*, Glencoe 1957.

Prachner, G., »Zur Bedeutung der antiken Sklaven- und Kolonenwirtschaft für den Niedergang des Römischen Reiches«, in: *Historia* 22 (1973), S. 732-756.

Price, S. R. F., *Rituals and Power: The Roman Imperial Cult in Asia Minor*, Cambridge 1984.

Raaflaub, K., »Die Militärreformen des Augustus und die politische Problematik des frühen Prinzipats«, in: G. Binder (Hg.), *Saeculum Augustum I. Herrschaft und Gesellschaft*, Darmstadt 1987, S. 246-307.

Rich, J. / Wallace-Hadrill, A. (Hg.), *City and Country in the Ancient World*, Oxford 1991.

Rostovtzew, M. (Rostowzew; Rostovtzeff), »Geschichte der Staatspacht in der römischen Kaiserzeit«, in: *Philologos* Suppl.-Bd. (1904), S. 312-512.

–, *Studien zur Geschichte des römischen Kolonates*, Leipzig/Berlin 1910.

–, *The Social and Economic History of the Roman Empire*, 2 Bde., Oxford ²1957.

–, *Die hellenistische Welt. Gesellschaft und Wirtschaft*, 3 Bde., Stuttgart 1955/56.

Runciman, W. G., »Capitalism without Classes: The Case of Classical Rome«, in: *British Journal of Sociology* 34 (1983), S. 157-181.

Ruschenbusch, E., »Patrios Politeia«, in: *Historia* 7 (1958), S. 398-424.

–, *Untersuchungen zu Staat und Politik in Griechenland vom 7.-4. Jahrhundert v. Chr.*, Bamberg 1978.

Rykwert, J., *The Idea of a Town: The Anthropology of Urban Form in Rome, Italy and the Ancient World*, London 1976.

Sachau, E., *Syrische Rechtsbücher*, 3 Bde., Berlin 1907/1908/1914.

Saller, R. P., *Personal Patronage under the Early Empire*, Leiden 1981.

Salzman, Ph. C., »The Study of ›Complex Society‹ in the Middle East: A Review Essay«, in: *International Journal of Middle East Studies* 9 (1978), S. 539-557.

Sartre, M., »Villes et villages du Hauran (Syrie) du ier au ive siècle«, in: E. Frézouls (Hg.) (1987), S. 239-257.

Schäfer-Lichtenberger, Chr., *Stadt und Eidgenossenschaft im Alten Testament. Eine Auseinandersetzung mit Max Webers Studie »Das antike Judentum«*, Berlin 1983.

–, »Stadtstaat und Eidgenossenschaft. Max Webers Analyse der vorexilischen Gesellschaft«, in: W. Schluchter (Hg.), *Max Webers Studie über das antike Judentum. Interpretation und Kritik*, Frankfurt 1981, S. 78-107.

Schluchter, W., »Der autoritär verfaßte Kapitalismus«, in: derselbe (Hg.), *Rationalismus der Weltbeherrschung*, Frankfurt 1980, S. 134-169.

–, »Altisraelitische religiöse Ethik und okzidentaler Rationalismus«, in: derselbe (Hg.), *Max Webers Studie über das antike Judentum*, Frankfurt 1981, S. 11-77.

Schmitthenner, W., »Über eine Formveränderung der Monarchie seit Alexander d. Gr.«, in: *Saeculum* 19 (1968), S. 31-46.

Schneider, H. (Hg.), *Sozial- und Wirtschaftsgeschichte der Römischen Kaiserzeit*, Darmstadt 1981.

Schubart, W., »Spuren politischer Autonomie in Aegypten unter den Ptolemäern«, in: *Klio* 10 (1910), S. 41-71.

–, »Das hellenistische Königsideal nach Inschriften und Papyri«, in: *Archiv für Papyrusforschung* 12 (1937), S. 1-26.

Scott, J. C., »Patronage or Exploitation?«, in: E. Gellner / J. Waterbury (Hg.) (1977), S. 21-39.

Segal, J. B., *Edessa. ›The Blessed City‹*, Oxford 1970.

Seibert, J., *Das Zeitalter der Diadochen*, Darmstadt 1983.

Sherwin-White, A. N., *The Roman Citizenship*, Oxford ²1973.

Sigrist, Chr., *Regulierte Anarchie. Untersuchungen zum Fehlen und zur Entstehung politischer Herrschaft in segmentären Gesellschaften*, Freiburg 1967.

Song U-Chon, *Max Webers Stadtkonzeption. Eine Studie zur Entwicklung des okzidentalen Bürgertums*, Göttingen 1985.

Spahn, P., *Mittelschicht und Polisbildung*, Frankfurt 1977.

–, »Oikos und Polis. Beobachtungen zum Prozeß der Polisbildung bei Hesiod, Solon und Aischylos, in: *Historische Zeitschrift* 231 (1980), S. 529-564.

van der Spek, R. J., »The Babylonian City«, in: Kuhrt, A. / Sherwin-White, S. (Hg.), *Hellenism in the East. The Interaction of Greek and Non-Greek Civilizations from Syria to Central Asia after Alexander*, London 1987, S. 57-74.

Sperber, D., *A Dictionary of Greek and Latin Legal Terms in Rabbinic Literature*, Bar-Ilan 1984.

–, »On Social and Economic Conditions in Third Century Palestine«, in: *Archiv Orientální* 38 (1970), S. 1-25.

–, »Patronage in Amoraic Palestine«, in: *Journal of the Economic and Social History of the Orient* 14 (1971), S. 227-252.

–, »Trends in Third Century Palestinian Agriculture«, in: *Journal of the Economic and Social History of the Orient* 15 (1972), S. 227-255.

–, *Roman Palestine 200-400*, Ramat-Gan 1974.

Stahl, M., *Imperiale Herrschaft und provinziale Stadt: Strukturprobleme der römischen Reichsorganisation vom 1.-3. Jahrhundert der Kaiserzeit*, Göttingen 1978.

Stenger, W., »*Gebt dem Kaiser, was des Kaisers ist...!« Eine sozialgeschichtliche Untersuchung zur Besteuerung Palästinas in neutestamentlicher Zeit*, Frankfurt 1988.

Taeger, F., *Charisma. Studien zur Geschichte des antiken Herrscherkultes*, 2 Bde., Stuttgart 1957 und 1960.

Tarn, W. W., *Die Kultur der hellenistischen Welt*, Darmstadt ³1966.

Täubler, E., *Der römische Staat*, Stuttgart 1985.

Tchalenko, C., *Villages antiques de la Syrie du Nord.*, 3 Bde., Paris 1953/1958.

Tcherikover, V., »Die hellenistischen Städtegründungen von Alexander dem Großen bis auf die Römerzeit«, in: *Philologos* Suppl.-Bd. 19/1, Leipzig 1927.

–, *Terre et paysans dépendants dans les sociétés antiques*, Paris 1979.

Timpe, D., »Das Kriegsmonopol des römischen Staates«, in: W. Eder (Hg.), *Staat und Staatlichkeit in der frühen Römischen Republik*, Wiesbaden 1990, S. 368-387.

Udovitch, A. L. (Hg.), *The Islamic Middle East, 700-1900: Studies in Economic and Social History*, Princeton 1981.

Vayda, L., *Untersuchungen zur Geschichte der Hirtenkulturen*, Wiesbaden 1968.

Veyne, P., *Brot und Spiele. Gesellschaftliche Macht und politische Herrschaft in der Antike*, Frankfurt/New York 1988.

Veyne, P. (Hg.), *A History of Private Life*, Bd. 1, *From Pagan Rome to Byzantium*, Cambridge (Mass.)/London 1987.

Vidal-Naquet, P., »Réflexions sur l'historiographie grecque de l'esclavage«, in: *Actes du Colloque 1971 sur l'esclavage*, Paris 1972, S. 25-44.

Vieille, P., *La féodalité et l'Etat en Iran*, Paris 1975.

Vittinghoff, F., »Römische Stadtrechtsformen der Kaiserzeit«, in: *Zeitschrift der Savigny-Stiftung für Rechtsgeschichte. Romanische Abteilung* 68 (1951), S. 435-485.

–, »Zur Verfassung der spätantiken ›Stadt‹«, in: *Vorträge und Forschungen*, Bd. IV, Lindau 1958, S. 11-39.

–, »›Stadt‹ und Urbanisierung in der griechisch-römischen Antike«, in: *Historische Zeitschrift* 226 (1978), S. 547-563.

–, »Soziale Struktur und politisches System in der hohen römischen Kaiserzeit«, in: *Historische Zeitschrift* 230 (1980), S. 31-55.

–, »Zur Entwicklung der städtischen Selbstverwaltung. Einige kritische Bemerkungen«, in: derselbe (Hg.), *Stadt und Herrschaft. Römische Kaiserzeit und hohes Mittelalter*, München 1982, S. 107-146.

Vittinghoff, F. (Hg.), *Stadt und Herrschaft. Römische Kaiserzeit und hohes Mittelalter*, München 1982.

Wallace-Hadrill, A. (Hg.), *Patronage in Ancient Society*, London 1989.

Weber, Max, »Die sozialen Gründe des Untergangs der antiken Kultur«, in: M. Weber, *Gesammelte Aufsätze zur Sozial- und Wirtschaftsgeschichte*, Tübingen 1924, S. 289-311.

–, »Agrarverhältnisse im Altertum«, in: M. Weber, *Gesammelte Aufsätze zur Sozial- und Wirtschaftsgeschichte*, Tübingen 1924, S. 1-288.

Weber-Schäfer, P., *Einführung in die antike politische Theorie. Zweiter Teil. Von Plato bis Augustinus*, Darmstadt 1976.

Welles, C. B., *Royal Correspondance in the Hellenistic Period. A Study in Greek Epigraphy*, New Haven 1934.

Welwei, K. W., »Abhängige Landbevölkerungen auf »Tempelterritorien« im hellenistischen Kleinasien und Syrien«, in: *Ancient Society* 10 (1979), S. 97-118.

–, *Die griechische Polis*, Stuttgart 1983.

Wes, M. A., »Patrocinium en imperium in het laat-Romeinse Westen«, in: *Tijdschrift voor geschiedenis* 87 (1974), S. 147-159.

Westermann, W. L., »Enslaved Persons who are Free«, in: *American Journal of Philology* 59 (1938), S. 1-30.

Weulersse, J., *Paysans de Syrie et du Proche-Orient*, Paris 1946.

Whittaker, C. R., »Rural Labour in three Roman Provinces«, in: P. Garnsey (Hg.) (1980), S. 73-99.

Whittow, M., »Ruling the late Roman and Early Byzantine City: A Continuous History«, in: *Past & Present* 129 (1990), S. 3-29.

Wirth, E., »Die orientalische Stadt. Ein Überblick aufgrund jüngerer Forschungen zur materiellen Kultur«, in: *Saeculum* 26 (1975), S. 45-94.

–, »Strukturwandlungen und Entwicklungstendenzen der orientalischen Stadt«, in: *Erdkunde* 22 (1968), S. 101-128.

–, »Die Beziehungen der orientalisch-islamischen Stadt zum umgebenden Lande«, in: *Festschrift E. Plewe*, Wiesbaden 1973, S. 323-333.

–, »Zum Problem des Bazars«, in: *Der Islam* 51 (1974) S. 203-260; 52 (1975) S. 6-46.

von Woess, F., »Personalexekution und cessio bonorum im römischen Reichsrecht«, in: *Zeitschrift für Rechtsgeschichte* 43 (1922), S. 485-529.

Wolf, E., »Society and Symbols in Latin Europe and in the Islamic Near East: Some Comparisons«, in: *Anthropological Quarterly* 42 (1969), S. 287-301.

Yuge T. / Doi, M. (Hg.), *Forms of Control and Subordination in Antiquity*, Leiden 1988.

Zarrinkub, A., »The Arab Conquest of Iran and its Aftermath«, in: *The Cambridge History of Iran*, Bd. 4, Cambridge 1975, S. 1-56.

el-Zein, A. H., »Beyond Ideology and Theology: The Search for the Anthropology of Islam«, in: *Annual Review of Anthropolgoy* 6 (1977), S. 227-254.

v. Juden

Studien zur jüdischen Religionsgemeinschaft und zur Bildung sowie zu den Funktionen von jüdischen Gemeinden; zur Vergabe politischer Autonomie durch Perser, Griechen und Römer an jüdische Gemeinden; zu den jüdischen Überlieferungen als staatlich sanktionierten Gesetzen; zu den religiösen, sozialen und politischen Legitimationsvorstellungen der jüdischen Religionsgemeinschaft; zum Wechsel von Stadtland und Königsland in Palästina; zur Verbreitung der Erwartung eines neuen jüdischen Königs; zur Ablehnung autonomer Stadtherrschaften durch Juden

Alt, A., »Das Königtum in den Reichen Israel und Juda«, in: *Kleine Schriften*, Bd. 2, München 1953, S. 116-134.

–, »Hellenistische Städte und Domänen in Galiläa«, in: *Kleine Schriften*, Bd. 2, München 1953, S. 384-395.

–, »Das Verbot des Diebstahls im Dekalog«, in: *Kleine Schriften zur Geschichte des Volkes Israel*, München 1959, S. 333-340.

Amir, Y., »The Term *Ioudaismos* (IOUDAISMOS). A Study in Jewish-Hellenistic Self-Identification«, in: *Immanuel* 14 (1982), S. 34-41.

Applebaum, S., »The Legal Status of the Jewish Communities in the Diaspora«, in: S. Safrai / M. Stern (Hg.), *The Jewish People in the First Century*, Bd. 1, Assen 1974, S. 420-463.

–, »The Organisation of the Jewish Communities in the Diaspora«, in: S. Safrai / M. Stern (Hg.), *The Jewish People in the First Century*, Bd. 1, Assen 1974, S. 464-503.

–, »Hellenistic Cities of Judaea and its Vicinity«, in: B. Levick (Hg.), *The Ancient Historian and his Materials. Essays in Honor of C. E. Stevens*, Farnborough 1975, S. 59-73.

Aptowitzer, V., *Parteipolitik der Hasmonäerzeit im rabbinischen und pseudepigraphischen Schrifttum*, Wien 1927.

Baltzer, K., *Das Bundesformular*, Neukirchen ²1964.

Bar-Kochva, B., »Manpower, Economics and Internal Strife in the Hasmonean State«, in: *Armées et Fiscalité dans le Monde Antique*, Paris 1977, S. 167-194.

–, *Judas Maccabaeus: The Jewish Struggle against the Seleucids*, Cambridge 1989.

Barr, J., »Jewish Apocalyptic in Recent Scholarly Study«, in: *Bulletin of the John Rylands Library* 58 (1975/6), S. 9-35.

Baumann, U., *Rom und die Juden. Die römisch-jüdischen Beziehungen von Pompeius bis zum Tode des Herodes (63 v.Chr.-4 v.Chr.)*, Frankfurt/Bern 1983.

Baumgarten, A. I., »The Torah as a Public Document in Judaism«, in: *Studies in Religion/Sciences Religieuses* 14 (1985), S. 17-24.

Berger, K., »Die königlichen Messiastraditionen des Neuen Testaments«, in: *New Testament Studies* 20 (1973/74), S. 1-44.

Beyer, K., *Die aramäischen Texte vom Toten Meer*, Göttingen 1984.

Bichler, R., *›Hellenismus‹. Geschichte und Problematik eines Epochenbegriffs*, Darmstadt 1983.

Bickerman (Bikerman), E., »Der seleukidische Freibrief für Jerusalem«, (1935), in: A. Schalit (Hg.), *Zur Josephus-Forschung*, Darmstadt 1973, S. 205-240.

–, »Une question d'authenticité. Les Privilèges juifs«, in: *Annuaire de l'Institut de philologie et d'histoire orientales* 13 (1953), S. 11-34.

–, *Studies in Jewish and Christian History*, 3 Bde., Leiden 1976/1980/1986.

–, »The Edict of Cyrus in Ezra I«, in: derselbe, *Studies*, Bd. 1, 1976, S. 72-122.

–, »The Generation of Ezra and Nehemia«, in: derselbe, *Studies*, Bd. 3, 1986, S. 299-326.

–, *The Jews in the Greek Age*, Cambridge, MA/London 1988.

Bilde, P., *Flavius Josephus between Jerusalem and Rome: His Life, His Works and their Importance*, Sheffield 1988.

Blanchetière, F., »Le Juif et l'Autre: La Diaspora Asiate«, in: R. Kuntzmann / J. Schlosser (Hg.), *Etudes sur le Judaisme Hellénistique*, Paris 1984, S. 41-59.

Blenkinsopp, J., *A History of Prophecy in Israel*, London 1984.

–, »A Jewish Sect of the Persian Period«, in: *Catholic Biblical Quarterly* 52 (1990), S. 5-20.

Borger, R., u. a., *Texte aus der Umwelt des Alten Testaments*, Bd. 1, Lieferung 1: *Rechtsbücher*, Gütersloh 1982.

Bringmann, K., *Hellenistische Reform und Religionsverfolgung in Judäa. Eine Untersuchung zur jüdisch-hellenistischen Geschichte (175-163 v. Chr.)*, Göttingen 1983.

Brox, N. (Hg.), *Pseudepigraphie in der heidnischen und jüdisch-christlichen Antike*, Darmstadt 1977.

Brown, S. K., *James: A Religio-Historical Study of the Relations between Jewish, Gnostic and Catholic Christianity in the Early Period through an Investigation of the Traditions about James the Lord's Brother*, PhD Brown University 1972.

Brownlee, W. H., »The Anointed Ones of Aaron and Israel. Thesis, Antithesis, Synthesis«, in: *Festschrift M. Delcor*, Neukirchen 1985, S. 37-44.

Buehler, W. W., *The Pre-Herodian Civil War and Social Debate*, Diss. Basel 1974.

Burger, C., *Jesus als Davidsohn. Eine traditionsgeschichtliche Untersuchung*, Göttingen 1970.

Burkill, T. A., »Strain on the Secret: An Examination of Mark 11, 1-13, 37«, in: *Zeitschrift für die neutestamentliche Wissenschaft und die Kunde der älteren Kirche* 51 (1960), S. 31-46.

Callaway, P. R., *The History of Qumran Community*, Sheffield 1988.

Camponovo, O., *Königtum, Königsherrschaft und Reich Gottes in den Frühjüdischen Schriften*, Göttingen 1984.

Cancik, H., *Grundzüge der hethitischen und alttestamentlichen Geschichtsschreibung*, Wiesbaden 1976.

Caquot, A., »Ben Sira et le messianisme«, in: *Semitica* 16 (1966), S. 43-68.

Cardellini, I., *Die biblischen »Sklaven«-Gesetze im Lichte des keilschriftlichen Sklavenrechts*, Königstein 1981.

Causse, A., *Du groupe ethnique à la communauté religieuse; le problème sociologique de la religion d'Israël*, Paris 1937.

Cazelles, H., »Onomastique«, in: *Supplément au Dictionnaire de la Bible*, Bd. 6, 1960, Sp. 732-744.

Chalon, G., *L'Edit de Tiberius Julius Alexander. Etude historique et exégétique*, Olten / Lausanne 1964.

Charlesworth, J. H., »The Concept of the Messiah in the Pseudepigrapha«, in: *Aufstieg und Niedergang der Römischen Welt*, II, Bd. 19/1, Berlin 1979, S. 188-218.

Charlesworth, J. H. (Hg.), *The Old Testament Pseudepigrapha*, 2 Bde., New York 1983/85.

Cholewinski, A., *Heiligkeitsgesetz und Deuteronomium. Eine vergleichende Studie*, Rom 1976.

Clairmont, C. W., *Patrios nomos. Public Burial in Athens during the Fifth and Fourth Centuries B. C.*, Oxford 1983.

Clements, R. E. (Hg.), *The World of Ancient Israel. Sociological, Anthropological and Political Perspectives*, Cambridge 1989.

Clines, D. J., »Nehemia 10 as an Example of Early Jewish Biblical Exegesis«, in: *Journal for the Study of the Old Testament*, 21 (1981), S. 111-117.

–, *Ezra, Nehemia, Esther*, Grand Rapids 1984.

Cohen, B., »Civil Bondage in Jewish and Roman Law«, in: *L. Ginzberg Jubilee Volume*, New York 1945, S. 113-132.

Collins, J. J., »Cosmos and Salvation: Jewish Wisdom and Apocalyptic in the Hellenistic Age«, in: *History of Religions* 17 (1977), S. 121-142.

–, *The Apocalyptic Vision of the Book of Daniel*, Missoula 1977.

–, »Pseudonymity, Historical Reviews and the Genre Revelation of John«, in: *Catholic Biblical Quarterly* 39 (1977), S. 329-343.

–, »Patterns of Eschatology at Qumran«, in: J. Levenson/B. Halpern (Hg.), *Traditions in Transformation*, Eisenbrauns 1981, S. 351-375.

–, *Between Athens and Jerusalem. Jewish Identity in the Hellenistic Diaspora*, New York 1983.

–, *The Apocalyptic Imagination. An Introduction to the Jewish Matrix of Christianity*, New York 1984.

–, »Testaments«, in: M. Stone (Hg.), *Jewish Writings of the Second Temple Period*, Assen 1984, S. 325-355.

Collins, J.J. (Hg.), *Apocalypse: The Morphology of a Genre*, Missoula 1979.

Cowley, A. E., *Aramaic Papyri of the Fifth Century B. C.*, Oxford 1923.

Cronbach, A., »The Social Ideals of the Apocrypha and Pseudepigrapha«, in: *Hebrew Union College Annual* 18 (1944), S. 119-156.

Crüsemann, F., *Bewahrung der Freiheit. Das Thema des Dekalogs in sozialgeschichtlicher Perspektive*, München 1983.

–, »Das ›portative Vaterland‹. Struktur und Genese des alttestamentlichen Kanons«, in: A. und J. Assmann (Hg.), *Kanon und Zensur. Beiträge zur Archäologie der literarischen Kommunikation* II, München 1987, S. 63-79.

–, *Der Widerstand gegen das Königtum. Die antiköniglichen Texte des Alten Testaments und der Kampf um den frühen israelitischen Staat*, Neukirchen 1978.

Daube, D., *Studies in Biblical Law*, Cambridge 1947.

Davies, W. D. / Finkelstein, L. (Hg.), *The Cambridge History of Judaism*, Bd. 1, Cambridge 1984; Bd. 2, Cambridge 1990.

Delatte, L., *Les traités de la royauté d'Ecphante, Diotogène et Sthénidas*, Paris / Liège 1942.

Delcor, M., »The Courts of the Church of Corinth and the Courts of Qumran«, in: J. Murphy-O'Connor (Hg.), *Paul and Qumran*, London 1968, S. 69-84.

Delekat, L., *Asylie und Schutzorakel am Zionsheiligtum. Eine Untersuchung zu den privaten Feindpsalmen*, Leiden 1967.

Dexinger, F., »Ein ›messianisches Szenarium‹ als Gemeingut des Judentums in nachherodianischer Zeit«, in: *Kairos* 17 (1975), S. 249-278.

Drivers, G. R. / J. C. Miles, *The Babylonian Laws*, 2 Bde., Oxford 1952/1955.

Duling, D. C., »The Promises to David and Their Entrance into Christianity – Nailing Down a Likely Hypothesis«, in: *New Testament Studies* 20 (1973/74), S. 55-77.

Dupont-Sommer, A., *Die essenischen Schriften vom Toten Meer*, Tübingen 1990.

Eddy, S. K., *The King is Dead. Studies in the Near Eastern Resistance to Hellenism. 334-31 B. C.*, Lincoln 1961.

Eisenstadt, S. N., »Paralleleinblicke in das jüdische und römische Familien- und Erbrecht«, in: *Klio* 40 (1962), S. 244-259.

–, »Max Webers antikes Judentum und der Charakter der jüdischen Zivilisation«, in: W. Schluchter (Hg.), *Max Webers Studie über das antike Judentum. Interpretation und Kritik*, Frankfurt 1981, S. 134-184.

Epsztein, L., *La Justice Sociale dans Le Proche-Orient Ancien et le Peuple de la Bible*, Paris 1983.

Feldman, L., »The Omnipresence of the God-Fearers«, in: *Biblical Archaeology Review* 12 (1986), S. 58-69.

Fensham, F. C., »Widow, Orphan, and the Poor in Ancient Near Eastern Legal and Wisdom Literature«, in: *Journal of Near Eastern Studies* 21 (1962), S. 129-139.

Festugière, J. A., »Mystères cultuels et mystères littéraires«, in: *L'idéal religieux des Grecs et l'Evangile*, Paris ²1932, S. 116-132.

Finkelstein, J. J., »Ammiṣaduqa's Edict and the Babylonian ›Law Codes‹«, in: *Journal of Cuneiform Studies* 15 (1961), S. 91-104.

–, »The Edict of Ammiṣaduqa: A New Text«, in: *Revue d'Assyriologie* 63 (1969), S. 45-64.

Finkelstein, L., *The Pharisees. The Sociological Background of their Faith*, Philadelphia ³1962.

Fischer Th., »Zum jüdischen Verfassungsstreit vor Pompeius (Diodor 40,2)«, in: *Zeitschrift des deutschen Palästina-Vereins* 91 (1975), S. 46-49.

–, »Zur Seleukideninschrift von Hefzibah«, in: *Zeitschrift für Papyrologie und Epigraphik* 33 (1979), S. 131-138.

–, *Seleukiden und Makkabäer. Beiträge zur Seleukidengeschichte und zu den politischen Ereignissen in Judäa während der 1. Hälfte des 2. Jahrhunderts v.Chr.*, Bochum 1980.

–, »Zur Struktur der römischen Herrschaft über Judäa und seine Nebengebiete von Pompeius bis Hadrian (63 v. bis 135 n.Chr.), in: *Jahrbuch der Ruhr-Universität Bochum*, 1986, S. 37-46.

Flusser, D., »The Four Empires in the Fourth Sibyl and in the Book of Daniel«, in: *Israel Oriental Studies* 2 (1972), S. 148-175.

–, »Hystaspes and John of Patmos«, in: Shaked, Sh. (Hg.), Irano-Judaica, Jerusalem 1982, S. 12-75.

Forkham, G., *The Limits of the Religious Community. Expulsion from the Religous Community within the Qumran Sect, within Rabbinic Judaism, and within Primitive Christianity*, Lund 1982.

Freyne, S., *Galilee: from Alexander the Great to Hadrian 323 B. C. E. to 135 C. E.*, Notre Dame 1980.

Fuks, A., *The Ancestral Constitution*, London 1953.

Fuchs, H., *Der geistige Widerstand gegen Rom in der antiken Welt*, Berlin 1938.

Funck, B., »Zur Bürger-Tempel-Gemeinde im nachexilischen Juda«, in: *Klio* 59 (1977), S. 491-496.

Gager, J., »The Dialogue of Paganism with Judaism: Bar Cochba to Julian«, in: *Hebrew Union College Annual* 44 (1973), S. 89-118.

–, *The Origins of Antisemitism. Attitudes Toward Judaism in Pagan and Christian Antiquity*, Oxford 1985.

Garcia Martinez, F., »Les limites de la communauté: pureté et impureté à Qumrân et dans le Nouveau Testament«, in: *Festschrift A. J. F. Klijn*, Kampen 1988, S. 111-122.

Gemser, B., »The Importance of the Motive Clause in Old Testament Law«, in: *Vetus Testamentum* Suppl.-Bd. 1 (1953), S. 50-66.

Goodenough, E. R., *By Light, Light: The Mystic Gospel of Hellenistic Judaism*, New Haven 1935.

–, »Literal Mystery in Hellenistic Judaism«, in: *Festschrift K. Lake*, London 1937, S. 227-241.

Goodman, M., *The First Jewish Revolt: Social Conflict and the Problem of Debt*, in: *Journal of Jewish Studies* 23 (1982), S. 417-427.

–, *State and Society in Roman Galilee, A. D. 132-212*, Totowa 1983.

–, *The Ruling Class of Judaea: The Origins of the Jewish Revolt against Rome AD 66-70*, Cambridge 1987.

Gottwald, N. K., *The Tribes of Jahwe. A Sociology of the Religion of Liberated Israel 1250-1050 B. C. E.*, New York 1979.

–, »Two Models for the Origins of Ancient Israel: Social Revolution or Frontier Development«, in: *Festschrift G. E. Mendenhall*, Winona Lake 1983, S. 5-24.

–, *The Hebrew Bible – A Socio-Literary Introduction*, Philadelphia 1985.

Gruenwald, I., »Jewish Esoteric Literature in the Time of Mishnah and Talmud«, in: *Immanuel* 4 (1974), S. 37-46.

–, *Apocalyptic and Merkavah Mysticism*, Leiden 1978.

–, »Jewish Apocalyptic Literature«, in: *Aufstieg und Niedergang der Römischen Welt*, Bd. 19/1, Berlin 1979, S. 89-118.

Haag, E. (Hg.), *Gott der einzige. Zur Entstehung des Monotheismus in Israel*, Freiburg 1985.

Habicht, Chr., »2. Makkabäerbuch«, in: *Jüdische Schriften aus hellenistisch-römischer Zeit*, Bd. 1, Lieferung 3, Gütersloh 1979, S. 167-285.

–, »Hellenismus und Judentum in der Zeit des Judas Makkabäus«, in: *Jahrbuch der Heidelberger Akademie der Wissenschaften für das Jahr 1974*, Heidelberg 1975, S. 97-110.

Hahn, F., *Christologische Hoheitstitel*, Göttingen 1963.

Hahn, I., »Josephus und die Eschatologie von Qumran«, in: H. Bardtke (Hg.), *Qumran-Probleme*, Berlin 1963, S. 167-191.

Hammershaimb, E., »On the Ethics of the Old Testament Prophets«, in: *Vetus Testamentum*, Suppl.-Bd. 7 (1959), S. 75-101.

Hanson, P. D. (Hg.), *Visionaries and their Apocalypses*, Philadelphia 1983.

Harrer, G. A., »Saul who is also called Paul«, in: *Harvard Theological Review* 33 (1940), S. 19-34.

Hellholm, D. (Hg.), *Apocalypticism in the Mediterranean World and the Near East*, Tübingen 1983; ²1989.

Hengel, M., *Die Zeloten. Untersuchungen zur jüdischen Freiheitsbewegung in der Zeit von Herodes I. bis 70 n.Chr.*, Köln / Leiden 1961.

–, »Proseuche und Synagoge. Jüdische Gemeinde, Gotteshaus und Gottesdienst in der Diaspora und in Palästina«, in: *Tradition und Glaube. Festschrift K. G. Kuhn*, Göttingen 1971, S. 157-184.

–, »Anonymität, Pseudepigraphie und ›Literarische Fälschung‹ in der jüdisch-hellenistischen Literatur«, in: K. von Fritz (Hg.), *Pseudepigra-*

pha 1: *Pseudopythagorica, Lettres de Platon, Littérature pseudépigraphe juive*. Fondation Hardt, Bd. 18, Genf 1972, S. 229-308.

–, *Juden, Griechen und Barbaren. Aspekte der Hellenisierung des Judentums in vorchristlicher Zeit*. Stuttgart 1976.

–, *Judentum und Hellenismus. Studien zu ihrer Begegnung unter besonderer Berücksichtigung Palästinas bis zur Mitte des 2. Jh. v.Chr.*, Tübingen ³1988.

Hengel, M. / Lichtenberger H., »Die Hellenisierung des antiken Judentums als Praeparatio Evangelica«, in: E. Olshausen (Hg.), *Das Christentum in der antiken Welt*, Stuttgart 1981, S. 1-30.

Hennecke, E. / W. Schneemelcher (Hg.), *Neutestamentliche Apokryphen*, Bd. 1, Tübingen ⁴1968.

–, *Neutestamentliche Apokryphen*, Bd. 2, Tübingen ³1964.

van Henten, J. W., »Einige Prolegomena zum Studium der jüdischen Martyriologie«, in: *Bijdragen, tijdschrift voor filosofie en theologie* 46 (1985), S. 381-390.

–, »Datierung und Herkunft des Vierten Makkabäerbuches«, in: *Festschrift J. H. C. Lebram*, Leiden 1986, S. 136-149.

–, *De Joodse Martelaren als Grondleggers van een Nieuwe Orde. Een studie uitgaande van 2 en 4 Makkabeen*, Leiden 1986.

van Henten, J. W. / Dehandschutter, B. A. G. M. / van der Klaauw, H. J. W. (Hg.), *Die Entstehung der jüdischen Martyrologie*, Leiden 1989.

Herz, D. J., »Großgrundbesitz in Palästina im Zeitalter Jesu«, in: *Palästinajahrbuch des deutschen evangelischen Instituts* 24 (1928), S. 98-113.

Hölscher, G., »Zur jüdischen Namenkunde«, in: *Festschrift K. Marti*, Giessen 1925, S. 148-157.

Horgan, M. P., *Pesharim: Qumran Interpretations of Biblical Books*, Washington 1979.

Horsley, R. A., »Popular Messianic Movements around the Time of Jesus«, in: *The Catholic Biblical Quarterly* 46 (1984), S. 471-495.

–, »›Like one of the Prophets of Old‹: Two Types of Popular Prophets of the Time of Jesus«, in: *Catholic Biblical Quarterly* 47 (1985), S. 435-463.

–, »Popular Prophetic Movements at the Time of Jesus. Their Principal Features and Social Origins«, in: *Journal for the Study of the New Testament* 26 (1986), S. 3-27.

Horsley, R. A. / Hanson, J. S., *Bandits, Prophets, and Messiahs: Popular Movements at the Time of Jesus*, Minneapolis 1985.

Horst, F., *Gottes Recht*, München 1961.

Hultgård, A., *L'Eschatologie des Testaments des Douze Patriarches*, Uppsala 1977.

Hunzinger, C.-H., »Beobachtungen zur Entwicklung der Disziplinarordnung der Gemeinde von Qumran«, in: K. E. Grözinger u. a. (Hg.), *Qumran*, Darmstadt 1981, S. 249-262.

Jacoby, F., »Patrios Nomos: State Burial in Athens and the Public Cemetery in the Kerameikos«, in: *Journal of Hellenic Studies* 64 (1944), S. 3-66.

Jeremias, J., *Die Abendmahlsworte Jesu*, Göttingen ³1960.

–, *Die Gleichnisse Jesu*, Göttingen ⁶1962.

de Jonge, M., »The Use of the Word ›Anointed‹ in the Time of Jesus«, in: *Novum Testamentum* 8 (1966), S. 132-148.

–, »Josephus und die Zukunftserwartungen seines Volkes«, in: *Josephus-Studien. Festschrift für O. Michel*, Göttingen 1974, S. 205-219.

–, »Jezus als profetische zoon van David«, in: F. Garcia Martinez u. a. (Hg.), *Profeten en Profetische Geschriften. Festschrift A. S. van der Woude*, Kampen / Nijkerk 1986, S. 157-166.

–, »The Earliest Christian Use of Christos. Some Suggestions«, in: *New Testament Studies* 32 (1986), S. 321-343.

Kaerst, J., *Geschichte des Hellenismus*, Leipzig/Berlin ²1926 (Nachdruck Darmstadt 1968).

Kaiser, O., »Gerechtigkeit und Heil bei den israelitischen Propheten und griechischen Denkern des 8.-6. Jahrhunderts«, in: *Neue Zeitschrift für Systematische Theologie und Religionsphilosophie* 11 (1969), S. 312-328.

Kajanto, I., *Supernomina. A Study in Latin Epigraphy*, Helsinki 1967.

Kang, S.-M., *Divine War in the Old Testament and in the Ancient Near East*, Berlin 1989.

Kappler, C., (Hg.), *Apocalypses et voyages dans l'au-delà*, Paris 1987.

Kaser, M., *Das römische Privatrecht*, 1. Abschnitt, München ²1971.

Kasher, A., *The Jews in Hellenistic and Roman Egypt. The Struggle for Equal Rights*, Tübingen 1985.

–, *Jews and Hellenistic Cities in Eretz-Israel. Relations of the Jews in Eretz-Israel with the Hellenistic Cities during the Second Temple Period (332 BCE-70 CE)*, Tübingen 1990.

Keel, O. (Hg.), *Monotheismus im Alten Israel und seiner Umwelt*, Fribourg 1980.

Kellermann, U., »Die politische Messias-Hoffnung zwischen den Testamenten. Eine programmatische historische Skizze«, in: *Pastoraltheologie* 56 (1967), S. 362-377; 436-448.

–, »Erwägungen zum Problem der Esradatierung«, in: *Zeitschrift für die alttestamentliche Wissenschaft* 80 (1968), S. 55-87.

–, »Erwägungen zum Esragesetz«, in: *Zeitschrift für die alttestamentliche Wissenschaft* 80 (1968), S. 373-385.

Kienast, B., »Zum altbabylonischen Pfandrecht«, in: *Zeitschrift der Savigny-Stiftung für Rechtsgeschichte – Romanische Abteilung* 83 (1966), S. 334-338.

Kippenberg, H. G., *Religion und Klassenbildung im antiken Judäa*, Göttingen ²1982.

–, »Die Entlassung aus Schuldknechtschaft im antiken Judäa. Eine Legitimationsvorstellung von Verwandtschaftsgruppen«, in: G. Kehrer (Hg.), *Vor Gott sind alle gleich«. Soziale Gleichheit, soziale Ungleichheit und die Religionen,* Düsseldorf 1983, S. 74-104.

–, »Dann wird der Orient herrschen und der Okzident dienen‹. Zur Begründung eines gesamtvorderasiatischen Standpunktes im Kampf gegen Rom«, in: *Spiegel und Gleichnis. Festschrift für Jacob Taubes,* Würzburg 1983, S. 40-48.

–, »Die jüdischen Überlieferungen als *patrioi nomoi*«, in: R. Faber / R. Schlesier (Hg.), *Die Restauration der Götter. Antike Religion und Neo-Paganismus,* Würzburg 1986, S. 45-60.

–, »Das Gentilcharisma der Davididen in der jüdischen, frühchristlichen und gnostischen Religionsgeschichte Palästinas«, in: J. Taubes (Hg.), *Theokratie,* München / Paderborn 1987, S. 127-147.

–, »Ein Vergleich jüdischer, christlicher und gnostischer Apokalyptik«, in: D. Hellholm (Hg.), *Apocalypticism in the Mediterranean World and the Near East,* Tübingen ²1989, S. 751-768.

–, »Name and Person in Ancient Judaism and Christianity«, in: H. G. Kippenberg u. a. (Hg.), *Concepts of Person in Religion and Thought,* Berlin 1990, S. 90-109.

–, »Apokalyptik / Messianismus / Chiliasmus«. in: *Handbuch religionswissenschaftlicher Grundbegriffe,* Bd. 2, Stuttgart 1990, S. 9-26.

–, »Pseudikonographie: Orpheus auf jüdischen Bildern«, in: *Visible Religion* 7 (1990), S. 233-249.

–, »Geheime Offenbarungsbücher und Loyalitätskonflikte im antiken Judentum«, in: *Festschrift C. Colpe,* Würzburg 1990, S. 258-268.

Klauck, H. J., »Gütergemeinschaft in der klassischen Antike, in Qumran und im Neuen Testament«, in: *Revue de Qumran* 11 (1982), S. 47-80.

Koch, K., »Die Entstehung der sozialen Kritik bei den Propheten«, in: H. W. Wolff (Hg.), *Probleme biblischer Theologie. Festschrift G. von Rad,* München 1971, S. 236-257.

–, »Ezra and the Origins of Judaism«, in: *Journal of Semitic Studies* 19 (1974), S. 173-197.

–, »Vom profetischen zum apokalyptischen Visionsbericht«, in: D. Hellholm (Hg.), *Apocalypticism in the Mediterranean World and the Near East.* Tübingen 1983, S. 413-446.

–, »Sabbatstruktur der Geschichte«, in: *Zeitschrift für die alttestamentliche Wissenschaft* 95 (1983), S. 403-430.

Kocis, E., «Apokalyptik und politisches Interesse im Spätjudentum«, in: *Judaica* 27 (1971), S. 71-89.

Koffmann, E., »Die staatsrechtliche Stellung der essenischen Vereinigungen in der griechisch-römischen Periode«, in: *Biblica* 44 (1963), S. 46-61.

Kraabel, A. T., »Social Systems of Six Diaspora Synagogues«, in: J. Gutman (Hg.), *Ancient Synagogues: The State of Research,* Chico California 1981, S. 79-121.

–, »The Roman Diaspora: Six Questionable Assumptions«, in: *Journal of Jewish Studies* 33 (1982), S. 445-464.

Krašovec, J., *La justice (ṣdq) de Dieu dans la Bible hébraique et l'interprétation juive et chrétienne*, Fribourg 1988.

Kraus, F. R., *Ein Edikt des Königs Ammi-Ṣaduqa von Babylon*, Leiden 1958.

Kuhrt, A. / Sherwin-White, S. (Hg.), *Hellenism in the East: The Interaction of Greek and Non-Greek Civilizations from Syria to Central Asia after Alexander*, London 1987.

Kvanig, H. S., *Roots of Apocalyptic. The Mesopotamian Background of the Enoch Figures and of the Son of Man*, Neukirchen-Vluyn 1988.

Landau, Y. H., »A Greek Inscription found near Hefzibah«, in: *Israel Exploration Journal* 16 (1966), S. 54-70.

Lang, B., »Die Jahwe-allein-Bewegung«. in: B. Lang (Hg.), *Der einzige Gott. Die Geburt des biblischen Monotheismus*, München 1981, S. 47-83.

–, »Sklaven und Unfreie im Buch Amos (II 6, VIII 6)«, in: *Vetus Testamentum* 31 (1981), S. 482-488.

–, »The Social Organization of Peasant Poverty in Biblical Israel«, in: *Journal for the Study of the Old Testament* 24 (1982), S. 47-63.

–, *Monotheism and the Prophetic Minority. An Essay in Biblical History and Sociology*, Sheffield 1983.

–, »Prophetie und Ökonomie im alten Israel«, in: G. Kehrer (Hg.), *» Vor Gott sind alle gleich«. Soziale Gleichheit, soziale Ungleichheit und die Religionen*, Düsseldorf 1983, S. 53-73.

–, »Zur Entstehung des biblischen Monotheismus«, in: *Theologische Quartalschrift* 166 (1986), S. 135-142.

–, »Vom Propheten zum Schriftgelehrten. Charismatische Autorität im Frühjudentum«, in: H. v. Stietencron (Hg.), *Theologen und Theologien in verschiedenen Kulturkreisen*, Düsseldorf 1986, S. 89-114.

Lang, B. (Hg.), *Der einzige Gott. Die Geburt des biblischen Monotheismus*, München 1981.

–, *Anthropological Approaches to the Old Testament*, London / Philadelphia 1985.

Laperrousaz, E. M., *L'attente du Messie en Palestine à la veille et au début de l'ère chrétienne à la lumière des documents récemment découverts*, Paris 1982.

Lebram, J., »Der Idealstaat der Juden«, in: *Festschrift O. Michel*, Göttingen 1974, S. 233-253.

Leivestadt, R., »Jesus – Messias – Menschensohn. Die jüdischen Heilserwartungen zur Zeit der ersten römischen Kaiser und die Frage nach dem messianischen Selbstbewußtsein Jesu«, in: *Aufstieg und Niedergang der Römischen Welt*, II, Bd. 25/1, Berlin 1982, S. 220-264.

Lemaire, A., *Les écoles et la formation de la bible dans l'ancien Israel*, Fribourg/Göttingen 1981.

Lemche, N. P., »The ›Hebrew Slave‹. Comments on the Slave Law in Ex XXI, 2-11«, in: *Vetus Testamentum* 25 (1975), S. 129-144.

–, »The Manumission of Slaves – the Fallow Year – the Sabbatical Year – the Jobel Year«, in: *Vetus Testamentum* 26 (1976), S. 38-59.

–, »Andurārum and Mīšarum: Comments on the Problem of Social Edicts and their Application in the Ancient Near East«, in: *Journal of Near Eastern Studies* 38 (1979), S. 11-22.

–, *Early Israel. Anthropological and Historical Studies on the Israelite Society before the Monarchy*, Leiden 1985.

–, *Ancient Israel: A New History of Israelite Society*, Sheffield 1988.

Lenger, M.-Th., *Corpus des Ordonnances des Ptolémées*, Brüssel ²1980.

Levine, L. I. (Hg.), *The Synagogue in Late Antiquity*, Philadelphia 1987.

Lewy, J., »The Biblical Institution of Dᵉrôr in the Light of Akkadian Documents«, in: *Eretz Israel* 5 (1958), S. 21-31.

Lightstone, J. N., *Society, the Sacred, and Scripture in Ancient Judaism. A Sociology of Knowledge*, Waterloo 1988.

Lindner, H., *Die Geschichtsauffassung des Flavius Josephus im Bellum Judaicum*, Leiden 1972.

Lohse, E. (Hg.), *Die Texte aus Qumran. Hebräisch und deutsch*, München ⁴1986.

Loraux, N., *L'invention d'Athènes. Histoire de l'oraison funèbre dans la »cité classique«*, Paris 1981.

Loretz, O., »Die prophetische Kritik des Rentenkapitalismus«, in: *Ugarit-Forschungen* 7 (1975), S. 271-278.

–, *Habiru-Hebräer. Eine sozio-linguistische Studie über die Herkunft des Gentiliziums 'ibrî vom Appellativum habiru*, Berlin/New York 1984.

Luttikhuizen, G., *The Revelation of Elchasai*, Tübingen 1985.

Maier, J. / K. Schubert, *Die Qumran-Essener*, München 1973.

Mayer, G., *Die jüdische Frau in der hellenistisch-römischen Antike*, Stuttgart 1987.

McEvenue, S., »The Political Structure in Judah from Cyrus to Nehemia«, in: *Catholic Biblical Quarterly* 43 (1981), S. 353-364.

Meade, D. G., *Pseudonymity and Canon. An Investigation into the Relationship of Authorship and Authority in Jewish and Earliest Christian Tradition*, Tübingen 1986.

Mendels, D., *The Land of Israel as a Political Concept in Hasmonean Literature*, Tübingen 1987.

Mendelsohn, I., *Slavery in the Ancient Near East. A Comparative Study of Slavery in Babylonia, Assyria, Syria, and Palestine from the Middle of the Third Millennium to the End of the First Millennium*. Oxford 1949.

Meyer, R., *Der Prophet aus Galiläa. Studie zum Jesusbild der drei ersten Evangelien* (1940), Darmstadt 1970.

–, »Der 'Am ha-Ares. Ein Beitrag zur Religionssoziologie Palästinas im ersten und zweiten nachchristlichen Jahrhundert«, in: *Judaica* 3 (1947), S. 169-199.

–, »Tradition und Neuschöpfung im antiken Judentum«, in: *Sitzungsberichte der sächsischen Akademie der Wissenschaften zu Leipzig, Phil.-hist. Kl.*, 110,2, Leipzig 1965.

Meyers, C., *Discovering Eve: Ancient Israelite Women in Context*, Oxford 1988.

Milik, J. T., *The Books of Enoch. Aramaic Fragments of Qumran Cave 4*, Oxford 1976.

–, »Die Geschichte der Essener«, in: K. E. Grözinger u. a. (Hg.), *Qumran*, Darmstadt 1981, S. 58-120.

Millar, F., »The Background to Maccabean Revolution«, in: *Journal of Jewish Studies* 29 (1978), S. 1-21.

Momigliano, A., *Hochkulturen im Hellenismus. Die Begegnung der Griechen mit Kelten, Juden, Römern und Persern*, München 1979.

–, »Rezension von M. Hengel, Judentum und Hellenismus«, in: *Journal of Theological Studies* 21 (1970), S. 149-155.

Mowinckel, S., *He That Cometh*, Oxford 1956.

Mulder, M. J. (Hg.), *Mikra. Text, Translation, Reading and Interpretation of the Hebrew Bible in Ancient Judaism and Early Christianity*, Assen 1988.

Murphy-O'Connor, J., »The Damascus Document Revisited«, in: *Revue biblique* 92 (1985), S. 223-246.

–, »The Essenes and their History«, in: *Revue biblique* 81 (1974), S. 215-244.

Musurillo, H. A., *The Acts of the Pagan Martyrs*, Acta Alexandrinorum, Oxford 1954.

Neusner, J., »One Theme, two Settings. The Messiah in the Literature of the Synagogue and in the Rabbis' Canon of Late Antiquity«, in: *Bibl. Theol. Bull.* 14 (1984), S. 110-121.

–, *Torah: From Scroll to Symbol in Formative Judaism*, Philadelphia 1985.

Neusner, J. / W. S. Green / E. Frerichs (Hg.), *Judaisms and Their Messiahs at the Turn of the Christian Era*, Cambridge 1987.

Newton, M., *The Concept of Purity at Qumran and in the Letters of Paul*, Cambridge 1985.

Nickelsburg, G. W., »Enoch, Levi and Peter: Recipients of Revelation in Upper Galilee«, in: *Journal of Biblical Literature* 100 (1981), S. 575-600.

–, *Jewish Literature between the Bible and the Mishnah*, Philadelphia 1981.

Norden, E., »Josephus and Tacitus über Jesus Christus und eine messianische Prophetie«, in: *Neue Jahrbücher für das klassische Altertum* 31 (1913), S. 637-666.

North, R., *Sociology of the Biblical Jubilee*, Rom 1954.

Oppenheimer, A., *The Am ha-aretz. A study in the Social History of the Jewish People in the Hellenistic-Roman Period*, Leiden 1977.

Otto, E., *Wandel der Rechtsbegründungen in der Gesellschaftsgeschichte des antiken Israel. Eine Rechtsgeschichte des »Bundesbuches« Ex xx 22-xxiii 13*, Leiden 1988.

Pasinya, L. M., *La Notion de Nomos dans le Pentateuque Grec*, Rom 1973.

Patrick, D., *Old Testament Law*, Atlanta 1985.

Pelletier, A., »La Philanthropia de tous les jours chez les écrivains juifs hellénisés«, in: *Paganisme, Judaïsme, Christianisme. Mélanges offerts à Marcel Simon*, Paris 1978, S. 35-44.

Perler, O., »Art. Arkandisziplin«, in: *Reallexikon für Antike und Christentum*, Band 1, Stuttgart 1950, S. 667-676.

Perlitt, L., »Ein einzig Volk von Brüdern«, in: D. Lührmann/G. Strecker (Hg.), *Kirche. Festschrift für G. Bornkamm*, Tübingen 1980, S. 27-52.

Petschow, H., »Neubabylonisches Pfandrecht«, in: *Abhandlungen der sächsischen Akademie der Wissenschaften*, Bd. 48, Berlin 1956.

van der Ploeg, J. M., »Die Essener und die Anfänge des christlichen Mönchtums«, in: K. S. Frank (Hg.), *Askese und Mönchtum in der Alten Kirche*, Darmstadt 1975, S. 107-128.

Plöger, O., *Aus der Spätzeit des Alten Testaments*. Göttingen 1971.

Powell, D., »Art. Arkandisziplin«, in: *Theologische Realenzyklopädie*, Band 1, Berlin 1979, S. 1-8.

Pratscher, W., *Der Herrenbruder Jakobus und die Jakobustradition*, Göttingen 1987.

Preuß, H. D., *Deuteronomium*, Darmstadt 1982.

Puech, E., »Notes sur le Manuscrit de xiQ Melkisédeq«, in: *Revue de Qumran* 12 (1987), S. 483-513.

Rajak, T., *Josephus. The Historian and his Society*, London 1983.

Rendtorff, R., *Das Alte Testament*, Neukirchen-Vluyn 1983.

–, »Esra und das ›Gesetz‹«, in: *Zeitschrift für die alttestamentliche Wissenschaft* 96 (1984), S. 165-184.

Rivkin, H., »Beth Din, Boule, Sanhedrin: A Tragedy of Errors«, in: *Hebrew Union College Annual* 46 (1975), S. 181-199.

Rofé, A., »The Laws of Warfare in the Book of Deuteronomy: Their Origins, Intent and Positivity«, in: *Journal for the Study of the Old Testament* 32 (1985), S. 23-44.

Rost, L., *Die Vorstufen von Kirche und Synagoge im Alten Testament. Eine wortgeschichtliche Untersuchung*, Stuttgart 1938.

–, »Gruppenbildungen im Alten Testament«, in: *Theologische Literaturzeitung* 80 (1955), S. 1-8.

Sachau, E., *Syrische Rechtsbücher*, 3 Bde., Berlin 1907 / 1908 / 1914.

Safrai, S. / M. Stern (Hg.), *The Jewish People in the First Century*, Bd. 1, Assen 1974; Bd. 2, Assen 1976.

Sanders, J. A., »From Isaiah 61 to Luke 4«, in: *Christianity, Judaism and other Greco-Roman Cults. Festschrift M. Smith*, Bd. 1, Leiden 1975, S. 75-106.

–, *From Sacred Story to Sacred Text*, Philadelphia 1987.

–, *Canon and Community. A Guide to Canonical Criticism*, Philadelphia 1984.

Sarna, N., »Zedekiah's Emancipation of Slaves and the Sabbatical Year«, in: *Orient and Occident. Festschrift C. H. Gordon*, Neukirchen-Vluyn 1973, S. 143-149.

Schaeder, H. H., »Esra der Schreiber« (1930), in: H. H. Schaeder, *Studien zur Orientalischen Religionsgeschichte*, hg. von C. Colpe, Darmstadt 1968, S. 162-241.

Schäfer, P., *Geschichte der Juden in der Antike*, Stuttgart 1983.

Schalit, A., *König Herodes*, Berlin 1969.

Schluchter, W. (Hg.), *Max Webers Studie über das antike Judentum. Interpretation und Kritik*, Frankfurt 1981.

Schmidt, F., »›Traqué comme un loup‹. A propos du débat actuel sur l'Apocalyptique juive«, in: *Archives de sociologie des religions* 53 (1982), S. 5-21.

Schneemelcher, W. (Hg.), *Neutestamentliche Apokryphen*, Bd. 1, Tübingen ⁵1987.

–, *Neutestamentliche Apokryphen*, Bd. 2, Tübingen ⁵1989.

Schottroff, W., »Der Prophet Amos. Versuch der Würdigung seines Auftretens unter sozialgeschichtlichem Aspekt«, in: W. Schottroff/W. Stegemann (Hg.), *Der Gott der kleinen Leute*. München 1979, S. 39-66.

–, »Zur Sozialgeschichte Israels in der Perserzeit«, in: *Verkündigung und Forschung* 27 (1982), S. 46-68.

Schüpphaus, J., *Die Psalmen Salomos*, Leiden 1977.

Schürer, E., *History of the Jewish People in the Age of Jesus Christ (175 B. C. – A. D. 135)*. A new English Version, Bd. 1, Edinburgh 1973, hg. von G. Vermes und F. Millar; Bd. 2, Edinburgh 1979, hg. von G. Vermes, F. Millar und M. Black; Bd. 3, Teil 1 und 2, London 1986, hg. von G. Vermes, F. Millar und M. Goodman.

Segal, A. F., »Torah and *nomos* in Recent Scholarly Discussion«, in: *Studies in Religion/Sciences Religieuses* 13 (1984), S. 19-27.

Sherwin-White, A. N., *Roman Foreign Policy in the East 168 B. C. to A. D. 1*, London 1984.

Sigrist, Chr. / Neu, R. (Hg.), *Ethnologische Texte zum Alten Testament*, Bd. 1: *Vor- und Frühgeschichte Israels*, Neukirchen-Vluyn 1989.

Silverman, M. H., *Religious Values in the Jewish Proper Names at Elephantine*, Neukirchen-Vluyn 1985.

Smallwood, E. M., *The Jews under Roman Rule: From Pompey to Diocletian*, Leiden 1976.

Smith, J. Z., »Wisdom and Apocalyptic«, in: B. A. Pearson (Hg.), *Reli-*

gious Syncretism in Antiquity. Essays in Conversation with Geo Windengren, Missoula 1975, S. 131-156.

Smith, M., »What is Implied by the Variety of Messianic Figures?«, in: *Journal of Biblical Literature* 78 (1959), S. 66-72.

–, »Pseudepigraphy in the Israelite Literary Tradition«, in: K. von Fritz (Hg.), *Pseudepigrapha* I: Pseudopythagorica, Lettres de Platon, Littérature pseudépigraphe juive. Fondation Hardt, Bd. 18, Genf 1972, S. 191-227.

–, *Clement of Alexandria and a Secret Gospel of Mark*, Cambridge, Mass. 1973.

–, »Die Entwicklungen im Judäa des 5. Jh. v.Chr. aus griechischer Sicht«, in: H. G. Kippenberg (Hg.), *Seminar: Die Entstehung der antiken Klassengesellschaft*, Frankfurt 1977, S. 313-327.

–, »Jewish Religious Life in the Persian Period«, in: W. D. Davies / L. Finkelstein (Hg.), *Cambridge History of Judaism*, Bd. 1, Cambridge 1984, S. 210-278.

–, *Palestinian Parties and Politics that Shaped the Old Testament*, London ²1987.

Speyer, W., Artikel »Fälschung, literarische«, in: *Reallexikon für Antike und Christentum*, Bd. 7, Stuttgart 1969, Sp. 236-277.

–, *Bücherfunde in der Glaubenswerbung der Antike. Mit einem Ausblick auf Mittelalter und Neuzeit*, Göttingen 1970.

–, *Die literarische Fälschung im heidnischen und christlichen Altertum. Ein Versuch ihrer Deutung*, München 1971.

–, »Religiöse Pseudepigraphie und literarische Fälschung im Altertum«, in: N. Brox (Hg.), *Pseudepigraphie in der heidnischen und jüdisch-christlichen Antike*. Darmstadt 1977, S. 195-263.

Stadelmann, H., *Ben Sira als Schriftgelehrter*, Tübingen 1980.

Steiner, G., »Enslavement and the Early Hebrew Lineage System« (1954), in: B. Lang (Hg.), *Anthropological Approaches to the Old Testament*, London/Philadelphia 1985, S. 21-25.

Stenger, W., *»Gebt dem Kaiser, was des Kaisers ist...!« Eine sozialgeschichtliche Untersuchung zur Besteuerung Palästinas in neutestamentlicher Zeit*, Frankfurt 1988.

Stern, M., *Greek and Latin Authors on Jews and Judaism*, 3 Bde., Jerusalem / Leiden 1976 / 1980.

Stolz, F., »Monotheismus in Israel«, in: O. Keel (Hg.), *Monotheismus im Alten Israel und seiner Umwelt*, Fribourg 1980, S. 143-189.

Stone, M., *Scripture, Sects and Visions*, London 1980.

–, »Apocalyptic Literature«, in: derselbe (Hg.), *Jewish Writings of the Second Temple Period*, Assen 1984, S. 383-441.

–, »Reactions to Destructions of the Second Temple«, in: *Journal for the Study of Judaism* 12 (1981), S. 195-204.

Struppe, U. (Hg.), *Studien zum Messiasbild im Alten Testament*, Stuttgart 1989.

Swain, J. W., »The Theory of the four Monarchies: Opposition History under the Roman Empire«, in: *Classical Philology* 35 (1940), S. 1-21.

Tcherikover, V., »Palestine under the Ptolemies«, in: *Mizraim* 4/5 (1937), S. 7-90.

–, »The Ideology of the Letter of Aristeas«, in: *Harvard Theological Review* 51 (1958), S. 59-85.

–, *Hellenistic Civilization and the Jews*, Philadelphia 1959.

–, »Was Jerusalem a ›Polis‹?«, in: *Israel Exploration Journal* 14 (1964), S. 61-78.

–, »Social Conditions«, in: A. Schalit (Hg.), *The World History of the Jewish People*, Bd. 1/6, *The Hellenistic Age*, London 1976, S. 87-114.

Theißen, G., *Studien zur Soziologie des Urchristentums*, Tübingen ²1983.

Thiel, W., *Die deuteronomistische Redaktion von Jeremia 26-45*, Neukirchen 1981.

Thiering, B. E., »Mebaqqer and Episkopos in the Light of the Temple Scroll«, in: *Journal of Biblical Literature* 100 (1981), S. 59-74.

Timpe, D., »Der römische Vertrag mit den Juden von 161 v. Chr.«, in: *Chiron* 4 (1974), S. 133-152.

–, »Mose als Gesetzgeber«, in: *Saeculum* 31 (1980), S. 66-77.

Trüdinger, L., *Studien zur Geschichte der griechisch-römischen Ethnographie*, Basel 1918.

Urbach, E. E., »The Laws regarding Slavery as a Source for Social History of the Period of the Second Temple, the Mishnah and Talmud«, in: *Annual of Jewish Studies* 1 (1963), S. 1-94.

–, »Class-Status and Leadership in the World of the Palestinian Sages«, in: *Proceedings of the Israel Academy of Sciences and Humanities* 2 (1968), S. 38-74.

–, *The Sages. Their Concepts and Beliefs*, Cambridge, Mass. / London 1987.

Vanderkam, J., *Enoch and the Growth of an Apocalyptic Tradition*, Washington 1984.

Vermes, G., *The Dead Sea Scrolls. Qumran in Perspective*, London 1977.

Vidal-Naquet, P., »Flavius Josèphe et Masada«, in: *Revue Historique* 260 (1978), S. 3-21.

–, »Les Juifs entre l'État et l'Apocalypse«, in: C. Nicolet, (Hg.), *Rome et la Conquête du Monde Mediterranéen*, Bd. 2; Paris 1978, S. 846-882.

Wacholder, B. Z., »Chronomessianism. The Timing of Messianic Movements and the Calendar of Sabbatical Cycles«, in: *Hebrew Union College Annual* 46 (1975), S. 201-218.

Weinberg, J. P. (I. P. Vejnberg), »Das Bēit 'Āḇōt im 6.-4. Jh. v. u. Z.«, in: *Vetus Testamentum* 23 (1973), S. 400-414.

–, »Probleme der sozialökonomischen Struktur Judäas vom 6. Jahrhundert v. u. Z. bis zum 1. Jahrhundert u. Z.. Zu einigen wirtschaftshistorischen Untersuchungen von Heinz Kreissig«, in: *Jahrbuch für Wirtschaftsgeschichte* 1 (1973), S. 237-251.

–, »Der ꜥam hāʾāreṣ des 6.-4. Jahrhunderts v.u.Z.«, in: *Klio* 56 (1974), S. 325-335.

–, »Die Agrarverhältnisse in der Bürger-Tempel-Gemeinde der Achämenidenzeit«, in: J. Harmatta/G. Komorosz (Hg.), *Wirtschaft und Gesellschaft im Alten Vorderasien*, Budapest 1976, S. 473-486.

–, »Zentral- und Partikulargewalt im achämenidischen Reich«, in: *Klio* 59 (1977), S. 25-43.

–, »Die soziale Gruppe im Weltbild des Chronisten«, in: *Zeitschrift für die alttestamentliche Wissenschaft* 98 (1986), S. 72-95.

Weinfeld, M., *Deuteronomy and the Deuteronomic School*, Oxford 1972.

–, »›Justice and Righteousness‹ in Ancient Israel against the Background of ›Social Reforms‹ in the Ancient Near East«, in: H. J. Nissen / J. Renger (Hg.), *Mesopotamien und seine Nachbarn*, Teil 2, Berlin 1982, S. 491-519.

–, »The King as the Servant of the People: The Source of the Idea«, in: *Journal of Jewish Studies* 33 (1982), S. 189-194.

–, *The Organizational Pattern and the Penal Code of the Qumran Sect. A Comparison with Guilds and Religious Associations of the Hellenistic-Roman Period*, Fribourg / Göttingen 1986.

Weisman, Z., »Anointing as a Motif in the Making of the Charismatic King«, in: *Biblica* 57 (1976), S. 378-398.

Welles, C. B., *Royal Correspondence in the Hellenistic Period. A Study in Greek Epigraphy*, New Haven 1934.

Westbrook, R., »Biblical and Cuneiform Law Codes«, in: *Revue biblique* 92 (1985), S. 247-264.

Westermann, W. L., »Enslaved Persons who are Free«, in: *American Journal of Philology* 59 (1938), S. 1-30.

Wewers, G. A., *Geheimnis und Geheimhaltung im rabbinischen Judentum*, Berlin 1975.

Wildberger, H., »Der Monotheismus Deuterojesajas«, in: Festschrift W. Zimmerli, Göttingen 1977, S. 506-530.

Will, E./C. Orrieux, *Ioudaismos – Hellènismos. Essai sur le judaïsme judéen à l'époque hellénistique*, Paris 1986.

Windisch, H., »Die Orakel des Hystaspes«, in: *Verh. Kon. Ak. v. Wet. Afd. Letterkunde*, Bd. 28,3, Amsterdam 1929.

van der Woude, A. S., *Die messianischen Vorstellungen der Gemeinde von Qumran*, Assen 1957.

–, »Melchisedek als himmlische Erlösergestalt in den neugefundenen eschatologischen Midraschim aus Qumran Höhle xi, in: *Qudtestamentische Studien* 14 (1965), S. 354-373.

Wrede, W., *Das Messiasgeheimnis in den Evangelien*, Göttingen ²1913.

Wright, R. B., »The Psalms of Solomon, the Pharisees, and the Essenes«, in: R. A. Kraft (Hg.), *Proceedings of the International Organization for Septuagint and Cognate Studies and the Society of Biblical Literature*, 1972, S. 136-147.

Yamauchi, E. M., »Two Reforms Compared: Solon of Athens and Nehemia of Jerusalem«, in: *The Bible World. Essays in Honor of C. H. Gordon*, New York 1980, S. 269-292.

Zimmerli, W., »Das ›Gnadenjahr‹ des Herren«, in: *Archäologie und Altes Testament. Festschrift K. Galling*, Tübingen 1970, S. 321-332.

vi. Christen

Untersuchungen zur Bildung christlicher Fraktionen in jüdischen
Gemeinden und paganen Städten; zur Stellungnahme von Christen zu den
Institutionen antiker Stadtgemeinden; zur Verfolgung von Christen; zu
den Auseinandersetzungen zwischen Christen, Juden und Heiden; zu
unterschiedlichen Konzeptionen der Person in der Antike

Altaner, B./Stuiber, A., *Patrologie: Leben, Schriften und Lehre der Kirchenväter*, Freiburg [8]1978.

Andresen, C., *Logos und Nomos. Die Polemik des Kelsos gegen das Christentum*, Berlin 1955.

Aune, D. E., *The Cultic Setting of Realized Eschatology in Early Christianity*, Leiden 1972.

–, *Prophecy in Early Christianity and the Ancient Mediterranean World*, Grand Rapids 1983.

Aune, D. E. (Hg.), *Greco-Roman Literature and the New Testament: Selected Forms and Genres*, Atlanta 1988.

Balch, D. L., *Let Wives be Submissive*, Scholars Press 1981.

Barnes, T. D., »Legislation against the Christians«, in: *Journal of Roman Studies* 58 (1968), S. 32-50.

–, *Constantine and Eusebius*, Harvard 1981.

Barrett, C. K., »Jews and Judaizers in the Epistle of Ignatius«, in: *Jews, Greeks and Christians. Essays in Honor of W. D. Davies*, Leiden 1976, S. 220-244.

Bendix, R., »Umbildungen des persönlichen Charismas. Eine Anwendung von Webers Charismabegriff auf das Frühe Christentum«, in: W. Schluchter (Hg.), *Max Webers Sicht des antiken Christentums. Interpretation und Kritik*, Frankfurt 1985, S. 404-443.

Benko, S., »Pagan Criticism of Christianity During the First Two Centuries A. D.«, in: *Aufstieg und Niedergang der Römischen Welt*, Reihe II, Bd. 23/2, Berlin 1980, S. 1055-1118.

–, *Pagan Rome and the Early Christians*, London 1985.

Benoit, A., »La ›Contra Christianos‹ de Porphyre: Où en est la collecte des fragments?«, in: *Festschrift M. Simon*, Paris 1978, S. 261-275.

Berchem, D. von, »Tertullians ›De pallio‹ und der Konflikt des Christentums mit dem Imperium Romanum« (1944), in: R. Klein (Hg.), *Das frühe Christentum im römischen Staat*, Darmstadt 1971, S. 106-128.

Berger, K., »Volksversammlung und Gemeinde Gottes«, in: *Zeitschrift für Theologie und Kirche* 73 (1976), S. 167-207.

–, »Die impliziten Gegner. Zur Methode des Erschließens von ›Gegnern‹ in neutestamentlichen Texten«, in: *Festschrift G. Bornkamm*, Tübingen 1980, S. 373-400.

Bickerman, E., »Beiträge zur antiken Urkundengeschichte«, in: *Archiv für Papyrusforschung* 8 (1929), S. 216-239.

–, »The Name of the Christians«, in: derselbe, *Studies in Jewish and Christian History*, Bd. 3, Leiden 1986, S. 139-151.

Bidez, J., *Kaiser Julian. Der Untergang der heidnischen Welt*, Reinbek 1956.

Biglmair, A., *Die Beteiligung der Christen am öffentlichen Leben in vorkonstantinischer Zeit*, München 1902.

Bleicken, J., »Der politische Standpunkt Dios gegenüber der Monarchie. Die Rede des Maecenas Buch 52, 14-40«, in: *Hermes* 90 (1962), S. 444-467.

Bolkestein, H., *Wohltätigkeit und Armenpflege im vorchristlichen Altertum*, Utrecht 1939.

Borgen, P., »The Early Church and the Hellenistic Synagogue«, in: *Studia Theologica* 37 (1983), S. 55-78.

Bousset, W., *Jüdisch-Christlicher Schulbetrieb in Alexandria und Rom*, Göttingen 1915.

van den Broek, R. – T. Baarda – J. Mansfeld (Hg.), *Knowledge of God in the Graeco-Roman World*, Leiden 1988.

Brown, P., *The World of Late Antiquity*, London 1971.

–, *Religion and Society in the Age of Saint Augustine*, London 1972.

–, *The Making of Late Antiquity*, Cambridge, Mass. 1978.

–, *The Cult of the Saints. Its Rise and Function in Latin Christianity*, Chicago 1981.

–, *The Body and Society. Men, Women, and Sexual Renunciation in Early Christianity*, London 1988.

Brown, R. E. / Meier, J. P., *Antioch and Rome. New Testament Cradles of Catholic Christianity*, New York 1973.

Brunt, J. C., »Rejected, Ignored, or Misunderstood? The Fate of Paul's Approach to the Problem of Food Offered to Idols in Early Christianity«, in: *New Testament Studies* 31 (1985), S. 113-124.

Burkitt, F. C., *Early Christianity outside the Roman Empire*, Cambridge 1899.

Cadoux, C. J., *The Early Church and the World. A History of the Christian Attitude to Pagan Society and the State down to the Time of Constantine*, Edinburgh 1925.

von Campenhausen, H., *Kirchliches Amt und geistliche Vollmacht in den ersten drei Jahrhunderten*, Tübingen ²1963.

Carrithers, M. / S. Collins / S. Lukes (Hg.), *The Category of the Person*, Cambridge 1985.

Collins, A. Y., *Early Christian Apocalypticism. Genre and Social Setting*, Decatur 1986.

Colpe, C., *Das Siegel der Propheten. Historische Beziehungen zwischen Judentum, Judenchristentum, Heidentum und frühem Islam*, Berlin 1990.

Contreras, C. A., »Christian Views of Paganism«, in: *Aufstieg und Niedergang der Römischen Welt*, Reihe II, Bd. 23/2, Berlin 1980, S. 974-1022.

de Ste. Croix, G. E. M., »Why Were the Early Christians Persecuted?«, in: *Past and Present* 26 (1963), S. 6-38; 27 (1964), S. 28-33.

Crouch, J. E., *The Origin and Intention of the Colossian Haustafel*, Göttingen 1972.

Daly, R. J. u. a., *Christians and the Military. The Early Experience*, Philadelphia 1985.

Daniélou, J., »La Notion de Personne chez les Pères Grecs«, in: I. Meyerson (Hg.), *Problèmes de la Personne*. Paris 1973, S. 113-121.

Dautzenberg, G., *Urchristliche Prophetie. Ihre Erforschung, ihre Voraussetzungen im Judentum und ihre Struktur im ersten Korintherbrief*, Stuttgart 1975.

Deißmann, A., *Licht vom Osten. Das Neue Testament und die neuentdeckten Texte der hellenistisch-römischen Welt*, Tübingen ⁴1923.

Derrett, J. D. M., *Law in the New Testament*, London 1970.

–, »Law and Society in Jesus' World«, in: *Aufstieg und Niedergang der Römischen Welt*, Reihe II, Bd. 25/1, Berlin 1982, S. 478-564.

Dihle, A., *Die Vorstellung vom Willen in der Antike*, Göttingen 1985.

Dodd, C. H., *The Bible and the Greeks*, London ²1954.

Dodds, E. R., *Heiden und Christen in einem Zeitalter der Angst. Aspekte religiöser Erfahrung von Mark Aurel bis Konstantin* (1965), Frankfurt 1985.

Doer, B., *Die römische Namengebung. Ein historischer Versuch*, Stuttgart 1937.

Downey, G., *A History of Antioch in Syria*, Princeton 1961.

Drijvers, H. J. W., *The Book of the Laws of the Countries*, Assen 1965.

–, *Cults and Beliefs at Edessa*, Leiden 1980.

Dumont, L., »A Modified View of Our Origins: the Christian Beginnings of Modern Individualism«, in: M. Carrithers / S. Collins / S. Lukes (Hg.), *The Category of the Person*, Cambridge 1985, S. 93-122.

Ebertz, M. N., *Das Charisma des Gekreuzigten. Zur Soziologie der Jesusbewegung*, Tübingen 1987.

Eck, W., »Das Eindringen des Christentums in den Senatorenstand bis zu Konstantin d.G.«, in: *Chiron* 1 (1971), S. 381-406.

Elliger, W., *Ephesos – Geschichte einer antiken Weltstadt*, Stuttgart 1985.

Elliott, J. H., *A Home for the Homeless. A Sociological Exegesis of Peter, its Situation and Strategy*, Philadelphia 1981.

Elliott, J. H. (Hg.), *Social Scientific Criticism of the New Testament and its Social World*, Scholars Press 1986.

Ferguson, J., *The Religions of the Roman Empire*, London 1970.

Finley, M. I., *Aspects of Antiquity*, Harmondsworth 1972.

Finn, T. M., »Social Mobility, Imperial Civil Service, and the Spread of Early Christianity«, in: *Studia Patristica* 18 (1982), S. 31-37.

–, »The God-fearers Reconsidered«, in: *Catholic Biblical Quarterly* 47 (1985),S. 75-84.

Flusser, D., »The Jewish-Christian Schism«, in: *Immanuel* 16 (1983), S. 32-49; 17 (1983/84), S. 30-39.

Fox, R. L., *Pagans and Christians*, Harmondsworth 1986.

Frend, W. H. C., *The Donatist Church. A Movement of Protest in the Roman North Africa*, Oxford 1952.

–, *Martydom and Persecution in the Early Church*, Oxford 1965.

–, »Jews and Christians in Third Century Carthage«, in: *Festschrift M. Simon*, Paris 1978, S. 185-194.

–, »Early Christianity and Society: A Jewish Legacy in the Pre-Constantinian Era«, in: *Harvard Theological Review* 76 (1983), S. 53-71.

–, *The Rise of Christianity*, London 1984.

Freyne, S., *Galilee, Jesus and the Gospels: Literary Approaches and Historical Investigations*, Dublin 1988.

Fuhrmann, M., »Persona, ein römischer Rollenbegriff«, in: O. Marquard / K. Stiele (Hg.), *Identität*, München 1979, S. 83-106.

Gager, J. G., »The Dialogue of Paganism with Judaism: Bar Cochba to Julian«, in: *Hebrew Union College Annual* 44 (1973), S. 89-118.

–, *Kingdom and Community. The Social World of Early Christianity*, Englewood Cliffs 1975.

Grant, R. M., »Jewish Christianity at Antioch in the Second Century«, in: *Festschrift J. Daniélou*, Paris 1972, S. 97-108.

–, »The Religion of the Emperor Maximin Daia«, in: J. Neusner (Hg.), *Christianity and Other Graeco-Roman Cults*, Bd. 4, Leiden 1974, S. 143-166.

–, *Christen als Bürger im Römischen Reich*, Göttingen 1981.

–, *Gods and the One God. Christian Theology in the Greco-Roman World*, London 1986.

–, *Greek Apologists of the Second Century*, Philadelphia 1988.

Greeven, H., »Propheten, Lehrer, Vorsteher bei Paulus«, in: *Zeitschrift für die neutestamentliche Wissenschaft und die Kunde der älteren Kirche* 44 (1952/53), S. 1-43.

Gülzow, H., *Christentum und Sklaverei in den ersten drei Jahrhunderten*, Bonn 1969.

Hadot, P., »De Tertullien à Boèce. Le développement de la notion de

Personne dans les controverses théologiques«, in: J. Meyerson (Hg.), *Problèmes de la Personne*, Paris 1973, S. 123-134.

von Harnack, A., »Der Vorwurf des Atheismus in den ersten drei Jahrhunderten«, in: *Texte und Untersuchungen*, Neue Folge 28/4, Leipzig 1905.

–, *Die Mission und Ausbreitung des Christentums in den ersten drei Jahrhunderten*, Leipzig [4]1924.

–, »Porphyrius, ›Gegen die Christen‹, 15 Bücher. Zeugnisse, Fragmente und Referate, in: *Abhandlungen der k. Akademie der Wissenschaften zu Berlin, Phil.-Hist. Kl. 1*, 1916, S. 3-115.

Harrer, G. A., »Saul Who also is Called Paul«, in: *Harvard Theological Review* 33 (1940), S. 19-33.

Helgeland, J., »Christians and the Roman Army from Marcus Aurelius to Constantine«, in: *Aufstieg und Niedergang der Römischen Welt*, Reihe II, Bd. 23/1, Berlin 1979, S. 724-834.

Helgeland, J. / Daly, R. J. / Burns, J. P., *Christians and the Military. The Early Experience*, Philadelphia 1985.

Hengel, M., »Das Gleichnis von den Weingärtnern Mc 12, 1-12 im Lichte der Zenonpapyri und der rabbinischen Gleichnisse«, in: *Zeitschrift für die neutestamentliche Wissenschaft* 59 (1968), S. 1-39.

–, *Eigentum und Reichtum in der frühen Kirche. Aspekte einer frühchristlichen Sozialgeschichte*, Stuttgart 1973.

–, »Zwischen Jesus und Paulus. Die ›Hellenisten‹, die ›Sieben‹ und Stephanus (Apg 6, 1-15; 7,54-8,3)«, in: *Zeitschrift für Theologie und Kirche* 72 (1975), S. 151-206.

–, *Between Jesus and Paul. Studies in the Earliest History of Christianity*, London 1983.

Herz, D. J., »Großgrundbesitzer in Palästina im Zeitalter Jesu«, in: *Palästinajahrbuch* 24 (1928), S. 98-113.

Hill, D., Christian Prophets as Teachers or Instructors in the Church«, in: J. Panagopoulos (Hg.), *Prophetic Vocation in the New Testament and Today*, London 1977, S. 108-130.

Holl, K., »Die Vorstellung vom Märtyrer und die Märtyrerakte in ihrer geschichtlichen Entwicklung«, in: derselbe: *Gesammelte Aufsätze*, Bd. 2, Tübingen 1928, S. 68-102.

Holmberg, B., *Paul and Power: The Structure of Authority in the Primitive Church as Reflected in the Pauline Epistles*, Philadelphia 1980.

Horsley, G. H. R., *New Documents Illustrating Early Christianity. A Review of Greek Inscriptions and Papyri published in 1976*, North Ryde 1981.

–, *New Documents Illustrating Early Christianity. A Review of Greek Inscriptions and Papyri published in 1977*, North Ryde 1982.

–, *New Documents Illustrating Early Christianity. A Review of Greek Inscriptions and Papyri published in 1979*, Macquerie 1987.

van der Horst, P., »Het oorloogsvraagstuk in het christendom van de eerste drie eeuwen«, in: *Lampas 19* (1986), S. 405-420.

Hurtado, L. W., *One God, One Lord: Early Christian Devotion and Ancient Jewish Monotheism*, Philadelphia 1987.

Jones, A. H. M., »Der soziale Hintergrund des Kampfes zwischen Heidentum und Christentum« (1963), in: R. Klein (Hg.), *Das frühe Christentum im römischen Staat*, Darmstadt 1971, S. 337-363.

Kajanto, I., *Onomastic Studies in the Early Christian Inscriptions of Rome and Carthage*, Helsinki 1963.

–, *Supernomina. A Study in Latin Epigraphy*, Helsinki 1967.

Karrer, M., »Das urchristliche Ältestenamt«, in: *Novum Testamentum 23* (1990), S. 152-188.

Kee, H. C., *Das frühe Christentum in soziologischer Sicht*, Göttingen 1982.

–, »Christology and Ecclesiology: Titels of Christ and Models of Community«, in: *Semeia* 30 (1984), S. 171-192.

Kippenberg, H. G., »Name and Person in Ancient Judaism and Christianity«, in: H. G. Kippenberg u. a., *Concepts of Person in Religion and Thought*, Berlin/New York 1980, S. 90-109.

–, »Apokalyptik/Messianismus/Chiliasmus«, in: *Handbuch religionswissenschaftlicher Grundbegriffe*, Bd. 2, Stuttgart 1990, S. 9-26.

Kippenberg, H. G. / Y. B. Kuiper / A. F. Sanders (Hg.), *Concepts of Person in Religion and Thought*, Berlin/New York 1990.

Klauck, H. J., *Hausgemeinde und Hauskirche im frühen Christentum*, Stuttgart 1981.

Klein, R. (Hg.), *Das frühe Christentum im Römischen Staat*, Darmstadt 1971.

Klengel, H., *Syrien zwischen Alexander und Mohammed. Denkmale aus Antike und frühem Christentum*, Wien/München 1987.

Knipfing, J. R., »The Libelli of the Decian Persecution«, in: *Harvard Theological Review* 16 (1923), S. 345-390.

Koep, L., »›Religio‹ und ›Ritus‹ als Problem des frühen Christentums«, in: *Jahrbuch für Antike und Christentum* 5 (1962), S. 43-59.

Koester, H., »Gnomoi Diaphoroi: The Origin and Nature of Diversification in the History of Early Christianity«, in: J. M. Robinson / H. Koester (Hg.), *Trajectories through Early Christianity*, Philadelphia 1971, S. 114-157.

Koschorke, K., »Taufe und Kirchenzugehörigkeit in der Geschichte der Kirche«, in: Chr. Lienemann-Perrin (Hg.), *Taufe und Kirchenzugehörigkeit*, München 1983, S. 129-146.

Koslowski, P., »Politischer Monotheismus oder Trinitätslehre?«, in: J. Taubes (Hg.), *Der Fürst dieser Welt. Carl Schmitt und die Folgen. Religionstheorie und Politische Theologie*, Bd. 1, Paderborn 1983, S. 26-44.

Kraabel, A. T., »The Disappearance of the ›God-fearers‹«, in: *Numen* 28 (1981), S. 113-126.

Kyrtatas, D., *The Social Structure of the Early Christian Communities*, London 1987.

de Labriolle, P., *La Réaction païenne. Etude sur la polémique antichrétienne du 1er au VIe siècle*, Paris 1942.

Lampe, P., *Die stadtrömischen Christen in den ersten beiden Jahrhunderten. Untersuchungen zur Sozialgeschichte*, Tübingen 1987.

Leipoldt, J. / W. Grundmann, *Umwelt des Urchristentums*, 2 Bde., Berlin 1967.

Lohse, E., »Der König aus Davids Geschlecht. Bemerkungen zur messianischen Erwartung der Synagoge«, in: *Festschrift O. Michel*, Leiden 1963, S. 337-345.

–, »Die Entstehung des Bischofsamtes in der frühen Christenheit«, in: *Zeitschrift für neutestamentliche Wissenschaft und die Kunde der älteren Kirche* 71 (1980), S. 58-73.

Lüdemann, G., »Zur Geschichte des ältesten Christentums in Rom«, in: *Zeitschrift für die neutestamentliche Wissenschaft und die Kunde der älteren Kirche* 70 (1979), S. 86-114.

–, »Zum Antipaulinismus im frühen Christentum«, in: *Evangelische Theologie* 40 (1980), S. 437-455.

–, *Paulus der Heidenapostel* II, Göttingen 1982.

–, *Paulus und das Judentum*, München 1983.

Lührmann, D., »Neutestamentliche Haustafeln und antike Ökonomie«, in: *New Testament Studies* 27 (1981), S. 83-97.

MacDonald, M. Y., *The Pauline Churches: A Socio-historical Study of Institutionalization in the Pauline and Deutero-Pauline Writings*, Cambridge 1988.

MacMullen, R., *Paganism in the Roman Empire*, New Haven/London 1981.

–, »Two Types of Conversion to Early Christianity«, in: *Vigiliae Christianae* 37 (1983), S. 174-192.

–, *Christianizing the Roman Empire (A. D. 100-400)*, New Haven/London 1984.

–, »What Difference did Christianity Make?«, in: *Historia* 35 (1986), S. 322-343.

Maier, J., *Jüdische Auseinandersetzungen mit dem Christentum in der Antike*, Darmstadt 1982.

Malherbe, A. J., *Social Aspects of Early Christianity*, Baton Rouge/London 1977.

–, *Ancient Epistolary Theorists*, Atlanta 1988.

Marquard, O. / Stiele, K. (Hg.), *Identität*, München 1979.

Marrou, H.-I., »Problèmes Généraux de l'Onomastique Chrétienne«, in: N. Duval (Hg.), *L'Onomastique Latine*, Paris 1977, S. 431-433.

Martin, J. / B. Quint (Hg.), *Christentum und antike Gesellschaft*, Darmstadt 1990.

Martin, L. H., *Hellenistic Religions. An Introduction*, Oxford 1987.

Mauss, M., »Eine Kategorie des menschlichen Geistes: Der Begriff der Person und des ›Ich‹«, (1938), in: derselbe, *Soziologie und Anthropologie*, Bd. 2, Frankfurt 1978, S. 221-252.

Mead, G. H., *Sozialpsychologie*, Neuwied 1969.

Meeks, W. A., *The First Urban Christians. The Social World of the Apostle Paul*, New Haven / London 1983.

–, »Breaking Away: Three New Testament Pictures of Christianity's Separation from the Jewish Communities, in: J. Neusner, E. Frerichs (Hg.), *»To See Ourselves as Others See us«. Christians, Jews, »Others« in Late Antiquity*, Chico, Cal. 1985, S. 93-116.

–, *The Moral of the First Christians*, Philadelphia 1986.

Meeks, W. A. / R. L. Wilken, *Jews and Christians in Antioch in the First Four Centuries of the Common Era*, Missoula 1978.

Meeks, W. A. (Hg.), *Zur Soziologie des Urchristentums*, München 1979.

Meredith, A., »Porphyry and Julian against the Christians«, in: *Aufstieg und Niedergang der Römischen Welt*, Reihe II, Bd. 23/2, Berlin 1980, S. 1119-1149.

Meyer, R., *Der Prophet aus Galiläa. Studien zum Jesusbild der drei ersten Evangelien*, Leipzig 1940, Nachdruck 1970.

Meyerson, I. (Hg.), *Problèmes de la Personne*, Paris 1973.

Millar, F., »Paul of Samosata, Zenobia and Aurelian: The Church, Local Culture and Political Allegiance in the Third Century«, in: *Journal of Roman Studies* 61 (1971), S. 1-17.

–, »The Imperial Cult and the Persecutions«, in: E. Bickerman u. a. (Hg.), *Le culte des souverains dans l'Empire Romain*, Fondation Hardt, Entretiens 19, Genf 1973.

Molthagen, J., *Der römische Staat und die Christen im zweiten und dritten Jahrhundert*, Göttingen ²1975.

Momigliano, A. (Hg.), *The Conflict between Paganism and Christianity in the Fourth Century*, Oxford 1963.

–, »Freedom of Speech and Religious Tolerance in the Ancient World«, in: S. C. Humphreys (Hg.), *Anthropology and the Greeks*, London 1978, S. 179-193.

Mühlsteiger, J., »Zum Verfassungsrecht der Frühkirche«, in: *Zeitschrift für Katholische Theologie* 99 (1977), S. 129-155; 257-285.

Murphy-O'Connor, J., *St. Paul's Corinth. Texts and Archeology*, Wilmington 1983.

Musurillo, H., *The Acts of the Christian Martyrs*, Oxford 1972.

Nagel, P., *Die Motivierung der Askese und der Ursprung des Mönchtums*, Berlin 1966.

Neesen, L., *Untersuchungen zu den direkten Staatsabgaben der römischen Kaiserzeit (27 v.Chr.-284 n.Chr.)*, Bonn 1980.

Nestle, W., »Die Haupteinwände des antiken Denkens gegen das Christentum« (1948), in: J. Martin / B. Quint (Hg.), *Christentum und antike Gesellschaft*, Darmstadt 1990, S. 17-80.

Neusner, J. / E. Frerichs (Hg.), *»To See Ourselves as Others See us«. Christians, Jews, »Others« in Late Antiquity*, Chico, CA 1985.

Nickelsburg, G. W. E., »Revealed Wisdom as a Criterion for Inclusion and Exclusion: From Jewish Sectarianism to Early Christianity«, in: J. Neusner / E. Frerichs (Hg.) (1985), S. 73-91.

Nock, D., *Conversion. The Old and New in Religion from Alexander the Great to Augustine of Hippo*, Oxford 1963.

Nörr, D., »Die Evangelien des Neuen Testaments und die sogenannte hellenistische Rechtskoine«, in: *Zeitschrift der Savigny-Stiftung für Rechtsgeschichte*, Romanische Abteilung 78 (1961), S. 92-141.

Pearson, B., »Christians and Jews in First-Century Alexandria«, in: *Harvard Theological Review* 79 (1986), S. 206-216.

Pearson, B. / Goehring, J. (Hg.), *The Roots of Egyptian Christianity*, Philadelphia 1986.

Peterson, E., »Der Monotheismus als politisches Problem«, (1935), in: *Theologische Traktate*, München 1951, S. 45-147.

–, »Christianus«, in: *Frühkirche, Judentum und Gnosis*, Rom/Freiburg 1959, S. 64-87.

–, »Das Problem des Nationalismus im Antiken Christentum«, in: *Frühkirche, Judentum und Gnosis*, Rom/Freiburg 1959, S. 51-63.

–, »Kaiser Augustus im Urteil des antiken Christentums. Ein Beitrag zur Geschichte der politischen Theologie«, in: J. Taubes (Hg.), *Der Fürst dieser Welt*, Paderborn 1983, S. 174-180.

Portmann, W., »Zu den Motiven der Diokletianischen Christenverfolgung«, in: *Historia* 39 (1990), S. 212-248.

Richardson, P. (Hg.), *Anti-Judaism in Early Christianity*, Bd. 1, *Paul and the Gospels*, Waterloo, Ontario 1986.

Ritter, A.-M., *Kirchen- und Theologiegeschichte in Quellen. Alte Kirche*, Neukirchen-Vluyn ²1982.

Roberts, C. H., *Manuscript, Society and Belief in Early Christian Egypt*, Oxford 1979.

Robinson, J. M. / Koester, H., *Entwicklungslinien durch die Welt des frühen Christentums*, Tübingen 1971.

Rokeah, D., *Jews, Pagans and Christians in Conflict*, Jerusalem / Leiden 1982.

Sanders, E. P., *Paulus und das palästinische Judentum. Ein Vergleich zweier Religionsstrukturen*, Göttingen 1986.

–, »Paul on the Law, His Opponents, and the Jewish People in Philippians 3 and 2 Corinthians 11, in: P. Richardson (Hg.), *Anti-Judaism in Early Christianity*, Bd. 1, *Paul and the Gospels*, Waterloo, Ontario 1986, S. 75-90.

Sanders, E. P. (Hg.), *Jewish and Christian Self-Definition*, Bd. 1, London 1980.

Schäfke, W., »Frühchristlicher Widerstand«, in: *Aufstieg und Niedergang der Römischen Welt* Reihe II, Bd. 23/1, Berlin 1979, S. 460-723.

Schindler, A. (Hg.), *Monotheismus als politisches Problem? Erik Peterson und die Kritik der politischen Theologie*, Gütersloh 1978.

Schoedel, W. R., »Christian ›Atheism‹ and the Peace of the Roman Empire«, in: *Church History* 42 (1973), S. 309-319.

–, »Ignatius and the Archives«, in: *Harvard Theological Review* 71 (1978), S. 97-106.

Schöllgen, G., *Ecclesia sordida? Zur Frage der sozialen Schichtung frühchristlicher Gemeinden am Beispiel Karthagos zur Zeit Tertullians*, Münster 1985.

–, »Die Teilnahme der Christen am städtischen Leben in vorkonstantinischer Zeit. Tertullians Zeugnis für Karthago« (1982), in: J. Martin / B. Quint (Hg.), *Christentum und antike Gesellschaft*, Darmstadt 1990, S. 319-357.

Scroggs, R., »The Sociological Interpretation of the New Testament: The Present State of Research«, in: *New Testament Studies* 26 (1980), S. 164-179.

Segal, J. B., *Edessa. ›The Blessed City‹*, Oxford 1970.

Sherwin-White, A. N., »Why were the Early Christians Persecuted? An Amendment«, in: *Past and Present* 27 (1964), S. 23-27.

–, *Roman Society and Roman Law in the New Testament*, Oxford 1963.

Shweder, R. A./R. LeVine (Hg.), *Culture Theory. Essays on Mind, Self and Emotion*, Cambridge 1984.

Smith, J. Z., »Native Cults in the Hellenistic Period«, in: *History of Religions* 11 (1971), S. 236-249.

Smith, M., *Jesus der Magier*, München 1981.

Sordi, M., *The Christians and the Roman Empire*, London 1983.

Stade, K., *Der Politiker Diokletian und die letzte große Christenverfolgung*, Kirchhain 1926.

Stambaugh, J. / Balch, D., *The Social World of the First Christians*, London 1986.

Stowers, S. K., »Social Status, Public Speaking and Private Teaching: The Circumstances of Paul's Preaching Activity«, in: *Novum Testamentum* 26 (1984), S. 59-82.

Swain, J. W., »The Theory of the Four Monarchies: Opposition History under the Roman Empire«, in: *Classical Philology* 35 (1940), S. 1-21.

Swift, J. L., »War and the Christian Conscience I: The Early Years«, in: *Aufstieg und Niedergang der Römischen Welt*, Reihe II, Bd. 23/1, Berlin 1979, S. 835-868.

Taubes, J. (Hg.), *Der Fürst dieser Welt. Carl Schmitt und die Folgen. Religionstheorie und Politische Theologie*, Bd. 1, München/Paderborn 1983.

Teixidor, J., *The Pagan God. Popular Religion in the Greco-Roman Near East*, Princeton 1977.

Theißen, G., *Urchristliche Wundergeschichten. Ein Beitrag zur formge-schichtlichen Erforschung der synoptischen Evangelien*, Gütersloh 1974.

–, *Soziologie der Jesusbewegung*, München 1977.

–, *Studien zur Soziologie des Urchristentums*, Tübingen ²1983.

–, *Biblischer Glaube in evolutionärer Sicht*, München 1984.

–, »Vers une théorie de l'histoire sociale du christianisme primitif«, in: *Etudes Théologiques et Religieuses* 63 (1988), S. 199-225.

Timpe, D., »Was ist Kirchengeschichte? Zum Gattungscharakter der Historia Ecclesiastica des Eusebius«, in: *Festschrift R. Werner*, Konstanz 1989, S. 171-204.

Vermes, G., *Jesus the Jew: A Historian's Reading of the Gospels*, Philadelphia 1981.

Verner, D. C., *The Household of God. The Social World of the Pastoral Epistoles*, Chico, Cal. 1983.

Versnel, H. S., »Religieuze stromingen in het Hellenisme«, in: *Lampas* 21 (1988), S. 111-136.

–, »Geef de keizer wat des keizers is en Gode wat Gods is. Een essay over een utopisch conflikt«, in: *Lampas* 21 (1988), S. 233-256.

–, »Jezus Soter – Neos Alkestis? Over de niet-joodse achtergrond van een christelijke doctrine«, in: *Lampas* 22 (1989), S. 219-242.

Vielhauer, Ph., *Geschichte der urchristlichen Literatur*, Berlin/New York 1975.

Vogt, J., »Zur Religiosität der Christenverfolger im römischen Reich«, in: *Sitzungsberichte der Heidelberger Akademie der Wissenschaften. Philosophisch-historische Klasse* 1 (1962), S. 7-30.

Walzer, R., *Galen on Jews and Christians*, London 1949.

Watson, F., *Paul, Judaism and the Gentiles. A Sociological Approach*, Cambridge 1986.

Wengst, K., *Pax Romana. Anspruch und Wirklichkeit. Erfahrungen und Wahrnehmungen des Friedens bei Jesus und im Urchristentum*, München 1986.

Whittaker, M., *Jews and Christians: Graeco-Roman Views*, Cambridge 1985.

–, *Tatian: Oratio ad graecos and Fragments*, Oxford 1982.

Wilken, R. L., »Kollegien, Philosophenschulen und Theologie«, in: W. A. Meeks (Hg.), *Zur Soziologie des Urchristentums*, München 1979, S. 165-193.

–, *The Christians as the Romans Saw Them*, New Haven / London 1984.

Williams, M. H., »Domitian, the Jews and the ›Judaizers‹ – a simple Matter of Cupiditas and Maiestas?«, in: *Historia* 39 (1990), S. 196-211.

Willis, W. L., *Idol Meat in Corinth. The Pauline Argument in 1 Corinthians 8 and 10*, Chico, Cal. 1985.

Wilson, St. G. (Hg.), *Anti-Judaism in Early Christianity*, Bd. 2, *Separation and Polemic*, Waterloo, Ontario 1986.

Wlosok, A., *Rom und die Christen*, Stuttgart 1970.

Zerubavel, E., »Easter and Passover: On Calendars and Group Identity«, in: *American Sociological Review* 47 (1982), S. 284-289.

VII. Gnostiker

Untersuchungen zur Trennung der Gnostiker von christlichen und jüdischen Gemeinden; zu ihrer Kritik am Martyrium; zu ihrer Ablehnung eines öffentlichen Glaubensbekenntnisses vor politischen Instanzen; zur Struktur gnostischer Gemeinden; zur Verfolgung von Gnostikern und zu ihrer Verbreitung auf dem Land

Adam, A., *Texte zum Manichäismus*, Berlin ²1969.

Aland, B., »Marcion«, in: *Zeitschrift für Theologie und Kirche* 70 (1973), S. 420-447.

–, »Erwählungstheologie und Menschenklasselehre«, in: Krause, M. (Hg.), *Gnosis and Gnosticism*, Leiden 1977, S. 148-181.

Asmussen, J., *X^u astvanift. Studies in Manichaeism*, Kopenhagen 1965.

–, *Manichaean Literature. Representative Texts Chiefly from Middle Persian and Parthian Writings*, Delmar, New York 1975.

Astuc, C. / Conus-Wolska, W. / Gouillard, J. / Lemerle, P. / Papachrys-santhou, D. / Paramelle, J., »Les sources grecques pour l'histoire des Pauliciens d'Asie Mineure. Texte critique et traduction«, in: *Travaux et Mémoires du Centre de Recherche d'Histoire et Civilisation Byzantine* 4 (1970), S. 1-227.

Barnes, T. D., »Tertullian's Scorpiace«, in: *Journal of Theological Studies* 20 (1969), S. 105-132.

Bauer, W., *Rechtgläubigkeit und Ketzerei im ältesten Christentum*, Tübingen ²1964.

Benko, S., *Pagan Rome and the Early Christians*, London 1985.

–, »Pagan Criticism of Christianity During the First Two Centuries A. D.«, in: *Aufstieg und Niedergang der Römischen Welt*, Reihe II, Bd. 23/2, Berlin 1980, S. 1055-1118.

Berchman, R. M., *From Philo to Origen: Middle Platonism in Transition*, Decatur 1984.

Bergmeier, R., »›Königslosigkeit‹ als nachvalentinianisches Heilsprädikat«, in: *Novum Testamentum* 24 (1982), S. 316-339.

Beskow, P., »The Theodosian Laws against Manichaeism«, in: P. Bryder (Hg.) (1988), S. 1-12.

Beyschlag, K., *Simon Magus und die christliche Gnosis*, Tübingen 1974.

Bianchi, U. (Hg.), *Le Origini dello Gnosticismo. Colloquio di Messina 13-18 Aprile 1966*, Leiden 1967.

Böhlig, A., *Die Gnosis*, Bd. 3, *Der Manichäismus*, Zürich/München 1980.

Bok, S., *Secrets: On the Ethics of Concealment and Revelation*, New York 1983.

Bolle, K. W., (Hg.), *Secrecy in Religions*, Leiden 1987.

Borst, A., *Die Katharer*, Stuttgart 1953.

Boyce, M., *A Reader in Manichaean Middle Persian and Parthian*, Leiden/Teheran 1975.

Broek, R. van den, »The Present State of Gnostic Studies«, in: *Vigiliae Christianae* 37 (1983), S. 41-71.

–, *De taal van de Gnosis. Gnostische Teksten uit Nag Hammadi*, Baarn 1986.

Brown, P., »The Diffusion of Manichaeism in the Roman Empire« (1969), in: derselbe, *Religion and Society in the Age of Saint Augustine*, London 1972, S. 94-118.

Brown, S. K., James: *A Religio-Historical Study of the Relations between Jewish, Gnostic, and Catholic Christianity in the Early Period through an Investigation of the Traditions about James the Lord's Brother*, Brown University 1972.

Bryder, P., (Hg.), *Manichaean Studies. Proceedings of the First International Conference on Manichaeism*, Lund 1988.

Buckley, J. J., »Mani's Opposition to the Elchasaites: A Question of Ritual«, in: P. Slater/D. Wiebe (Hg.), *Traditions in Contact*, Waterloo 1983, S. 323-336.

–, »Tools and Tasks: Elchasaite and Manichaean Purification Rituals«, in: *Journal of Religion* 66 (1986), S. 399-411.

–, *Female Fault and Fulfillment in Gnosticism*, Chapel Hill / London 1986.

Burkitt, C. F., *Church and Gnosis*, Cambridge 1932.

Cancik, H., »Gnostiker in Rom. Zur Religionsgeschichte der Stadt Rom im 2. Jahrhundert nach Christus«, in: J. Taubes (Hg.), *Gnosis und Politik*, München/Paderborn 1984, S. 163-184.

Chaumont, M.-L., »L'Inscription de Kartir à la Ka‍ᶜbah de Zoroastre (Texte, Traduction, Commentaire)«, in: *Journal Asiatique* 248 (1960), S. 339-380.

Cirillo, L., (Hg.), *Codex Manichaicus Coloniensis*, Cosenza 1986.

Colpe, C., *Die religionsgeschichtliche Schule. Darstellung und Kritik ihres Bildes vom gnostischen Erlösermythos*, Göttingen 1961.

–, »Vorschläge zur Gnosisforschung«, in: *Christentum und Gnosis*, hg. v. W. Eltester, Berlin 1969, S. 129-132.

–, Artikel »Gnosis II (Gnostizismus)«, in: *Reallexikon für Antike und Christentum*, Bd. 11, Stuttgart 1981, Sp. 537-659.

Décret, F., *L'Afrique manichéenne (vɪᵉ-vᵉ siècles)*, 2 Bde., Paris 1978.

Deuse, W., *Untersuchungen zur mittelplatonischen und neuplatonischen Seelenlehre*, Mainz 1983.

Dillon, J. M., »Self-Definition in Later Platonism«, in: B. F. Meyer/E. P. Sanders (Hg.), *Jewish and Christian Self-Definition*, Bd. 3, London 1982, S. 60-75.

Dihle, A., *Die Vorstellung vom Willen in der Antike*, Göttingen 1985.

Dodge, B., *The Fihrist of al-Nadim*, 2 Bde., New York 1970.

Drijvers, H. J. W., »Die Ursprünge des Gnostizismus als religionsgeschichtliches Problem«, (1967/68), in: K. Rudolph (Hg.) (1975), S. 798-841.

–, »Conflict and Alliance in Manichaeism«, in: H. G. Kippenberg (Hg.), *Struggles of Gods. Papers of the Groningen Work Group for the Study of the History of Religions*, Berlin/New York 1984, S. 99-124.

–, »Christ as Warrior and Merchant. Aspects of Marcion's Christology«, in: *Studia Patristica* 21 (1989), S. 73-85.

Ehrhardt, A., »Constantin d. Gr. Religionspolitik und Gesetzgebung« (1955), in: H. Kraft (Hg.), *Konstantin der Große*, Darmstadt 1974, S. 388-456.

Esin, E., »Notes on the Manichean Paintings of Eastern Turkistan«, in: *The Memorial Volume of the VIth International Congress of Iranian Art and Archaeology*, Teheran 1976.

Fallon, F. T., »The Gnostics: The Undominated Race«, in: *Novum Testamentum* 21 (1979), S. 271-288.

Fischer-Mueller, E. A., »Yaldabaoth: The Gnostic Female Principle in its Fallenness«, in: *Novum Testamentum* 23 (1990), S. 79-95.

Flügel, G., *Mani, seine Lehre und seine Schriften. Beitrag zur Geschichte des Manichäismus. Aus dem Fihrist des an-Nadim*, Leipzig 1862.

Foerster, W. (Hg.), *Die Gnosis*. Bd. 1, *Zeugnisse der Kirchenväter*, Zürich/München 1969; Bd. 2, *Koptische und mandäische Quellen*. Von M. Krause und K. Rudolph, Zürich/München 1971; Bd. 3, *Der Manichäismus*. Von A. Böhlig, Zürich/München 1980.

Frend, W. H. C., »The Gnostic Manichaean Tradition in Roman North Africa«, in: *Journal of Ecclesiastical History* 4 (1953), S. 13-26.

–, »The Gnostic Sects and the Roman Empire«, in: *Journal of Ecclesiastical History* 5 (1954), S. 25-37.

–, *Martyrdom and Persecution in the Early Church. A Study of a Conflict from the Maccabees to Donatus*, Oxford 1965.

–, *The Rise of Christianity*, London 1984.

Gabain, A. von, »Das uigurische Königreich von Chotscho, 850-1250«, in: *Sitzungsberichte der deutschen Akademie der Wissenschaften zu Berlin, Klasse für Sprache*, Nr. 5, Berlin 1961.

Gaffron, H.-J., *Studien zum koptischen Philippusevangelium unter besonderer Berücksichtigung der Sakramente*, Diss., Bonn 1969.

Garsoïan, N., *The Paulician Heresy*, Paris/Den Haag 1967.

Glucker, J., *Antiochus and the Late Academy*, Göttingen 1978.

Grant, R. M., *Gnosticism and Early Christianity*, New York ²1966.

–, »Les êtres intermédiaires dans le judaisme tardif«, in: U. Bianchi (Hg.) (1967), S. 141-154.

–, *Gnosticism. A Source Book of Heretical Writings from the Early Christian Period* (1961), New York 1978.

–, »Early Christians and Gnostics in Graeco-Roman Society«, in: *Festschrift R. McL. Wilson*, Edinburgh 1983, S. 176-183.

Green, H. A., »Suggested Sociological Themes in the Study of Gnosticism«, in: *Vigiliae Christianae* 31 (1977), S. 169-180.

–, »Gnosis and Gnosticism: A Study in Methodology«, in: *Numen* 24 (1977), S. 95-134.

–, »Ritual in Valentinian Gnosticism: A Sociological Interpretation«, in: *Journal of Religious History* 12 (1982), S. 109-124.

–, *The Economic and Social Origins of Gnosticism*, Atlanta 1985.

Haardt, R., »›Die Abhandlung über die Auferstehung‹ des Codex Jung aus der Bibliothek gnostischer koptischer Schriften von Nag Hammadi«, in: *Kairos* 12 (1970), S. 241-269.

–, »Das universaleschatologische Vorstellungsgut in der Gnosis«, in: K. Schubert (Hg.), *Vom Messias zum Christus*, Wien 1964, S. 315-336.

–, »Zur Methodologie der Gnosisforschung«, in: K.-W. Tröger (Hg.), (1973), S. 183-202.

Halm, H., *Die islamische Gnosis. Die Extreme Schia und die ᶜAlawiten*, Zürich/München 1982.

Harnack, A. von, *Marcion. Ein Evangelium vom fremden Gott*, Leipzig ²1924.

Hedrick, Ch. W. / Hodgson, R. (Hg.), *Nag Hammadi, Gnosticism, and Early Christianity*, Peabody, MA 1986.

Hennecke, E. / Schneemelcher, W. (Hg.), *Neutestamentliche Apokryphen* 2 Bde., Tübingen ³1964.

Henrichs, A., »Mani and the Babylonian Baptists: A Historical Confrontation«, in: *Harvard Studies in Classical Philology* 77 (1973), S. 23-59.

–, »The Cologne Mani Codex Reconsidered«, in: *Harvard Studies in Classical Philology* 83 (1979), S. 339-367.

Henrichs, A. / Koenen, L., »Ein griechischer Mani-Codex«, in: *Zeitschrift für Papyrologie und Epigraphik* 5 (1970), S. 97-216.

Heusch, L. de, »Pour une dialectique de la sacralité du pouvoir«, in: ders. (Hg.), *Le Pouvoir et le Sacré*, Brüssel 1962, S. 15-47.

–, »Sacred Kingship as a Politico-Symbolic Structure: A Re-evaluation of Frazer's Thesis«, in: B. Kapferer (Hg.), *Power, Process and Transformation: Essays in Memory of Max Gluckman*; Sonderheft von *Social Analysis* 22 (1987), S. 22-29.

Holl, K., »Das Fortleben der Volkssprachen in Kleinasien in nachchristlicher Zeit«, in: derselbe, *Gesammelte Aufsätze zur Kirchengeschichte*, Bd. 2, Tübingen 1928, S. 238-248.

–, »*Die Vorstellung vom Märtyrer und die Märtyrerakte in ihrer ge-schichtlichen Entwicklung*«, in: derselbe, Gesammelte Aufsätze zur Kirchengeschichte, Bd. 2, Tübingen 1928, S. 68-102.

Hutter, M., *Mani und die Sasaniden. Der iranisch-gnostische Synkretis-mus einer Weltreligion*, Innsbruck 1988.

Jacob, Chr., »Arkandisziplin«, Allegorese, Mystagogie. Ein neuer Zugang zur Theologie des Ambrosius von Mailand, Frankfurt 1990.

Jonas, H., *The Gnostic Religion*, Boston ²1963.

–, *Gnosis und spätantiker Geist*, Bd. 1, Göttingen ³1964; Bd. 2, Göttingen ²1966.

–, »A Retrospective View«, in: G. Widengren / D. Hellholm (Hg.), *Pro-ceedings of the International Colloquium on Gnosticism*, Stockholm 1977, S. 1-15.

Jonas, H., *Gnosis. Festschrift für Hans Jonas*, Göttingen 1978.

Kaden, E.-H., »Die Edikte gegen die Manichäer von Diokletian bis Justi-nian«, in: *Festschrift H. Lewald*, Basel 1953, S. 55-68.

King, K. (Hg.), *Images of the Feminine in Gnosticism*, Philadelphia 1988.

Kippenberg, H. G., »Versuch einer soziologischen Verortung des antiken Gnostizismus«, in: *Numen* 17 (1970), S. 211-231.

–, »Ein Vergleich jüdischer, christlicher und gnostischer Apokalyptik«, in: Hellholm, D. (Hg.), *Apocalypticism in the Mediterranean World and the Near East*, Tübingen 1983, S. 751-768.

–, »Gnostiker zweiten Ranges: Zur Institutionalisierung gnostischer Ideen als Anthropolatrie«, in: *Numen* 30 (1983), S. 146-173.

–, »Verländlichung des Gnostizismus als Folge seiner staatlichen Unter-drückung«, in: W. Kreisel (Hg.), *Geisteshaltung und Umwelt. Fest-schrift M. Büttner*, Aachen 1988, S. 307-320.

Klijn, A. F. J. / Reinink, G. J. (Hg.), *Patristic Evidence for Jewish-Chri-stian Sects*, Leiden 1973.

Klima, O., *Mazdak. Geschichte einer sozialen Bewegung im sassanidi-schen Persien*, Prag 1957.

–, *Manis Zeit und Leben*, Prag 1962.

–, *Beiträge zur Geschichte des Mazdakismus*, Prag 1977.

Klimkeit, H.-J., »Manichaean Kingship: Gnosis at Home in the World«, in: *Numen* 29 (1982), S. 17-32.

–, »Das manichäische Königtum in Zentralasien«, in: *Festschrift für Wal-ter Heissig*, Wiesbaden 1983, S. 225-244.

–, *Die Begegnung von Christentum, Gnosis und Buddhismus an der Sei-denstraße*, Opladen 1986.

Koenen, L. / Römer, C., *Der Kölner Mani-Kodex. Über das Werden seines Leibes*, Opladen 1988.

Koester, H., »Gnomoi Diaphoroi. The Origin and Nature of Diversifica-tion in the History of Early Christianity«, in: J. M. Robinson / H. Koe-ster, (Hg.), *Trajectories through Early Christianity*, Philadelphia 1971, S. 114-157.

Koffmane, G., »Die Gnosis nach ihrer Tendenz und Organisation«, in: K. Rudolph (Hg.) (1975), S. 120-141.

Koschorke, K., »Die ›Namen‹ im Philippusevangelium«, in: *Zeitschrift für die neutestamentliche Wissenschaft und die Kunde der älteren Kirche* 64 (1973), S. 307-322.

–, *Die Polemik der Gnostiker gegen das kirchliche Christentum*, Leiden 1978.

–, »Eine neugefundene gnostische Gemeindeordnung«, in: *Zeitschrift für Theologie und Kirche* 76 (1979), S. 30-60.

–, »Patristische Materialen zur Spätgeschichte der valentinianischen Gnosis«, in: M. Krause (Hg.), *Gnosis and Gnosticism*, Leiden 1981, S. 120-139.

–, »Gnostic Instructions on the Organization of the Congregation: The Tractate Interpretation of Knowledge from CG XI«, in: B. Layton (Hg.) (1981), Bd. 2, S. 757-769.

Krämer, H. J., *Der Ursprung der Geistmetaphysik. Untersuchungen zur Geschichte des Platonismus zwischen Platon und Plotin*, Amsterdam 1967.

Kraft, H., *Gnostisches Gemeinschaftsleben*, Diss. Heidelberg 1950.

–, *Kaiser Konstantins religiöse Entwicklung*, Tübingen 1955.

Krause, M. (Hg.), *Gnosis and Gnosticism*, Leiden 1977.

Kretschmar, G., »Ein Beitrag zur Frage nach dem Ursprung frühchristlicher Askese«, in: *Zeitschrift für Theologie und Kirche* 61 (1964), S. 27-67.

Lampe, P., *Die stadtrömischen Christen in den ersten beiden Jahrhunderten*, Tübingen 1987.

Langerbeck, H., »Die Anthropologie der alexandrinischen Gnosis«, in: derselbe, *Aufsätze zur Gnosis*, Göttingen 1967, S. 38-82.

Layton, B. (Hg.), *The Rediscovery of Gnosticism*, 2 Bde., Leiden 1980/1981.

–, *The Gnostic Scriptures. A New Translation with Annotations and Introductions*, London 1987.

Leisegang, H., *Die Gnosis*, Stuttgart ⁵1985.

Le Goff, J. (Hg.), *Hérésies et sociétés dans l'Europe pré-industrielle 11ᵉ-18ᵉ siècles*, Paris/Den Haag 1968.

Lemerle, P., »L'Histoire des Pauliciens d'Asie Mineure d'après les sources grecques«, in: *Travaux et Mémoires du Centre de Recherche d'Histoire et Civilisation Byzantine* 5 (1973), S. 1-144.

Le Roy Ladurie, E., *Montaillou. The Promised Land of Error*, New York 1979.

Lieu, S. N. C., »An Early Byzantine Formula for the Renunciation of Manichaeism – The Capita VII Contra Manichaeos of Zacharias of Mitylene«, in: *Jahrbuch für Antike und Christentum* 26 (1983), S. 152-218.

–, *Manichaeism in the Later Roman Empire and Medieval China. A Historical Survey*, Manchester 1985.

Lüdemann, G., *Untersuchungen zur simonianischen Gnosis*, Göttingen 1975.

–, »Zur Geschichte des ältesten Christentums in Rom. I. Valentin und Marcion; II. Ptolemäus und Justin«, in: *Zeitschrift für die neutestamentliche Wissenschaft und die Kunde der älteren Kirche* 70 (1979), S. 86-114.

–, »The Acts of the Apostles and the Beginnings of Simonian Gnosis«, in: *New Testament Studies* 33 (1987), S. 420-426.

Luttikhuizen, G., *The Revelation of Elchasai*, Tübingen 1985.

Martin, L. H., »The Anti-philosophical Polemic and Gnostic Soteriology in ›The Treatise on the Resurrection‹ (CG 1,3)«, in: *Numen 20* (1973), S. 20-37.

–, *Hellenistic Religions. An Introduction*, Oxford 1987.

Ménard, J.-E., *L'Evangile de Vérité*, Leiden 1972.

–, »Littérature apocalyptique juive et littérature gnostique«, in: derselbe (Hg.), *Exegèse biblique et judaisme*, Strasbourg 1973, S. 146-169.

–, »L'›Evangile selon Philippe‹ et l'›Exégèse de l'âme‹«, in: derselbe (Hg.), *Les Textes de Nag Hammadi*, Leiden 1975, S. 56-67.

–, »La notion de ›résurrection‹ dans l'épître à Rhèginos«, in: M. Krause (Hg.), *Essays on the Nag Hammadi Texts*, Leiden 1975, S. 110-124.

–, »Le Judaïsme Alexandrin et les Gnoses«, in: R. Kuntzmann / J. Schlosser (Hg.), *Etudes sur le Judaïsme Hellénistique*, Paris 1984, S. 95-108.

Menard, J.-E. (Hg.), *Les Textes de Nag Hammadi*, Leiden 1975.

Merkelbach, R., »Mani und sein Religionssystem«, in: *Rheinisch-Westfälische Akademie der Wissenschaften*, Vorträge G.281, Opladen 1986.

Mühlenberg, E., »Wieviel Erlösungen kennt der Gnostiker Herakleon?«, in: *Zeitschrift für die neutestamentliche Wissenschaft und die Kunde der älteren Kirche* 66 (1975), S. 170-193.

Müller, K., »Beiträge zum Verständnis der valentinianischen Gnosis«, in: *Nachrichten von der Gesellschaft der Wissenschaften zu Göttingen, Hist.-phil. Klasse*, 1920, S. 179-241.

Müller, K. E., *Kulturhistorische Studien zur Genese pseudo-islamischer Sektengebilde in Vorderasien*, Wiesbaden 1967.

Nagel, P., *Die Motivierung der Askese und der Ursprung des Mönchtums*, Berlin 1966.

–, »Anatomie des Menschen in gnostischer und manichäischer Sicht«, in: derselbe (Hg.) (1979), S. 67-94.

Nagel, P. (Hg.), *Studien zum Menschenbild in Gnosis und Manichäismus*, Halle 1979.

Nock, A. D., »Gnosticism«, in: K. Rudolph (Hg.) (1975), S. 554-584.

Noethlichs, K.-L., *Die gesetzgeberischen Maßnahmen der christlichen Kaiser des vierten Jahrhunderts gegen Häretiker, Heiden und Juden*, Diss., Köln 1971.

Nyberg, H.S., »Zum Kampf zwischen Islam und Manichäismus«, in: *Orientalistische Literaturzeitung* 32 (1929), S. 425-444.

Pagels, E., »›The Mystery of the Resurrection‹: A Gnostic Reading of 1 Corinthians 15«, in: *Journal of Biblical Literature* 93 (1974), S. 276-288.

–, »Conflicting Versions of Valentinian Eschatology: Irenaeus' Treatise vs. The Excerpta from Theodotus«, in: *Harvard Theological Review* 67 (1974), S. 35-53.

–, *The Gnostic Paul*, Philadelphia 1975.

–, »Visions, Appearances, and Apostolic Authority: Gnostic and Orthodox Traditions«, in: *Gnosis. Festschrift für Hans Jonas*, Göttingen 1978, S. 415-430.

–, »Gnostic and Orthodox Views of Christ's Passion: Paradigms for the Christian's Response to Persecution?«, in: B. Layton (Hg.), *The Rediscovery of Gnosticism*, Bd. 1, Leiden 1980, S. 262-288.

–, *Versuchung durch Erkenntnis. Die gnostischen Evangelien*, Frankfurt 1981.

Pearson, B. A., »Philo and Gnosticism«, in: *Aufstieg und Niedergang der römischen Welt*, Reihe II, Bd. 21/1, Berlin 1984, S. 295-342.

Peel, M. L., »Gnostic Eschatology and the New Testament«, in: *Novum Testamentum* 12 (1970), S. 141-165.

–, *Gnosis und Auferstehung. Der Brief an Rheginus von Nag Hammadi*, Neukirchen 1974.

Perkins, Ph., »Apocalypse of Adam: The Genre and Function of a Gnostic Apocalypse«, in: *Catholic Biblical Quarterly* 39 (1977), S. 382-395.

–, *The Gnostic Dialogue. The Early Church and the Crisis of Gnosticism*, New York 1980.

–, »Deceiving the Deity: Self-Transcendence and the Numinous in Gnosticism«, in: A. Olson / L. S. Rouner (Hg.), *Transcendence and the Sacred*, Notre Dame/London 1981, S. 138-158.

Petrément, S., *The God Apart: The Origins of Gnosticism*, Oxford 1990.

Pokorny, P., »Der soziale Hintergrund der Gnosis«, in: K.-W. Tröger (Hg.), (1973), S. 77-88.

–, »Der Ursprung der Gnosis«, in: K. Rudolph (Hg.) (1975), S. 749-767.

Portmann, W., »Zu den Motiven der Diokletianischen Christenverfolgung«, in: *Historia* 39 (1990), S. 212-248.

Puech, H.-Chr., *Le Manichéisme: son fondateur, sa doctrine*, Paris 1949.

–, *En Quête de la Gnose*, 2 Bde., Paris 1978.

–, *Sur le Manichéisme*, Paris 1979.

Quispel, G., »The Origins of the Gnostic Demiurge«, in: *Kyriakon. Festschrift J. Quasten*, Münster 1970, S. 271-276.

–, *Gnostic Studies*, 2 Bde., Istanbul 1974/75.

–, »Gnosis«, in: M. J. Vermaseren (Hg.), *Die Orientalischen Religionen im Römerreich*, Leiden 1981, S. 413-435.

Reitzenstein, R., »Iranischer Erlösungsglaube« (1921), in: K. Rudolph (Hg.) (1975), S. 280-305.

–, *Die hellenistischen Mysterienreligionen nach ihren Grundgedanken und Wirkungen*, ³1927, Darmstadt 1956.

Riedweg, Chr., *Mysterienterminologie bei Platon, Philon und Klemens von Alexandrien*, Berlin 1987.

Robinson, J.M., »Jesus from Easter to Valentinus (or to the Apostles Creed)«, in: *Journal of Biblical Literature* 101 (1982), S. 5-37.

–, *The Nag Hammadi Library in English*, Leiden ³1988.

Rudolph, K., »Randerscheinungen des Judentums und das Problem der Entstehung des Gnostizismus«, (1967), in: derselbe (Hg.) (1975), S. 768-797.

–, »Die Bedeutung des Kölner Mani-Codex für die Manichäismusforschung. Vorläufige Anmerkungen«, in: *Mélanges d'histoire des religions offerts à H.-C. Puech*, Paris 1974, S. 471-486.

–, »Das Problem einer Sozologie und ›sozialen Verortung‹ der Gnosis«, in: *Kairos 19* (1977), S. 35-44.

–, »Zur Soziologie, sozialen ›Verortung‹ und Rolle der Gnosis in der Spätantike«, in: P. Nagel (Hg.) (1979), S. 19-29.

–, *Die Gnosis. Wesen und Geschichte einer spätantiken Religion*, Leipzig ²1980.

–, »Sophia und Gnosis. Bemerkungen zum Problem ›Gnosis und Frühjudentum‹«, in: K.-W. Tröger (Hg.) (1980), S. 225-237.

–, »Antike Baptisten. Zu den Überlieferungen über frühjüdische und -christliche Taufsekten«, in: *Sitzungsberichte der sächsischen Akademie der Wissenschaften zu Leipzig. Philosophisch-historische Klasse* 121/4, Leipzig 1981.

–, »Die Nag-Hammadi-Texte und ihre Bedeutung für die Gnosisforschung«, in: *Theologische Rundschau* 50 (1985), S. 1-40.

Rudolph, K. (Hg.), *Gnosis und Gnostizismus*, Darmstadt 1975.

Runciman, S., »The Medieval Manichee. A Study of the Christian Dualist Heresy (1947), Cambridge 1955.

Sagnard, F.-M.-M., *La gnose valentienne et le témoignage de St. Iréné*, Paris 1947.

Schaeder, H.H., »Urform und Fortbildungen des manichäischen Systems« (1927), in: derselbe, *Studien zur orientalischen Religionsgeschichte*, hg. von C. Colpe, Darmstadt 1968, S. 15-107.

–, »Zandik-Zindiq«, in: *Iranische Beiträge I. Schriften der Königsberger Gelehrten Gesellschaft, Geisteswissenschaftliche Klasse*, 6. Jahr, Halle 1930, S. 274-291.

Schenke, H.M., *Der Gott »Mensch« in der Gnosis*, Berlin 1962.

Schippmann, K., *Grundzüge der Geschichte des sasanidischen Reiches*, Darmstadt 1990.

Schneemelcher, W., *Neutestamentliche Apokryphen*, 2 Bde., Tübingen ⁵1987.

Schoedel, W.R., »The (First) Apocalypse of James«, in: D.M. Parrot (Hg.), *Nag Hammadi Studies*, Bd. 11, Leiden 1979, S. 65-103.

Scholten, C., *Martyrium und Sophiamythos im Gnostizismus nach den Texten von Nag Hammadi*, Münster 1987.

Schottroff, L., »Anima naturaliter salvanda«, in: W. Eltester (Hg.), *Christentum und Gnosis*, Berlin 1969, S. 65-97.

Segal, A. F., *Two Powers in Heaven. Early Rabbinic Reports about Christianity and Gnosticism*, Leiden 1977.

–, »Ruler of This World: Attitudes about Mediator Figures and the Importance of Sociology for Self-Definition«, in: E. P. Sanders (Hg.), *Jewish and Christian Self-Defintion*, Bd. 2, *Aspects of Judaism in the Greco-Roman Period*, London 1981.

–, »Judaism, Christianity, and Gnosticism«, in: St. G. Wilson (Hg.), *Anti-Judaism in Early Christianity*, Bd. 2, Waterloo, Ontario 1986, S. 133-161.

Segal, R. A., *The Poimandres as Myth. Scholarly Theory and Gnostic Meaning*, Berlin/New York 1987.

Seston, W., »Der Sassanidenkönig Narses, die Araber und der Manichäismus«, in: G. Widengren (Hg.) (1977), S. 362-373.

–, »Echtheit und Datierung des diokletianischen Edikts gegen die Manichäer«, in: G. Widengren (Hg.) (1977), S. 374-384.

Siegert, F., »Selbstbezeichnungen der Gnostiker in den Nag-Hammadi-Texten«, in: *Zeitschrift für die neutestamentliche Wissenschaft und die Kunde der älteren Kirche* 71 (1980), S. 129-132.

–, *Nag-Hammadi-Register*, Tübingen 1982.

Simmel, G., »Das Geheimnis und die geheime Gesellschaft«, in: *Soziologie. Untersuchungen über die Formen der Vergesellschaftung* (1908), Berlin ⁵1968.

Smith, M., *Clement of Alexandria and a Secret Gospel of Mark*, Cambridge, Mass. 1973.

–, »The History of the Term Gnostikos«, in: B. Layton (Hg.) (1980), Bd. 1, S. 32-56.

Stade, K., *Der Politiker Diokletian und die letzte große Christenverfolgung*, Kirchhain 1926.

Stone, M., *Scriptures, Sects, and Visions: A Profile of Judaism from Ezra to the Jewish Revolts*, Cleveland 1980.

Stroumsa, G., »Aspects de l'eschatologie manichéenne«, in: *Revue de l'histoire des religions* 198 (1981), S. 163-181.

–, »Form(s) of God: Some Notes on Metatron and Christ«, in: *Harvard Theological Review* 76 (1983), S. 269-288.

–, »Monachisme et Marrianisme chez les Manichéens d'Egypte«, in: *Numen* 29 (1983), S. 184-201.

–, *Another Seed: Studies in Gnostic Mythology*, Leiden 1984.

–, »König und Schwein. Zur Struktur des manichäischen Dualismus«, in: J. Taubes (Hg.), *Gnosis und Politik*, München/Paderborn 1984, S. 141-153.

–, »Esotericism in Mani's Thought and Background«, in: L. Cirillo (Hg.) (1986), S. 153-168.

–, »Mythos und Erinnerung: Jüdische Dimensionen der gnostischen Revolte gegen die Zeit«, in: *Judaica* 44 (1988), S. 15-30.

–, »The Words and the Works: Religious Knowledge and Salvation in Augustine and Faustus of Milevis«, in: *Cultural Traditions and World Knowledge* 7 (1988), S. 73-84.

Stroumsa, G. and S., »Aspects of Anti-Manichaean Polemics in Late Antiquity and under Early Islam«, in: *Harvard Theological Review* 81 (1988), S. 37-58.

Sundermann, W., »Zur frühen missionarischen Wirksamkeit Manis«, in: *Acta orientalia academiae scientiarum Hungaricae* 24 (1971), S. 79-125.

–, »*Weiteres zur frühen missionarischen Wirksamkeit Manis*«, *in: Acta orientalia academiae scientiarum Hungaricae*, 24 (1971), S. 371-379.

Tardieu, M., *Codex de Berlin. Ecrits Gnostiques*, Paris 1984.

Tardieu, M. (Hg.), *Les règles de l'interprétation*, Paris 1987.

Tardieu, M. / J.-D. Dubois, *Introduction à la littérature gnostique*, Paris 1986.

Taubes, J. (Hg.), *Gnosis und Politik. Religionslehre und Politische Theologie*, Bd. 3, München/Paderborn 1984.

Thoma, Cl., »Rabbinische Reaktionen gegen die Gnosis«, in: *Judaica* 44 (1985), S. 2-14.

Tröger, K.-W. (Hg.), *Gnosis und Neues Testament*, Berlin 1973.

–, *Altes Testament – Frühjudentum – Gnosis*, Berlin 1980.

Turner, J. D., *The Book of Thomas the Contender*, Missoula 1975.

Vajda, G., »Die zindiqs im Gebiet des Islam zu Beginn der ᶜAbbasidenzeit«, in: G. Widengren (Hg.) (1977), S. 418-463.

Villey, A., *Alexandre de Lycopolis. Contre la doctrine de Mani*, Paris 1985.

Vööbus, A., *History of Ascetism in the Syrian Orient*, Bd. 1, *The Origin of Ascetism*, Louvain 1958.

Widengren, G., *Die Religionen Irans*, Stuttgart 1965.

Widengren, G. (Hg.), *Der Manichäismus*, Darmstadt 1977.

Widengren, G. / Hellholm, D. (Hg.), *Proceedings of the International Colloquium on Gnosticism*, Stockholm 1977.

Williams, M. A., *The Immovable Race. A Gnostic Designation and the Theme of Stability in Late Antiquity*, Leiden 1985.

Wisse, F., »Die Sextus-Sprüche und das Problem der gnostischen Ethik«, in: A. Böhlig / F. Wisse (Hg.), *Zum Hellenismus in den Schriften von Nag Hammadi*, Wiesbaden 1975, S. 55-86.

Woschitz, K. M. / Hutter, M. / Prenner, K., *Das manichäische Urdrama des Lichtes. Studien zu koptischen, mitteliranischen und arabischen Texten*, Wien 1989.

Yamauchi, E. M., *Pre-Christian Gnosticism. A Survey of the Proposed Evidences*, Grand Rapids, Michigan 1973.

Zaehner, R. C., *The Dawn and Twilight of Zoroastrianism*, London 1961.

VII. Schiiten

Studien zur Herausbildung der Mahdi-Erwartung im frühen Islam
Syriens und Irans; zu Mahdi-Bewegungen und Staatsbildungen in diesem
Raum; zu Entstehung und Unterschieden islamischer
Legitimitätsvorstellungen; zur Verborgenheit des Imam Mahdi in der
Schia; zur Autorität von Mystikern und Rechtsgelehrten; zur Praxis der
Verstellung

Ahmed, A. S., *Millennium and Charisma among the Pathans*, London 1976.

Akhavi, S., *Religion and Politics in Contemporary Iran: Clergy-State Relations in the Pahlavi Period*, Albany 1980.

Al-Azmeh, A., *Ibn Khaldun. A Reinterpretation*, London 1982.

Jalal Al-e Ahmad, *Occidentosis: A Plague from the West*, Einführung von H. Algar, Berkeley 1984.

Algar, H., »The Oppositional Role of the Ulama in Twentieth-Century Iran«, in: N. Keddie (Hg.), *Scholars, Saints, and Sufis*, London 1972, S. 231-255.

–, »Schiᶜism and Iran in the Eighteenth Century«, in: T. Naff / R. Owen (Hg.), *Studies in Eighteenth Century Islamic History*, Illinois 1977, S. 288-302.

Amoretti, B. S., »Sects and Heresies«, in: R. N. Frye (Hg.) (1975), S. 481-520.

Arjomand, S. A., *The Shadow of God and the Hidden Imam. Religion, Political Order, and Societal Change in Shiᶜite Iran from the Beginning to 1890*, Chicago 1985.

Arjomand, S. A. (Hg.), *Authority and Political Culture in Shiᶜism*, Albany 1988.

Attema, D. S., *De Mohammedaanse Opvattingen omtrent het tijdstip van den Jongsten Dag en zijn Voortekenen*, Amsterdam 1942.

Aubin, E., »Le chiᶜisme et la nationalité persane«, in: *Revue du monde musulman* 4 (1908), S. 457-490.

Ayoub, M., *Redemptive Suffering in Islam. A Study of the Devotional Aspects of ᶜAshūrā' in Twelver Shiᶜism*, Den Haag 1978.

Banuazizi, A., »Iranian ›National Character‹: A Critique of Some Western Perspectives«, in: L. C. Brown / N. Itzkowitz (Hg.), *Psychological Dimensions of Near Eastern Studies*, Princeton 1977, S. 210-240.

Barbier de Meynard, M., »Le Seïd Himyarite, recherches sur la vie et les oeuvres d'un poète hérétique du IIe siècle«, in: *Journal Asiatique*, 7. Serie, Bd. 4 (1874), S. 159-258.

Bartold, V. V., *Turkestan down to the Mongol Invasion*, London ²1958.

Bateson, M. C., »›This Figure of Tinsel‹: A Study of Themes of Hypocrisy and Pessimism in Iranian Culture«, in: *Daedalus* 108 (1979), S. 125-134.

Bayat, M., »Die Traditionen der Abweichung im schiᶜitischen Iran«, in: K. Greussing (Hg.), *Religion und Politik im Iran*, Frankfurt 1981, S. 78-97.

–, *Mysticism and Dissent: Socio-religious Thought in Qajar Iran*, New York 1982.

–, »The Iranian Revolution of 1978-79: Fundamentalist or Modern?«, in: *Middle East Journal* 37 (1983), S. 30-42.

Beeman, W. O., *Language, Status, and Power in Iran*, Bloomington 1986.

Blichfeldt, J.-O., *Early Mahdism. Politics and Religion in the Formative Period of Islam*, Leiden 1985.

Blochet, E., *Le Messianisme dans l'hétérodoxie musulmane*, Paris 1903.

Brentjes, H., »Die Imamatslehren im Islam nach der Darstellung des Aschᶜari«, in: *Abhandlungen der sächsischen Akademie der Wissenschaften, Philologisch-historische Klasse* 54/4, Berlin 1964.

Browne, E. G., *A Literary History of Persia*, Bd. 1, Cambridge 1902.

–, *A Literary History of Persia*, Bd. 2, Cambridge 1906.

–, *A History of Persian Literature under Tartar Dominion (A. D. 1265-1502)*, Bd. 3, Cambridge 1920.

Buckley, J. J., »The Nizârî Ismâᶜîlites' abolishment of the sharî'a during the ›Great Resurrection‹«, in: *Studia Islamica* 50 (1984), S. 137-165.

Bulliet, R. W., *Conversion to Islam in the Medieval Period. An Essay in Quantitative History*, Cambridge, Mass. 1979.

Busse, H., »The Revival of Persian Kingship under the Buyids«, in: D. S. Richards (Hg.), *Islamic Civilization 950-1150*, Oxford 1973, S. 47-69.

–, »Der persische Staatsgedanke im Wandel der Zeit«, in: *Saeculum* 28 (1977), S. 53-74.

Cahen, C., »Points de vue sur la ›Revolution abbaside‹«, in: *Revue Historique* 230 (1963), S. 295-338.

Calder, N., »Zakât in Imāmī Shiᶜi Jurisprudence, from the Tenth to the Sixteenth Century A. D.«, in: *Bulletin of the School of Oriental and African Studies* 44 (1981), S. 468-480.

Calmard, J., »Le Chiisme imamite en Iran à l'époque seldjoukide«, in: *Le Monde Iranien et l'Islam*, Bd. 1, Genf/Paris 1971, S. 43-67.

Canfield, R. L., *Faction and Conversion in a Plural Society: Religious Alignments in the Hindu Kush*, Michigan 1973.

Chelkowski, P. J. (Hg.), *Taᶜziyeh. Ritual and Drama in Iran*, New York 1979.

Christensen, A., *Le règne du roi Kawadh I et le communisme mazdakite*, Kopenhagen 1925.

–, *L'Iran sous les Sassanides*, Kopenhagen ²1944.

Colpe, C., »Zur Bezeichnung und Bezeugung des ›Heiligen Krieges‹«, in: *Berliner Theologische Zeitschrift* 1 (1984), S. 45-57; S. 189-214.

Corbin, H., »Cyclical Time in Mazdaism and Ismailism«, in: J. Campbell (Hg.), *Man and Time. Papers from the Eranos Yearbooks*, London 1958, S. 115-172.

–, »Nāṣir-e Khusrau and Iranian Ismāʿilism«, in: R. N. Frye (Hg.) (1975), S. 520-542.

–, *En Islam Iranien. Aspects spirituels et philosophiques*, 4 Bde., Paris 1971/72.

Crone, P., *Slaves on Horses: The Evolution of Islamic Polity*, Cambridge 1980.

–, *Roman, Provincial and Islamic Law. The Origins of the Islamic Patronate*, Cambridge 1987.

Crone, P. / M. Hinds, *God's Caliph. Religious Authority in the First Centuries of Islam*, Cambridge 1986.

Daniel, E. L., *The Political and Social History of Khurasan under Abbasid Rule 747-820*, Minneapolis/Chicago 1979.

Darke, H. (Übersetzer), *The Book of Government or Rules for Kings. The Siyasat-nama or Siyar al-Muluk of Nizam al-Mulk*, London ²1978.

Dennett, D. C., *Conversion and the Poll Tax in Early Islam*, Cambridge, Mass. 1950.

Donaldson, D., *The Shi'ite Religion. A History of Islam in Persia and Irak*, London 1933.

Dupree, L., *Saint Cults in Afghanistan*, Hannover 1976.

Eickelman, D. F., *The Middle East: An Anthropological Approach*, Englewood Cliffs 1981.

Ende, W., »Der schiitische Islam«, in: W. Ende / U. Steinbach (Hg.), *Der Islam in der Gegenwart*, München ²1989, S. 70-90.

Endreß, G., *Einführung in die islamische Geschichte*, München 1982.

Falaturi, A., »Die Zwölfer-Schia aus der Sicht eines Schiiten: Probleme ihrer Untersuchung«, in: *Festschrift W. Caskel*, Leiden 1968, S. 62-95.

Freitag, R., *Seelenwanderung in der islamischen Häresie*, Berlin 1985.

Friedländer, I., *Die Messiasidee im Islam*, Frankfurt 1903.

–, »The Heterodoxies of the Shiites in the Presentation of Ibn Hazm«, in: *Journal of the American Oriental Society* 28 (1907), S. 1-80; 29 (1908), S. 1-183.

–, »Abdallah b. Sabā, der Begründer der Šīʿa und sein jüdischer Ursprung«, in: *Zeitschrift für Assyriologie* 23 (1909), S. 296-324; 24 (1910), S. 1-46.

Frye, R. N., »The Charisma of Kingship in Ancient Iran«, in: *Iranica Antiqua* 4 (1964), S. 36-54.

R. N. Frye (Hg.), *Cambridge History of Iran*, Bd. 4, Cambridge 1975.

Frye, R. N. (Übersetzer), *Narshaki, The History of Bukhara*, Cambridge, Mass. 1954.

Gellner, E., *Leben im Islam. Religion als Gesellschaftsordnung*, Stuttgart 1985.

Gilsenan, M., »Lying, Honor and Contradiction«, in: B. Kapferer (Hg.), *Transaction and Meaning: Directions in the Anthropology of Exchange and Symbolic Behavior*, Philadelphia 1976, S. 191-219.

Glassen, E., *Der mittlere Weg: Studien zur Religionspolitik und Religiosität der späteren Abbasiden-Zeit*, Wiesbaden 1981.

Goeje, M. J. de, *Mémoire sur les Carmathes de Bahraïn et les Fatimides*, Leiden ²1886.

Goldziher, I., *Das Prinzip der takijja im Islam* (1906), in: *Gesammelte Schriften*, Bd. 5, Hildesheim 1970, S. 59-72.

Greussing, K., *»Vom »guten König« zum Imam. Staatsmacht und Gesellschaft im Iran*, Bregenz 1987.

Greussing, K. (Hg.), *Religion und Politik im Iran*, Frankfurt 1981.

Al-Haidari, I., *Zur Soziologie des schütischen Chiliasmus*, Freiburg 1975.

Halkin, A. S., *Moslem Schisms and Sects (al-fark bain al-firak) by Abu-Manṣūr ᶜAbd-al-Ḳāhir b. Ṭāhir al Baghdādī* (1935), Philadelphia 1978.

Halm, H., *Kosmologie und Heilslehre der frühen Ismāᶜīlīya. Eine Studie zur islamischen Gnosis*, Wiesbaden 1978.

–, »Das ›Buch der Schatten‹«, in: *Der Islam* 55 (1978), S. 219-266; 58 (1981), S. 15-86.

–, *Die islamische Gnosis. Die extreme Schia und die ᶜAlawiten*, Zürich/ München 1982.

–, *Die Schia*, Darmstadt 1988.

Hanson, B., »The ›Westoxication‹ of Iran: Depictions and Reactions of Behrangi, Ale-Ahmad, and Shariᶜati«, in: *International Journal of Middle East Studies* 15 (1983), S. 1-23.

Heine, P., *Ethnologie des Nahen und Mittleren Ostens. Eine Einführung*, Berlin 1989.

Hitti, P. K., *The Origins of the Islamic State. Being a Translation from … Kitâb Futûh al-Buldân of … al Balâdhuri* (1916), Beirut 1966.

Hodgson, M. G. S., »How did the Early Shiᶜa Become Sectarian?«, in: *Journal of the American Oriental Society* 75 (1955), S. 1-13.

–, *The Order of the Assassins*, Den Haag 1955.

Hollister, J. N., *The Shiᶜa of India*, London 1953.

Holt, P. M., *The Mahdist State in the Sudan 1881-1898. A Study of its Origins, Development and Overthrow*, Oxford ²1977.

Hussain, J. M., *The Occultation of the Twelfth Imam. A Historical Background*, London 1982.

Ivanow, W., »Notes sur l'Ummu'l Kitâb des Ismaïliens de l'Asie Centrale«, in: *Révue des Études Islamiques* 6 (1932), S. 419-482.

–, »An Ismaili Ode in Praise of the Fidawis«, in: *Journal of the Bombay Branch of the Royal Asiatic Society* 14 (1938), S. 63-72.

–, »Ismailis and Qarmatians«, in: *Journal of the Bombay Branch of the Royal Asiatic Society* 16 (1940), S. 43-85.

–, »Early Shiꜥite Movements«, in: *Journal of the Bombay Branch of the Royal Asiatic Society* 17 (1941), S. 1-23.

–, *Ismaili Tradition concerning the Rise of the Fatimids*, Oxford 1942.

Ivanow, W. (Übersetzer), *Fasl. On the Recognition of the Imâm*, Bombay 1947.

–, *Haft Bab or »Seven Chapters« by Abu Ishaq Quhistani*, Bombay 1959.

Jafri, S. H., *Origins and Early Development of Shiꜥa Islam: A Historical Perspective*, London 1978.

Juynboll, G. H., *Muslim Tradition. Studies in Chronology, Provenance and Authorship of Early Hadith*, Cambridge 1983.

Kazi, A. K. / J. G. Flynn, »Shahrastani Kitab al-milāl wa'l-niḥal. VI. The Shiꜥites«, in: *Abr-nahrein* 15 (1974/75), S. 50-98.

Keddie, N. R., »Symbol and Sincerity in Islam«, in: *Studia Islamica* 19 (1963), S. 27-63.

Keddie, N. R. (Hg.), *Scholars, Saints, and Sufis. Muslim Religious Instititons in the Middle East since 1500*, Berkeley 1972.

Khalifeh-Soltani, I., *Das Bild des idealen Herrschers in der iranischen Fürstenspiegelliteratur, dargestellt am Beispiel des Qabus-Namé*, Diss., Tübingen 1971.

Kippenberg, H. G., »Jeder Tag Ashura, jedes Grab Kerbala«, in: K. Greussing (Hg.), *Religion und Politik im Iran*, Frankfurt 1981, S. 217-256.

–, »Limits of Islamic Civilisation: Mahdist Movements in Abbasid Iran«, in: J. Bak / G. Benecke (Hg.), *Religion and Rural Revolt*, Manchester 1984, S. 243-255.

Klima, O., *Mazdak. Geschichte einer sozialen Bewegung im sassanidischen Persien*, Prag 1957.

–, *Beiträge zur Geschichte des Mazdakismus*, Prag 1977.

Kohlberg, E., »Some Imāmī-Shīꜥī Views on Taqiyya«, in: *Journal of the American Oriental Society* 95 (1975), S. 395-402.

–, »From Imāmiyya to Ithnā-ꜥashariyya«, in: *Bulletin of the School of Oriental and African Studies* 39 (1976), S. 521-534.

–, »The Development of the Imāmī Shīꜥī Doctrine of jihād«, in: *Zeitschrift der deutschen morgenländischen Gesellschaft* 126 (1976), S. 64-86.

Lacoste, Y., *Ibn Khaldoun. Naissance de l'histoire passée du tiers monde*, Paris 1969.

Lambton, A., »Quis custodiet custodes? Some Reflections on the Persian Theory of Government«, in: *Studia Islamica* 5 (1956), S. 125-148; 6 (1957), S. 125-146.

–, »Justice in the Medieval Persian Theory of Kingship«, in: *Studia Islamica* 17 (1962), S. 91-119.

Laoust, H., »Les agitations religieuses à Bagdad aux ive et ve siècles de l'Hégire«, in: Richards, D. S. (Hg.), *Islamic Civilisation 950-1150*, Oxford 1973, S. 169-185.

–, *Les Schismes dans l'Islam*, Paris ²1976.

Lapidus, I. M., »The Separation of State and Religion in the Development of Early Islamic Society«, in: *International Journal of Middle East Studies* 6 (1975), S. 363-385.

Lawrence, B. (Hg.), *Ibn Khaldun and Islamic Ideology*, Leiden 1984.

Lewis, B., *The Origins of Isma^c^ilism. A Study of the Historical Background of the Fatimid Caliphate (1940)*, Oxford 1975.

–, »Some Observations on the Significance of Heresy in the History of Islam«, in: *Studia Islamica* 1 (1953), S. 43-63.

–, »Islamic Concepts of Revolution«, in: P. J. Vatikiotis (Hg.), *Revolution in the Middle East*, London 1982, S. 30-40.

–, *Islam from the Prophet Muhammad to the Capture of Constantinople*, 2 Bde., New York 1974.

–, *Die Assassinen. Zur Tradition des religiösen Mordes im radikalen Islam* (1968), Frankfurt 1989.

–, *The Political Language of Islam*, Chicago/London 1988.

Leyden, J., »The Rosheniah Sect and its Founder Bayezid Ansari«, in: *Asiatick (sic!) Researches or Transactions of the Society Instituted in Bengal* 11 (1810), S. 363-428.

Linant de Bellefonds, Y., »Le droit imâmite«, in: *Le Shî^c^isme imâmite*, Paris 1970, S. 183-199.

Madelung, W., »Fatimiden und Bahrainqarmaten«, in: *Islam* 34 (1959), S. 34-88.

–, »Der Imamat in der frühen ismailitischen Lehre«, in: *Islam* 37 (1961), S. 43-135.

–, Art. »Imāma«, in: *Encyclopaedia of Islam*, Bd. 3, Leiden ²1971, S. 1163-1169.

–, Art. »Ismā^c^iliyya«, in: *Encyclopaedia of Islam*, Bd. 4, Leiden ²1978, S. 198-206.

–, »A Treatise of the Sharīf al-Murtaḍā on the Legality of Working for the Government«, in: *Bulletin of the School of Oriental and African Studies* 43 (1980), S. 18-31.

–, »Authority in Twelver Shiism in the Absence of the Imam«, in: G. Makdisi (Hg.), *La notion autorité au Moyen Age. Islam, Byzance, Occident*, Paris 1982, S. 163-173.

–, *Religious Trends in Early Islamic Iran*, Albany, NY 1988.

Margoliouth D. S., »On Mahdis and Mahdiism«, in: *British Academy Proceedings* 7 (1915/16), London 1919, S. 213-233.

Mashkour, M. J., »An=Nawbaḫti. Les sectes šī'ites«, in: *Revue de l'hi-*

stoire des religions 153 (1958), S. 68-78, 176-214; 154 (1958), S. 67-95, 146-172; 155 (1959), S. 63-78.

Mazzaoui, M. M., *The Origins of the Safawids. Ši'ism, Sufism, and the Ġulāt*, Wiesbaden 1972.

Meyer, E., »Anlaß und Anwendungsbereich der taqiyya«, in: *Der Islam* 57 (1980), S. 246-280.

Minorsky, V. F., »The Poetry of Shāh Ismāᶜīl I«, in: *Bulletin of the School of Oriental and African Studies* 10 (1940/42), S. 1006a-1053a.

–, »Iran: Opposition, Martyrdom and Revolt«, in: G. von Grunebaum (Hg.), *Unity and Variety in Muslim Civilization*, Chicago 1955, S. 183-206.

Momen, M., *An Introduction to Shiᶜi Islam. The History and Doctrines of Twelver Shiᶜism*, Oxford 1985.

Morony, M. G., »Religious Communities in Late Sasanian and Early Muslim Iraq«, in: *Journal of the Economic and Social History of the Orient* 17 (1974), S. 113-135.

–, *Iraq after the Muslim Conquest*, Princeton 1984.

Mottahedeh, R. P., »Administration in Buyid Qazwin«, in: D. S. Richards (Hg.) (1973), S. 33-45.

–, »The Shuᶜubiyya Controversy and the Social History of Early Islamic Iran«, in: *International Journal of Middle East Studies* 7 (1976), S. 161-182.

–, *Loyalty and Leadership in an Early Islamic Society*, Princeton 1980.

Müller, K. E., *Kulturhistorische Studien zur Genese pseudo-islamischer Sektengebilde in Vorderasien*, Wiesbaden 1967.

Nagel, T., »Ein früher Bericht über den Aufstand von Muhammad b. Abdallāh im Jahre 145 H.«, in: *Der Islam* 46 (1970), S. 227-262.

–, *Untersuchungen zur Entstehung des abbasidischen Kalifates*, Bonn 1972.

–, *Staat und Glaubensgemeinschaft im Islam*, 2 Bde., Zürich/München 1981.

Nyberg, H. S., »Questions de cosmogonie et cosmologie mazdéennes«, in: *Journal asiatique* 214 (1929), S. 193-310; 219 (1931), S. 1-134 und S. 193-244.

Pearson, M. N., »Premodern Muslim Political Systems«, in: *Journal of the American Oriental Society* 102 (1982), S. 47-58.

Peters, R., *Islam and Colonialism. The Doctrine of Jihad in Modern History*, Den Haag 1979.

Pipes, D., *Slave Soldiers and Islam: The Genesis of a Military System*, New Haven 1981.

Rekaya, M., »Le Ḥurram-Dīn et les mouvements Ḥurramites sous les-ᶜAbbāsides«, in: *Studia Islamica* 60 (1984), S. 5-57.

Richard, Y., *Der verborgene Imam* (1980), Berlin 1983.

Richards, S. (Hg.), *Islamic Civilization 950-1150*, Oxford 1973.

Ritter, H., »Philologica III: Muhammedanische Häresiographen«, in: *Der Islam* 18 (1929), S. 34-55.

Roemer, H.R., »Die Safawiden. Ein orientalischer Bundesgenosse des Abendlandes im Türkenkampf«, in: *Saeculum* 4 (1953), S. 27-44.

–, *Persien auf dem Weg in die Neuzeit. Iranische Geschichte von 1350-1750*, Beirut 1989.

Rosenthal, F., *Ibn Khaldûn, The Muqaddimah*, 3 Bde., Princeton 1980.

Sachedina, A.A., »A Treatise on the Occultation of the Twelfth Imāmite Imam«, in: *Studia Islamica* 48 (1978), S. 109-124.

–, »Al-Khums: The Fifth in the Imāmī Shīᶜī Legal System«, in: *Journal of Near Eastern Studies* 39 (1980), S. 275-289.

–, *Islamic Messianism. The Idea of Mahdi in Twelver Shiᶜism*, Albany 1981.

–, *The Just Ruler (al-sultan al-ᶜādil) in Shiᶜite Islam. The Comprehensive Authority of the Jurist in Imamite Jurisprudence*, Oxford/New York 1988.

Sadighi, G.H., *Les Mouvements religieux iraniens au IIe et au IIIe siècle de l'Hegire*, Paris 1938.

Schabinger, Freiherr von Schowingen, K.E., *Nizamulmulk. Siyasatnama*, Freiburg/München 1960.

Schacht, J., *The Origins of Muhammadan Jurisprudence*, Oxford 1950.

–, *An Introduction to Islamic Law*, Oxford 1964.

Schaeder, H.H., »Die islamische Lehre vom vollkommenen Menschen«, in: *Zeitschrift der deutschen Morgenländischen Gesellschaft* 79 (1925), S. 192-268.

Schefer, Chr., *Siassat Namèh*, Paris 1891.

–, *Naṣir-i Khusraw, Safar-Nâme*, Paris 1881.

–, *Description topographique et historique de Boukhara par M. Nerchakhy*, Paris 1892.

Schimmel, A., *Mystische Dimensionen des Islam. Die Geschichte des Sufismus*, Köln 1985.

–, *Ibn Chaldun. Ausgewählte Abschnitte aus der muqaddima*, Tübingen 1951.

Schluchter, W. (Hg.), *Max Webers Sicht des Islams. Interpretation und Kritik*, Frankfurt 1987.

Segal, J.B., »Mesopotamian Communities from Julian to the Rise of Islam«, in: *Proceedings of the British Academy* 41 (1955), S. 109-139.

Serdani, M., *Der verborgene Imam. Eine Untersuchung der chiliastischen Gedanken im schiitischen Islam nach Ibn Babuya*, Diss., Bochum 1979.

Shaki, M., »The Social Doctrine of Mazdak in the Light of the Middle Persian Evidence«, in: *Archiv Orientalni* 46 (1978), S. 289-306.

Shariati, Ali, *Red Shiᶜism*, Teheran 1979.

–, *Histoire et destinée*, Paris 1982.

Sharon, M., *Black Banners from the East: The Establishment of the ᶜAbbasid State – Incubation of a Revolt*, Jerusalem 1983.

Simmel, G., »Das Geheimnis und die geheime Gesellschaft«, in: *Soziologie*, Berlin 1908, ⁵1968.

von Sivers, P., *Khalifat, Königtum und Verfall. Die politische Theorie Ibn Khalduns*, München 1967.

–, »Back to Nature: The Agrarian Foundations of Society according to Ibn Khaldun«, in: *Arabica* 27 (1980), S. 68-91.

Snouck Hurgronje, C., »Der Mahdi«, in: *Verspreide Geschriften*, Bd. 1, Bonn 1923, S. 145-181.

Stern, S. M., »The Early Ismāʿīlī Missionaries in North-West Persia and in Khurasan and Transoxania«, in: *Bulletin of the School of Oriental and African Studies* 23 (1960), S. 56-90.

–, *Studies in Early Ismāʿilism*, Leiden 1983.

Sweet, L. E., *Peoples and Cultures of the Middle East: An Anthropological Reader*, 2 Bde., Oxford 1970.

Tabatabaʾi, S. M. H., *Shiʿite Islam*, Albany 1975.

Thackston Jr., W. M., *Nazir-e Khosraw's Book of Travels (Safarnāma)*, Albany 1986.

Tijdens, E. F., »Der mythologisch-gnostische Hintergrund des ›Umm al-Kitâb‹«, in: *Acta Iranica* 7 (1977), S. 241-525.

Tolstow, P., *Auf den Spuren der altchoresmischen Kultur*, Berlin 1953.

Tucker, W. F., »Rebels and Gnostics: Al-Mugira ibn Saʿid and the Mugiriyya«, in: *Arabica* 22 (1975), S. 33-47.

–, »Bayan B. Samʿan and the Bayaniyya: Schiʿite Extremists of Umayyad Iraq«, in: *Muslim World* 65 (1975), S. 241-253.

–, »Abu Mansur al-ʿIjli and the Mansuriyya: A Study in Medieval Terrorism«, in: *Islam* 54 (1977), S. 66-76.

–, »ʿAbd Allah b. Muʾawiya and the Janahiyya: Rebels and Ideologues of the Late Umayyad Period«, in: *Studia Islamica* 51 (1980), S. 39-57.

Turner, B. S., *Weber and Islam. A Critical Study*, London 1974.

Vayda, G., *Etudes de théologie et de philosophie arabo-islamiques a l'époque classique*, London 1986.

Vayda, L., *Untersuchungen zur Geschichte der Hirtenkulturen*, Wiesbaden 1968.

van Vloten, G., *Recherches sur la domination arabe, le chiitisme et les croyances messianiques sous le khalifat des Omayyades*, Amsterdam 1894.

Watt, W. M., »Shiʿism under the Umayyads«, in: *Journal of the Royal Asiatic Society of Great Britain and Ireland*, 1960, S. 158-172.

–, *Islam and the Integration of Society*, London 1961.

–, »The Rāfiḍites: a Preliminary Study«, in: *Oriens* 16 (1963), S. 110-121.

–, »The Muslim Yearning of a Saviour: Aspects of Early Abbasid Shiʿism«, in: *Festschrift E. O. James*, 1963, S. 191-204.

–, »The Reappraisal of Abbasid Shiʿism«, in: *Festschrift A. R. Gibb*, Leiden 1965, S. 638-654.

–, »Sidelights on Early Imamite Doctrine«, in: *Studia Islamica* 31 (1970), S. 287-298.

–, *The Formative Period of Islamic Thought*, Edinburgh 1973.

–, »Die Bedeutung der Frühstadien der imamitischen Shiᶜah«, in: K. Greussing (Hg.), *Religion und Politik im Iran*, Frankfurt 1981, S. 45-57.

Watt, W. M. / A. T. Welch, *Der Islam*, Bd. 1, Stuttgart 1980.

Watt, W. M. / M. Marmura, *Der Islam*, Bd. 2, Stuttgart 1985.

Wensinck, A. J., *Handbook of Early Mohammedan Tradition*, Leiden 1927.

Zaehner, R. C., *Zurvan: A Zoroastrian Dilemma*, Oxford 1955.

el-Zein, A. H., »Beyond Ideology and Theology: The Search for the Anthropology of Islam«, in: *Annual Review of Anthropology* 6 (1977), S. 227-254.

Register

1. Personen und Sachen

2. Quellenverzeichnis

suhrkamp taschenbücher wissenschaft
Wissenschaftsforschung

suhrkamp taschenbücher wissenschaft
Wissenschaftsforschung

suhrkamp taschenbücher wissenschaft
Anthropologie, Ethnologie,
Evolutionstheorie, Religionswissenschaft